아동 사고의 발달, 4판

Children's Thinking, 4/E

Robert S. Siegler, Martha Wagner Alibali 지음

박영신, 이현진, 정윤경, 최영은 옮김

PEARSON
Prentice Hall

아카데미프레스

Children's Thinking, 4/E

Authorized translation from the English language edition, entitled Children's Thinking Fourth Edition, 0131113844 by Robert S. Siegler, Martha Wagner Alibali., published by Pearson Education, Inc, publishing as Prentice Hall, Copyright ⓒ 2005

KOREAN language edition published by PEARSON EDUCATION KOREA LTD., & ACADEMY PRESS PUBLISHING CO., Copyright ⓒ 2007

Printed in Korea

ISBN 978-89-91517-29-5

PREFACE by TRANSLATOR

역자 서문

이 책은 Carnegie Mellon 대학의 Dr. Robert S. Siegler와 Wisconsin-Madison 대학의 Dr. Martha Wagner Alibali의 'Children's thinking, 4/E'을 번역한 것이다. 발달심리학 내에서도 인지 발달 분야는 학문적 발전이 빠르게 진행되고 있는 분야이다. 이론적 면에서는 이 분야의 연구를 주도해 왔던 삐아제 이론의 쇠퇴로 인해 이를 대체할 수 있는 새로운 이론들이 출현하고 있고, 경험적 연구의 측면에서는 특정 인지 영역에서 아동들의 발달을 상세하게 기술하는 연구가 많이 증가하고 있다. 특히 감추어졌던 영아들의 다양한 인지능력에 대한 연구가 많이 이루어져 왔으며 마음 이론의 발달에 대한 연구가 크게 확장되어 왔다. 그러나 우리나라에서는 이러한 발전과 변화가 충분히 소개되지 못하고 있다.

Dr. Siegler와 Dr. Alibali의 책은 인지 발달 연구에서 나타나고 있는 이런 최근 동향을 잘 소개하고 있어서 번역하게 되었다. 이 역서는 삐아제 이론에만 지나치게 익숙한 우리 학생들에게 인지 발달 분야의 새로운 면모를 소개하는 데 도움이 되리라 생각한다. 다행히 저자들이 한국어 번역을 흔쾌하게 허락해 주었다.

1장에서 3장은 경북대학교의 박영신, 4장에서 6장은 영남대학교의 이현진, 7장에서 9장은 Skidmore College의 최영은, 10장에서 12장은 가톨릭 대학교의 정윤경이 번역하였다. 가능한 대로 정확하고, 또 학생들이 읽기 쉽게 번역하려고 노력하였으나 부족한 점들이 있을 줄 안다. 이는 앞으로 독자들의 많은 피드백으로 수정되기를 기대한다. 이 책이 나오기까지 뒤에서 도와주신 여러 분들, 출판에 수고하신 아카데미 프레스의 홍진기 사장님과 직원들께 감사한다.

역자 일동

PREFACE

저자 서문

아동들의 사고는 아주 홍미로운 주제이다. 우리도 한때 아이였고 또 아이가 있거나 언젠가는 아이를 가지게 될 것이다. 우리에게 아동들이 사고하는 방식은 친숙하기도 하지만 낯설기도 하다. 우리는 자신이 어렸을 때 생각하던 방식의 일부를 기억하고 또 많은 아동들이 생각하는 방식에 대해 나름대로의 인상을 가지고 있다. 성인인 우리가 보기에 아동들은 일반적으로 그럴 듯하게 생각하고 또 놀랄 정도로 통찰력도 있어 보인다. 그러나 때로는 아동들의 사고를 이해하기 어렵다. 예를 들어, 왜 모든 면에서 생각을 잘 하는 5세 아동이 모양이 다른 그릇에 물을 옮기면 물의 양이 변한다고 생각할까?

최근까지도 우리는 아동들의 사고의 많은 홍미로운 부분을 이해하지 못했다. 예를 들어, 철학자들은 수백 년 동안 영아들이 세상을 '거대한 하나의 혼동' 으로 경험하는지 아니면 나이 많은 아동들이나 성인들과 비슷한 방식으로 경험하는지에 대해 논쟁하여 왔다. 최근에 연구 방법이 발전하면서 이 문제에 답할 수 있게 되었다. 신생아들도 세상의 어떤 부분은 아주 정확하게 지각하며 6개월경이 되면 성인들과 비슷하게 세상을 지각한다. 이 책의 중요한 주제는 아동들의 사고에 대한 이러한 발견과 또 다른 발견들이다.

누가 이런 책에 관심을 가질까? 아동들에 관심이 있는 사람들은 누구나 이 책에서 홍미로운 발견과 생각을 만나게 될 것이다. 학부나 대학원에서 이 분야의 과목을 선택할 정도로 동기가 강한 학생들은 이 책에서 아동들의 사고에 대해 홍미로운 것들을 많이 발견할 것이다.

이 개정판은 여러 면에서 이전 판과 달라졌다. 가장 중요한 것은 인지 발달에 대한 사회문화적 접근과 사회인지 발달에 대한 두 장을 추가한 것이다. 이 장들에서는 최근에 이 분야에서 일어나고 있는 중요한 변화를 다루었다. 이 주제는 이전 판에서도 조금 다루었지만 개정판에서는 새로운 내용을 더 많이 첨가하였다.

사회문화적 접근에 대한 장은 비고츠키의 사회문화적 이론으로 시작하였다. 이 이론은 인지 발달에서 사회적 상호작용의 역할을 중요시할 뿐 아니라 사고와 학습에서 언어, 수체계와 같은 문화적 도구의 역할도 강조한다. 이 장에는 또한 최근에 일어난 사회문화적 이론의 변화와 이 전통에서 이루어진 경험적 연구들을 소개하였다. 성인이나 아동들과의 사회적 상호작용 가운데 일어나는 학습, 문화적 활동에 대한 안내된 참여, 사고의 도구로서 언어의 사용 등을 다루었고 마지막으로 사회문화적 이론의 교육적 시사점도 논하였다.

사회인지에 대한 장에서는 사회적 정보의 이해에 초점을 맞추었다. 이 영역은 광범위하여 자신과 타인에 대한 지식과 행동을 유발하는 정신적 상태 즉 바람, 의도, 믿음에 대한 지식, 사회적 규칙과 범주에 대한 이해 등의 사회적 세계에 대한 지식이 포함되었다.

다른 장들도 모두 최근의 변화에 맞추어 수정하였다. 지각과 행동의 상호관계에 대해 더 많이 다루었고, 아동들의 생물학적 개념에 대해서도 더 폭넓게 다루었고, 언어적 이해의 발달에 대해서도 더 많은 정보를 첨가하였다.

그러나 이전 판에서와 마찬가지로 아동 사고에 연구들이 현실적으로 어떤 기여를 하는지를 강조하였다. 예를 들면, 법정에서 증언하는 아동들이 사건을 더 정확하게 기억하게 하는 방법, 아동들의 지식을 평가하는 방법, 그리고 읽기 · 쓰기와 산수기술을 발달시키기 위한 교수방법 등이다.

우리는 이 책을 쓰는 동안 지적으로 자극적이고 도전적인 환경에서 일할 수 있었다. 여러 동료들이 기꺼이 시간을 내어 이 책을 더 발전시키도록 도와주었다. Jim Dannemiller, Chuck Kalish, Ken Koedinger, Brian MacWhinney 및 Jenny Saffran은 원고를 읽고 도움이 되는 피드백을 주었다. 이 동료들뿐 아니라 Karen Adolph, Zhe Chen, Judy DeLoache, Julia Evans, Susan Goldin-Meadow, David Klahr, Eric Knuth, Patrick Lemaire, Colleen Moore, Nicole McNeil, Mitchell Nathan, John Opfer, Seth Pollak, David Rakison, 및 Bethany Rittle-Johnson과 아동들의 사고에 대해 토론할 수 있었던 것에 감사한다. 이전 판에 대해 조언해 주었던 익명의 동료들과 참고문헌을 찾는 데 많은 시간을 보낸 Maureen Kaschak와 Karin Ockuly에게도 감사한다. 마지막으로 이전 판에서처럼 개정판에서도 책이 잘 나오도록 모든 노력을 다 해 준 Teresa Treasure에게 감사한다.

이 책을 집필하는 동안 영감을 갖게 해주고 지지해 준 여러 친구들과 가족들에게도 감사한다. Robert Siegler는 자녀 Todd, Beth, Aaron Siegler에게 감사하는데 이 아이들은 4판을 쓰는 동안 아동 사고에 대해 재미있는 예를 제공하였을 뿐 아니라 흥미로운 아이디어를 발전시킬 수 있게 도와 주었다. Martha Alibali는 항상 지지해 준 남편 Peter와 발달의 여러 단계에서 아동들의 사고에 대한 흥미로운 예를 제공해 주었던 여러 명의 조카들에게 감사한다. 이들로 인해 연구가 생생하게 살아나게 되었고 우리들의 작업이 더 가치롭게 되었다.

이 책을 쓰는 동안 태어난 Robert Siegler의 손녀 Alexis와 Martha와 Peter Alibali의 딸 Mariana에게 바친다. 그들의 생각을 관찰하고 그들의 발달에 참여하는 기회가 우리에게는 큰 기쁨이었으며 앞으로도 그들에게서 많은 것을 배우기 원한다.

Robert S. Siegler

Martha Wagner Alibali

CONTENTS

차 례

제 1 장

아동 사고에 대한 소개

해가 언제부터 있었을까? 사람들이 살기 시작 했을 때부터. 누가 만들었지? 하나님. 하나님이 어떻게 만드셨을까? 무지 무지하게 많은 전등을 해 속에 넣어서. 해 속에 아직도 전등들이 있을까? 아니. 그럼 어떻게 되었어? 다 타 버렸지. 아니, 아주 오래가. 그러면 해 속에 아직도 전등이 있겠네? 아니, 하나님이 금으로 전등을 만들어서 불을 붙인 것 같아. (Siegler, 아들과의 대화, 1985)

위에 소개한 이야기는 한 아이가 만 5세 되기 일주일 전에 한 대답이다. 이 대답은 이 아이가 세상을 어떻게 보는지에 대해 무엇을 말해줄까? 단순히 천문학과 물리학을 잘 모른다는 사실을 말해주는 것일까? 아니면 어린 아동들의 사고가 나이가 많은 아동들이나 성인들의 사고와 근본적으로 다르다는 것을 말해주는 것일까? 성인들은 해가 어떻게 있게 되었는지는 몰라도 하나님이 해 속에 전등을 넣었다고 생각하지 않고 또 해가 생긴 시점과 사람들이 생긴 시점을 연결하지는 않는다. 이런 차이는 아동들이 성인들보다 더 고지식하고 자기중심적으로 생각함을 보여주는 것일까? 아니면 아동들은 단지 대답할 수 없는 질문에 이말저말 하는 것일까?

수백 년 동안 사람들은 이런 문제들에 대해 생각해 왔다. 영아들이 성인들과 비슷하게 세상을 볼까? 왜 모든 나라에서 아이들을 5세에서 7세 사이에 학교에 보낼까? 왜 청소년들은 10세 아동들보다 채식주의나 환경주의와 같은 명분에 더 열중할까? 사람들은 일세기 전만 해도 이런 문제들에 대해 단지 추측할 뿐이었다. 그러나 이제는 아동의 발달 과정을 관찰하고, 기술하고, 설명할 수 있는 개념과 방법들이 생겨나서 아

표 1.1 이 장의 개요

I. **아동 사고는 무엇인가?**
II. **아동 사고에 대한 주요 질문들**
   A. 어떤 능력이 생득적인가?
   B. 발달은 단계적으로 일어나는가?
   C. 변화는 어떻게 일어나는가?
   D. 아동들은 어떻게 다른가?
   E. 뇌의 변화가 어떻게 인지 발달에 기여하는가?
   F. 사회적 환경이 어떻게 인지 발달에 기여하는가?
III. **책의 구조**
   A. 각 장의 구조
   B. 주요 주제
IV. **요약**

동의 사고를 더 잘 이해하게 되었다.

이 장의 목표는 아동 사고에 대한 기본적인 문제와 생각을 소개하는 것이다. 아동들의 사고가 무엇인지를 다룬 다음에 인지 발달의 연구 문제들을 소개하고, 마지막으로 이 책의 구조를 살펴보겠다. 이 장의 개요는 표 1.1에 제시하였다.

아동 사고는 무엇인가?

아동 사고는 출생 시부터 청소년기까지 나타나는 사고를 말한다. 사고를 포함하는 활동과 그렇지 않은 활동 사이에 명확한 구분이 없기 때문에 사고를 정의하기가 쉽지 않다. 사고에는 분명히 문제 해결, 추리, 만들기, 개념화하기, 기억하기, 분류하기, 상징하기, 계획하기 등과 같은 고등 사고 과정이 포함된다. 또한 언어 사용하기, 주변 물체와 사건 지각하기와 같이 매우 어린 아동에서도 잘 발달해 있는 더 기초적 과정들도 있다. 사고라고 볼 수도 있고 보지 않을 수도 있는 그 밖의 활동도 있는데, 예를 들면 사회적으로 유능한 것, 올바른 도덕감을 가지는 것, 적절한 정서적 느낌을 가지는 것 등이다. 이 활동들에도 사고 과정이 포함되지만 다른 많은 비인지적 특성들이 포함된다. 따라서 이 책에서는 이런 주변의 영역에도 어느 정도 관심을 두겠지만 주로 문제 해결, 개념이해, 추리, 기억하기, 언어산출과 이해, 그 밖의 순수하게 지적인 활동들에 초점을 맞추겠다.

아동 사고의 가장 중요한 특징은 계속 변한다는 점이다. 발달의 특정 시점에서 아동들이 어떻게 생각하는지 자체도 흥미롭지만 인지 발달을 이해하는 데 더 중요한 것은 '어떤 변화가 일어나고, 그 변화가 어떻게 일어나는가' 하는 문제이다. 영아, 2세 아동, 6세 아동과 청소년을 비교하면 이런 변화가 얼마나 큰지 쉽게 볼 수 있다. 그러나 어떤 과정이 신생아들의 마음을 청소년들의 마음으로 변화시킬까? 이것이 인지 발달에서 가장 핵심이 되는 신비이다.

발달하면서 일어나는 극적인 변화의 예를 살펴보자. DeVries(1969)는 3세에서 6세 아동들이 외양-실제의 차이를 어떻게 이해하는지에 관심이 있었다. 그래서 이 연령의 아동들이 '나비' 라는 이름의 아주 착한 고양이와 놀게 하였다. 실험자가 나비가 무엇인지 묻자 모든 아동들이 고양이라고 했다. 그러고 나서 아동들이 보는 가운데 실험자가 나비의 얼굴에 사나운 개의 마스크를 씌우고 "자, 이제는 개의 얼굴이지. 그러면 이제 무슨 동물이지?" 하고 물었다.

많은 3세 아동들은 나비가 개가 되었다고 생각하였고, 만지지 않으려 했고 그 동물이 개의 뼈와 심장을 가지고 있다고 말했다. 그러나 대부분의 6세 아동들은 고양이가 개가 될 수 없고 마스크가 동물을 변화시킬 수 없음을 이해하였다.

아무리 어려도 어떻게 고양이가 개가 된다고 생각할 수 있을까? 그렇게 믿던 3세 아동이 어떻게 그런 생각을 비웃는 6세 아동이 되는 것일까? 변화가 일어난다는 사실은 알지만 중요한 것은 어떻게 그런 변화가 일어나느냐를 설명하는 것이다.

아동 사고에 대한 주요 질문들

아동 사고의 연구에서 가장 중요한 질문들은 무엇일까? 많은 것이 있겠지만, 일반적으로 아래 여섯 가지가 중요한 질문이다:

어떤 능력이 생득적인가?
아동 사고는 질적으로 구분되는 단계를 거쳐 발달하는가?
아동 사고의 변화는 어떻게 일어나는가?
왜 아동 사고는 개인에 따라 차이가 있는가?
뇌의 발달은 어떻게 인지 발달에 기여하는가?
사회적 환경은 어떻게 인지 발달에 기여하는가?

물론, 이런 질문은 여러 측면에서 서로 관련되어 있다. 예를 들어, 인지 발달이 어떻게 일어나는지를 이해하기 위해서는 인지 발달에 미치는 뇌와 사회적 환경의 역할을 이해하여야 한다. 마찬가지로 인지 발달에서의 개인차를 이해하기 위해서는 변화의 기제를 이해해야 한다.

이론적 관점과 연구내용에 따라 연구자들이 관심을 두는 문제는 다르다. 예를 들어, 나중에 기술하겠지만 정보처리 관점을 취하는 연구자는 인지적 변화가 어떻게 일어나는지를 강조하지만 사회문화적 관점을 취하는 연구자는 사회적 환경이 인지 발달에 어떻게 영향을 주는지에 초점을 맞춘다. 이렇게 강조점이 다름에도 불구하고 인지 발달의 주요 이론들은 위의 문제들에 대해 나름대로 대답을 가지고 있다.

이제부터 이 주요 질문을 다루겠다. 이 장에서는 각 질문에 대한 기본 개념과 이 책에서 반복적으로 소개되는 주요 주제를 살펴본다.

어떤 능력이 생득적인가?

영아들이 태어나면 세상을 어떻게 경험할까? 의자, 서로 이야기 하는 사람들, 개가 짖는 것을 볼 때 어떻게 생각할까? 무엇을 알고, 무엇을 모를까? 어떤 학습능력을 가지고 있을까? 영아들이 지식과 학습능력을 별로 갖추고 있지 않다고 가정한다면 '어떻게 그렇게 빨리 발달할 수 있는가?' 가 문제이고 영아들이 세상에 대해 많은 것을 이미 알고 있다고 가정한다면, '왜 발달에 그리 오랜 시간이 걸리나?' 가 문제가 된다.

영아들이 세상에 대해 얼마나 많이 알고 태어나는지에 대하여 여러 가지로 추측해 왔다. 가장 중요한 세 가지는 *연합주의 관점, 구성주의 관점, 역량 있는 영아 관점*이다.

연합주의 관점은 John Locke, David Hume, John Stuart Mill과 같은 1700년대와 1800년대의 영국의 철학자들에 의해 발전하였다. 그들은 영아들이 여러 경험을 서로 연합하는 기초적인 능력만 가지고 태어나며 학습을 통해 거의 모든 능력과 개념을 습득한다고 보았다.

구성주의 관점은 1920년대에서 1970년대 사이에 삐아제(Jean Piaget)에 의해 발전되었는데 이 관점에서는 영아들은 연합할 수 있는 능력뿐만 아니라 여러 개의 중요한 지각능력과 운동능력을 가지고 태어난다고 본다. 비록 수가 적고 범위도 제한되지만 이 능력을 사용하여 영아들은 환경을 탐색하고 점점 더 복잡한 개념과 이해를 구축하게 된다. 예를 들어, 생후 6개월 동안 영아들은 물체나 사건을 정신적으로 표상할 수 없지만 물체를 적극적으로 조작하고 탐색하는 과정을 통해 첫 해의 후반기에는 정신적 표상을 할 수 있게 된다.

좀 더 최근 연구(Spelke & Newport, 1998)에 기초한, 영아들이 인지적으로 상당한 역량을 가지고 있다는 관점이 있다. 여기에서는 다른 두 관점에서 영아들의 능력을 과소평가하고 있다고 본다. 이 견해에서는 이전에 생각했던 것보다 어린 영아들의 지각능력과 개념적 이해의 범위가 넓다고 본다. 이 능력으로 인해 영아들은 나이 많은 아동이나 성인과 같은 차원으로 세상을 지각하고, 자신들의 경험을 분류하게 된다.

최근 연구에서 밝혀진 놀라운 능력은 거리에 대한 영아들의 지각에서 볼 수 있다. 철학자들은 오랫동안 사람들이 어떻게 자신과 물체의 거리를 판단하는지 궁금하게 여겨왔다. George Berkely와 같은 18세기 연합주의 철학자들은 영아들이 거리를 정확하게 지각하는 유일한 방법은 세상을 돌아다니면서 물체가 어떻게 보이는지와 그 물체에 도달하기 위해 얼마나 많이 움직여야 하는지를 연합하는 것이라고 보았다. 그러나 영아들은 태어나서 며칠이 지나면, 곧 더 가까이 있는 물체와 더 멀리 있는 물체를 지각할 수 있다(Granrud, 1987; Slater, Mattock, & Brown, 1990). 분명히 영아들은 기고 걸어 다니는 경험을 하기 이전에 거리를 어느 정도 지각할 수 있다.

또한 영아들은 물체의 특성에 대해 놀라울 정도로 잘 알고 있다. 예를 들어, 3개월경이면 어떤 물체를 다른 물체 뒤로 옮겨서 볼 수 없을 때에도 영아들은 그 물체가 계속 존재한다는 사실 등 몇 가지를 어느 정도 이해한다; 물체를 지지하지 않으면 물체가 떨어진다; 물체는 공간적으로 연속적인 궤도를 따라 움직인다; 고체는 다른 물체를 뚫고 지나갈 수 없다(Baillargeon, 1994; Spelke, 1994, 2000). 그러나 이런 지식은 성인들의 지식과는 다르다. 예를 들어, 3개월 된 영아들은 물체와 그 물체를 지지하는 다른 물체가 닿아 있기만 하면 떨어지지 않는다고 생각하지만 6개월경이 되면 물체와 지지하는 물체가 상당 부분 접촉해야 한다는 좀더 발전된 이해력을 갖게 된다(Baillargeon, 1994).

영아들은 초보적 형태의 기초 개념을 처리할 뿐 아니라 다양하고 새로운 지식을 습득하는 데 도움이 되는 일반적인 학습기제를 가지고 있다. 그 가운데 하나가 모방이다. 생후 이틀 된 영아들은 성인이 특정 방식으로 머리를 돌리는 것을 보면 같은 방식으로 자신들의 머리를 돌린다; 2주 된 영아는 성인이 혀를 내미는 것을 보고 자신의 혀도 내민다(Meltzoff, 2002; Meltzoff & Moore, 1983). 그런 반복을 통해 영아들은 새로운 행동을 모방하게 되고, 그들이 모방한 사람, 특히 부모와의 연대가 강화된다.

또 다른 학습기제는 통계적 학습인데 입력되는 자극에서 계열적 형태를 추출하는 것이다. 출생 후 첫 해에 영아들은 소리나 말소리와 같은 청각 자극(Saffran, 2003b; Saffran, Aslin, & Newport, 1996)과 색깔 있는 모양들과 같은 시각 자극(Kirkham, Slemmer, & Johnson, 2002)에서 계열적 형태를 파악할 수 있다. 통계적 학습은 영아들이 환경 내에 존재하는 규칙성을 파악할 수 있게 하는 강력한 기제이다.

이러한 발견으로 영아들이 인지적으로 상당한 역량을 가지고 있다는 견해가 나타나게 되었다. 그러나 이 관점은 해결하는 문제보다 제기하는 문제가 더 많다. 영아들이 기본 개념을 이해한다면 왜 나이가 많은 아동들이 동일한 개념에서 어려움을 경험할까? 예를 들어, 영아들이 장난감을 천으로 덮어서 보이지 않을 때에도 장난감이 계속 존재한다고 믿는다면 왜 3세 아동들이 고양이에게 개의 마스크를 씌워도 개가 되지 않는다는 사실을 이해하지 못할까? 발달의 초기 과정에 나타나는 강점과 그 이후 오랜 기간동안 나타나는 약점을 어떻게 통합하느냐가 아동 사고를 이해하는 데 있어서 해결해야 할 가장 큰 과제이다.

또 다른 과제는 어떻게 생득적 또는 초기에 나타나는 능력이 경험과 상호작용하여 발달을 이루어내는지를 밝히는 것이다. 이 문제를 해결하는 방법 가운데 하나는 경험에 따라 발달의 본질과 경로가 어떻게 달라지는지를 보는 것이다. 예를 들어, 정상적으로 성장하는 아동과 듣거나 보지 못하는 아동들의 지각발달이 다른가? 언어획득은 아동들이 경험하는 언어적 자극의 성질에 따라 달라지는가? 이런 수수께끼를 해결하려면 생득적인 능력과 물리적, 사회적 환경에서 일어나는 경험 간의 복잡한 상호작용을 이해해야 한다.

발달은 단계적으로 일어나는가?

여아가 잘못된 행동을 할 때 부모들은 "그저 지나가는 단계니까" 하고 서로 위로한다. 아이가 무엇을 전혀 배우지 못할 때에는 "그 애는 이것을 이해할 단계가 아니야" 하고 한탄한다. 인지 발달을 포함하여 발달이 단계적으로 일어난다는 생각은 부모들뿐 아니라 심리학자들 사이에서도 흔하다. 그러나 아동이 어떤 단계에 있다는 것이 정확하게 무슨 의미인지, 그리고 아이들은 실제로 질적으로 서로 구분되는 사고 단계를 지날까? 만약 그렇다면 발달이 왜 연속적이지 않고 단계적일까?

단계적 발달에 대한 견해는 부분적으로는 Charles Darwin(1877)의 영향을 받았다. 다윈은 보통 발달심리학자로 알려져 있지는 않지만 여러 면에서 발달심리학자이다. 저서 '*종의 기원*'에서 다윈은 추리, 호기심, 모방, 주의, 상상, 언어, 자의식의 발달을 논했다. 당연히 그는 이런 능력들의 진화적 발달 과정 즉 이런 능력들이, 일찍 출현한 동물들에서 인간으로 진화되는 과정에서 어떻게 나타났는지에 관심이 있었다. 이러한 그의 생각은 일생동안 한 개인에게서 일어나는 발달에 관한 개념으로 전환되었다.

다윈의 가장 기본적 관찰이 가장 영향력이 있었다: 생명체가 지구상에 존재한 이래로 오랜 기간동안 생명체는 질적으로 구분되는 일련의 형태로 진화되어 왔다. 어떤 사람들은 이 관찰을 한 사람의 인생에서도 발달이 서로 구분되는 형태나 단계를 거쳐 이루어짐을 의미하는 것으로 받아들였다. 그러나 다윈과 달리, 진화론적 관점을 채택한 발달이론가들은 아동들이 한 단계에서 다른 단계로 아주 갑작스럽게 전환한다고 가정하였다. 이러한 단계접근은 아동들의 사고는 수없이 많은 특정 경험들이 점진적으로 쌓여 이루어진다는 Locke와 같은 연합주의 철학자들의 생각과는 정면으로 대치되는 것이었다. 연합주의자들은 발달 과정을 벽돌이 하나씩 쌓여서 만들어지는 건물로 보았지만, 단계이론가들은 번데기에서 나비로의 변화로 보았다.

20세기 초반에 James Mark Baldwin은 인지 발달에 대해 일련의 단계를 가정하였다. 그는 아동들이 감각운동기에서 준논리적, 논리적, 과논리적 단계를 거쳐 발달한다고 보았고, 감각운동기에는 물리적 환경에 대한 감각적 관찰과 운동적 상호작용이 주요한 사고의 방식이라고 보았다. 아동들이 이런 단계를 거쳐 간다는 생각은 아동들에 대한 일상적 관찰에서 지지를 받고 있다. 영아들의 세상에 대한 상호작용은 적어도 처음 보기에는 감각적 자극과 운동적 활동을 강조하는 것처럼 보인다. 그리고 청소년기가 되어서야 아동들은 운전, 투표, 음주와 같은 문제를 포함하여 자신들에게 적용되는 규칙들이 다른 규칙들과 논리적으로 일관성이 있는지 등과 같이 아주 논리적 문제에 대해 많이 생각한다. 당시 대부분의 사람들은 Baldwin의 단계이론을 무시하였지만 적어도 후대의 한 명의 연구자, 즉 삐아제에게는 영향을 미쳤다.

삐아제는 우리가 아동들의 사고를 이해하는 데 누구보다도 더 큰 기여를 하였다. 그는 연령이 다른 아동들이 어떻게 다르게 생각하는지에 대해 수없이 많은 놀라운 관찰을 하였다. 예를 들어, Siegler가 자신의 아들에게 해의 시작에 대해 물은 것은 삐아제가 1920년대에 관찰한 아동들의 대답이 너무 재미있어서 1980년대 아동들도 비슷하게 대답하는지 알고 싶었기 때문이다. Piaget의 또 다른 공헌은 단계의 개념을 Baldwin보다 더 발전시켰고, 인지 발달을 단계적으로 보는 개념을 대중화시켰다는 것이다.

아동들의 사고가 단계를 거쳐 발달한다는 것의 의미는 무엇일까? Flavell(1971)은 단계개념의 네 가지 핵심 의미를 지적했다. 첫째, 단계는 *질적 변화*를 의미한다. 한 남아가 곱하기 문제를 반 정도 풀다가 모든 문제를 풀게 되었다고 해서 산수 이해의 새로운 단계에 도달한 것은 아니다. 오히려 아동의 사고가 더 나아졌을 뿐 아니라 종류가 달라졌을 때 새로운 단계에 도달했다고 말한다. 예를 들어, 한 여아가 오랫동안 자신은 농담으로 생각하지만 어른들에게는 하나도 우습지 않은 농담을 하다가 처음으로 진정한 농담을 했다면 이는 질적인 변화인 것이다.

단계이론의 두 번째 의미는 Flavell이 *동시성의 가정*이라고 한 것으로 아동들이 여러 개념들에서 동시에 한 단계에서 다른 단계로 전환한다는 것이다. 아동들이 단계1에 있을 때에는 모든 개념에서 단계1의 사고를 보이고, 단계2에 있을 때에는 모든 개념에서 단계2의 사고를 보인다. 이런 동시적 변화의 결과로서 아동들의 사고는 여러 영역에서 추상적 유사성을 보인다. 위의 예에서 부모들이 "그는 이것을 이해할 수 있는 단계가 아니야"라고 할 때 의미하는 바는 일반적 결손이 아동들이 특정 개념뿐 아니라 그와 비슷하게 복잡한 다른 모든 개념들도 이해하지 못하게 한다는 것이다.

아동 사고가 일련의 단계를 거쳐 발달하는 것으로 보는 데에는 두 가지 또 다른 의미가 있다. 하나는 Flavell이 *갑작성(abruptness) 가정*이라고 부른 것으로 한 단계에서 다른 단계로의 전환이 점진적으로 일어나지 않고 갑자기 일어난다는 것이다. 아동들이 오랫동안 단계1에 있다가, 짧은 전환기에 들어가고, 오랫동안 단계2에 있다가 짧은 전환기에 들어가는 식이다. 네 번째 가정은 *조직화의 통일성*으로 아동들의 이해는 서로 관련성이 없는 많은 지식으로 구성되는 것이 아니라 의미있는 전체로 조직화된다는 것이다.

이처럼 단계이론에 의하면 발달은 여러 개념에서 질적 변화가 동시에, 갑자기 일어나서, 통일성 있는 하나의 사고방식에서 통일성 있는 또 다른 사고방식으로 전환한다는 것을 의미한다. 물론 이런 기술은 아주 우아하고 흥미롭지만 아동의 실제 사고와 얼마나 일치할까? 이 문제는 2장에서 다루겠다.

변화는 어떻게 일어나는가?

발달하는 것은 변화하는 것이다. 발달 과정에서 일어나는 변화의 종류가 그림 1.1에 제시되어 있다. 이 그림은 원래 지각발달에서 일어나는 변화를 기술하기 위해 만들어졌지만(Aslin & Dumais, 1980) 이 범주는 아동 사고에서 일어나는 모든 변화에 적용된다.

그림의 왼쪽은 *출생 이전*에 일어날 수 있는 변화의 세 가지 유형을 보여주고 있다: 특정 능력은 완전히 발달할 수도 있고, 부분적으로 발달할 수도 있고 또 전혀 발달하지 않을 수도 있다. 오른쪽은 출생 이후에 나타나는 변화를 그린 것이다. 이미 발달한 능력은 유지되거나 감퇴할 수 있다; 부분적으로 발달한 능력은 더 발전할 수도, 그대로 유지될 수도, 또는 감퇴할 수도 있다. 그리고 발달하지 않은 능력은 성장할 수도 있고 발달하지 않은 상태로 유지될 수도 있다.

어떤 특정한 능력이 발달 과정이 아주 다른 여러 요소들로 구성된다는 사실을 고려하면 그 형태는 더 다양할 수 있다. 예를 들어, 영아가 어디에서 태어났는지에 관계없이 영아들은 세상의 모든 언어에서 사용하는 소리를 산출할 수 있다. 그러나 아동기에는 모국어에서 사용하지 않는 소리들을 산출하는 능력을 잃게 된다. 반면 모국어에서 사용하는 소리들을 마음대로 산출할 수 있는 능력은 더 증가한다. 이처럼 영아기 이후에 말소리를 산출하는 능력은 소리에 따라 더 성장할 수도 있고 더 감퇴할 수도 있다.

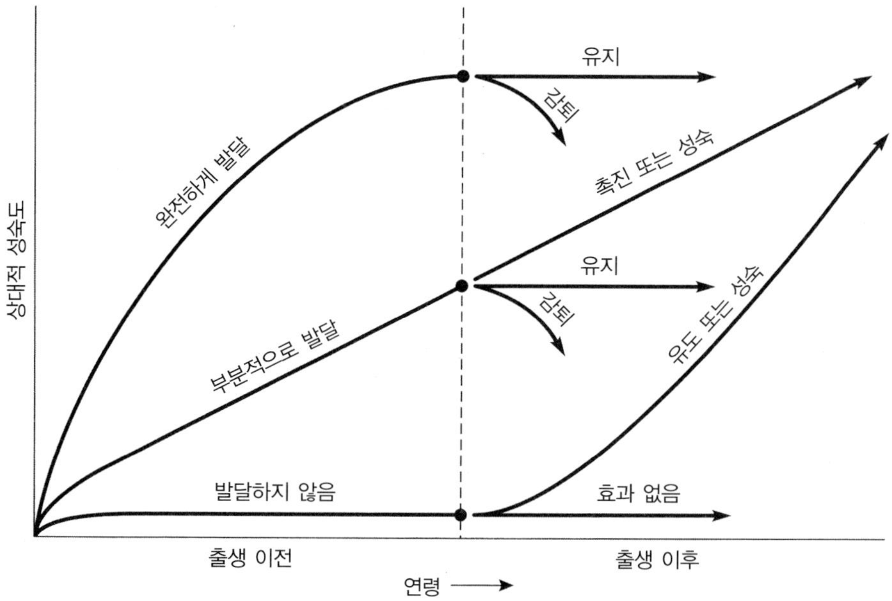

그림 1.1 발달적 변화의 여러 경로에 대한 도식(after Aslin & Dumais, 1980). Reprinted from, Aslin, R.N., & Dumais, S.T., Binocular vision in human infants: A review and a theoretical framework, in L.P. Lipsitt & H.W. Reese(Eds.), Advances in Child Development and Behavior, Copyright 1980, with permission from Elsevier.

아동 사고의 변화를 어떻게 설명할 수 있을까? 가장 중요한 두 대답은 삐아제 관점과 정보처리 관점이다. 삐아제는 모든 인지 변화를 산출하는 기본기제는 동화와 조절이라고 보았다. 동화란 사람들이 기존의 이해를 사용하여 경험을 표상하는 것이다. 공은 알지만 촛대를 모르는 1세 남아가 둥근 촛대를 보면 공이라고 생각할 수 있다. 조절은 반대의 과정으로 사람들의 기존의 이해가 새로운 지식에 의해 변화되는 것이다. 둥근 촛대를 본 1세 남아가 이 공은 다른 공과 달리 심지가 있다는 사실을 발견하고 이런 발견은 나중에 세상에는 둥근 촛대가 있다는 사실을 학습하는 데 기초가 될 수 있다.

아동 사고를 정보처리 관점에서 접근하는 연구자들은 변화의 과정에 특히 관심이 있다. 그들은 인지 발달에서 큰 역할을 하는 네 가지 변화의 기제 즉 *자동화*, *약호화*, *일반화*와 *책략 구성*에 관심이 있다.

*자동화*는 정신 과정을 더 효율적으로 실행하게 되어 점점 주의를 덜 요구하게 되는 과정이다. 나이가 들고 경험이 늘어나면서 많은 과제에서 정보처리가 점점 더 자동화되고 이로 인해 아동들은 아이디어와 사건들 사이의 관련성을 쉽게 볼 수 있게 된다. 예를 들어, 집에서 학교로 가는 처음 몇 주 동안 5세 아동은 길을 찾는 데 모든 주

의를 기울여야 한다. 그러나 나중에 활동이 자동화되면 다른 사람들과 걸으며 그들이 하는 말과 행동에 주의를 기울이면서도 집으로 가는 길을 찾을 수 있게 된다.

*약호화*는 물체와 사건의 가장 중요한 특성을 확인하고 그 특성을 사용하여 물체와 사건에 대한 내적 표상을 형성하는 것이다. 세상에 대한 아동들의 이해가 발전하는 데 약호화의 발달이 얼마나 중요한가는 이야기로 된 산수와 대수 문제를 푸는 데에서 잘 드러난다. 많은 이야기 산수와 대수 문제에는 문제와 관련 있는 정보뿐 아니라 관련없는 정보도 포함되어 있다. 이런 문제를 풀기 위해서는 관련 있는 정보를 약호화하고 관련없는 정보는 무시해야 한다.

세 번째와 네 번째 변화기제는 *일반화*와 *책략 구성*이다. 일반화는 한 상황에서 획득된 지식을 다른 상황으로 확대하여 사용하는 것이다. 책략 구성은 문제를 풀기 위한 새로운 절차를 만들거나 발견하는 것이다. 일반화와 책략 구성이 어떻게 작용하는지는 다음 예에서 잘 드러난다. 컴퓨터, 램프, 토스터, 라디오가 갑자기 고장 나는 경험을 여러 번 하면 전기가 연결되어 있지 않다는 사실을 발견하게 된다. 일단 이렇게 일반화를 하고 나면 아동은 기계를 켰어도 작동하지 않을 때에는 항상 전기가 연결되어 있는지를 확인하는 책략을 구성하게 될 것이다.

아동의 이러한 책략 구성은 변화 과정이 독립적이지 않고 상호작용함을 보여준다. 전기가 연결되어 있는지를 점검하는 책략을 구성하기 위해서는 기계에 대한 지각이 충분히 자동화되어 플럭을 기계의 독립된 부분으로 약호화해야 하고, 플럭이 있는 기계는 플럭이 연결되지 않으면 보통 작동하지 않는다고 일반화하여야 한다. 이 책에서 분명하게 드러나겠지만 이러한 네 변화 과정—자동화, 약호화, 일반화와 책략 구성—은 영아의 통계적 학습에서부터 청소년들의 컴퓨터 프로그램밍에 이르기까지 아동 사고의 모든 측면의 발달에서 중요한 역할을 한다.

아동들은 어떻게 다른가?

연령 다른 아동들이 천차만별이듯이 같은 연령의 아동들도 서로 다르다. 개인차는 키와 몸무게에서부터 성격과 창의성에 이르기까지 발달의 모든 측면에서 나타나며, 지능연구에서 특별히 많이 다루어져 왔다. 이런 노력은 프랑스 정부가 공교육 프로그램을 시작하면서 나타났다. 모든 아동들이 동일한 가르침으로 도움을 받는 것이 아니라는 사실을 인식한 프랑스 교육부에서는 Alfred Binet와 Theophile Simon에게 일반 학교 교육으로 학습할 수 없어서 특수 교육이 필요한 아동들을 찾아내는 검사를 개발해 줄 것을 요구했다.

Binet-Simon의 첫 검사는 1905년에 공개되었다. 이 검사는 언어, 기억, 추리, 문제 해결과 같은 지능의 여러 측면과 관련된 질문들로 구성되어 있다. 1916년에는 스텐포드 대학의 교수였던 Lewis Terman이 이 검사를 미국에서 사용할 수 있도록 만들어서 Stanford-Binet 검사라고 명명했다. 개정된 이 검사는 오늘날에도 아주 많이 사용되고 있다.

Stanford-Binet 검사와 다른 여러 지능검사들은 연령이 같아도 아동들이 생각하고 추리하는 수준은 다를 수 있다는 가정에 기초하고 있다. 어떤 7세 아동은 평균 9세 아동 정도로 생각하고 어떤 7세 아동은 평균 5세 아동 정도로 생각한다. 아동들 사이의 이런 개인차를 파악하기 위해 지능검사에서는 *생활연령(CA)*과 *정신연령(MA)*을 구분한다. 생활연령은 아동이 태어난 이후에 경과한 시간으로, 태어난 지 60개월이 되었으면 생활연령은 5세이다. 정신연령은 좀더 복잡한 개념으로 지능검사에서 나타난 다른 아동들의 수행에 대한 특정 아동의 수행정도를 나타낸다. 특히 아동의 정신연령은 50% 아동들이 그 아동만큼 정답을 한 연령으로 정의된다. 예를 들어, 평균 5세 아동이 검사에서 20문제에 정답을 했다면, 20문제를 맞힌 어떤 아동의 정신연령은 생활연령에 상관없이 5세이다.

Terman은 정신연령이 5세인 4세, 5세, 6세 아동들은 아주 다르다고 보았다. 4세 아동은 아주 조숙한 것이고, 5세 아동은 보통이고, 6세 아동은 늦은 것이다. Terman은 이런 의미를 수치로 나타내기 위해서 독일의 심리학자인 Wilhelm Stern이 개발한 아이디어를 빌려와서 정신연령과 생활연령의 개념을 통합하여 *지능지수(IQ)*라는 개념을 만들었다. 아동의 IQ는 아동의 정신연령과 생활연령 사이의 비율이다. IQ는 이 비율에 100을 곱하여 아래에 제시한 것처럼 정수로 표현한다.

$$\text{IQ} = \frac{\text{정신연령}}{\text{생활연령}} \times 100$$

따라서 Terman의 예에서는 정신연령이 5세인 6세 아동은 IQ가 83이고 정신연령이 5세인 4세 아동은 IQ가 125이다. 모든 연령의 아동들을 생각할 때 평균 IQ 점수는 100인데 정의에 의하면 어떤 연령집단의 평균 정신연령은 그 집단의 생활연령과 같기 때문이다. IQ 점수가 100 이상이거나 이하이면 아동이 그 연령집단의 평균 이상이거나 이하임을 나타내고 점수가 100에서 떨어진 정도는 점수가 평균보다 어느 정도 이상 또는 이하인지를 나타낸다.

IQ 점수가 이렇게 많이 사용되는 이유 가운데 하나는 학교에서의 수행을 잘 예측하기 때문이다. 또 다른 이유는 상당히 오랜 기간동안 IQ 점수가 안정적이기 때문이다. 예를 들어, 6세 아동의 IQ는 16세 때의 IQ를 잘 예측한다. 그러나 둘 사이의 관계가 완벽한 것은 아니다. 시간이 지나면서 어떤 아동의 IQ는 크게 증가하고 어떤 아동의 IQ는 감소한다. 또한 무엇이 지능이고 지능을 얼마나 정확하게 측정하는지에 대해서는 논란이 있다. 그러나 지능검사 점수는 일학년에서부터 성인이 될 때까지 상당히 안정적이고 학교 성적을 아주 정확하게 예측한다.

최근까지도 어릴 때와 나중의 수행 사이의 예언적 관계가 이 정도인 경우는 많지 않았다. 4세 이하 아동들을 위해 개발된 지능검사에서의 점수는 그 아동들이 나이가 들었을 때 지능검사 점수와 별 관계가 없었다. 이는 영아지능에서의 개인차는 나중의 지능에서의 개인차와 별 관계가 없음을 시사한다.

그러나 최근에 영아들의 정보처리에 대한 측정치는 영아기 지능과 아동기 지능 사이에 어느 정도의 연속성이 있음을 보여주었다. 측정치는 아주 간단하다. 영아들에게 물체나 그림과 같은 자극을 반복해서 보여주면 영아들은 자극에 흥미를 잃고 점점 덜 보게 된다. 즉 영아들은 자극에 *습관화*되는데 습관화되는 속도는 영아들마다 다르다; 어떤 영아들은 아주 빨리 습관화되고 어떤 영아들은 아주 느리게 습관화된다. 중요한 발견은 7개월에 영아들이 더 빨리 습관화될수록 그리고 습관화된 이후에 새로운 자극을 더 선호할수록('새로움 선호' 라고 불림) 4년에서 10년 이후에 지능지수 점수가 더 높았다는 것이다(Colombo, 1993; Fagan & Singer, 1983; Rose, Feldman, & Wallace, 1992).

왜 7개월 때의 습관화 속도가 나중의 IQ와 성취검사 점수를 예측할까? 한 설명은 초기와 후기의 수행이 모두 아동의 약호화의 효율성을 반영한다는 것이다(Bornstein & Sigman, 1986; Colombo, 1993, 1995). 다른 말로 하면 머리가 더 좋은 영아들은 그림에서 흥미로운 것을 더 빨리 약호화하므로 그림에 대한 흥미를 더 빨리 잃게 된다. 이 영아들은 새로운 자극과 이전 자극 사이의 차이를 더 확실하게 약호화하기 때문에 새로운 자극이 제시되면 더 흥미를 보인다. 우수한 약호화는 영재 아동들과 청소년들이 문제를 풀고 빨리 학습하는 능력과 관련이 있음이 발견되었다(Sternberg, 1999). 이처럼 약호화의 질은 초기와 후기의 지적 능력을 연결하는 것 같다.

지능과 인지 발달의 다른 영역에 대한 많은 연구들은 개개 아동들의 행동에 관심을 둔다. 그러나 최근에는 연구자들이 관심을 외부뿐 아니라 내부로도 확장하고 있다. 내부를 들여다보려는 노력은 뇌의 발달이 아동 사고의 변화와 어떻게 관련되는지를 검토하는 것이다. 외부를 들여다보려는 노력은 개개 아동뿐 아니라 다른 사람이나 문화적 기관의 영향을 검토하는 것이다. 이처럼 첫 번째 접근은 생물학, 신경과학과 같은 인접학문의 발견과 통찰에 기초하고, 두 번째 접근은 사회학, 인류학의 발견과 통찰에 기초한다. 아동 사고를 이해하기 위한 이런 접근들을 소개하겠다.

뇌의 변화가 어떻게 인지 발달에 기여하는가?

일반적으로 어떤 종의 뇌가 클수록 그 종에 속한 개체들은 더 지적일 가능성이 크다. 의문의 여지없이 아동이 발달하는 동안에 일어나는 뇌의 크기, 구조와 연결형태의 변화는 아동 사고의 변화와 밀접하게 관련된다. 이런 변화는 양적이든 질적이든 세 수준에서 일어난다: (1) 뇌의 전체적 변화; (2) 뇌의 특정 구조의 변화; (3) 뇌를 구성하는 수많은 세포의 변화(신경세포).

뇌의 전체적 변화. 뇌의 전체적 변화는 출생 시부터 성인기까지 뇌의 무게가 크게 증가하는 데서 분명하게 드러난다. 뇌는 출생 시에는 대개 400g 정도이고 11개월에 850g, 3세에 1100g, 성인이 되면 1450g이 된다(Kolb & Whishaw, 2003). 이처럼 성인 뇌의 무게는 신생아 뇌의 거의 4배이다. 이러한 뇌 크기의 변화로 훨씬 더 발전된 사고가 가능해진다.

뇌 구조의 변화. 뇌의 주요 부위의 상대적 크기와 활동수준도 발달 과정에서 변한다. 뇌는 두 부분 즉 피질하 구조와 피질로 구분된다. 피질하 구조는 시상, 연수와 뇌교와 같은 척수 위에 있는 영역이다(그림 1.2). 이 구조는 인간과 다른 포유동물, 특히 원숭이와 같은 영장류에서 유사하다.

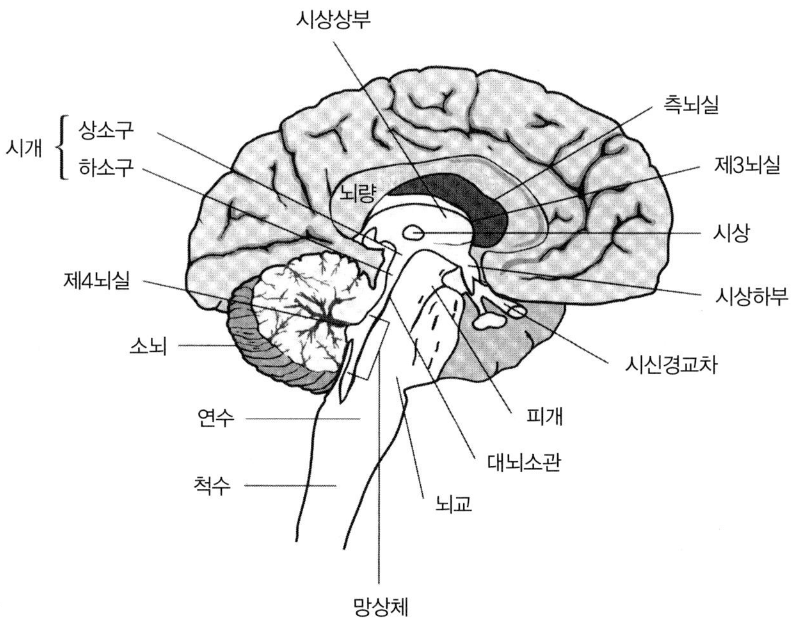

그림 1.2 뇌의 구조. 여러 피질하 영역과 대뇌피질.

피질하 구조와 같이, 피질에는 편도체와 시상하부와 같이 인간과 다른 영장류에서 유사한 구조들도 있지만, 인간에서 훨씬 더 발달한 커다란 구조인 대뇌피질이 있다. 뇌의 나머지 부분의 위에 있는 이 커다란 구조 때문에 인간은 언어, 복잡한 문제 해결과 같은 고유한 고등인지기술을 가질 수 있다.

출생 시와 그 이후 몇 년 동안 대뇌피질은 뇌의 다른 부분에 비해 상대적으로 미성숙하다. 이는 대뇌피질이 성인 때 무게에 훨씬 못 미치거나 전기적 활동과 화학적 활동의 조직이나 형태가 성숙한 형태와 많이 다르다는 점에서 드러난다. 대뇌피질의 상대적 미성숙은 인지기능에 중요한 영향을 미치고, 나중에는 대뇌피질이 주도적 역할을 할지라도 처음에는 어떤 유형의 인지기능은 불가능하고 어떤 인지기능은 처음부터 뇌의 좀 더 성숙한 부분에 의해 수행된다.

그림 1.3에 나타난 것처럼 대뇌피질은 앞부분에 해당하는 *전두엽*, 꼭대기 부분에 해당하는 *두정엽*, 뒷부분에 해당하는 *후두엽*, 아래쪽에 해당하는 *측두엽*의 네 부분으

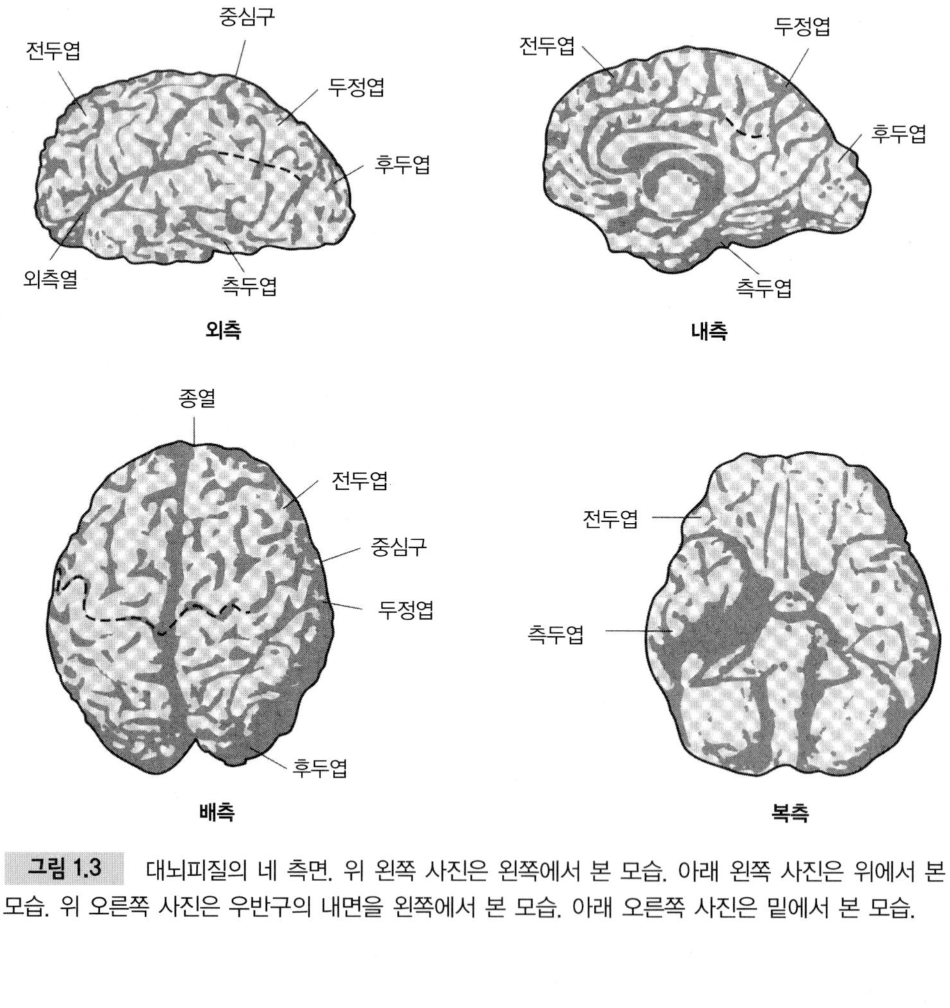

그림 1.3 대뇌피질의 네 측면. 위 왼쪽 사진은 왼쪽에서 본 모습. 아래 왼쪽 사진은 위에서 본 모습. 위 오른쪽 사진은 우반구의 내면을 왼쪽에서 본 모습. 아래 오른쪽 사진은 밑에서 본 모습.

로 구성된다. 각 영역은 각각 특정한 인지활동을 담당한다. 예를 들어, 후두엽은 시각정보를 처리하는 데 중요한 역할을 하고, 전두엽은 의식, 계획하기, 인지활동의 조정에 깊이 관여한다. 전두엽이 관여하는 중요한 활동을 살펴보면, 전두엽은 출생 시에 뇌의 다른 부분이나 대뇌피질의 다른 부분에 비해 아주 미성숙함을 짐작할 수 있다. 대뇌피질은 영아기와 아동기 초기에 많이 발달하는데 이는 이 기간에 나타나는 인지능력의 진보에 아주 결정적인 것 같다(뇌의 부분에 따라 성숙의 속도가 달라지는 것에 대한 논의는 Chugani와 Phelps, 1986을 참고하라).

대뇌피질은 두 *반구*로 나뉘어지고 *뇌량*이라고 부르는 신경다발로 연결된다. 각 반구는 신체 반대쪽에서 오는 감각정보와 운동반응을 처리한다. 따라서 신체의 왼쪽 부분에서 오는 감각자극과 운동반응은 우반구에서 처리하고, 신체의 오른쪽 부분에서 오는 감각자극과 운동반응은 좌반구에서 처리한다. 또한 두 반구는 정보를 다른 방식으로 처리하도록 전문화되어 있다. 예를 들어, 대부분의 오른손잡이 성인들의 좌반구는 정보를 순차적이고 분석적 방식으로 처리하고, 우반구는 정보를 좀 더 전체적이고 통합적 방식으로 처리한다. 그 결과, 언어적 · 논리적 정보는 주로 좌반구에서 처리하고 정서적 · 공간적 정보는 주로 우반구에서 처리한다. 어느 한쪽 반구가 이 기능을 수행하는 데 전문화되어 있기 때문에 이들이 편재화해 있다고 말한다.

최근 연구들은 대뇌 편재화가 영아기부터 나타난다고 밝히고 있다. 예를 들어, 영아들은 6개월부터 운동과제에서 어느 한쪽 손을 더 많이 사용하는데 이는 6개월경에 기능이 이미 편재화해 있음을 시사한다(Michel, 1998). 또 다른 예로, 한 연구에서 5개월에서 12개월 사이의 영아들이 옹알이 소리를 낼 때 입을 벌리는 형태와 옹알이가 아닌 소리를 낼 때 입을 벌리는 형태를 비교하였다. 옹알이 소리를 낼 때 영아들은 입의 오른쪽을 왼쪽보다 더 넓게 벌렸는데 이는 좌뇌가 통제하고 있음을 시사한다. 그러나 옹알이가 아닌 소리를 낼 때에는 입의 양쪽을 비슷한 정도로 벌렸다(Holowka & Petitto, 2002). 이 결과는 좌뇌가 생후 첫 해에도 언어 처리에 관여함을 보여준다.

뉴런의 변화. 뇌에서 일어나는 좀 더 구체적인 세 번째의 변화는 특정 뉴런과 관련된다(신경세포). 뇌의 모든 부위에 있는 뉴런의 수는 막대하여 총 1000억 내지 2000억 개이다. 발달하면서 뉴런들은 점점 더 강력하게 연결된다.

뉴런은 세 부분으로 구성되어 있다: 신경세포의 핵심인 세포체, 다른 뉴런에서 세포체로 정보를 전달하는 수많은 *수상돌기*, 세포체에서 다른 뉴런으로 정보를 전달하는 긴 신경세포인 *축색*(그림 1.4).

뉴런은 전기적 · 화학적으로 정보를 전달한다. 뉴런 내에서 일어나는 정보의 전달

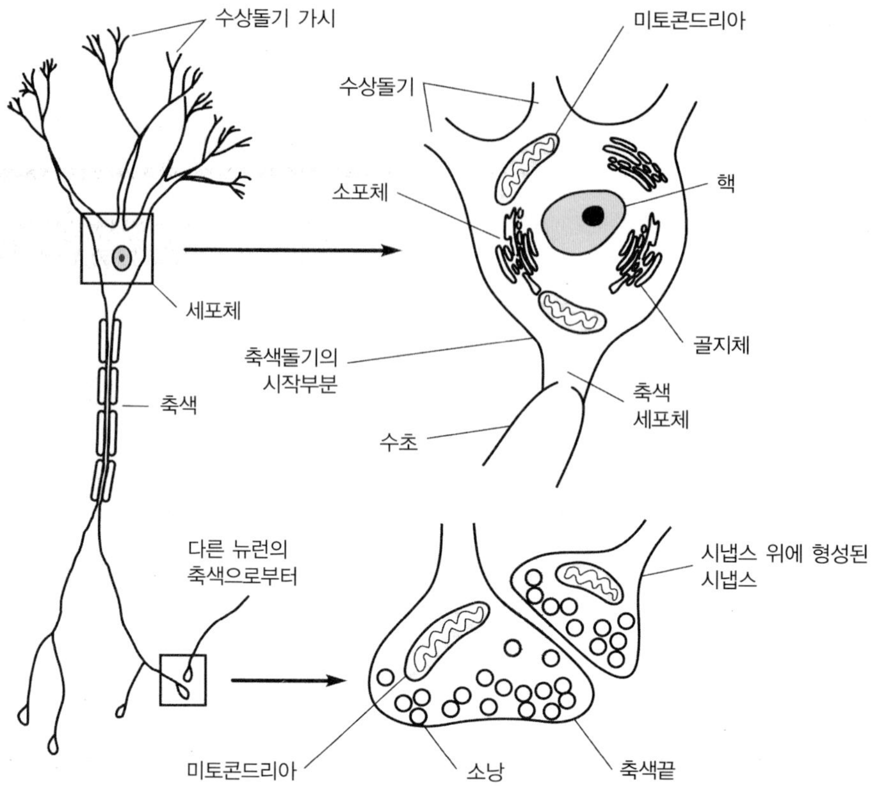

그림 1.4 전형적인 뉴런의 구조(왼쪽)로 사각형 속의 세포체, 사각형 아래의 축색, 꼭대기의 수상돌기가 포함되어 있다. 축색 가운데 세포체와 분리되는 처음 부분은 덮여있지 않다. 축색 주변에 덮여있는 것이 수초라는 일종의 절연체로 전기적 전달의 속도를 증가시킨다. 오른쪽 아래 그림에 나타난 것처럼 시냅스에서는 한 뉴런의 축색의 끝과 다른 뉴런의 수상돌기의 시작과 가까이 인접해 있다. 시냅스에서는 신경전달물질로 알려진 화학물질이 축색의 끝에서 수상돌기의 시작 또는 다른 축색으로 흘러가면서 정보가 뉴런에서 뉴런으로 전달된다.

은 전기적이다. 전기적 신호는 수상돌기에서 세포체와 축색으로 전달된다. 뉴런 사이에서 일어나는 정보의 전달은 화학적이다. 뉴런은 직접 연결되어 있지 않고 두 뉴런 사이에 *시냅스*라고 부르는 작은 공간이 있어서 한 뉴런의 축색을 다른 뉴런의 수상돌기와 분리시킨다. 축색을 따라 전달되는 전기적 충격은 화학 전달물질을 방출하게 하는데 이 전달물질은 시냅스를 가로질러 축색의 끝에서 이웃한 다른 뉴런의 수상돌기로 흘러간다. *신경 전달물질*이 뉴런의 수상돌기에 도달하면 정보는 다시 전기적 충격으로 바뀌어서 그 뉴런 내에서 전달된다. 성인의 경우 하나의 뉴런은 다른 뉴런과 1,000개 이상의 시냅스를 형성한다. 이러한 복합적 연결은 정보가 동시에 뇌의 여러 부위로 전달되게 한다(Thompson, 2000).

시냅스 형성. 출생 시에는 뉴런 사이의 시냅스가 별로 형성되어 있지 않다. 뇌의 여러 부위에서 시냅스는 과잉생산과 가지치기의 독특한 발달 과정을 따른다. 발달의 초기에는 시냅스가 폭발적으로 많이 생겨서 걸음마기 아동의 뇌의 시냅스 수는 성인의 수를 훨씬 능가한다. 그 이후 아동기에 걸쳐 시냅스의 수가 성인의 수준으로 감소한다. 예를 들어, 전두엽의 한 부분에서 시냅스 연결의 밀도는 출생 시부터 12개월 사이에 10배 정도 증가한다. 2세가 되면 성인의 거의 두 배가 되고 그 이후에는 점차 감소하여 7세가 되면 성인의 수준에 이른다(Huttenlocher, 1994).

뇌의 다른 부분에서도 과잉생산과 가지치기의 동일한 발달 과정이 일어나지만 시차가 있다(Huttenlocher & Dabholkar, 1997). 예를 들어, 시각피질에서는 전두엽보다 일찍 즉 1세경에 시냅스의 밀도가 최고에 이르고 가지치기는 더 오래 즉 11세까지 계속된다(Huttenlocher, 1990). 그러나 초기에 시냅스가 크게 증가하고 그 이후 오랜 기간 동안 가지치기가 일어나는 것이 일반적이다.

뇌의 시냅스 사이의 연결의 궁극적 형태를 결정하는 것은 무엇인가? 시냅스 형성 과정의 초기 단계는 유전적으로 통제된다(Bourgeois, 2001). 그러나 나중에는 경험이 아주 중요한 역할을 한다. 특히, 경험은 어떤 시냅스가 유지되고 어떤 시냅스가 가지치기되는지를 결정하는 데 중요한 역할을 한다. 경험이 시냅스를 활성화시켜 신경 전달물질이 방출되면 시냅스는 유지되고, 그렇지 않으면 시냅스는 사라진다(Greenough & Black, 1992; Geeenough, Black, & Wallace, 1987). 행동과 마찬가지로 뇌도 유전과 경험 간의 복잡한 상호작용으로 발달한다.

어떤 연구자들은 시냅스가 초기에 과잉 형성되는 것은 영아들과 걸음마기 아동들이 특정 기술을 성인보다 더 효율적으로 습득하는 것과 관련이 있다고 추정한다(예, Bjorklund, 1997). 예를 들어, 걸음마기 아동들은 모국어의 소리나 통사를 아주 잘 알아차린다. 그들은 이민을 와서 새로운 언어를 배우기 시작한 성인들보다 훨씬 더 효과적으로 학습한다(Johnson & Newport, 1989). 이것은 아동들이 모국어를 배우고 성인들은 제2외국어를 배우기 때문이 아니다. 어린 아동들은 제2외국어의 음운론과 통사도 훨씬 더 잘 배운다. 어린 아동들의 뇌의 과도한 시냅스는 영어와 같은 언어의 음운론과 통사에 포함되어 있는 매우 복잡한 유관성 체계를 배우는 데 유용하다.

인생의 초기에 과잉으로 형성된 시냅스 때문에 미성숙한 뇌는 경험의 다양성에 적응하는 놀라운 능력을 보인다. 이러한 초기의 *가소성* 때문에 영아들과 아동들이 사고나 뇌졸중으로 뇌손상을 입어도 극적으로 회복하게 된다(Stiles, Bates, Thal, Trauner, & Reilly, 2002). 예를 들어, 영아나 어린 아동들이 언어를 처리하는 뇌 부위에 손상을 입게 되면 뇌의 다른 부위가 그 역할을 담당하게 되기 때문에 완전하게 회복된다. 실제 뇌의 '배선이 다시 이루어져서' 처음에는 언어를 처리하지 않던 뇌 부위가 그 기능을 떠맡게 된다. 같은 뇌 부위에 손상을 입은 성인은 뇌의 다른 부위에 있는 뉴런들이 이미 다른 기능을 담당하고 있기 때문에 회복이 어렵다.

신경의 가소성은 손상의 회복에 중요할 뿐 아니라 뇌가 경험의 다양성에 적응하게 한다(Elbert, Heim, & Rockstroh, 2001). 예를 들어, 음악가가 아닌 사람에 비해 현악기를 연주하는 사람의 대뇌피질에는 왼손의 손가락이 넓게 표상되어 있다. 게다가 어릴 때부터 음악훈련을 시키면 대뇌피질의 구조가 많이 달라진다. 어릴 때부터 현악기를 배운 음악가들은 나이가 들어서 배운 음악가들에 비해 왼손의 작은 손가락을 자극하면 신경활성화가 더 많이 일어난다(Elbert, Pantev, Wienbruch, Rockstroh, & Taub, 1995). 이 결과는 뇌의 가소성은 성장하면서 감소함을 시사한다.

사회적 환경이 어떻게 인지 발달에 기여하는가?

인지 발달을 이해하기 위해서는 뇌에 대해 이해할 뿐만 아니라 사회적 환경의 기여도도 이해해야 한다. 아동들은 출생하는 순간부터 사회적 환경에서 살게 된다. 아동들의 사회적 세계는 부모, 형제, 상호작용하는 많은 사람들을 포함할 뿐 아니라 인간의 노력과 발명의 결과인 많은 인공물(책, 텔레비전, 컴퓨터, 자동차 등), 문화적 유산을 반영하는 여러 가지 기술(읽기, 쓰기, 수학, 컴퓨터 프로그래밍, 비디오 게임 등), 그리고 책략이나 문제 해결 노력을 특정한 방향으로 이끄는 여러 가지 가치(속도, 정확도, 단정함, 정직함 등)를 포함한다. 이 모든 것들이 아동들이 무엇에 대해 생각하고, 그것에 대해 어떻게 생각하는지에 영향을 미친다. 아동발달에서 사회적 세계의 역할을 강조하는 발달이론을 *사회문화적 이론*이라고 부른다. 이 이론은 4장에서 다룰 것이다. 그러나 아동 인지 발달에서 다른 사람들의 역할의 중요성을 보여주는 사례는 이 책의 여러 곳에서 발견할 것이다.

발달에 대한 사회문화적 입장은 20세기 초에 러시아의 발달심리학자인 Lev Semenovich Vygotsky에 의해 처음으로 제안되었다. 비고츠키의 이론과 현대의 사회문화적 이론들은 인지 발달의 과정을 설명하는 데 사회적 · 문화적 · 역사적 맥락의 중요성을 강조하고 맥락을 아동 경험의 통합적 부분으로 간주한다. 따라서 인지나 행동을 그들이 일어난 맥락과 분리하거나 독립된 것으로 보는 것은 무의미하다(Rogoff, 1998). 게다가 발달적 변화는 아동 개개인의 지식이나 인지 과정뿐 아니라 사회적 상호작용에서 아동들의 역할, 아동들이 문화적으로 결정된 형태의 행동에 참여하는 방식에서도 나타나는 것으로 개념화된다. 따라서 사회문화적 관점에 따르면, 어떤 연령에서의 수행이나 그 수행에서 나타나는 발달적 변화를 이해하기 위해서는 맥락 내에서 행동을 연구하고 분석하는 것이 중요하다.

행동을 맥락 내에서 연구하다는 것은 무슨 의미일까? 실제, 과학적 연구 경향에 따라 관심을 두는 사회적 · 문화적 맥락은 다르다. 맥락을 그리는 데 있어서 가장 영향력이 있는 한 입장은 Urie Bronfenbrenner(1979)의 입장으로, 그는 맥락을 "러시아 인형처럼 각 구조가 다른 구조 안에 내포되어 있는 일군의 포개진 구조"라고 정의하였다. Bronfenbrenner는 사회적 · 문화적 맥락의 여러 층을 기술하였는데 각 맥락은 그 자체의 심리적 기능뿐 아니라 다른 맥락과의 상호작용에도 영향을 미친다.

그림 1.5에 제시한 것처럼, 가장 안쪽에 있는 맥락 층은 발달이 일어나는 *미시체계*로 구성된다. 미시체계는 부모 · 형제 · 교사 · 학급친구와의 관계와 같이 아동이 직접적인 역할을 하는 사회적 관계이다. 밖으로 나가는 다음 층은 *중간체계*로 구성되는데 이 체계는 상호 관련된 여러 개의 미시체계로 이루어진다. 예를 들어, 가족과 학교의 미시체계는 중간체계를 구성하기 위해 상호작용한다. 가족들은 기대를 가지고, 아동들이 학교에서 하는 행동에 영향을 미칠 수 있는 학습의 기회를 제공한다. 마찬가지로, 학교는 사회적 이벤트, 부모-교사 모임과 같이 가족들이 어떻게 상호작용할지에 영향을 미치는 활동을 지원한다. 다음은 *외체계*로 아동이 직접적인 역할을 하지는 않지만, 아동의 발달에 영향을 미치는 사회체계이다. 외체계의 좋은 예는 학교위원회로

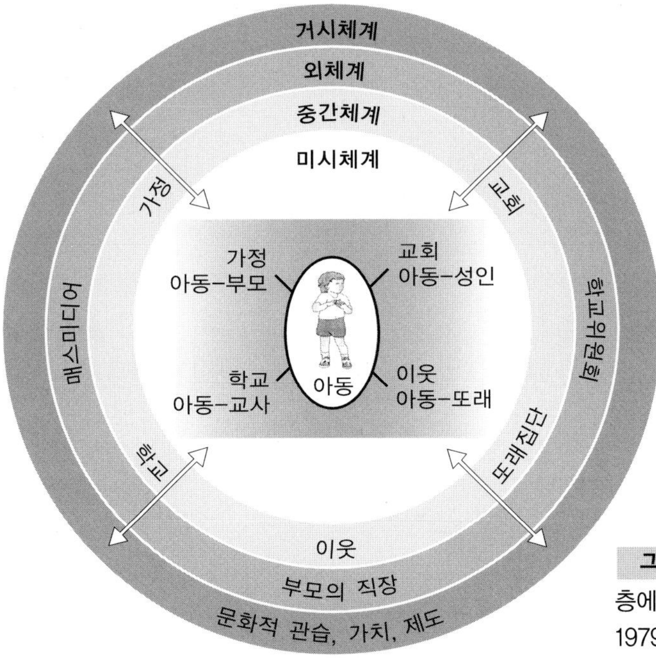

그림 1.5 상호작용하는 맥락 층에 대한 도식(Bronfenbrenner, 1979).

학교조직, 학기의 기간, 필수적인 교육 과정의 성격 등을 결정한다. 아동들은 직접적으로 이 체계에 관련되지는 않지만 이 체계는 아동들의 발달에 분명히 영향을 미친다. 마지막으로, 이 모든 체계는 더 넓은 문화적 맥락인 *거시체계* 안에 자리를 잡는다. 거시체계는 아동들이 어떻게 보호를 받아야 하는지, 발달의 여러 시점에서 아동들이 어떤 활동을 해야 하는지 등에 대한 문화적 기대를 내포하고 있다. 거시체계는 더 광범위하여 가족과 지역사회가 어떻게 조직화되는지에 대한 문화적 실례, 지역사회 내에서 아동들의 역할에 대한 문화적 가치, 그리고 학교와 어린이집과 같은 문화적 기관을 모두 포함한다.

미시체계에서부터 거시체계에 이르기까지 이 모든 체계는 시간에 따라 변한다. 예를 들어, 아동과 부모의 관계는 아동들이 성장하면서 변하고, 아동들의 행동에 대한 사회적 기대도 아동들의 나이와 역사에 따라 변한다. Bronfenbrenner가 최근 제안한 입장에는 다양한 수준의 맥락에 시간차원이 포함되어 있다(예, Bronfennbrenner, 1998).

맥락의 이 모든 측면들은 발달에 대한 사회문화적 이론에서 항상 다루어진다. 그러나 사회문화적 전통에서 이루어진 많은 연구들은 아동이 직접적인 역할을 하는 사회적 상호작용(미시체계와 중간체계), 여러 문화와 하위문화에서 부여하는 발달의 기회들에 관심을 두고 있다(거시체계).

사회적 상호작용과 인지 발달. 비고츠키의 이론은 '고등' 심리 과정에 관심을 두고 있다—이 과정은 추리, 개념형성과 같이 인간과 동물을 구분하는 과정이다. 비고츠키는 모든 '고등' 정신 과정의 뿌리는 사회적 상호작용에 있다고 보았다. 아동들은 처음에는 사회적 파트너로부터 지원을 받으면서 인지과제를 수행하지만 시간이 가면서 이런 사회적 상호작용은 점진적으로 내면화되어 궁극적으로 과제를 스스로 수행할 수 있게 된다. 따라서 비고츠키에 의하면 발달적 변화의 중심기제는 사회적으로 공유된 과정들의 내면화이다.

내면화의 개념은 아동발달을 인도하고 지원하는 다른 사람의 통합적 역할을 강조한다. 사람들이 아동들에게 제공하는 여러 가지 조력 중 한 가지는 *사회적 발판화*로 아동들이 과제에 대해 적절하게 생각하도록 돕고, 문제 해결의 방법을 모델링하고, 아동을 유용한 방향으로 인도하기 위해 힌트를 주는 활동이다. 사회적 발판화의 개념은 건물을 짓기 위해 사용하는 물리적 발판의 비유에서 유래했다. 물리적 발판은 건축하는 사람들이 건물의 기본 구조를 만들면서 땅 위 높은 곳에서 일할 수 있도록 만든 금속 틀이다. 이는 작업하는 사람들을 지원하지만 기본 구조가 만들어지면 철거된다. 사회적 발판화도 이와 유사하다. 아동들보다 더 유능한 사람들의 활동은 아동들이 혼자 생각할 때 보다 더 발전된 방식으로 생각할 수 있게 만들어 주는 일시적 틀이다. 높은 수준에서 한 동안 일을 한 후에는 아동들도 외부 지원 없이 그 수준에서 혼자 일할 수 있다. 부모들은 발판화 모델이 기술하는 방식으로 아동들을 가르치고, 아동들이 어떤 기술을 막 배우기 시작할 때에 적극적으로 돕고, 아동이 그 과제에 숙달하면 점진적으로 장면에서 후퇴한다(Pratt, Kerig, Cowan, & Cowan, 1988; Wood, 1986).

인지 발달의 문화적 맥락. 비고츠키 이론은 아동 발달에 있어서 문화의 중요성을 강조한다. 특히, 사고를 형성하고 구성하는 데 있어서 문화적 도구의 중요성을 강조한다. *문화적 도구*란 사람들이 목표를 달성하기 위해 문화적으로 만든 모든 물체나 생각을 말한다: 계산기 · 컴퓨터와 같은 도구; 책 · 지도와 같은 표상을 위한 장치; 수학 · 과학과 같이 세상을 이해하는 방식; 숫자 · 글자와 같은 기호체계; 중력 · 힘과 같은 개념.

가장 일상적인 문화적 도구와 상호작용함으로써 아동들은 사회적 세계와 물리적 세계를 잘 이해하게 된다. 예를 들어, 달력과 시계에 대해 생각해 보자. 달력과 시계에 대해 학습하는 것은 단순히 시간을 말하는 것 이상이다. 거기에는 시간을 해, 달, 일, 시간, 분, 초와 같은 비연속적 단위로 나누는 것이 유용하다는 우리 문화의 신념을 배우는 것도 포함된다. 우리는 아이들에게 6시까지 또는 6시 15분까지 집에 오라고 하거나 8시 5분까지 학교에 오라고 말하지만, 8시 7분 30초까지 오라고 하지는 않는다. 우리는 시간을 어느 정도의 정확도 수준에서 나누는 것이 유용하지만 그 이상은 아니라고 생각하는데, 이와 같은 셀 수 없이 많은 경험을 통해 아동들이 시간과 같은 기초적 개념에 대해 생각하는 방식이 만들어진다.

또한 문화는 아동의 활동 유형에 영향을 미침으로써 아동 발달에 기여한다. 문화에 따라 아동들을 돌보는 방식, 아동들의 전형적인 일의 종류 등 큰 차이가 있다. 미국과 같은 문화권에서는 아동들이 성인들의 사회적, 경제적 세계에서 거의 분리되어 있다. 어떤 문화권에서는 아동들이 어린이집이나 형식적 교육의 맥락에서 대부분 학습기회를 얻는다. 또 다른 문화권에서는 아동들이 일상적으로 성인들의 활동에 통합되어 세탁하기와 음식 준비하기와 같은 가사활동에 참여하고 대부분의 학습기회는 일상적인 삶의 맥락에서 일어난다. 학습기회의 차이는 아동들의 인지 발달의 성질과 과정을 변화시킨다. 따라서 문화는 아동들이 문화적으로 가치 있는 활동에 참여하는 방식을 변화시킴으로써 아동 발달에 영향을 미친다.

책의 구조

이 책의 구조는 장별로 살펴볼 수도 있고, 여러 장에서 반복적으로 등장하는 주제에 따라 살펴볼 수도 있다. 두 입장에서 이 책을 살펴보겠다.

각 장의 구조

이 책은 세 부분으로 나누어져 있다. 첫 번째 부분은 1장에서 4장으로 아동 사고에 대한 삐아제 이론, 정보처리 접근과 사회문화적 접근을 포함한 넓은 관점을 살펴본다. 두 번째 부분은 5장에서 11장으로 아동 사고의 좀 더 구체적인 측면 즉 아동들이 세상을 어떻게 지각하는지, 의사소통하기 위해 언어를 어떻게 사용하는지, 읽기 · 쓰기 · 산수를 어떻게 학습하는지의 문제를 다룬다. 세 번째 부분은 12장으로 아동 사고의 발달에 대한 과거를 정리하고 앞으로 중요하게 부각될 문제들을 예측한다.

1장에서는 이 책에서 다룰 영역을 정의하고 중요한 생각을 소개하였다. 2장에서는 현대 인지 발달심리학을 만든 삐아제의 이론을 살펴본다. 아동들이 해의 시작을 어떻게 보는지에서부터 무게가 다른 물체들을 어떻게 서열화하는지에 이르기까지 여러 주제에서 삐아제는 사람들이 보지 못한 많은 것들을 보았다. 게다가, 삐아제는 생후 첫 날부터 청소년기 후기에 이르기까지 아주 폭넓은 연령층의 아동들을 관찰하였다. 따라서 그의 관찰은 영아기, 아동기와 청소년기의 발달의 여러 측면에 대해 알 수 있게 해준다.

3장에서는 아동 사고의 연구에서 또 다른 중요한 입장인 정보처리 접근을 살펴본다. 이 접근은 어떤 면에서는 삐아제 이론의 현대적 확장이고 또 어떤 면에서는 삐아제 이론에 대한 대안이다. 정보처리 접근의 기본 가정은 다음과 같다: 아동들의 정신활동을 정보를 조작하는 과정으로 기술할 수 있다; 정보처리 용량은 제한되어 있다; 개인의 정보처리체계와 환경과의 상호작용으로 인해 인지적 성장이 일어난다(Klahr & MacWhinney, 1998). 정보처리 접근은 인지 변화를 일으키는 기제에 대해 정확한 아이디어를 제공하기 때문에 인지 발달을 연구하는 데 아주 유용하다.

4장에서는 아동 사고의 연구에서 또 다른 중요한 입장인 사회문화적 접근을 살펴본다. 앞에서 논의하였듯이, 사회적 · 문화적 세계는 아동들이 하는 일, 아동들이 무엇에 대해 생각하고 어떻게 생각하는지에 지대하게 영향을 미친다. 사회문화적 이론에 기초한 연구들은 사회문화적 요인이 인지와 발달에 어떻게 영향을 미치는지 연구하고 있다.

5장은 이 책의 두 번째 부분의 시작으로, 이 장에서는 아동 사고의 일곱 가지 측면 즉 지각 · 언어 · 기억 · 개념이해 · 사회인지 · 문제해결 · 학업기술을 살펴본다. 5장은 지각발달, 즉 아동들이 영아기부터 가지고 있는 놀라운 여러 가지 시각기술과 청각기술, 그리고 지각과 행동의 관계를 중심으로 다룬다.

6장에서는 언어발달을 살펴본다. 아동들이 처음에 어떤 단어를 사용하는지, 언제 그리고 어떻게 문법을 학습하는지, 어떻게 단어의 의미를 학습하는지, 다른 사람과 의사소통하기 위해 어떻게 언어를 사용하는지에 초점을 둔다.

7장은 기억발달에 대한 장이다. 기초능력, 책략, 내용지식의 발달이 어떻게 기억발달에 기여하는지에 주목한다. 또한 법정에서 아동들이 하는 진술이 신뢰할 만한 것인지, 아동들의 증언의 정확성이 연령에 따라 어떻게 달라지는지의 구체적 문제도 다룬다.

8장은 개념발달에 대한 장이다. 이 장의 초반부에서는 아동들이 백과사전과 같은 정의, 느슨하게 서로 연결된 특징적 특성, 또는 인과적으로 연결된 이론의 형태로 개념을 표상하는지를 검토한다. 이 장의 후반부에서는 시간 · 공간 · 수와 생물 등의 여러 가지 개념의 발달을 다룬다.

9장은 사회인지에 대한 장이다. 자신과 타인에 대한 지식, 행동을 일으키는 마음과 정신 상태에 대한 지식, 그리고 사회적 세계에 대한 지식을 포함하여 아동들이 가지고 있는 사회적 정보에 대한 이해의 발달을 다룬다.

10장은 문제 해결에 대한 장이다. 우리 모두는 매일 문제를 해결하지만 그런 활동은 어린 아동들의 삶에서 특히 중요하다. 왜냐하면 나이가 든 사람들에게는 습관이 된 많은 과제가 어린 아동들에게는 새로운 도전이기 때문이다. 이 장에서는 계획하기, 인과추론, 유추, 도구사용, 과학적 · 논리적 추론의 문제 해결 과정을 살펴본다.

11장은 읽기, 쓰기, 산수의 발달에 대한 장이다. 이전에 살펴본 지각, 언어, 기억, 개념이해, 문제 해결과 같은 여러 가지 기술들이 학급에서 사용된다. 아동들이 학업기술을 획득하는 과정은 여러 가지 사고 과정이 어떻게 협력하여 복잡한 기술과 개념을 학습하게 하는지를 잘 보여준다.

세 번째 부분인 12장에서는 다양한 아동 사고의 분야에 걸쳐 적용되는 주요 결론을 요약하고 미래의 연구에서 중요하게 부각될 문제들을 예측해 본다.

주요 주제

1. 아동 사고에 대한 가장 근본적인 질문은 '무엇이 발달하는가?' 와 '발달이 어떻게 일어나는가?' 이다.
2. 인지 발달에 크게 기여하는 네 가지 주요기제는 자동화, 약호화, 일반화, 책략

구성이다.

3. 영아들과 어린 아동들은 우리가 생각했던 것보다 인지적으로 훨씬 더 유능하다. 그들은 빠르게 학습할 수 있게 하는 많은 능력을 가지고 있다.
4. 연령집단 사이의 차이는 종류의 문제라기보다는 정도의 문제이다. 어린 아동들은 생각보다 유능한 반면 나이가 많은 아동들과 성인들은 생각보다 유능하지 못하다.
5. 아동 사고의 변화는 진공 중에서 일어나지 않는다. 아동들이 만나는 재료에 대해 이미 알고 있는 것들이 아동들이 얼마나 배우는지뿐 아니라 아동들이 무엇을 배우는지에 영향을 미친다.
6. 지능 발달은 인지자원을 점점 더 효과적으로 구사하게 되는 것뿐만 아니라 뇌 구조와 기능의 변화에 의해 일어난다.
7. 아동 사고는 사회적 맥락에서 일어난다. 크게는 부모, 또래, 교사와 문화가 아동이 어떻게 그리고 왜 특정한 방식으로 생각하는지뿐 아니라 아동들이 무엇에 대해 생각하는지에도 영향을 미친다.
8. 아동의 사고를 더 많이 이해할수록 이론적 통찰이 가능해질 뿐 아니라 실용적 유익도 늘어난다.

이 책의 내용을 잘 이해하기 위한 가장 단순한 전략은 지금 몇 분 동안 이 여덟 가지 문제를 다시 읽어보고 이에 대해 생각해 보는 것이다. 그리고 다음 장을 읽으면서 이 여덟 가지 주제들이 어떻게 아동 사고의 여러 측면들을 묶고 있는지를 발견하려고 노력해 보라.

요약

수백 년 동안 성인들은 아동들의 생각은 어디에서 오는지, 영아들이 세상을 성인들과 같이 보는지와 같은 질문을 해 왔다. 최근의 개념적 및 방법론적 진보로 인해 아동 사고에 대한 이런 질문과 다른 많은 질문에 대해 연구하는 능력이 크게 신장되었다.

아동 사고에 대한 가장 중요한 질문들은 오랜 역사를 가지고 있다. 어떤 능력이 생득적인지? 아동들은 질적으로 구분되는 발달단계를 거치는지 또는 발달이 연속적인지? 아동 사고에서의 변화는 어떻게 일어나는지? 개인들이 지능과 같은 특징에서 차이가 있는지? 초기와 후기 능력이 어느 정도 연속적인지? 성장하는 뇌와 다른 사람들로 이루어진 외부 세계가 어떻게 발달을 만들어 가는지? 이 질문들은 앞으로도 계속해서 아동 사고에 대한 가장 중요한 질문으로 남을 것이다.

이 책을 통해 여러 주제들이 반복적으로 이야기 될 것이다. 이 주제들은 영아와 어린 아동들의 놀라운 인지능력, 이러한 초기능력 이후에 계속되는 인지적 성장, 제한된 인지자원을 가지고 있는 아동들이 복잡한 과제에 적응할 때 직면해야 하는 도전, 기존의 지식이 학습에 영향을 미치는 방식, 그리고 아동 사고에 대한 뇌발달과 사회적 세계의 영향 등이다.

읽을거리

Bronfenbrenner, U. (1979). *The ecology of human development: Experiments by nature and design.* Cambridge, MA: Harvard University Press. 이 책에서 브론펜브루너는 그의 유명한 사회적, 문화적 맥락 층의 개념을 소개하고 있다.

Flavell, J. H. (1971). Stage-related properties of cognitive development. *Cognitive Psychology,* 2, 421-453. 단계이론에 대한 고전적 분석.

Johnson, M.H., Munakata, Y., & Gilmore, R.O.(Ed.). (2002). *Brain development and cognition: A reader* (2nd edition). Oxford, UK: Blackwell. 뇌 발달과 아동 사고의 관계에 대한 많은 중요한 연구들을 집대성하였다.

Meltzoff, A. (2002). Imitation as a mechanism of social cognition: Origins of empathy, theory of mind, and the representation of action. In U. Goswami(Ed.), *Blackwell handbook of childhood cognitive development.* Malden, MA: Blackwell. 생후 첫 달에 영아들은 다른 사람의 행동을 모방한다; 이 장에서는 이 놀라운 능력에 대한 증거와 이 능력이 영아기와 그 이후에 어떻게 발달하는지를 보여준다.

제 2 장

삐아제의 발달 이론

로랑이 7개월 28일 되었을 때 나는 조그만 종을 쿠션 뒤에 놓아두었다. 작지만 종이 보이면 로랑은 종을 잡으려고 했다. 그러나 종이 완전히 보이지 않을 때에는 전혀 찾지 않았다. 나는 손을 가리개로 하여 실험을 계속 하였다. 로랑이 팔을 뻗어서 공을 잡으려는 순간 공을 내손(내 손은 벌려져 있었고 그 아이에게서 15cm 정도 떨어져 있었다) 뒤로 감추었다. 로랑은 마치 공이 더 이상 존재하지 않는 것처럼 즉각 팔을 움츠렸다. 그 뒤 나는 손을 흔들었다. 로랑은 종소리를 듣고 굉장히 놀라서 주의 깊게 바라보았지만 종을 찾으려고 하지는 않았다. 내가 손을 돌려서 작은 종을 보여주자 로랑은 종을 향해 손을 뻗었다. 내가 손의 위치를 바꾸어서 종을 감추자 로랑은 다시 팔을 움츠렸다. (Piaget, 1954, p.39)

이 아이의 이상한 행동은 무엇을 말하는 것일까? 삐아제(1954)는 로랑이 종이 보이지 않을 때에도 계속 존재한다는 사실을 모르기 때문에 종을 찾지 않았다는 재미있는 해석을 하였다. 다시 말하면, 로랑은 종의 실체를 상징적으로 표상하는 능력이 없어서 실패하였다. 마치 영아들의 사고는 'out of mind, out of sight' 라는 속담의 아주 강력한 표현인 것 같다.

다른 장과는 달리 2장의 제목에는 삐아제라는 사람의 이름이 포함되어 있다. 이는 의도적인 것으로, 인지발달 연구에 삐아제가 끼친 공헌은 한 사람이 한 학문 영역의 형성에 얼마나 큰 영향을 미칠 수 있는지를 잘 보여준다. 삐아제 이전에는 인정할 만한 인지 발달 연구가 없었다. 그동안 아동 사고에 대해 많은 연구가 수행되었지만 여전히 삐아제의 초기 연구들은 중요한 시사점을 던져주고 있다. 왜 그의 이론이 이렇게 오랫동안 중요하게 인정되고 있을까?

아마도 중요한 이유는 삐아제 이론이 아동의 사고가 무엇인지를 아주 분명하게 전달하기 때문인 것 같다. 일반적으로 아동의 사고에 대한 그의 기술은 정확하고, 그의 관찰은 아주 놀라우며, 그가 발견한 일반적 경향은 우리의 직관과 아동기에 대한 우리의 기억과도 상당히 일치한다.

두 번째 이유는 이 이론이 오랜 세월동안 부모, 교사, 과학자, 철학자들의 관심의 대상이었던 주제들을 다루고 있기 때문이다. 삐아제 이론은 가장 일반적인 수준에서는 '지능은 무엇인가?'와 '지식은 어디에서 오는가?' 등과 같은 문제를 다루고 있고, 좀 더 구체적 수준에서는 시간, 공간, 수 개념이나 다른 기본적 개념들의 발달을 다루고 있다. 이런 기본 개념들의 발달을 하나의 체계를 사용하여 조리있게 정리하였기 때문에 삐아제 이론이 우리 세기의 가장 중요한 이론 가운데 하나가 된 것이다.

삐아제 이론이 장수하는 세 번째 이유는 이 이론의 범위이다. 이 이론은 영아기부터 청년기에 이르기까지 아주 폭넓은 연령층을 다루고 있다. 이 이론에서는 인간관계와 같은 개념들이 영아기의 초보적 이해에서 아동기 중기의 복잡한 형태를 거쳐 청년기의 좀 더 복잡한 형태로 어떻게 진화해 가는지 볼 수 있다. 또한 이 이론은 각 연령에서 아동이 보이는 다양한 성취를 기술하고 있다. 예를 들면, 이 이론은 5세 아동들의 과학-수학적 사고, 도덕적 추리력, 그림그리기, 인과관계에 대한 생각, 언어사용, 과거 사건들에 대한 기억 등 다양한 내용을 다루고 있다. 과학적 이론의 목표 가운데 하나가 서로 관련이 없는 것처럼 보이는 사실들의 이면에 있는 깊은 의미를 파악하는 것이라면 삐아제 이론은 이 측면에서 특히 강점을 가지고 있다.

네 번째 이유는 삐아제가 흥미로운 관찰을 하는 데 천재적 소질을 가지고 있기 때문이다. 이런 관찰 가운데 하나를 이 장의 서두에서 이미 소개하였다: 영아들이 물체를 볼 수 없다면 물체를 찾는 데 실패하는 것. 또 다른 흥미로운 관찰을 이 장에서 소개할 것이다.

삐아제 이론은 범위가 넓고 상당히 복잡하기 때문에 이 이론을 일반적인 수준에서 개괄한 후, 점점 더 깊게 다루는 것이 효과적이다. 우선 삐아제 이론을 개괄하고 둘째로, 아동 사고의 특징을 단계별로 기술하고, 셋째로 여러 가지 중요한 개념들이 출생시부터 청년기까지 어떻게 발달하는지 살펴보고, 넷째로 이 이론을 평가할 것이다. 이 차례가 표 2.1에 나타나 있다.

표 2.1 이 장의 개요

- I. **삐아제 이론의 개관**
  - A. 전체 이론
  - B. 발달 단계
  - C. 발달 과정
  - D. 기본 가정
- II. **발달 단계 모델**
  - A. 감각운동기 (출생에서 2세까지)
  - B. 전조작기 (2세에서 6, 7세까지)
  - C. 구체적 조작기 (6, 7세에서 11, 12세까지)
  - D. 형식적 조작기 (11, 12세부터)
- III. **주요 개념의 발달**
  - A. 보존
  - B. 유목과 관계
- IV. **삐아제 이론에 대한 평가**
  - A. 삐아제 이론이 아동 사고의 특징적 측면을 얼마나 정확하게 기술하고 있는가?
  - B. 아동들의 사고가 얼마나 단계적인가?
  - C. 삐아제의 일반적 기술이 아동들의 사고에 얼마나 적합한가?
  - D. 삐아제 이론의 현재 위상
- V. **요약**

삐아제 이론의 개관

삐아제 이론은 너무 폭이 넓고 복잡하기 때문에 자칫 잘못하면 세부만 보고 전체 윤곽을 보지 못할 가능성이 있으므로 여기에서는 이 이론을 먼저 개괄하겠다.

전체 이론

삐아제 이론을 평가하려면 이 이론의 배후에 있는 동기를 먼저 이해해야 한다. 이 동기는 생물학과 철학에 대한 삐아제의 관심에서 비롯된다. 그는 11살에 희귀한 알비노 참새에 대한 첫 논문을 발표했고 15세와 18세 사이에는 연체동물에 대한 여러 논문을 발표했다. 이 논문들은 굉장히 우수했다. 삐아제가 18세 때, 그를 본 적이 없지만 이 논문을 본 어떤 자연사 박물관의 관장이 박물관 내의 연체동물부의 부장자리를 그에게 제의하였으나 삐아제는 고등학교를 마쳐야 했기 때문에 이 제의를 거절하였다.

생물학에 대한 초기의 관심과 더불어 삐아제는 철학에도 깊은 관심을 가지고 있었다. 지식의 기원을 다루는 철학의 분야인 *인식론*에 특히 광적이었다. 지식의 기원에 관심을 두었던 18세기 철학자인 칸트가 그의 주된 관심의 대상이었다.

철학적 관심과 생물학적 관심은 나중에 그의 이론의 구성에 여러 가지로 영향을 주었다. 이러한 관심 때문에 삐아제는 '지식이 어디에서 유래하는가?' 라는 아주 중요한 문제를 연구하게 되었을 뿐 아니라 구체적인 연구 문제도 선택하게 되었다. 그는 칸트와 마찬가지로 공간, 시간, 유목, 인과성과 관계를 중요한 지식의 범주로 보았으나 이러한 기본 지식들이 생득적으로 얻어진다고 본 칸트와는 달리 아동이 살아가면서 이런 지식을 구성한다고 보았다. 가장 중요한 것은 생물학과 철학의 두 영역에 동시에 관심을 가짐으로써 삐아제가 오랫동안 계속되어 온 논쟁을 과학적 방법으로 해결할 수 있음을 깨달은 것이다. 다윈이 '사람들이 어떻게 진화했는가?' 라는 질문에 대답하려고 했던 것처럼, 삐아제는 '지식이 어떻게 진화하는가?' 라는 질문에 대답하려고 했다.

이런 배경지식을 가지고 삐아제의 이론을 생각해 보자. 일반적인 수준에서 말하면 삐아제는 지능에 관심이 있었다. 삐아제가 말하는 지능은 지능검사에서 측정한 것보다 좀 더 일반적인 자질을 의미한다. 삐아제는 지능이 지각, 언어, 도덕성 등 사고를 포함하는 모든 행동에 영향을 준다고 믿었다. 지능은 어떤 특별한 상황에 대한 실질적 반응을 만들 뿐 아니라 현실을 이론적으로 이해하게 한다. 지능은 인생의 즐거움뿐 아니라 생존에도 기본이 된다. 또한 삐아제는 일생동안 지능은 질적으로 구분되는 일련의 단계를 통해 진화하며, 이런 진화는 여러 발달 과정에 의해 가능해진다고 보았다. 다음에는 발달 단계와 발달 과정을 살펴보겠다.

발달 단계

삐아제의 이론은 뛰어난 단계이론이다. 1장에서 언급하였듯이 단계 이론가들은 사고발달에 대해 다른 이론가들과는 다른 여러 가지 가정을 한다. 그들은 아동들의 초기 사고는 후기 사고와 질적으로 다르며, 한 시점에서 아동들이 여러 문제들에서 비슷한 방식으로 사고하며, 한 단계에서 오랜 시간을 보낸 후에 갑자기 다음 단계로 옮겨간다고 본다. 이러한 가정 때문에 단계 이론가들은 인지 발달을 더 분명하게 기술할 수 있었다.

삐아제의 단계이론에서는 모든 아동들이 *감각운동기, 전조작기, 구체적 조작기, 형식적 조작기*의 네 단계를 동일한 순서로 이행하며 발달한다고 본다. 감각운동기는 보통 출생부터 약 2세까지이다. 전조작기는 2세에서 6세 또는 7세까지이며, 구체적 조작기는 6세 또는 7세부터 11세 또는 12세까지이며, 형식적 조작기는 대개 11세 또는 12세부터 성인기와 노년기까지이다.

우선 출생부터 약 2세까지 계속되는 감각운동기를 살펴보자. 출생 시 영아들의 인지체계는 운동반사에 국한된다. 그러나 생후 몇 달 사이에 반사들을 발전시켜 더 세련된 절차로 만들어간다. 처음에는 우연히 일어난 행동들을 체계적으로 반복하며, 자신들의 활동을 더 많은 상황으로 일반화시키고, 이 반사들을 점점 더 긴 일련의 행동들로 연결하기 시작한다. 이러한 발달은 사물과 아동들 사이의 물리적 상호작용을 통해 가능해진다.

전조작기는 2세부터 6세 또는 7세까지 계속된다. 이 기간에 일어나는 가장 중요한 발달은 언어, 정신적 심상, 그림과 같은 표상기술의 습득이다. 이 가운데에서 가장 극적인 발달은 언어영역에서 일어난다. 단어의 수가 18개월에서 60개월 사이에 100배 증가하며(McCarty, 1954), 문법과 문장 구성의 형태도 점점 복잡해진다. 그러나 삐아제에 의하면, 전조작기 아동들은 이러한 표상기술을 단지 자신의 관점에서 세상을 보는 데에만 사용한다. 이 시기에는 아동들의 주의의 폭이 상당히 제한되어 있기 때문에 자주 중요한 정보를 무시하고, 정적 상황은 표상할 수 있지만 변화는 적절하게 표상할 수 없다.

6, 7세부터 11세나 12세까지 계속되는 구체적 조작기 아동은 다른 사람의 입장을 생각할 수 있고, 여러 관점을 동시에 고려할 수 있고, 정적 상황뿐 아니라 변화도 정확히 표상할 수 있다. 이러한 발달로 인해 아동들은 구체적 사물들과 물리적으로 가능한 상황들을 포함하는 많은 문제들을 해결할 수 있게 된다. 그러나 아동들은 논리적으로 가능한 모든 결과들을 고려하지 못하며 아주 추상적인 개념은 이해하지 못한다.

11세 또는 12세경부터 시작되는 형식적 조작기는 발달의 마지막 단계이다. 형식적 조작기에 도달한 아동은 구체적 현실뿐 아니라 이론적 가능성에 기초하여 생각할 수 있다. 이렇게 관점이 넓어짐으로써 이전에는 해결할 수 없었던 여러 종류의 문제들을 해결하게 된다. 삐아제는 특정 지식과 신념은 계속 변화한다고 보았으나 형식적 조작기를 특징짓는 기본적인 추론방식은 아주 강력하여 일생동안 지속된다고 보았다.

발달 과정

어떻게 아동들이 한 단계에서 다른 단계로 진행할까? 삐아제는 *동화*, *조절*, *평형화*의 세 과정이 중요하다고 보았다.

동화. 동화는 사람들이 기존의 사고방식에 맞도록 입력되는 정보를 변형시키는 것을 말한다. 예를 들어 보자. 저자의 아들이 두 살이었을 때 정수리에 머리가 없고 양쪽으로 머리가 삐죽이 나온 남자를 만났다. 당황스럽게도, 그를 보자 아이는 흥분하여 "광대, 광대" 하고 외쳤다. 저자의 아들은 그 사람에게 다른 사람들과 구분되는 광대의 특징이 있었기 때문에 그런 면에서 그 사람을 본 것이다.

동화는 초기 아동기뿐 아니라 평생 중요하다. 음악비평가인 Bernard Levin이 바르토크의 초기 작품 「Concerto for Violin and Orchestra」을 처음 들었을 때 그뿐 아니라 다른 비평가들도 작품을 이해할 수 없었거나 나중에 상세한 부분을 기억하지도 못했다. 그 작품은 혼란스럽고 듣기 싫은 작품이었다. 그러나 거의 20년이 흐른 뒤에 그 작품을 다시 들었을 때 그 작품은 아주 훌륭했다. Levin은 "그 사이에 내가 다른 귀로 세상을 듣게 되었다" (London Daily Telegraph, 6월 8일, 1977)라고 말했다. 삐아제 용어로 말하자면 처음에는 바르토크의 작품을 동화할 수 없었지만 20년 이후에는 동화할 수 있게 된 것이다.

삐아제가 말하는 또 다른 흥미로운 유형의 동화는 *기능적 동화*인데, 이는 어떤 지적 구조가 만들어지면 그것을 사용하는 경향을 말한다. 예를 들어, 저자의 아들이 말을 처음 배울 때에는 듣는 사람이 없어도 침대 속에서 끝없이 중얼대었고 몇 년 후에는 부모가 말려도 계속해서 재주넘기를 했다. 삐아제는 이런 동기와 행동주의자들이 강조한 행동의 외적 동기를 대조시켰다. 강화에서는 아동들이 외적 강화 때문에 행동하지만 기능적 동화에서는 아동들은 새로운 기술을 습득함으로써 느낄 수 있는 순수한 기쁨 때문에 행동한다.

조절. 조절은 사람들이 새로운 경험에 맞추어 자신의 사고를 변화시키는 과정을 말한다. 다시 위의 사건으로 돌아가 보자. 입술을 깨물며 웃음을 참은 다음, 저자는 아들에게 방금 본 사람이 광대가 아니라고 설명해 주었다. 머리가 광대 같지만, 이상한 옷도 입지 않았고 사람들을 웃기지도 않는다고 설명해 주었는데 그렇게 한 이유는 그 아이가 '광대' 에 대한 생각을 일반적 의미로 조절하도록 도와주기 위해서였다.

동화와 조절은 서로 영향을 미친다. 동화는 조절 없이 일어나지 않고 조절은 동화 없이 일어나지 않는다. 새로운 대상을 보면 영아는 다른 대상을 잡는 방식으로 그 물체를 잡으려 한다(즉 새로운 대상에 기존의 방법으로 접근한다). 그러나 새로운 대상의 모양에 맞추어 잡는 방법을 조절해야 한다(즉 그의 접근 방법을 조절해야 한다). 극단적인 동화의 예는 상상놀이인데 이 놀이에서 아동들은 물체의 전체적 특징을 훑어본 다음 그 물체가 마치 다른 물체인 것처럼 다룬다. 극단적인 조절의 예는 모방으로, 아동들은 자신의 해석을 최소화하고 단순히 본 것을 따라하지만 이 경우에도 각 과정의 요소가 나타난다. 놀이하는 아동들은 물리적 특성을 전적으로 무시할 수 없다(침대는 상상놀이에서도 절대로 찻잔으로 동화되지 않는다). 반대로, 우리가 잘 이해할 수 없을 때에는 모방을 해도 불완전한 경우가 많다.(당신이 모르는 언어의 10개 단어로 된 문장을 그대로 반복해 보라).

평형화. 평형화는 아동들이 세상에 대한 많은 특정 지식의 조각들을 하나의 통일된 전체로 통합하는 과정이다. 따라서 동화와 조절 사이의 균형이 필요하다. 평형화는 삐아제 이론에서 발달적 변화의 핵심이다. 삐아제는 발달을 아동의 인지구조와 세상 사이에 점점 더 안정된 평형이 만들어지는 것이라고 보았다. 즉, 세상에 대한 아동의 모델은 점점 현실에 접근한다.

삐아제는 평형화가 언제 일어나든지 세 단계로 이루어진다고 주장했다. 첫 번째, 아동들은 자신들의 사고 방식에 만족하여 평형의 상태에 있다. 그 다음 기존의 사고 방식의 문제점을 발견하고 만족하지 못한다. 이것이 불평형의 상태이다. 마지막으로, 옛날 방식의 결함을 제거한 더 발전된 사고 방식을 채택하여 더 안정된 평형에 도달한다.

평형화의 과정을 보이기 위해, 동물만 생물이라고 믿는 6세 여아를 상상해 보자. (사실, 대부분의 4세에서 7세 아동들이 이렇게 생각한다; Hatano, Siegler, Richards, Inagaki, Stavy, & Wax, 1993) 어떤 시점이 되면, 이 여아는 동물과 같이 식물도 성장하고 죽는다는 사실을 깨달을 것이다. 이런 깨달음은 불평형을 일으키고 이 여아는 식물도 살아있는지, 살아있다는 것이 무엇을 의미하는지를 생각하게 된다. 마지막으로 이 여아는 생명체의 결정적 특징은 성장과 생식이며, 동물과 식물이 모두 이 두 가지 특징을 지니고 있기 때문에 살아있다는 사실을 학습하게 된다. 그 이후에도 이런 생각이 잘못되었다는 경험을 하지 못하기 때문에 새로운 이해는 더 안정된 평형을 이룬다(이 여아가 나중에 생물학자들도 생명체인지에 대해 여전히 논쟁하고 있는 바이러스와 박테리아에 관심을 가지지 않는 한).

동화, 조절, 평형화에 대한 이런 개관은 이런 변화 과정들이 단기간에 일어나는 특정 인지 변화에만 적용된다는 인상을 줄지 모른다. 사실, 삐아제는 한 단계에서 다른 단계로의 이행과 같이 폭넓게 영향을 미치며 오랜 기간에 걸쳐 변화를 일으키는 아동들의 능력에 특히 관심이 있었다. 예를 들어, 광대처럼 머리털이 삐죽이 나왔다고 해서 광대가 아니고, 식물은 움직이지 않아도 살아있으며, 태양이 금빛으로 보여도 금이 아니라는 특정한 깨달음은 전조작기에서 구체적 조작기로 가는 사고의 일반적 경향이다. 삐아제는 아동들이 이런 특정 변화에 포함된 동화, 조절, 평형화를 바깥으로 드러난 모양새를 강조하는 데에서 깊고 변하지 않는 특성을 강조하는 쪽으로 가는 폭넓은 변화로 일반화한다고 보았다.

기본 가정

과학적 문제해결자로서의 아동. 삐아제는 아동들의 사고를 세상의 기본 성질을 연구하는 과학자의 사고와 같다고 보았다. 그는 영아들의 사고에도 이 비유를 적용하였다. 영아들이 의자에 앉아서 음식을 떨어뜨리는 높이를 변화시키면서 어떤 일이 일어나는지를 관찰하는 것에서 삐아제는 과학적 사고의 시작을 보았다.

적어도 세 가지 점이 삐아제로 하여금 과학적 사고와 문제해결에 관심을 가지게 하였다. 하나는 발달이 무엇인가에 대한 그의 견해이다. 삐아제는 발달을 현실에 대한 적응의 한 형태로 보았다. 문제는 현실의 축소이므로 아동들이 문제를 해결하는 방식을 보면 아동들이 인생이 부여하는 모든 종류의 도전에 어떻게 적응하는지에 대한 통찰을 얻을 수 있다.

삐아제가 문제해결을 강조하는 두 번째 이유는 발달이 어떻게, 또 왜 일어나는지에 대한 그의 견해와 관계가 있다. 평형화는 아동들이 기존의 평형을 깨뜨리는 문제를 만날 때에만 일어난다. 따라서 문제는 본질적으로 기존의 이해를 공격하므로 인지 발달을 자극하는 능력을 가지고 있다. 문제를 만나야 인지가 발달하므로 인지 발달에 관심을 가지게 되면 자연스럽게 문제해결에 관심을 가지게 된다.

삐아제가 문제해결을 강조하는 세 번째 이유는 친숙하지 않은 상황에 대한 아동들의 반응을 관찰함으로써 통찰을 얻을 수 있기 때문이다. 삐아제는 일상적 활동들은 기계적으로 이루어진다는 사실을 지적했다; 그렇다면 그들은 아동들의 사고에 대해 별로 알려줄 것이 없다, 예를 들어, 어떤 아이에게 프랑스의 수도가 어디인지 묻고 아이가 '파리' 라고 할 때 그 아이의 사고에 대해 별로 알 수가 없다. 그 아이가 특정 사실을 안다는 점을 알 뿐이다. 대조적으로 아동들이 친숙하지 않은 문제를 해결하는 책략은 그들의 논리를 보여준다.

활동의 역할. 삐아제는 인지활동이 발달을 일어나게 하는 방법이라고 보았다. 동화, 조절, 평형화는 마음이 입력되는 정보를 변화시키고 또 그에 의해 변화되는 능동적 과정이다. Gruber와 Voneche(1977)가 지적했듯이, 삐아제가 가장 유명한 저서의 제목을 「*아동들의 세계에 대한 구성*」이라고 붙인 것은 의미가 있다. 삐아제식 접근에서 현실은 발견되기 위해 기다리고 있는 것이 아니라 아동들이 정신적 · 신체적 활동을 통해 구성해야 한다.

발견되는 현실과 구성되는 현실의 구분은 다리의 그림과 다리에 작용하는 힘에 대한 기계 모형 사이의 구분과 비슷하다. 그림은 단순히 다리의 외양만을 보여주지만 기계 모형은 요소들 사이의 관계와 어떻게 구조가 힘을 분산시키는지를 강조한다. 삐아제는 이와 같이 아동들의 정신적 표상도 구조적 관계와 원인을 강조한다고 믿는다. 또한 그는 아동들이 그런 표상을 형성하는 유일한 방법은 기존의 이해로 그들의 경험을 동화하는 것이라고 믿었다. 아동에게 관계를 설명해 줄 때조차도 아동들은 관계를 기억하기 위해서 관계를 자신들의 일반적 이해에 능동적으로 통합해야 한다.

방법론적 가정. 삐아제는 초기에 정확하고 반복이 가능한 표준화된 실험절차와 개개 아동들에게 맞추어서 관찰을 풍부하게 할 수 있고 통찰을 많이 얻을 수 있는 연구방법이 각각 나름대로의 강점과 약점을 가지고 있다고 보았다. 또한 아동들과 이야기를 나누고 아동들에게 자신의 사고를 설명하게 함으로써 기대 이상의 정보를 얻을 수 있지만 아동들이 말을 잘 못하기 때문에 아동들의 사고의 질을 과소평가할 수 있다는 것도 알고 있었다.

이러한 강점과 약점을 알고 있었기에 삐아제는 주제에 따라 연구 방법을 달리하였다. 초기에 이루어진 영아 연구에서는 자신의 아이들, 자끄린느, 로랑과 루시엔느를 일상적 상황과 자신이 고안한 간단한 비공식적 실험장면에서 관찰하였다. 도덕적 추론, 인과관계, 놀이와 꿈에 대한 그의 초기 연구에서는 가설적 질문에 대한 아동들의 대답을 사용하였다. 후기에 이루어진 수, 시간, 속도, 비율에 대한 연구에서는 아동들과 물체의 상호작용과 자신의 사고에 대한 아동들의 설명을 모두 사용하였다.

일반적으로, 표준화된 연구방법과 개개 아동의 활동과 진술에 맞추어 과제와 질문을 제시하는 방법 중에서 삐아제는 후자를 선택하였다. 그의 선택은 때로는 그를 어려움에 빠뜨렸다. 그의 결론 가운데 일부는 아동들의 지식을 과소평가하였다. 그러나 그는 융통성 있는 연구방법을 사용함으로써, 표준화된 절차를 사용했을 때에는 결코 불가능했을 놀라운 발견과 통찰을 하게 되었다.

삐아제 이론에 대해 개관을 하였으니, 이제 네 발달 단계를 특징짓는 주요 경향을 살펴보자. 기술을 간결하게 하기 위하여, "삐아제는 … 말했다", "삐아제는 … 믿었다", "삐아제는 … 주장했다"는 말은 되풀이하지 않을 것이다. 그의 여러 주장은 논쟁의 여지가 있기 때문에 그런 말을 쓰지 않겠지만 그렇게 이해하여야 한다. 논쟁점에 들어가기 전에 우선 삐아제의 입장을 살펴보자.

발달 단계 모델

감각운동기 (출생에서 2세까지)

여러 해 전에 저자는 발달심리학 강의 첫 시간에 학생들에게 영아기, 아동기 초기 , 아동기 후기와 청소년기 지능의 가장 중요한 다섯 가지 측면을 이야기해 보게 하였다. 많은 학생들은 영아들이 지능을 가지고 있다는 것이 이상하다고 말했다. 가장 많이 언급된 영아 지능의 특징은 신체적 협응, 민감함, 그리고 사람과 물체를 알아보는 능력이었다. 삐아제의 천재성은 이것보다 훨씬 더 많은 것을 보았다는 점이다. 그는 영아들의 도리깨질과 잡기에서 인간의 가장 발전된 사고 과정의 시작을 보았다.

감각운동기 지능 발달에 대한 삐아제의 설명은 이론 안의 또 다른 이론이다. 영아들은 2년 동안 여섯 단계를 거쳐 발달한다. (이것들을 감각운동기와 전조작기와 같은 더 폭넓은 단계와 구별하기 위해 '하위단계' 로 부를 것이다.) 짧은 기간에 비해서 단계가 너무 많은 것 같지만 2세 유아의 뇌 무게가 신생아의 세 배라는 점을 생각할 때 단계의 수가 비현실적인 것 같지는 않다. 뇌 크기와 더불어 인지능력은 처음 몇 해 동안 급격히 성장한다.

하위단계 1: 반사의 수정 (출생에서 1개월). 신생아는 여러 가지 반사를 가지고 태어난다. 물체가 입에 닿으면 빨고, 손에 닿으면 손가락으로 물체를 잡고, 물체의 가장자리에 초점을 맞추고, 소리가 나는 쪽으로 고개를 돌린다. 삐아제는 이러한 반사가 지능을 구성하는 벽돌이라고 보았다.

출생 후 첫 달부터 영아들은 더 잘 적응하기 위해 반사를 수정한다. 처음 며칠 동안은 모양에 관계없이 물체들을 아주 비슷하게 빤다. 그러나 첫 달 후반기가 되면 젖이 나오는 젖꼭지와 딱딱하고 마른 손가락을 다르게 빨고, 자신의 손을 또 다르게 빤다. 이처럼 조절은 출생 후 첫 달에 이미 나타난다.

하위단계 2: 일차순환반응 (1개월에서 4개월). 둘째 달이 되면 영아들은 일차순환반응을 보인다. '순환' 이란 용어는 반복적 사건의 사이클이라는 의미이다. 순환은 영아들의 활동, 활동이 환경에 미치는 효과, 환경에 대한 이전 활동의 효과가 영아들의 다음 행동에 미치는 영향으로 구성된다. 삐아제(1954)는 출생 후 처음 몇 달 동안 영아들이 우연히 손에 닿은 물체들을 종류에 관계없이 긁고 만지는 예를 들었다: 엄마의 드러난 어깨, 담요 위에 개어진 시트, 아빠의 주머 등.

일차순환반응에서는 영아들이 우연히 흥미로운 결과를 산출하면 활동을 반복하여서 그 결과를 다시 일으키고자 한다. 성공하면 새로운 흥미로운 결과로 인해 또 다른 사이클이 시작되고 또 다른 사이클이 시작된다.

이 단계에 있는 영아들은 원래는 독립된 반사였던 활동들을 협응시키기 시작한다. 하위단계 1에서 영아들은 손바닥에 닿는 물체를 잡고 입에 닿은 물체를 빤다. 하위단계 2에서 영아들은 이 활동들을 연결하여 손으로 잡고 있는 물체를 입으로 가져가고 빨고 있는 물체를 손으로 잡는다. 이처럼 반사는 더 복잡한 활동을 구성하는 벽돌로 사용되기 시작한다.

일차순환반응은 이전의 반사보다 더 유연하여 영아들이 세상에 대해 많은 것을 배우게 한다. 그러나 일차순환반응은 적어도 세 가지 면에서 한계가 있다. 첫째, 1개월에서 4개월 사이의 영아들은 원래 흥미로운 사건을 일으켰던 행동을 그대로 다시 하려고 하지 행동을 변화시키지는 않는다. 둘째, 그들의 활동은 잘 통합되지 못하여 시행착오의 요소가 많이 포함되어 있다. 셋째, 영아들은 손가락 빨기와 같이 활동의 결과가 자신의 신체와 관련된 활동만을 반복하려 한다.

하위단계 3: 이차순환반응 (4개월에서 8개월). 이 단계에서 영아들은 그들의 신체 밖에서 일어나는 결과들에 관심을 갖기 시작한다. 예를 들어, 영아들은 손으로 공을 치고 공이 굴러가는 것을 재미있어 한다. 삐아제는 이런 활동을 *이차순환반응*이라고 불렀다. 다른 순환반응과 마찬가지로 이런 활동들은 계속 반복되나 일차순환반응과 달리 흥미 있는 결과는 외부 세계에 있는 물체와 관련된다.

4개월과 8개월 사이에 영아들은 순환반응의 요소들을 더 능률적으로 조직화한다. 삐아제는 영아가 모빌을 움직이게 한 다음, 계속 움직이게 하기 위해 다리를 차는 예를 들었다. 일차순환반응에서처럼 영아들은 단지 재미있었던 원래의 사건을 재연하려고 한다. 그러나 이제는 좀 더 효율적으로 할 수 있어서 원래 사건에 더 빠르게 반응하여 시간을 덜 낭비한다.

이런 행동들을 보면 영아들이 자신의 활동과 그 결과 사이의 인과적 관계를 이해하는 것 같지만 삐아제는 그렇게 생각하지 않았다. 오히려 그는 영아들의 활동은 자발적이지 못해서 독립된 목표를 가지고 있다고 보기 어렵다고 생각했다. 그가 보기에는 영아들은 생후 첫 달에는 목표를 형성하지 못하고 1개월에서 8개월 사이에는 현재 환경이 직접적으로 제시하는 목표만 형성한다. 8개월이 되어야 현재 환경과 독립적인 진정한 목표를 형성한다.

하위단계 4: 이차순환반응의 협응 (8개월에서 12개월). 영아들이 한 살이 되면 둘 또는 그 이상의 이차순환반응을 연결하여 효율적으로 기능하는 하나로 루틴을 만든다. 삐아제(1952)가 아들 로랑이 좋아하는 성냥갑 앞에 베개를 놓자 로랑은 베개를 옆으로 밀고 성냥갑을 잡았다. 이전 단계에서 로랑은 장애물을 치우고 성냥갑을 잡는 두 활동을 하나로 연결할 수 없었다.

이 예는 아동들이 첫 번째 생일이 되면서 일어나는 또 다른 중요한 발달을 보여준다. 그들은 특정한 방식으로 행동하면 특정한 결과가 발생한다는 사실을 깨닫는다. 이처럼 로랑은 이제 베개를 치우면 성냥갑을 잡을 수 있다는 사실을 이해한다.

특히 중요한 것은 하위단계 4에서는 세상에 대해 비교적 지속적인 내적 표상을 형성하는 능력이 생긴다는 것이다. 눈앞에서 사라진다고 해서 마음에서도 사라지는 것이 아니다. 따라서 물체가 의자 뒤로 굴러갈 때처럼 물체가 시야에서 사라지면 영아들은 물체가 세상에서 사라진 것처럼 행동하지 않고 물체를 찾으려 한다. 내적 표상을 형성하는 능력은 이후에 일어나는 인지 발달의 기초가 되기 때문에 아주 중요하다.

하위단계 5: 삼차순환반응 (12개월에서 18개월). 1세가 될 무렵 삼차순환반응이 시작되면서 영아들에게 많은 변화가 일어난다. 영아들은 적극적으로 물체와 새롭게 상호작용할 수 있는 방법을 찾고 물체의 잠재적 사용방법을 찾는다. '순환반응' 이라는 용어가 암시하듯 영아들은 여전히 활동을 반복한다. 그러나 이제는 자신의 활동과 상호작용할 물체를 의도적으로 변화시킨다. 따라서 활동은 동일한 행동들이 아니라 비슷한 행동들로 구성된다. 삐아제의 아들 로랑에 대한 아래의 기술은 이러한 새로운 능력을 잘 보여준다.

> 그는 셀룰로이드 백조, 상자 등을 차례로 잡아서 팔을 뻗어 떨어뜨렸다. 그는 물체를 떨어뜨리는 위치를 분명하게 변화시켰다. 때로는 팔을 수직으로 뻗었고, 때로는 눈앞이나 뒤에서 물체를 비스듬히 잡았다. 물체가 떨어지는 위치가 달라지자(예를 들어, 베개 위에), 마치 공간관계를 연구라도 하듯이 같은 장소에 두서너 번 떨어뜨렸다(Piaget, 1951, p.269).

일차순환반응에서 이차순환반응으로, 그리고 삼차순환반응으로의 변화는 영아들이 생후 1년 반 사이에 얼마나 발달하는지를 보여준다. 그림2.1에 제시되었듯이 1개월에서 4개월 사이에 나타나는 일차순환반응은 입에 손가락을 넣은 것과 같이 사건의 결과가 영아들의 신체와 관련되는 사건의 반복이다. 4개월에서 8개월 사이에 나타나는 이차순환반응에서도 우연히 재미있는 결과를 산출하지만 이 결과는 (공이 굴러가는 것과 같이) 영아들의 신체와는 관련이 없는 사건들의 반복으로 이루어진다. 12개월에서 18개월 사이에 나타나는 삼차순환반응에서는 영아들이 재미있는 결과를 산출하는 행동을 의도적으로 변화시킨다.

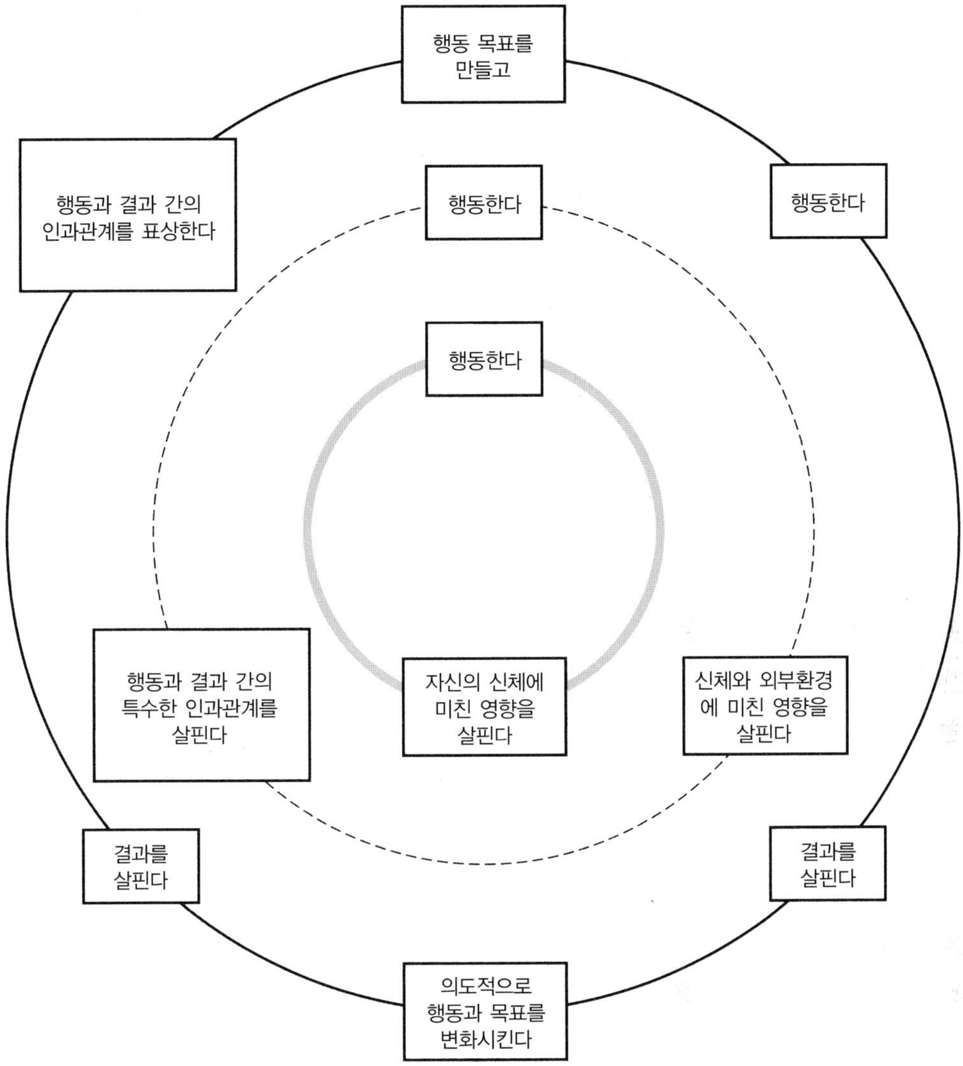

그림 2.1 확장되는 아동들의 세계: 일차순환반응(—), 이차순환반응(---), 삼차순환반응(—)

세 가지 유형의 순환반응에서 일어나는 변화는 영아기에 일어나는 더 폭넓은 범위의 발달에 대해 생각하는 데 유용하다. 처음에 영아의 활동은 자신의 신체에 대한 것이며, 나중에는 점점 더 외부 세계를 향한다. 목표가 (물체 떨어뜨리기와 같이) 구체적 수준에서 시작되어 (물체를 떨어뜨리는 높이를 변화시키기와 같이) 점점 더 추상적이 된다. 의도와 행동이 점점 더 일치하게 되고 외부 세계에 대한 탐색은 점점 더 대담해진다.

하위단계 6: 표상적 사고의 시작 (18개월에서 24개월). 이 시기에 일어나는 발달은 감각운동기에서 전조작기로의 이행이다. 감각운동기에는 영아들이 단지 행동만 한다. 물체나 사건에 대한 내적이고 정신적인 표상을 형성하지 못한다. 하위단계 6은 내적 표상이 처음으로 형성되는 전환기이다. 삐아제가 딸 루시엔느와 노는 아래 시나리오를 보자. 삐아제는 빈 성냥갑 속에 시계줄을 숨겼다. 처음에는 루시엔느가 성냥갑을 뒤집어서 시계줄을 꺼낼 수 있도록 성냥갑을 충분히 열어두었다가 시계줄이 빠져나올 수 없게 완전히 닫았다. 루시엔느는

> (성냥갑의) 열린 틈을 주의 깊게 바라보았다. 그리고 처음에는 계속해서 입을 여러 번 약간 벌렸다 오므렸다하다가 나중에는 점점 더 크게 벌렸다! 루시엔느는 열린 틈 아래 공간이 있음을 알았다. 표상하려는 시도는 유연하게 표현되었다. 말이나 시각적 이미지로 상황을 표상할 수 없었던 루시엔느는 (입을 벌리는) 제스처를 상징으로 사용하였다. (Piaget, 1951, p. 338)

성냥갑에 있는 틈을 더 넓게 벌리고 싶은 마음을 표현하기 위해 입을 벌리는 것은 루시엔느가 그 상황을 내적으로 표상할 수 있음을 의미한다. 즉, 표상은 바깥으로 드러난 아이의 행동에서 마음으로 움직였다. 이런 내적 표상이 전조작기가 왔음을 알리는 신호이다.

전조작기 (2세에서 6, 7세까지)

Miller(1993)는 아동들이 감각운동기를 끝내고 전조작기로 들어가는 시기를 아주 잘 묘사하였다. 그녀는 아동들이 고통스러운 등정이 끝난 후 올라온 것이 겨우 에베레스트 산의 아래턱임을 발견한 등산가와 같다고 보았다. 감각운동기 말이면 영아들은 걷기 시작하며 주변의 사물이나 사람들과 원만하게 상호작용하게 된다. 그러나 내적 표상을 형성하는 능력은 현저하게 제한되어 있다. 표상능력의 발달은 전조작기에 일어나는 핵심적 발달이다.

초기 상징적 표상. 삐아제는 최초의 내적 표상은 어떤 활동을 관찰한 지 여러 시간이나 며칠이 지난 후에 그 활동을 모방하는 *지연모방*이라고 보았다. 아동들이 이런 지연모방을 보이려면 관찰할 활동에 대해 지속적인 표상을 형성해야 한다. 그렇지 않으면 나중에 모방할 수 없다.

아동들은 감각운동기 후기에 가서나 지연모방을 보인다. 유아용 놀이틀에서 발을 구르고 소리를 지르는 삐아제의 딸 자끄린느에 대한 아래의 기술을 살펴보자.

> 자끄린느가 1년 4개월 3일이 되었을 때 가끔 본 적이 있는 1년 6개월 된 소년이 놀러왔다. 그 아이는 자끄린느 앞에서 굉장히 성질을 부렸는데 놀이틀에서 나오려고 소리를 지

> 르고, 놀이틀을 뒤로 밀고 발을 쾅쾅 굴렀다. 전에 이런 장면을 본 적이 없는 자끄린느는 놀라서 그 아이를 바라보고 서 있었다. 다음날 자끄린느는 놀이틀 안에서 소리를 지르고 연달아 발을 구르면서 놀이틀을 움직이려고 했다. (Piaget, 1951, p. 63)

자끄린느는 이전에는 이런 행동을 한 적이 없었다. 친구가 성질을 부리는 것을 표상함으로써 자끄린느는 그 장면을 재연할 수 있었다.

삐아제는 두 종류의 내적표상 즉 *상징*과 *사인*을 구분하였다. 표준영어에서 구분하는 것과 같은 의미가 아니라 상징은 개인적 필요를 위해 고안된 개인적 표상이고 사인은 의사소통을 위한 관습적 표상이다.

내적 표상을 습득하는 초기 단계에서 아동들은 상징(개인적 표상)을 더 많이 사용한다. 베개를 나타내기 위해 어떤 옷을 사용하거나 총을 나타내기 위해 아이스크림 막대를 사용한다. 전형적으로 이러한 개인적 표상은 그들이 표상하는 물체를 닮았다. 옷의 감촉과 베개의 감촉이 비슷하며 둘 다 포근하다. 아이스크림 막대의 모양과 감촉은 총의 모양과 감촉과 비슷하다. 대조적으로 사인은 그것이 나타내는 사물이나 사건과 유사하지 않은 경우가 많다. 소라는 단어는 소와 닮지 않았고, 숫자 6도 여섯 개의 물체와 닮지 않았다.

아동들은 자라면서 개인적 상징은 점점 덜 사용하고 관습적 사인은 점점 더 많이 사용한다. 이런 변화는 영아들의 의사소통 능력을 신장시키는 데 필요한 중요한 발전이다. 그러나 개인적 표상에서 관습적 표상으로 가는 변화는 쉽게 일어나지 않는다.

이 어려움은 삐아제의 *자기중심적 의사소통*에 대한 기술에서 잘 나타난다. 삐아제는 자기중심적이라는 용어를 학령전기 아동들에게 사용했는데, 이 시기의 아동들이 무분별하다고 비판하는 의미가 아니라 외부 세계에 대한 아동들의 사고가 항상 자신들의 관점과 입장에서 이루어진다는 의미이다. 아동들의 언어 사용 특히 다른 사람들에게는 의미가 없는 특이한 상징을 빈번히 사용하는 것이 아동들이 자신의 관점에 집착한다는 것을 보여준다.

아주 어린 아동들도 상징뿐 아니라 사인을 사용하지만 처음에는 사인을 사회적으로 용납될 수 있는 방식으로 일관성 있게 사용하지 못한다. 그림 2.2에 제시된 예가 이런 문제를 잘 보여준다. 학령전기 아동들은 때때로 다른 사람들의 말에 주의를 전혀 기울이기 않은 채 서로 이야기를 나눈다. 성인들도 때때로 아동들이 무슨 이야기를 하고 있는지 모른다.

4세에서 7세 사이에는 아동들의 대화에서 자기중심적 경향이 점점 줄어든다. 이러한 변화의 예는 아동들의 언쟁에서 볼 수 있다. 한 아동의 이야기에 다른 아동이 동의

그림 2.2 대화를 나누고 있는 두 어린 아동-자기중심적 의사소통의 예.

하지 않는다는 것은 적어도 아동이 자신의 입장 이외의 다른 입장에도 주의를 기울이고 있음을 나타낸다. 어떤 아동들은 적어도 상징화 과정을 알고 있고 그 자체에 흥미를 느낀다. 저자의 딸이 4살일 때 "내가 의자라고 말할 때는 '우유'를 말하는 거야. 나에게 한잔의 의자를 줄래요"와 같은 말을 하면서 아주 즐거워하였다.

삐아제는 언어와 마찬가지로 정신적 심상이 물체나 사건을 표상하는 방법임을 지적하였다. 그는 또한 정신적 심상의 발달이 언어의 발달과 유사하다고 보았다. 아동들이 상황을 언어적으로 묘사할 수 있게 되면서 동시에 이미지로도 묘사할 수 있게 된다. 더구나 두 영역에서 나타나는 초기 표상은 모두 아동들 자신의 관점에 국한되어 있다고 보았다. 즉, 아동들은 자기중심적이다.

언어, 정신적 심상, 그리고 다른 많은 기술이 전조작기에 발달하지만 삐아제는 전조작기 아동들이 무엇을 할 수 없는지를 강조하였다. 그는 전조작기 아동들이 논리적 추론을 요구하는 문제들을 풀 수 없다고 보았고 '전조작기'라는 용어는 강점보다는 결함을 나타낸다.

학령전기 아동들의 사고의 한계 가운데 하나 즉 자기중심성을 이미 언급하였다. 이 특성은 그들의 대화뿐 아니라 다른 입장을 취하는 능력에서도 나타난다. 삐아제는 4세 아동들을 세 개의 산의 모형이 놓인 테이블 앞에 앉게 하고 테이블의 다른 위치에 앉아 있는 아동의 관점을 나타내는 사진을 고르게 하였다(그림 2.3). 문제를 풀려면 아동들은 자신의 조망이 유일한 조망이 아님을 깨닫고 다른 아이의 조망에 일치하도록 그들이 보고 있는 산을 마음속에서 회전시켜야 한다. 대부분의 4세 아동들은 이렇게 할 수 없었고 다른 위치에서 산이 어떻게 보이는지 몰랐다.

그림 2.3 세 산 과제. 아동의 과제는 자신과 다른 위치에 있는 사람에게 산이 어떻게 보이는지를 나타내는 것이다(Piaget & Inhelder, 1969).

학령전기 아동들의 사고의 두 번째 한계는 지각적으로 우세한 사물의 몇몇 특징에 의해 사고가 많이 좌우되며 덜 우세한 특징은 무시한다는 점이다. 이 중심화의 좋은 예는 시간개념에 대한 삐아제의 연구에서 찾아볼 수 있다.

시간개념에 대한 삐아제의 관심은 재미있는 역사를 가지고 있다. 1928년 아인슈타인이 삐아제에게 아동이 시간개념과 속도개념을 어떤 순서로 습득하는가를 물어보았다. 이 질문은 물리학의 중요한 문제와 깊은 관련이 있었다. 뉴턴의 이론에서는 시간이 더 기본적인 속성으로서 속도는 시간에 의해 정의된다(속도=거리/시간). 반대로 상대성이론에서는 시간과 속도는 서로를 정의하며 어느 개념도 더 우세하지 않다. 아인슈타인은 아이들이 태어날 때부터 어느 한 개념이나 또는 두 개념을 모두 이해하고 있는지 또 아동들이 어느 한 개념을 다른 개념보다 먼저 이해하는지, 만약 그렇다면 한 개념에 대한 이해가 다른 개념에 대한 이해에 어떻게 영향을 주는지 알고 싶어 했다.

거의 20년 후에 삐아제(1946a, 1964b)는 아인슈타인의 질문에 대해 500여 페이지에 달하는 두 권의 책을 출판하였다. 삐아제는 아동은 시간, 거리나 속도의 개념을 영아기나 아동기 초기까지는 이해하지 못하며 구체적 조작기에 가서야 이해하게 된다고 결론지었다.

이 견해를 검증하기 위해 삐아제는 아동들에게 방향이 같은 평행한 철로 위를 달리는 두 개의 장난감 기차를 보여주었다. 기차들이 정지한 다음 삐아제는 어느 기차가 더 오래(또는 더 빨리 또는 더 멀리) 움직였는지를 물어보았다. 대부분의 4세나 5세 아동들은 보통 한 차원 즉 기차가 정지한 지점에 주의를 기울였다. 아동들은 철로의 더 멀리에서 정지한 기차가 더 빨리 달렸고, 더 오래 달렸고, 더 멀리 달렸다고 보았다. 달리 말하면, 그들은 기차가 출발한 때, 정지한 때와 기차가 달린 전체 시간을 무시했다. 이 예는 전조작기 아동 사고의 또 다른 특징을 나타낸다. 아동들은 변화보다 정적 상태에 더 관심을 기울이는 경향이 있다. 기차가 정지한 지점은 정적 위치이며, 쉽게 또 반복해서 관찰할 수 있다. 시간, 속도, 여행한 거리는 더 일시적이다. 전조작기 아동들이 가장 관심을 두는 차원은 정적 상태이고 변화의 차원은 쉽게 무시한다.

이처럼 2세에서 6세 아동들은 자신의 관점 이외의 다른 관점을 취하는 데 어려움이 있으며 지각적으로 우세한 개개 차원에 지나치게 주의를 기울이고 다른 차원들을 무시하며, 변화보다는 정적 상태에 관심을 가진다. 이런 기술은 어린 아동들이 분명히 세상에 대해 생각하기는 하지만 그 생각이 지나치게 단순하고 경직되어 있음을 시사한다. 아동들은 다음 발달 단계에서 이러한 문제점들을 극복하게 된다.

구체적 조작기 (6, 7세에서 11, 12세까지)

구체적 조작기에 일어나는 중요한 발달은 *조작*이다. 조작은 환경의 정적 측면뿐 아니라 역동적 측면에 대한 정신적 표상이다. 이때까지의 모든 발달은 조작의 습득을 위한 전주곡이다. 감각운동기에 아동들은 환경을 물리적으로 조작하는 것을 배운다. 전조작기에 아동들은 정적 상태를 내적으로 표상하는 것을 배운다. 마지막으로 구체적 조작기에는 아동들이 정적 상태뿐 아니라 변화를 표상할 수 있게 된다.

조작의 중요성은 보존문제에서 가장 쉽게 볼 수 있다. 액체량 보존, 질량 보존, 그리고 수 보존이라는 세 종류의 보존을 아동들이 어떻게 이해하고 있는지 생각해 보자. 보존문제들은 세부적 측면에서는 차이가 있지만, 모두 세 단계로 이루어진다(그림 2.4). 첫 단계에서 아동들은 두 개나 그 이상의 동일한 사물이나 또는 사물들의 집합(예, 동일한 두 줄의 바둑알, 동일한 두 컵의 물, 동일한 두 덩이의 진흙 등)을 본다. 아동들이 두 집단의 사물들이 물체의 수와 같은 한 차원에서 같다고 하면 두 번째 단계가 시작된다. 이 단계에서는 관심의 대상이 되는 차원(수)에는 영향을 주지 않고 한 사물이나 한 집합의 사물들의 외형을 변형시킨다. 바둑알을 길게 늘어놓거나, 물을 모양이 다른 컵에 붓거나, 진흙덩이를 공 모양으로 변형시킨다. 세 번째 단계에서는 변형이 일어난 후 아동들이 첫 단계에서 같다고 대답했던 차원이 여전히 같다고 생각하는지를 물어본다. 대답은 물론 '예' 이다.

이 문제들은 성인들이나 나이가 많은 아동들에게는 아주 쉽다. 그러나 거의 모든 5세 아동들은 항상 틀린다. 아동들은 수 보존문제에서 (각 줄에 있는 바둑알의 수에 관계없이) 긴 줄에 바둑알이 더 많다고 생각하고, 액체량 보존문제에서는 (컵의 밑넓이에 관계없이) 물의 높이가 더 높은 컵에 물이 더 많다고 생각하고, 질량 보존문제에서는 (역시 실제 양에 관계없이) 긴 진흙덩이에 진흙이 더 많다고 생각한다.

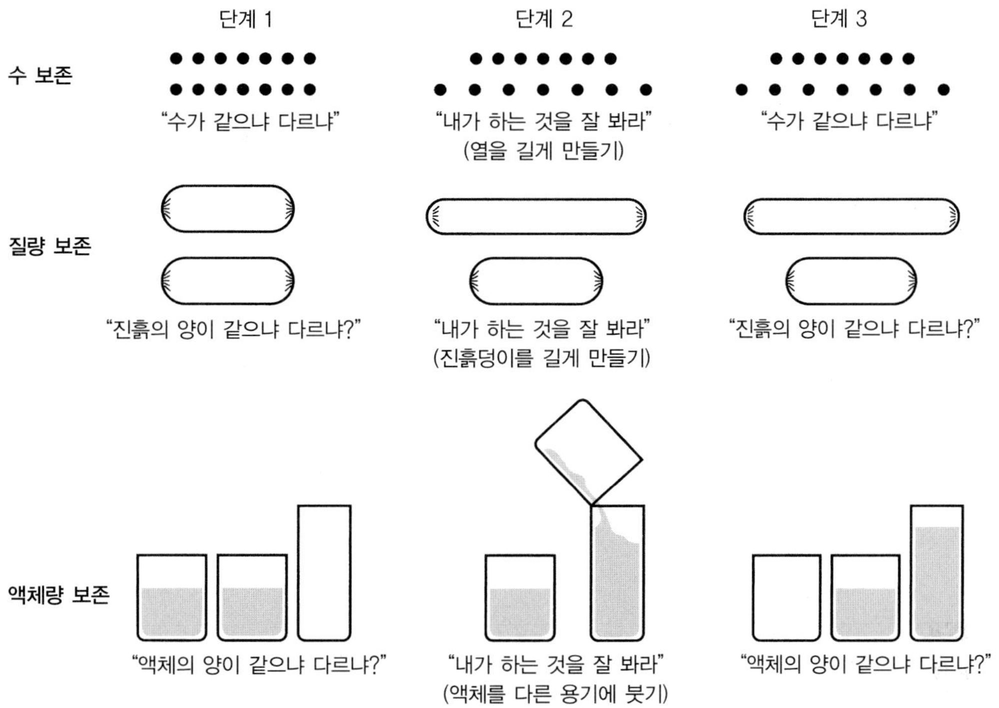

그림 2.4 수, 질량, 액체량 보존에 대한 아동들의 이해를 검사하는 데 사용하는 절차들.

보존문제를 해결하기 위해 아동들이 무엇을 해야 하는가를 생각해 보면, 5세 아동들의 어려움을 이해할 수 있다. 아동들은 문제에 관계된 변화들 즉 길이를 변화시키는 것, 물을 붓는 것과 모양을 변화시키는 것들을 정신적으로 표상할 수 있어야 한다. 또한 길이나 높이와 같이 지각적으로 우세한 특징들에만 주의를 기울여서는 안 되며, 밑넓이나 밀도도 동시에 고려해야 한다. 마지막으로 변화가 일어난 후에 사물이 문제가 되는 특징을 더 많이 가진 것처럼 보일지라도 실제 그렇지 않음을 이해해야 한다. 즉 아동들은 자신의 견해가 잘못될 수 있음을 이해해야 한다. 5세 아동들에게는 이 모든 것이 어렵다.

구체적 조작기에 오면 아동들은 세 가지 보존문제를 풀 수 있게 된다. 또한 시간, 거리와 속도에 대한 이해를 평가하기 위해 사용했던 기차문제도 정확하게 풀 수 있게 된다. 삐아제는 아동들이 이러한 개념들과 다른 여러 개념들을 이해하게 되는 것은 그들이 정신적 조작을 할 수 있게 되었기 때문이라고 보았다. 조작은 아동들이 정적 상태뿐 아니라 변화도 표상할 수 있게 해준다.

보존문제에서 자신들의 반응에 대한 아동들의 설명은 특히 흥미롭다. 5세 아동들에게 왜 물의 양이 변했다고 생각하는지 물어보면 아동들은 예외 없이 새 컵에 들어있는 물의 높이가 더 높다고 지적한다. 8세 아동들에게 왜 물의 양이 변하지 않았는지를 물어 보면 아동들은 변화의 성질(당신이 단지 그 물을 부었다), 덜 우세한 특징의 변화가 더 우세한 특징의 변화를 상쇄한다는 점(여기 있는 물의 높이가 높지만 여기 있는 물은 더 넓게 퍼져 있다), 물이 달라 보이지만 실제로 같은 물이라는 점과 조작의 가역성(물을 다시 이전 컵에 부으면 같아질 것이다) 등을 지적한다. 흥미롭게도 대부분의 5세 아동들도 이 점들은 인정하지만 나이가 많은 아동들과는 달리 그렇기 때문에 두 컵의 물이 반드시 같은 양이어야 한다고 보지는 않는다.

구체적 조작기 아동들은 많은 문제를 풀 수 있게 되지만 어떤 종류의 추상적 추리는 여전히 하지 못한다. 이 문제들 가운데 일부는 사실과 반대되는 명제에 대해 복잡한 방법으로 생각하는 것이다(만약에 사람들이 미래에 대해 알고 있다면 그들이 정말 행복할까?). 다른 문제는 자신의 생각을 생각의 대상으로 취급하는 것이다. 한 청소년의 말을 인용한다면 "나는 내 미래에 대해 생각하고 있다. 그러고 난 뒤 나는 내가 왜 미래에 대해 생각하고 있는지 생각하기 시작했다. 그 뒤 나는 내가 왜 내 미래에 대해 생각하고 있는지에 대해 왜 생각하는지를 생각하기 시작했다" (Mussen, Conger, Kagan, & Geiwitz, 1979). 이 밖에도 힘, 관성, 염력(torque), 가속도와 같은 추상적이고 과학적인 개념에 대해 생각하지 못한다. 이런 개념에 대한 사고는 형식적 조작기에 가능해진다.

형식적 조작기 (11, 12세부터)

형식적 조작기의 가장 중요한 발달은 청소년들이 자신이 살고 있는 현실을 상상할 수 있는 여러 현실들 가운데 하나로 보기 시작한다는 것이다. 적어도 이런 발달로 인해 일부 청소년들은 세상에 있을 수 있는 다른 구조에 대해, 또 존재, 진리, 정의와 도덕성의 본질 등과 같은 심오한 문제들에 대해 생각하게 된다. Inhelder와 Piaget(1958)는 다음과 같이 말했다. "아동들은 자신들을 아동기에서 해방시키고 또 그들이 성인들과 대등한 입장이 되게 하는 자기 나름대로의 생각을 가지고 있다" (pp.340~341). 이런 관점에서 볼 때 많은 사람들이 청소년기에 처음으로 공상과학 작품에 흥미를 가지게 되는 것은 우연이 아니다.

형식적 조작기와 구체적 조작기 아동들의 사고의 여러 가지 차이는 인헬더와 삐아제(1958)가 기술한, 아동들과 청소년들이 화학문제를 푸는 방식에서 잘 나타난다. 인헬더와 삐아제는 각각 다른 화학물질의 용액이 담긴 네 개의 비커와 하나 또는 그 이상의 모르는 화학물질을 섞은 용액이 담긴 특별한 한 개의 비커를 제시하였다. 특별한 비커에 담긴 용액에 또 다른 화학물질을 섞으면 용액이 노랗게 변한다. 아동들에게 노랗게 변한 용액에 어떤 화학물질이 들어있는지 그리고 각각이 어떤 역할을 하는지를 물어보았다.

구체적 조작기 아동은 보통 두 개의 비커로 만들 수 있는 가능한 모든 조합을 시험하고 난 다음, 네 개의 비커들을 모두 섞어 보고, 그러고 난 뒤 여러 방식으로 세 개의 비커도 섞어 본다. 따라서 때로는 이미 시험해 본 조합을 시험하기도 하고 또 어떤 조합은 전혀 시험하지 않는다. 대조적으로 형식적 조작기 아동은 모든 가능한 화학물질의 조합을 만들기 위해 체계적으로 계획을 세운다. 그러고 난 다음 그 계획대로 중복되거나 빠지는 경우가 없이 모든 조합을 시험한다.

형식적 조작기 아동들이 이렇게 체계적 접근방법을 사용하기 때문에 물이 언제, 왜 노랗게 변하는가에 대해 더 적절한 결론에 도달할 수 있다. 구체적 조작기 아동들은 노란색으로 변하는 하나의 조합을 발견하고 나면 다른 조합은 시험하지 않는다. 그리고 아동들은 비커에 들어있는 화학물질이 용액을 노랗게 만드는 데 필요하다는 결론을 내린다. 대조적으로 가능한 모든 조합을 시험해 본 형식적 조작기 아동들은 두 개의 다른 조합이 물을 노랗게 만든다는 사실을 알게 된다. 이 두 조합에는 공통적으로 두 화학물질이 있고 제3의 물질이 없다. (제3의 물질이 없다는 점이 두 경우 즉 두 화학물질이 들어있지만 용액이 노랗게 변하는 경우와 변하지 않는 경우의 차이점이다.) 따라서 형식적 조작기 아동들은 용액의 색깔을 변화시키는 데 두 개의 화학물질이 필수적이고, 제3의 물질은 다른 두 물질이 있을 때에도 용액이 노랗게 변하는 것을 막고, 네 번째 물질은 아무 효과가 없다는 정확한 결론에 도달한다. 아동들이 가능한 모든 조합에 주의를 기울임으로써 필요한 자료를 얻고, 그 자료를 적절하게 해석할 수 있게 된다.

형식적 조작기에 일어나는 가장 큰 변화 가운데 하나는 논리적 · 과학적 추론이다 (Moshman, 1998). 형식적 조작기에 크게 발달하는 추상적 · 체계적 사고는 이런 맥락에서 특히 중요하다. 과학적 · 논리적 추론 문제에서는 가장 도전적 문제에 가장 추상적인 사고방식을 적용하는 것이 필요하다. 삐아제는 당연히 그와 같은 형식적 조작이 인지 발달의 정점, 즉 그 이전에 일어난 모든 발달의 결실이라고 보았다.

주요 개념의 발달

아동의 사고에 대한 삐아제 이론의 폭넓은 관심은 특정 개념들의 발달에 대한 그의 설명에서 가장 잘 나타난다. 그가 특히 흥미롭게 설명하고 있는 개념은 보존, 유목과 관계이다. 그는 감각운동기에 발달하기 시작하여 전조작기와 구체적 조작기를 거쳐 형식적 조작기에 최고 수준에 이르기까지 이 개념들의 발달을 살피고 있다. 사람들은 일반적으로 영아와 아동들의 사고가 그들의 나중의 사고와 관련이 있다고 보지 않는다. 삐아제의 천재성은 그가 이 둘 간의 관련성을 보았다는 점이다.

보존

감각운동기의 보존. 감각운동기에 아동들은 단순하지만 아주 중요한 보존개념을 습득하게 된다. 삐아제는 이를 대상영속성이라고 불렀으나 '존재에 대한 보존'이라고 부를 수 있다. 성인들은 물체가 단순히 세상에서 사라지지 않는다는 사실을 안다. 우리가 공을 원할 때, 공이 다른 물체 뒤로 굴러간다면 공을 찾고, 필요하면 장애물을 제거하고 공을 꺼낸다. 삐아제는 8개월 이하의 영아들은 이렇게 찾지 않음을 관찰했다; 영아들은 단순히 다른 물체로 주의를 옮긴다. 삐아제는 이것은 영아들이 물체를 꺼낼 수 있는 신체적 협응력이 부족하거나 흥미를 잃어서가 아니라 보이지 않는 물체가 계속 존재한다는 사실을 모르기 때문이라는 견해를 제안하였다. 더 나아가 그는 대상영속성은 감각운동기 전 기간에 걸쳐 완전하게 발달한다고 제안하였다.

출생부터 1개월 간의 하위단계 1에서 영아들은 바로 눈앞에 있는 물체들만 본다. 물체가 사라지면 눈으로 물체를 따라가지 않는다. 따라서 영아들은 엄마 얼굴이 바로 위에 있을 때에는 바라보지만 엄마 얼굴이 옆으로 움직이면 보지 않는다. 1개월과 4개월 간의 하위단계 2에서는 물체가 사라진 곳을 오래 바라보지만 그 움직임을 따라가지 않는다. 장난감을 가지고 놀다가 떨어뜨리면 마룻바닥이 아니라 자신의 손을 계속 바라본다. 4개월과 8개월 간의 하위단계 3에서는 움직이는 물체가 가는 곳을 예상하고, 그곳에서 물체가 조금 보이면 찾는다. 그러나 물체가 완전히 가려지면 물체를 꺼내려고 시도하지 않는다.

8개월과 12개월 간의 하위단계 4에서는 장애물 뒤나 아래에서 물체를 찾는다. 이는 영아들이 물체가 계속 존재한다는 사실을 인식하고 있음을 나타낸다. 그러나 이 시기의 영아들은 어떤 상황에서는 흥미로운 실수를 하기도 한다. 같은 물체를 연속적으로 두 번 동일한 용기 안에 숨기는 것을 보면 매번 그곳에서 물체를 찾는다. 그러나 같은 물체를 다른 용기 안에 숨기는 것을 보면 현재 물체가 있는 용기가 아니라 이전에 물체를 찾았던 용기를 본다. 마치 처음 물체를 숨겼던 용기가 물체를 숨기는 장소로서 독특한 지위를 갖는 것 같다. 이러한 실수를 'A-not-B' 실수라고 부른다.

12개월에서 18개월 간의 하위단계 5에서는 'A-not-B' 실수를 하지 않고 마지막으로 물체를 본 장소에서 찾는다. 그러나 물체의 이동을 직접적으로 관찰할 수 없을 때에는 이런 변화를 효과적으로 다루지 못한다. 처음에 장난감을 커버 아래 숨기고, 그 다음 장난감과 커버 모두를 베개 아래 숨기고, 그 다음 커버를 제거하여 장난감이 베개 아래 남게 되면 12개월에서 18개월 사이의 영아들은 베개 밑을 찾지 않는다. 그러나 18개월에서 24개월 간의 하위단계 6에서는 영아들이 이와 같이 복잡한 이동도 이해하고 바로 정확한 장소를 찾는다.

처음 보면 삐아제의 대상영속성에 대한 설명은 아주 비현실적으로 보인다. 8개월 이하의 영아들은 물체를 꺼낼 만큼 신체적 협응력이 발달하지 않았기 때문에 또는 물체에 대한 흥미를 쉽게 잃어버리기 때문에 물체를 찾지 못하는 것처럼 보인다. 그러나 Bower와 Wishart(1972)의 실험은 이런 두 가능성이 모두 사실이 아님을 보여주었다. 5개월 영아들이 보는 가운데 투명한 컵 아래 장난감을 숨겼다. 대부분의 영아들은 장난감을 꺼냈다. 그런 다음 영아들이 보는 앞에서 동일한 장난감을 불투명한 컵 아래 숨겼다. 16명 가운데 두 명 만이 장난감을 꺼냈다. 이 실험은 영아들이 탐색하지 않는 이유가 운동능력의 미성숙이나 동기의 부족 때문이 아님을 보여준다. 영아들이 장난감에 흥미가 없거나 또 필요한 신체적 협응력이 없었다면 왜 장난감을 투명한 컵 아래 숨겼을 때에는 찾았을까?

전조작기와 구체적 조작기의 보존. 감각운동기에는 영아들이 어떤 종류의 변화 특히 물체가 숨겨지는 것과 같은 변화에도 불구하고 물체의 존재가 보존됨을 이해하게 된다. 전조작기와 구체적 조작기에 아동들은 변화로 인해 외양이 변했을 때에도 물체의 어떤 특성은 보존됨을 이해하게 된다. 물체들을 늘어놓으면 줄의 길이가 길어져도 물체의 수는 변하지 않는다. 컵에 있는 물을 높고 가는 컵에 부으면 물의 높이는 변해도 물의 양은 변하지 않는다. 구체적 조작기 말이 되면 아동들은 변화로 인해 외양이 변할 때에도 수, 양, 길이, 무게, 면적 등과 같이 눈에 띄는 여러 차원이 보존된다는 사실을 이해한다.

형식적 조작기의 보존. 형식적 조작기에 청소년들은 변화의 변화를 포함한 더 복잡한 형태의 보존을 이해하게 된다. 그런 개념의 예는 운동보존이다. 인헬더와 삐아제(1958)는 스프링으로 움직이는 피스톤을 사용하여 다양한 크기의 공을 쏘아 움직이게 했다. 아동들에게 공이 어디에서 정지할지, 왜 어떤 공은 다른 공보다 일찍 정지하는지, 왜 공들이 정지하는지를 설명하게 하였다.

이 문제에 대해 연령이 다른 아동들이 보인 반응은 삐아제가 각 연령의 아동들에게 기본적이라고 생각하는 사고의 유형을 보여주었다. 전조작기 아동들은 한 특성에만 주의를 기울이고 단지 한 관점에서만 생각한다. 그들은 큰 공이 힘이 세기 때문에 항상 더 멀리 갈 것이라고 예측한다. 구체적 조작기 아동들은 여러 차원이 중요함을 깨닫고 다양한 관점에서 생각한다. 그들은 공 자체의 특성뿐 아니라 공이 굴러가는 표면의 성질이 중요함을 깨닫는다. 그들은 또한 무엇이 공을 움직이게 하는지뿐 아니라 무엇이 공을 정지하게 하는지의 관점에서 문제를 생각하게 된다. 따라서 아동들은 공이 클수록 더 멀리 가고, 표면이 거칠수록 공이 덜 나간다고 믿게 된다.

형식적 조작기에 아동들은 운동보존에서와 같이 더 복잡한 과학적 개념을 사용하여 생각한다. 즉, 아동들은 문제를 이상적인 형태("공기 저항이나 마찰이 전혀 없다면……)로 개념화한다. 이와 같은 사고방식은 공간을 통한 움직임 즉 운동이라는 차원의 보존을 포함하기 때문에 형식적 조작기에 특징적으로 나타나는 성취이다. 게다가 어떤 청소년들도 공기의 저항이나 마찰이 없는 환경을 경험해 보지 않았으므로 이러한 사고방식은 청소년들이 어떻게 현실적인 것에서 가상적인 것으로 진보해 가는지를 잘 보여준다.

유목과 관계

삐아제의 또 다른 통찰은 유목과 관계에 대한 아동들의 이해가 서로 관련되어 있음을 본 것이다. 수를 예로 들어 이 관련성을 살펴보겠다. '셋' 을 이해했다는 것의 의미는 무엇일까? 한 측면은 공 세 개, 차 세 대, 숟가락 세 개의 공통점—즉 모두 세 개의 사물들로 이루어진 유목의 구성원이라는 사실—을 아는 것이다. 또한 이 유목과 다른 유목 사이의 관련성 즉 두 개의 구성원으로 된 집합보다 크고 네 개의 구성원으로 된 집합보다 작다는 사실을 이해하는 것이다. 삐아제는 아동들이 처음에는 유목과 관계를 서로 독립적으로 생각하지만 마지막에 가면 그것을 하나의 이해로 통합한다고 보았다.

감각운동기의 유목과 관계에 대한 이해. 삐아제는 영아들은 물체를 기능에 따라 분류한다고 주장했다. 그의 딸인 루시엔느가 요람 위에 놓인 플라스틱 참새에 보인 반응으로 이를 보여주었다. 루시엔느는 요람에 누워있는 동안 다리를 차서 참새를 움직이게 하는 것을 좋아하였다. 루시엔느가 6개월에 요람 밖에서 참새를 보았을 때에도 비슷하게 발을 차는 모션을 보였다. 삐아제는 이 행동을 루시엔느가 참새를 "내가 다리를 움직이면 움직이는 물건" 으로 분류했기 때문이라고 해석하였다. 이와 같이 단순한 분류하기로부터 더 발전된 범주가 발달한다.

유목에 대한 이해와 마찬가지로 관계에 대한 이해도 감각운동적 활동으로 발달한다. 삐아제는 3개월과 4개월 때 그의 자녀들이 그들의 활동의 강도와 그들이 만들어낸 반응의 강도 사이의 관계를 아주 즐겼다고 기술했다. 발을 세게 찰수록 요람 위의 물체가 더 세게 돌았다; 딸랑이를 더 세게 흔들수록 소리가 더 크게 났고 등등. 이처럼 그들은 '내가 무엇인가 더 세게 했을 때, 그 효과가 더 크다' 는 사실을 이해하였다.

전조작기의 유목과 관계에 대한 이해. 전조작기에 아동들이 유목화하는 능력이 상당히 발전한다. 크기, 모양, 색깔이 다른 블록들을 같은 것끼리 모을 때 이러한 발전이 잘 드러난다. 전조작기 초기에 남아는 작은 모든 물체들을 같이 모으려고 해서 모든 작고 붉은 사각형과 푸른 삼각형, 그리고 작고 붉은 삼각형을 선택한다. 그러나 아동은 마지막 물체의 모양 즉 삼각형에 주의를 기울이게 되어 그 다음에는 커다란 붉은 삼각형과 커다란 초록 삼각형을 선택하기 때문에 전체 집단에 공통된 특성이 사라져 버린다. 전조작기 후기인 4세 또는 5세경이 되면 아동들은 일관된 기준에 의해 물체를 분류하게 된다. 이때가 되면 아동들은 작은 모든 물체들을 한 집단에, 큰 모든 물체를 다른 집단에 놓는다.

전조작기가 되면 아동들이 이러한 종류의 분류문제를 풀게 되지만 다른 분류문제는 여전히 어렵다. 그들의 추론의 한계점은 삐아제의 *유목포함 문제*와 같이 서로 맞서는 특징들을 동시에 고려해야 할 때 가장 잘 나타난다. 유목포함 문제에서는 아동들에게 네 마리의 장난감 고양이와 두 마리의 장난감 개를 제시한다. 그러고 나서 '고양이가 많은지, 동물이 많은지' 물어본다. 대부분의 7세나 8세 이하의 아동들은 고양이의 수가 반드시 동물의 수보다 적거나 같아야 함에도 불구하고 고양이가 더 많다고 대답한다.

삐아제는 전조작기 아동들이 다른 차원을 무시하고 어떤 한 차원에만 주의를 기울이는 경향 때문에 이런 행동이 나타난다고 보았다. 문제를 정확하게 풀기 위해서 아동들은 한 물체(예를 들어, 가피일드)가 동시에 하위집합(고양이)과 상위집합(동물)에 속한다는 사실을 명심해야 한다. 아동들에게는 이것이 어렵다. 따라서 아동들은 문제를 고양이가 많은지 개가 많은지로 재해석하여 고양이와 개의 수를 비교하고 동물보다 고양이가 더 많다고 대답한다.

전조작기에는 관계에 대한 아동들의 이해도 또한 상당히 발달한다. 그러나 특정 상황과 관계있는 관계에는 주의를 기울이고 그렇지 않은 관계는 무시하는 능력은 여전히 제한되어 있다. 삐아제(1952)는 이 시기에 일어나는 발전과 한계점을 보여주기 위해 전조작기 아동들에게 그림 2.5의 *서열화 문제*를 제시하였다. 아동들에게 막대를 길이에 따라 짧은 것부터 순서대로 한 줄로 놓아보게 하였다. 이 과제에서 성공하면 두 번째 문제를 제시하였는데 이번에는 중간 정도 길이의 막대를 주고 적절한 위치에 놓아보게 하였다.

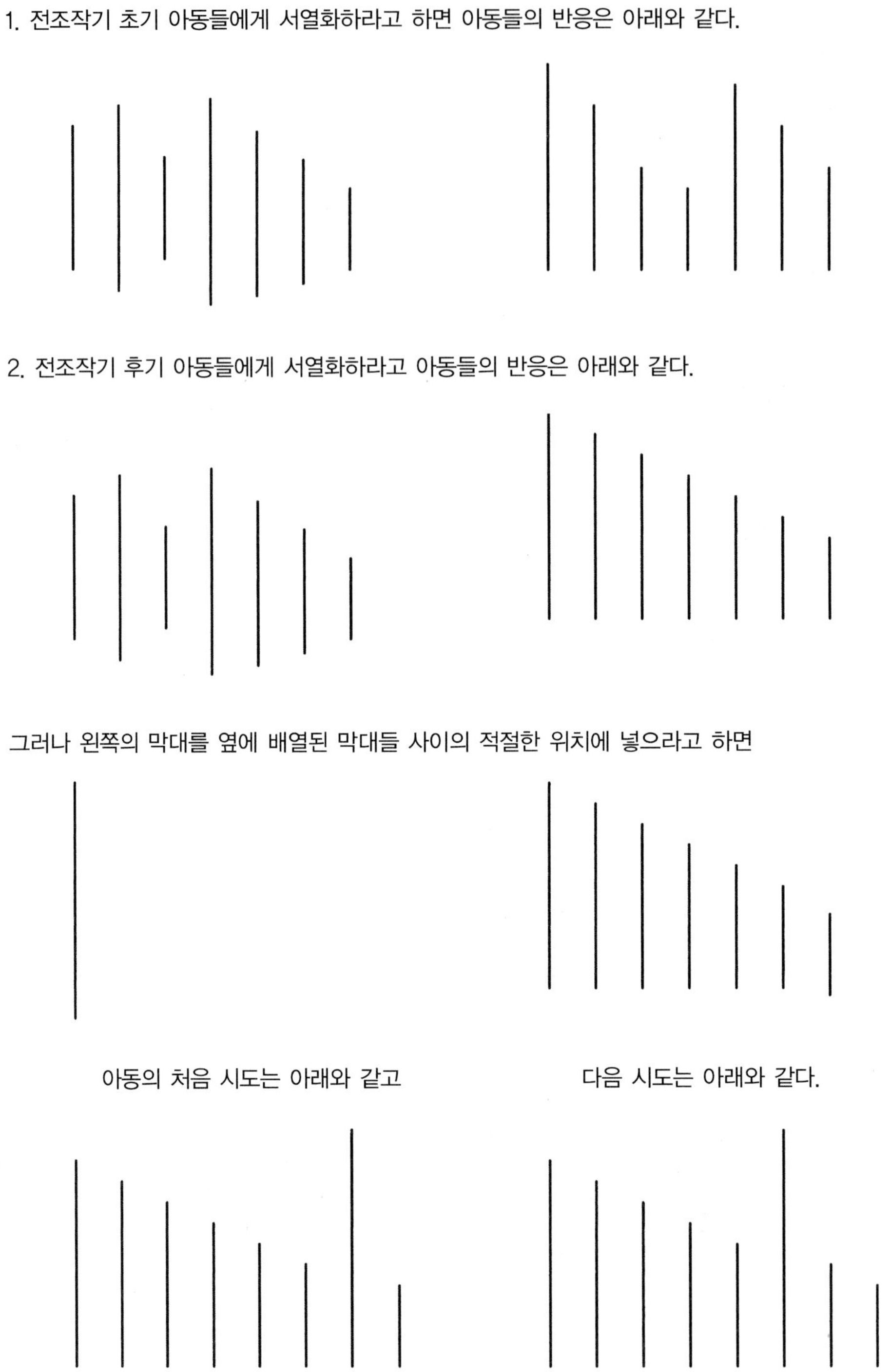

그림 2.5 서열화 문제에 대한 전조작기 초기와 후기 아동들의 전형적 반응.

2~4세의 전조작기 초기 아동들은 정확하게 서열화하지 못하였다. 그림2.5의 첫째 줄에 제시된 것처럼 아동들은 두 집단의 막대를 그 집단 안에서 바르게 서열화하지만 이 두 집단을 한 집단으로 서열화하지는 못했다. 이처럼 아동들의 주의가 옮겨가는 것은, 유목화할 때 아동들이 처음에는 작은 물체들로 집합을 만들다가 물체의 모양에 주의하게 되면서 그 다음에는 모든 삼각형을 모으기 시작하는 것과 유사하다.

전조작기 후기에 가면 아동들은 모든 막대를 길이에 따라 한 줄로 놓을 수 있게 된다. 그러나 새로운 막대를 이미 서열화한 줄의 적절한 위치에 놓기 위해서는 상당한 시행착오를 거쳐야 한다. 삐아제는 이러한 문제는 아동들이 새로운 막대가 어떤 막대보다는 더 짧고, 어떤 막대보다는 더 길다는 사실을 동시에 보지 못하기 때문에 일어난다고 보았다.

구체적 조작기의 유목과 관계에 대한 이해. 삐아제는 구체적 조작기에는 아동들이 유목과 관계를 하나의 통합된 체계로 다루게 된다고 주장했다. 이런 발달은 *복합분류 문제*를 푸는 것에서 잘 나타난다. 그림 2.6에 제시된 문제를 보라. 아동들에게 두 차원 즉 이 경우에는 모양(사각형, 원, 타원)과 색깔(검정색, 흰색, 회색)이 다른 두 열과 행으로 된 매트릭스를 보여준다. 아동들의 과제는 두 차원을 따라 모든 9개의 물체가 순서대로 배열되도록 빈 칸에 알맞은 물체를 선택하는 것이다. 이렇게 하려면 문제와 관련되는 두 유목(모양과 색깔)을 알아내고 이미 매트릭스의 열과 행에 배치된 물체들 사이의 관계가 유지되도록 물체를 선택하여야 한다.

인헬더와 삐아제(1964)는 4~6세 아동들은 85% 문제에서 적어도 한 차원을 고려하였으며, 단지 15%의 문제에서만 두 차원을 모두 고려하여 물체를 선택하였다고 보고했다. 9세에서 10세가 되면 대부분의 아동들은 두 차원을 모두 고려하여 물체를 선택하는데 이는 아동들이 유목과 관계를 동시에 고려하는 능력이 있음을 보여준다.

형식적 조작기의 유목과 관계에 대한 이해. 형식적 조작기의 추론은 청소년들이 관계의 관계와 유목의 유목에 대해 생각할 수 있게 한다. 예를 들어, 그들은 처음에는 자신의 고등학교 친구들을 여러 유목으로 나누고 그러고 나서 그 구성원들이 서로 가까운 정도에 따라 집단들의 상위유목을 구성한다.

형식적 조작기의 사고는 또한 청소년들이 관찰된 사실을 논리적으로 가능한 사실들 안에서 보게 한다. 이런 유형의 추론은 앞에서 본 화학물질을 조합하는 문제에서 볼 수 있다. 형식적 조작기 아동들은 화학물질의 가능한 모든 조합을 만드는 방법을 계획할 뿐 아니라 그 결과를 단순히 관심의 대상이 되는 사건(노란색)이 일어났는지 여부가 아니라 가능한 모든 조합과의 관계에서 해석한다. 따라서 청소년들은 노란색

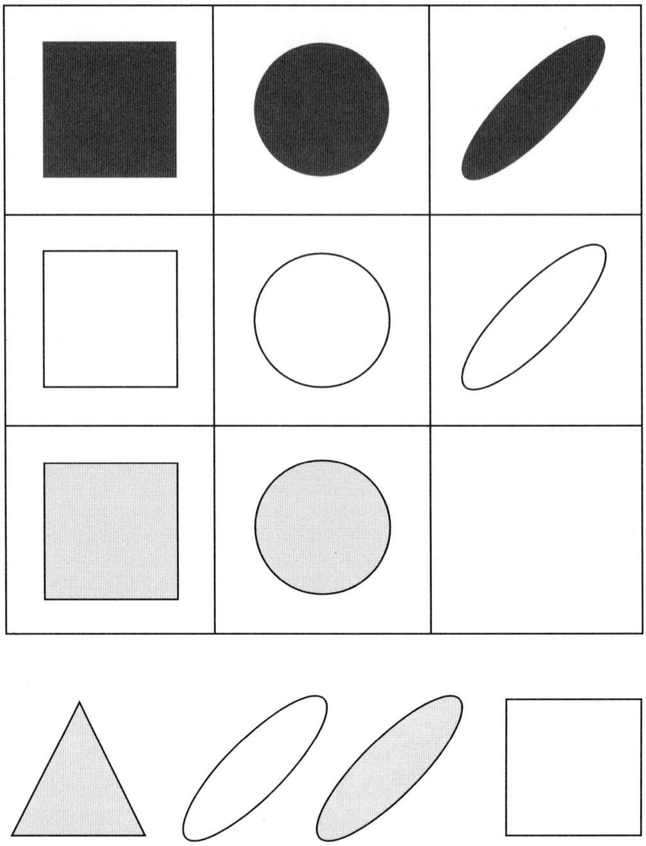

그림 2.6 복합분류에 대한 아동들의 이해를 검사하기 위해 사용된 매트릭스. 과제는 아래에 있는 네 도형 중 빈 칸에 적합한 것을 고르는 것이다(Inhelder & Piaget, 1964).

이 되기 위해 두 가지 화학물질이 필요하나, 다른 두 경우에는 두 가지 물질이 있었어도 노란색이 되지 않았으므로 두 가지 물질로 충분하지 않다는 사실을 깨닫는다. 이로부터 색깔이 변하려면 두 가지 물질이 있어야 할 뿐 아니라 세 번째 물질이 없어야 한다고 추론한다.

연령에 따른 변화에 대한 요약. 삐아제가 기술한 발달에 따른 변화가 많기 때문에 쉽게 혼동할 수 있다. 표 2.2에 중요한 일부 변화들을 다른 변화와 비교하여 기술하였다. 발달의 어떤 시점에서 어떤 종류의 변화가 나타나는지를 쉽게 알아볼 수 있을 것이다.

표 2.2 각 연령에서 나타나는 아동들의 사고: 삐아제 모델

발달 단계	연령범위	전형적 성취와 한계점
감각운동기 (출생에서 2세)	출생 ~ 1개월	적응력을 높이기 위해 반사를 수정.
	1 ~ 4개월	일차순환반응과 활동의 조정.
	4 ~ 8개월	이차순환반응. 숨겨진 사물을 찾지 않음.
	8 ~ 12개월	이차순환반응의 조정. 영아들이 숨겨진 물체를 찾지만 마지막으로 물체를 본 곳이 아니라 마지막으로 물체를 찾은 곳을 살핌.
	12 ~ 18개월	삼차순환반응. 영아들이 물체를 떨어뜨리는 위치를 체계적으로 변화시킴.
	8 ~ 24개월	진정한 정신적 표상의 시작. 지연모방.
전조작기 (2세에서 7세)	2 ~ 4세	상징적 기능의 발달. 언어와 정신적 심상의 발달. 자기 중심적 의사소통.
	4 ~ 7세	발전된 언어와 정신적 심상의 기술. 변화를 표상하지 못함. 보존, 유목포함, 시간, 서열화와 다른 문제들에서 하나의 지각적 특성에 주의집중.
구체적 조작기 (7세에서 12세)	전 시기	진정한 정신적 조작을 수행할 수 있고, 변화뿐 아니라 정적 상태도 표상할 수 있고, 보존, 유목포함, 시간과 다른 많은 문제를 풀 수 있음. 그러나 아동들은 화학문제에서처럼 여전히 가능한 모든 조합과 변화의 변화에 대해 생각할 수 없음.
형식적 조작기 (12세부터 일생동안)	전 시기	청소년들은 가능한 모든 결과에 대해 생각할 수 있고, 가설적 사건들과의 관계 안에서 특정 사건을 해석하고, 운동의 보존, 화학반응과 같은 추상적 개념을 이해함.

삐아제 이론에 대한 평가

이와 같이 폭넓고 깊이 있는 인지 발달 이론을 어떻게 평가할 수 있을까? 이 이론의 강점 가운데 일부는 이 장의 서두에서 이미 언급하였다. 이 이론은 발달의 여러 시점에서 나타나는 아동들의 사고에 대해 잘 알 수 있게 해준다. 이 이론은 수백 년 동안 부모, 교사, 철학자, 과학자들을 궁금하게 만들었던 문제들을 다룬다. 이 이론은 아동 사고의 다양한 측면의 발달을 모두 다루고 있을 뿐 아니라 영아기부터 청소년기에 이르

기까지 폭넓은 연령층을 다룬다. 이 이론은 아동들이 어떻게 생각하는지에 대해 셀 수 없이 많은 놀라운 관찰을 포함하고 있다.

이런 일반적인 장점을 생각하면서 좀 더 구체적인 문제들을 살펴보겠다. 이 이론이 연령이 다른 아동들의 사고의 특징을 얼마나 잘 기술하는가? 아동 사고를 기술하고 설명하는 데 단계 개념이 얼마나 유용한가? 전조작기 아동들이 자기중심적이라는 주장처럼, 아동 사고를 일반적으로 기술하는 것이 얼마나 타당한가?

삐아제 이론이 아동 사고의 특징적 측면을 얼마나 정확하게 기술하고 있는가?

삐아제 이론은 연령이 다른 아동들이 어떻게 사고하고 추론하는지에 대해 많은 특별한 주장을 하였다. 이런 주장들이 이후 연구들에 의해 지지되었는가?

우선 생각해 보아야 할 문제는 삐아제와 비슷한 방법을 사용하였을 때 다른 사람들도 삐아제의 발견을 반복하여 관찰할 수 있는가이다. 아동의 사고에 대한 삐아제의 주장은 아주 놀라워서 초기의 많은 연구들은 대부분 삐아제의 연구 결과를 확인하기 위해 이루어졌다. 이 반복 실험에서는 아동들의 수를 늘리고, 더 대표적 집단의 아동들을 사용했고, 삐아제의 임상적 연구방법을 더 표준화하여 사용했지만 그 밖에는 삐아제의 접근법과 아주 유사했다.

대체로 반복 실험은 성공적이었다. 1960년대와 1970년대에 연구된 미국, 영국, 캐나다, 오스트레일리아의 원주민과 중국 아동들은 거의 반세기 전에 삐아제가 연구했던 소수의 아동들이 보였던 것과 같은 형태의 사고를 보여주었다(Corman & Escalona, 1969; Dasen, 1973; Dodwell, 1960; Elkind, 1961a, 1961b; Goodnow, 1962; Lovell, 1961; Uzgiris, 1964). 후진국의 아동들은 각 발달 단계에 좀 더 늦게 도달했지만 결국은 기대한 형태의 사고를 보여주었는데 이런 경향은 감각운동기, 전조작기, 구체적 조작기에 대해서 특히 그러하였다. 그러나 형식적 조작을 평가하기 위해 많이 사용되는 과학적 추리에서 형식적 조작기의 사고는 일부 청소년들에게서만 나타났으며 선진국에서도 그러했다(Byrnes, 1988; Kuhn, Garcia-Mila, Zohar, & Anderson, 1995).

이런 반복 관찰을 액면 그대로 받아들일 수 있을까? 어쩌면 아동들이 여러 상황에서 보이는 미성숙한 사고는 실제 그들의 사고가 미성숙해서가 아니라 삐아제의 연구나 다른 연구들에서 사용한 언어적 방법이 아동들의 사고를 과소평가했기 때문일 수도 있다. 삐아제의 연구방법을 비판하는 사람들은 어린 아동들이 말을 잘 못하기 때문에 그들의 인지능력이 부족한 것처럼 잘못 판단되었다고 주장했다(Brainerd, 1978). 아동들이 자신들의 추론을 설명할 수 없다고 해서 추론능력 자체가 부족한 것은 아니다.

비언어적 검사를 사용했을 때에도 아동들은 삐아제가 기술한 것과 아주 유사하게 사고했다. Siegler는 비언어적 방법을 사용하여 삐아제의 여러 과제 즉 저울문제, 시간, 속도와 거리의 문제, 액체량 보존, 질량 보존, 수 보존을 연구한 적이 있었는데(Siegler, 1976; 1978, 1981; Siegler & Richards, 1979) 이 각각의 문제에서 아동들은 삐아제가 기술했던 것처럼 사고했다.

세 번째 문제는 아동들이 삐아제의 실험에 나타나지 않은 개념적 이해를 가지고 있는가이다. 여기에서는 상황이 아주 다르다. 모든 발달 단계에서 아동들은 삐아제의 과제에서 그들이 보인 수행에서는 드러나지 않은 개념에 대한 이해를 가지고 있는 것 같다. 어린 아동들이 이러한 개념들에 대한 이해를 가지고 있음을 보여주는 연구들은 아주 재미있다.

대상영속성에 대한 Baillargeon(1987)의 실험을 생각해 보자. 삐아제는 8개월 이하의 영아들은 물체가 시야에서 사라져도 계속 존재한다는 사실을 모른다고 주장했다. Baillargeon은 4개월 된 아동들도 대상영속성을 이해한다는 사실을 보여주기 위해 더 민감한 방법을 개발했다. 이 실험에서는 나무판 뒤에 상자를 놓아두었다(그림 2.7). 나무판 가운데에 수평으로 축이 있어서 밀면 이 나무판이 앞뒤로 흔들렸다. 처음에는 나무판을 상자가 분명히 보이는 위치에 놓아두었고 다음에는 실험자가 나무판을 흔들어서 상자가 보이지 않게 했다. 물리적으로 가능한 조건에서는 흔들리는 나무판이 상자에 가까이 가면 다시 반대 방향으로 흔들렸다. 그러나 물리적으로 불가능한 조건에서는 나무판이 상자가 있는 장소를 통과하여 계속 흔들리게 했다(이 효과는 속임수 불빛과 거울을 사용하여 연출했다). 상자가 더 이상 보이지 않음에도 불구하고 4개월 영아들은 불가능한 사건을 보았을 때 놀라는 것 같았고, 물리적으로 가능한 사건보다 불가능한 사건을 더 오래 바라보았다. 그들은 상자를 볼 수 없을 때에도 상자가 계속 존재해야 하며, 상자가 나무판 뒤에 놓여 있기 때문에 나무판이 흔들리는 것을 방해해야 한다고 생각했다.

이러한 결과는 특정한 연구방법에만 국한된 것은 아니었다. Baillargeon(1993)은 3.5세 영아들이 토끼가 창문을 가로질러 움직일 때 반드시 보여야 하는 상반신이 보이지 않자 놀라는 것을 발견했다. 다른 실험에서 그녀는 영아들이 적어도 세 개의 숨겨진 물체를 동시에 표상할 수 있음을 보여주었고, 또한 영아들은 물체가 계속 존재한다는 사실뿐 아니라 대략의 높이와 위치도 표상할 수 있었다. 이처럼 4개월 영아들이 대상영속성에 대해 어느 정도 이해하고 있었다.

예상보다 일찍 나타나는 인지능력은 감각운동기에만 국한된 것이 아니다. 학령전

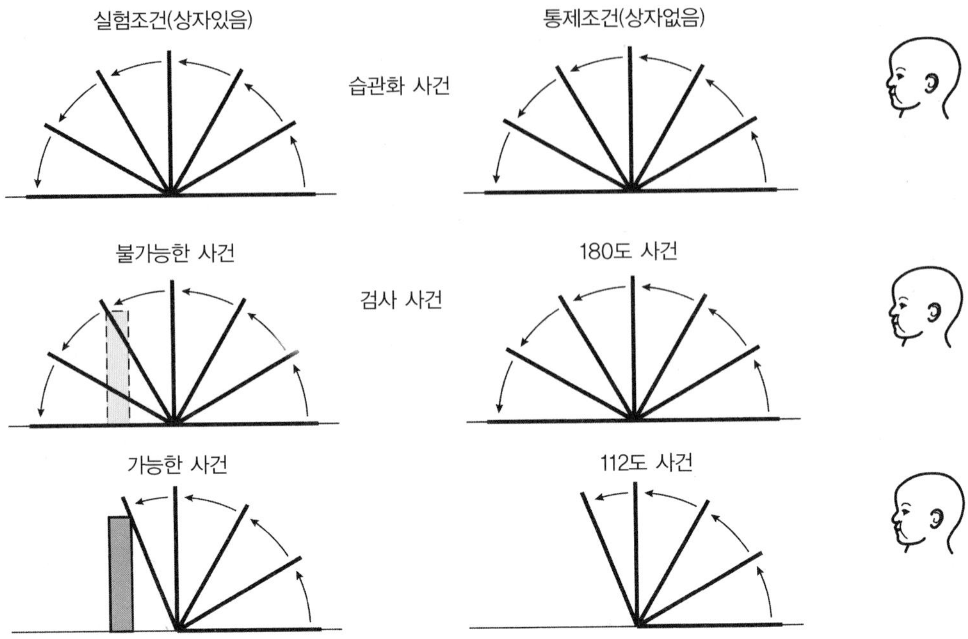

그림 2.7 Baillargeon의 대상영속성 과제. 영아들을 180도 흔들리는 나무판에 습관화시킨 후 나무판 뒤에 상자를 놓는 것을 보여준다. 영아들은 가능한 사건보다 불가능한 사건을 더 오래 보았다. 가능한 사건에서는 나무판이 상자에 닿아서 정지하였고, 불가능한 사건에서는 나무판이 상자에 닿은 후 계속 회전하였다(Baillargeon, 1987). Copyright © 1987 by the American Psychological Association. Reprinted with permission.

기 유아들은 삐아제가 어렵다고 보았던 개념들도 이해하고 있다. 맛과 무게의 보존에 대해 생각해 보자. 삐아제는 이 두 개념은 전조작기 유아들이 이해하기 어렵다고 보았다. 그러나 3세에서 5세 유아들이 컵에 있는 물에 설탕이 녹는 것을 보면 설탕이 더 이상 보이지 않음에도 불구하고 물에서 단맛이 나고, 미래에도 계속 그럴 것이고, 컵에 설탕을 타기 전보다 무게도 더 나갈 것이라고 생각했다(Au, Sidle, & Rollins, 1993). 3세에서 5세 유아들은 현재 물이 설탕을 타기 전과 동일하게 보이지만 설탕이 작은 입자로 들어 있어서 맛과 무게에 영향을 준다고 설명하였다. 이처럼, 전조작기 유아들은 맛과 무게 보존을 어느 정도 이해하고 있었다.

최근 인지 발달 연구에서는 의심할 수 없는 영아들과 어린 아동들의 능력의 발견이 중요한 이슈 가운데 하나가 되었다. 이런 능력이 왜 이제와서야 발견되었는지를 살펴보자. 한 가지 이유는 아동들을 연구하는 새로운 방법들이 나타났기 때문이다. 또 다른 이유는 아동 사고가 더 폭넓게 연구되고 있기 때문이다. Gelman과 동료들의 연구가 이런 경향을 보여준다(Gelman, 1990; Gelman & Gallistel, 1978; Miller & Gelman, 1983). 삐아제는 학령전기 유아들이 수 보존 과제에서 자주 실패하는 것을 보고 그들은 수 개념이 없다고 결론을 내렸다. Gelman의 연구는 학령전기 유아들이 수 개념이 있든 없든 관계없이 하여간 수에 대해 많이 알고 있음을 보여주었다. 유아들은 수세기 원리에 준하여 정확하게 수를 센다; 작은 수의 물체에 다른 물체를 더하고 빼면 어떤 일이 일어나는지 알고 어떤 수가 크고 어떤 수가 작은지도 안다.

초기 능력을 보여주는 연구들은 너무 많아서 이 책에서 전부 고찰할 수 없다. 인과관계에 대한 이해(Ahn, Kalish, Medin, & Gelman, 1995; Oakes & Cohen, 1995), 범주화(Arterberry & Bornstein, 2002; Mareschal & Quinn, 2001; Rakison & Oakes, 2003), 공간(Blades & Spencer, 1994; Huttenlocher, Newcombe, & Sandberg, 1994; Newcombe, Huttenlocher, & Learmonth, 1999), 시간(Colombo & Richman, 2002; Friedman, 2002), 그리고 물체의 특성(Goubet & Clifton, 1998; Kotovsky & Baillargeon, 1994; Needham, 2001; Spelke, Breinlinger, Macomber, & Jacobson, 1992) 등이 그 예이다. 요약하면, 삐아제의 관찰은 아동들이 어떻게 생각하는지에 대해 많은 것을 보여주고, 그 결과들은 언어적, 비언어적 방법을 사용하였을 때 반복적으로 관찰되지만, 아동들의 능력을 과소평가하는 경우가 많다.

아동들의 사고가 얼마나 단계적인가?

삐아제의 이론과 같은 단계 모델에 의하면 아동들의 사고는 한 단계에서 다른 단계로 가면서 질적으로 변한다; 어떤 한 단계의 아동들은 여러 문제에서 비슷하게 생각하며; 다음 단계에 도달하거나 가까이 갈 때까지는 다음 단계의 방식으로 사고하는 것을 배울 수 없다(Brainerd, 1978; Flavell, 1971). 이러한 기술이 오늘날 아동들의 사고에 대해 알려진 것과 얼마나 일치할까?

질적 변화. 아동들의 사고가 질적으로 변화하는지 여부는 변화를 얼마나 가까이에서 보는가에 달려있다. 멀리서 보면 아동들의 사고에서 일어나는 많은 변화는 비연속적이지만; 가까이에서 보면 연속적이고 점진적이다. 이런 입장은 대상영속성의 발달에서 잘 드러난다. 앞에서 보았듯이, 7개월이나 8개월보다 어린 영아들은 물체를 숨기는 것을 보고도 물체를 찾지 못한다. 나이가 많은 영아들은 같은 조건에서 거의 항상 물체를 찾는다. 삐아제는 이런 결과를 보고 나이가 많은 영아들은 물체가 영속적으로 존재한다는 사실을 이해하지만 어린 영아들은 이해하지 못함을 의미한다고 해석하였다.

새로운 증거는 다른 해석을 제안한다. 삐아제가 제안했던 것처럼 변화는 갑자기 일어나지 않는다. 6개월 이하 영아들도 물체를 숨긴 직후에 물체를 찾게 하면 삐아제식 대상영속성 과제에서 성공한다. 나이가 들수록 물체를 찾기 전에 기다리는 시간이 길어져도 물체를 성공적으로 찾는다(Diamond, 1985). 대상영속성의 발달은 물체가 계속 존재한다는 사실에 대한 갑작스러운 통찰이 아니라 숨겨진 물체의 위치를 점점 더 잘 기억하게 됨으로써 가능해진다.

영아들이 숨겨진 물체가 계속 존재한다는 사실을 더 잘 이해하게 하는 어떤 종류의 통찰을 인정하더라도, 이런 통찰이 생긴 다음에 물체의 위치를 찾는 능력은 계속적으로 확장된다. 불투명한 용기 아래의 물체를 찾는 것도, 잃어버렸거나 숨겨진 물체를 찾는 기술의 발달과 같이, 더 일반적인 인지적 경향의 일부에 속한다. 게다가 나이가 많은 아동들이 하는 실수도 어린 아동들의 실수와 비슷하다. 물체를 찾을 수 있는 장소가 두 곳이 아니라 세 곳일 때에는 영아들, 1세와 4세 아동들이 같은 유형의 실수를 한다. 그들은 이전에 물체를 한 번도 찾은 적이 없는 장소보다는 찾은 적이 있는 장소를 바라본다. 실수의 빈도는 감소하지만 실수의 유형을 동일하다(영아들이 물리적 환경에서 숨겨진 물체를 찾는 능력에 대한 흥미로운 논문으로는 Baker-Ward & Ornstein, 1988; DeLoache, 1987, 1991, 2000; DeLoache, Miller, & Rosengren, 1997; Spencer, Smith, & Thelen, 2001 참조).

*대변동 이론*으로 알려진 수학의 한 분야는 발달을 연속적으로 보는 동시에 비연속적으로 볼 수 있게 해준다. 대변동 이론에서는 다리의 붕괴와 같이 갑작스러운 변화를 연구한다. 다리를 무너지게 한 힘은 오랜 기간 천천히 쌓여간다. 그러나 눈으로 볼 수 있는 붕괴는 아주 갑작스럽게 일어난다. 즉 한 아이가 어제는 못 풀었던 문제를 오늘 풀 때 겉으로 드러나는 인지적 변화는 아주 갑작스럽지만 그런 변화는 수 년 동안 꾸준히 쌓여온 경험에 의한 것이다. 다리의 경우처럼 이 아이에게 일어난 인지적 변화는 눈에 보이지 않는 작은 변화로 구성된 연속적 과정으로 볼 수도 있고 또 한 단계에서 다른 단계로 가는 비연속적 변화로 볼 수도 있다.

다른 문제에서의 비슷한 추론. 아동이 어떤 단계에 있다고 말하는 것은 그들의 사고가 여러 과제에서 그 단계의 특징을 보이고 있음을 의미한다. 삐아제 이론에서는 이상적으로 8세 아동들은 모든 구체적 조작 수준의 개념, 즉 액체량 보존, 유목포함관계, 서열화 문제 등을 이해하며, 모든 형식적 조작 수준의 개념 즉 가능한 모든 조합에 기초해서 사고하는 것과 운동의 보존 등의 개념은 이해하지 못한다.

이 견해가 아동의 사고를 정확하게 기술하지 못한다는 점이 점점 더 분명하게 밝혀지고 있다. 구체적 조작 수준의 세 보존개념 즉 수 보존, 질량 보존과 무게 보존을 생각해 보자. 이론적으로, 이 모든 보존개념은 동시에 학습되어야 한다. 아동들은 이 모든 개념을 이해하거나 또는 이해하지 못해야 한다. 그러나 대부분의 아동들이 수 보존과제는 6세경에, 질량 보존과제는 8세경에, 무게 보존과제는 10세경에 푼다(Elkind, 1961a; Katz & Beilin, 1976; Miller, 1976). 이러한 자료들은 보존개념에서조차도 발달의 동시성 개념이 지지되지 못함을 보여준다.

아동들이 여러 문제에서 비슷하게 사고한다는 사실을 반증하는 증거가 있음에도 불구하고, 여러 과제에서 나타나는 사고의 일관성이 계속 관심의 대상이 되어왔다. 그 이유는 아동들의 사고에 대한 일상적 관찰과 관계가 깊다. 즉 2세 아동의 사고에는 5세 아동의 사고와는 다른 그 무엇이 있고, 마찬가지로 5세 아동의 사고에는 10세 아동의 사고와는 다른 그 무엇이 있다. 즉 주어진 연령의 아동은 상황이 달라도 동일한 특징적 방식으로 생각하는 것 같다.

이 문제를 다루기 위해, Flavell(1982)는 여러 과제에서 나타나는 사고의 일관성의 정도는 우리가 누구를, 무엇을, 언제 관찰하느냐에 따라 달라진다고 가정하였다. 아동들이 여러 개념에 대해 잘 이해할 때보다 막 배우기 시작했을 때 사고의 일관성이 더 나타나는 것 같다. 예를 들어, 5세 아동은 하나의 특징에 초점을 맞추어 여러 문제를 해결한다. 액체량 보존에서는 밑넓이에 관계없이 물의 높이가 높은 컵에 있는 물이 더 많다고 예언하고, 질량 보존에서는 횡단면적에 관계없이 긴 진흙 소시지에 진흙이 더 많다고 예언한다. 시간의 판단에서도 아동들은 실제 경과된 시간은 무시하고 물체가 정지한 지점에만 관심을 기울인다. 저울에 대한 판단에서 아동들은 받침대로부터의 거리를 무시하고 상대적 무게만을 고려한다. 아동들은 온도, 행복, 도덕성과 같이 다양한 개념에서도 이와 비슷하게 사고한다(Case, 1985, 1992a; Ferretti, Butterfield, Cahn, & Kerkman, 1985; Levin, Wilkening & Dembo, 1984; Siegler, 1981; Strauss, 1982).

이와는 대조적으로 아동들이 이런 개념을 완전히 배우는 시기는 각각 다르다. 일반적으로 9세 아동들은 액체량 보존과 질량 보존문제를 풀 수 있지만 대학생들도 종종 저울문제를 풀지 못한다. 이렇게 개념을 완전히 이해하는 시기가 다른 것은 문제를 경험한 정도, 더 잘 이해한 다른 문제에서부터 답을 유추하는 것의 용이성과 가장 발전된 답의 복잡성이 다르기 때문이다.

아동의 사고를 일관성 있게 하는 또 다른 근원은 가장 잘 발전한 사고 수준이다(Fischer, 1980; Fischer & Bidell, 1991; Halford, 1982, 1993). 예를 들어, 9세 아동의 가장 발전된 사고는 단순 조작이며 따라서 그들의 어떤 사고에도 (형식적 조작기 사고에서처럼) 조작에 대한 조작이 포함되지 못한다. 그렇다고 해서 9세 아동들이 단순 조작을 포함한 모든 사고에서 성공적이라는 의미는 아니다. 그들이 주어진 문제를 성공적으로 해결하느냐는 그 문제에 대해 얼마나 경험이 있는지, 관련된 문제들에 친숙한지, 그 문제가 친숙한 상황에 대한 것인지 등에 달려 있다. 요약하면, 아동 사고의 일관성은 어떤 개념에 대해 잘 알지 못하는 초기 단계와 추론이 가장 발달한 후기 단계에서 가장 분명하게 나타나는 것 같다.

발달은 가속화될 수 있는가. 훈련을 통해 발달을 가속화할 수 있는가에 대한 삐아제의 견해는 가장 논란이 많이 되어 온 문제 가운데 하나이다. 그는 어떤 때에는 훈련의 성공 가능성을 완전히 배제하고, 어떤 때에는 아동이 그 개념에 대해 어느 정도 알고 있고 또 훈련의 절차가 자료와의 적극적 상호작용으로 이루어진다면 효과적일 수 있다고 말한다.

사실, 어린 아동들은 삐아제가 생각했던 것보다 더 많이 학습하고 더 다양한 교수 방법으로 도움을 받을 수 있다(Beilin, 1977; Field, 1987). 이런 결과들은 영아들이 직접적인 훈련을 받지 않고도 가지고 있는 초기 역량과도 일관성이 있다. 아동들은 이전에 생각했던 것보다 더 많이 알고 있을 뿐 아니라 더 많이 배운다.

그러나 아이들을 그대로 내버려 두어서는 안 된다. 어린 아동들이 이런 문제를 푸는 것을 학습할 수 있다 하더라도 그렇게 하는 것이 어려운 경우가 많다. 나이가 어린 아동과 나이가 많은 아동이 같은 문제를 풀 수 없을 때에도 나이가 많은 아동은 그 몸체를 푸는 것을 훨씬 더 쉽게 배운다. 이제는 어린 아동들도, 과거에는 그 아동들에게 아주 어렵다고 생각했던 개념을 배울 수 있음이 밝혀졌다. 그러나 우리가 아직도 이해하지 못하고 있는 것은 왜 나이가 많은 아동이나 어린 아동 모두가 어떤 개념을 모를 때 나이가 많은 아동들이 그 개념을 더 쉽게 학습하는가이다.

삐아제의 일반적 기술이 아동들의 사고에 얼마나 적합한가?

아동의 사고를 사고의 특징적인 예와 단계로 기술하는 것(예, 전조작기 아동들은 물의 높이가 더 높은 컵에 물이 더 많다고 생각한다) 이외에도 삐아제는 아동들의 사고를 지적 특성으로 기술하였다. 예들 들어, 그는 전조작기 아동들은 자기중심적이며, 인과관계를 이해하지 못하며, 준논리적이며, 지각적 영향을 많이 받는다고 기술하였다. 이런 기술이 어떤 측면에서는 맞지만 항상 그렇지는 않다. 이렇게 기술하는 것의 문제점은 전조작기 아동들을 자기중심적이라고 기술하는 데에서 볼 수 있다.

자기중심적 의사소통에 대한 논의에서 소개된 2세에서 4세 아동들은 종종 이야기에서 중요한 정보를 생략하였다는 사실을 기억해 보라. 그들은 종종 다른 사람들의 이야기를 무시하고 또 다른 사람의 입장을 고려하지 못한다. 삐아제는 이런 관찰 때문에 아동들의 사고가 자기중심적이라고 보았다.

그러나 아동들이 자기중심적이지 않게 의사소통하는 다른 상황을 생각해 보자. 3세 아동들에게 그림을 보여 달라고 하면 그림이 그려진 쪽을 보여준다. 아동들이 전적으로 자기중심적이라면 아동들은 그들이 보는 것을 당신도 본다고 생각하므로 반대로 해야 한다. 이와 유사하게, 2세와 3세 아동들도 남을 속인다. Sullivan과 Winner (1993)는 아줌마가 같이 놀아주지 않자 우는 척하는 2세 아이를 예를 들어 이야기한다. 아줌마가 다가오자 아이는 "속았지롱, 내가 속상한 것처럼 아줌마가 생각하게 했어"라고 말했다(p.160). 2세 아동이 자기가 알고 있는 사실을 아줌마가 알고 있다고 생각한다면 어떻게 아줌마를 속일 수 있겠는가?

비슷한 예로, 전조작기 아동들의 공간에 대한 표상도 자기중심적이지 않다는 사실을 들 수 있다. 공간적 자기중심성을 측정하기 위해 삐아제는 그림 2.3에 있는 것과 같은 세 산 과제를 사용하였다. 이 문제에서는 다른 사람의 입장을 취해야 할 뿐 아니라 자기가 현재 보고 있는 것과 다른 사람이 보고 있을 것으로 상상하는 것 사이에서 선택을 하여야 한다. 성인들조차도 이런 선택은 어렵다(Rieser, Garing, & Young, 1994). 이와는 대조적으로 (세 산 모형을 덮어서) 아동들을 혼란시키는 참조틀을 없애고 (한 손에 스티커를 붙인 다음 스티커 붙인 쪽과 안 붙인 쪽이라고 불러서) 아동들이 왼쪽과 오른쪽을 표현할 수 있게 하자 3세 아동들도 자신의 조망보다 다른 사람의 공간적 조망을 선택하였다(Newcomb & Huttenlocher, 1992). 그렇다고 해서 어린 아동들이 나이가 많은 아동들만큼 다른 사람의 조망을 취할 수 있는 것은 아니다. 나이가 많은 아동들은 갈등이 되는 참조 틀이 있을 때에도 세 산 과제를 성공적으로 해결하였다. 그러나 3세 아동들은 어렵지 않은 상황에서만 다른 사람의 조망을 취할 수 있었다.

그러나 전조작기가 훨씬 넘은 사람들도 '자기중심성'의 문제를 보인다. 전화 대화와 같은 상황이 고전적인 예이다. 서로 보지 못하게 판으로 막혀진 테이블의 양쪽에 두 아동이 앉는다. 테이블 위에는 양쪽에 똑같은 그림들이 놓여있고 각 그림에는 불규칙한 도형이 그려져 있다. 한 아동이 어떤 도형을 말로 묘사하면 다른 아동은 자기가 보고 있는 그림 가운데에서 그 도형을 찾아야 했다(Krauss & Glucksberg, 1969).

기대했던 대로 나이가 많은 아동이 나이가 어린 아동보다 더 효과적으로 자신이 생각하고 있는 도형을 전달했다. 그러나 놀랍게도 8세와 9세 아동들도 다른 아동에게 도형을 말로 기술해줄 때, 그 도형에 대해 자신만이 알고 있는 정보의 영향을 많이 받았다. 게다가 전조작기가 훨씬 지난 아동들도 잘못된 의사소통의 문제가 무엇인지, 즉 메시지가 잘못되었는지 또는 듣는 사람이 적절하게 반응하지 못했는지 잘 알아내지 못했다(자기중심적 의사소통에 대한 논의는 Beal & Belgrad, 1990; Lloyd, Mann, & Peers, 1998; Nadig & Sedivy, 2002; Robinson & Robinson, 1981; Sonnenschein, 1988; Waters & Tinsley, 1985를 참고하라).

나이가 어린 아동들이 나이가 많은 아동들보다 더 자기중심적으로 행동하는 경우가 많다는 데에는 의심의 여지가 없다. 그러나 어떤 연령집단에 '자기중심적'이라고 이름을 붙이는 것은 지나치다. 이렇게 하면 어린 아동들이 자기중심적이지 않게 행동할 가능성과 나이가 많은 아동들이 자기중심적으로 행동할 가능성을 간과하게 된다.

삐아제 이론의 현재 위상

삐아제 이론이 어린 아동들의 사고능력을 과소평가하고, 청소년들의 사고능력을 과대평가하며, 아동들의 사고를 자기중심적이라는 등의 말로 기술하는 것이 잘못이라면 왜 우리가 삐아제 이론에 관심을 기울이는가? 그 이유는 여러 가지 단점에도 불구하고 삐아제 이론은 아동들이 어떻게 생각하는지를 잘 보여줄 뿐 아니라 아동 사고에 대해 더 많은 것을 알아낼 수 있는 방향을 제시하기 때문이다. 삐아제는 영아들의 초기 활동에서 이전에는 생각하지 못했던 지적 능력을 보았다. 이로 인해 영아들의 지각과 인지에 대한 최근의 많은 발견들의 기초가 될 중요한 문제 즉 영아들이 가지고 있는 다른 능력은 무엇인가라는 문제가 제기되었다. 삐아제는 아동들이 성인들과는 다른 방식으로 세상을 보고 있음을 보았다. 이로 인해 아동들이 어떤 정신적 과정 때문에 세상을 다르게 보며, 아동들이 어떻게 본 것을 정확하게 표상하는가의 문제가 제기되었다. 아동 사고의 일관성을 지나치게 높게 평가하기는 했지만 실제로 존재하는 일관성을 밝혀냈고, 이러한 일관성을 더 찾는 것이 중요함을 지적해 주었다. 마지막으로 삐아제가 제기한 질문들은 옳은 질문이었다: 영아들이 태어날 때 어떤 능력을 가지고 태어나는가? 발달의 후기 단계에는 어떤 능력들을 가지게 되는가? 이런 변화를 일으키는 발달 과정은 무엇인가? 이 책의 나머지 부분에서는 이러한 문제들을 다룰 것이다.

요약

삐아제 이론의 대부분이 반세기 이전에 만들어졌음에도 불구하고 그의 이론은 발달심리학에서 여전히 중요하다. 삐아제 이론이 계속적으로 관심의 대상이 되는 이유는 이 이론이 흥미로운 문제들을 다루고 있고, 폭넓은 연령층을 다루며, 또 믿을만한 흥미로운 발견들을 많이 포함하고 있기 때문이다.

일반적인 수준에서 말하면 삐아제 이론은 지능의 발달에 관심을 가지고 있다. 지능은 네 단계를 거쳐 여러 발달 과정에 의해 진화한다. 지능발달의 기본 목표는 지적 환경에 적응할 수 있도록 경험을 체제화하는 것이다. 이러한 적응은 단순히 새로운 반응을 학습함으로써 성취되는 것이 아니라 이전의 이해 체계를 재구조화함으로써 가능해진다.

발달의 네 단계는 감각운동기, 전조작기, 구체적 조작기, 형식적 조작기이다. 감각운동기는 출생부터 2세까지, 전조작기는 2세부터 6, 7세까지, 구체적 조작기는 6, 7세부터 11, 12세까지, 형식적 조작기는 청소년기 초기부터 죽을 때까지이다. 각 단계에서는 보존, 분류, 관계와 같은 중요한 개념들에 대한 이해에 중요한 변화가 일어난다.

또한 삐아제는 동화, 조절, 평형화의 세 가지 기본이 되는 발달 과정을 밝혔다. 동화는 기존의 지적 구조 안에서 새롭게 입력되는 정보를 이해할 수 있도록 그 정보를 해석하는 과정을 의미하고, 조절은 새로운 경험에 대한 반응으로 이 세계를 이해하기 위해 현재 사용하는 방법이 변화하는 과정을 말한다. 평형화란 동화와 조절을 포함하는 세 단계로 이루어지는 과정이다: 첫째, 아동들은 평형 상태에 있다. 다음, 새로운 정보를 동화하지 못하면 자신들의 현재 이해의 문제점을 깨닫게 된다. 마지막으로 좀 더 발전된 형태의 평형에 도달할 수 있도록 그들의 지적 구조를 새로운 정보에 맞추어 조절한다.

감각운동기에는 여러 개념들에 대한 이해가 많이 발전한다. 영아들이 일차 · 이차 · 삼차순환반응을 습득함에 따라 그들의 활동이 더욱 더 정교해지고, 체계적이 되며, 신체와 무관해진다. 이들은 또한 단순한 형태의 보존, 즉 대상영속성의 개념을 습득하므로 자신들의 시야를 벗어나도 사물들이 계속 존재한다는 사실을 깨닫게 되고, 또한 유목과 관계에 대해서도 단순하나마 이해하게 된다.

전조작기에는 아동들은 언어와 정신적 심상으로 그들의 생각을 표상할 수 있게 된다. 이런 발달에도 불구하고 삐아제는 이 시기의 아동들이 할 수 있는 것보다는 할 수 없는 것들을 더 강조했다. 그는 5, 6세 아동은 보존, 유목포함과 서열화 문제에서 실패함을 지적했다. 그는 이러한 실패가 아동들이 변화의 과정보다는 지각적 모양에 주의를 기울이고, 자기중심적이며, 여러 차원을 동시에 고려하기보다는 하나의 차원에 주의를 기울이기 때문에 나타난다고 보았다.

구체적 조작기에는 전조작기에 이해하지 못했던 많은 개념들을 이해하게 된다. 아동들은 변화를 표상할 수 있게 되고, 여러 원천에서 오는 정보를 통합하게 된다. 이런 발전으로 아동들은 액체량 보존, 질량 보존, 시간, 서열화와 유목포함 같은 개념을 이해하게 된다.

삐아제에 의하면, 형식적 조작기에는 가능한 모든 결과에 대해 생각할 수 있게 되고, 논리적으로 가능한 결과들과 실제 결과들을 연결시키고, 미리 계획을 세우는 것이 가능해진다. 이 시기의 아동들은 체계적으로 실험을 할 수 있게 되는데 이것은 유목과 관계에 대한 이해가 발전함으로써 가능해진다. 요약한다면, 아동들은 과학자와 같이 사고한다.

삐아제는 발달의 여러 시점에서 아동들이 알고 있는 것, 발달 단계와 아동 사고의 일반적 특징들에 대해 논쟁거리가 될 만한 생각들을 많이 제안하였다. 삐아제가 사용한 원래 문제들에서 또 삐아제 문제들을 언어를 사용하지 않고 제시한 문제들에서 아동들은 삐아제가 기술한 것과 아주 비슷하게 사고하였다. 그러나 아동들은 삐아제가 파악하지 못한 중요한 인지능력을 가지고 있다.

삐아제는 아동들이 각 발달 단계에서 다른 단계와는 질적으로 다르게 사고하며, 여러 문제에서 비슷한 방식으로 사고하고, 현재 그들의 발달 단계에서 가능한 것 이상으로 더 발전된 사고는 할 수 없다고 예언했다. 이 각각의 견해들이 어느 정도는 사실이나 문제점도 있다. 일반적인 수준에서 보면, 많은 변화들이 질적인 것 같지만 자세히 보면 많은 변화들이 점진적 변화의 일부이다. 일반적으로 아동들은 여러 과제에서 삐아제가 예언한 일관성을 보이지 않았다. 그러나 아동들이 개념을 이해하는 초기 단계에서는 상당한 일관성이 나타났다. 어린 아동들은 나이가 많은 아동들처럼 빨리 학습하지는 않지만 그들의 현재의 이해수준을 능가하는 개념들도 학습할 수 있다.

삐아제는 자기중심성과 같은 일반적 특성으로 아동들의 지적 능력을 기술한다. 이런 특성에 의한 기술은 어린 아동들의 사고의 여러 면에 적합하나 항상 그런 것은 아니다. 예를 들어, 5세 아동들이 어떤 상황에서는 자기중심적이지만, 5세 아동들 또는 더 어린 아동들도 어떤 상황에서는 자기중심적으로 행동하지 않는다. 게다가 나이가 많은 아동들과 성인들도 때로는 자기중심적으로 행동한다. 이처럼 특성에 대한 기술이 옳기는 하지만 중요한 예외를 간과할 수 있다. 간추리자면, 삐아제 이론은 아동의 사고에 대해 훌륭한 감각을 전달하고 여러 가지 올바른 문제들을 제기하기 때문에 여전히 많은 사람들의 관심의 대상이 되고 있다.

읽을거리

Brainerd, C.J.(Ed.)(1996). 삐아제 연구회는 삐아제의 100주년을 기념하였다(특별호). *Psychological Science*, 7(4). 이 특별호는 그의 일대기, 그의 공헌, 업적을 개괄하는 논문들을 수록하고 있다.

Carey, S., & Gelman, R,(Eds.), (1991). *The epigenesis of mind: Essays on biology and cognition*. Hillsdale, NJ: Erlbaum. 인지 발달분야의 주요 연구자들이 삐아제의 주요 연구 주제 가운데 하나인 생물학과 경험이 어떻게 상호작용하며 인지 발달을 이루어가는지를 삐아제 이론에서보다 생득적이고 초기에 발달하는 지식에 더 무게를 두고 다루었다.

Flavell, J.H. (1963). *The development of psychology of Jean Piaget*. New York: Van Nostrand. 1925~1960년에 이루어진 삐아제의 고전적 연구들을 요약하였다.

Moshman, D. (1998). Cognitive development beyond childhood. In D.Kuhn & R.S. Siegler, R. (Eds.), *Handbook of child psychology: Vol. 2. Cognition, perception, and language*(5판). New York: Wiley. 청소년기와 그 이후에 과학적, 논리적 사고에서 일어나는 많은 변화를 종합적으로 고찰하였다.

Piaget, J. (1952). *The child' s concept of number*. New York: W.W.Norton. 삐아제가 유목포함, 서열화, 액체량 보존 및 수 보존에 대한 수많은 자신의 고전적 실험들을 기술하였다.

제 3 장

발달의 정보처리 이론

장면: 딸과 아버지가 뒷마당에 있고 친구가 자전거를 탄다.

아　동: 아빠, 지하실 문 열어주세요.

아버지: 왜?

아　동: 나도 자전거 타고 싶어요.

아버지: 자전거는 차고에 있어.

아　동: 그렇지만 내 양말이 건조기 속에 있어요.

(Klahr, 1978, pp. 181-182)

이 아동은 왜 이렇게 수수께기 같은 이야기를 했을까? 정보처리 이론의 대가인 David Klahr는 아래와 같은 사고의 모델을 만들었다.

최상위 목표: 나는 자전거를 타고 싶어.

제약: 자전거를 편하게 타려면 신발이 있어야 돼.

현실: 나는 맨발이야.

하위목표 1: 운동화를 가져오자.

현실: 운동화가 마당에 있어.

현실: 맨발로 운동화를 신으면 발이 아파.

하위목표 2: 양말을 가져오자.

현실: 오늘 아침에 양말 넣는 서랍이 비어 있었어.

추론: 양말이 건조기에 있을 거야.

하위목표 3: 건조기에서 양말을 가져오자.
현실: 건조기가 지하실에 있어.
하위목표 4: 지하실로 가자.
현실: 마당 문으로 들어가는 것이 더 빨라.
현실: 마당 문은 항상 잠겨있어.
하위목표 5: 지하실 문을 열자.
현실: 아빠가 열쇠를 가지고 있어.
하위목표 6: 아빠에게 열어달라고 하자.

이 예에서 볼 수 있듯이, 발달에 대한 정보처리 접근에서는 아동 사고에 내재한 긴장, 즉 지식과 처리용량의 한계에도 불구하고 환경이 주는 장애를 극복하고 끊임없이 목표를 달성하려고 애쓰는 아동들이 경험하는 긴장에 대해 이야기한다. 위의 이야기에서 사용된 책략은 수단-목표 분석으로 아동들은 자신의 현 상태와 목표를 반복적으로 비교하면서 그 둘 사이의 차이를 줄여 나간다. 아동들은 다른 상황에서는 다른 책략을 사용한다. 아동들은 기억용량의 한계를 극복하기 위해 시연(전화번호를 기억할 때처럼 자료를 여러 번 반복하는 것)과 같은 기억책략을 사용하고, 지식의 부족을 해결하기 위해 사전, 백과사전, 계산기, 인터넷, 질문에 대답해주는 나이 많은 아동과 성인들 및 다른 장치와 자원을 사용한다.

발달의 정보처리 이론들은 여러 면에서 서로 다르지만, 아동 사고에 대해 기본적으로 동일한 가정을 하고 있다. 가장 중요한 가정은 *사고가 정보처리*라는 것이다. 이들은 또한 발달단계에 관심을 두기보다는 아동들이 표상하는 정보, 정보를 변형시키기 위해 사용하는 과정들 또 아동들이 표상하고 처리할 수 있는 정보의 양을 제한하는 기억의 한계에 관심을 둔다. 인지 발달을 연령과 경험이 증가하면서 나타나는 이런 능력의 변화로 설명한다. 정보처리적 분석은 단계 접근보다 더 상세하다; 딸의 사고에 대한 Klahr의 모델에 제시된 목표, 하위목표, 지식 및 추론이 그 특징이다.

정보처리 이론의 두 번째 특징은 *변화기제에 대한 정확한 분석*을 강조하는 것이다. 이 이론들의 중요한 두 목표는 발달에 가장 크게 기여하는 변화기제들을 밝히고, 이 변화기제들이 어떻게 같이 작용하여 인지 발달을 일으키는지를 정확하게 밝히는 것이다. 발달이 어떻게 일어나는가에 대한 이러한 강조는 뒤집어 보면 발달을 막고 있는 인지적 한계에 대한 강조이다. 이처럼 정보처리 이론은 한 연령의 아동이 어떻게 현재 상태에 이르게 되었고, 왜 더 발전하지 못하는지를 설명하려고 시도한다.

정보처리 접근의 세 번째 가정은 *변화는 끊임없는 자기수정의 과정으로 이루어진*

다는 것이다. 즉 아동들은 스스로 활동하고 그 활동의 결과가 아동들의 사고를 변화시킨다. 예를 들면, Shrager와 Siegler(1998)의 책략선택 모델에서는 아동들이 여러 가지 책략을 사용하면서 각 책략의 효과에 대한 지식이 증가하고 이로 인해 사용하는 책략도 변한다. 이와 같은 자기수정의 과정은 삐아제가 구체적 조작기에서 형식적 조작기로 가는 변화는 12세경에 일어난다고 보았던 것처럼 발달단계를 연령으로 정의할 필요가 없게 만든다. 대신 아동 사고는 모든 연령에서 끊임없이 변하는 것으로 간주된다.

정보처리 접근과 삐아제 이론 같은 다른 입장의 관계는 무엇일까? 두 입장의 공통점도 상당히 많다. 두 입장 모두 '무엇이 발달하는가?'와 '발달이 어떻게 일어나는가?'라는 동일한 문제를 해결하려고 한다. 또한 두 입장 모두 발달의 여러 시점에서 나타나는 아동들의 인지능력과 한계를 발견하고, 어떻게 이전의 원시적 이해에서 더 발전된 이해로 변화하는지를 설명하려고 한다.

그러나 두 입장은 중요한 점에서 차이가 있다. 정보처리 접근은 정보처리의 한계, 이러한 한계를 극복하는 데 사용되는 책략 및 특별한 내용에 대한 지식의 역할을 강조한다. 또한 변화를 상세하게 분석하고, 현재 진행 중인 인지 활동이 어떻게 변화에 영향을 미치는지를 더 강조한다. 이러한 차이 때문에 정보처리 이론가들은 사고가 진행되는 과정을 상세하게 기술할 수 있는 컴퓨터 모사, 흐름도와 같은 방법을 사용한다. 이처럼 인지과정을 정확하게 기술하기 때문에 정보처리 접근에서는 한 과제나 좁은 범위의 과제들에서 아동들의 수행을 상세하고, 깊게 분석한다.

마지막 차이점은 정보처리 접근에서는 아동의 사고를 이해하려면 성인들의 사고를 이해해야 한다고 본다. 아동기에 사고가 어떻게 발달하는지를 이해하면 성인들의 사고를 더 잘 이해할 수 있게 되듯이, 성인들의 사고를 이해하면 아동 사고의 발달을 더 잘 이해할 수 있다고 믿는다.

3장은 두 부분으로 나누어져 있다. 첫 번째 부분에서는 정보처리의 기본 틀을 살펴보고, 이 틀을 사용하여 아동과 성인의 인지체계에 대해 살펴볼 것이다. 두 번째 부분에서는 발달에 특히 관심을 두고 있는 다섯 가지의 정보처리 이론을 살펴보겠다. 어떤 이론도 삐아제 이론과 같이 다양한 주제와 폭넓은 연령층을 다루지 못하지만 발달의 특정한 측면을 삐아제 이론보다 훨씬 더 정확하고, 완벽하게 기술한다. 차례는 표 3.1에 제시되어 있다.

표 3.1 이 장의 개요

정보처리 체계에 대한 개관

어떤 인지이론이라도 다음의 두 가지 특징을 다루어야 한다. 첫째, 우리의 사고는 한 번에 주의를 기울일 수 있는 정보의 양이나 정보를 처리하는 속도에서 한계가 있다. 둘째, 사고는 유동적이고, 끊임없이 변하는 목표, 상황과 과제의 요구에 적응할 수 있다. 정보처리 이론은 정보처리를 제한하는 *구조적 특징*과 세상의 변화에 유동적으로 적응하는 수단인 *과정*의 두 측면에 모두 관심을 기울인다.

구조적 특징

정보처리 체계의 구조적 특징이 기본 조직을 제공하며 때로는 이것을 *인지적 구조*라고 한다; 건축 계획이 건물의 중요한 특징은 밝히지만 상세한 특징을 밝히지 못하는 것과 유사하다. 인지체계의 구조적 특징은 비교적 지속적이어서 발달과정 동안 기본 구조가 그대로 유지된다. 또한 구조적 특징은 보편적이어서 모든 아동들의 정보처리 체계의 구조는 동일하지만 개인과 연령에 따라 각 부분의 효율성이 달라진다. 이런 기본 구조는 감각기억, 작업기억과 장기기억으로 구성된다.

감각기억. 사람들은 막대한 양의 정보를 짧은 시간동안 기억하는 특별한 능력을 가지고 있다. 이 능력을 *감각기억*이라고 부른다. Sperling(1960)은 시각적 정보처리에 영향을 미치는 감각기억의 여러 가지 특징을 밝혔다. 그는 대학생들에게 한 줄에 세 개의 글자가 있는 네 줄의 글자판을 1/20초 동안 보여 주었다. 글자판이 사라진 후, 즉

시 글자들을 기억하게 했더니 네 개 또는 다섯 개 즉 전체의 40% 정도를 기억했다. 절차를 조금 변경하여, 모든 글자가 아니라 한 줄에 있는 글자들만 기억하게 했다. 어느 줄을 기억해야 할지 미리 알 수 없어서 학생들은 열두 개의 글자를 모두 처리해야 했지만 한 줄만 보고하므로 보고하는 동안 모든 정보를 기억할 필요는 없었다. 글자판이 사라진 직후에 보고해야 할 줄을 지시하면, 대학생들은 그 줄의 글자의 80%를 기억했다. 그런데 글자판이 사라지고 1/3초 뒤에 보고해야 할 줄을 지시하면 수행이 55%로 감소했고, 1초 뒤에 지시하면 수행이 40%로 감소했다. 이 결과에 의해 Sperling은 글자에 대한 시각적 아이콘(자극의 원래 모습대로의 복사)이 형성되는데 1/20초 걸리나 1/3초 내에 흐려지고 1초 뒤에는 사라진다고 주장하였고 이후의 연구들도 Sperling의 결과를 지지하였다.

아동들의 감각기억 능력은 연령에 따라 증가한다. Cowan과 동료(Cowan, Nugent, Elliott, Ponomarev, & Saults, 1999)들은 컴퓨터 게임을 하는 동안 참가자들에게 여러 개의 숫자 리스트를 들려주고 때로는 (대개 13개 리스트마다) 가장 최근의 목록을 보고하게 하였다. 이 과제에서 참가자들은 청각적 감각기억으로부터 목록을 회상해야 했다. 1학년은 2.5개, 4학년은 3개, 성인들은 약 3.5개를 기억하여서 연령이 증가하면서 감각기억이 증가하였다.

작업기억. 작업기억에서는 새로운 책략 구성하기, 산수문제의 답 계산하기, 읽은 것 이해하기 등과 같은 사고가 적극적으로 일어난다. 작업기억에서는 감각기억에 들어오는 정보를 장기기억에 저장된 정보와 조합하고, 그 정보를 새로운 형태로 변형시킨다. 예를 들어, 책을 읽을 때 작업기억에서는 단어들에 대한 감각기억과 단어의미에 대한 장기기억 내의 표상을 연결하고, 이 두 자료를 모두 사용하여 읽은 것의 의미를 전체적으로 표상한다.

작업기억은 여러 가지 면에서 제한되어 있다. 첫째는 용량이다. 용량은 한 번에 조작할 수 있는 단위의 수로 별로 크지 않고 대개 세 단위에서 일곱 단위 사이이다. 용량은 측정되는 과제의 특성에 따라 약간씩 달라진다. 예를 들어, 용량은 글자로 측정할 때보다 숫자로 측정할 때 약간 더 커진다(Dempster, 1981).

작업기억의 용량은 조작할 수 있는 물리적 단위가 아니라 의미 있는 단위 즉 청크로 결정된다. 글자, 숫자, 단어 및 친숙한 문구는 모두 의미가 있고 하나의 단위가 될 수 있기 때문에 글자 세 개(*q*, *f*, *r*)를 기억하는 것은 단어 세 개(*hit*, *red*, *cup*)를 기억하는 것과 비슷하다(Miller, 1956).

작업기억에서 정보가 사라지는 속도도 인지기능을 제한한다. 정보는 보통 15초에

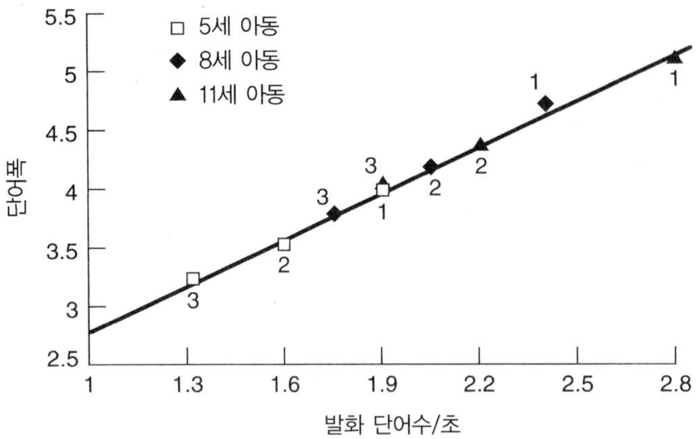

그림 3.1 발화속도와 단어의 음절수에 따른 5, 8, 11세 아동의 기억폭(데이터 포인트 옆에 있는 숫자는 단어의 음절수). 예를 들어, 11세 아동은 1초에 2.8단음절 단어를 발화할 수 있고 단음절 단어를 다섯 개 정도 기억할 수 있다. From Hitch & Towse (1995).

서 30초 사이에 사라진다. 그러나 숫자와 같이 언어적으로 약호화된 정보는 시연하면 작업기억 내에 더 오래 유지된다.

나이가 많은 아동들은 어린 아동들보다 작업기억 내에 더 많은 정보를 저장할 수 있는데 중요한 이유는 나이가 많은 아동들이 시연을 더 빠르게 하기 때문이다. 성인과 아동들은 시연을 더 빠르게 할수록 작업기억 내에 더 많은 정보를 유지할 수 있다(Baddeley, 1986; Baddeley & Hitch, 1974). 시연을 빠르게 하면 단어를 더 많이 시연할 수 있기 때문에 망각할 가능성이 줄어든다. 그림3.1에 제시된 것처럼, 단어 발화 속도가 작업기억 내에 저장되는 단어수와 밀접하게 관련되는데 나이가 많은 아동들이 단어를 빠르게 발화하기 때문에 작업기억 내에 더 많은 정보를 유지할 수 있다(Hitch & Towse, 1995).

작업기억에는 언어적 정보와 공간적 정보가 독립적으로 저장되며 실행 기능이 두 종류의 정보에 대한 주의를 통제하고(Baddeley, 1986). '일화적 버퍼'라고 불리는 작업공간에서 언어적, 공간적 하위 체계에서 오는 정보가 서로 통합될 뿐 아니라 장기기억에서 오는 정보와도 통합된다(Baddeley, 2000).

작업기억의 발달은 기억할 수 있는 언어적, 공간적 정보의 양이 변하고, 이 두 기억이 점점 더 효과적으로 분리되는 것과 관련이 있다. 8세와 10세 아동들과 대학생들에게 언어적으로 약호화되는 여러 개의 숫자와 공간적으로 약호화되는 매트릭스의 다양한 위치에 제시된 일련의 x를 제시하였다(Hale, Bronik, & Fry, 1997). 참가자들은 숫자나 x의 위치를 제시된 순서대로 기억하면서 동시에 (숫자나 x의 색깔을 말하기와 같은) 언어적 반응이나 (공간적 배열 가운데 각 숫자나 x의 색깔을 지적하는 것과 같은) 공간적 반응을 요구하는 이차 과제를 수행했다.

당연히, 대학생이 10세 아동보다, 10세 아동이 8세 아동보다 더 많은 정보를 기억하였는데 흥미롭게도 모든 연령에서 공간적 이차 과제는 공간 정보의 기억을 또 언어적 이차과제는 언어적 정보의 기억을 더 방해하였다. 이 결과는 공간적 정보와 언어적 정보는 작업기억에서 서로 독립적으로 표상된다는 견해를 지지한다. 특히 흥미로운 것은 8세에는 공간적 이차과제가 언어적 정보의 회상도 방해하였고, 또 언어적 이차과제가 공간적 정보의 기억도 방해하였는데 이는 10세가 되어야 아동들의 작업기억에서 언어적 정보와 공간적 정보가 확실하게 분리됨을 시사한다.

작업기업의 내용과 기능을 통제하는 실행 기능에도 발달적 변화가 일어난다. 흥미로운 예 가운데 하나가 아동들에게 (붉은 보트와 푸른 꽃과 같은) 물체들이 그려진 카드를 색깔이나 모양에 기초하여 분류하게 하는 과제이다. 아동들은 처음에는 (색깔과 같은) 한 차원에 의해 카드를 분류하고, 여러 시행이 경과한 후 차원을 '바꾸어서' (모양과 같은) 다른 차원에 의해 카드를 분류한다. 3세 아동들은 카드를 색깔이나 모양별로 쉽게 분류할 수 있었지만 차원을 바꾸면 거의 모든 아동들이 실패하여 원래의 차원에 따라 계속 카드를 분류한다. 그러나 4세가 되면, 대부분의 아동들은 성공적으로 차원을 바꾼다(Zelazo, Frye, & Rapus, 1996). 이러한 발달에 대한 설명 가운데 하나는 연령에 따라 작업기억의 기능을 통제하는 실행 기능이 발달한다는 것이다.

장기기억. 아주 어린 아동들도 다양한 종류의 경험과 사실을 기억할 수 있다. 어떤 지식은 처음 학교에 갔던 날 운동장을 돌아다닐 때의 느낌과 같이 특정한 사건에 대한 것으로 *일화지식*이라고 부른다. 어떤 지식은 100원짜리 동전 하나가 50원짜리 동전 두 개와 같다는 등의 세상의 영속적인 특징에 대한 것으로 *의미지식*이라고 부른다. 또 다른 지식은 자전거 타는 방법과 같이 절차에 대한 것으로 *절차지식*이라고 부른다. 이처럼 장기기억에는 여러 가지 종류의 지식들이 저장되어 있다.

감각기억, 단기기억과 달리 장기기억에는 무한한 양의 정보가 들어갈 수 있고 또 정보들이 오랫동안 지속된다. 얼굴 재인 실험(Bahrick, Bahrick, & Wittlinger, 1975)에서, 졸업한지 35년이 지난 사람들에게 고등학교 졸업 앨범을 보여주고 같은 학교를 다녔던 학생들의 사진과 다른 학교에 다녔던 학생들의 사진을 구별하게 하였다. 상당히 오랜 시간이 지났음에도 불구하고 사람들은 90%의 사진을 정확하게 재인하였다. 이처럼 *장기기억*이란 이름은 정말 적절한 이름인 것 같다.

장기기억에는 정보가 실무율적으로 저장되지 않는다. 정보가 분리되어 저장되고, 또 이렇게 분리되어 저장된 정보들이 상호 독립적으로 인출된다. 이러한 특징은 성인들의 설단현상 실험에서 잘 관찰할 수 있다. 성인들은 어떤 단어를 완전하게 기억할 수 없을 때에도 보통 단어의 여러 가지 특징, 즉 첫 글자, 음절의 수, 같은 소리가 나는 단어 등을 말할 수 있었다(예, Brown & McNeil, 1966). 아동들도 장기기억에 비슷한 방식으로 정보를 저장하는 것 같다. 예를 들어, 내 딸이 6살에 이사 간 친구를 기억할 때 "그 애는 남미에서 왔고, 머리가 검고, 나처럼 바보인데 왜 이름이 생각나지 않지?" 라고 말한 다음 곧 가브리엘이라는 그 아이의 이름을 기억해 냈다.

정보처리 과정

과정은 감각기억, 단기기억과 장기기억 안에 있는 정보들을 능동적으로 조작하는데 사용된다. 특히 중요한 역할을 하는 두 과정은 자동화와 약호화이다.

자동화의 역할. 정보처리 과정이 주의를 요구하는 정도에는 상당한 차이가 있다. 주의를 별로 요구하지 않는 과정을 *자동화* 과정이라고 하고, 주의를 많이 요구하는 과정을 *통제된* 과정이라고 부른다. 주의가 요구되는 양은 정보의 종류와 정보를 처리해 본 경험에 따라 달라진다. 어떤 종류의 정보는 원래 다른 정보보다 주의를 덜 요구하나, 처음에 주의를 아주 많이 요구했던 과정도 연습을 많이 하게 되면 점차로 주의를 덜 요구하게 된다.

자동적 정보처리는 아동들이 세상에 대해 학습하는 데 필요한 초기의 기반을 제공하므로 발달에서 아주 중요하다. 한 예가 여러 가지 사물이나 사건을 경험한 빈도에 대한 정보처리인데 사람들은 별로 노력하지 않아도 이런 정보는 기억하는 것 같다. 예를 들어, 아무도 그런 사소한 일은 기억하려고 하지 않지만, 사람들은 알파벳 글자들의 상대적 빈도(예를 들어, 'e' 와 'r' 이 영어에서는 자주 사용된다) 즉 많이 사용되는 글자와 많이 사용되지 않는 글자를 상당히 잘 알고 있는 것 같다. 게다가 빈도 정보를 효과적으로 기억하기 위한 의도적인 노력이나 지시는 별로 도움이 되지 않는다. 5살 정도의 어린 아동도 빈도 정보는 대학생만큼 잘 기억한다(Hasher & Zacks, 1984).

아동들이 빈도 정보를 자동적으로 기억하는 것은 인지 발달을 여러 측면에서 돕는다. 개념을 학습할 때, 아동들은 어떤 특징이 가장 같이 많이 나타나는지를 배워야 한다. 예를 들어, '새' 개념을 학습한다는 것은 새는 날고, 깃털이 있고, 부리가 있고, 나무에서 산다는 사실을 배우는 것이다. 비슷하게 영아들은 언어 학습에서 어떤 소리가 어떤 소리와 같이 발생하는지를 배우고 이 정보를 사용하여 말소리의 흐름 안에서 단어를 파악한다(Saffran 등, 1996). 성역할 학습처럼 미묘한 학습도 빈도 정보에 대한 자동적 처리에 의존하는 것 같다. 아동들은 남자와 여자가 어떤 활동에 참여하는 빈도에 크게 차이가 있을 때에만 자신과 성이 같은 모델의 행동을 더 많이 모방한다(Perry & Bussey, 1979). 아동들은 어떤 활동을 남자와 여자가 얼마나 자주하는지에 대한 정보를 모은다는 사실을 전혀 의식하지 못하지만 그런 정보를 자동적으로 습득하고, 또 관찰한 것에 따라 행동한다.

이처럼 빈도 정보의 처리는 발달의 초기부터, 어쩌면 출생 시부터 자동적인 것 같다. 그러나 다른 과정들은 경험을 쌓아감에 따라 통제된 정보처리에서 자동적 정보처리로 변해가는데 이 과정을 *자동화*라고 부른다.

자동화라는 용어는 아주 잘 선택된 것 같다. 기술들이 충분히 학습되고 나면 억제해야 할 때에 억제하기가 어려워진다. 한 예가 한 자리 숫자의 더하기이다. LeFevre, Bisanz 및 Mrkonjic(1988)는 4+5와 같은 문제를 1초 정도 제시하고 사라지게 한 다음 9와 같은 하나의 숫자를 제시하였는데 참가자들은 이 숫자가 문제에 있었는지를 말해야 했다. 9는 4+5 문제에 없었으므로 대답은 "아니오"인데 자동화된 산수지식 즉 9는 4+5의 합이기 때문에 아동들은 "예"라고 하였다. 또한 나중에 제시된 하나의 숫자가 문제의 합일 때 숫자가 합이 아니거나 또는 문제에 제시되지 않았던 숫자일때보다 "아니오"라고 답하기가 더 어려웠다.

이런 과제를 사용한 연구들은 쉬운 한 자리 숫자 더하기 문제는 학습의 초기과정에서부터 자동화되어 있지만 어려운 문제는 몇 년이 걸려서 자동화됨을 보여주었다(LeFevre & Kulak, 1994; LeFevre, Kulak, & Bisanz, 1991; Lemaire, Barret, Fayol, & Abdi, 1994). 2학년들은 (더하기의 두 숫자 모두 5 이하인) 작은 숫자들로 된 문제에서만 방해효과를 보였고 3학년들은 작은 문제와 (한 숫자가 6 이상인) 중간 크기 문제에서는 방해효과를 보였으나 (두 숫자가 모두 6 이상인) 큰 문제에서는 방해효과를 보이지 않았다. 그러나 4학년, 5학년과 성인들은 모든 문제에서 방해효과를 보였다.

위의 예에서 볼 수 있듯시 자동화는 문제를 푸는 데 쓸 수 있는 심적 자원을 만들어주기 때문에 일반적으로 유용하다. 예를 들어, 더하기가 자동화되면 머릿속으로 긴 곱하기 문제를 해결하기 쉽다. 그러나 흔한 문제처럼 보이지만 요구하는 정보처리가 달라지면 자동화가 오히려 방해가 될 수 있다. 예를 들어, 더하기 지식의 자동적 활성화는 3+4+5=3+ ___와 같은 동등성 문제에서는 아동들의 수행을 방해한다(McNeil & Aibali, 2004). 이 문제는 더하기 문제처럼 보이지만 중요한 측면 즉 = 사인의 위치에 차이가 있다. 이처럼 자동화는 상황에 따라 해가 될 수도 있고 도움이 될 수도 있다.

약호화의 역할. 세상이 너무 복잡하기 때문에 사람들은 환경의 모든 특징을 표상할 수 없다. 특히 아동들은 때로는 무엇이 중요한지 몰라서, 때로는 효율적으로 약호화하는 방법을 몰라서 과제의 중요한 특징을 약호화하지 못한다. 즉 중요한 정보를 약호화하지 못하면, 아동들이 유익한 경험을 해도 배울 수 없다. 아무리 중요한 정보라도 아동들이 그 정보를 약호화하지 못하면 도움이 되지 못한다.

Kaiser, McCloskey와 Proffitt(1986)는 부적절한 약호화가 사람들이 경험으로부터 배우는 것을 어떻게 방해하는지를 보여 주었다. 4세에서 11세 아동들과 대학생들에게 공을 운반하는 움직이는 전기 기차를 보여 주었다. 움직이는 기차의 화물칸에 난 구멍으로 공이 미리 정해진 지점에서 수피트 아래 있는 마룻바닥으로 떨어졌고 참가자들은 공이 떨어질 때의 궤도를 예측하였다.

70% 이상의 아동들과 상당수의 대학생들이 공이 아래로 똑바로 떨어질 것이라고 예측했다. 그러고 난 뒤, 실험자는 실제 어떤 일이 일어났는가를 보여주었다(공은 포물선을 그리며 떨어졌다). 아동과 성인들은 자신들의 가설과 관찰한 것 사이의 차이를 해결해야 했다. 이들의 설명을 들어보면, 아동과 성인들의 기대가 사건을 약호화하는 데 어떻게 영향을 미치는지 볼 수 있다. 어떤 사람들은 자신들의 예측처럼 공이 실제 똑바로 아래로 떨어졌지만 실험자가 말한 것보다 조금 더 늦게 기차에서 떨어졌다고 했고 어떤 사람들은 공이 떨어지기 직전에 기차가 공을 앞으로 밀었다고 말했다. 재미있게도 공이 아래로 똑바로 떨어질 것이라고 예측했던 많은 대학생들은 물리학 과목을 선택해서 패스한 학생들이었다. 그러나 기차에서 공이 떨어지는 것을 관찰하고 나서도 그들의 기대와 본 것에 대한 약호화는 변하지 않았다.

약호화는 생후 일 년 동안 발달적 차이와 개인적 차이에 모두 중요한데(Colombo, 1993, 1995) 그 중요성은 영아들의 습관화 연구에서 찾아볼 수 있다. 영아들이 습관화하는 데 걸리는 시간은 3개월에서 7개월로 가면서 반으로 떨어진다. 7개월에 습관화가 빨리 된 영아들이 7개월 또는 8개월 뒤에 IQ가 더 높았다는 1장에 제시된 연구 결과를 상기해 보라. 지능이 높은 영아들일수록 그림에서 흥미로운 모든 특징을 더 빨리 약호화하므로 흥미를 더 쉽게 잃을 뿐 아니라 새로운 사진이 제시되면 이전 사진과 차이점을 더 분명하게 약호화하므로 새로운 그림을 더 오래 보게 된다.

발달의 정보처리 이론

앞으로는 정보처리 능력이 어떻게 발달하는가를 밝히는 다섯 가지 이론들 즉 신삐아제 이론, 심리측정 이론, 산출체계 이론, 연결주의 이론, 진화론적 이론을 살펴보겠다. 이 이론들은 서로 공통점도 있지만 나름대로의 개성이 있어 가족과 같은 이론이라고 보는 것이 가장 좋을 것 같다. 우선 각 이론들이 공유하고 있는 일반적 원칙을 밝히고, 그 다음에 하나의 예를 들겠다. 이런 논의를 통해 각 접근의 주요 특징뿐만 아니라 각 접근이 아동사고를 이해하는 데 어떻게 도움이 되는지를 전하고자 한다.

표 3.2 발달의 정보처리 이론 개관

이론의 유형	대표적 이론가	이론의 목표	주요 발달기제
신삐아제	Case	발달의 정보처리 이론과 삐아제 이론을 통합하는 것.	자동화, 생물학적 성숙에 의한 작업기억의 증가 및 책략 구성.
심리측정	Sternberg	지능발달을 정보처리 관점에서 분석하는 것.	책략구성, 약호화 및 자동화.
산출체계	Klahr	컴퓨터 모사를 통해 인지체계가 어떻게 스스로 조작을 수정하는지를 보이는 것.	규칙성 발견, 중복성 제거 및 타임라인의 작용에 기초한 일반화. 약호화와 책략 구성.
연결주의	MacWhinney	아동들이 자신들에게 주어진 자료로부터 어떻게 언어를 학습하는지를 설명하는 것.	단순 처리단위들 사이의 연합적 경쟁. 일반화.
진화론적	Siegler	어떻게 변이와 선택이 인지 발달을 만들어 가는지를 이해하는 것.	책략들 간의 연합적 경쟁. 책략구성과 일반화.

이 이론들은 모두 삐아제 이론, 성인 정보처리 이론 및 수많은 다른 이론들의 영향을 받았다. 표 3.2에 이 이론들의 목표와 그들이 강조하는 발달기제를 요약하였다.

신삐아제 이론

신삐아제 이론의 목표는 삐아제 접근의 강점은 그대로 유지하면서 정보처리 접근의 강점을 보강하는 것이다. 대개 신삐아제 이론들은 삐아제 이론처럼 단계의 개념을 포함하면서 정보처리 접근의 특징인 목표, 작업기억의 한계, 문제 해결 책략을 강조한다. 가장 강조하는 점은 작업기억의 생물학적 증가와 정보처리 과정의 자동화로 인해 아동들이 어떻게 정보처리의 한계를 극복하는가이다. 신삐아제 이론 가운데 중요한 이론들은 Halford(Andrews & Halford, 2002; Halford, 1993; Halford, Wilson, & Phillips, 1998), Fischer(Fischer & Farrar, 1988; Mascolo & Fischer, 1999)와 Demetriou(Demetriou, Christou, Spanoudis, & Platsidou, 2002; Demetriou, Efklides & Platsidou, 1993; Demetriou & Raftopoulos, 1999)의 이론이다.

신삐아제 이론 가운데 가장 뛰어난 이론은 Robbie Case의 이론이다. 이 이론은 주요한 두 부분 즉 발달단계와 단계 간의 이동을 일으키는 변화과정으로 구성된다(그림

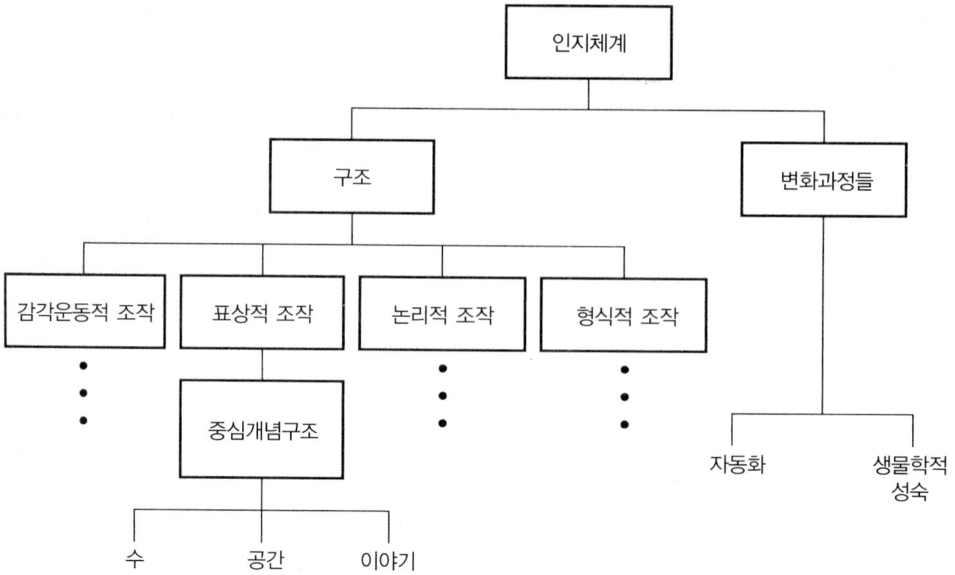

그림 3.2 Case 이론의 주요 구조와 과정.

3.2).

삐아제와 마찬가지로, Case(1985)는 아동들이 네 단계를 거쳐 발달한다고 가정하고 각 단계에서 아동들이 형성하는 정신적 표상과 조작의 종류로 발달단계를 기술하였다. 첫 단계에서는 *감각운동적 조작*이 일어난다. 아동들의 표상은 감각적 입력으로 구성되고 표상에 대한 반응으로 신체를 움직인다. 두 번째 *표상적 조작기*에서 아동들의 표상은 구체적인 내적 심상들로 구성되고 아동들의 활동으로 인해 내적 표상이 더 만들어진다. 세 번째 논리적 조작기에서 아동들은 자극을 추상적으로 표상하며 표상에 단순한 변형을 가한다. 네 번째 *형식적 조작기*에서 아동들은 자극을 추상적으로 표상할 뿐 아니라 이 정보에 복잡한 변형을 가할 수 있다. 각 단계에서 아동들은 이전 단계에 산출했던 표상과 활동을 산출할 수 있다.

실례를 들면 각 단계에서 나타나는 표상들의 차이를 더 분명하게 알 수 있다. 감각운동적 조작에는 아동이 놀라는 얼굴을 보고(감각운동적 표상) 방에서 도망가는 것(운동적 활동)이 포함된다. 표상적 조작에는 아동이 놀라는 얼굴에 대한 정신적 심상을 만들고(내적 표상) 그 심상을 사용하여 얼굴을 그리는 것이 포함된다(표상적 활동). 논리적 조작에는 두 명의 친구가 서로 좋아하지 않음을 깨닫고(추상적 표상) 모두 친구가 되면 정말 재미있을 것이라고 말해주는 것(단순한 변형)을 포함한다. 형식적 조작은 그와 같이 직접적으로 친구가 되게 하는 방법이 효과가 없음을 깨닫고(추상적 표상) 위험을 극복하기 위해 세 사람이 협동할 수밖에 없는 상황으로 이끌어서 우정이 생기게 하는 것(복합적 변형)을 포함한다. 삐아제 발달단계와 아주 유사하다.

아동들이 특정 개념들을 이해하는 발달적 순서에 대한 Case의 견해는 삐아제와 유사하다. 삐아제와 같이, Case도 여러 개념에 대한 이해가 발달하는 순서에 유사성이 있다고 가정하였지만 그는 이런 사고의 유사성이 특정 유형의 지식에서만 나타난다고 본다는 점에서 약간 더 보수적이다. 그러나 여러 유형의 지식이 발달하는 순서는 상당히 유사하다.

특히, Case는 아동사고의 대부분이 *중심개념구조*로 조직화한다고 주장한다. 중심개념구조란 "아동들이 다양한 상황에 대해 새로운 인식론적 수준에서 생각할 수 있게 하는 데 중요한 역할을 하는 개념과 개념적 관계들 사이의 내적 연결망"으로 정의된다(Case & Griffin, 1990, p.224). Case와 동료(Case, 1998; Case & Mueller, 2001; Case & Okamoto, 1996; Griffin, Case, & Sandieson, 1992; Marini, 1992)들은 세 가지 중요한 중심개념구조에 관심을 두었는데, 수, 공간, 이야기에 대한 것이다. 인지체계의 구조적 유사성 때문에 세 영역 모두에서 각 연령에 일반적 유사성이 나타나지만 또한 각 영역 나름대로의 특수성도 있다. 예를 들어, Case와 Okamoto(1996)는 6세에는 중심개념구조가 한 차원에만 주의를 기울인다고 보았다. 따라서 수를 다루는 구조에서는 심적 수 라인을 형성하여 아동들은 어떤 수가 어떤 수보다 큰 지 알 수 있다. 이야기를 다루는 구조에서는 아동들이 심적 이야기 라인, 다시 말해 사건의 순서에 따라 이야기의 플롯 라인을 구성한다. 공간을 다루는 구조에서는 6세에는 물체의 모양이나 위치에 주의를 기울이고 두 차원 모두에 주의를 기울이지 못한다. 그러나 8세경이 되면, 두 차원을 통합하는 중심개념구조가 형성된다. 따라서 아동들은 수 영역에서 두 수 라인을 통합하게 되어 십 자릿수에 대한 이해와 한 자릿수에 대한 이해를 통합하여 10진법을 이해하게 된다. 이야기 영역에서는 두 개의 스토리 라인을 하나의 플롯으로 통합할 수 있게 되고, 공간영역에서는 물체의 모양과 위치를 동시에 표상할 수 있게 된다.

Case가 삐아제와 가장 다르며 또 정보처리 접근의 영향을 가장 많이 받고 있는 부분은 변화기제에 대한 설명이다. Case는 *작업기억* 용량을 인지 발달의 결정적 요인으로 강조한다. 그는 작업기억의 절대 용량이 증가하는 것이 아니라 작업기억이 점점 더 효율적으로 기능하게 되면서 더 많은 정보를 처리할 수 있게 된다고 주장한다.

어떻게 정보처리가 더 효율적이 될 수 있을까? Case(1985)는 이 질문에 대한 답으로 자동화를 꼽았다. 이전에는 모든 작업기억의 용량을 필요로 했던 인지적 조작이 연습을 많이 함에 따라 더 효율적으로 실행된다. 이로 인해 작업기억 용량의 일부가 다른 정보처리에 이용될 수 있게 된다. 이런 견해는 차 트렁크의 비유로 더 잘 이해할 수 있다. 차 주인이 짐을 잘 꾸리게 된다고 하여 차 트렁크의 용량이 증가하지 않지만 그럼에도 불구하고 트렁크 속에 넣을 수 있는 짐의 양은 변한다. 처음에는 트렁크 안에 가방 세 개를 넣을 수 있지만 나중에는 네 개나 다섯 개를 넣을 수 있다. 짐을 더 잘 꾸리게 되면 트렁크 공간에 더 많은 짐을 넣을 수 있게 된다. 트렁크에 짐을 꾸려 넣는 방법에 대한 지식처럼 중심개념구조는 목표를 조직화하고, 그 목표를 달성하는 데 필요한 절차를 제공하므로 아동들은 작업기억 용량의 한계를 극복하게 된다.

생물학적 성숙도 작업기억의 효율성을 증가시킨다. Case(1992b)는 다른 단계로의 이동은 문제의 해결과 추론을 담당하는 전두엽의 전기적 활동이 변화하기 때문에 생긴다고 제안하였다. 더 구체적으로 말하면 각 단계 초기에 좌뇌의 전두엽과 이전에는 연결이 없었던 뇌 부위 사이에 짧은 연결이 새로 생긴다. 두 번째 하위단계에서는 좌뇌와 우뇌 안에서 긴 연결이 새로 생긴다. 세 번째 하위단계에서는 우뇌 안에 짧은 연결이 새로 생긴다. 이렇게 되면 새로운 단계가 시작될 준비가 된 것이다. 실제 연령에 따라 뇌의 전기활동의 패턴이 달라지는데 이는 Case 제안을 지지한다(Thatcher, 1992).

Case와 동료들은 이 이론을 다양한 과제에 적용하였다. 과학적 추론(Marini, 1992)에서부터 악보 읽기(Capodilupo, 1992), 이야기 산수문제 풀기(Okamoto & Case, 1996), 시간 말하기(Case, Okamoto, Henderson, McKeough, & Bleiker, 1996; Case, Sandieson, & Dennis, 1987), 돈 관리하기(Case, Okamoto 등, 1996), 그림 그리기(Case, Stephenson, Bleiker, & Henderson, 1996; Dennis, 1992), 그리고 감정 · 동기 · 대인 간 갈등과 같은 사회적 · 정서적 현상 이해하기(Bruchkowsky, 1992; Case, Okamoto 등, 1996) 등이다.

Case 이론의 또 다른 강점은 효과적인 교수 기법을 고안하는 데 유용하다는 것이다. Case와 동료들은 문제 해결의 여러 접근들을 자신들의 이론에서 중요한 요소인 작업기억 용량과 중심개념구조로 분석하고 이에 기초하여 교수기법과 교육과정을 고안하였다.

4+?=7과 같이 숫자가 빠진 더하기 문제(missing addend problem)에 대한 Case의 분석을 살펴보자(Case, 1985). 이 과제는 쉬워 보이고 대부분의 일학년 교육과정에 포함되어 있지만 아동들에게는 상당히 어렵다. 이 문제를 푸는 데 많이 사용되는 올바른 책략과 틀린 책략을 분석하여 Case는 대부분의 올바른 책략이 6세와 7세 아동들의 작업기억 용량보다 더 큰 용량을 요구한다는 사실을 발견했다. 또한 그는 가장 간단한 정확한 책략과 가장 힘든 틀린 책략이 요구하는 기억 용량이 비슷함도 발견했다. 그의 분석에 의하면, 가장 간단하고 기억 용량을 적게 요구하는 책략은 문제에 있는 한 숫

자에서부터 세기 시작하여 합이 될 때까지 몇 번 세어야 하는가를 추적하는 것이다. 이 책략을 사용하면 4+?=7 문제에서는 4에서 7까지 세어가면서 몇 번 세어야 하는지를 보아야 한다. 기억 용량을 가장 많이 요구하지만 가장 흔하게 사용되는 틀린 책략은 우선 하나의 숫자까지 세고 거기에서 다시 합이 나타내는 수만큼 더 세는 것이다. 예를 든다면 4+?=7 문제에서 처음에는 4까지 세고 다음에는 7을 더 세어서 빠진 숫자가 11이라고 답하는 것이다. Case는 6세 아동들이 틀린 책략을 사용할 수 있다면, 같은 기억용량을 요구하는 정확한 책략도 배울 수 있을 것이라고 생각했다.

Case가 사용한 교수법은 아주 간단했다. 그림 3.3에 있는 것처럼, 첫 단계에서는 = 부호의 양쪽이 서로 같음을 의미한다는 사실을 보여준다. 다음 단계(세 번째 있는 얼굴들)에서는 +는 부호의 양쪽에 있는 것들을 서로 더하는 것임을 보여준다. 아동이 얼굴을 가지고 작업하고 나면 숫자로 문제를 바꾸었다. 실험자는 아동들이 책략을 사용하여 답을 산출하고 = 부호의 양쪽에 있는 숫자를 비교하도록 하여 사용한 책략이 잘못되었음을 보여주었다. 이렇게 함으로써, 아동들은 4+?=7 문제에서 사용한 책략이 유도한 11이라는 답이 다른 쪽의 7과 같지 않다는 사실을 보게 된다. 그 다음에는, 숫자가 빠진 더하기 문제를 가장 간단하고 정확하게 해결하는 절차(앞 절에서

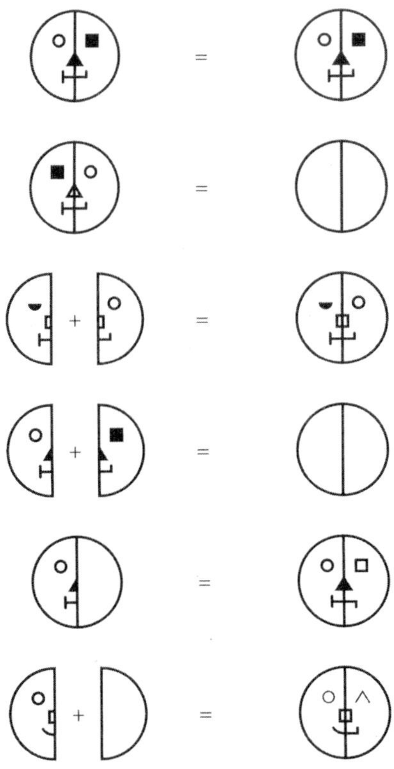

그림 3.3 숫자가 빠진 더하기 문제를 가르치기 위해 Case(1978)가 사용한 얼굴들. 첫째 쌍의 얼굴은 = 부호의 의미를 가르치기 위해서 사용되었다. 둘째 쌍은 아동들이 오른쪽에 있는 얼굴을 왼쪽에 있는 얼굴과 같게 만들 수 있는지 검사하기 위해 사용되었다. 셋째 쌍은 왼쪽에 있는 부분들로 오른쪽을 만들 수 있음을 보여주기 위해 사용되었다. 넷째 쌍은 아동들이 부분으로 전체를 만들 수 있는지 검사하기 위해 사용되었다. 다섯째 쌍은 숫자가 빠진 더하기 문제같이 왼쪽에는 전체 얼굴의 한 부분과 오른쪽에는 얼굴의 전체를 보여주고 있다; 과제는 왼쪽에 있는 얼굴의 빈 부분을 채우는 것이다. 여섯째 쌍은 +부호를 사용하여 숫자 빠진 더하기 문제처럼 만들었다.

소개한 계속 세기 책략)를 한 단계씩 소개하였다.

좀 더 최근에, Case는 중심개념구조를 적용하여 유리수와 함수를 포함한 여러 가지 수학 개념을 위한 교육과정을 설계하였다(Kalchman, Moss, & Case, 2000; Moss & Case, 1999). Case와 동료들은 각 영역에서 숙련되고 능숙한 수행을 가능하게 만드는 중심개념구조의 내용을 분석하고, 그 중심개념구조를 발달시킬 수 있는 교수를 설계하였다. 예를 들어, 유리수에 대한 중심개념구조는 비율에 대한 아동들의 직관적 이해(예, 물이 든 비커에 적용된 '반이 가득 찬'과 '1/4이 가득 찬'에 대한 이해)와 수를 이분하거나 두 배하는 것에 대한 이해를 통합한다고 가정하였다(Moss & Case, 1999).

Case의 견해는 교수가 중심개념구조의 요소를 통합하는 자연스러운 과정들을 육성하고 확장시켜야 한다는 것이다. 이 견해에 기초하여 Moss와 Case(1999)는 그들이 가정하는 중심개념구조에 중점을 둔 유리수에 대한 실험적 교육과정을 개발하였다. 예를 들어, 여러 시간으로 이루어지는 교수의 초기 단계에서는 학생들에게 비커에 든 물을 양을 %로 기술하게 하다가 마지막에 %와 분수를 연결하게 하였다. 이를 위해 숫자 사이가 1미터 떨어진 아주 큰 숫자 라인을 교실 바닥에 그렸다. 학생들에게 두 숫자 사이를 특정 %만큼(75%) 걷도록 하고 이 값을 두 자리 소수점(0.75미터)으로 표시할 수 있음을 알려 주었다. 마지막으로 흔히 사용되는 분수(1/2, 1/4, 1/8)개념을 비율과 소수와 연결하면서 소개하였다. 유리수의 중심개념구조의 여러 측면을 강화하고 통합하기 위한 목적으로 학급활동을 설계하였다.

Moss와 Case는 실험적 교육과정으로 교육받은 4학년 학생들과 배경이 비슷하고 전통적 교육과정으로 교육받은 이웃 학교의 통제집단 학생들의 소수, 분수와 %에 대한 이해를 비교하였다. 사후 검사에서 실험적 교육과정으로 교육을 받은 학생들은 통제집단 학생들보다 훨씬 더 잘 했으며(69% 대 39% 정답) 유리수를 깊이 이해하였다. 통제집단 학생들은 유리수와 정수를 혼동하는 실수를 많이 하였지만 실험집단 아동들을 그런 실수를 훨씬 덜하였다. 실험집단 아동들은 소수, 분수와 % 문제를 설명할 때 비율 개념을 자주 사용하였고 오도하는 단서가 있거나 새로운 절차를 만들어야 하는 문제도 성공적으로 풀 수 있었다. 즉 실험적 교육과정은 유리수를 잘 이해하도록 촉진하였다.

이 예들은 Case의 접근과 특히 그의 작업기억 요구의 분석과 중심개념구조가 이론적으로나 실용적으로 아주 유용함을 보여준다. 더 나아가 이런 예들은 심리학 이론에 기반을 둔 교수기법의 가치와 유용성을 잘 보여준다.

Case 이론에 대해 여러 가지 비판이 제기되었다. Flavell(1984)은 Case가 각 절차가 작업기억을 요구하는 정도를 결정하는 원칙을 밝히지 않았다고 지적하였다. 그 결과, 여러 과제에 대한 측정치들을 서로 비교하기 어렵다. 또한 생물학적 변화가 단계 간의 이동에 어떤 역할을 하는지에 대한 그의 생각도 아직은 추측 수준이고 확실한 증거가 없다. 반면 Case 이론은 발달에 대한 다른 정보처리 접근과는 달리 예외적으로 기초능력, 책략과 학습을 연결하려고 시도하고 있다. Case의 접근은 많은 과제에서 발달이 어떻게 진행되는지를 분석하였을 뿐 아니라 현실적으로도 유용함이 밝혀졌다. 또한 아직 확실한 증거는 없지만 많은 연구자들은 기억한계를 극복하는 능력의 발달이 대부분의 인지 발달의 기저가 된다고 믿고 있다. 따라서 Case와 동료들은 힘들지만 바람직한 입장을 취하고 있고 이 노력이 성공한다면 아주 큰 업적이 될 것이다.

심리측정 이론

*심리측정 이론*은 지능검사 같은 정신능력 검사에서 측정되는 과정들을 밝히고자 한다. 20세기 초부터 지능은 IQ 점수라는 하나의 숫자로 표시되어 왔는데 여기에는 여러 가지 문제점들이 있다: 우선 지능처럼 복잡하고 다채로운 능력을 하나의 숫자로 표시하는 것이 적절하지 못하고, 지능검사는 문화 편향적이고, 학습하고 창조하는 능력이나 지능을 현실상황에 적용하는 능력을 측정하지 못한다. 그러나 IQ 검사는 나름대로의 장점도 있다: 지능검사가 실시된 시점의 학교 성적과 높은 관련성을 보이고, 나중의 학교 성적을 아주 정확하게 예측하며, 인지기능의 개인차를 검토하는 타당한 기반을 제공한다.

많은 연구자들은 지능검사의 문제점을 줄이거나 없애면서 이런 장점을 유지하려고 노력해왔다(Anderson, 1992; Ceci, 1990; Gardner, 1993). 가장 유망한 이론은 Sternberg의 *지능의 삼두이론*이다. 그는 다양한 과제와 다양한 집단의 아동들을 분석하였고, 그 결과를 전통 지능검사의 결과와 관련시켰다.

삼두 이론(Sternberg, 1985, 1997, 1999)에 따르면, 인간 지능에는 분석적 지능, 창의적 지능, 실용적 지능의 세 가지 중요한 측면이 있다. 분석적 지능은 대부분의 전통 지능검사에서 평가하는 지능으로 분석하기, 평가하기, 비교하기, 대조하기, 비평하기 등이다. 창의적 지능은 새로운 상황에 적응하는 데 필요한 능력으로 구성되는 데 창조하기, 발견하기, 상상하기, 발명하기 등이다. 실용적 지능은 일생생활에서 일어나는 문제를 다루고, 환경에 적응하고, 환경을 변화시키고, 선택하는 데 사용되며 정보를 사용하고 적용하는 능력으로 구성된다.

Sternberg는 분석적, 창의적, 실용적 지능에는 공통된 일군의 과정이 기초가 된다고 주장했는데 이 과정들은 수행성분, 지식획득성분과 상위성분이다(그림 3.4).

*수행성분*은 주어진 문제를 실제로 푸는 데 사용되는 과정들이다. Sternberg는 사

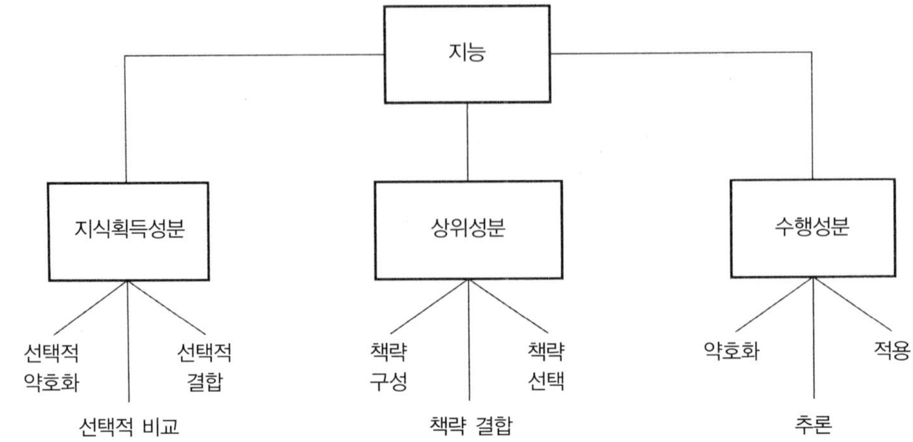

그림 3.4 지능에 대한 Sternberg의 이론.

람들이 많이 사용하는 수행성분은 약호화(encoding), 추론(inferring), 사상(mapping), 적용(application)의 네 가지라고 밝혔다. 유추문제를 사용하여 이 수행성분들이 어떻게 작용하는지를 살펴보자.

칠면조 고기 : 크랜베리 소스 : : 달걀 : (1) 옥수수 (2) 햄

이 문제에서는 옥수수와 햄 중에서 어느 것과 달걀의 관계가 크랜베리 소스와 칠면조 고기의 관계와 같은지를 결정하는 것이다.

Sternberg는 이 문제를 푸는 첫 단계는 각 용어를 약호화하는 것이라고 보았다. 이 단계는 칠면조 고기가 음식의 일종이고, 고기이고, 새이며, 추수 감사절에 먹는다 등과 같이 각 용어의 특징을 알아보는 과정이다. 다음 추론은 첫째 용어와 둘째 용어 간의 관계를 파악하는 과정으로 칠면조 고기는 보통 크랜베리 소스와 같이 먹는다는 것이다. 그리고 사상은 첫째 용어와 셋째 용어 사이의 관계를 파악하는 과정으로 칠면조 고기와 달걀은 모두 음식이라는 것이다. 마지막 적용은 셋째 용어와 가능한 답들 가운데 하나의 관계가 첫째 용어와 둘째 용어의 관계와 같도록 어느 하나를 선택하는 것이다. 즉 칠면조 고기를 크랜베리 소스와 같이 먹는 것처럼, 달걀은 햄과 같이 먹는다.

*지식획득성분*은 문제 푸는 것을 학습하고, 관련된 지식을 획득하는 데 관여한다. Sternberg는 특히 세 가지 지식획득성분 즉 선택적 약호화, 선택적 결합과 선택적 비교를 강조하였다. 선택적 약호화란 관련 있는 정보와 관련 없는 정보를 구별하는 것이다. 선택적 결합은 정보를 의미 있는 방식으로 통합하는 것이다. 선택적 비교란 이전에 저장된 정보에 새로 약호화하였거나 새로 조합된 정보를 연결시키는 것이다.

*지식획득성분*의 중요성은 다음과 같은 통찰문제에서 볼 수 있다: "서랍 속에 검은 양말과 갈색 양말이 4:5의 비율로 섞여 있다. 같은 색깔의 양말 두 짝을 가지려면 양말을 몇 개 꺼내봐야 할까?". 이 경우에는 두 색깔의 비율이 4:5라는 문제와 무관한 정보를 무시하는 선택적 약호화 능력이 필수이다. 이런 불필요한 정보가 제시되면 이 정보는 무시하고 문제의 핵심만을 선택적으로 약호화해야 한다. 문제와 관련되지 않는 정보가 없을 때에는 방해하는 정보가 적기 때문에 선택적 약호화 기술이 덜 중요하게 된다. 당연히 아동들은 불필요한 정보가 제시되지 않아서 선택적으로 약호화하지 않아도 되는 문제를 더 성공적으로 해결한다.

어떤 연구들은 지능이 높은 아동들이 낮은 아동들보다 *지식획득성분*을 더 잘 실행한다고 시사한다. 이런 견해와 일치하여, 지능이 높은 아동들은 지능이 보통인 아동들보다 지식획득성분을 지도하기 위한 교수에서 별로 도움을 받지 못한다. 그 이유는 지능이 높은 아동들에게는 지식획득 요소가 이미 잘 발달하여서 교수가 별로 도움이 되지 않기 때문이다(Davidson & Sternberg, 1984).

상위성분은 다른 성분들의 사용을 감독한다. 상위성분은 어떻게 문제를 해결할지를 계획하고, 문제 해결 책략을 구성하고, 진행을 감시하며, 결과를 평가한다. 그들은 대부분의 발달적 변화의 원인이다. Sternberg(1984)가 지적하였듯이 "현재의 개념적 틀 안에서는 상위성분이 지능발달의 중요한 기초가 된다"(p.172).

*상위성분*의 중요성은 한 상황에서 다른 상황으로 지식을 전이하는 상황에서 잘 나타난다. 어떤 분야의 전문가인 아동들이나 성인들은 전문가가 아닌 아동들이나 성인들보다 지식을 새로운 상황에 더 잘 적용한다(Campione & Brown, 1984; Gentner, Ratterman, Markman, & Kotovsky, 1995; Staszewski, 1988). 지식은 특히 중요하다; 체스 전문가인 10세 아동은 체스는 모르지만 일반적 기억능력이 더 나은 성인들보다 체스 문제를 더 잘 풀었다(Chi, 1978). 그러나 지식수준이 같다면, 일반적으로 지능이 높은 사람들이 새로운 지식을 획득하는 데 기존의 지식을 더 빨리 적용한다(예, Johnson & Mervis, 1994).

이 세 가지 기초 과정 즉 상위성분, 수행성분, 지식획득성분은 문제를 해결하기 위해 같이 작용한다. 상위성분은 책략구성 기제로 작용하면서 다른 두 과정들을 목표 지향적 절차로 만든다. 아동이 충분한 지식을 이미 갖고 있다면, 문제 해결 책략을 구성하기 위해 상위성분과 수행성분만 필요하다. 상위성분은 어떤 수행성분을 어떤 순서로 사용할지를 결정한다. 수행성분은 실제 문제를 푸는 과업을 수행한다. 아동이 문제를 잘 이해하지 못했으면 지식획득성분이 활동하여 문제를 푸는 데 필요한 새로운 정보를 획득하고 이를 상위성분에 알려야 한다. 그러면 상위성분은 이전 지식과 새로운 지식을 연결하여 새로운 문제 해결 책략을 구성한다.

Sternberg(1999)에 따르면, 분석적 지능, 창의적 지능, 실용적 지능에 동일한 기초 과정들이 사용된다; 어떤 과정이 적용되는지는 문제와 상황의 성격과 요구되는 사고의 유형에 따라 달라진다. 이처럼 기초과정이 유사함에도 불구하고, 전통 지능검사와 전통 교수법은 창의적 지능과 실용적 지능보다는 분석적 지능에 더 관심을 기울여왔다. 최근 들어 Sternberg는 분석적 지능뿐 아니라 실용적 지능과 창의적 지능을 평가하고 교수하는 방법을 설계하는 데 관심을 기울이고 있다.

세 유형의 지능을 모두 평가하는 검사가 분석적 지능만 평가하는 전통 지능검사보다 나중의 지적 결과를 더 잘 예측하였다. 한 연구에서 대학 수준의 심리학 코스를 듣도록 선발된 고등학교 영재 학생들에게 분석적, 창의적, 실용적 지능검사를 실시하여 그 점수로 심리학 코스의 학점을 예측하였다. 세 지능을 모두 고려하였을 때 학점이 더 잘 예측되었다(Sternberg, Ferrari, Clinkenbeard, & Grigorenko, 1996).

이 연구에는 또한 교수적 요소도 포함되어 있었다. 모든 학생들은 같은 교재를 사용하여 같은 강의를 들었다. 그러나 학생들은 분석적, 창의적, 실용적 지능 또는 기억 활동을 강조하는 정도가 다른 토론집단에 참여하였다. Sternberg와 동료들은 각자의 강점을 집중적으로 다루는 토론집단에 참여하였던 학생들이(예, 창의적 능력이 높은 학생들이 창의적 활동을 강조하는 토론집단에 참여하였을 때) 그렇지 못했던 학생들보다 심리학을 더 잘 했음을 발견했다. 이처럼, 학생들은 교수조건과 자신들이 가장 잘 생각할 수 있는 방식이 일치했을 때 더 잘 했다.

다른 연구는 세 종류의 지능을 모두 강조하는 교수가 전통적 교수나 비판적 사고 기술만을 강조하는 교수보다 학생들에게 더 도움이 됨을 보여주었다. 이런 경향은 3학년 학생들의 사회학습, 8학년 학생들의 심리학 학습, 도심에 사는 5학년 학생들의 읽기학습, 저소득 계층 중학생들을 위한 여름 읽기심화 캠프, 고등학생들의 여러 교과목 학습 등과 같이 다양한 참여자들을 대상으로 다양한 내용을 다루는 코스에서 나타났다(Grigorenko, Jarvin, & Sternberg, 2002; Sternberg, Torff, & Grigorenko, 1998). 분석적 지능뿐 아니라 창의적 지능과 실용적 지능을 돕는 교수가 많은 학생들에게 유용하였다.

Sternberg 이론을 어떻게 평가할 수 있을까? 세 가지 중요한 문제점이 지적되어 왔다. 첫째, 그의 이론은 예측하기보다는 기술한다는 점이다. 이 이론과 일치하지 않는 증거는 어떤 것일까? 둘째, 기초과정에 대한 것이다. 분석적 지능이 요구되는 과제에서는 기초과정이 어떻게 기능하는지를 잘 볼 수 있으나 이 과정들이 창의적 지능과 실용적 지능을 요구하는 과제에서는 어떻게 기능하는지가 분명하지 않다. 셋째, 체계를 조직화하는 데 있어서 상위성분의 역할이다. 상위성분은 전체 이론에서 아주 핵심적 부분이지만 그 작용은 여전히 잘 알려져 있지 못하다.

반면 이 이론을 적용할 수 있는 현상과 대상의 범위는 아주 넓다. 이 이론은 발달의 중요한 측면을 많이 포함하고 그것들을 이해하기 쉬운 방식으로 조직화한다. 또한 책략구성 기제가 어떻게 작용하는지를 잘 기술하고 있고, 지능의 평가와 교수에도 유용하게 사용될 수 있다. 요약하면, 이 이론은 발달을 살펴보는 유용한 틀이며 실용적 가치도 높다.

산출체계 이론

인지 발달 이론가들이 직면해 왔던 가장 어려운 문제는 발달이 어떻게 일어나는지를 설명하는 것이다. 삐아제와 많은 연구자들은 이를 위해 노력해 왔지만 성공하지 못했다. 아래의 평가를 살펴보자.

> 40여 년 동안 우리들은 평형화를 이루는 동화와 조절이라는 분명하지 않은 두 힘에 대해 생각해 왔다. 그것들은 무엇인가? 그것들은 어떻게 작용하는가? 왜 이렇게 오랜 시간이 지난 뒤에도, 우리가 이 두 과정에 대해 알고 있는 것이 처음보다 별로 나아진 것이 없는가? 우리에게 필요한 것은 발달과정의 성질에 대한 모호한 언어적 기술 이상의 것이다. (p. 80)

변화를 더 상세하고 만족스럽게 설명할 수 있는 기대되는 대안은 산출체계로 발달을 모델링하는 것이다(Klahr & MacWhinney, 1998). 산출체계는 인지 발달을 모델링하는 데 유용한 일종의 컴퓨터-모사 언어이고 산출은 특정 상황에서 체계가 어떻게 작용할지를 나타내는 일종의 if-then 규칙이다. 종합하면, 산출은 다양한 상황에서 체계가 어떻게 작용할지를 나타낸다. 산출체계의 핵심적 특징은 다음과 같다.

1. 기본 조직은 상호작용하는 두 구조로 구성된다: 체계의 지속적 기억인 산출기억과 체계의 현 상황에 대한 표상에 해당하는 작업기억.
2. 산출기억에는 많은 특수한 산출이 포함되는데 각 산출에는 조건부와 활동부가 있다.
3. 각 산출의 조건부에는 산출이 적용되는 상황이 밝혀져 있고, 활동부에는 이런 조건이 만족될 때 나타나는 활동이 밝혀져 있다. 그런 활동에는 외부 세계에서 일어나는 활동과 작업기억에서 일어나는 상징의 조작이 모두 포함된다.
4. 작업기억의 내용은 끊임없는 상황의 변화에 따라 계속적으로 변한다. 정보는 외부 세계에서 일어나는 사건을 지각하거나 또는 산출체계의 활동부에 제시된 활

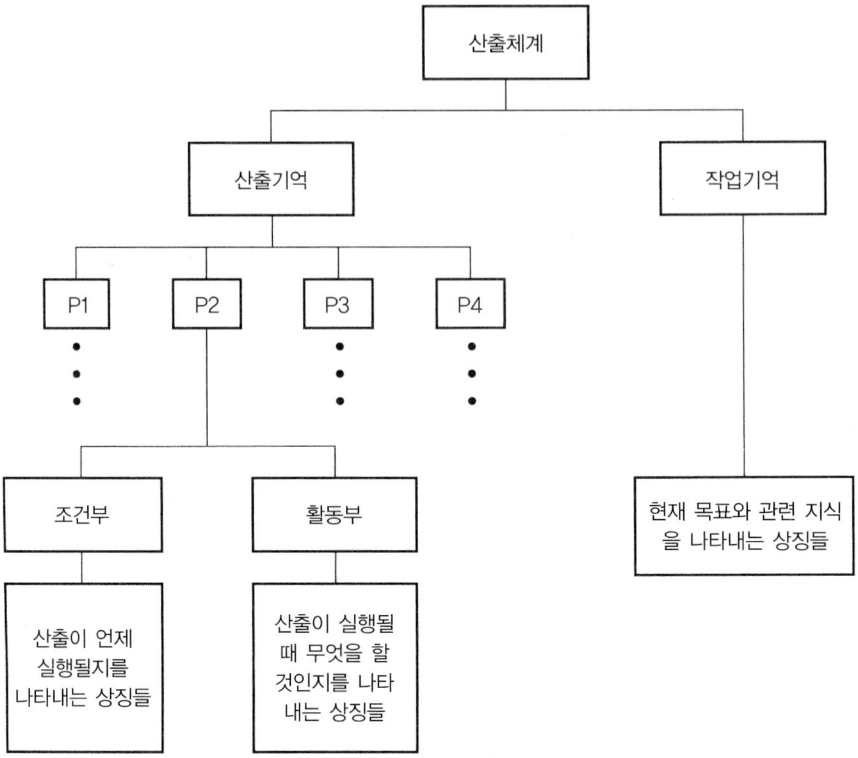

그림 3.5 산출체계의 위계적 조직.

동이 일어남으로써 작업기억으로 들어간다.

5. 사고는 a) 작업기억에 정보가 제시되고, b) 제시된 정보와 산출의 하나 이상의 조건이 일치하고, c) 이러한 일치로 인해 산출의 활동부에 있는 활동이 일어나고, d) 활동이 작업기억에 새로운 정보를 제공하는 순환을 통해 일어난다.
6. 학습은 새로운 산출이 만들어지고 또 경험의 결과로 기존의 산출이 변화되는 자기수정 과정을 통해 일어난다.

산출체계의 기본 조직이 그림 3.5에 제시되어 있다.

삐아제의 수 보존과제에서 정답을 하는 간단한 산출체계의 예가 표 3.3에 제시되어 있다. 표의 아래 부분에 문제를 푸는 동안 변화하는 작업기억의 상태가 순서대로 제시되어 있다. 특정 산출체계는 조건부의 상황이 작업기억 내용과 일치할 때까지 산출목록을 차례로 탐색해 나가고 산출이 활성화되고 나면 산출목록을 처음부터 다시 탐색한다.

표 3.3에 기술되어 있는 산출체계에서는 아동에게 두 줄의 물체를 보여주고 물체

표 3.3 수 보존에 대한 간단한 산출체계

P1: **만일** 두 집합의 수적 관계에 대해 질문을 받았고 **그리고** 그 관계에 대해 진술하는 것이 목표로 설정되어 있지 않다면, **그러면** 그 관계에 대해 진술하는 것을 목표로 설정하라.

P2: **만일** 두 집합의 수적 관계에 대해 진술하는 것을 목표로 설정하였고 **그리고** 그 관계에 대해 안다면 **그러면**그 관계에 대해 진술하라.

P3: **만일** 두 집합의 수적 관계에 대해 진술하는 것을 목표로 설정하였고 **그리고** 변형이 가해지기 전에 두 집합에 있는 물체의 수가 같았고 **그리고** 변형이 물체의 수를 더하거나 빼는 것이 아니었다면, **그러면** 두 집합에 있는 물체의 수는 여전히 같다.

작업기억의 초기 상태(WM1): 이전에 두 줄에 있는 물체의 수가 같았고, 이후에 한 줄을 길게 늘렸고, 아무것도 더하거나 빼지 않았고, 질문은 "현재 두 줄에 있는 물체의 수가 같은가" 이다.

P1 활성화

WM2: 목표는 현재 두 줄에 있는 물체의 수가 같은지를 말하는 것이고, 이 전에 두 줄에 있는 물체의 수가 같았고, 이후에 한 줄을 길게 늘렸고, 아무것도 더하거나 빼지 않았고, 질문은 "현재 두 줄에 있는 물체의 수가 같은가" 이다.

P3 활성화

WM3: 목표는 현재 두 줄에 있는 물체의 수가 같은지를 말하는 것이고, 두 줄에 있는 물체의 수가 같고, 이 전에 두 줄에 있는 물체의 수가 같았고, 이후에 한 줄을 길게 늘렸고, 아무것도 더하거나 빼지 않았고, "현재 여전히 두 줄에 있는 물체의 수가 같은가" 이다.

P2 활성화

시스템은 답한다: "두 줄에 있는 물체의 수가 같다"

출처 : Klahr & Wallace, 1976.

의 수가 같다고 말해 준 다음 한 줄에 있는 물체를 더 길게 늘어놓고 두 줄에 있는 물체의 수가 같은지 물어본다. 이 정보는 표 3.3의 아래 부분에 제시된 작업기억의 초기 내용에 나타나 있다. 작업기억의 초기 상태가 P1의 조건부와 일치하기 때문에 이 산출이 활성화되고 작업기억에 두 줄의 수적 관계를 말하는 목표를 설정한다. 다시 체계의 처음부터 찾기 시작하면 작업기억의 내용이 P1이나 (두 번째 조건이 맞지 않기 때문에) P2의 조건부와 (두 번째 조건이 맞지 않기 때문에) 일치하지 않지만 P3의 조건부와 일치하기 때문에 활성화된다. 이로 인해 두 줄에 있는 물체의 수가 같다는 정보

표 3.4 아동의 타임라인의 한 부분

(이전 처리 에피소드)	
______	______
______	______
______	______
87456	쿠키가 테이블 위에 있다.
87457	직관적으로 수를 파악했다.
87458	세 개이다.
87459	새 소리가 들린다.
87460	쿠키를 집어 들었다.
87461	쿠키의 수를 직관적으로 파악했다.
87462	여전히 세 개이다.
______	______
______	______
______	______

가 작업기억 내에 자리를 잡고 이 정보로 인해 P2가 활성화되고 체계는 정답을 진술한다.

많은 연구자들은 발달을 연구하는 도구로 산출체계를 사용하여 왔다(예, Jones, Ritter, & Wood, 2000; Klahr, Langley, & Neches, 1987; Young & O' Shea, 1981). 발달을 설명하는 도구로 산출체계를 지지하는 가장 뛰어난 학자는 David Klahr이다. Klahr의 산출체계 이론에서 가장 핵심적 발달기제는 일반화이다. 수 보존은 그의 이론이 어떻게 작용하는지를 잘 보여주는 예이다.

Klahr와 Wallace(1976)는 일반화를 타임라인, 규칙성 발견, 중복 제거의 세 요소로 나누었다. 타임라인에는 일반화의 기초가 되는 모든 자료들이 들어 있다. 여기에는 체계가 이때까지 경험한 모든 상황, 그 상황에서 했던 반응, 반응의 결과 및 그로 인해 발생한 새로운 상황에 대한 기록이 모두 들어 있다. 표 3.4에 한 사건에 대한 타임라인에 포함될 수 있는 모든 종류의 정보가 예시되어 있다. 아동은 쿠키를 보고 세 개임을 인식하는데 이런 인식은 직관적 수세기(아동과 성인이 하나에서 넷 사이의 수를 빠르게 지각하는 과정)로 가능해진다. 다음에, 아동은 쿠키의 공간적 위치를 변화시킨다. 마지막으로 아동은 쿠키의 수를 직관적 수세기로 파악하고 여전히 세 개임을 발견한다.

언뜻 보면 상황, 반응과 결과에 대해 이렇게 상세하게 기록할 필요는 없어 보인다. 왜 각각의 경험에 대해 이렇게 많이 기억해야 할까? 그러나 실제로 그런 정보는 아주 중요하다. 아동들은 많은 상황에서 무엇이 중요할지를 미리 알 수 없기 때문에 관련이 있건 없건 모든 정보들을 상세하게 기억하면 나중에 예상하지 못했던 일반화를 할 수 있다. 그러나 관련된다고 생각하는 정보만 기억하면 중요한 정보를 많이 놓치게 될 것이다.

아동들이 타임라인과 같은 기억을 가지고 있다고 생각하는 것이 타당한가? 아동들이 어떤 정보를 얼마나 상세하게 기억하는지를 살펴보자. 대부분의 부모들은 이런 기억이 있을 것이다. 저자가 아내와 2살 된 아들을 데리고 휴가를 가서 모텔에 머물렀다. 저녁을 먹으러 나가야 하는데 열쇠를 어디에 두었는지 기억할 수 없었다. 10분이나 찾고 난 뒤에 아들이 '전화 밑에' 라고 말했고 실제 저자는 열쇠를 전화 밑에 두었음을 발견했다(그 이유는 알 수 없었지만). 아동이 이렇게 중요하지 않은 일도 기억한다면 다른 사실들도 상세하게 기억할 가능성이 높다. 빈도 정보와 경험의 여러 다른 측면 즉 공간적 위치와 어떤 일이 일어난 때와 같은 정보가 자동적으로 처리된다는 Hasher와 Zacks(1984)의 생각은 타임라인 안에 어떤 정보들이 들어올 수 있는지 보여준다. 따라서 아동이 경험을 아주 상세한 부분까지 기억한다는 Klahr와 Wallace의 주장은 신빙성이 있어 보인다.

두 번째 핵심과정은 규칙성 발견으로 타임라인의 내용에 작용하여 경험에 대해 일반화하게 한다. 체계가 타임라인 안에서 여러 특징이 비슷한 곳과 한 특징을 변화시켜도 결과가 크게 달라지지 않는 곳을 발견한다. 규칙성 발견은 수 보존에서 적어도 세 가지 일반화를 가능하게 한다. 하나는 여러 종류의 사물들에 대한 일반화로 두 개의 바둑알, 동전, 인형 또는 과자를 늘어 놓거나 이에 관계없이 이들은 여전히 두 개이다. 아동들은 또한 비슷한 변화에 대해서도 일반화하는 데 사물을 늘어 놓거나, 붙여 놓거나, 쌓아 놓거나, 둥글게 놓거나 이에 관계없이 사물의 수는 처음과 동일하다.

세 번째 핵심과정은 중복 제거인데 이로 인해 다른 종류의 일반화가 가능해진다. 불필요한 정보처리 과정을 발견하여 제거함으로써 정보처리의 효율성을 증가시킬 뿐 아니라 좀 덜 복잡한 정보처리로 같은 목표를 달성할 수 있다고 일반화한다. 수 보존에서 아동들은 과자를 잡은 뒤 직관적 수세기로 수를 다시 확인할 필요가 없음을 깨닫게 된다. 이전에도 쿠키가 세 개였고 쿠키를 손에 든다고 해서 수가 변하는 것은 아니기 때문에 수는 같아야 한다. Klahr와 Wallace는 정보처리 체계가 타임라인 안의 절차들을 관찰하고, 하나 이상의 단계가 없어졌을 때에도 항상 결과가 같은지를 보아서 불필요한 중복을 제거한다고 가정하였는데 그렇게 하여 좀 더 복잡한 절차들이 좀 더 간단한 절차들로 대체된다.

정보처리 체계가 언제 규칙성을 발견하고 중복을 제거하는가? Klahr와 Wallace (1976)는 한 가지 흥미로운 가능성을 제안하였는데 아동들이 자는 동안 그런 일을 한다는 것이다. 다른 가능성은 조용한 놀이시간, 휴식시간 또는 백일몽 시간에 이런 활동을 하는 것이다.

Klahr와 Wallace 접근에서는 다른 단계 이론과 달리 아동마다 기술을 습득하는 순서가 다르다고 본다. 인지체계가 스스로를 수정할 때 어떤 형태의 규칙성이 다른 형태의 규칙성보다 항상 더 일찍 발견되어야 할 이유는 없다. 수 보존을 배우는 아동들은 사물이 과자 또는 바둑알인지가 문제되지 않음을 먼저 발견할 수도 있고, 과자를 모아두거나 벌려 놓는 것이 문제되지 않음을 먼저 발견할 수도 있다. 이처럼 이 접근에서는 단계접근과 달리 발달과정이 덜 고정되어 있다.

Klahr과 Wallace 이론의 또 다른 시사점은 약호화에 대한 것이다. 이 이론에 의하면 타임라인에서 정보가 약호화되는 방식에 따라 나중에 일어나는 학습의 형태가 달라진다. 예를 들어, 액체량 보존 실험에서 어떤 아동이 컵 속에 들어있는 물의 높이만을 약호화한다면 타임라인 안에 밑넓이에 대한 정보가 들어있지 않기 때문에 물높이의 증가와 밑넓이의 감소 사이의 규칙적 관계를 파악할 수 없다.

Klahr는 발달을 모델링하기 위한 도구로 컴퓨터 모사를 많이 사용하자고 주장하는 대표 주자이다. 그는 컴퓨터 모사가 다른 방법보다 발달이 어떻게 일어나는지에 대해 더 분명하고, 정확한 모델을 제공한다고 지적했다(Klahr, 1989, 1992; Klahr & MacWhinney, 1998). 이런 입장과 일치하여, Simon과 Klahr(1995)는 아동들이 보존을 이해하는 과정을 보여주는 자기수정 산출체계를 만들었다. 처음에 이 체계는 수 보존 문제를 풀지 못했지만 경험을 통해 어떻게 하는지를 파악하였다. 흥미롭게도 Simon과 Klahr(1995)는 3세와 4세 아동들에 대한 모델을 따로 만들었는데 문제에 대한 경험을 폭넓게 제공하면 두 모델이 모두 학습하였지만 경험이 제한되면 4세 모델만이 학습할 수 있었다. 이 자료는 Gelman(1982)이 3세와 4세 아동들에게서 얻었던 결과와 동일하다.

나이가 어리거나 많은 아동들에 대한 모델은 3세와 4세 아동들이 학습하는 패턴이 왜 다른지에 대한 가설을 제안한다. 두 모델은 모두 폭넓은 경험으로부터 학습할 수 있는 기제를 내포하고 있다. 그러나 두 모델은 두 가지 면에서 차이가 있었는데 이러한 차이 때문에 경험이 제한되면 4세 모델만이 학습을 하였다. 4세 모델은 변형이 일어나기 전의 물체의 두 집합 사이의 관계를 더 분명하게 기억하였기 때문에 변형이 일어난 후에 생긴 길이의 차이가 수의 차이와 일치하는지를 체크하였을 가능성이 크다.

이러한 모델들의 차이는 3세와 4세 아동들에 대해 일반적으로 알려진 바와도 일치한다. 4세 아동들은 물체의 수에 대한 지각이 옳은지를 검토하기 위해 수세기를 더 많이 사용하고(Sophian, 1987), 또 과거의 상태를 더 잘 기억한다(Schneider & Bjorklund, 1998). 이처럼 3세와 4세 모델의 차이는 과거에 두 연령집단에서 관찰되었던 바와 일치하고 또 왜 특정 상황에서 두 연령집단이 학습하는 정도에 차이가 있는지에 대한 가설을 제안한다.

그러나 모든 사람들이 컴퓨터 모사에 대한 Klahr의 열광을 지지하지는 않는다. 비판자들은 사람은 컴퓨터가 아니며 컴퓨터와 다르게 발달한다고 지적한다. 따라서 컴퓨터로 발달을 잘 모델링할 수 없다고 본다(Beilin, 1983; Liben, 1987).

그러나 Klahr(1989)가 지적했듯이 발달에 대한 생각은 프로그램을 실행하는 컴퓨터가 아니라 컴퓨터 프로그램 내에 구체화되어 있다. 컴퓨터는 이런 아이디어들로 이미 밝혀진 현상을 설명할 수 있는지를 검증하는 데 사용하는 도구에 지나지 않는다. Klahr는 허리케인에 대해 컴퓨터 모사를 한다고 해서 컴퓨터를 대기로 보는 것은 아닌 것처럼, 컴퓨터로 인지 발달을 모사한다고 해서 아동들을 컴퓨터로 보는 것은 아님을 지적하였다.

Klahr 이론에는 여러 가지 문제점이 있다. 그는 자기수정 컴퓨터 모사의 강점을 자주 이야기하지만 그 자신이나 다른 연구자들도 컴퓨터 모사를 많이 만들지 못했다. 게다가 자기수정 산출체계는 새로운 결과를 예측하기보다는 이전 결과를 더 잘 설명한다. 이러한 결점이 있다고 해서 발달 모델로서의 자기수정 산출체계의 가능성이 떨어지는 것은 아니고, Klahr가 제안한 타임라인, 규칙성 발견, 중복 제거를 사용한 일반화에 대한 설명은 이때까지 제안되어 온 어떤 인지 발달의 기제보다 더 정확하고 명확하다. 이런 점들이 Klahr 이론의 중요한 강점이며 앞으로 새로운 돌파구의 가능성을 보여준다.

연결주의 이론

인지 발달에 대한 생각 (그리고 일반적 인지에 대한 생각) 가운데 특히 '흥미로운' 하나는 연결주의이다. 산출체계와 마찬가지로 연결주의 이론은 사고가 어떻게 일어나는지에 대한 컴퓨터 모사이다. 연결주의 모델이 인기 있는 가장 큰 이유는 일반적 수준에서 그들이 뇌의 작용과 유사하기 때문이다. 이런 특징 때문에 연결주의 모델은 뇌 속에서 사고가 어떻게 일어나는지를 모델링하는 기대되는 후보이다. 이 모델에는 여러 가지 핵심적 특징이 있다(Plunkett, 1996).

1. 그들은 뇌의 뉴런과 같은 많은 수의 단순 처리단위로 구성된다.
2. 처리단위는 위계적으로 구조화된 둘 이상의 층으로 조직화된다(그림 3.6). 여기에는 상황에 대한 초기 표상을 약호화하는 *입력 층*, 입력 단위에서 오는 정보들을 통합하는 하나 이상의 *숨은 층*, 상황에 대한 반응을 산출하는 *출력 층*이 포함된다.
3. 개개 처리단위는 다른 층에 (그리고 때로는 같은 층에) 있는 다른 처리단위와 연결되어 있다. 연결의 강도는 시스템의 경험의 정도에 따라 달라지며, 또한 어떤 처리를 할지 결정한다.
4. 뇌에서처럼, 주어진 처리단위는 다른 처리단위로부터 역치 이상의 활성화를 받으면 활성화된다. 한 단위가 다른 단위로부터 받는 활성화의 양은 활성화를 보내는 처리단위가 활성화된 정도와 처리단위들 사이의 연결강도에 의해 결정된다.
5. 뇌에서처럼, 여러 단순 처리단위들은 동시에 활동한다.
6. 지식은 시스템 안에 있는 모든 단위들 사이의 연결의 강도로 표상되며 어떤 특정 위치에 존재하지는 않는다; 오히려 지식은 모든 단위와 그들 사이의 상호연결에 걸쳐 분포되어 있다. 이런 특징과 모든 단위에서 처리가 동시에 일어난다는 사실 때문에 이런 시스템을 *병렬분산처리 시스템(PDP)*이라고 한다.
7. 입력을 받아들이고, 반응을 산출하고, 산출된 반응과 정반응 사이의 차이를 검토하고, 더 나은 답이 나오게끔 처리 단위들 사이의 연결의 강도를 조정하는 것을 통해 학습이 일어난다. 이런 과정을 통해 시스템 내의 어떤 한 위치에 규칙이 표상되지는 않지만 시스템은 암묵적으로 정답을 할 수 있는 규칙을 학습한다.
8. 시스템의 지식이 일반화되는지는 시스템이 이전에 경험했던 상황과 새로운 상황 사이의 유사성에 달려있다. 새로운 문제에 같은 유형의 암묵적 규칙이 적용될 때, 연결주의 시스템은 아주 효과적으로 이전 경험을 새로운 상황으로 일반화한다.

McClelland(1995), Shultz(2003), Plunkett(1996), Marchman(1992)과 같은 많은 연구자들이 발달을 이해하기 위한 도구로 연결주의 모델을 사용하자고 주장해 왔다. 발달을 모델링하는 데 있어서 이 접근의 강점을 특히 잘 보여주는 인상적 모델은 MacWhinney, Leinbach, Taraban, McDonald(1989)의 모델이다.

MacWhinney 등의 모델은 독일 아동들이 정관사를 학습하는 과정을 보여준다. 정관사는 영어에서 the의 기능을 하는 독일어에 있는 복합용어로 정관사 체계는 매우 복잡하다. 명사를 수식하는 관사는 수식되는 명사의 여러 특징들, 즉 성(남성, 여성,

또는 중성), 수 (단수 또는 복수), 문장 내에서의 역할(주어, 소유자, 직접 목적 또는 간접 목적)에 따라 달라진다. 설상가상으로 명사에 부여되는 성이 우리들의 직관과 일치하지 않는 경우가 많다. 예를 들어, 포크는 여성이고 숟가락은 남성이며 칼은 중성이다. 관계가 너무 복잡하여 거의 학습하기 불가능한 것처럼 보이지만 MacWhinney 등은 아동들이 정관사를 배우는 과정을 보여주는 연결주의 모델을 만들었다.

대부분의 연결주의 모델과 마찬가지로 MacWhinney 등의 모델도 *입력 층*, 여러 *숨겨진 층*과 *출력 층*으로 이루어진다(그림 3.6). 각 층에는 여러 단위가 포함되는데 예를 들어, MacWhinney 등의 모델에서 입력 층의 35단위는 관사로 수식되는 명사들의 여러 특징, 특히 명사의 소리, 의미와 맥락을 나타낸다. 각 숨겨진 층은 이런 입력 수준의 특징들의 조합을 나타내는 단위들로 구성된다. 여섯 출력단위는 영어의 the에 해당하는 독일어의 여섯 관사를 나타낸다(*der, die, das, dem, den, des*).

앞에서 이야기 하였듯이, 연결주의 모델의 핵심특징은 처리 단위들 사이의 방대한 연결이다. MacWhinney 등의 모델에서는 각 입력 층의 단위들은 첫 수준의 숨겨진 단위들과 연결되고 두 번째 수준의 각 숨겨진 단위들은 여섯 출력 단위와 각각 연결된다. 학습은 (1) 시스템이 처음 자극을 받고(이 경우에는 어떤 문맥 안에 있는 명사), (2) 여러 연결들의 강도에 기초하여 어떤 반응을 할지 결정하고, (3) 그 반응을 실행하고, (4) 정답과 관련되는 연결이 강화되고 오답과 관련되는 연결은 약화되도록 단위들 사이의 연결강도를 조정하는 사건들의 반복으로 이루어진다. MacWhinney 등은 102개의 독일 일반명사를 반복적으로 제시함으로써 이 시스템이 독일 정관사 체계를 학습하는 능력을 검증하였다. 이 모델은 특정 상황 즉 특정 단어로 특정 의미를 표현해야 하는 맥락에서 각 단어에 사용해야 하는 관사를 선택해야 했다. 그런 다음 정답이 제시되었고 모델은 앞으로의 정확도를 극대화하기 위해 연결강도를 조정하였다.

이 단어들로 훈련을 받은 다음, MacWhinney 등의 모델은 원래 세트에 있었던 90% 이상의 명사에 정확한 관사를 선택하였는데 이는 어떤 단어에 어떤 관사를 사용해야 하는지를 단순히 암기한 것이 아니다. 모델에 이전에 경험했던 명사를 새로운 상황에서 제시하여 다른 관사를 선택하게 하자 90% 이상의 시행에서 정확하게 관사를 선택하였다. 이 모델은 또한 새로운 명사로 일반화할 수도 있어서 단어의 소리와 의미를 이용하여 이전에 전혀 경험하지 않았던 단어에 사용할 관사를 추측할 수 있었다.

모델의 학습은 여러 가지 면에서 아동들의 학습과 유사하였다. 학습의 초기 과정에서는 모국어가 독일어인 아동들처럼 모델은 여성 명사에 사용되는 관사를 지나치게 많이 사용하는 경향을 보였다. 그 이유는 이런 관사가 독일어에서 가장 많이 사용되기 때문인 것 같다. 게다가, 독일 아동들이 가장 배우기 힘든 관사-명사조합을 모델

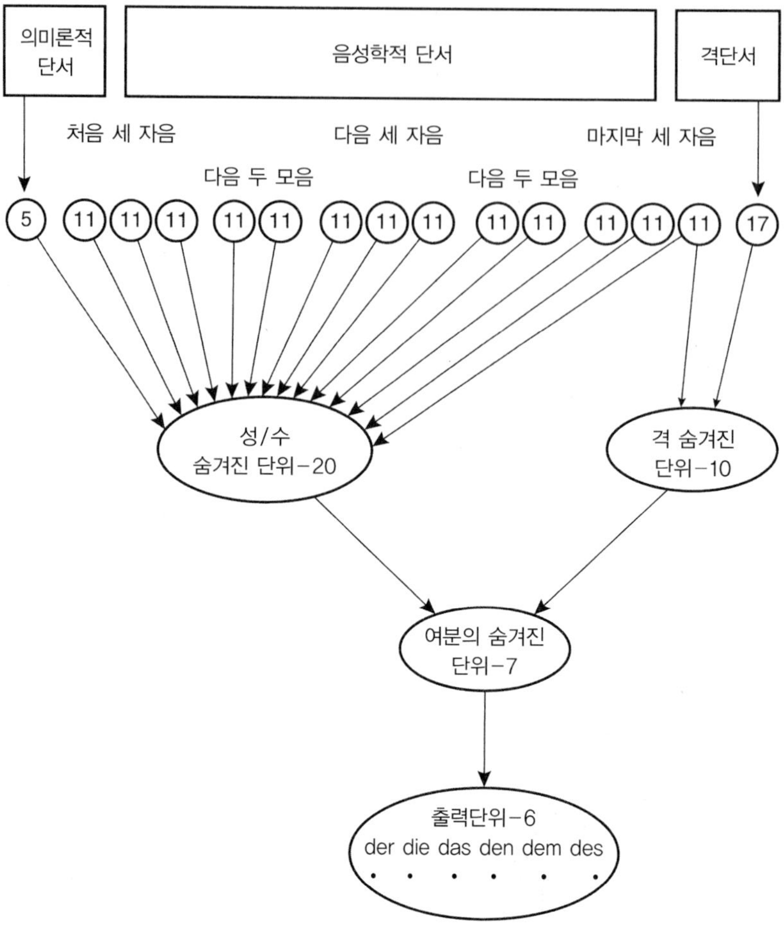

그림 3.6 아동들이 독일어 관사를 어떻게 배우는지에 대해MacWhinney 등이 제안한 연결주의 모델(1989). 제일 꼭대기에 있는 입력수준에서 모델은 명사의 다섯 가지 의미론적 자질(왼쪽 꼭대기 바로 아래에 있는 '5'에 해당), 명사 안의 13 위치에서 11개의 음성학적 자질(역시 꼭대기 바로 아래 있는 '11'에 해당)이 있는지의 여부와 격에 대한 17개의 단서를 약호화한다. 이러한 입력수준의 단위들은 숨겨진 단위를 통해 활성화를 여섯 출력단위로 전달한다. 여섯 출력단위들은 독일어에서 명사들과 같이 사용되는 여섯 관사에 해당한다. 가장 크게 활성화된 관사가 특별한 문맥에서 명사와 같이 사용되도록 선택된다. Reprinted from MacWhinney, B., Leinbach, J., Taraban, R., & McDonald, J., Language Learning: Cues or rules? Journal of Memory and Language, 28, 255–277. Copyright ⓒ 1989, with permission from Elsevier.

도 가장 학습하기 어려웠고 모델의 실수는 아동들의 실수와 유사하였다.

모델이 명시적 '규칙'(남성 명사는 관사 dem을 취한다)을 학습하지 않고도 어떻게 체계적 행동을 산출할 수 있을까? 체계적 행동은 단순한 기제의 활동으로 생겨난다(MacWhinney, 1998). 즉 입력단위, 숨겨진 단위와 출력단위 사이의 연결의 강도는 단어 특징들의 특정한 조합이 각 관사와 연합되는 빈도를 반영하도록 계속적으로 조정된다. 따라서 마지막에는 그러한 단서의 조합을 규정하는 공식적 규칙이 없이도 연결강도의 패턴이 상호작용하는 여러 단서들의 복잡한 패턴을 나타내게 된다. 명시적 규칙을 학습하지 않고도 모델이 관사를 정확하게 적용하는 것을 학습한다는 사실은 독일어를 습득하는 아동들 또한 규칙을 습득하지 않고도 정관사 체계를 학습할 수 있음을 시사한다.

모델을 만들면서 MacWhinney와 동료들은 각 층에 있는 단위의 수를 결정하였다. 입력층에 있는 단위의 수는 그들이 표상하기를 원하는 입력 단어들의 특징의 수를 참고하여 결정하였고, 출력 층에 있는 단위의 수는 독일어에 있는 관사의 수로 결정하였다. 모델이 학습을 하면서 숨겨진 층은 *입력단위*들 사이에서 발생하는 체계적 패턴을 반영하게 된다. 숨겨진 단위의 수는 그 영역에서 입력-출력 관계를 학습하는 데 그런 패턴이 몇 개나 필요한지를 추정하여 결정하였다. 숨겨진 단위의 수에 따라 모델들이 보이는 학습 패턴이 달라질 것이다(Quinn & Johnson, 1997).

최근의 어떤 연결주의 모델에서는 필요할 때 새로운 숨겨진 단위를 채용할 수 있는 학습기제를 사용한다. 학습과정에서 모델의 수행이 더 이상 증가하지 않는 정점에 도달하면 새로운 숨겨진 단위를 채용하여 다시 학습이 일어나게 한다. 이처럼 새로운 숨겨진 단위의 채용은 학습의 결과로 뇌에서 새로운 시냅스가 형성되는 것에 해당한다. 아동들의 수 보존 획득에 대한 최근 모델이 이런 유형의 모델의 좋은 예이다(Shultz, 1998).

Shultz의 모델에는 여러 종류의 정보를 약호화하는 13개의 입력단위가 포함되어 있다: (1) 각 줄의 길이와 밀도에 대한 정보, (2) 어느 줄이 변형되었는지에 대한 정보, (3) 변형의 성질에 대한 정보(항목의 첨가, 항목의 제거, 줄의 압축이나 줄의 확장). 이 모델에는 또한 두 개의 출력단위가 포함되어 있다. 두 출력단위의 활성화 수준이 같을 때에는 모델은 두 줄의 수가 같다고 판단한다. 한 출력단위의 활성화 수준이 더 높으면 모델은 그 출력단위에 해당하는 줄에 수가 더 많다고 판단한다.

이 모델에게 길이, 밀도, 줄이 변형되기 전에 있었던 물체의 수, 그리고 변형의 성질(더하기, 빼기, 압출이나 확장)이 다양한 420개의 보존문제로 훈련을 시켰다. 훈련을 하는 동안 보존문제를 제시하였고, 각 문제가 제시된 다음 출력에서 오류를 줄이기 위해 수학적 알고리듬을 사용하여 연결의 강도를 조정하였다. 연결의 강도를 조정한 이후에도 수행이 증가하지 않으면 새로운 숨겨진 단위를 채용하였다. 일반적으로 새로운 숨겨진 단위를 채용하고 난 직후에는 모델의 수행이 크게 증가하였다.

모델이 훈련 세트에 있는 문제들을 성공적으로 푸는 것을 학습하고 난 다음에

Shultz는 새로운 문제 100개를 제시하였다. 모델은 학습을 성공적으로 일반화하여 새로운 문제의 95%를 성공적으로 풀었다. 모델의 학습은 중요한 측면에서 아동들의 학습과도 유사하였다. 종단적 연구에서, 아동들은 보존과제에서 갑작스런 도약을 보이는 경향이 있었는데 모델도 유사한 도약을 보였다. 아동들은 큰 수로 구성된 문제보다 작은 수로 구성된 문제를 먼저 푸는데 모델도 이런 형태를 보였다. 또한 아동들은 (밀도에 관계없이) 짧은 줄보다는 긴 줄에 물체가 더 많다고 선택하는 경향이 있는데 모델도 이런 경향을 보였다.

연결주의 모델은 다른 여러 가지 발달적 변화도 성공적으로 기술하였다. 이런 발달적 변화에는 대상영속성(Munakata, 1998; Munakata, McClelland, Johnson, & Siegler, 1997), 시간-속도-거리 문제(Buckingham & Shultz, 2000; Shultz, Schmidt, Buckingham, & Mareschal, 1995), 글자학습(Plaut, McClelland, Seidenberg, & Patterson, 1995), 제2외국어 학습(MacWhinney, 1996), 범주학습(Mareschal, French, & Quinn, 2000; Quinn & Johnson, 2000), 단어의미 습득과 문법 이해(Elman, 1993; MacWhinney & Chang, 1995; Marchman, 1992; Plunkett & Sinha, 1992; Shultz & Bale, 2001)가 포함된다.

다른 모든 이론처럼 연결주의 접근에 대해서도 비판이 많다. 가장 흔한 비판은 '뇌 방식 학습'이 지나치게 과장되었다는 주장이다. 이 접근에는 뇌기능에서 결정적으로 중요한 화학적 활동에 해당하는 것이 전혀 없고, 단순 처리단위의 기능은 뉴런의 기능과 추상적 수준에서만 비슷할 따름이다. 또 다른 문제점은 연결주의 모델이 너무 천천히 학습하고 인간보다 더 많은 노출을 필요로 한다는 점이다. 새로운 숨겨진 단위를 채용한 모델에서 수행이 갑자기 도약하기는 하지만 이는 사람들에게서 나타나는 갑작스러운 통찰과는 차이가 있다(Raijmakers, van Koten, & Molenaar, 1996). 두 번째 문제점과도 관련된 세 번째 문제점은 모델은 수학공식과 같이 사람들이 학습하는 상징적 규칙을 배우지 못하고, 또 문법의 어떤 측면은 배우지 못한다는 점이다(Pinker & Prince, 1988).

반면 연결주의 모델은 명시적 규칙의 습득에 의존하지 않는 많은 발달을 모델링하는 데 유용하다. 그런 시스템의 조작은 뇌의 조작과는 분명히 다르지만 다른 어떤 컴퓨터 모사 접근보다도 뇌와 더 유사하다. 연결주의 모델은 성공적 수행을 위해 부분적으로 타당한 수많은 정보를 통합해야 하는 지각, 언어와 같은 영역을 모델링하는 데 특히 유용하다. 이런 장점이 있기 때문에 발달에 대한 연결주의 모델의 인기가 올라가는 것은 놀랄 일이 아니다.

인지적 진화 이론

과거의 가장 중요한 지적 성취 가운데 하나는 Darwin의 진화론이다. 진화 이론에서는 종들 사이의 경쟁이 생존의 기본 측면이다. 종은 두 과정 즉 *개체변이*와 *선택*의 과정을 통해 생겨나고 변화한다. 유전적 결합과 돌연변이로 인해 개체변이가 생기고, 자손의 생존 여부에 의해 선택이 이루어진다. 이 두 과정으로 지구상의 생명체가 끊임없이 변하여 왔다.

생물학적 맥락에서와 마찬가지로, 경쟁은 인지의 기본 특징이다. 그러나 종들 간의 경쟁이 아니라 아이디어 간의 경쟁이다. 인지 발달에 대한 진화 이론의 주요한 도전은 인간 인지체계 내에서 경쟁하는 실체를 밝히고, 이 실체들 사이의 경쟁으로 어떻게 적응이 이루어지는지, 인지적 변이와 선택을 일으키는 기제는 무엇인지를 밝히는 것이다.

현재의 많은 인지 발달 모델은 진화 과정에서 변화를 일으키는 기능과 발달 과정에서 변화를 일으키기 기능들 사이의 유추에 기초하고 있다(Cahngeux & Dehaene, 1989; Edelman, 1987; Geary & Bjorklund, 2000; Johnson & Gilmore, 1996). 여기에서는 Siegler(1996, 2000)의 *중복파도 접근*으로 발달을 이해하는 데 생물학적 진화의 유추가 어떻게 도움이 되는지를 살펴보겠다.

이 접근의 기본 가정은 어떤 한 시점에서 아동들은 대부분의 주제에 대해 여러 가지 방식으로 생각한다는 것이다; 이런 다양한 생각의 방식들은 경쟁을 통하여 선택되어, 점점 더 발전된 사고방식이 더 많이 사용된다. 이런 가정이 그림 3.7에 제시되어 있다. 어떤 시점에서 아동들의 사고에는 여러 가지 방식(그림에서는 책략)이 존재한다. 책략들은 서로 경쟁하며, 경험에 따라 어떤 책략이 더 자주 사용되고 어떤 책략이 덜 사용되고, 어떤 책략은 처음에는 많이 사용되지만 시간이 지나면서 덜 사용되기도

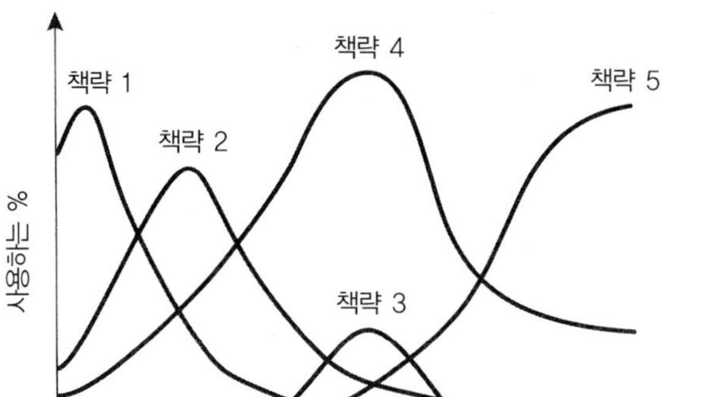

그림 3.7 인지 발달에 대한 Siegler의 중복파도 모델.

한다. 게다가, 새로운 책략이 소개되면 오래 된 책략은 사용되지 않는다. 아동들은 갑자기 한 접근에서 다른 접근으로 이동하지 않기 때문에 이런 중복파도 모델이 인지 발달에 대해 알려진 바와 더 일치하는 것 같다.

Siegler와 동료들은 산수, 시간 말하기, 읽기, 철자법 알기, 도구사용, 문제 해결, 기억과제 등의 다양한 주제에서 이 진화모델을 연구해 왔다(Chen & Siegler, 2000; Jansen & van der Maas, 2002; Rittle-Johnson & Siegler, 1999; Siegler, 1996; Siegler & Stern, 1998; Siegler & Svetina, 2002). 이런 영역에서 이루어진 연구는 경쟁으로 인해 적응적 결과가 나타나고, 기본책략 선택과 발견기제가 적응을 가능하게 함을 보여주었다. 이 결과들은 아동들이 쉬운 산수 문제를 학습하는 데에서 잘 볼 수 있다.

우선 경쟁하는 실체를 살펴보자. 5세 아동들도 3+5와 같이 간단한 산수 문제를 풀기 위해 다양한 책략을 사용한다. 때로는 *일에서부터 센다*; 한 손의 손가락을 펴서 숫자를 표시하고 다른 손의 손가락을 펴서 다른 숫자를 표시한 다음 양쪽 손에 펴져 있는 손가락을 모두 센다. 때로는 손가락을 펴지 않은 채 수를 파악한다. 때로는 기억에서 답을 인출한다. 어떤 아동들은 *계속 세기* 책략을 사용한다. 이 책략을 사용하는 아동들은 두 숫자 가운데 큰 숫자를 선택하고 그 숫자에서 작은 다른 수가 나타내는 수만큼 센 다음 답을 말한다. 예를 들어, 3+9 문제에서 아동들은 '9, 10, 11, 12'라고 생각한다.

5세 아동들이 사용하는 책략은 모두 다르며 거의 대부분의 아동들이 여러 가지 책략을 사용한다. 게다가, 산수, 철자법 알기, 시간 말하기, 기억, 유추추론, 도구사용과 그 밖의 많은 과제에서 대부분의 아동들은 여러 책략을 사용하였다. 개개 문제에서도 경쟁의 결과는 다양하게 나타나서 동일한 아동이 사용하는 책략도 매일 달라진다(Siegler, 1987a).

아동들이 여러 책략 가운데에서 하나를 선택하는 것은 여러 측면에서 적응적이다. 아동들은 인출로 정확하게 답할 수 있는 작은 문제에서는 가장 빠른 인출을 사용하고 정확하게 답하기 어려운 문제에서는 시간이 걸리고 노력이 요구되는 어려운 책략을 사용한다(Siegler, 1986).

아동들은 또한 인출 이외의 다른 책략을 선택하는 데 있어서도 적응적이다. 아동들은 다른 접근보다 특정한 책략이 특히 효과적인 문제에서 그 책략을 사용하는 경향이 있다. 진화론적 용어로 말하면, 책략이 제 자리를 찾는다. 예를 들어, 계속 세기 책략은 2+9와 같이 한 숫자가 아주 작고 두 숫자가 차이가 많이 나는 문제에서 가장 많이 사용되고, 일에서부터 세는 것과 같은 다른 대안적 책략보다 쉽고 또 효과적이다(Siegler, 1987b).

또한 시간에 따른 책략의 변화도 적응적이다. 예를 들어, 아동들은 쉬운 더하기 문제에서는 인출이나 계속 세기와 같이 가장 효율적인 책략을 점점 더 많이 사용하고, 추측하기나 일에서부터 세기와 같이 덜 효율적인 책략을 덜 사용한다. 또한 그들은 분리하기(3+9 문제를 3+10=13, 9는 10보다 1 적기 때문에 3+9=12)와 같은 새로운 책략도 습득한다.

어떤 종류의 선택기제가 적응적으로 책략을 선택하게 할까? Siegler 모델(예, Shrager & Siegler, 1998)은 정보처리 체계를 표상과 과정의 두 부분으로 구분한다. 표상은 사실적 정보와 데이터로 구성되고 과정은 행동을 산출하기 위해 표상에 작용한다. 예를 들어, 산수에서 표상은 문제와 여러 답들 사이의 연합으로 이루어지고 과정은 일부터 세기, 계속 세기, 인출과 같이 문제를 해결하기 위해 표상에 작용하는 책략들이다.

그림 3.8에 이런 종류의 조직이 어떻게 효과적으로 책략을 선택하게 하고, 시간이 지나면서 책략을 더 적응적으로 사용하게 하는지 잘 나타나 있다. 이 모델에서는 책략을 사용함으로써 문제의 답뿐 아니라 문제를 푸는 속도와 정확도에 대한 정보도 산출된다. 이 정보는 책략과 문제에 대해 점점 더 상세한 정보를 제공한다. 나중에 책략은 과거에 일반적 문제를 해결하는 데, 특정 유형의 문제를 해결하는 데, 또 특정 문제를 해결하는 데 얼마나 효과적이었는지에 의해 선택된다. 과거에 그 책략이 효과적이었을수록 나중에 더 많이 사용된다. 게다가, 아동들이 어떤 책략이 일반적으로는 가장 효과적이지만 특정 유형의 문제를 푸는 데는 가장 효과적이지 않을 수 있다는 점을 학습하게 되면서 책략의 선택은 점점 더 정교해진다.

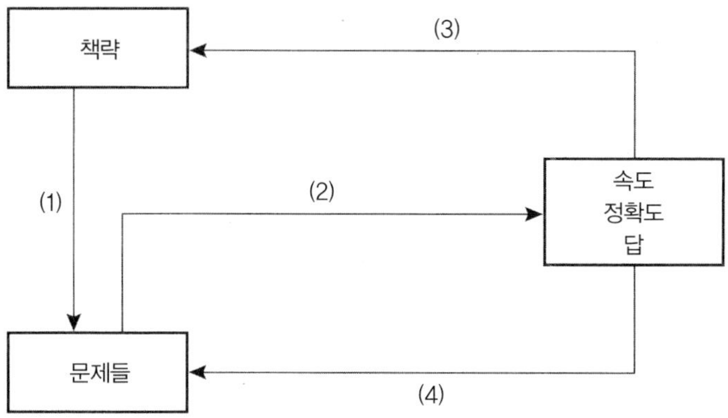

(1) 책략이 문제들에 적용된다.
(2) 문제들을 풀어 봄으로써 속도, 정확도와 답에 대한 정보가 산출된다.
(3) 속도, 정확도와 답에 대한 정보들은 책략에 대한 정보를 변화시킨다.
(4) 속도, 정확도와 답에 대한 정보들은 문제에 대한 정보를 변화시킨다.

그림 3.8 Siegler와 Shipley (1995)의 책략 선택 모델의 개요.

발달에 대한 이런 견해는 산수 발달에 대한 컴퓨터 모사의 기초가 되어 왔다(Shrager & Siegler, 1998; Siegler & Shipley, 1995; Siegler & Shrager, 1984). 일반적인 이론적 가정이 모사에서 어떻게 구체화되는지를 보기 위해 Siegler와 Shipley(1995)가 개발하고 Shrager와 Siegler(1998)가 확장한 한자리 숫자 더하기 발달 모델을 예로 들어 보겠다. 이 모사는 아동들이 세 가지 접근 즉 일에서부터 세기, 큰 숫자에서부터 세기와 인출 가운데에서 어떻게 하나를 선택하는지를 보여주었다. 9+1 문제를 예로 살펴보겠다. 이 모사는 이 문제는 일에서부터 세는 책략보다 큰 숫자에서부터 세는 책략으로 더 풀기 쉽다는 사실을 점차 학습한다. '1, 2, 3, 4, 5, 6, 7, 8, 9, 10' 보다는 '9, 10' 이라고 세는 것이 훨씬 쉽다. 더 적게 세기 때문에 실수할 확률도 낮고 문제도 더 빨리 풀 수 있기 때문에 계속 세기 책략을 더 많이 사용하게 된다. 모사는 이런 경험과 다른 문제에 대한 유사한 경험으로 인해 9+2와 8+1과 같은 문제에서는 일에서부터 세는 책략보다 계속 세기 책략이 더 효과적이라는 일반화에 도달하고 이런 지식을 새로운 문제로 일반화한다.

아동들이 문제를 정확하게 풀 수 있는 책략을 선택하게 되면서 문제와 정답 사이의 연합이 점점 더 강해진다. 예를 들어, 9+1은 10과 강하게 연합되고 이런 연합으로 인해 문제의 답 10을 인출할 수 있게 된다. 인출은 '9, 10' 과 같이 세기보다 훨씬 더 빠를 뿐 아니라 더 정확하다. 따라서 계속 세기를 사용하여 정확한 답을 많이 산출하면 정답을 인출할 수 있어서 오히려 계속 세기 책략은 사용하지 않게 된다.

진화론적 입장은 '책략의 변이의 원천이 무엇인가' 라는 문제를 제기한다. 특히, 어떻게 새로운 책략이 습득되는가? 때로 아동들은 새로운 책략을 배우기도 하고 또 다른 사람이 사용하는 책략을 모방하기도 한다. 그러나 가장 흥미로운 경우는 아동들이 스스로 새로운 책략을 만들어내는 *책략 발견*이다.

아동들이 어떻게 새로운 책략을 만들어 낼까? 이를 알아보기 위해 Siegler와 Jenkins(1989)는 4세와 5세 아동들이 계속세기 책략을 만들어가는 과정을 연구하였다. 이 책략은 2+9와 같은 문제에서 '9, 10, 11' 이라고 생각하여 문제를 푸는 것임을 상기하라. Siegler와 Jenkins 실험에 참여한 아동들은 일에서부터 세어서 문제를 푸는 방식은 알고 있었지만 더 큰 숫자에서부터 세어서 문제를 푸는 책략을 모르고 있었다. 이 아동들은 11주 동안 매 주 세 번씩 더하기 문제를 푸는 연습을 했다. 아주 어린 아동들도 더하기 문제를 풀고 나서 어떻게 문제를 풀었는지 보고할 수 있었기 때문에(Siegler, 1987b), 각 아동이 새로운 책략을 처음 사용한 시행을 확인할 수 있었다. 이런 방법으로 Siegler와 Jenkins는 무엇이 새로운 책략을 발견하게 하는지, 새로운 책략을 발견하는 경험이 아동에게 무엇과 같은지를 검토하였다.

거의 모든 아동들은 실험과정에서 새로운 책략을 발견했으나 발견에 도달하는 시간은 아주 다양하였다; 첫 발견은 두 번째 시간에 일어났고, 마지막 발견은 열세 번 째 시간에도 일어나지 않았다. 발견의 질도 아주 다양하여 어떤 발견은 아래에 제시된 것처럼 대단한 통찰을 통하여 이루어졌다.

실험자: 6+3은 얼마지?

로　렌: (오랫동안 가만히 있다가) 9.

실험자: 그래, 어떻게 알았지?

로　렌: 음, 음, 음, 8이 1이고, 내 말뜻은 7이 1이고, 8이 2니까 9는 3.

실험자: 어떻게 그렇게 하는지 알았어? 왜 1, 2, 3, 4, 5, 6, 7, 8, 9하고 세지 않았어?

로　렌: 그러면 모두 세어야 하잖아요.

실험자: 그래. 그러면 어떻게 모두 세지 않아도 되는지 알았어?

로　렌: 내가 원하지 않으면 그렇게 하지 않아도 되요. (Siegler & Jenkins, 1989, p.66)

어떻게 이런 발견을 하게 되었을까? 이전에 풀지 못한 어려운 문제로 인해 그런 발견이 가능했을 수 있다. 그러나 그렇지도 않은 것 같다. 발견이 일어나기 전 문제와 실험의 나머지 부분의 수행은 거의 차이가 없었다. 그러나 발견이 일어나기 직전 수행에서는 문제를 아주 오랫동안 풀었다. 예를 들어, 로렌은 발견이 일어나기 직전 시행에서는 67초 동안 문제를 풀었고 새로운 책략을 사용한 시행에서는 35초 동안 풀었다. 두 시행 모두에서 그 아이의 평균인 11초보다 오래 걸렸는데 이 동안 시작을 잘못하는 경우가 많았고, 쉬고, 이상한 말을 하고, 또 그 밖에도 다른 인지적 동요가 나타났다.

로렌과 마찬가지로 Shrager와 Siegler(1998)의 한 자릿수 발달 모델도 새로운 책략을 성공적으로 발견하였다. 이 모델에서는 책략을 실행하고, 잠재적 발전을 확인하고, 기본 접근의 일부를 재결합하여 새로운 책략을 만들었다. 이 모델에는 발전을 확인하고, 새로운 책략을 생산하는 두 가지 일반적인 어림법이 있다: (1) 행동의 흐름이 중복되면 하나를 제거한다. (2) 조작이 특정 순서로 이루어질 때 책략이 더 효과적이면 항상 그 순서로 진행되는 책략의 버전을 만든다. 새로운 책략을 만들면 그 책략을 사용하기 전에 필터를 통과시켜 잘못된 책략을 제거한다. 필터에는 '문제에 있는 두 숫자가 모두 표상되어야 한다' 와 같은 문제의 개념적 구조에 대한 정보가 들어있다. 모델은 이런 기준을 만족시키지 못하는 후보 책략은 거부하였다.

이런 과정을 내포한 Shrager와 Siegler(1998)의 모델은 성공적으로 계속 세기 책략을 발견하였다. 게다가 모델의 행동은 여러 중요한 측면에서 아동들의 행동과 유사하였다. 아동들과 같이 모델은 때로는 수행이 잘못된 다음에 책략을 발견하였고 때로는 수행이 잘 된 다음에 책략을 발견하였다. 또한 아동들과 같이 모델은 절대 불법적 책략을 쓰지 않았다. 마지막으로, 아동들과 같이 모델은 새로운 책략을 새로운 상황으로 일반화하였다. 모델과 아동들의 행동이 아주 유사한 것은 아동들의 책략 발견과정이 모델의 발견 과정과 비슷하였을 가능성을 시사한다.

어떤 경우에 아동들은 의식하지 못한 채 새로운 책략을 발견하였다. Siegler와 Stern (1998)은 $a+b-b=$ __(18+5−5= __와 같이) 형태의 도치 문제를 사용하여 연구하였다. 아동들은 때로는 이런 문제를 풀기 위해 *지름길*을 사용하였다: 같은 숫자를 더했다 빼기 때문에 그 숫자는 무시해도 되고 나머지 숫자가 답이라는 사실을 깨달았다. 때로는 좀 더 노력이 필요한 *계산*책략도 사용하였다; 문제를 두 단계로 풀었다 (18+5=23; 23−5=18). 계산책략을 사용하면 지름길을 사용할 때보다 시간이 더 걸렸다. Siegler와 Stern의 연구에서 2학년 아동들이 계산을 했을 때에는 평균 16초가 걸렸으나 지름길을 사용했을 때에는 평균 2.5초가 걸렸다.

가장 흥미로운 사실은 아동들이 때로는 문제를 아주 빨리 풀었는데(4초 이하), 이는 아동들이 지름길 책략을 사용함을 의미하지만 문제를 어떻게 풀었느냐고 물어보면 계산을 했다고 말한다는 것이다. 아동들은 책략을 사용했다고 보고할 수 있기 전에 이미 무의식적으로 사용하는 것 같다! Siegler와 Stern은 이런 현상을 *무의식적 지름길 책략*이라고 불렀으며 $a+b-c=$ __와 같은 문제들이 섞여 있을 때보다 도치 문제만 있을 때 특히 많이 나타남을 밝혔다. 도치문제만 푼 집단에서는 16명 가운데 14명이 (88%) 의식적으로 지름길 책략을 사용하기 전에 무의식적으로 지름길 책략을 사용하였다. 언어능력이 부족해서 아동들이 지름길 책략을 보고하지 못한 것은 아니었다—거의 모든 아동들이 나중 시행에서는 지름길 책략을 분명하게 보고하였다. 아동들은 자신들이 지름길 책략을 사용한다는 사실을 의식하기 전에 지름길 책략을 먼저 사용하였다.

이런 결과는 앞에서 소개한 로렌이 왜 계속 세기 책략의 발견을 보고하지 못했는지를 설명해 준다. 적어도 어떤 경우에는 책략 발견 과정이 쉽게 말로 할 수 없는 인지과정을 포함하는 것 같다. 다른 연구자들도 이런 견해와 일치하는 입장을 밝혔다. 예를 들어, Goldin-Meadow와 동료들은 아동들이 새로운 문제 해결 책략을 말로 하기 전에 제스처로 사용함을 보여주었다(Alibali & Goldin-Meadow, 1993; Church & Goldin-Meadow, 1986; Goldin-Meadow, 2001; Perry, Church, & Goldin-Meadow, 1988). 이 연구자들은 적어도 어떤 경우에는 아동들의 지식이 암묵적이어서 언어적으로 보고하기 어렵다고 주장했다. 나중에 이런 지식은 언어적 보고가 가능한 좀 더 명시적 형태로 재표상된다. 비슷하게 Dixon과 Moore(1996)는 문제를 푸는 사람들은 그 영역에서 문제 해결 책략을 산출하기 전에 문제영역을 직관적으로 이해해야 한다고 주장했다.

Siegler 이론의 주요 문제점은 무엇인가? 한 가지 문제점은 이 이론이 아동들이 분명하게 정의된 책략을 사용하는 영역에 가장 적용이 잘 된다는 점이다; 책략이 정확하게 정의되지 않은 영역에 대한 적용 가능성은 앞으로 연구되어야 한다. 또 다른 문제점은 사회적 세계가 인지 발달에 어떤 영향을 미치는지에 대해 별로 할 말이 없다는 점이다. 그러나 비관적일 필요는 없다. 인지 발달이 생물학적 진화와 유사하다는 기본 관찰은 많은 영역에서 나타나고 있다: 지각 발달(Johnson & Karmiloff-Smith, 1992), 언어발달(MacWhinney & Change, 1995), 운동 발달(Thelen, 2001) 및 유추 추론(Gentner, 1989). 이 접근이 인지 발달을 이해하는 데 있어서 생물학적 진화를 이해하는 데 도움이 되었던 것의 반 정도라도 도움이 된다면 이 아이디어를 적용하려는 노력은 아주 의미 있다.

요약

발달의 정보처리 이론들은 여러 가지 특징을 가지고 있다. 기본 가정은 사고가 정보처리라는 것이다. 이 접근에서는 변화기제에 대한 상세한 분석을 강조한다. 그들은 아동들이 환경이 부과하는 도전뿐 아니라 자신들의 제한된 처리용량과 지식이 부과하는 도전을 극복하기 위해 고안하는 책략에 관심을 둔다.

정보처리 접근에서는 인지는 구조와 과정을 모두 반영한다. 구조는 정보처리 체계의 비교적 고정된 측면을 말하며 과정은 비교적 다양하고 변화 가능한 측면을 말한다. 감각기억, 작업기억과 장기기억이 가장 중요한 구조이다. 감각기억은 정보를 접한 후 약 1초 동안 비교적 방대한 양의 분석되지 않은 정보를 그대로 유지한다. 작업기억은 현재 상황에 대한 정보와 장기기억에 있는 정보 가운데 현재 주의를 받고 있는 정보를 포함한다. 계속 주의를 기울이지 않으면 작업기억에서는 15초에서 30초 사이에 정보가 사라진다. 장기기억은 절차, 사실과 특별한 사건들에 대한 우리의 지속적 지식을 포함한다. 용량에 한계가 없고 정보가 영원히 유지된다.

이렇게 구조는 그 수가 비교적 적어도 거의 모든 상황에서 사고에 영향을 미치는 데 반해 더 한정된 상황에서는 더 많은 과정들이 기여한다. 상황에 따라 이런 과정들이 달라지므로 인간 인지는 상당히 융통성이 있다. 동일한 상황에서도 사람들은 과거 경험과 능력에 따라 다른 과정들을 적용한다. 사람들이 가장 많이 사용하는 종류의 과정들은 규칙, 개념, 책략이다.

어떻게 무기력하고 무지한 영아들이 성인 정보처리 체계의 힘과 능력을 갖추게 되는지를 이해하기 위해 여러 정보처리 이론들이 제안되었다. 신삐아제 이론은 삐아제 이론과 정보처리 이론을 통합하려는 시도이다. Case 이론은 특히 영향력이 있는데 그는 삐아제와 마찬가지로 일련의 발달단계와 수, 공간, 이야기와 같은 영역에서 사고를 조직화하는 중심개념구조를 가정한다. 또한 제한된 작업기억의 용량이 인지적 성장에 중요한 장애요인이라고 본다. 정보처리 과정들의 자동화, 생물학적 성숙, 또 더 발전된 중심개념구조의 획득으로 인해 아동들은 점점 더 복잡한 인지과제를 수행할 수 있게 된다.

심리측정 이론은 지능검사에서 나타나는 개인차의 기저가 되는 과정들을 밝히려 한다. Sternberg의 지능의 삼두 이론은 이런 목적에 정보처리 아이디어들이 어떻게 사용될 수 있는지를 보여준다. 이 이론에서는 인간의 지능에 세 가지 측면 즉 분석적, 창의적, 실용적 측면이 있다고 주장한다. 분석적 지능은 분석하기, 평가하기, 비평하기와 같이 전통 지능검사에서 측정되는 능력을 말한다. 창의적 지능은 만들기, 발견하기, 발명하기와 같이 새로운 상황을 다루는 데 필요한 능력을 말한다. 실용적 지능은 정보를 사용하고 적용하는 것과 같이 일상생활의 문제를 해결하는 데 필요한 능력을 말한다. Sternberg는 공통된 일군의 과정 즉 상위성분, 수행성분, 지식획득성분이 세 지능과 관련된 행동을 가능하게 한다고 본다. 상위성분은 책략구성 기제로 작용하면서 다른 두 요소를 목표 지향적 절차로 배열한다. 지식획득성분은 문제를 풀 수 있는 해결책이 없을 때 새로운 정보를 획득한다. 수행성분은 문제를 해결하는 일을 한다. 이 이론은 다양한 인지 기술과 다양한 사람들에게 적용되어 왔다.

산출체계 이론은 문제 해결에서 변화가 어떻게 일어나는지를 설명하려고 한다. Klahr 이론은 자기수정 산출체계가 발달에 대한 이해를 어떻게 도울 수 있는지를 보여준다. 또한 발달하는 체계의 일반화 능력에 관심을 두고 있다. 이 분석에서 일반화는 세 요소 즉 타임라인, 규칙성 발견, 중복 제거로 구성된다. 타임라인은 체계가 경험했던 모든 상황, 그 상황에 대한 반응, 그 결과에 대한 기록이다. 규칙성 발견은 타임라인 안의 자료에 작용하여 반복되는 패턴을 발견한다. 중복 제거는 절차 가운데 처리의 결과에 영향을 주지 않고 제거될 수 있는 부분을 찾는다. 이 모든 기제들이 함께 작용하여 아동들이 그들의 지식을 새로운 상황에 일반화하게 한다.

연결주의 이론은 뇌의 작용에 대한 유추에 기초한 일종의 컴퓨터 모사 모델이다. 이 이론에는 뉴런에 해당하는 수많은 단순 처리단위가 다양한 강도로 서로 연결되어 있다. 정보가 입력되면, 처리단위들은 서로 활성화를 받아서 정보를 처리하여 반응이 일어난다. 반응은 정확한 반응과 비교되고 연결강도는 더 정확한 반응이 가능한 쪽으로 조정된다. MacWhinney는 이런 모델이 어떻게 독일어에서 명사에 따라 어떤 관사를 써야 하는지를 결정하는 복잡한 체계를 학습하는지를 보여주었고, Shultz는 이런 모델이 어떻게 수 보존을 배우는지를 보여주었다. 두 경우 모두에서 시스템의 학습은 아동들의 학습과 유사하여 학습하기 쉬운 문제, 어려운 문제, 보이는 실수도 같았다.

진화 이론은 생물학적 진화와 인지적 진화 사이의 유추에 기초하고 있다. Sielger 이론에서 강조하듯이, 생물학적 진화나 인지적 진화에서는 변이와 선택을 가능하게 하는 원천들이 중요하다. 아동사고에서 책략 발견이 변이의 한 원천이고 책략선택 절차가 선택의 수단이 된다. 이런 두 종류의 과정이 같이 작용하여 아동들이 여러 책략을 얼마나 자주 사용하는가뿐 아니라 아동들이 언제 각 책략을 사용하는지를 변화시킨다. 이 이론은 아동들이 어떻게 새로운 책략을 구성하는지와 기존의 책략의 사용이 시간에 따라 어떻게 변하는지를 모사하였다.

읽을거리

Case, R., & Okamoto, Y. (1996). The role of central conceptual structure in the development of children's thought. *Monographs of the Society for Research in Child Development, 61* (1-2, Serial No. 246). Case 이론에 대한 가장 최근의 소개로 많은 증거들을 사용하여 Case의 중심개념구조가 어떻게 발달하는지를 소개한다.

Klahr, D., & MacWhinney, B. (1998). Informtion processing. In D. Kuhn & R.S. Siegler (Eds.), *Handbook of child psychology: Vol.2. Cognition, perception, & language*(5th ed,). New York: Wiley. 이 장은 산출체계와 연결주의 모델을 상세하게 기술하고 있을 뿐 아니라 인지 발달 연구에 계산모델이 적용되어 온 역사를 소개한다.

O' Reilly, R.C., & Munakata, Y. (2000). *Computational exploration in cognitive neuroscience: Understanding the mind by simulating the brain.* Cambridge, MA: MIT Press. 연결주의 모델에 대한 소개로서 이런 모델들에 인간 뇌의 특성이 어떻게 구체화되는지를 강조하고 있다. 이 분야에서 일하기 원하는 사람들을 위해 소프트웨어와 샘플 모델이 제공된다.

Siegler, R.S. (1996). *Emerging minds: The process of change in children's thinking.* New York : Oxford University Press. Siegler 이론에 대한 종합적 정리로서 변이, 선택과 다양한 변화의 과정이 어떻게 인지 발달을 만들어가는지를 강조한다.

Sternberg, R.J. (1999). The theory of successful intelligence. *Review of General Psychology,* 3, 292-316. 이 논문에서는 전통적 지능의 개념과 관련된 일부 문제들을 고찰하며, 성공적 지능에 대한 Sternberg의 유명한 이론을 소개한다.

제 4 장

발달의 사회문화적 이론

장면: 아들이 트럭 모양의 퍼즐을 맞추는 것을 엄마가 도와주고 있다. 그들은 완성된 퍼즐을 보며 그 모델처럼 퍼즐을 맞추려 하고 있다. 아들은 계속해서 트럭의 화물칸에 삼각형 모양의 녹색 조각을 놓으려고 하는데, 이것은 완성된 모델의 트럭 화물칸에 사용되지 않은 것이다.

아 이: *(완성된 모델을 보지도 않고 조각 더미에서 두 개의 삼각형 모양의 녹색 조각을 집으며) 여기 녹색 조각이 또 있네. 이 녹색 조각 어디에 놓지?*

어머니: *(완성된 모델을 가리키며) 여기에서 녹색 조각을 찾을 수 있어?*

아 이: *(완성된 모델을 보며) 이거. (완성된 모델에서 틀린 장소를 가리킨다)*

어머니: *내 생각에는 그건 남겨 두어야 할 것 같은데. 그렇지 않아?*

아 이: *(고개를 끄덕인다)*

어머니: *어쩌면 녹색 조각이 필요 없을지도 몰라. 왜냐하면 여기에는 녹색 조각이 없으니까. 기억 안 나?*

아 이: *(조각 더미에 녹색 조각을 다시 집어넣고 다른 두 개의 맞는 조각을 선택한다) (Wertsch & Hickmann, 1987)*

위의 이야기에 나오는 소년은 퍼즐을 결국 정확하게 맞추었다. 그러나 혼자 힘으로 한 것이 아니다. 엄마가 도움 되는 질문을 하고, 맞출 수 있는 방향을 제시해 주어, 퍼즐을 성공적으로 맞출 수 있게 된 것이다. 엄마는 완성된 모델에서 주의를 기울여야 할 곳으로 아이의 주의를 인도하였고, 다음에 어떤 조각을 놓을지를 효과적으로 선택하도록 도와주었다. 이와 같이 엄마의 사회적 지지를 받음으로써 아이는 혼자 할 때 이상의 능력을 발휘할 수 있다.

이 예에서 볼 수 있듯이, 사회적 세계는 아동이 무엇을 하는지, 무엇을 생각하는지, 어떻게 생각하는지에 지대한 영향을 미친다. 아동은 다른 사람과 상호작용하면서 학습기회를 갖게 되고 혼자 힘으로 해결할 수 없는 문제를 해결할 수 있게 된다. 문화적 맥락은 아동이 주로 하는 활동이나 사회적 상호작용을 하는 기회에 영향을 미치고, 아동이 활동하거나 생각할 때 사용할 수 있는 중요한 도구, 즉 퍼즐과 같은 장난감, 망치 · 은식기와 같은 전통적인 도구, 언어 · 수학과 같은 상징적 체계를 제공한다.

아동 발달에서 사회적, 문화적 세계의 역할을 강조하는 발달이론을 *사회문화적 이론*이라고 부른다. 사회문화적 이론에 근거하여 행해지는 연구들은 사회적 요인이 인지와 발달에 어떻게 영향을 미치는지, 사회 · 문화적 관습이 어떻게 사고를 형성하고 정의해 가는지를 연구한다. 이 장에서는 이런 이론들과 연구들을 살펴볼 것이다.

삐아제가 발달의 단계 이론의 아버지라면 러시아 심리학자인 Lev Semenovich Vygotsky(1896~1934)는 사회문화적 이론의 아버지이다. 삐아제와 비고츠키는 동시대 사람이지만 그들의 이론의 방향은 전혀 다르다. 삐아제가 아동을 혼자 힘으로 세상을 이해하려고 노력하는 작은 과학자로 보았다면 비고츠키는 아동을 그 문화가 필요로 하는 기술을 습득하도록 도와주는 성인들 가운데에서 살아가는 존재로 보았다. 삐아제는 모든 아동에게서 보편적으로 나타나는 발달의 측면에 관심을 두었다면 비고츠키는 다른 상황에서, 다른 시기에 성장하는 아동들 사이에 나타나는 차이에 관심을 두었다. 인지 발달을 이해하기 위해 발달의 보편적 측면과 차이가 나는 측면 모두를 이해해야 한다는 점에서 두 입장은 서로 상보적이다.

비고츠키는 인간은 기초적 주의 과정, 지각 과정, 기억 과정과 같은 일부 기초적인 심리 과정을 동물과 공유한다고 생각하였다. 그의 이론은 인간과 동물을 구분지어 준다고 생각하는 과정, 다시 말해 추론과 개념 형성과 같은 '고등 심리 과정'에 관심을 두었다. 비고츠키는 인간과 동물의 심리적 기능의 차이는 인간 사고의 사회 · 문화적 본질과 관련이 있다고 생각하였다. 그는 모든 고등 정신 과정의 근원을 사회적 상호작용에서 찾았다.

이 장의 구조. 이 장은 세 부분으로 구성되어 있다. 첫 번째 부분에서는 인지 발달에 대한 사회문화적 접근의 주요 주제를 소개하는데, 비고츠키 이론의 핵심적인 주장

표 4.1 이 장의 개요

I. **인지 발달에 대한 사회문화적 접근의 주요 주제**
   A. 인지 발달은 사회적 상호작용을 통해 일어난다.
   B. 심리적 기능은 언어와 다른 문화적 도구에 의해 매개된다.
   C. 문화적 규준과 사람들이 아동의 학습기회에 영향을 준다.
   D. 사회문화적 학습은 특별한 인지능력을 요한다.
   E. 요약

II. **사회문화적 전통에서 행한 현대적 경험 연구**
   A. 성인과의 상호작용을 통한 학습
   B. 또래와의 상호작용을 통한 학습
   C. 문화적 활동으로의 인도된 참여
   D. 심리적 도구로서의 언어

III. **사회문화적 이론의 교육적 시사점**
   A. 아동 지식을 평가하는 사회문화적 접근
   B. 사회문화적 원리에 기초한 교육적 중재
   C. 심리적 도구를 사용한 학습
   D. 학급 활동의 사회문화적 해석

IV. **요약**

으로 시작하고 그 다음에는 사회문화적 이론에서 현재 일어나고 있는 변화를 다룬다. 두 번째 부분에서는 사회문화적 전통을 따라 행해지는 경험적 연구들의 최신 경향을 기술하는데, 여기에는 성인과 아동 간의 상호작용에서 일어나는 학습, 문화적 활동에 대한 인도된 참여, 그리고 사고를 위한 도구로서 언어의 사용 등이 포함된다. 마지막 부분에서는 사회문화적 이론의 교육적 시사점을 다룬다. 이 장의 개요는 표 4.1에 제시되어 있다.

인지 발달에 대한 사회문화적 접근의 주요 주제

인지 발달에 대한 사회문화적 접근들은 여러 가지 공통된 주제에 관심을 가진다. 이 절에서는 현대의 사회문화적 이론의 핵심이 되고 있는 비고츠키의 사회문화적 이론의 두 가지 주요 주제로부터 시작하고자 한다: (1) 인지 발달은 사회적 상호작용을 통해 일어난다, (2) 심리적 기능은 언어를 포함한 문화적 도구에 의해 중재된다. (비고츠키의 연구들은 1920년대와 30년대에 쓰여졌지만 20세기 후반까지 영어로 번역되지 않았다는 것을 주목하라. 비고츠키 저서의 출판 연대는 원전이 저술된 시점이 아니라 번역된 시점을 나타내기 때문에 때로는 오해를 불러일으키기도 한다.) 이 절의 후반부에서는 지난 이삼십 년동안 사회문화적 이론에서 강조해 온 두 가지 측면을 소개할 것이다: (1) 문화적 규준과 다른 사람들이 아동의 학습 기회에 영향을 미친다. (2) 사회, 문화적 학습이 일어나기 위해서는 학습자와 교사의 특별한 인지능력이 요구된다.

인지 발달은 사회적 상호작용을 통해 일어난다

비고츠키의 주요 주제 중 하나는 발달이 사회적 상호작용을 통해 일어난다는 것이다. 이것은 보다 일반적인 사회문화적 이론의 주요 주제이기도 하다. 아동은 매일 매일 양육자, 형제, 다른 가족구성원, 이웃, 교사, 또래 등 상당히 많은 사람들과 직접적으로 상호작용한다. 사회문화적 이론에 의하면 다른 사람과의 이러한 상호작용은 아동의 발달 과정에 지대한 영향을 미친다.

그러나 사회적 세계를 강조하는 것은 비고츠키 이론이나 보다 일반적인 사회문화적 이론만이 아니다. 2장에서 기술했듯이, 삐아제도 다른 사람들이 아동 발달에 중요한 역할을 한다는 사실을 인정하였다. 특히, 삐아제는 사회적 파트너가 아동에게 불균형을 유발하여 인지적 변화를 일으키는 정보를 제공할 수 있다고 믿었다. 삐아제는 같은 연령대의 또래와의 상호작용은 나이 많은 아동이나 성인과의 상호작용보다 불균형을 더 잘 유발한다고 보았다. 그는 아동은 나이 많은 아동이나 성인이 제안하는 아이디어는 의심없이 그대로 받아들이지만 또래의 견해, 특히 그 견해가 자신의 견해와 다를 때에는 비판적으로 분석하고 깊이 생각하게 된다고 보았다.

삐아제 이론에서는 사회적 환경을 개별 아동의 학습과 인지에 영향을 미치는 외부 힘으로 개념화한다. 환경은 발달하고 있는 아동에게 정보를 제공하지만 발달적 변화는 개별 아동 내부에서 일어난다. 따라서 삐아제 이론에서 분석의 기본단위는 *개별 아동*이다. 외적 환경은 아동에게 특정한 사고와 새로운 평형을 유발할 수 있도록 영향을 준다는 점에서만 중요하다. 이에 반해 사회문화적 이론에서는 사회적 환경을 아동사고와 행동의 통합된 부분으로 본다. 그리하여 아동 인지와 행동은 그것들이 일어나는 사회적 맥락과 분리될 수 없다. 따라서 사회문화적 이론에서는 분석의 단위가 *맥락 내에 있는 아동*이다. 사회적 상호작용은 단순히 개인의 발달에 영향을 미치는 외적 정보의 원천이 아니라 발달적 변화의 원천일 뿐 아니라 발달의 통합된 부분이다(Gauvain, 2001).

비고츠키는 발달적 변화에 대해 본질적으로 사회적인 기제를 제안하였다. 특히, 그는 발달적 변화가 *사회적으로 공유된 과정의 내면화*를 통해 일어난다고 보았다. 그는 발달 과정에서 심리적 기능이 두 번 나타나는데, 처음에는 '개인간 정신 수준(intermental level)' (사회적 상호작용에 관여하는 사람들 사이)에서, 나중에는 '개인내 정신 수준(intramental level)' (개인내)에서 일어난다. 아동은 처음에는 사회적 파트너의 도움을 받아서 인지과제를 수행하지만 시간이 지나면서 이러한 사회적 상호작용이 점진적으로 내면화되어 아동 스스로 과제를 수행하게 된다. 따라서 개인적 심리 과정은 사회적 상호작용에서 시작되고 유래된다. 이 관점에서 사회적 상호작용은 단순히 발달 경로에 영향을 미치는 외적 힘이 아니라 발달 자체를 유발하는 인과적 기제이다.

비고츠키가 내면화 과정을 설명하기 위해 사용한 예 중 하나는 영아의 가리키기 발달이다(Vygotsky, 1978). 그의 설명에 따르면 가리키기 발달은 영아가 원하는 물체를 가지려는 시도가 실패하면서 시작된다. 성인이 영아의 가리키기 행동을 영아가 물체에 주의를 기울이게 하려는 시도라고 생각한다면 가리키기 행동은 물체를 얻으려는 도구적 시도에서 성인에게 의사를 전달하려는 시도로 그 의미가 바뀐다. 그러나 이러한 의미는 영아의 마음에 존재하는 것이 아니라 처음부터 영아와 성인 사이의 상호작용에 존재한다. 궁극적으로 영아는 물체를 가지려는 행동과 사회적 상황을 연결하고, 또 이 움직임이 물체가 아니라 다른 사람을 향한 것이라는 사실을 이해하기 시작한다. 이 행동의 사회적 의미가 아동에게 내면화되면 이 행동은 근본적으로 변하여 '진정한 제스처' 가 된다(Vygotsky, 1978, p.56). 따라서 가리키기 행동의 의미는 처음에는 성인과 영아 사이의 상호작용에서 사회적으로 구성되지만 점진적으로 영아에게 내면화된다.

내면화의 두 번째 예로 아동이 신발 끈 매는 것을 학습하는 것을 생각해 보자. 처음에는 성인이 말로 아동에게 다음에 무엇을 해야 하는지("자 고리를 만들고 반대 끈으로 묶어 봐라.")를 알려 주면서 아동에게 도움을 준다. 시간이 가면서 아동은 단계의 순서를 내면화하여 성인의 도움 없이 스스로 행동을 통제할 수 있다. 아마도 '마음의 귀' 로 성인의 지시를 '듣는' 지는 모르겠지만 더 이상 성인이 외부적으로 지원할 필요는 없다.

이 틀에서는 기술이 더 능숙한 사람으로부터 기술이 능숙하지 못한 사람에게로 인지에 대한 책임이 전이되는 것을 강조한다. 이 과정의 특징을 보여주기 위해 비고츠키는 근접발달영역의 개념을 소개했다. 근접발달영역이란 아동이 혼자서 할 수 있는 것과 성인이나 더 발전된 또래와 상호작용하면서 할 수 있는 것 사이의 거리로 정의된다(Vygotsky, 1978, 그림 4.1 참조). 이 개념은 아동이 혼자 할 때보다 도움을 받을 때 더 복잡하게 추론하거나 더 복잡한 행동을 할 수 있다는 관찰에 기초하고 있다. 예를 들

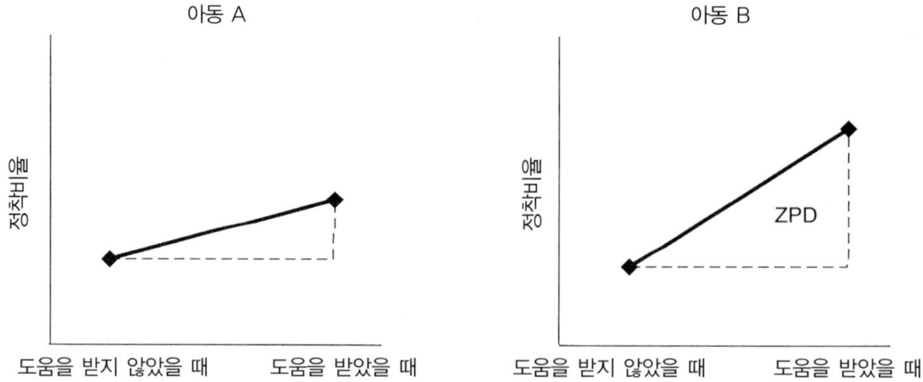

그림 4.1 두 아동의 근접발달영역(ZPD). 도움을 받지 않았을 때 아동의 수행은 비슷하지만, 아동 B는 다른 사람의 도움을 받아 수행이 많이 향상되었다.

어, 이 장의 처음에 소개된 이야기에 나오는 학령전기 아동은 엄마가 도와주었을 때에는 복잡한 퍼즐을 맞출 수 있었지만 혼자서는 그렇게 할 수 없었을 것이다. 마찬가지로 중학교 학생은 교사가 도와주면 복잡한 대수문제를 풀 수 있지만 혼자서는 쉬운 문제만 풀 수 있다. 교사의 도움을 받아서 복잡한 문제를 풀다보면 학생들은 문제를 푸는 과정을 내면화하는 기회를 갖게 되고 결국 문제를 스스로 풀게 된다.

비고츠키는 주어진 시점에서 아동의 지식을 정확하게 기술하려면 아동이 혼자 수행할 때의 실제 능력뿐 아니라 근접발달영역에서 표현되는 아동의 잠재 능력도 반드시 고려해야 한다고 믿었다. 그림 4.1에 제시된 두 아동이 혼자서 수행할 때의 수준은 비슷하지만 잠재적 능력은 아주 다르다. 따라서 각 아동의 지식을 정확하게 기술하기 위해서는 두 수준 모두를 평가해야 한다. 이 장의 후반에서 논의하겠지만 비고츠키의 견해는 교육상황에서 지식의 평가에 중요한 영향을 미쳤다.

심리적 기능은 언어와 다른 문화적 도구에 의해 매개된다

비고츠키는 인간의 행동이 직접적인 사회적 상호작용뿐 아니라, 발달이 일어나는 시점과 발달이 일어나는 장소에서 사용할 수 있는 다양한 *문화적 도구*에 의해서 형성된다고 믿었다. 문화적 도구에는 환경에 작용하는 도구(쟁기, 망치, 은식기와 같은)인 *기술적 도구*와 사고의 도구인 *심리적 도구*가 있다. 언어는 중요한 심리적 도구로서 행동을 조정하고, 계획하고, 기억하고, 문제를 해결하는 수단으로 사용된다. 그러나 사람들은 언어 이외에도 지도, 도표, 수체계(아라비아 수, 로마 수), 대수적 상징, 프로그램 언어, 수학문제 해결을 위한 도구(각도기, 계산자, 계산기, 컴퓨터 소프트웨어), 날

짜와 시간을 개념화하기 위한 체계(달력, 시계), 정보를 정리하고 조직화하기 위한 체계(듀이도서분류법, 생물을 분류하기 위한 린네식 분류체계) 등을 포함하는 많은 다른 심리적 도구를 발명했다.

심리적 도구는 정보를 조직화하고 기억하는 방식에 영향을 미친다. 알파벳 외우는 것을 잠시 생각해 보자. '알파벳 노래' 가 금방 머리에 떠오를 것이다. 연구에 의하면 사람들은 알파벳에 대한 지식을 조직화하기 위해 알파벳 노래를 사용한다. 따라서 "K 전에는 어떤 글자가 오지?" 라고 질문하면 사람들은 알파벳 노래에서 'HIJK' 와 같은 '청크' 를 생각하고 H부터 알파벳을 세기 시작한다(Klahr, Chase, & Lovelace, 1983).

물질적 인공물도 심리적 도구로 사용할 수 있다. 약속을 기록하는 수첩, 주판, 묵주 등이 좋은 예가 된다. 때로는 이런 도구가 내면화되어 인공물이 없는 상황에서도 사고에 영향을 미친다. 주판을 능숙하게 사용하는 사람이 이런 현상을 보여주는 좋은 예이다.

주판은 산수 문제를 풀기 위해 동아시아 여러 나라에서 많이 사용되는 도구이다. 그림 4.2에 많이 사용되는 주판의 예가 제시되어 있다. 세로줄은 10단위를 나타낸다. 가장 끝에 있는 세로줄(그림 4.2에서 9)은 일 단위, 왼쪽에 있는 그 다음 줄(그림 4.2에서 8)은 십 단위, 그 다음(그림 4.2에서 7)은 백 단위를 나타낸다. 각 세로줄은 가로 막대를 중심으로 위에 주판알 한 개, 아래에 주판알 네 개로 구성된다. 가로 막대 위에 있는 주판알은 한 개가 5를 나타낸다. 가로 막대 아래에 있는 주판알은 한 개가 일 단위를 나타낸다. 세로줄의 값이 0일 때에는 가로 막대 위의 주판알은 위로 올라가 있고, 가로 막대 아래에 있는 주판알은 아래로 내려가 있다. 0보다 큰수를 나타내기 위

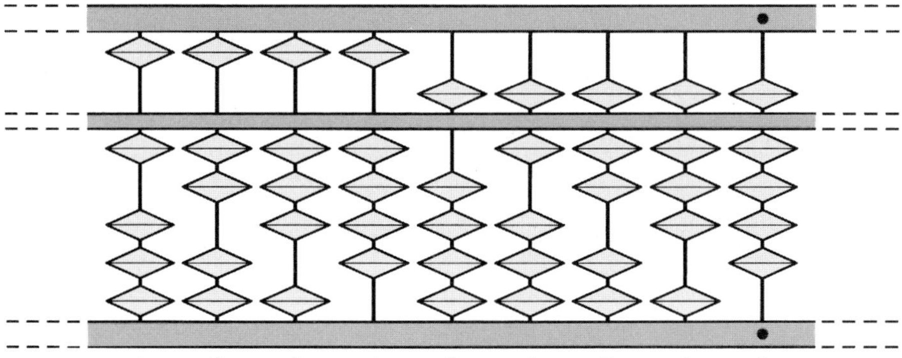

그림 4.2 123,456,789라는 수를 주판으로 나타내 보았다. 숫자 1은 왼쪽 끝에 있는 막대에, 숫자 9는 오른쪽 끝에 있는 막대에 나타낸다(Stigler, 1984).

해서는 주판알을 가로 막대 쪽으로 움직여야 한다. 4+3을 나타내기 위해서는 우선 일 단위의 주판알 네 개를 위로 올리고 그 다음에는 오 단위 주판알 하나를 아래로 내린 다음 올려진 네 개의 일 단위 주판알 가운데 두 개를 다시 아래로 내린다. 이리하여 오 단위 주판알이 가로 막대 쪽으로 내려오고 일 단위 주판알 두 개가 가로 막대쪽으로 올라가 있게 되어 7을 나타내게 된다.

Hatano, Miyake와 Bink(1977)가 제안한 가설에 따라 Stigler(1984)는 주판 사용이 능숙한 사람들이 암산을 할 때 '정신적 주판'을 사용하는지를 연구하였다. 11세의 대만 주판 선수들에게 산수 문제를 암산으로 풀도록 지시하였다. 아동이 보이는 오답의 패턴을 살펴볼 때, 아동이 주판에 대한 정신적 이미지를 만들고 실제 주판에 하는 것처럼 손가락 움직임을 상상한다는 사실을 알 수 있었다. 첫째, 아동의 오답은 정답에서 5 차이가 나는 경우가 많았다. 주판에서 오 단위 주판알이 2와 7, 그리고 3과 8을 구별해 주기 때문에 이런 유형의 실수는 주판으로 계산할 때 종종 나타난다. 둘째, 아동은 미국의 대학생이나 대학원생보다 한 단위를 빠뜨리는 실수를 많이 하였다. 예를 들어, 정답이 43,296일 때 대만 아이들이 자주 저지르는 실수는 4,396라고 하는 것이었다. 아동이 주판에 대한 정신적 이미지에서 세로 줄 하나를 빠뜨리고 답을 했을 때 이러한 실수를 범할 수 있다. 그리하여, 이러한 아동의 실수는 아동이 산수 문제를 풀 때 머리 속에서 정신적 주판을 상상하여 사용하고 있음을 보여준다. 주판을 잘 놓는 아이들에게는 주판이 내면화되어 실제 주판이 없을 때에도 아동의 수행에 영향을 미쳤다.

동아시아에서 성장하는 아동은 북미에서 성장하는 또래보다 주판 사용을 배울 기회가 더 많다. 따라서 이 예는 문화적 상황에 따라 사용할 수 있는 문화적 도구가 달라질 수 있음을 보여준다. 문화적 도구는 문화가 인간의 행동을 만들고 발달시키는 데 사용하는 데 중요한 수단이다. 과거 역사를 살펴보면 새로운 문화적 도구가 등장할 때 인간의 행동이 많이 변했다. 예를 들어, 계산기가 등장하면서 많은 미국의 학교에서 계산을 덜 강조하게 되었다. 이처럼 사람들의 행동은 사용하는 문화적 도구에 의해 형성된다.

사람들은 사회적 상호작용에서 뭔가를 배울 수 있었기에 인지적 자원을 모아서 다른 동물들이 이룰 수 없는 업적을 쌓아 왔다. 그리하여 문화적 도구는 그 문화적 집단의 후손에게 전수되고, 더 발전될 수 있었다. 그 결과, 계속적으로 문화적 도구의 수도 증가하였고, 효율성도 증가하였다. 예로, 현대 학생들이 사용하는 다양한 필기도구(나무 연필, 샤프펜슬, 볼펜, 마커펜, 만년필 등)를 생각해 보자. 그리고 300년 또는 3000년 전에 사용했던 필기도구를 떠올려 보자. 동일한 형태의 변화를 심리적 도구에도 적용할 수 있다. 예를 들어, 오늘날 사용되고 있는 많은 수학적 상징들은 15세기와 16세기에 처음 개발되었다. 그러한 발명은 개인뿐 아니라 세대에 걸쳐 보존되고 공유되었다. 문화적 도구에 적용되는 이러한 진화 과정을 '미늘효과'*라고 한다(Tomasello, Kruger, & Ratner, 1993).

비고츠키는 심리적 발달에서 문화적 도구 가운데 언어에 특별한 비중을 두었다. 실제, 언어가 행동과 통합되는 순간이 "지적 발달의 과정에 있어서 가장 의미 있는 순간"이라고 주장했다(Vygotsky, 1978, p.24). 이 이후에 언어는 단순히 의사소통의 수단일 뿐 아니라 아동이 행동을 통제하고 조정할 수 있는 수단이 된다. 언어는 아동이 행동을 계획하고, 정보를 기억하고, 문제를 해결하고, 행동을 조직화하기 위해 사용할 수 있는 도구이다. 이런 점에서 아동의 행동은 언어에 의해 매개된다고 할 수 있다. 어떻게 이런 매개가 일어나는지는 이 장의 후반부에서 자세히 다룰 것이다.

문화적 규준과 사람들이 아동의 학습기회에 영향을 미친다

현재의 사회문화 이론가들은 문화가 제공하는 도구뿐 아니라 문화적 규준과 사회적 관습이 아동이 참여하는 활동과 학습기회에 어떤 영향을 미치는지에 관심을 두고 있다. 예를 들어, 사회는 학교교육을 해야 하는지, 해야 한다면 의무교육이어야 하는지 등을 결정한다. 문화적 규준은 영아 보육, 아동양육시설, 그리고 일, 공부, 놀이에 대한 기대와 같은 아동의 일상생활의 여러 측면에 영향을 미친다.

여러 인종 집단에 대한 교차문화적 연구와 심층 연구들은 문화에 따라 아동이 시간을 다른 방식으로 보내고 있음을 밝히고 있다(Gaskins, 1999; Stevenson & Stigelr, 1992). 모든 아동이 공식적 학교교육을 받는 산업화된 사회와 같이, 여러 면이 비슷한 사회에 사는 아동이 주로 하는 활동에는 중요한 차이가 있다. 한 연구에서, 미국의 노스캐롤라이나의 그린스보로, 한국의 수원, 러시아의 오브닌스크, 에스토니아의 타알투에 사는 아동의 매일의 활동을 비교하였다. 놀이, (공식적, 그리고 비공식적으로 지도하는) 레슨, 일, 대화 등의 각 활동 범주에서 보낸 시간이 도시마다 크게 달랐다. 놀이는 네 도시에서 가장 흔한 활동이었지만 놀이를 하면서 보낸 시간은 도시마다 달랐다. 한국 아동들이 가장 많이 놀았고, 러시아 아동들이 가장 적게 놀았다. 러시아와 에스토니아 아동들은 한국과 미국 아동들보다 레슨과 일에 더 많은 시간을 보냈고, 한국 아동들은 다른 도시 아동들보다 대화를 적게 하였다. 이처럼 아동이 주로 하는 활동은 문화에 따라 달랐다.

* 미늘효과(ratchet effect): 톱니바퀴의 역회전을 막는 장치

네 도시에서는 일을 제외한 모든 활동 범주에서 중산층과 노동자층 사이에 체계적인 차이를 보였다. 전체적으로, 중산층 아동들은 레슨과 대화에 더 많은 시간을 보냈고, 노동자층 아동들은 놀이에 시간을 더 많이 보냈다. 이처럼 사회나 사회계층으로 정의된 문화적 공통체에 따라서 아동의 학습기회의 유형이 다르게 나타났다.

대체적으로 문화가 제공하는 틀 안에서 부모, 교사, 양육자는 아동에게 적합하다고 생각되는 활동과 사회적 상호작용을 선택하고 조직화한다. 때로는 이런 선택이 분명한 교수목적을 가지고 이루어진다. 예를 들어, 많은 북미의 부모들은 자녀들에게 음악 레슨을 받게 하고, 어린이 박물관과 도서관을 방문하게 한다. 하지만 아동의 학습을 촉진하려는 분명한 의도가 없이 활동이나 사회적 파트너가 선택되기도 한다.

후자 활동의 좋은 예는 걸스카웃 과자팔기이다. 이 활동의 주된 목적은 걸스카웃단을 위한 기금을 마련하는 것이다. 아동들은 이런 활동에 참여함으로써 다양한 가치와 기술을 배우게 된다(Rogoff, 1995; Rogoff, Topping, Baker-Sennett, & Lacasa, 2002). 걸스카웃단 리더, 부모, 고객, 다른 아동들과 직접 상호작용하고, 각 종류의 과자를 얼마나 주문했는지, 얼마를 받아야 하는지를 색으로 구별하는 주문서와 같이 다른 사람들이 만든 도구를 사용하고, 과자를 배달할 길을 계획하고, 고객이 돈을 지불하면 얼마를 거슬러 줘야 하는지 계산하고, 다양한 판매 전략을 생각하는 것 등을 통해 학습이 일어난다. 아동들은 이런 활동에 참여함으로써 판매 기술뿐만 아니라 책임감, 예의, 능률, 정확성, 신속함과 같은 가치를 배운다. 기술과 이런 가치를 배우는 것은 과자팔기에서 세운 드러난 목적은 아니다. 오히려 이것들은 돈을 버는 주된 목표를 추구하는 과정에서 습득된 유용한 부산물이다. 문화에 따라 제공되는 학습활동이 다르지만 모든 문화에서 아동은 그 사회의 가치를 반영하는 활동에 참여함으로써 다양한 가치와 기술을 배운다.

사회문화적 학습은 특별한 인지능력을 요한다

현대 사회문화적 이론들의 주요 관심사는 사회 · 문화적 학습에 관련된 기제를 밝히는 것이다. 이 주제에 접근하는 한 방법은 학습자와 교사 양쪽의 입장에서 사회 · 문화적 학습에 필요한 인지능력을 밝히는 것이다.

아마도 사회 · 문화적 학습에 가장 기초가 되는 인지능력은 *상호주관성*을 형성하는 능력인데, 이는 사람들이 상호 주의를 기울이고 의사소통하는 과정에서 이해를 공유하는 것을 말한다. 당연히, 상호주관성이 높은 사회적 상호작용은 그렇지 못한 사회적 상호작용보다 학습을 더 잘 일으킨다(예, Tudge, 1992).

상호주관성의 능력은 아주 일찍부터 나타난다. 영아는 2개월 때부터 이러한 능력을 보이기 시작하는데, 영아와 양육자는 *유관적인(contingent) 상호작용*, 즉 대화를 서로 주고받는 것과 비슷한 상호적 활동과 반응을 보인다(예, Bateson, 1979; Trevarthen, 1979). 9개월이 되면 영아는 성인의 눈길과 가리키는 제스처를 쉽게 따라간다(Butterworth, 2001; Morissette, Ricard, & Gouin-Decarie, 1995; Murphy & Messer, 1977). 이러한 행동을 통해 영아는 *함께 주의하기*를 하게 되는데 함께 주의하기는 영아와 양육자가 특정 물체나 사건에 대해 같이 주의를 기울이는 상태로서 상호주관성의 핵심적 요소이다. 상호주관성을 성취하고 유지하는 아동의 능력은 아동기 초기에 계속 발달하여 아동은 점점 더 다른 사람의 입장을 취할 수 있게 된다(예, Göncü, 1993).

아동과 다른 영장류를 비교 연구함으로써 사회적 상호작용을 통한 학습에 필요한 인지능력이 무엇인지를 더 잘 알게 되었다. 인간과 마찬가지로 다른 많은 영장류도 다른 동물의 행동을 단순히 관찰함으로써 배운다(예, Custance, Whiten, & Fredman, 1999; Hirata & Morimura, 2000). 하지만 Tomasello와 동료들에 따르면, 인간만이 좀 더 발전된 형태의 사회적 학습을 할 수 있는데, 이러한 학습에서는 다른 사람을 의도와 목표를 가진 개체로 이해할 것을 요구한다(Tomasello, 1998, 1999; Tomasello et al., 1993). 이 관점에 따르면 사회적 상호작용을 통해 학습하는 데 가장 중요한 것은 다른 사람을 자신과 같은 사람으로 이해하는 능력, 특히 자신처럼 의도와 마음 상태를 가진 존재로 이해하는 것이다. Tomasello와 동료들은 이러한 이해에 기초한 세 가지 유형의 문화적 학습, 즉 모방학습, 교수학습, 협동학습을 발견하였다(Tomasello et el, 1993).

Tomasello의 정의에 따르면, *모방학습(imitative learning)*은 같은 목표를 *성취하기 위하여* 다른 사람의 행동을 반복하는 것을 배우는 것이다. 이처럼, 모방학습을 위해서는 다른 사람의 행동과 그 사람이 갖고 있는 목표와의 관계를 이해해야 한다. 이런 형태의 학습은 *단순모방(emulation)*과는 구별되는데, 단순모방은 특정 행동과 의도된 목표 사이의 관계는 이해하지 못하고 다른 사람의 행동의 결과에만 초점을 맞추는 학습이다. 이처럼 단순모방은 과제에 대한 것을 학습하는 것인 반면, 진정한 모방학습은 과제에서 다른 사람의 행동에 대한 것을 학습하는 것이다(Nagell, Olguin, & Tomasello, 1993). Tomasello는 영장류에서 모방학습을 보여주려는 대부분의 연구들(예, Boesch, Marchesi, Marchesi, Fruth, & Joulian, 1994; Whiten, Custance, Gomez, Teixidor, & Bard, 1996)은 진정한 모방학습이 아니라 단순모방으로 설명할 수 있다고 주장한다(Nagell et al., 1993; Tomasellom, 2001).

*교수학습*은 정보가 직접적이고, 의도적으로 한 개인으로부터 다른 개인으로 전달

되는 학습으로, 학습자는 교사의 관점에서 과제나 자료를 이해하려 한다. 교수학습에서 학습자는 교사가 지도한 것을 내면화하여, 나중에 자신의 행동을 조정하기 위해 사용한다. 교수학습은 공식적인 교육(학교 수업)이나 비공식적 교육(아버지가 딸에게 고기 잡는 법을 가르치는 것) 모두에서 일어난다. 모든 문화에서 사람들은 규칙적으로 자녀를 가르치지만 영장류는 그렇게 하지 않는다(다른 관점은 Boesch, 1991을 참고하라). 교수를 통해 가르치는 성향과 배우는 능력은 모두 어느 정도 다른 사람의 마음 상태를 이해하는 능력을 필요로 한다.

이런 능력은 세 번째 유형의 문화적 학습인 *협동학습*에서도 요구되는데, 협동학습은 여러 사람들이 협동적으로 목표지향적 문제 해결에 참여할 때 일어난다. 이런 학습의 예로 두 명의 아동이 장난감 기차 철로를 만드는 경우를 생각해 보자. 두 아동이 함께 만드는 철로는 한 아동이 혼자 만들 수 있는 철로보다 더 복잡하고, 각 아동은 함께 만드는 과정에서 무엇인가를 배울 가능성이 크다. 모방학습과 교수학습에는 한 개인이 다른 개인에게 전달하는 과정이 포함되지만 협동학습에는 새로운 지식을 같이 구성하는 과정이 포함된다. 이런 과정은 공동의 목표를 만들고, 목표지향적 활동에 대해 공동의 책임을 지고, 이런 활동을 협동하여 수행하는 과정을 포함한다. 이 모든 활동들은 상호작용할 때 다른 사람의 관점을 이해하는 능력을 요구한다.

이 세 유형의 문화적 학습에는 다른 사람의 관점을 이해하는 능력이 요구된다. Tomasello에 따르면 이것이 인간을 다른 영장류와 구별해 주고 인간이 사회적 상호작용을 통해 학습할 수 있게 해주는 핵심능력이다.

요약

20세기 초반 저술에서 비고츠키는 발달의 사회문화적 이론의 기초를 형성해 준 두 가지 중요한 주제를 제안하였다. 첫째, 인지 발달은 사회적 상호작용을 통해 일어난다. 비고츠키는 사회적 상호작용을 개인 내부의 변화를 일으키는 외부 힘이 아니라 발달적 변화 기제의 통합적 부분으로 개념화하였다. 둘째, 인간행동은 환경에 작용하기 위한 도구인 기계적 도구와 사고를 위한 심리적 도구에 의해 매개된다. 비고츠키는 언어를 가장 중요한 심리적 도구로 보았다.

현대 사회문화적 이론은 이런 주제에 기초하여 다양한 방식으로 구성되었다. 현대 이론의 중요한 관심 중 하나는 아동이 학습을 위해 가질 수 있는 기회와 활동에 참여하는 기회이다. 이런 기회는 문화적 규준과 사회적 관습에 따라 달라진다. 두 번째 관심은 사회 · 문화적 학습에 필요한 인지능력의 성질에 대한 것이다. 여기에는 상호주관성을 형성하는 능력과 다른 사람을 자신과 마찬가지로 목표, 의도, 마음상태를 가진 존재로 이해하는 능력이 포함된다.

사회문화적 전통에서 행한 현대적 경험 연구

현대 발달심리학에서 활발하게 행해지고 있는 여러 입장의 연구들 중 많은 연구가 사회문화적 이론에서 영감을 받은 것이다. 여기에서는 성인이나 또래와의 상호작용을 통한 아동의 학습, 문화적 활동에서의 인도된 참여, 그리고 심리적 도구로서 언어의 사용 등 최근 연구들의 중요한 발견을 검토할 것이다.

성인과의 상호작용을 통한 학습

성인이 아동과 상호작용할 때 성인은 보통 아동의 학습을 촉진할 수 있는 방향으로 상호작용을 구조화한다(Rogoff, Ellis, & Gardner, 1984; Wang, Bernas, & Eberhard, 2001; Wood & Middleton, 1975). 이런 상호작용에서 성인의 역할은 *발판(scaffold)*으로 비유되었다(Stone, 1998; Wood, Bruner, & Ross, 1976). 건축할 때 발판은 건축물을 짓는 동안 일꾼이 딛을 수 있거나 건축자재를 땅 위 높은 곳에 두기 위해 사용하는 임시 구조물이다. Greenfield(1984)가 지적했듯이 건축물의 발판은 일꾼들에게 지지를 제공하고, 활동의 범위를 확장하며, 그것이 없이는 불가능한 일을 수행할 수 있게 해준다. 그러나 일단 건축물이 완공되면 발판은 더 이상 필요없게 된다. 물리적 발판처럼 성인은 아동의 과제수행을 지원하는 사회적 발판을 제공한다. 그러한 발판화는 아동의 활동 범위를 확장시키고 아동이 혼자서는 할 수 없는 일을 할 수 있게 해준다. 아동이 도움 없이 과제를 수행할 수 있게 되면, 사회적 발판은 더 이상 필요가 없어진다.

이 장을 시작할 때 제시된 이야기가 사회적 발판화의 예이다. 이야기에서 아동은 처음에는 자기가 맞추어야 하는 퍼즐 모델에 주의를 기울이지 못한다. 엄마는 그 아이가 모델에 주의를 기울이게 인도해 주고, 잘못 맞춘 퍼즐 조각을 수정해 준다. 엄마의 도움으로 아동은 적절한 퍼즐 조각을 선택하고, 정확하게 퍼즐을 맞춘다. 엄마의 행동은 아동의 수행의 범위를 확장시키고 아동이 성공적으로 퍼즐을 맞추게 하였다.

성인의 민감한 지원. 아동의 수행을 발판화하는 데 있어서 성인은 아동의 기술수준에 맞추어 도와주어야 한다(Greenfield, 1984; Kermani & Brenner, 2001). 때로는 쉬운 과제를 제시해야 하고, 때로는 요구되는 단계의 수를 줄이거나 과제의 핵심적인 부분을 강조해 주어야 한다. 아동의 수행에 따라서 성인은 교수의 방향과 특수성을 조정해야 한다. 예를 들어, 마야 여자들은 베짜는 기술을 이미 습득한 여아들보다 그렇지 못한 여아들에게 더 직접적인 도움을 주고, 익숙해져서 쉬워지는 나중 단계보다 시작할 때 어려워하는 초기 단계에서 더 많은 도움을 준다(Greenfield, 1984). 그런 유관적 상호작용은 아동이 기술을 발전시키는 데, 특히 가르치는 내용이 아동의 현재 기술보다 한 수준 더 높게 맞추어졌을 때 도움을 준다. 엄마가 3세, 4세 아동이 블록으로 복잡한 피라미드를 만드는 것을 도와주는 연구에서, 엄마가 아동의 기술수준에 민감한 지도를 한 경우 아동이 사후검사에서 가장 높은 점수를 받았다(Wood & Middleton, 1975).

성인과 아동 간의 민감한 상호작용은 아동의 언어 습득에서도 중요한 역할을 한다(Hampson & Nelson, 1993; Murray, Johnson, & Peters, 1990; Nicely, Tamis-LaMonda, Bornstein, 1999; Tamis-LaMonda & Baumwell, 2001). 영아가 말을 하지 않고 물건을 가리킬 때 엄마는 자발적으로 영아가 가리킨 물체의 이름을 말해준다. 엄마가 이름을 자주 말해주는 아동은 엄마가 이름을 말해주지 않은 아동보다 더 많은 단어를 안다(Masur, 1982). 마찬가지로, 엄마는 아동이 특정 물체를 가리키지 않아도 아동이 주의를 기울이고 있는 물체의 이름을 말해준다. 이렇게 엄마가 아동의 주의를 따라갈 때 아동은 더 큰 어휘력을 갖게 된다(Tomasello & Farrar, 1986). 아동에게 하는 엄마의 말과 아동의 언어 발달 사이의 관계는, 응집력 있고 잘 구성된 이야기를 만드는 능력과 같이, 나중에 발달하는 다른 언어기술에서도 나타난다(Haden, Haine, & Fivush, 1997).

성인이 아동의 기술수준에 민감하게 지원하는 것이 중요하며, 민감하게 지원하는 형태는 여러 가지일 수 있다. 최근 한 연구는 성인이 아동이 여러 물체의 사진을 범주별로 분류하는 것(예, 구울 수 있는 것, 먹는 도구 등)을 돕는 과정에서 나타나는 여러 가지 유형의 구조화된 상호작용을 비교하였다(Göncü & Rogoff, 1998). 성인은 아동에게 다음과 같은 세 가지 방법 중 한 가지 방법으로 지원해 주었다—아동 스스로 범주를 나눈 근거를 말하게 하거나, 유도하는 질문을 하여 범주를 나눈 근거를 말하게 하거나, 또는 둘 다를 다 사용하는 것(예, 처음에는 아동 스스로 근거를 말하게 하고, 다음에 근거를 말하도록 유도하는 질문을 하는 것)이다. 이 세 유형으로 지원을 받은 아동은 성인이 도와주지 않았던 통제집단 아동에 비해 사후검사에서 더 높은 점수를 보였다. 그러나 그림 4.3에 제시되었듯이 아동의 수행은 성인이 도와준 세 조건 모두에서 비슷하였다. 이처럼 다양한 유형의 성인 지원은 아동의 학습을 효과적으로 촉진시킬 수 있다.

성인은 당연히 또래보다 아동의 사고에 대해 발판화를 더 잘 한다. 성인이나 또래

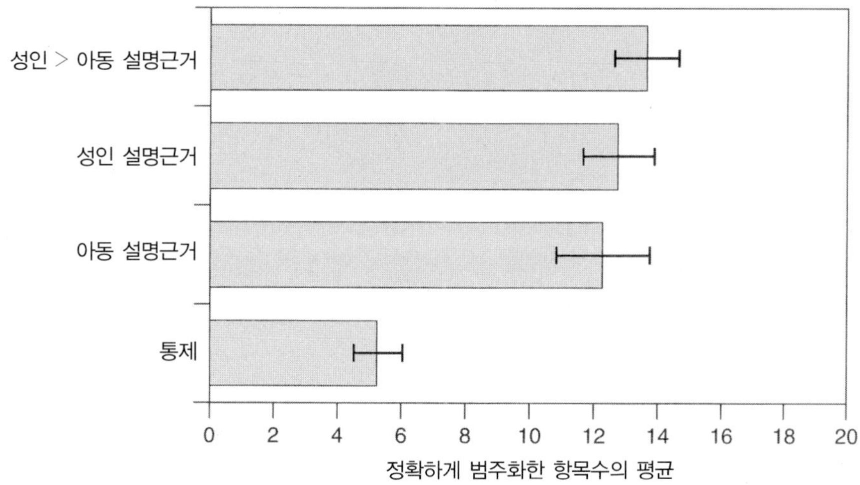

그림 4.3 교과서에 기술된 Göncü와 Rogoff(1998)의 연구에서 아동이 정확하게 범주화한 항목수 평균. 성인 설명근거조건(두 번째 항목)에서 성인은 범주를 분류한 근거(같이 먹는 것, 같이 집을 치울 수 있는 것 등)를 말해준다. 아동 설명근거조건(세 번째 항목)에서 성인은 아동이 범주를 분류한 근거를 말하도록 도와준다. 성인 > 아동 설명근거조건에서, 성인은 먼저 범주를 분류한 근거를 말해주고 나서 아동에게 범주를 분류한 근거를 말하도록 한다. 통제조건(네 번째 항목)에서 성인은 거의 도움을 주지 않는다. 아동은 지원조건의 종류에 관계없이 성인의 지원이 있는 조건에서 더 좋은 수행을 보였다. 오류 막대는 표준오차를 보여준다.

가 아동에게 새로운 기술을 가르치는 상황을 직접적으로 비교했을 때, 아동은 성인과 같이 작업할 때 더 잘 배웠다(Radziszewska & Rogoff, 1988; 1991). 교사로서 성인이 우수한 것은 그들이 해결해야 할 문제에 대해 더 많이 알고 있기 때문만은 아니었다. 아동과 성인이 과제를 비슷한 정도로 이해하고 있을 때에도 성인은 여전히 더 효과적으로 가르쳤다(Ellis & Rogoff, 1986). 이러한 우수성은 상호작용의 스타일 때문에 나타나는 경우가 많았다. 성인은 과제의 목표를 요약해 주고, 이 목표를 달성하는 데 적합한 책략을 논의해 주고, 학습자가 결정하도록 해준다. 이에 반해 아동이 가르칠 때에는 아동은 학습자에게 이유를 말하지 않은 채 무엇을 해야 하는지만 알려 주거나, 말없이 행동으로 보여주는 경우가 많았다(Ellis & Rogoff, 1982). 학습자와 같이 책임을 지는 성인은 아동에게 책임을 지우지 않는 성인보다 더 효과적인 학습의 결과를 가져왔다(Gauvain & Rogoff, 1989). 이러한 결과는 위의 해석과 마찬가지로 해석할 수 있을 것이다.

아동과 성인의 상호작용은 아동의 특성에 따라 달라진다. Kevin Crowley, Maureen Callanan과 동료들은 과학박물관에서의 부모와 아동의 상호작용에 대한 연구 프로그램에서 이 사실을 보여주었다. 부모와 아동이 박물관을 같이 방문하였을 때 부모는 여러 가지 방식으로 아동이 박물관 전시물을 설명하도록 지원해 주었다(Crowley, Callanan, Jipson et al., 2001). 첫째, 부모는 전시물의 중요한 특징을 지적해 줌으로써 아동이 증거를 선택하고 약호화하도록 도와주었다. 둘째, 부모는 아동이 관찰할 수 있는 증거를 찾아낼 수 있도록 전시물과 상호작용하도록 도와주었다. 셋째, 그들은 때로는 전시회가 어떻게 돌아가는지, 전시회의 이면에 있는 원리들에 대해 설명하였다. 그러나 부모가 아동과 상호작용하는 방식은 아동의 성별에 따라 달랐다. 부모는 여아보다 남아에게 인과기제가 포함된 설명을 더 많이 했다(Crowley, Callanan, Tenenbaun, & Allen, 2001).

또래와의 상호작용을 통한 학습

아동은 부모가 아니라 주로 또래와 상호작용을 한다. 또래와의 협동은 여러 가지 측면에서 아동의 학습에 도움이 될 수 있다. 또래는 아동이 어려운 과제에 도전해 보도록 동기를 북돋아 주기도 하고, 서로의 기술을 모방하고 학습하는 기회를 제공하기도 하고, 자기가 알고 있는 것을 설명해 줌으로써 아동의 이해를 조정하게 해주기도 하고, 논의에 참여하게 하여 이해를 증진시키기도 한다(Azmitia, 1996). 많은 학교에서 널리 사용되는 협동학습은 이런 잠재적 이점 때문에 생겨나게 되었다.

그렇다면 또래 협동은 학습에 바람직한 효과를 가져올까? 대답은 '때로는 예, 때로는 아니다' 인 것 같다. 어떤 연구는 다른 아동과 같이 문제를 풀면 혼자 문제를 풀 때보다 학습이 더 많이 일어난다는 것을 발견하였다(Blaye, Light, Joiner, & Sheldon, 1991; Fleming & Alexander, 2001; Perret-Clermont & Schubauer-Leoni, 1981). 하지만 그렇지 않다는 것을 보여주는 연구들도 있다(Russell, 1982; Tudge, 1992). 또 다른 연구들은 과제, 아동, 아동의 상호작용의 특성에 따라 바람직한 효과가 나타날 수도 그렇지 않을 수도 있다는 것을 발견하였다(Glachan & Light, 1982; Levin & Druyan, 1993; Pine & Messer, 1998). 다음에는 협동이 아동의 연령, 상호작용의 질, 전문성 정도, 과제의 난이도, 문화적 배경에 따라 어떻게 달라지는지를 논의할 것이다.

연령. 또래와 효과적으로 협동할 수 있는 능력은 다소 늦게 나타난다. 여러 상황에서 문제를 상당히 효과적으로 해결하는 5세 유아들도 아주 단순하고 친숙한 문제를 해결하기 위해 협동하는 데에는 어려움을 보인다(Tomasello et al., 1993). 이런 어려움이 나타나는 이유는 여러 가지였는데, 방해자극을 무시하는 능력, 주의를 통합하여 두 사람이 문제의 같은 측면에 대해 생각하는 능력, 아이디어를 전달하기 위해 언어를 정확하게 사용하는 능력, 협동하는 능력이 부족하기 때문이었다.

특히 어린 아동에게 협동하는 것은 아주 어려운 일이다. 두 명의 유아가 놀고 있는 아래와 같은 상황을 살펴보자. 한 명은 레고 집을 짓는 방법을 배운 적이 있는 소위 '숙련자' 이다. 다른 한명은 레고 집을 지어본 적이 없는 '초심자' 이다. 이 두 아동에게 서로 협동하여 새로운 레고 집을 짓도록 하였다. 이때 숙련자 아이는 초심자 친구를 돕는 데 별 관심이 없는 것을 볼 수 있다.

초심자: 나좀 도와줘. 도와주겠다고 했잖아.

숙련자: 이것(문 만드는 것) 끝내고 도와줄게.

초심자: (한숨을 쉬면서 뒤로 물러앉으며 팔짱을 끼고 얼굴을 찡그린다. 22초 후에 블록을 가지고 집의 일부를 만들기 시작한다. 이 부분을 완성하고 나서 숙련자에게 완성된 부분을 준다.) 내가 우리 집을 위해 이것을 만들었어.

전문가: 집은 내가 지을 테니까, 너는 내가 말하면 레고나 찾아, 알았지? 노란색에 점이 두 개 있는 레고 하나 줘.

초심자: 나도 만들고 싶어. 선생님(실험자)이 같이 만들라고 했잖아. 내가 만든 창문이 멋진데……

숙련자: 으응, 내 집에 이거 안 붙일래 (초심자가 못 만지게 자신이 만든 집을 옮긴다)

초심자: (테이블을 흔들고, 숙련자가 계속해서 집을 짓지 못하게 한다)

숙련자: 하지 마! 자꾸 그러면 집을 지을 수 없잖아. 문을 거의 다 끝냈어.

초심자: (테이블을 더 이상 흔들지 않고 실험자가 문을 마칠 때까지 쳐다본다.) 이제 내가 할래! 내가 할래! (Azmitia, 1996, p.142)

초심자는 마침내 자신이 당한 모욕에 분풀이를 했다. 숙련자가 계속해서 역할을 주지 않자 초심자는 레고로 숙련자를 때리기 시작했다. 숙련자가 손을 올려 자기를 방어하자, 초심자는 레고로 만든 집을 부숴버렸고 이로서 협동은 끝났다.

상호작용의 질. 아동이 서로 싸우지 않고 협동을 잘 할 수 있을 때조차도 상호작용의 질적 수준을 상당히 다양하다. 상호작용의 성질은 아동이 또래와 협동함으로써 도움을 받을 수 있을지를 결정하는 중요한 요인이다(Dimant & Bearison, 1991; Glachan & Light, 1982; Tudge, 1992). 과제에 대해 책임을 같이 지고 있는 아동들이나 서로 무엇을 생각하고 있는지를 알고 있는 아동들은 서로의 생각에 관심을 기울이지 않는 아동들보다 협동할 때 더 많은 도움을 받을 수 있다(Azmitia & Montgomery, 1993; Kruger, 1992; Tolmie, Howe, Mackenzie, & Greer, 1993). 예를 들어, Gauvain

과 Rogoff(1989)는 장난감 식료품 가게에 들러 특정한 종류의 물건을 사야 하는 5세 아동들이 얼마나 효율적으로 길을 찾아내는지를 조사하였다. 함께 책임을 지고 길을 찾아가는 아동들이 번갈아 길을 찾는 아동들보다 더 좋은 수행을 보였다.

아동은 형 또래의 다른 아동과 상호작용할 때보다 친형과 상호작용할 때 더 많은 것을 배운다는 사실에서 상호작용의 질의 차이를 찾아볼 수 있다(Azmitia & Hesser, 1993). 형이 어린 동생에게 과제를 어떻게 수행해야 하는지를 가르쳐 줄 때 혈연관계가 없는 나이 많은 아동보다 동생에게 더 많은 설명을 해주고, 긍정적 피드백도 더 많이 준다. 동생은 형 또래의 다른 아동에게보다 친형에게 더 많은 설명을 요구한다. 이처럼 형제끼리는 혈연관계가 없는 아동들끼리보다 더 열심히 과제에 함께 참여하는 것을 볼 수 있다.

과제에 같이 참여하는 정도가 더 깊은 것은 왜 수행을 증가시킬까? 같은 문제에 동시에 주의를 기울이는 아동들은 서로의 아이디어를 결합하여 새로운 이론이나 규칙을 만들고, 각 접근의 장단점을 파악하고, 자기 생각의 문제점을 파악하기 위해 다른 사람의 아이디어를 사용할 가능성이 더 크다. 말하는 것 자체가 문제 해결에 큰 도움이 되는 것은 아니다. 혼자서 문제를 해결할 때에 자신이 하고 있는 것을 소리 내어 이야기하는 것은 아동에게 도움이 되지 않는다(Teasley, 1995). 대신, 참가자들이 서로의 아이디어를 깊게 생각하는 정도가 문제 해결에 핵심이 되는 듯하다.

Schwartz(1995)는 두 명씩 짝을 지어 작업하는 아동들은 혼자 작업하는 아동들보다 문제에 대해 더 정교하고 더 추상적인 표상을 만든다고 주장하였다. 그는 여러 종류의 문제 해결 과제에서 두 명씩 짝을 지어 과제를 수행하는 아동들은 문제에 대해 관점이 다를 때, 이를 통합할 수 있는 공통된 표상을 만든다는 것을 발견하였다. 이렇게 만들어진 표상은 서로 다른 관점을 연결해 주기 때문에 추상적인 경향이 있다. 추상적 표상은 과제수행을 촉진한다. 짝을 지어 과제를 수행하는 아동들이 그런 표상을 더 잘 만들기 때문에 혼자 수행하는 아동들보다 더 좋은 결과를 보인다.

전문성의 정도. 협동하는 사람들이 어느 정도의 전문성을 가지고 있는가는 또래 협동의 효율성에 영향을 미치는 또 다른 요인이다. 아동은 더 좋은 기술이나 더 많은 지식을 갖고 있는 사람들과 협동할 때 더 많은 것을 배운다(Fleming & Alexander, 2001; Golbeck, 1998; Manion & Alexander, 1997; Murray, 1972; Tudge & Winterhoff, 1993). 예를 들어, 전문성을 가진 또래와 짝을 지어 레고 집을 지었던 5세 아동은 혼자 레고 집을 지었거나 다른 초심자와 같이 집을 지었던 초심자보다 모델을 보고 레고 집을 더 잘 지었다(Azmitta, 1988). 이러한 상호작용은 기술이 더 좋은 또래에게도 도움이 된다(Mugny & Doise, 1978; Weinstein & Bearison, 1985).

아동의 초기 지식 상태는 더 좋은 기술을 가진 또래와 협동할 때 도움을 얻을 수 있는지를 결정하는 데 중요한 역할을 한다. 발달의 특정 시점에서 아동의 지식은 변화에 아주 저항적이어서 사회적 상호작용으로 학습이 일어나지 않을 수 있다. 예를 들어, Pine과 Messer(1998)는 또래 협동이 지렛대 위에서 물건의 균형을 맞추는 능력에 어떤 영향을 미치는지를 연구했다. 대부분의 아동은 기술이 더 좋은 또래와 함께 과제를 수행할 때 도움을 받았다. 그러나 '물체는 중심에 있을 때 평형을 이룬다'는 이론을 가지고 있는 아동들은 또래 협동에서 잘 배우지 못하였다. 아동이 가지고 있는 초기이론은 변화에 아주 저항적이어서 사회적 파트너가 이 이론을 뒤집는 증거를 제시했을 때에도 변하지 않았다.

아동이 기술이 더 좋은 또래와 과제를 수행할 때 도움을 더 많이 받지만, 변화를 일으키기 위해서 협동하는 아동이 반드시 다른 수준에 있어야 하는 것은 아니다. 아동은 자신과 비슷한 수준에 있는 아동과 함께 과제를 수행할 때에도 학습한다. 어떤 과제나 문제에 대해 잘못된 견해를 가지고 있는 두 아동이 협동을 할 때 서로에게 도움이 되기도 한다는 것을 보여주는 연구가 있다. 두 개의 '틀린 답'이 '하나의 옳은 답'을 만들었던 것이다. 이 주제에 관심을 갖는 대부분의 연구는 문제에 대해 틀리지만 서로 다른 견해를 가진 아동의 쌍을 연구했다(Ames & Murray, 1982; Emler & Valiant, 1982). 그 결과들은 두 견해가 모두 틀렸어도 문제에 대해 일치하지 않는 견해들이 사회적 상호작용을 통해 지식을 변화시키는 계기가 될 수 있다는 것을 보여준다.

그러나 일치하지 않는 견해가 변화를 일으키는 데 꼭 필요한 것은 아니라는 것을 보여준 연구도 있다. Ellis와 Klahr, Siegler(1993)는 5학년 학생들을 짝지어 서로 협동하게 하면서 두 개의 분수 크기를 비교하도록 하였다. 그들은 사전검사에서 동일한 틀린 책략을 사용한 학생들과 서로 다른 틀린 책략을 사용한 학생들이 사회적 상호작용을 한 후에 유사한 형태로 성공하는 것을 발견했다.

이처럼 다양한 결과들을 종합하는 데 중요한 변인 중 하나는 아동이 자기가 내놓은 답이 정확한지에 대해 피드백을 받았는지 여부였다. 아동이 그런 피드백을 받았을 때에는 그들의 지식이 파트너와 비슷한지 여부에 관계없이 변화를 보였다(Ellis et al., 1993). Ames와 Murray(1982) 연구와 Emler와 Valiant(1982) 연구에서처럼 피드백을 받지 못했을 때에는 서로 견해가 일치하지 않았을 때에만 또래 협동으로 인해 변화가 일어났다. 실제, 한 연구에서는 아동이 내놓은 답이 맞았는지에 대한 피드백을 받지 않았을 때에만 또래 협동이 유익하다는 것을 보여주었다(Tudge & Winterhoff, 1993).

과제난이도. 과제난이도 또한 협동의 효과에 영향을 미친다. 협동자 중 한 명이 이미 이해하고 있거나 또는 협동자들이 비교적 빨리 배울 것으로 기대되는 과제에서는 협동이 문제 해결과 학습을 촉진하는 경향이 있었다(Ames & Murray, 1982; Perret-Clermont & Schubauer-Leoni, 1981). 아동이 이해하지 못하거나 아동이 알고 있는 기존 지식을 넘어서는 과제에서는 협동이 수행을 후퇴하게 하거나 또는 이해를 증진시키지 못했다(Levin & Druyan, 1993; Tudge, 1992).

추론을 할 때 파트너가 갖고 있는 확신도 이러한 효과와 관련되는 것 같다. 단순한 과제에서는 정답을 말한 아동이 틀린 답을 말한 아동보다 더 확신하는 경향이 있다. 이 경우에는 틀린 답을 한 아동이 정답을 말한 아이를 따라갈 것이다. 이에 반해 어려운 문제에서는 잘못된 추론을 한 아동이 대안적 관점의 가능성을 알지 못하기 때문에 더 확신하는 경향이 있다(Levin & Druyan, 1993). 이 경우, 추론을 더 잘 하지만 자신의 이해에 확신이 없는 아동이 잘못된 추론을 더 확신있게 주장하는 아동의 견해를 따라가는 유감스러운 결과를 초래하기도 한다.

문화적 규준. 문화적 규준도 아동의 협동 스타일과 그것이 가져오는 결과에 영향을 미친다. 이런 현상에 관심을 가진 한 연구에서는 나바호 아동과 유럽계 미국 아동의 협동적 문제 해결을 비교하였다(Ellis & Schneiders, 1989). 과제는 미로찾기 게임이었다. 미로에는 여러 개의 막다른 골목이 있기 때문에 갈 길을 미리 계획하는 것이 필요했다. 문제를 약간 배운 아동('교사')이 어떤 지도도 받지 않은 더 어린 아동('학습자')과 함께 문제 해결에 참여하였다. 나바호 문화에서는 속도를 중요하게 생각하지 않고 개인의 자율성과 협동을 가치 있게 생각하기 때문에, 그리고 나바호 교사는 학습자에게 별로 압력을 가하지 않기에 나바호 학습자는 더 오랜 시간동안 길을 계획할 것이라고 예상하였다. 이런 예측은 적중했다. 특히 계획을 가장 많이 해야 하는 가장 어려운 과제에서 나바호 아동은 유럽계 미국 아동보다 계획하는 데 더 오랜 시간이 걸렸다. 그들은 또한 미로 과제에서 더 적은 실수를 하였다. 이처럼 연령, 전문성, 상호작용의 질, 과제난이도와 같은 문화적 가치가 협동적 문제 해결에 영향을 미친다.

문화적 활동으로의 인도된 참여

사회 · 문화적 맥락에서 아동의 상호작용의 특징을 설명하기 위해 Barbara Rogoff와 동료들은 문화적으로 가치 있는 활동으로의 '*인도된 참여*'라는 개념을 소개했다(Chavajay & Rogoff, 1999; Rogoff, 1990; Rogoff, Mistry, Göncü, & Moiser, 1993). 이 개념에는 다음과 같은 두 가지 생각이 담겨 있다. 첫째, 아동의 행동은 다른 사람에 의해 인도된다. 둘째 아동은 그들의 문화적 공동체에서 관습적으로 행해지고 가치가 인정되는 활동에 참여한다. 인도된 참여는 성인이 아동을 지도하려고 분명하게 시도하는 상호작용뿐 아니라, 성인 · 나이가 위인 형제 · 또래와 같이 지역사회의 좀 더 좋은 기술을 가지고 있는 구성원의 인도를 받아 아동이 매일의 일상적 활동을 관찰하고 참여하는 상호작용을 말한다. 여기에는 옷 입기, 집안일 하기, 음식 준비하기, 종교적 예배에 참여하기 등과 같은 활동들이 포함된다. 그런 활동으로의 인도된 참여는 아동이 자라나는 문화의 관습에 맞도록 사회화하게 해주는 중요한 수단이다.

Rogoff(1990)에 의하면, 모든 문화에서 성인은 아동이 문화적으로 가치있는 활동에 참여하도록 인도한다고 한다. 그러나 아동이 참여하는 특정 활동은 문화적 상황에 따라 다양하다. 미국을 포함한 일부 문화에서는 아동이 성인의 사회적 · 경제적 세계와 분리되는 경향이 있고, 많은 학습은 공식적 학교교육의 맥락에서 일어난다. 또 다른 문화에서 아동은 성인과 함께 활동하고 학습은 매일의 일상적 생활 속에서 일어난다.

인도된 참여의 형태에 대한 교차문화적 연구. Rogoff와 Mistry, Göncü, Mosier(1993)는 아동이 성인의 활동에 참여하지 않는 두 지역사회(유타 주의 Salt Lake, 터키의 Kecioran와 같은 도시의 중산층 사회)와 아동이 성인의 활동에 참여하는 두 지역사회(과테말라의 San Pedro 마야 원주민 마을, 인디아의 Dhol-Ki-Patti 부족 마을)에서 아동의 활동과 사회적 상호작용을 연구했다. 이 네 지역사회에서 유아와 양육자의 일상적인 활동(음식 먹기와 옷 입기), 사회적 게임(까꿍놀이와 손가락 게임), 새로운 물체를 가지고 놀기(인형이나 필통과 같이 실험자가 제시한 장난감) 등을 관찰하였다.

Rogoff 등은 인도된 참여의 어떤 면들은 여러 문화에서 보편적으로 나타나는 것을 발견하였다. 이 네 개의 지역사회에서 아동과 성인은 사회적 상호작용하는 과정에서 각자가 상황에 대해 이해한 것을 서로 나누고, 의미를 공유하려 하고, 상호주관성을 찾으려 하였다. 네 지역사회에서 아동과 성인은 상호작용을 깊게 하면 할수록 개입의 수준을 서로에게 맞추려 하였다. 이러한 적응은 성인이 아동의 활동을 구조화하고 언어적 또는 비언어적으로 의사소통함으로써 이루어졌다.

그러나 지역사회에 따라 인도된 참여에 중요한 차이를 보였다. 아동이 성인의 활동에 참여하지 않는 두 사회(Salt Lake와 Kecioran)에서는 성인과 아동 간의 사회적 상호작용이 성인에 의해 구조화되는 경향이 있었고, 성인은 분명한 언어로 지시를 하였으며 칭찬이나 다른 강화를 사용하여 아동의 동기를 조정하려고 하였다. 아동이 성인의 활동에 참여하는 두 지역사회(San Pedro와 Dhol-Ki-Patti)에서는 아동이 사회적 상호작용에 더 큰 책임을 가지는 듯했는데, 아동은 성인이 하고 있는 활동을 관찰하고, 참여하려 하였다. 이런 지역사회의 양육자는 참여하려는 아동을 도와주고 말을 사용하지 않고 행동으로 보여주었다.

주의 관리의 시사점. Rogoff 등은 이 두 유형의 지역사회에서 나타난 인도된 참여에서의 차이가 주의를 관리하는 형태의 차이와 관계가 있음을 발견하였다. San Pedro와 Dhol-Ki-Patti에 사는 아동과 양육자는 동시에 여러 사건에 주의를 기울이는 경향이 있었고 Salt Lake와 Kecioran에 사는 아동과 양육자는 한 번에 한 가지 사건에 주의를 기울이는 경향이 있었다(Chavajay & Rogoff, 1999 참고). Rogoff 등은 여러 사건이 동시에 진행되는 것을 관찰하는 것이 San Pedro와 Dhol-Ki-Patti에 사는 아동의 주의 관리 기술을 예리하게 만든다는 가설을 세웠다.

주의 관리에서 나타나는 교차문화적 차이는 안도된 참여가 아주 다양한 상황에서 행동을 조직할 때 잠재적으로 영향을 줄 수 있다는 점을 시사해 준다. 실제, 여러 유형의 인도된 참여를 경험하는 것이 장기적인 영향을 준다는 증거가 제시되었다. 최근 한 연구는 문제 해결을 위해 아동과 상호작용할 때 학교 교육을 많이 받은 마야 어머니들이 학교 교육을 거의 받지 못한 마야 어머니들과는 다른 방식으로 상호작용을 하는 경향이 있음을 보여주었다(Chavajay & Rogoff, 2002). 세 명의 아동에게 어머니와 함께 계급제도에 대한 삼차원 퍼즐을 맞추게 하였다. 학교 교육을 많이 받은 어머니들은 '분업'을 제안하여 집단 구성원들이 퍼즐의 다른 면을 맞추게 하였고 아동에게 무엇을 해야 하는지를 지시하는 경향이 있었다. 이 집단에서는 대부분 어머니가 다음에 무엇을 할지를 제안하였다. 이에 반해 학교 교육을 거의 받지 못한 어머니들은 아동과 함께 퍼즐을 맞추는 경향이 강해서 집단의 모든 구성원들이 같은 면(퍼즐의 같은 줄)을 함께 맞추었다. 이 집단에서는 어머니뿐만 아니라 집단에서 가장 나이가 위인 아동이 다음에 무엇을 할지를 제안하였다. 이처럼, 공식적인 학교 교육의 특징인 위계적 사회구조에 대한 경험이 어머니와 아동 사이의 상호작용의 성질에 영향을 준 것 같다.

참여하는 성질의 변화로서의 발달. Rogoff의 이론에서 가장 중요한 개념은 문화적 활동에 대한 참여이다. 이 관점에서 발달적 변화에는 아동이 문화적 활동에 참여하는 특성이 변화하는 것이 포함된다. 많은 경우에 시간이 흐르면 아동은 관찰자 또는 주변적 활동 참여자에서 좀 더 중심적 참여자로 발전하게 된다. 결국 아동은 중요한 책임을 지거나 지도자로서 역할을 하게 되기도 한다. 예를 들어, 걸음마기 유아는 집에서 음식을 준비하는 것을 단순히 관찰하고, 학령전기 아동들은 상 차리는 것을 돕고, 더 자라면 음식을 준비하기도 하고, 더 자라면 어떤 음식을 차릴지를 결정한다.

발달하면서 아동이 활동에서 하는 역할도 변하지만, 활동에 대한 참여의 다른 면들도 변한다. 활동에 참여하는 이유(부모에의 순종 대 해야 할 일을 마치는 것), 새로운 역할이나 책임을 맡는 것에 대한 태도, 다른 활동이 전체에 어떤 영향을 미치는지에 대한 이해 등이 달라진다(Rogoff, 1997, 1998). 발달적 변화를 완전하게 이해하기 위해서는 사회문화적 활동에 대한 아동의 참여에서 이러한 변화를 이해해야 한다.

심리적 도구로서의 언어

모든 문화에서 언어는 사회적 상호작용뿐만 아니라 사고와 행동을 조직화하기 위한 도구로서도 없어서는 안 된다. 실제, 언어는 여러 가지 이유에서 가장 중요한 심리적 도구이다. 첫째, 언어는 인도된 참여, 교수학습, 협동학습을 포함하는 대부분의 사회적 상호작용에서 통합적 요소이다. 즉 언어를 통해 사회적 상호작용은 학습을 일으키게 된다. 둘째, 사람들은 행동을 조정하고, 계획을 세우고, 문제를 해결하는 수단으로 언어를 사용한다. 셋째, 혼잣말에서 볼 수 있듯이, 공공연하게 언어를 포함하지 않는 과제나 상황에서도 언어 구조가 습관적인 사고의 형태에 영향을 미친다.

행동에 대한 언어적 조정. 언어를 행동으로 조정하는 증거 중 하나가 혼잣말이다. 아동은 놀고, 탐색하고, 문제를 풀 때 큰소리로 혼잣말을 한다. 예를 들어, 아동에게 17+28과 같이 한 자릿수를 올려야 하는 두 자릿수 더하기 문제를 시키면 문제를 풀면서 혼잣말을 사용한다. "7 더하기 8은 15이고, 일을 올리고 (쉬고) 2, 3, 4, 답은 45." 비고츠키는 이런 혼잣말을 아동이 행동을 조정하기 위해 언어를 사용하는 것이라고 보았다.

이 관점에서는 과제가 어려워질수록 혼잣말을 더 많이 사용하는 것이 놀랍지 않은데, 왜냐하면 자기조정이 더 어려워지기 때문이다(Berk, 1994). 게다가, 아동이 발달하면서 혼잣말은 감소하거나 '사라진다' (Bivens & Berk, 1990; Winsler, Carlton, & Barry, 2000; Winsler, Diaz, Atencio, McCarthy, & Chabay, 2000; Winsler& Naglieri, 2003). 비고츠키에 따르면 혼잣말은 나중에 *내적 언어* 즉 소리내지 않고 하는 자신과의 내면화된 대화가 된다. 이 관점에서는 사고의 대부분이 실제는 내면화된 언어라는 점을 시사한다.

언어와 사고의 관계. 사고가 적어도 부분적으로 내면화된 언어로 구성된다면, 아동이 말하는 특정 언어의 특징이 아동이 생각하는 방식에 영향을 줄 수 있다. *언어 상대성 가설*로 알려진 이 입장에서는 언어마다 현실을 약호화하는 방식이 다르기 때문에 그 언어를 말하는 사람의 생각하는 방식에도 차이가 나타난다고 본다. 이 입장의 주요 주창자로, Benjamin Lee Whorf는 "우리는 자연을 분할하여 개념으로 조직화한다. 우리는 조직화하는 방식에 동의한 당사자들이기 때문에 그 조직화에 의미를 부여한다. 이러한 동의는 언어공동체에서 유지되고 언어의 유형에서 드러난다"라고 말했다(Whorf, 1940).

언어는 정말로 사고를 형성하는가? 언어-특정적 단어의미와 문법형태의 차이가 생각을 요구하는 인지과제에서의 수행의 차이와 관련되지만, 언어가 직접적으로 관련되는 것은 아니라는 증거가 늘어나고 있다. 이런 관련성에 대한 설명 중 하나는 언어의 구조 유형이 습관적 사고 유형을 만든다는 것이다(Lucy, 1992).

이런 생각을 보여주는 좋은 예는 Guugu Yimithirr 언어를 말하는 오스트레일리아 원주민에 대한 Levinson의 연구에서 찾아 볼 수 있다. 영어와 같은 인도-유럽계 언어에서는 '왼쪽'과 '오른쪽'을 몸을 중심으로 상대적인 위치로 표시한다. 하지만 Guugu Yimithirr에서는 상대적인 위치를 표시하는 단어를 사용하여 공간정보를 표현하지 않는다. 대신, '북쪽' 또는 '동쪽'과 같이 절대적 방향을 표시하는 용어를 사용한다. Levinson은 공간관계를 표시하는 언어 체계가 비언어적 인지과제에 영향을 미치는지를 연구했다. 그가 사용한 과제 중 하나는 다음과 같다. 참가자들에게 테이블 위에 사람, 돼지, 소 장난감이 배열된 것을 보여주었다. 그 다음에 참가자들을 다른 방으로 데리고 가서 처음 방에서 보았던 것과 반대 방향으로 놓인 책상에 앉게 하였다. 그들에게 동일한 세트의 장난감을 주고 처음 방에서 배열된 것처럼 배열해 보게 하였다(그림 4.4). 대부분의 Guugu Yimithirr 언어를 사용하는 사람들은 절대적 용어로 동물의 위치가 유지되도록 동물들을 배치하였다(예를 들면, 첫 번째 방에서 동쪽을 보고 있었던 소는 두 번째 방에서도 동쪽을 보게 배치하였다). 이에 반해 영어처럼 화자나 청자 중심으로 공간 위치를 약호화하는 언어인 네델란드어를 사용하는 사람들은 동물을 자신을 중심으로 배치하였다(첫 번째 방에서 화자의 오른쪽을 향하고 있었던 소는 두 번째 방에서도 화자의 오른쪽을 향하도록 배치하였다). 이처럼 공간 관계를 절대적 용어로 약호화하는지 또는 상대적 용어로 약호화하는지와 관련된 언어-특정적 유형은 장난감을 배열하는 비언어적 과제에 영향을 미쳤다.

사고에 대한 언어의 영향을 보여주는 또 다른 주목할 만한 증거는 유카텍 마야(Yucatec Maya) 영어를 사용하는 아동과 성인에 대한 연구에서 찾아 볼 수 있다. 영어에서 구체적인 대상을 가리키는 명사의 의미는 물체의 모양에 대한 정보를 포함하고 있다(예를 들어, 촛불이라는 단어는 길고 가는 물체를 가리킨다). 이에 반해 유카텍에서는 재료에 대한 정보가 명사에 포함되어 있고 모양에 대한 정보는 별개의 용어로 표현된다(영어에서 예를 든다면 a cub of sugar와 같은 식이다). 예를 들어, *한 개의 촛*

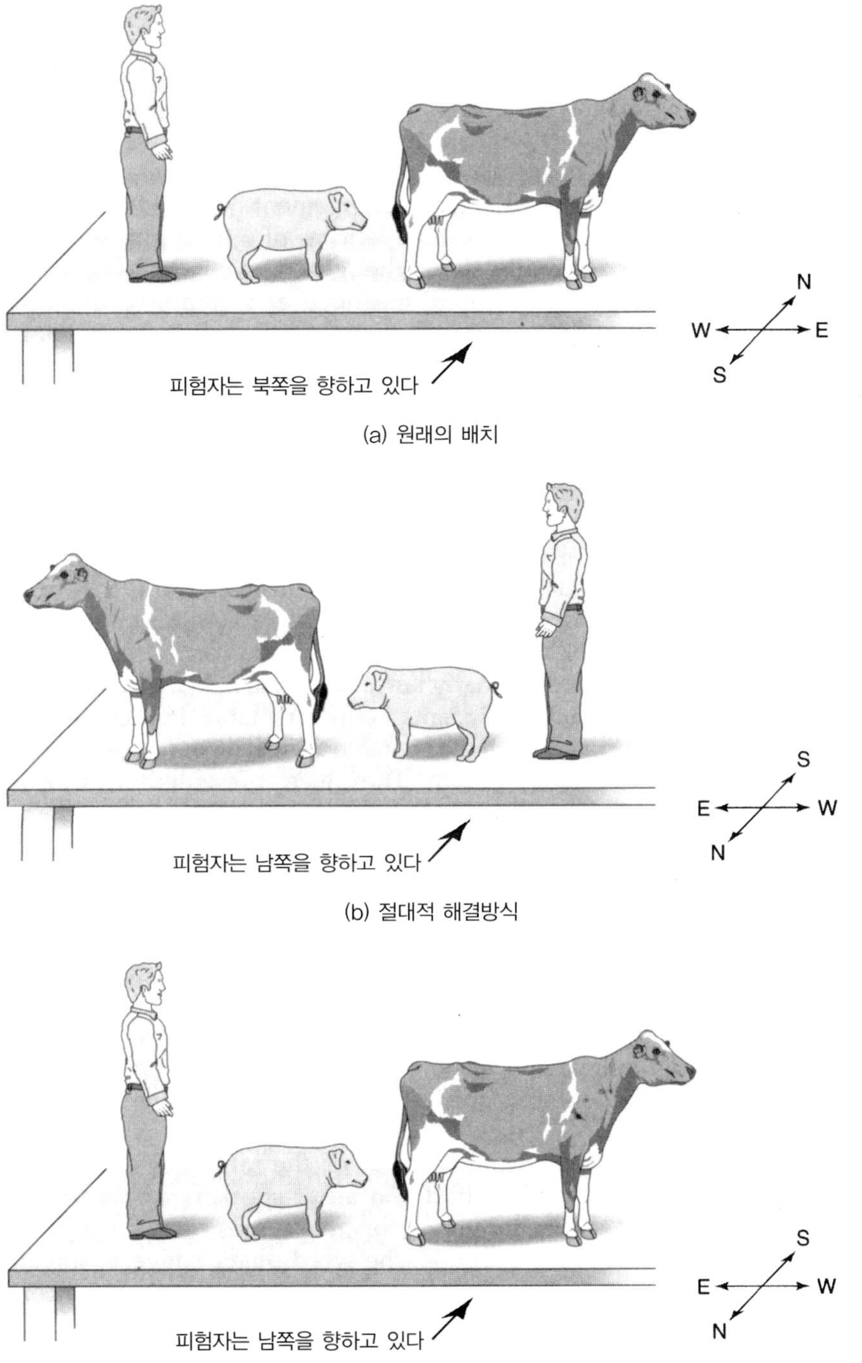

그림 4.4 (a) 교과서에 실린 Levinson(1997)의 연구에서 사용했던 원래의 배치, (b) 대부분의 Guguu Yimithirr어를 사용하는 사람들이 보여주는 절대적인 해결방식, (c) 네덜란드어를 사용하는 사람들이 보여주는 상대적인 해결방식(Levinson, 1997 그림 4에서 발췌).

불(one candle)을 유카텍어로 표현하면 *one long thin wax*이다. 이처럼 영어 구조는 물체의 모양에 주의를 기울이게 하나 유카텍어 구조는 물체의 재료에 주의를 기울이게 한다.

물체 범주화에 미치는 이러한 언어적 차이의 영향을 연구하기 위해서, Lucy(1992)는 유카텍어와 영어를 사용하는 성인에게 세 개의 물체를 제시하였다. 하나는 '기준자극' (예, 작은 마분지 상자)이었고, 하나는 기준자극과 모양은 같았으나 재료가 달랐고(예, 작은 플라스틱 상자), 하나는 재료는 같았으나 모양이 달랐다(예, 작고 납작한 마분지 조각). 참여자들에게 두 개의 물체 중 어느 것이 기준자극과 유사한지를 선택하게 하였다. 영어를 사용하는 거의 모든 사람들은 모양에 근거하여 선택하였고, 유카텍어를 사용하는 대부분의 사람들은 재료에 근거하여 선택하였다. 이처럼, 단어로 명사의 의미를 약호화하는 언어-특정적 패턴은 물체의 유사성을 판단하는 비언어적 과제에서의 수행에 영향을 미친다. Lucy와 Gaskins(2001)는 영어와 유카텍어를 사용하는 아동을 대상으로 유사한 과제를 사용하였을 때 언어-특정적 범주화 편향이 7세와 9세 사이에 나타난다는 것을 발견하였다.

다른 과제에서도 언어 구조가 7세 이전에 과제 수행에 상당한 영향을 미치는 것 같다. 공간적 범주화 과제가 그런 과제이다. Choi, McDonough, Bowerman, Mandler (1999)는 영어 또는 한국어를 배우는 18개월에서 23개월 사이의 유아들을 대상으로 이 문제를 다루었다. 두 언어는 공간관계를 범주화하는 방법에서 차이가 있었다. 영어 전치사에서는 포함되어 있는 것(예, put *in*)과 지지되거나 접해 있는 것(예, put *on*)을 구별한다. 이에 반해 한국어에서는 꼭 맞는 관계(*끼다*)와 헐겁게 맞는 관계나 다른 식으로 접해 있는 관계를 구별한다. 실험에서 영어학습자의 *in*에 대한 이해를, 한국어학습자의 *끼다*에 대한 이해를 평가하였다.

아동에게 목표 단어가 들어있는 문장을 들려주면서 한 쌍의 장면을 보여주었다. 일부 쌍의 장면은 *in*/*on* 관계와 꼭 맞는 관계/헐겁게 맞는 관계를 대비하여 보여주었다(바구니에 반지를 넣는 것 대 막대에 반지를 꼭 끼우는 것). 영어학습자들은 단어 *in*이 들어있는 문장을 들을 때에는 '바구니에 반지를 넣는' 장면을 바라보았는데 이는 *in*이 '포함' 에 주의를 기울이게 함을 시사한다. 이에 반해 한국어 학습자들은 *끼다* 라는 단어가 들어있는 문장을 들을 때 "막대에 반지를 꼭 끼우는" 장면을 쳐다보았는데 이는 *끼다*라는 단어가 꼭 끼우는 사건에 주의를 기울이게 함을 시사한다. 목표단어가 제시되지 않았던 통제 시행에서 영어 학습자와 한국어 학습자의 보기 패턴은 다르지 않았다. 이 결과는 아동들이 18개월에서 23개월 사이에 공간관계를 범주화하는 언어-특정적 방식에 민감하게 된다는 것을 보여준다. 이처럼 초기 공간 개념은 보편적이지 않은데 이는 인간 지각체계의 특징 때문에 공간 개념이 생기는 것이 아니라는 것을 의미한다. 대신 언어가 일찍부터 공간적 범주화에 중요한 역할을 한다.

매개체계로서의 언어 발달. 앞에 기술한 결과는 언어와 사고의 관계가 발달적으로 변화한다는 것을 보여준다. 아동이 더 능숙해짐에 따라, 그리고 그들이 모국어의 관습에 익숙해짐에 따라 그들은 언어를 사고의 도구로 더 잘 사용하게 된다.

아동은 어떻게 언어를 사용하는 능력을 사고를 매개하는 도구로 습득하게 되는 것일까? 이 문제를 다룬 한 이론가는 Katherine Nelson이다. 그녀는 걸음마기와 학령전기에 아동이 표상체계로 언어를 사용하는 능력이 네 수준에 걸쳐 발달한다고 제안하였다(Nelson, 1996). 첫 번째 수준에서 어린 아동의 세상에 대한 지식은 경험에 기초한 사건의 정신 모델로 구성된다. 이 수준에서는 (단어와 같은) 언어 형태는 경험의 일부일 수 있지만, 아직은 *경험을 표상하기* 위해 사용되지 않는다(Nelson, 1999). 예를 들어, 아동은 '풍선' 이라는 단어를 자신이 아버지에게서 풍선을 받은 사건과 연합시킬지 모르지만, 이 첫 단계에서는 단어를 산출하지도, 사건을 정신적으로 불러내기 위해 단어를 사용할 수도 없다.

두 번째 수준에서는 아동은 자신이 가지고 있는 정신 모델의 어떤 면을 언어적 형태로 바꿀 수 있게 되어서 자신의 정신 모델을 다른 사람들에게 말로 전할 수 있게 된다. 그러나 이 수준에서 아동의 정신 모델은 여전히 직접적 경험에 기초하고 있고, 언어로 얻은 정보에 의해 정신 모델은 여전히 변경될 수 없다. 예를 들어, 아동은 아버지에게서 풍선을 받은 것을 기억하고 이 사건을 '풍선' 이라는 단어로 표현하였다. 그러나 아버지가 "그래, 축제 날 풍선 파는 아저씨가 풍선을 아주 많이 가지고 있었지"라고 말해 주어도, 아이는 이 정보에 기초하여 사건에 대한 정신 모델을 바꿀 수 없었다.

세 번째 수준에서 아동은 다른 사람의 언어적 경험을 해석할 수 있게 되고, 자신의 정신 모델을 변경하기 위해 그런 정보를 사용할 수 있다. 이 수준에서 작동하기 위해서, 아동은 다른 사람과의 대화를 해석하고 참여할 수 있게 해주는 문법 형태와 어휘를 습득해야 한다. 아버지가 말해 준 내용 때문에 이 수준에 있는 아동은 풍선 파는 아저씨를 마음속에 떠 올리고 여러 색깔의 풍선들을 상상할 것이다.

마지막으로, 네 번째 수준에서 아동은 다른 사람의 진술에 기초하여 완전히 새로운 모델을 구축할 수 있게 된다. 이 수준에서 언어는 사건을 표상하는 수단이 된다. 따라서 형이 "찰리의 생일파티에서 풍선 세 개를 얻었어."라고 말한 것을 들은 아이는 이 사건을 스스로 보거나 참여하지는 않았지만 이 진술을 사용하여 이 사건에 대한 정신 모델을 구축할 수 있다.

Nelson에 따르면, 아동이 발달하면서 언어 역할이 심리적 도구로 변한다는 사실에 주목할 필요가 있다. 초기 단계에서 단어는 단순히 경험에 근거하여 만들어진 정신 모델의 요소를 표시하기 위해 사용된다. 후기 단계에서는 언어 형태가 새로운 정신 모델을 구축하기 위해 사용될 수 있고, 이 모델은 언어적 표상을 핵심 요소로 갖게 된다. 아동이 다른 사람들과 좀 더 복잡하게 상호작용함으로써 언어를 심리적 도구로 사용하는 것을 학습하게 된다는 Nelson의 주장은 주목할 만하다. 아동은 다른 사람과 상호작용함으로써 사고를 매개하는 언어 사용을 배우게 되는 것이다.

사회문화적 이론의 교육적 시사점

사회문화적 이론은 교육적 실천에 여러 가지 시사점을 제시한다. 하나는 지지적 · 사회적 상호작용을 받으면서 수행할 수 있는 능력으로 아동의 지식을 개념화할 수 있다는 것이다. 지식에 대한 이 견해는 아동의 지식이 도움을 받지 않고 수행할 수 있는 수준이 아니라 사회적 상호작용에서 학습하는 능력으로 평가되어야 함을 시사한다. 사회문화적 이론의 두 번째 시사점은 인도된 참여나 근접발달영역 내에서의 발판화와 같은 특정 유형의 사회적 상호작용은 학생들의 학습에 특히 유익하여야 한다는 것이다. 따라서 학교 수업이나 다른 유형의 교육적 활동이 이러한 사회적 상호작용을 촉진할 수 있도록 고안되어야 한다. 또한 사회문화적 이론은 사람들이 수학적 기호나 쓰기와 같은 문화적 도구를 어떻게 사용하는지에 관심을 갖는다. 공식적 교육에서 아동에게 문화적 도구를 사용하는 것을 많이 가르치고, 아동에게 도구를 사용하는 것을 가르치는 다양한 접근이 아동의 사고에 차이를 가져오게 할 것이다. 마지막으로, 사회문화적 접근은 사회적 상호작용을 관찰하고, 이해하는 렌즈를 제공한다. 이 입장은 교육상황에서 일어나는 사회적 상호작용을 해석하고, 그런 해석이 어떻게 지식의 변화를 일으키는지를 설명하는 데 유용하다.

아동 지식을 평가하는 사회문화적 접근

비고츠키는 교육상황에서 흔히 사용되는 진단검사가 완전히 발달된 과정과 기술, 즉 '어제' 의 발달을 다루고 있는데, 이것이 교육적 실천의 중심이 되어서는 안 된다고 믿었다. 대신 그는 교육자들이 아동의 역동적 발달상태, 즉, 막 발달하기 시작하는, 그리하여 아동의 근접발달영역에 있는 과정과 기술에 관심을 두어야 한다고 주장했다. 그의 견해에서 "유일한 '좋은 학습' 은 발달에 앞서서 일어나는 학습" 인데(Vygotsky, 1987, p.89), 왜냐하면 그런 학습이 새로운 근접발달영역을 만들기 때문이다. 교육적으로 유용한 정보를 얻기 위해서는 지지적·사회적 상호작용 조건에서 아동의 지식을 평가해야 한다.

비고츠키는 각각 독자적으로 평가되었을 때 비슷한 지식 수준에 있는 것처럼 보이는 아동들도 좀 더 발전된 기술을 가진 파트너와 상호작용을 할 때 평가하면 아주 다른 지식 수준에 있다는 것을 관찰했다. 이는 이때까지 전통적인 교육상황에서 그랬던 것처럼 아동의 지식이나 기술 수준을 독자적 수행을 통해 평가하면 아동 능력에 대한 중요한 정보가 드러나지 않음을 시사한다. 독자적 수행보다는 아동이 도움을 받을 때 학습할 수 있는 잠재력을 평가하는 것을 역동적 평가라고 부른다. 30개의 연구에 대한 최근의 한 메타-분석에 의하면 학생들은 전통적 평가방법이 아니라 역동적 평가방법으로 검사할 때 더 많은 지식을 보여주었다(Swanson & Lussier, 2001).

역동적 평가방법은 아동의 능력에 대해 지능검사와 같은 정적 측정방법과는 다른 정보를 제공한다. 이 현상에 대한 한 연구에서, Ferrara와 Brown, Campione(1986)은 글자계열완성 문제(예, N G O H P I Q J ? 다음에는 어떤 글자가 와야 하는가?)를 풀기 위해 아동이 실험자로부터 얼마나 많은 힌트를 받아야 하는지를 검토하였다. 모든 아동이 간단한 글자계열문제를 정확하게 푸는 것을 학습하고 난 다음, 이 문제에 사용되지 않았던 계열—U C T D S E R F와 같이 알파벳을 역순으로 제시한 계열—과 같이 좀 더 도전이 되는 문제를 풀게 하였다. 간단한 문제를 배우는 데 힌트가 별로 필요하지 않았던 아동이 더 많은 힌트가 필요했던 아동보다 도전적 문제를 더 잘 풀었다. 그러나 중요한 것은 힌트를 필요로 하지 않았던 아동이 지능이 높아서가 아니라는 점이다. 아동의 지능이 통계적으로 통제되었을 때에도 그러하였다. 이처럼 사회적 상호작용을 통해 배우는 아동의 능력에 대한 측정치(이 경우에는 힌트의 수)와 좀 더 안정된 측정치(이 경우에 지능)는 아동의 능력의 다른 면에 대한 정보를 제공한다.

비고츠키가 아동의 지식에 대한 역동적 평가를 강조한 것은 현대 교육적 실천에 있어서 중요한 업적이다. 역동적 평가는 아동의 학습 잠재력에 대한 중요한 정보를 제공한다(Day & Cordon, 1993; Day, Engelhardt, Maxwell, & Bolig, 1997). 역동적 평가는 표준적 평가보다 언어문제나 학습장애를 가진 아동들을 더 정확하게 발견하고 평가할 수 있게 한다(Peña, Iglesias, & Lidz, 2001; Swanson, 1995). 교사는 아동의 수행을 증진시키고 간과하기 쉬운 아동의 능력을 발견하기 위해 역동적 평가를 사용할 수 있다.

사회문화적 원리에 기초한 교육적 중재

많은 교육적 중재들이 사회문화적 이론에서 출발한 학습과 발달에 대한 생각을 기초로 구성되어 왔다. 어떤 프로그램에서는 학생의 학습을 촉진하기 위해 특정 유형의 사회적 상호작용 기회를 포함시키고 있다. 좋은 한 예가 Ann Brown과 Joseph Campione이 개발한 *학습자 공동체 키우기(fostering communities of learners,* FCL) 프로그램이다(Brown, 1997; Brown & Campione, 1994, 1996).

FCL 학급의 학생들은 큰 주제의 다양한 측면을 연구하기 때문에 구성원들은 골고루 다양한 전문적 지식을 갖게 된다. 예를 들어, 한 FCL 학급의 학생들은 동물-거주지 상호의존성이라는 '큰 주제'에 관해 연구하였다. 학생들은 여러 소집단으로 나뉘어, 각각 방어기제, 약탈자-먹이 관계, 요소로부터의 보호, 생식 책략, 의사소통, 음식 구하기와 같은 여러 가지 소주제에 대해 연구하였다(Brown & Campoione, 1994). FCL 학급에서 개별 학생들은 소집단 상호작용에서 얻은 전문 지식을 학급 친구들과 함께 나누고, 그리하여 모든 학생들이 모든 연구결과에 접근할 수 있게 된다. 각각의 소주제에 대해 학생 한 명이 '전문가'가 되는 '조각그림 맞추기' 집단에서 학생들은 이런 식으로 전문 지식을 공유하게 된다. 마지막으로 모든 학생들은 또래로부터 배운 정보를 포함하는 폭넓은 주제를 다루는 복잡한 과제를 수행해야 한다. 동물-거주지 상호의존성을 연구하는 학급에서는 학생들에게 미래의 동물의 서식지를 설계해 보고, 그렇게 설계한 이유를 설명하게 한다.

FCL 학급에서 사용되는 활동은 사회문화적 원리에 기초하여 고안되었다. 한 가지 목적은 아동 사이의 전문성을 다양하게 하여 아동이 서로에게서 배울 기회를 갖도록 하는 것이다. 또 다른 목적은 수행을 완료하기 위해 아동 사이의 사회적 상호작용을 중요하게 만드는 것이다. FCL 접근에 대한 평가에 의하면 전통적 학급의 아동에 비해 FCL 학급의 아동이 지식을 더 많이 얻었고, 비판적 사고도 잘 하였고, 읽기 이해도 더 잘 하였고, 논쟁 기술도 더 나았다(Brown & Campione, 1994). 이처럼 사회문화적 원리에 기초하여 만들어진 학급활동은 학습에 많은 도움을 준다.

심리적 도구를 사용한 학습

사회문화적 관점은 아동이 어떻게 심리적 도구 사용을 배우는지에 관심을 갖는다. 그러한 도구는 습득이나 사용의 용이성 측면에서 매우 다르다. 수체계에 대한 교차문화적 차이와 그러한 차이가 수세기 기술 습득에 영향을 준다는 연구에서 좋은 예를 찾아볼 수 있다(Miller & Paredes, 1996; Miller, Smith, Zhu, & Zhang, 1995). 영어에서는 10에서 20 사이의 수의 이름은 20이상의 수 이름보다 덜 체계적이다. 11과 12의 이름은 아주 독특하고, 13에서 19사이 수의 이름은 (*fourteen*처럼) 십자리 이름 앞에 일자리 이름을 붙여 만드는데, 이는 (twenty-*four*처럼) 십 자리 이상의 수에서와 반대이다.

이에 반해 중국어에서는 10 이상의 수 이름은 아주 규칙적이다. 중국어에서 11, 12, 13을 그대로 번역하면 '십-일, 십-이, 십-삼' 이 된다.

Miller 등(1995)은 영어 수체계가 복잡하여 미국 아동이 십진법의 수체계를 이해하기가 어렵다면 중국과 미국 아동의 수세기의 차이는 아동이 십 자릿수들의 이름을 배우기 시작할 때에만 나타날 것이라고 가정하였다. 예측대로, 미국의 학령전기 아동이 중국의 학령전기 아동보다 십단위 수를 배우는 것을 훨씬 더 어려워하였다. 그림 4.5에 제시한 것처럼 보통 1부터 10까지의 수를 배우는 3세까지는 두 나라 아동들의 수세기에는 차이가 없었다. 그러나 3세 이후가 되면 중국 아동들은 규칙에 근거한 중국 수체계를 배우기 시작하면서부터 수세기가 급속도로 나아지는데, 이에 반해 11에서 20까지의 불규칙적인 이름을 배워야 하는 미국 아동들의 수세기는 서서히 향상되었다. 미국 아동의 수학학습이 중국과 다른 동아시아 나라의 아동보다 뒤지는 이유가 미국 수체계의 복잡성 때문만은 아니다. 하지만 상징체계의 특징이 미국 아동들의 학습에 장애가 되는 것 같다.

아동이 어떤 수체계를 학습하느냐와 관계없이, 대부분의 아동은 학령전기와 초등학교 시기에 수체계를 학습한다. 그러나 아동마다 수체계를 사용하는 능력이 각기 다른데, 이런 차이는 아동이 '중심개념구조'를 얼마나 잘 발전시켰느냐에 달려있다(Griffin, Case, & Siegler, 1994). 이 중심개념구조는 정신적 수직선과 관련된 몇 가지 개념을 포함하는데, 연속되는 수에서 뒤에 오는 수는 앞에 오는 수보다 더 많은

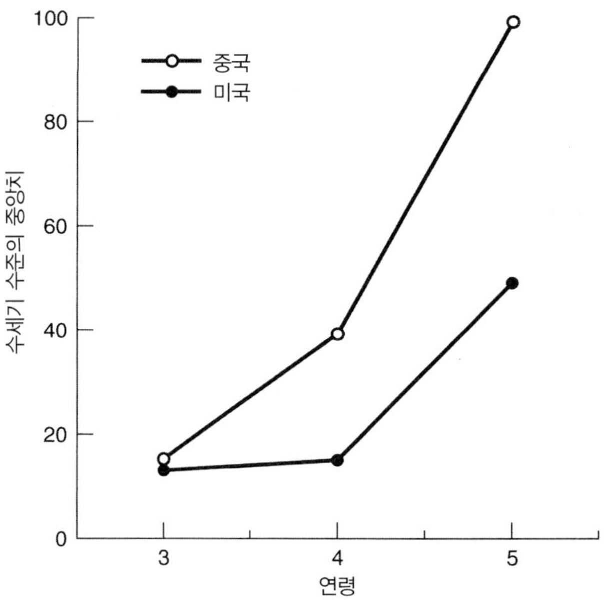

그림 4.5 중국과 미국의 3, 4, 5세 아동의 수세기(Miller, Smith, Zhu, & Zhang, 1995). 각 연령에서 셀 수 있는 가장 높은 수의 중앙치가 제시되어 있다. 이 두 나라에서 수세기는 열 개의 수를 셀 수 있게 되는 3세는 비슷하다. 그러나 십단위의 수를 세어야 하는 4세경이 되면 수행이 달라진다.

물체의 집합을 나타내거나 또는 어떤 차원에서 점점 증가하는 값을 가진다는 생각이 이에 해당된다. 경제적으로 어려운 아동의 수체계에 대한 이해를 증진시키기 위해 Griffin, Cae, Sielger는 *Rightstart*라고 부르는 활동 프로그램을 개발하였다, 이 프로그램에서는 상호작용하는 게임을 통해 가설적 중심개념구조의 요소, 특히 정신적 수직선을 이해시키려는 목표를 가진다. Rightstart 프로그램에 참여한 유아들은 전통적 방식으로 교수한 학급의 유아들보다 수지식과 산수문제를 푸는 책략에서 더 큰 발전을 보였다.

이 예는 혁신적이면서 이론에 기초한 프로그램이 심리적 도구인 수체계에 대한 이해와 사용의 발달을 돕는다는 사실을 보여준다. 현재 진행 중인 다른 연구에서는 대수의 상징체계(Nathan, Stephens, Masarik, Alibali, & Koedinger, 2002), 자료를 표상하고 해석하는 체계(Lehrer & Schauble, 2002)와 같은 또 다른 심리적 도구를 학생들에게 효과적으로 가르치는 방법을 연구하고 있다. 심리적 도구가 사고를 어떻게 매개하는가를 더 잘 이해함으로써 학생들의 학습과 도구의 사용을 촉진할 수 있는 교육적 기회를 만들 수 있다.

학급 활동의 사회문화적 해석

사회문화적 이론들은 학급상황에서 지식의 변화를 일으키는 과정을 해석하고 설명하는 데 적용되어 왔다. 일부 연구자들은 사회문화적 관점에서 학급에서 일어나는 모든 대화를 분석하여 교사가 어떻게 학생이 특정한 방식으로 말하고 사고하게 만드는지를 검토하였다.

예로 Storm, Kemeny, Lehrer 및 Forman(2001)은 (각각의 측정치가 1×12, 2×6, 3×4 제곱 센티미터인) 세 개의 사각형의 면적이 같은지를 결정하기 위해 2학년 학생들이 학급에서 나눈 이야기를 분석하였다. 교사는 학생들이 사각형의 수학적 특성에 대해 다양한 방식으로 생각하도록 발판을 제공하였다. 교사는 학생들이 수학적 논의를 발전시키면 그것을 정리해 주고, 명확하게 해주었고, 수학적 가치가 있는 생각들을 강조하는 방향으로 학생들의 활동을 지원하였다. 또한 도형의 면적을 기술하기 위해 학생들이 사용하는 일상 언어를 좀 더 정확한 수학적인 용어로 바꾸어 주고, 때로는 학생들의 표현을 좀 더 발전된 수학적 표현으로 다시 말해주었다. 예를 들어, 교사는 학생들이 '차지한 공간의 양' 이라고 일상적으로 표현한 것을 '면적' 이라는 수학적 용어로 바꾸어 주었고, 면적을 수량화하는 데 사용할 수 있는 도구로 제곱미터 또는 제곱 센티미터라는 개념을 소개하였다. 부모-아동 상호작용에서 일어나는 발판화와 마찬가지로 이런 교수 방법은 학생들의 이해를 더 발전시키는 것 같았다. 이런 식으로 가르치는 과정에서 학생들이 토론에 참여하는 방식은 점점 더 수학적으로 정교해졌고, 학생들은 점점 더 '책임감' 을 갖고 수학적 논쟁을 심화시켰다.

이런 예가 보여주듯이, 사회문화적 이론은 교육자에게 많은 것을 시사해 준다. 사회문화적 접근은 평가를 새롭게 생각하게 해주었고, 학급 중재를 새롭게 고안하게 해주는 원천이 되었으며, 중요한 질문과 사고의 양상에 대한 주의를 환기시켜 주었고, 학급이나 소집단 협동학습에서 행해지는 것을 이해하기 위한 개념적 틀을 제공해 주었다.

요약

비고츠키 이론, 더 크게는 사회문화적 이론의 중요한 주제는 인지 발달이 사회적 상호작용에서 일어난다는 것이다. 사회적 상호작용은 단순히 개인 내에 변화를 일으키는 외적 힘이 아니라 발달적 변화의 기제로 개념화된다. 비고츠키에 의하면, 발달적 변화는 사회적으로 공유된 과정이 내면화되면서 일어난다. 아동은 처음에는 사회적 파트너의 도움을 받아서 인지과제를 수행하지만 시간이 지나면서 이러한 사회적 상호작용은 점차 내면화되어 마침내 아동들은 스스로의 힘으로 과제를 수행할 수 있게 된다. 이처럼 심리적 기능은 처음에는 '정신간' (intermental; 사회적 상호작용에서 개인들 사이에) 수준에서, 나중에는 '정신내' (intramental; 개인내) 수준에서 일어난다.

비고츠키 이론의 두 번째 주요 주제는 인간행동이 문화적 도구에 의해 매개된다는 것이다. 여기에는 환경에 대해 무엇인가를 하기 위해 사용되는 기술적 도구와 사고에 사용되는 심리적 도구가 포함된다. 언어는 계획하기, 기억하기, 개념 형성하기, 문제해결하기, 행동 조절하기 등을 위한 수단으로 사용된다는 점에서 심리적 도구의 중요한 예이다.

현대 사회문화적 이론은 아동이 갖는 학습의 기회가 문화적 규준과 사회적 관습에 달려있음을 강조한다. 아동이 발달하는 사회와 문화적 맥락의 특징은 아동이 참여하는 활동에 영향을 미친다. 사회와 문화가 제공하는 틀 안에서 양육자들은 아동에 적합하다고 생각하는 활동과 사회적 상호작용을 선택하고 조직화한다.

현대 사회문화적 이론은 사회 · 문화적 학습에 요구되는 인지적 능력에 대해서도 접근한다. 이 가운데 하나가 상호주관성을 형성하는 능력인데, 상호주관성이란 상호주의와 의사소통 과정에서 이해를 공유하는 것이다. 상호주관성의 기초는 영아기초기부터 나타나지만 상호주관성을 형성하고 유지하는 능력은 아동기 초기에 계속 발달한다. 사회적 상호작용으로 학습하는 데 중요한 또 다른 능력은 다른 사람을 자신과 같은, 특히 자신이 가지고 있는 것과 같은 의도와 마음 상태를 가진 존재로 보는 것이다. Michael Tomasello에 의하면, 이러한 이해를 통해 세 가지 유형의 문화적 학습이 나타난다; (1) 모방학습: 같은 목표를 달성하기 위해 다른 사람의 행동을 재연하는 것, (2) 교수학습: 한 개인에서 다른 개인으로 직접적이고 의도적으로 정보가 전달되는 것, (3) 협동학습: 여러 명의 사람이 협동적이고 목표지향적인 문제 해결 과정에 참여하는 것.

현대 발달심리학에서 활발히 일어나는 많은 연구는 사회문화적 이론의 영향을 깊게 받거나 사회문화적 이론이 지표가 되어 왔다. 성인이나 또래와의 상호작용에서 일어나는 아동의 학습에 대한 연구는 사회적 상호작용에서의 차이가 학습의 결과와 어떻게 관련되는지를 다루고 있다. 성인이 아동과 상호작용할 때 성인은 아동의 학습을 촉진시킬 수 있도록 상호작용을 구조화한다. 실제, 성인과 아동 사이에서 상호작용이 민감하게 일어날 때 아동은 더 많은 것을 배우게 된다. 그러나 아동은 기술이 더 발전된 또래와의 상호작용이나 비슷한 수준의 기술을 가진 또래와의 상호작용 모두에서 많은 것을 배운다. 일반적으로 높은 수준의 상호개입이 일어나는 상호작용에서 학습이 더 많이 일어난다. 또한 연령, 과제난이도, 문화적 규준도 또래 협동 학습에 영향을 미친다.

성인-아동 상호작용에 대한 한 줄기의 연구는 문화적으로 가치가 있는 활동에서 성인이 어떻게 아동의 참여를 인도하는지에 대한 것이다. 교차문화적 연구는 인도된 참여의 과정은 아동이 그 문화에서 성인의 활동에 어떻게 통합되는지에 따라 달라짐을 보여준다. 아동이 성인의 활동에 참여하지 않는 공동체에서는 성인이 보통 사회적 상호작용을 구조화하고 종종 언어적으로 분명하게 지시를 한다. 아동이 성인의 활동에 참여하는 공동체에서 아동은 활동을 관찰하고 참여하려고 시도한다. 이런 공동체에서 양육자는 참여하려는 아동의 시도를 지원하고, 그들을 돕기 위해 말을 하지 않고 행동으로 보여준다.

심리적 도구로서 언어에 대한 연구는 행동에 대한 언어적 조정, 언어와 사고의 관계, 그리고 매개체계로서의 언어의 발달에 관심을 두고 있다. 아동은 문제를 탐색하거나 풀 때 소리 내어 말하는 '혼잣말'에서 잘 드러나는 것처럼 행동을 조정하기 위해 언어를 사용한다. 비고츠키에 따르면 혼잣말은 궁극적으로 자신과의 소리 없는, 내면화된 대화가 된다. 이처럼 많은 사고는 실제는 내면화된 언어이다. 이것이 맞다면 사람들이 사용하는 특정 언어의 특징은 습관적인 사고형태에 영향을 줄 것이다. 실제, 단어의미나 문법 형태에서의 차이가 언어가 개입되지 않는 사고만을 다루는 인지과제에서 차이를 가져온다는 증거가 있다. 심리적 도구로서 언어의 성질은 아동이 발달하면서 달라진다. 초기에 단어는 단순히 경험의 산물인 정신 모델을 명명하거나 표시하기 위해 사용된다. 나중에 언어는 경험하지 않았던 상황에 대한 새로운 정신 모델을 만드는 데 사용된다.

사회문화적 이론은 교육적 실천에 많은 것을 시사한다. 첫째, 아동의 지식은 지지적·사회적 상호작용을 할 때 과제를 수행하는 능력으로 개념화되어야 하고 독자적 수행보다는 상호작용에서 평가되어야 한다. 둘째, 사회문화적 이론은 (보다 나은 기술을 가진 또래와의 협동과 같은) 사회적 상호작용의 특정 유형이 학생들의 학습에 특히 도움이 된다는 것을 보여준다. 셋째, 사회문화적 관점은 아동이 문화적 도구를 사용하는 것을 어떻게 배우는지, 아동에게 그런 문화적 도구의 사용을 가르치는 방식의 차이가 아동들의 사고에 어떤 차이를 가져오는지에 관심을 두고 있다. 마지막으로, 사회문화적 이론은 교육상황에서 일어나는 사회적 상호작용을 관찰하고, 이해하고, 사회적 상호작용이 어떻게 지식의 변화를 일으키는지 이론화하기 위한 틀을 제공한다.

읽을거리

Brown, A. L., & Campione, J. C. (1996). Psychological learning theories and the design of innovative learning environments: On procedures, principles, and system. In L. Schauble & R. Glaser (Eds.), *Contributions of instructional innovation to understanding learning*. Hillsdale, NJ: Erlbaum. Brown과 Campione은 학습 프로그램의 공동체를 성공적으로 육성하는 데 기초가 되는 이론적 원리들을 설명한다.

Gauvain, M. (2001). *The social context of cognitive development.* New York: Guilford Press. Gauvain은 사회적 과정이 학습기제에 포함된다고 주장하고 주의하기, 기억, 문제해결, 계획과 같은 영역에서 이 입장에 대한 지지 증거를 개괄한다.

Rogoff, B. (1998). Cognition as a collaborative process. In D. Kuhn & R. S. Siegler (Eds.), *Handbook of child psychology: Vol. 2. Cognition, perception, & language* (5th ed.). New York: Wiley. 협동과 인지에 대한 문헌을 포괄적으로 개괄한 논문이다.

Tomasello, M. (1999). *The cultural origins of human cognition.* Cambridge, MA: Harvard University Press. Tomasello는 인간이 문화적 학습에 대한 독보적인 능력을 가지고 있고 이러한 능력 덕분에 그들이 속한 사회집단의 다른 구성원들과 인지적 자원을 나눌 수 있다고 주장한다.

Vygotsky, L. S. (1978). *Mind in society: The development of higher psychological processes* (M. Cole, V. John-Steiner, S. Scribner, & E. Souberman, Trans.). Cambridge, MA: Harvard University Press. 비고츠키 이론의 중심 생각, 이론을 검증하는 방법, 이론의 교육적 시사점을 보여주는 저서이다.

제 5 장
지각 발달

4개월 된 영아에게 나란히 놓인 스크린에 두 개의 영화를 동시에 보여주었다. 한 영화에서는 여자가 까꿍놀이를 하고 있었다. 이 여자는 손으로 얼굴을 가렸다 뗐다를 반복하면서 "자! 까꿍"이라고 말했다. 다른 영화에서는 손에 북채를 잡고 리듬에 따라 나무 블록을 쳤다. 실험자는 여자가 "까꿍" 하고 말하는 소리를 들려주거나 드럼 치는 소리를 들려 주었는데, 두 개의 소리를 동시에 들려주지는 않았다.

어쨌거나 4개월 된 영아는 어떤 소리가 어느 영화와 함께 들려야 하는지를 알고 있었다. 영아는 소리와 일치하는 영화를 그렇지 않은 영화보다 더 오래 보았는데, 이는 영아가 영화에 어울리는 소리를 알고 있음을 시사한다.

Spelke(1976)는 거의 모든 4개월 된 영아가 위의 영아처럼 행동한다는 것을 발견하였다. 그녀가 실험한 24명의 영아 중 23명이 소리에 맞는 화면을 그렇지 않은 화면보다 더 오래 응시하였다. 태어나서 6개월 동안에 영아는 보이는 것과 소리를 의미 있게 연결하였다.

이 예는 여러 측면에서 지각 발달에 대한 최근의 연구 결과를 대표하고 있다. 이 연구에 참여한 아동은 6개월이 채 안 된 영아들이었다. 이 연구자들은 단순한 실험절차를 사용했지만 인간의 본성에 대한 근본적인 질문을 던지고 있다. '사람은 생의 초기부터 보이는 것과 소리를 통합할 수 있는가?' 이 연구 결과는 어린 영아의 지각능력이 우리가 생각했던 것보다 훨씬 더 발달해 있음을 보여주었다.

이 장에서는 두 가지 주요한 주제를 다루고자 한다. 첫째, 지각기능은 놀랄 정도로 빠르게 성인 수준에 이른다. 신생아도 보고 듣고, 여러 감각 체계로부터 정보를 통합하고, 이러한 능력은 생후 첫해 동안에 계속해서 빠르게 발달한다. 둘째, 지각과 행동은 밀접하게 연결되어 있는 데 이러한 연결은 영아기부터 가능하다. 지각은 행동을 하는 데 필요한 정보를 제공해 주고, 행동은 발달하는 아동에게 지각적 정보를 생성해 준다.

지각과 인간의 본성. 지각 발달 연구는 인간 본성에 대해 근본적인 문제를 제기한다. 생물학적 유전 가능성은 사람들이 세상을 지각하는 방식에 어떤 영향을 줄까? 사람들의 경험은 어떤 영향을 미칠까? 생물학적 특성과 경험이 어떻게 상호작용할까?

John Locke나 George Berkely와 같은 경험주의 철학자들은 지각능력이 학습된 것이라고 제안하였다. 영아는 처음에 세상을 별개의 선과 각으로 경험할지 모른다. 그러다가 점차 이러한 선과 각이 물체를 구성한다는 사실을 배우게 된다. 훨씬 더 후에, 물체가 얼마나 떨어져 있는지를 추론하는 것을 배우는데, 이것은 물체가 어떻게 보이고 그 물체까지 기어가거나 걸어가는 데 얼마나 걸리는지를 주목하면서 가능해진다. 영아의 초기 지각능력이 아주 부족하다고 보는 경험주의 철학자의 생각에 근거하여 위대한 심리학자인 William James(1890)는 영아가 세상을 "윙윙거리는 거대한 혼란의 상태"로 경험한다는 가설을 세우게 되었다.

J.J. Gibson, Eleanor Gibson과 같은 이론가들(예, E.J. Gibson, 1969; E.J. Gibson & Pick, 2000; J.J. Gibson, 1979)은 영아기 때 생존에 필요한 지각능력이 가능하다고 가정하였다. 이 연구자들에 따르면, 동물과 마찬가지로 사람은 물체와 사건으로 구성된 환경에서 진화하기 때문에 사람은 생존을 위해 이러한 물체와 사건을 정확하게 지각하는 것이 필요하다는 것이다. 또한 생존을 위해서 이러한 지각이 동물의 행동을 이끌 필요가 있다. 예를 들어, 아동은 자기 앞에 놓인 땅이 올라서서 걸을 수 있는 지면(딱딱한 지면)인지 또는 걸을 수 없는 지면(물이나 벼랑)인지를 지각하여, 적절하고 안전한 행동을 선택하는 것이 필요하다. 그리하여 Gibson은 지각과 행동이 밀접하게 연결되어 있다고 가정하였다.

Gibson 이론은 생물학적 요인만을 강조하지 않았다. 이 이론은 지각 발달에서 학습의 중요성도 강조하였다. 이 관점에서 지각 학습은 환경에서 유용한 정보를 탐지하는 것을 학습하는 과정이다. 영아가 이러한 정보를 탐지하고 해석하는 능력은 경험을 통해 변화한다. 이와 동시에 영아가 발달하면서 수행해야 하는 행동과 움직임이 변화한다. 그리하여 지각 발달에 대한 Gibson의 관점은 생물학적 요인과 경험적 요인을 모두 인식하고 발달을 통한 지각과 행동과의 연결을 강조한다.

후속 연구들은 경험주의자보다는 Gibson 주장에 가까운 결과를 보여주었다. 생후 1개월 된 영아도 성인이 경험하는 것과 비슷하게 물체와 사건을 경험한다(Kellman, 1988; Slater, Mattock, & Brown, 1990). 현재의 모든 이론들은 사람이 세상을 특정한 방식으로 지각하도록 생물학적으로 준비되어 있으며, 많은 중요한 *지각능력*이 출생시부터 나타난다는 것을 인정한다. 또한 이 이론들은 지각능력의 발달에 경험이 중요하다는 것도 인정한다.

또한 후속 연구들은 지각과 행동이 생의 초기부터 밀접하게 연결되어 있다는 관점을 지지하고 있다(예, Bertenthal, 1996; Bertenthal & Clifton, 1998; Thelen, 1995). 예를 들어, 영아가 자기 앞에서 공이 굴러가는 것을 볼 때 그 공을 잡으려 손을 움직인다. 놀라운 것은 손을 뻗기 시작할 때 공이 현재 있는 곳이 아니라, 손을 다 뻗었을 때 그 공이 있게 될 곳을 향해서 손을 뻗는다는 점이다(von Hofsten, 1993).

지각과 행동이 연결된다는 증거는 행동적인 수준뿐만 아니라 신경생리적 수준에서도 분명히 나타난다. 시각체계에는 두 가지 주요한 하위 체계가 있다. 하나는 정보를 뇌의 측두엽으로 전달하는 *복부(ventral) 체계*인데, 이 체계는 시각 세계를 인식하고 표상하는 데 전문화되어 있다. 다른 하나는 정보를 두정엽으로 전달하는 *배부(dorsal) 체계*로, 이 체계는 행동을 유발하도록 지각 정보를 사용하는 데 전문화되어 있다(Goodale & Milner, 1992; Milner & Goodale, 1995). 이 두 체계는 생의 첫 6개월 안에 기능을 하게 된다(Johnson, Mareschal, & Csibra, 2001).

우리가 왜 환경을 이렇게 일찍 지각하는지를 생각해 볼 때 지각과 행동과의 관계를 완전히 이해할 수 있다. 움직이는 유기체는 지각을 통해 환경에서 효과적으로 행동할 수 있게 해주는 정보를 얻는다. 이로써 끊임없이 변화하는 세계와 계속 접촉할 수 있게 되는 것이다. 식물이 볼 수 없는 데에는 이유가 있다. 뿌리를 내리고 있는 범위를 벗어나서 움직일 수 없기 때문에 본다는 것이 별로 도움이 되지 않는다. 이에 반해, 움직이는 동물은 시각과 청각과 같은 감각체계가 음식을 얻거나 약탈자를 피하려는 기본 욕구를 충족시켜 줄 수 있다.

지각이 하는 일. 우리는 시각, 청각(듣기), 미각(맛보기), 후각(냄새맡기) 등의 많은 감각체계를 통해 세상을 지각한다. 그러나 감각의 종류에 상관없이 지각이 하는 일은 주의하기, 확인하기, 위치 파악하기의 세 기능으로 나누어 생각해 볼 수 있다. *주의하기(attending)*는 개인이 처한 상황에서 상세하게 분석해야 할 부분을 결정하는 일이다. *확인하기(identifying)*는 지각한 것을 인식하는 과정이다. *위치 파악하기*(locating)

표 5.1 이 장의 개요

- **I. 시각**
  - A. 시각적 패턴에 주의하기
  - B. 물체와 사건을 확인하기
  - C. 물체의 위치 파악하기
- **II. 청각**
  - A. 소리에 주의하기
  - B. 소리를 확인하기
  - C. 소리의 위치 파악하기
- **III. 감각간 통합**
  - A. 주의하기
  - B. 물체와 사건을 확인하기
  - C. 위치 파악하기
- **IV. 연대순 요약**
- **V. 지각과 행동**
  - A. 지각이 행동을 이끈다.
  - B. 행동이 지각 정보를 만든다.
- **VI. 요약**

는 지각된 물체나 사건이 얼마나 떨어져 있는지 그리고 관찰자를 중심으로 어떤 방향에 있는지를 결정하는 것이다. 행동을 효과적으로 유발한다는 목표하에서 이 기능들이 수행된다.

실례를 통해서 이 세 기능이 어떻게 다르며 또한 서로 어떻게 관련되는지를 더 분명하게 이해할 수 있다. 당신이 어떤 정글지대에 있는데 호랑이가 쫓아온다면, 호랑이에게 주의를 기울이고, 그것이 호랑이인지를 확인하고, 그 호랑이가 얼마나 멀리 떨어져 있는지 판단할 필요가 있다. 처음에는 주변 시야에서 보게 되는 흐릿한 움직임 때문에 호랑이에 주의를 기울이게 될지 모른다. 보다 조심스럽게 주의를 집중하고 나면 그 움직이는 물체가 호랑이라는 것을 확인하게 된다. 그 다음에 호랑이가 가깝게 그리고 빠르게 접근하는 것으로 그 위치를 파악하고 나면 더 신중하게 주의를 기울이게 된다. 주의하기, 확인하기, 위치 파악하기를 통해 얻은 정보는 나무로 올라갈지, 숨을지, 기도할지를 결정하는 데 사용된다. 이와 같은 일련의 적절한 행동 과정을 이끌어내는 데 주의하기, 확인하기, 위치 파악하기가 사용된다.

사람들은 수많은 감각을 통해 세상을 지각하지만 그 중에서 빛과 소리에 가장 많이 의존한다. 이 장에서는 시각과 청각(듣기)의 발달을 주로 살펴보고, 시각과 청각으로 들어오는 정보가 다른 감각으로 들어오는 정보와 어떻게 통합되는지도 살펴볼 것이다. 그리고 마지막 절에서 지각 정보가 행동을 이끄는 데 어떻게 사용되는지를 살펴볼 것이다. 지각에서 주요한 변화는 발달 초기에 주로 일어나기 때문에 이 장에서는 영아와 걸음마기 아동에게 초점을 맞출 것이다. 이 장의 구성을 표 5.1에 제시하였다.

시각

시지각 발달을 이해하기 위해서 성숙되어 있는 시각체계에 대해 먼저 알아보자. 시지각은 보통 환경에 있는 물체가 방출하거나 반사하는 빛에 의해 시작된다. 빛은 *각막(cornea)*과 *동공(pupil)*을 통과해 *수정체(lens)*로 간다(그림 5.1). 수정체는 빛을 굴절시켜 망막(retina)에 정확한 상이 맺히게 한다. 물체에 초점을 맞추기 위해 수정체의

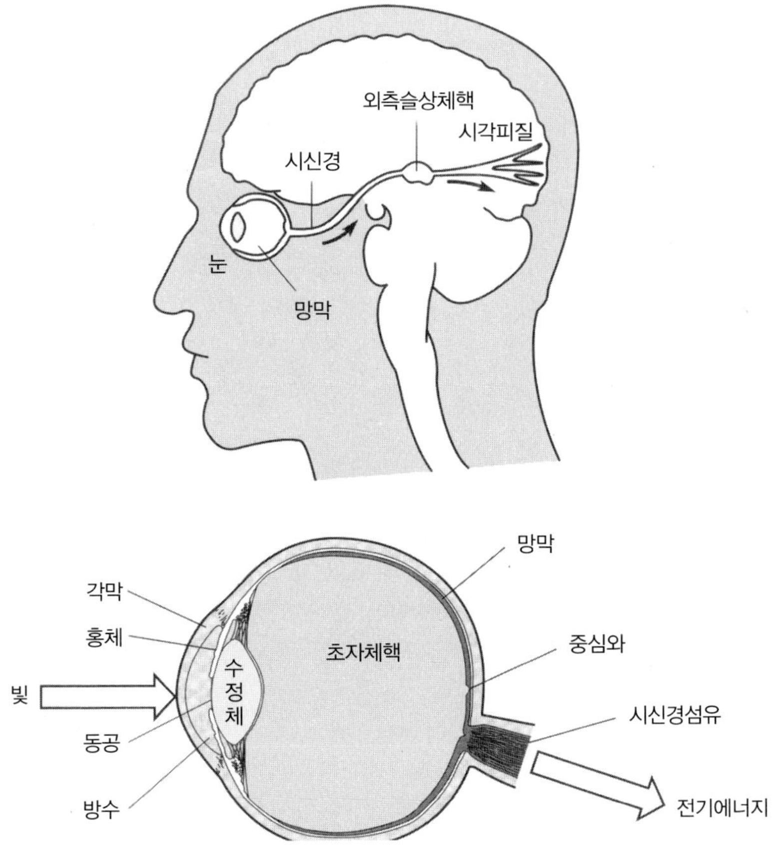

그림 5.1 시각체계 안에서의 정보의 흐름(위)과 눈의 상세도(아래).

모양이 변하는 것을 *조절*(accommodation)이라고 한다.

망막에는 *추상체*(cone)와 *간상체*(rod)라는 두 종류의 *빛수용기*(photoreceptor)가 있다. 추상체와 간상체는 모양 때문에 그런 이름이 붙여졌다. 추상체는 망막의 중앙 가까이에 있는 작고 둥근 부분인 *중심와*(fovea)에 집중적으로 분포되어 있는데, 여기가 시각이 가장 예민한 부위이다. 추상체는 빛의 파장에 따라 다르게 반응하는데, 색지각은 다른 유형의 추상체가 작용한 결과를 비교하면서 가능해진다. 추상체는 비교적 강력한 자극을 필요로 하기에 주로 밝을 때 작용한다. 이에 반해 간상체는 주로 망막의 말초 부분에 분포되어 있고 중심와에는 존재하지 않는다.

정보는 시신경(optic nerve)에 의해 망막에서 대뇌로 전달된다. 대뇌의 *시각피질*(visual contex)은 정보를 등록하고 또 시각적 장면을 표상하기 위해 새로운 정보와 이전의 정보를 통합한다.

성인의 시각체계를 기술하는 것이 시각 발달을 설명하는 이론적 틀을 제시해 줄 수 있지만, 발달적 관점에서는 여전히 많은 질문이 남아 있다. 예를 들어, 시지각은 눈이 변화해서 발달하는 것일까, 아니면 눈으로 들어오는 입력자극을 처리하는 대뇌가 변화해서 발달하는 것일까? 시각체계 내의 *피질하 구조*(망막, 시신경, 중뇌 등)는 대뇌가 성숙한 후보다 성숙하지 못한 초기에 지각에 더 큰 역할을 할까? 지각은 현재 지각할 수 있는 자극만을 직접적으로 처리할까, 아니면 이전 기억의 영향을 받을까 ?

사람들은 오랫동안 이런 질문에 대해 생각해 왔지만, 최근에 들어서야 이에 대한 답을 할 수 있게 되었다. 이렇게 발전하게 된 중요한 이유 중 하나는 영아의 시각능력을 보여주는 실험 방법이 발달했기 때문이다. 영아는 그들이 세상을 어떻게 보고 있는지를 말로 표현하지 못한다. 또한 지시도 따르지 못하기 때문에 성인이나 나이 든 아동의 지각을 연구하는 방법을 그대로 사용할 수 없다. 그러므로 영아의 지각능력을 연구하기 위해서는 영아의 능력을 보여주는 행동을 찾는 것이 필수적이다. 놀랍게도 흔히 볼 수 있는 눈 움직임이 영아의 지각적 세계를 보여주는 열쇠가 된다. 영아는 자신이 흥미를 느끼는 것을 보기 위해 눈을 움직이고 고개를 돌린다. 보다 자세히 볼 필요가 있는 물체를 확인하기 위해 지각적 정보를 사용하기 때문에 눈을 움직이고 고개를 돌리는 행동은 지각을 기초로 일어날 것이다.

연구자들은 영아의 시지각을 연구하기 위해 두 가지 중요한 방법, 즉 *보기 선호 패러다임*(preferential looking paradigm)과 *습관화 패러다임*(habituation paradigm)을 고안해 내었는데, 이 두 가지 방법은 모두 영아가 흥미를 갖는 것을 향해 머리를 돌린다는 사실을 이용한다. 보기 선호 패러다임에서는 영아에게 오직 한 가지만이 다른 두 개의 물체나 두 개의 사건을 나란히 보여주고 영아가 그 중 어느 것을 더 오래 보는지 관찰한다. 만약 영아가 어느 하나를 더 오래 본다면, 그는 두 물체 간의 차이를 지각한 것이다. 예를 들어, 영아에게 빨간색 공과 회색 공(빨간색 공과 다른 것은 다 같지만 색깔만이 다른 공)을 반복적으로 보여주었을 때, 영아가 빨간색 공을 계속 더 오래 본다면, 영아들은 두 색깔의 차이를 알아챈 것이다.

습관화 패러다임에서는 영아가 흥미를 느끼는 물체를 더 오래 보며, 성인처럼 계속 반복해서 제시되는 물체에 싫증을 낸다는 사실을 이용한다. 습관화 패러다임은 두 단계로 이루어진다. 첫째 단계는 친숙화 단계로서 동일한 물체를 반복해서 제시한다. 영아가 그 물체를 어느 기준 이상 보지 않으면 새로운 물체를 제시하는데, 이때 새로운 물체는 이전에 보여주었던 물체와 어느 한 면만이 다른 것이다. 새로 제시된 물체에 대해 영아의 관심이 되살아난다면, 영아는 이 두 자극 사이의 차이를 지각한 것이다. 이와 같은 단순한 연구방법들은 영아가 세상을 보는 방식에 대한 근본적인 질문에 답을 하는 데 많은 발전을 가져왔다.

시각적 패턴에 주의하기

출생하는 날부터 영아는 어떤 물체나 사건을 다른 물체나 사건보다 더 오래 바라본다. 이러한 선호는 발달에 아주 중요한 것 같다. 영아는 정보를 별로 주지 못하는 환경보다 정보를 제공하는 환경에 주의를 기울일 때 인지적으로 더 빨리 성장할 것이다. 그러나 정보를 제공하는 환경은 얼마큼의 정보를 주어야 하는 것일까? 영아는 세상에 대한 현재의 지식수준을 넘어서는 물체나 사건은 이해하지 못한다.

Cohen(1972)은 *주의를 끄는(attention-getting)* 자극의 특성과 *주의를 유지시키는(attention-holding)* 자극의 특성을 구분하였다. 처음에는 물체의 전체적인 물리적 특징이 주의를 끌지만, 물체에 주의가 지속되는지를 결정하는 것은 물체의 중요성이라는 것이 그의 생각이다. Cohen은 주의를 끄는 물체의 특성은 일생동안 동일하지만, 주의를 유지시키는 특성은 연령과 경험에 따라 변한다고 보았다. 예를 들면, 움직임은 영아뿐 아니라 성인의 주의를 끌지만, 주의를 유지시키는 특성은 영아와 성인 간에 큰 차이가 있었다. 다음에서 주의를 끄는 특성을 먼저 살펴보고 그 다음에 주의를 유지시키는 특성을 살펴보기로 한다.

정향반사. 밝은 빛을 보거나 갑작스럽게 큰 소리를 들을 때 사람들은 그것이 무엇인지 확인하기도 전에 그쪽으로 주의를 돌린다. 이러한 정향반사는 출생 시부터 나타난다. 정향반사는 즉각적으로 행동해야 하는 사건에 대해 빨리 반응하게 해준다는 점에서 적응적이다.

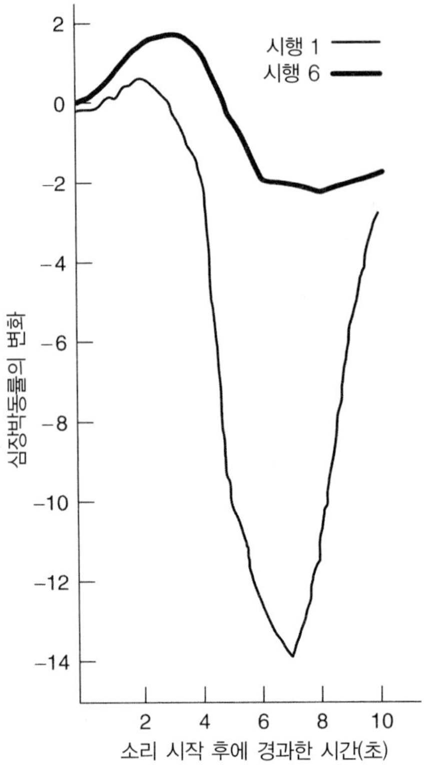

그림 5.2 대뇌피질 없이 태어난 영아의 정향반응. 그래프는 다른 사람이 말하는 것을 들은 후에 영아가 보이는 심장박동률의 변화를 나타낸다. 첫 시행에서 단어가 발음된 후 5초에서 7초 후에 영아의 심장박동률은 크게 감소하였다. 이것이 전형적인 정향반응 패턴이다. 6번째 시행에서 심장박동률은 거의 변화하지 않았다. 이처럼 이 영아는 대뇌피질이 없음에도 불구하고 소리에 습관화되었던 것이다 (Graham, Leavitt, Strock, & Brown, 1978에서 인용).

정향반사는 대뇌피질이 통제하기도 하지만, 피질하 영역이 통제하는 것이 보다 더 전형적이다. 이러한 결론은 대뇌피질이 없이 태어난 *무뇌증* 영아 연구로부터 나왔다 (Graham, Leavitt, Strock, & Brown, 1978). 대뇌피질이 없는 영아도 새로운 자극에 대한 정향반사를 보였고 또한 익숙한 자극에 대해 습관화되었다. 그림 5.2에서 볼 수 있듯이, 영아의 심장박동률은 말소리가 들리고 난 후 5초에서 7초 사이에 크게 감소했지만 (전형적인 정향반사), 소리가 6번 들리고 난 후에는 이러한 반응을 보이지 않았다. 이 영아들은 대뇌피질이 없기 때문에, 이들이 정향반사와 습관화를 보인 것은 대뇌피질의 활동 없이도 이러한 반응이 일어날 수 있음을 보여준다. 즉 피질하 기제만으로도 두 반응은 충분히 일어나는 것 같다.

흥미롭게도, Graham 등이 연구한 대뇌피질이 없는 1개월 된 영아의 정향반사와 습관화 반응 패턴은 정상 아동에게서보다 먼저 나타났다. 이들이 보인 반응은 전형적으로 2개월 된 정상아들에게서 볼 수 있는 것들이었다. 따라서 Graham 등은 발달의 아주 초기 단계에서는 대뇌피질의 활동이 정향반응을 촉진시키기보다 오히려 방해할지 모르기에, 대뇌피질 없이 태어난 신생아가 특이하게도 더 빠른 발달을 보였을지 모른다고 결론지었다.

주의하기의 드러난 배치와 숨겨진 배치 물체나 사건이 주의를 끌 때 그것을 보기 위해 몸을 돌리는 일이 자주 있다. 그러나 어떤 때에는 어떤 것을 보고 있지만 마음은 다른 것을 생각하고 있기도 한다. 이런 경우에 주의는 숨겨져 나타나는 것이다.

영아가 자기가 보고 있는 것이 아닌 다른 것에 주의를 기울일 수 있는지를 알기 위해서는 아주 독창적인 방법을 개발해야만 했다. Johnson, Posner, Rothbart(1994)는 그러한 방법을 고안해 냈다. 그들은 4개월 된 영아에게 주변 시야의 한쪽에 다이아몬드를 보여주고, 0.5초 후에 반대 쪽 시야에 흥미를 끄는 '삑' 하는 소리를 내며 돌아가는 색칠한 바퀴를 제시하는 훈련을 하였다. 이 훈련에서 다이아몬드가 보이면 그것은 반대편에 바퀴가 나타난다는 것을 의미한다. 다이아몬드는 아주 짧게 제시되어, 영아가 그것을 직접 보기 위해 눈을 움직일 수 없었다. 영아는 바퀴가 나타나기 전에 다이아몬드 있는 쪽을 보는 일이 거의 없었다. 그러나 일부 시행에서는 다이아몬드를 반대편에 제시한 직후에 색칠한 바퀴를 제시하였다. 영아가 다이아몬드 쪽을 보고 있지는 않았지만 주의는 기울이고 있었다면, 바퀴가 나타난 반대편 쪽으로 빨리 눈을 움직일 수 있을 것이다. 결과는 예측과 일치하였다. 4개월 된 영아는 다이아몬드를 직접 보고 있지는 않았지만 그것에 주의를 기울이고 있었다. 이러한 결과는 영아가 드러나게 주의를 기울일 수 있을 뿐만 아니라 드러나지 않게도 주의를 기울일 수 있다는 것을 보여주었다.

환경 주사의 규칙들. 태어난 뒤 처음 며칠 동안에도 영아는 시야에 보이는 물체를 단순히 보는 것이 아니라 적극적으로 흥미로운 자극을 찾는다. Haith (1980)는 신생아가 환경에서 눈길을 끄는 것들을 찾기 위해 다음의 다섯 가지 규칙을 알고 있는 듯이 행동한다고 하였다.

1. 깨어있고 각성된 상태이고 빛이 지나치게 밝지 않으면, 눈을 떠라 .
2. 눈을 떴을 때 어두우면, 주변을 철저하게 또 상세하게 주사하라.
3. 눈을 떴을 때 밝으면, 주변을 골고루 폭넓게 주사하라.
4. 모서리를 발견하면, 폭넓게 주사하는 것을 멈추고 모서리 주위를 집중적으로 계속 주사하라. 할 수 있으면 모서리를 가로질러 다른 쪽도 살펴라.
5. 모서리 근처를 주사하고 있을 때, 윤곽이 많이 있으면 눈을 모서리에 직각이 되는 지점으로 고정시키라.

영아는 이러한 규칙들을 따름으로써 환경의 흥미로운 부분에 주의를 기울일 수 있지만 그 밖의 다른 부분들은 보지 못하게 된다. 특히 이러한 규칙들을 따르기에 영아

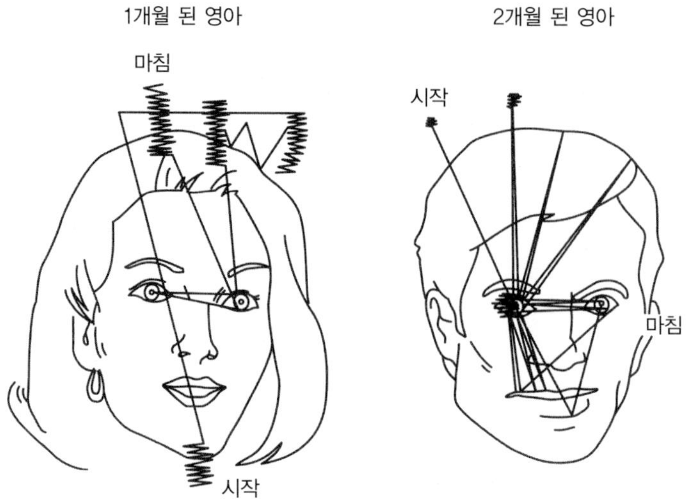

그림 5.3 1개월 된 영아와 2개월 된 영아의 사람 얼굴에 대한 시각적 주사(Salapatek, 1975). 왼쪽 그림에서 턱과 머리카락에 직선이 몰려있는 것은 1개월 된 영아가 외부 윤곽에 집중하고 있다는 것을 보여준다. 오른쪽 그림에서 입과 눈에 직선이 몰려있는 것은 2개월 된 영아가 내부 특징들에도 집중한다는 것을 보여준다.

는 물체의 윤곽은 주사하지만 내부는 주사하지 못한다. 예를 들어, 그림 5.3에서 볼 수 있듯이, 1개월 된 영아들은 얼굴과 눈의 외부 윤곽을 주사하며, 2개월이 되어서야 내부의 상세한 부분에 주의를 기울였다(Haith, Bergman, & Moore, 1977; Salapatek, 1975).

영아의 주의에서 다른 변화와 마찬가지로, 연령에 따라 주사 형태가 변하는 것은 대뇌의 시각피질과 피질하 시각구조의 성숙 속도가 다르기 때문이다(Bronson, 1974). 시각적 주사는 시각피질에 의해 통제될 수도 있고 상구(superior colliculus)와 같은 피질하 구조에 의해 통제될 수도 있다. 출생 시에는 피질하 구조가 더 성숙해 있기에 출생 후 첫 몇 달 동안 주의를 결정하는 데 더 큰 역할을 하는 것 같다. 피질하 기제가 특히 시각 정보에 민감하기 때문에, 영아는 얼굴과 같은 대상의 윤곽이나 대비가 뚜렷한 눈과 같은 자극에 더 많은 주의를 기울이게 된다.

피질하 기제가 생후 첫 1~2개월 동안에 주의를 기울이는 데 특별히 중요한 역할을 한다는 관점을 지지해 주는 증거들이 있다. 그중 한 증거는 시각피질이 출생 시에는 해부학적으로 미성숙하다는 점이다. 신생아 뇌의 시각피질이 보는 곳을 직접 선택해 줄만큼 충분히 발달되어 있는지가 분명치 않다. 두 번째 증거는 신생아의 피질하 영역, 특히 중뇌가 바로 전에 주의를 기울였던 곳으로 되돌아가지 않도록 주의를 배치해

준다는 사실이다(Valenza, Simon, & Umilta, 1994). 셋째, 생후 1년 동안 피질이 성숙해지면서 피질 운동을 요구하는 다양한 주의 과제를 성공적으로 수행할 수 있게 되고, 이 과제를 수행하는 동안의 뇌 활동을 분석해 보면 두정엽과 같은 피질 부위의 대사 활동이 증가하는 것을 볼 수 있다(Chugani, Phelps, & Mazziotta, 1987; Posner, Rothbart, Thomas-Thrapp, & Gerardi, 1998). 이러한 증거들은 시각적 주의의 배치를 처음에는 피질하 구조가 담당하다가 후에는 대뇌피질이 담당하는 방향으로 변화한다는 것을 보여주고 있다. 이 주장은 영아기 초기에 시각적 주의에 피질이 작용하지 않는다는 것이 아니라, 피질하 기제가 우세하다는 것을 시사한다는 점을 주목할 필요가 있다.

자극의 복잡성. 어떤 물체나 사건이 일단 주의를 끌고 난 뒤에 어떤 특성이 그 물체나 사건에 계속해서 주의를 유지시키는 것일까? 주의를 유지시키는 특성 중 하나는 자극의 강도를 완화시키는 것이다. 적당하게 밝은 물체, 아주 침침한 물체, 아주 밝은 물체를 제시하고 선택을 하게 하면, 심지어 태어난 지 하루 또는 이틀 된 영아도 적당히 밝은 물체를 선호한다(Lewkowicz & Turkewitz, 1981). 더 놀라운 사실은 그러한 물체를 제시하기 전에 영아에게 큰소리를 들려주면, 영아의 선호가 침침한 물체 쪽으로 바뀐다는 점이다. Maurer와 Maurer(1988)는 영아가 입력되는 전체 자극의 양을 조절하기 때문에 이런 현상이 나타난다고 보았다. 큰소리와 침침한 물체가 더해지면 적정 수준의 자극이 된다. 이러한 해석과 일치하여, Maurer와 Maurer는 세 가지 감각(예, 빛, 소리, 촉감)의 양을 동시에 약간씩 증가시키면 세 가지 감각 중 하나(예, 소리)를 대폭 증가시키는 것과 같은 효과가 나타남을 발견하였다.

영아는 적당한 수준으로 자극을 받는 것을 선호할 뿐만 아니라, 지나치게 단순하거나 지나치게 복잡한 물체보다는 적당한 정도로 복잡한 물체를 선호한다. 물론 적당하게 복잡하다는 의미는 영아가 발달하면서 변한다. 2개월 된 영아에게 적당하게 복잡한 상황이 6개월 된 영아에게는 지나치게 단순할 수도 있다. 이러한 관찰들에 근거하여 *적정 불일치 가설(moderate-discrepancy hypothesis)*이 생겨났다. 즉 영아는 자신이 가지고 있는 기존의 능력이나 지식과 적당하게 차이가 나는 물체를 가장 흥미롭게 본다는 것이다(Greenberg & O' Donnell, 1972; McCall, Kennedy, & Applebaum, 1977).

적정 불일치 가설과 일치하는 결과들이 많이 있다. 나이가 많아지면 영아는 더 복잡한 자극을 점점 더 오래 본다. 예를 들어, 영아에게 체크무늬판을 보여준 연구에서 3주 된 영아는 8×8판보다 2×2판을 더 오래 보았다. 이에 반해 14주 된 영아는 더 복잡한 8×8 판을 더 오래 보았다(Brennan, Ames, & Moore, 1966). 또한 특수한 형태에 대한 친숙성도 선호에 영향을 준다. 4개월 된 영아에게 처음에 2×2 판과 24×24 판을 보여 주었을 때, 이 영아들은 단순한 2×2 자극판을 선호했다. 그러나 두 자극판이 반복적으로 제시된 후에 영아는 좀 더 복잡한 24×24 자극판을 선호하였다(DeLoache, Rissman & Cohen, 1978). 복잡성을 다루는 영아의 능력이 발달함에 따라 영아는 더 복잡한 것을 선호하게 된 것이다.

적정 불일치 가설이 관심을 끄는 이유 중 하나는 이 가설이 인지발달의 모든 측면을 설명해 줄 수 있는 기제이기 때문이다. 사람들이 현재의 이해 수준을 약간 넘어서는 자극에 주의를 기울이도록 프로그램되어 있다면, 사람들은 계속해서 더 정교하게 발달하는 쪽으로 가게 될 것이다. 어떤 영역에서 이해할 수 있는 10개의 수준이 있다면 사람들은 처음에 가장 단순한 수준으로 이해할 수 있는 자료에 주의를 기울이다가, 다음에는 그 다음으로 복잡한 수준으로, 그 다음에는 그 다음으로 복잡한 수준으로 이해할 수 있는 자료에 주의를 기울일 것이다. 사람들은 학습을 위한 경험을 적절한 순서로 선택함으로써 발달을 효과적으로 조정할 수 있다. 그러나 영아의 지식을 측정하는 것은 어렵기 때문에 영아의 지식으로부터 적당하게 떨어져 있는 경험이 무엇인지 알기 어렵다. 따라서, 현재 적정 불일치 가설은 과학적으로 증명되었다기보다는 가능성을 보여주는 흥미로운 가설이다.

예측(expectation). 영아는 출생 후 첫날부터 현재뿐만 아니라 미래를 지향한다. 예를 들어, 세상의 미래 상태를 예측하기 때문에 영아는 움직이는 물체가 움직임을 시작할 때 그 물체가 있던 장소가 아니라 물체가 있게 될 장소로 손을 뻗게 된다(von Hofsten, 1993).

영아가 적어도 3개월이 되면 어디에서 흥미로운 일이 일어날지를 예측하게 되고, 사물을 바라볼 때 이러한 예측을 사용한다. 이러한 사실은 흥미를 끄는 그림의 위치를 규칙적으로(왼쪽-오른쪽-왼쪽-오른쪽…) 또는 예측할 수 없는 방식으로 바꾼 일련의 연구에서 밝혀졌다(Canfield & Haith, 1991; Haith, 1993; Haith, Hazan, & Goodman, 1988). 규칙적인 패턴을 보았던 3개월 된 영아들은 1분이 채 되지 않아 규칙적으로 변화하는 패턴을 탐지하고 이러한 기대를 사용하여 다음에 그림이 어디에 나타날지 예측하였다. 이 영아들은 그림의 위치가 불규칙하게 변한 것을 보았던 영아들보다 그림이 오른쪽에 나타난 뒤에 왼쪽을 더 많이 바라보았다.

3개월 된 영아는 좀 더 복잡한 패턴을 보여주었을 때에도 자극이 나타나는 위치를 기대할 수 있었다. 예를 들어, 영아에게 그림의 위치가 2:1의 방식(LLRLLR…)으로, 또는 3:1의 방식(LLLRLLLR…)으로 달라지는 것을 보여주었다. 3개월 된 영아는 그림의 위치가 1:1의 방식(LRLR…)으로 달라질 때 순서를 탐지했던 것처럼, 그림의 위치가 변하는 순서를 발견하고 이 순서를 이용하여 그림의 위치를 예측하였다. 이에 반해, 2개월 된 영아는 이러한 순서를 예측하지 못했다. 이처럼 영아의 기대는 발달에 따라 달라졌다.

요약. 그러면 영아기에 일어나는 시각적 주의의 발달에 대해 어떤 결론을 내릴 수 있을까? 큰소리, 밝은 빛, 환경의 변화와 같은 특정 사건들은 성인뿐만 아니라 신생아의 주의도 끈다. 이러한 사건이 없을 때에도, 신생아는 환경의 가장 중요한 정보에 주의를 기울이면서 환경을 주사한다. 예를 들어, 영아는 물체 내부의 상세한 부분보다는 물체의 윤곽에 눈을 고정시킨다. 눈이 다른 곳을 향해 있을 때에도 주의는 드러나지 않게 다른 곳을 향할 수 있다. 생의 초기부터 적정 수준의 자극에 대한 선호와 영아가 가지고 있는 예측이 영아의 주의를 결정한다.

물체와 사건을 확인하기

영아는 물체와 사건을 어떻게 확인하는가? 영아의 시력, 그리고 물체의 움직임이나 색깔 등이 확인하는 과정에 영향을 미친다. 사람들은 얼굴이나 동물의 움직임과 같이 자신에게 중요한 사건이나 물체를 잘 알아보는 능력을 가지고 태어나는 것 같다. 여기에서는 이러한 요인들이 어떻게 물체와 사건을 확인하는 과정에 영향을 미치는지 살펴본다.

시력(visual acuity). 물체나 사건을 확인하는 데 가장 중요한 능력은 끊임없이 밀려드는 시각 자극의 흐름 속에서 물체나 사건을 구별하는 능력이다. 이러한 능력을 구성하는 요인 중 하나가 시력 또는 자세한 부분까지 정교하게 지각하는 능력이다. 시력은 자극의 유사성과 차이점을 보다 분명하게 볼 수 있게 해준다. 보통, 시력을 측정하기 위해 안과에 걸려있는 스넬렌 시력표를 사용한다. 20피트(6.096미터) 떨어진 곳에서 읽을 수 있는 글자가 기준점으로 사용된다. '정상' 시력을 가진 사람이 150피트(약 45.7미터)에서 읽을 수 있는 글자를 20피트에서 읽을 수 있다면 시력은 20/150이 된다.

영아의 시력은 시력표를 사용하여 측정할 수 없고 사물에 대한 선호를 통해 알 수 있다. 거의 모든 영아는 회색면보다는 검은 줄과 흰 줄이 번갈아 있는 면을 더 오래 바라볼 것을 예측해 볼 수 있다. 영아에게 한쪽에는 회색면을, 그리고 다른 쪽에는 여러 줄로 구성된 면을 보여주고 영아가 여러 줄로 된 면을 더 오래 보는지를 살펴보았다.

그림 5.4 1주일 된 영아가 회색면과 구별할 수 있는 가장 정교한 줄(Maurer & Maurer, 1988).

이를 통해 영아가 차이를 알아보는 데 필요한 줄 사이의 간격 즉 *공간 빈도(spatial frequency)*가 어느 정도인지를 결정할 수 있었다.

이런 방법으로 얻은 결과는 신생아가 20피트에서 볼 수 있는 정도는 20/20 시력을 가진 성인이 660피트(약 201미터)에서 물체를 볼 수 있는 정도라는 것을 보여주었다(Courage & Adams, 1990). 따라서 이 때 시력은 20/660이다. 평균 시력은 2개월에 20/300, 4개월에 20/160, 8개월에 20/80으로 증가한다. 8개월 된 영아의 20/80 시력은 안경을 꼭 쓸 필요는 없지만 쓰면 더 잘 볼 수 있는 성인의 수준이다. 그림 5.4에 어린 영아가 시각적으로 볼 수 있는 정도를 나타내었는데, 이것은 1주일 된 대부분의 영아가 1피트(약 30센티미터) 떨어진 곳에서 회색면과 구별할 수 있는 가장 정교한 수준의 줄이다(Maurer & Maurer, 1988). 이 정도의 시력으로는 물체의 윤곽은 볼 수 있지만 세부적인 부분들은 볼 수 없다.

형태를 지각할 때 영아와 성인의 시각능력 차이는 절대적인 민감성 때문이 아니라 가장 큰 민감성이 어디에서 나타나는가에 달려 있다. 1개월 된 영아는 가장 낮은 공간 빈도(넓게 떨어져 있는 줄)에서 가장 민감하다. 그 후 몇 개월 동안 민감성은 공간 빈도가 더 높아질수록(더 가까워진 줄) 최고가 된다. 이것은 1개월 된 영아가 아주 엉성한 외곽선에 가장 민감하지만 그 이후에는 점점 더 상세한 패턴에 민감해진다는

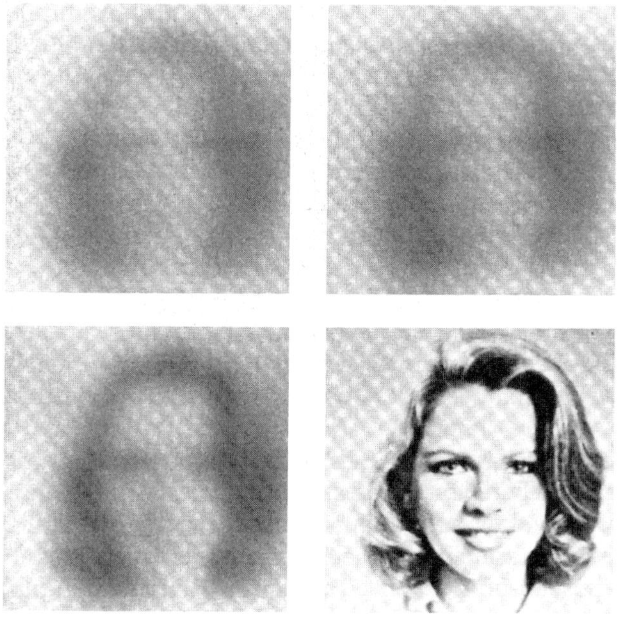

그림 5.5 5피트(약 1.5미터) 떨어진 곳에서 1, 2, 3개월 된 영아와 성인에게 보이는 여자의 얼굴(Ginsburg, 1983). Martin Banks 박사 사진 제공.

것을 의미한다. 그림 5.5에 나타나 있듯이, 영아가 여자 얼굴을 보는 시력에서 이러한 변화를 볼 수 있다.

시력은 시각 세계를 경험하면서 발달한다. 태어날 때부터 백내장 때문에 시각 정보를 받아들이지 못하는 영아들에게서 이러한 증거를 볼 수 있다. 생의 첫 6개월 내에 백내장 수술을 받고 난 후 콘택트렌즈로 시력 교정을 받은 영아들은 적절한 시각 정보를 받을 수 있게 된다. 수술 직후의 영아의 시력은 신생아 시력과 다를 바 없다. 그러나 수술 후 1시간만 지나도 시력은 빠르게 회복되고 그 후 수개월 동안 계속 좋아진다(Maurer, Lewis, Brent, & Levin, 1999). 이와 같이 시각 경험이 시력발달에 중요하다.

움직임(motion). 영아는 움직이는 물체에 많은 주의를 기울이고(Volkmann & Dobson, 1976), 움직임에 대한 민감성은 연령에 따라 증가한다(Dannemiller, 2000; Roessler & Dannemiller, 1997). 신생아도 움직이는 물체를 유연하게 따라가는 능력이 있지만, 처음에는 천천히 움직이는 큰 물체만을 따라갈 수 있다(Dayton & Jones, 1964; Dayton et al., 1964). 더 작고 더 빨리 움직이는 물체에 대해 어린 영아들의 눈 움직임이 유연하지는 않다. 그들은 물체가 움직이고 난 후에 이전에 물체가 있었던 장소에 일, 이초 동안 눈을 고정시킨다. 그런 뒤 물체가 있는 새로운 장소 쪽으로 눈을 확 움직이는데, 이 움직임이 정확하지는 않다. 나이가 들면서 영아들은 머리와 눈을 돌려서 움직이는 물체를 유연하게 따라갈 수 있게 된다(Aslin, 1981; von Hofsten & Rosander, 1996, 1997). 시각적으로 유연하게 따라갈 수 있는 능력의 발달은 시각적 자극에 주의를 유지시키는 능력의 발달과 일치한다(Richards & Holley, 1999).

움직임에 주의를 기울이는 성향은 사람들이 환경에 적응하는 것을 돕기 위해 지각 시스템들이 어떻게 진화해 왔는가를 보여준다. 진화해 온 세계에서 움직이는 물체는 대개의 경우 위험한 동물이거나 군침이 도는 먹이이거나 또는 중요한 사건일 수 있다. 움직이는 물체에 주의를 집중하고 또 그 물체에 계속 주의를 기울이는 것은 동물의 생존에 아주 중요하다.

움직임은 사람들이 물체를 알아보는 데 도움을 주기 때문에, 움직임이 주의를 끈다는 사실은 유용한 정보이다. 직관적으로 생각하면, 움직이는 물체를 알아보는 것이 정지해 있는 물체를 알아보는 것보다 더 어려울 것 같다. 하지만 J.J. Gibson(1966)은 물리적 환경에서 사용할 수 있는 모든 정보를 분석한 뒤에, 움직여도 변하지 않는 물체의 특성에 대한 중요한 정보를 움직임 속에서 찾아낼 수 있다는 사실을 지적하였다. 그 한 예는 한 물체의 모든 부분은 같이 움직인다는 사실이다. 따라서 물체가 움직일 때, 한 물체의 여러 부분들을 통합하여 하나로 지각하는 것이 세부적인 부분을 지각하는 것보다 영아에게 더 쉬울지도 모른다.

후속 연구들은 이 분석이 옳다는 것을 보여 주었다. 영아는 움직임이 주는 정보를 근거로 하여 물체를 하나의 실체로 지각하는 것 같다(Kellman & Short, 1987; Kellman & Spelk, 1983). 예를 들어, 3개월 된 영아는 어떤 물체가 움직인다면 그 물체를 별개의 것으로 지각하지만 똑같은 물체가 정지된 상태에 있다면 그렇게 지각하지 못한다(Spelke & van de Walle, 1993). 이처럼, 움직임은 영아의 주의를 끌 뿐 아니라 영아가 보고 있는 사물이 무엇인지 알게 도와준다.

색(color). 성인은 빛에서 400나노미터(nm)에서 700나노미터 사이의 파장을 볼 수 있다. 그들은 특정한 파장을 특정한 색으로 본다. 예를 들어, 성인은 450~480nm의 파장은 파란색으로, 510~540nm 파장은 녹색으로, 570~590nm 파장은 노란색으로, 615nm~650nm 파장은 빨간색으로 지각한다. 성인은 어떤 파장은 혼합색으로 지각하지만 (예를 들어 500nm는 파란색을 띤 녹색) 대부분의 색을 한 가지 분명한 색으로 지각한다.

색은 '범주적 지각' 현상을 보여주는 영역이다. 범주적 지각에서 범주 간 차이는 범주 내 차이보다 더 크게 지각되는데, 이것은 파장의 물리적 차이가 같을 때에도 그러하였다. 예를 들어, 녹색과 노란색을 짝지어 보여주고, 녹색과 노란색 사이의 물리적 차이만큼 차이가 나는 다른 색조의 노란색끼리 짝지어 보여주었을 때, 사람들은 녹색과 노란색 사이의 차이를 노란색끼리의 차이보다 더 크게 지각하였다. 말소리 지각(Eimas, Siqueland, Jusczyk, & Vigorito, 1971)과 정서의 얼굴표현 지각(Etcoff & Magee, 1992; Pollak & Kistler, 2002)과 같은 다양한 영역에서 범주적 지각에 대한 증거가 제시되었다.

언어마다 색 이름을 다르게 붙이기 때문에, 인류학자들은 파장을 색 범주로 구분하는 방식이 문화에 따라 다를 것이라고 추측했다. 즉 다른 문화권에 사는 사람들은 같은 파장을 다른 색으로 분류할 수도 있다는 것이다. 하지만 영아의 지각이나 다른 영역에 대한 후속 연구들은 이 견해가 틀렸다는 것을 보여 주었다. Bornstein, Kessen, Weiskopf(1976)는 4개월 된 영아에게 특정 파장의 빛을 흥미를 잃어서 더 이상 바라보지 않을 때까지 반복해서 보여 주었다. 그러고 난 뒤 원래의 파장에서 물리적으로 같은 정도로 떨어진 두 파장의 빛 중 하나를 보여 주었다. 성인들에게 이 두 파장 중 하나는 원래의 빛과 다른 색으로 보이지만, 다른 하나는 원래의 빛과 같은 색이지만 색조가 다른 것으로 보였다.

영아는 성인이 다른 색으로 본 빛을 색조만 다르게 본 빛보다 더 오래 보았다. 그 후 신생아도 몇 가지 색을 구별한다는 결과(Adams, 1987)와 1개월 된 영아가 전체 스펙트럼상에서 색을 구별한다는 결과(Clavadetscher, Brown, Ankrum, & Teller, 1988)를 얻었다. 영아도 성인처럼 색을 범주적으로 지각하고 성인이 구별하는 색의 경계와 같은 곳에서 경계를 짓는다. 특정 색에만 반응하는 세포의 발견(DeValois & DeValois, 1975), 세상 모든 곳의 사람들이 같은 파장을 같은 색으로 분류한다는 관찰(Berlin & Kaye, 1969)과 더불어, 이 결과는 생물학적 요인이 색을 지각하는 방식에 중요한 역할을 한다는 것을 보여 준다.

사회적 지각(social perception). 어머니, 아버지, 다른 사람의 얼굴에 대해 주의를 기울이는 것은 영아 발달에서 독보적인 역할을 하는 것으로 가정되어 왔다. 1개월경에 영아들은 다른 자극보다 얼굴을 더 좋아한다. 하지만 최근까지 영아가 이러한 선호를 보이는 것이 얼굴을 얼굴로 보기 때문인지 또는 얼굴에 영아가 좋아하는 특징이 있기 때문인지 밝혀지지 않았다. 아기들은 대칭적이고, 대비가 크고, 소리를 내는 것과 같은 얼굴의 여러 특징을 좋아한다. 영아가 사람 얼굴을 좋아하는 것은 얼굴을 얼굴로 지각해서라기보다는 이러한 특징을 좋아하기 때문일 수도 있다.

그러나 Dannemiller와 Stephens(1988)의 주목받는 연구는 적어도 3개월 된 영아

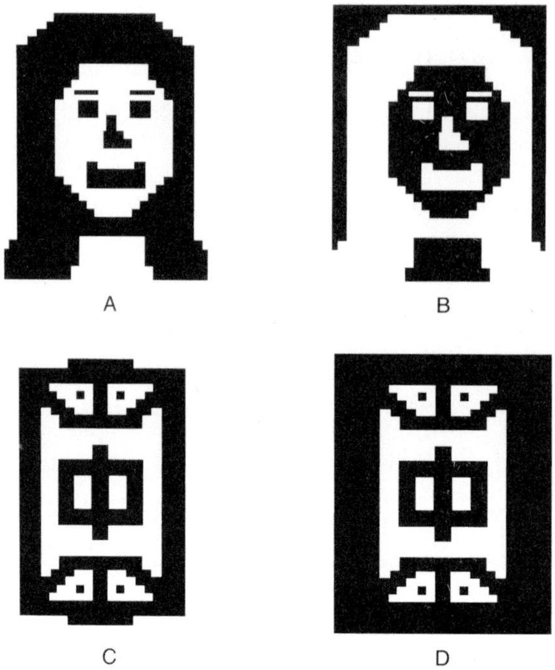

그림 5.6 Dannemiller와 Stephens(1988)가 영아들에게 보여준 자극. A와 B는 음양이 반대라는 것 외에는 똑같지만, A가 성인에게 더 얼굴처럼 보이며 12주 된 영아들의 주의를 더 끈다. 영아들은 C와 D 중 어떤 것도 더 좋아하지 않았는데, 영아가 A를 더 좋아하는 것은 두껍고 검은 가장자리를 가진 자극을 좋아해서가 아니라 A가 더 얼굴처럼 지각되기 때문임을 보여준다.

에게 얼굴이 특별한 자극이라는 사실을 밝혀주었다. 6주와 12주 된 영아들에게 그림 5.6에 있는 컴퓨터로 그린 자극을 보여 주었다. 자극 A와 B는 동일하나 음양만이 반대이다. 그럼에도 불구하고, 대부분의 성인은 그림 A를 더 얼굴처럼 지각했다. 6주 된 영아들은 두 그림을 비슷한 정도로 바라보았다. 그러나 12주에는 더 얼굴처럼 보이는 그림 A를 선호했다. 영아들은 그림 5.6C와 그림 5.6D 중 어느 것도 선호하지 않았다. 12주가 되었을 때 영아들이 얼굴처럼 보이는 그림 5.6A를 선호하게 된 것은 이들이 두껍고 검은 가장자리나 가운데의 검은 색 모양을 선호하기 때문은 아니다. 따라서 12주 된 영아들은 얼굴을 얼굴로 보는 것 같았고, 적어도 부분적으로는 얼굴이기 때문에 그 그림을 더 바라보는 것 같았다.

더 어린 영아들도 얼굴을 보는 것을 좋아했는데, 그들의 주의를 끌기 위해 얼굴에 눈, 코, 입이 꼭 있을 필요는 없었다. 어린 영아에게는 눈이 있어야 할 곳에 두 개의 검은 점이 있고, 입이 있어야 할 곳에 또 다른 검은 점이 있으면 되었다. 신생아들은 그림 5.7C와 D 같은 자극보다 그림 5.7A와 B 같은 자극에 더 많은 눈길을 보냈다(Johnson & Morton, 1991). 최근 연구에서도 이와 비슷한 결과를 보여주었는데, 평균 53분 된 신생아들도 그림 5.7B와 같은 자극을 그림 5.7C와 같이 점이 반대로 찍힌 자극보다 더 좋아하였다(Mondloch et al., 1999). 그러나 이 신생아 집단은 그림 5.6A와 B와 같이 명암이 바뀐 자극들에서 어떤 자극도 선호하지 않았다.

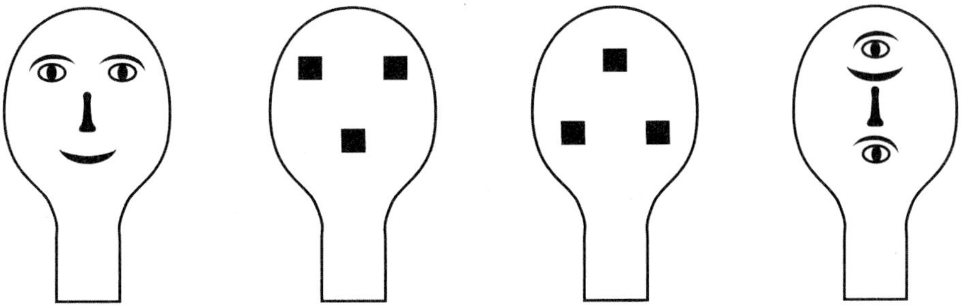

그림 5.7 Johnson과 Morton(1991)이 신생아에게 보여준 4가지 '얼굴들'

이러한 결과들은 신생아의 주의를 얼굴로 향하게 해주는 생득적인 기제가 있을지도 모른다는 것을 제안하게 해준다. 이 기제가 명암 대비로 인해 얼굴처럼 보이는 자극을 구별해 주지 못한다는 점을 생각해 볼 때, 이 기제는 생의 초기에 얼굴에 대한 아주 엉성한 표상을 만들어 주는 것 같다. 생후 1개월에 영아는 움직이는 다른 물체보다 움직이는 얼굴을 더 자주 눈으로 따라간다(Johnson & Morton, 1991). 영아는 얼굴에 주의를 기울임으로써 얼굴처럼 보이게 해주는 세부 자극들에 대한 정보를 얻게 된다.

움직이는 얼굴을 따라가는 경향성은 생후 4주에서 6주 사이에 급격하게 감소하는데, 이시기는 피질하 부위가 담당하는 반사 행동의 빈도가 감소하는 시기이다. 3개월경에 영아들은 그림 5.7에 있는 네 개 각각을 같은 정도로 응시한다. 이러한 발견을 근거로 Johnson과 Morton(1991)은 피질하 기제가 초기에 얼굴을 따라가는 행동을 담당한다고 제안하였다. 이 시기 후에는 대뇌피질이 얼굴 인식에 더 많은 역할을 하게 되고 특히 다른 얼굴들을 구별하게 해준다.

얼굴의 구분(distinctions among faces). 영아는 일반적으로 얼굴 보는 것을 좋아하지만 영아가 좋아하는 얼굴은 따로 있다. 12시간에서 26시간 정도 된 영아들은 낯선 여자의 얼굴보다 엄마 얼굴 보는 것을 더 좋아했다(Bushnell, Sai, & Mullin, 1989; Walton, Bower, & Bower, 1992). 이러한 선호는 직접 사람 얼굴을 보여주든지, 사진이나 비디오로 보여주든지 관계없이 동일하게 나타났다.

6개월 된 영아들은 사람 얼굴을 아주 잘 구별하였다. Pascalis, de Haan, Nelson (2002)은 영아들에게 똑같은 얼굴을 짝을 지어 제시하고 나서 이전에 제시되었던 얼굴과 새로운 얼굴을 다시 짝을 지어 제시하였다. 영아들은 두 번째 쌍에서 새로운 얼굴을 더 오래보았는데, 이것은 새로운 얼굴과 이전에 보았던 얼굴의 차이를 지각한다는 것을 보여주는 것이다. 놀랍게도, 6개월 된 영아들은 사람 얼굴 대신 원숭이 얼굴을 사용하였을 때에도 새로운 얼굴을 선호하였다. 6개월 된 영아들은 원숭이 얼굴들도 구별할 수 있었던 것이다. 그러나 이러한 능력은 연령이 증가하면서 감소하였다. 9개월이 되었을 때 영아들은 사람 얼굴은 구별하였지만 원숭이 얼굴은 구별하지 못했고, 성인도 마찬가지였다. 이러한 결과는 초기 얼굴 지각이 경험에 의해 '조율' 된다는 것을 보여준다.

영아는 얼굴을 구별할 수 있을 뿐만 아니라 얼굴에 대한 심미적 선호도 보였다. 영아는 성인이 매력적이지 않다고 평정한 얼굴보다 매력적이라고 평정한 얼굴을 더 오래 보았고(Langlois, et al., 1987), 이러한 선호는 3일 된 영아들에게서도 나타났다(Slater et al., 1998). 다른 인종의 여자 얼굴, 남자 얼굴, 그리고 어른뿐만 아니라 아기 얼굴까지에도 매력적인 얼굴을 선호하는 경향이 나타났다(Langlois, Ritter, Roggman, & Vaughn, 1991). 자기 엄마의 매력을 평정한 결과와 상관없이 영아들은 여전히 매력적인 얼굴을 선호하였다(Langlois et al., 1987).

영아는 왜 이러한 선호를 보이는 것일까? 이에 대해 많은 경우는 평균적인 얼굴로 생각되는 전형적인 얼굴이 매력적으로 지각되는 것 같다고 설명한다. 많은 얼굴을 흑백 사진으로 찍어서, 그 사진들의 화소의 음영을 평균화한 평균치를 사용하여 전형적인 얼굴을 만들어 낼 수 있다. 이러한 작업은 평균 정도의 매력을 가진 얼굴이 아니라 실제 어떤 얼굴보다도 더 매력적이라고 판단되는 얼굴을 만들어 냈고, 영아는 이 얼굴을 실제 어떤 얼굴보다 더 오래 바라보았다(Langlois, Roggman, & Musselman, 1994). 이러한 얼굴의 물리적 특성은 평균 정도였지만 어른이나 영아들에게 평균 이상의 매력을 보여주었던 것이다.

영아가 사람 얼굴을 보면서 전형성을 추출해 낸다는 증거가 있다. 6개월 된 영아들이 8개의 얼굴에 친숙화된 후에 이 얼굴들의 평균화된 얼굴에 반응했는데, 이 얼굴은 이전에 본 적은 없었지만 친숙하게 느껴지는 것들이었다(Rubenstein, Kalkanis, & Langlois, 1999). 이러한 결과에 근거해 본다면 영아는 출생한 직후부터 얼굴을 보는 경험을 함으로써 빠르게 전형적인 얼굴을 추출해 낼 수 있게 되는 것 같다. 사람 얼굴에 대한 신생아의 첫 표상은 여러 얼굴을 경험하면서 점점 풍부해진다(Slater & Quinn, 2001).

사실, 얼굴 지각능력이 정상적으로 발달하기 위해서는 초기의 지각 경험이 필요하다. 태어날 때부터 백내장 때문에 시각 정보를 받아들이지 못했던 영아들에게 생후 6개월 내에 백내장 수술을 한 후 그들의 지각능력을 살펴봄으로써 이 주제에 접근한 연구가 있다. 9년 이상이 지난 후에 검사했을 때 2개월에서 6개월 사이에 시각 정보가 결핍되었던 아동들은 통제 집단에 비해 얼굴 지각에 약간의 결핍을 보였다(Le Grand, Mondloch, Maurer, & Brent, 2001). 생의 첫 몇 달 동안에 시각적인 경험은 정상적인 발달에 기초가 된다.

사람의 움직임. 영아는 사람의 움직임에도 매료된다. 4개월 된 영아들은 같은 수의 빛을 무선으로 놓아두었을 때보다 사람이 걷는 모습처럼 보이도록 놓았을 때 그것을 더 오래 바라보았는데, 이때 빛은 '걸어가는 사람'의 움직임을 보여주었다(Bertenthal, 1993). 이렇게 영아가 매료되는 것은 사람의 움직임에만 국한되어 나타났다. 4개월 된 영아들은 4개의 다리를 가진 거미가 걸어가는 것으로 보이는 배열에는 흥미를 보이지 않았다(Bertenthal & Pinto, 1993).

사람의 다양한 움직임을 구별하는 영아의 능력은 놀라울 정도로 정교하다. 3개월 된 영아는 걷는 것같이 보이는 빛의 배열과 뛰는 것같이 보이는 빛의 배열을 구별하고, 5개월이 되면 팔다리의 대칭적인 패턴이 변화하는 것과 같은 사람 움직임의 고차원적인 특성에 민감하게 반응한다(Booth, Pinto, & Bertenthal. 2002). 진화에 의해 형성된 초기 표상과 사람이 움직이는 것을 본 경험을 통해 학습된 지식 모두가 생물학적 움직임을 지각하는 데 일조한다(Bertenthal, 1993)

지식이 지각에 영향을 미친다. 컴퓨터 체스 프로그램은 최고의 인간 체스 챔피언과 체스 시합을 하지만, 컴퓨터 시각체계는 1살짜리 영아가 인식하는 정도만큼도 물체를 인식하지 못한다. 그 이유는 보는 것을 알기 위해서는 아주 단순한 상황에서도 놀라울 정도로 많은 양의 지식을 필요로 하기 때문이다.

Needham, Balaillargeon, Kaufman(1997)은 적어도 *배열(configural)*지식, 물리지식, 경험지식의 세 종류의 지식이 영아(그리고 조금 더 나이 든 아동)의 물체 지각에 영향을 준다는 것을 발견하였다. 배열지식이 있으면, 그림 5.8A를 공과 공 좌우에 두 개의 물체가 있다고 보기보다는 공과 상자가 있는 것으로 보게 된다. 공이 떨어져 있는 두 개의 물체 사이에 있다기보다는 공이 하나의 물체 앞에 있는 것으로 보게 되는 것이다. 그림 5.8B에 있는 공과 상자가 실제 물체라고 생각해 보자. *물리*지식을 따르면 공과 상자는 단일한 물체로 지각되어야만 한다. 왜냐하면 공이 공중에 매달려 있을 수가 없기 때문이다. *경험*지식은 그림 5.8C의 공과 상자가 두 개의 물체라는 것을 알려줄 것이다. 공을 보는 일도 종종 있고 상자를 보는 일도 종종 있지만 상자에 붙어있는 공을 보는 일은 거의 없기 때문이다.

5개월 된 영아는 자기들이 보고 있는 것이 무엇인지를 결정하기 위해 배열지식과 경험지식을 사용하고, 8개월 된 영아는 물리지식도 사용한다(Needham et al., 1997).

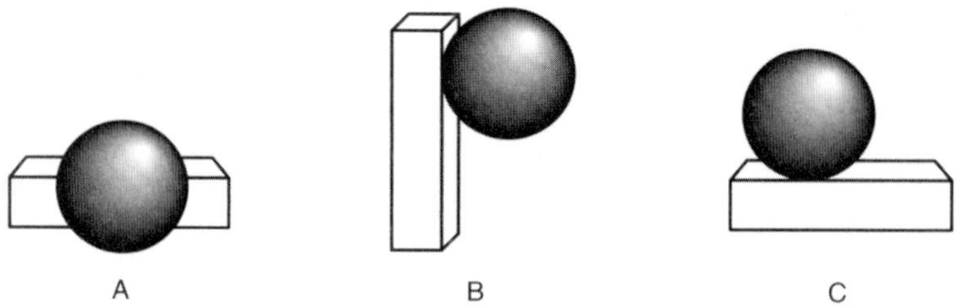

그림 5.8 A. 배열지식이 있기에 우리는 상자를 공의 양 옆에 있는 두 개의 물체로 지각하기보다는 하나의 물체로 지각한다. B. 물리지식 때문에 공은 상자에 붙어 있어야 한다. 그렇지 않으면 공이 떨어질 것이다. C. 배열지식과 경험지식이 있기에 공과 상자를 하나의 물체의 일부로 보지 않고 공이 상자 위에 있는 것으로 지각한다.

예를 들어, 한 연구에서 $4\frac{1}{2}$개월 된 영아에게 파란색 큰 상자와 노란색 작은 실린더를 보여주었다. 그러고 나서 손으로 실린더를 집어 옆으로 옮겨놓았다. 영아는 파란색 상자가 실린더와 함께 움직이는 것을 그렇지 않을 때보다 더 오래 바라보았다. 이것은 영아가 상자와 실린더를 두 개의 물체로 보았기에 단일한 물체처럼 움직일 때 놀랐다는 것을 시사해 준다. 이 경우에 영아는 상자와 실린더가 별개의 물체라고 추론하는 데 배열지식을 사용한 것이다.

상자와 실린더를 더 복잡하게 배열했을 때 $4\frac{1}{2}$개월 된 영아는 그것들을 해석하지 못했다(Needham & Baillargeon, 1997). 하지만, 그 물체 중 하나를 잠시라도 경험했을 때에는 두 물체를 별개의 것으로 지각할 수 있었다. 영아에게 상자나 실린더 중 하나를 5초 동안 보여주었을 때 그들은 상자와 실린더를 두 개의 물체로 정확하게 이해하였다(Needham & Baillargeon, 1998). 아주 어릴 때부터 경험에서 얻어진 지식이 영아의 지각에 영향을 미친 것이다.

요약. 영아의 시력은 생후 6개월이 지나면서 많은 발달을 보인다. 1개월 된 영아들도 대비가 뚜렷한 내부뿐만 아니라 물체의 윤곽도 아주 분명하게 볼 수 있다. 그들은 어른처럼 색을 구별하는 듯하다. 얼굴과 사람의 움직임은 모두 영아의 주의를 끌고 유지시킨다. 놀랍게도 영아는 어른이 매력적이라고 생각하는 얼굴을 그렇지 않은 얼굴보다 선호한다. 따라서 문화의 산물로 생각되던 선호가 이렇게 이른 영아기에 출현하는 것은 이러한 선호가 생물학적인 경향성을 반영해 주는 것으로 판명되었다.

생물학적 경향성 외에, 지식은 물체를 확인하고 그것들을 구별하는 영아의 능력의 중요한 요소이다. 영아는 생의 첫 6개월 동안에 이러한 목적하에서 배열지식, 경험지식, 물리지식을 이용하기 시작한다.

물체의 위치 파악하기

물체에 손을 뻗거나 물체를 향해서 움직이려 한다면 영아는 그 물체를 알아보는 것뿐만 아니라 그 물체가 공간적으로 어디에 위치해 있는지를 알아야 한다. 물체의 위치를 파악하려면 자신을 중심으로 물체가 어떤 방향에 있는지 어느 정도 떨어져 있는지를 지각해야 한다. 물체가 보일 때 물체의 방향을 지각하는 것에는 특별한 문제가 없지만, 거리를 결정하는 것은 더 복잡하다. 망막으로 들어오는 빛은 높이와 폭은 알려주지만 거리는 알려주지 않는다. 어떻게 삼차원의 세계가 이차원의 망막 위에 표상되는 것일까? 1장에서 지적했듯이, 하루나 이틀 된 신생아도 이 문제를 해결한다. 물체의 거리를 어느 정도 정확하게 지각하는 것이다(Slater et al., 1990). 이 절에서는 거리 지각을 가능하게 해주는 단안 단서(각각의 눈이 독자적으로 사용할 수 있는 단서)와 양안 단서(두 눈으로 물체를 바라볼 때만 사용할 수 있는 단서)들을 논의할 것이다.

거리에 대한 단안 단서. 단안 단서는 두 종류가 있는데, 움직임 때문에 생기는 단서와 그림과 같이 정지되어 있는 장면에서 나타나는 단서가 바로 그것이다. 움직임과 관련된 단서를 먼저 생각해 보자. 물체가 우리에게 접근하거나 우리가 물체에 접근할 때 물체는 시야의 더 넓은 부분을 차지하게 된다. 이것을 *시각적 확장(visual expansion)*이라고 한다. 이와 유사하게, 사람들이 고개를 움직이면, 더 가까이 있는 물체의 망막상은 더 멀리 있는 물체의 망막상보다도 더 빨리 움직인다. 이를 *운동차(motion parallax)*라고 한다. 운동에 의한 세 번째 단서는 *가리기(occulusion)*이다. 즉 한 물체가 다른 물체의 앞에서 움직이면 가까이 있는 물체가 멀리 있는 물체와 겹치는 부분을 가리게 된다. 영아는 태어난 후 처음 몇 달 안에 움직임에 의한 이러한 단서를 모두 사용하게 된다(Arterberry, Craton, & Yonas, 1993).

이에 반해, 움직임과 관계없는 단안 단서는 6, 7개월이 되어서야 사용된다. 이 단서는 원래 레오나르도 다빈치가 그림에서 거리를 표현하는 방법으로 소개했기 때문에 *회화적 깊이 단서(pictorial depth cues)*라고도 한다. 이러한 단서 가운데 하나는 *상대적 크기(relative size)*이다; 다른 조건이 같다면 더 가까이 있는 물체가 망막에서 더 넓은 부위를 덮을 것이다. 또 다른 단서는 *결(texture)*이다; 다른 조건이 같다면 더 가까이 있는 물체는 더 분화된 표면을 갖게 될 것이다. 세 번째 단서는 *중첩(interposition)*인데, 물체가 정지해 있다는 것 외에는 위에서 설명한 가리기와 같다. 7개월 된 영아에게는 이러한 단서가 깊이에 대한 정보를 효과적으로 전하는데 반해, 5개월 된 영아는 이 중 어떤 단서로도 깊이를 지각하지 못한다(Arterberry et al., 1993). 상대적 거리를 추론하기 위해 회화적 깊이 단서를 사용하는 것은 5개월과 7개월 사이에 발달하는 듯하다.

깊이에 대한 양안 단서. 사람의 두 눈은 몇 cm 떨어져 있으므로 두 망막에 맺히는 상은 항상 서로 다르다. 망막상이 다르다는 사실은 인접한 두 개의 물체가 상대적으로 얼마나 떨어져 있는지를 추정하거나 한 물체의 부분들이 얼마나 떨어져 있는지를 추정하는 데 사용될 수 있다. 이 단서의 효과는 익숙하지 않은 위치에 가서 눈을 감고 물체들이 얼마나 멀리 떨어져 있는지를 추정해 보면 알 수 있다. 거의 모든 사람들은 한쪽 눈을 사용할 때보다는 두 눈을 모두 사용할 때 훨씬 더 정확히 추정한다.

양안 단서에 의해 깊이를 지각하는 능력인 *입체시각(stereopsis)*은 4개월경에 갑자기 나타난다. 영아들은 태어났을 때에는 깊이를 지각하기 위해 양안 단서를 전혀 사용하지 못하다가 한 주 또는 두 주 사이에 양안 단서를 사용할 수 있게 된다(그림 5.9). 이러한 변화는 눈에서 대뇌로 정보를 전달하는 신경 통로가 분리되면서 생긴다(Held, 1993). 4개월 전에는 두 눈으로 들어오는 정보가 대뇌피질의 동일한 세포에 도달한다. 갑자기 경로가 분리되면서 왼쪽 눈으로 들어오는 정보와 오른쪽 눈으로 들어오는 정보는 다른 세포에 도달하게 된다. 두 눈으로부터 정보를 받는 양안 뉴런도 있다. 대뇌는 두 눈으로부터 들어오는 정보가 떨어져 있다는 것을 탐지하고 떨어져 있는 정도에 따라서 깊이를 추론한다(물체가 더 멀리 떨어져 있으면 망막상에서의 차이도 작아진다).

입체시각이 4개월경에 빠르게 발달한다는 사실은 성숙이 이러한 발달을 일으킬 것을 시사해 준다. 그러나 시각적 경험도 역시 중요하다. 시각적 경험을 할 때 정상적으로 일어나는 신경활동을 방해하는 약물을 투여하면 정상과는 다른 식으로 신경 경로가 분리된다(Stryker & Harris, 1986). 그런 경우에도 성숙이 전혀 관여하지 않는 것은 아니다. 특정 연령에서 일어나는 보편적인 발달도 성숙뿐만 아니라 정상적인 경험을 필요로 한다.

요약. 영아는 떨어져 있는 물체의 거리를 파악하기 위해 다양한 단서를 사용한다. 이러한 단서에는 한 눈으로 사용하는 단안 단서와 두 눈이 같은 지점에 초점을 맞출 때만 사용하는 양안 단서가 있다. 단안 단서는 움직임에 의한 단서와 회화적 단서로 나눌 수 있다. 1개월 된 영아들도 움직임에 의한 단안 단서에서 깊이에 관한 정보를 추출하지만, 회화적 단서는 7개월이 되어서야 가능해진다. 이것은 지각, 특히 어린 영아들의 지각을 도와주는 것이 움직임이라는 것을 보여주는 또 다른 예이다.

양안 단서로 깊이를 지각하는 능력을 입체시각이라고 한다. 이는 4개월경에 갑자기 나타나는데 이것은 눈과 대뇌를 연결하는 신경통로가 분리되기 때문인 것 같다. 그

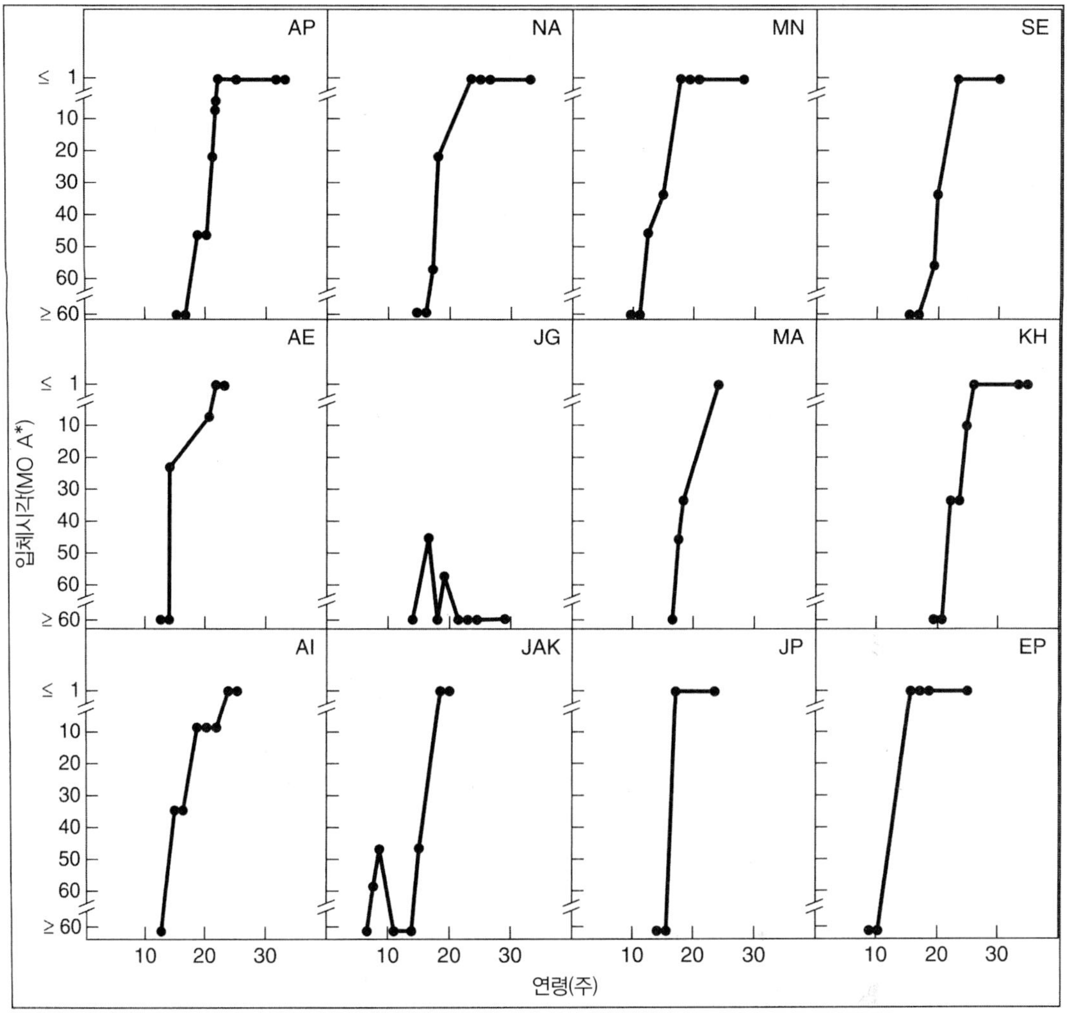

*MOA는 각도를 측정하는 단위로 1/60도에 해당된다.

그림 5.9 12명의 영아가 10~30주에 보이는 입체시각의 변화. 15~20주에 대부분의 영아들은 급격한 증가를 보인다는 점이 주목된다(Shimojo, Bauer, O'Connell, & Held, 1986).

러나 이것이 입체시각 발달이 전적으로 생물학적 요인에 의해 통제된다는 것을 시사하는 것은 아니고 정상적인 시각 경험 또한 중요하다.

청각

청지각 발달을 이해하기 위해서는 기본적인 청각체계를 이해해야 한다(그림 5.10). 귀의 바깥 부위인 *이개(pinna)*에서 음파가 모아진다. 음파는 이개에서 *외이관(ear*

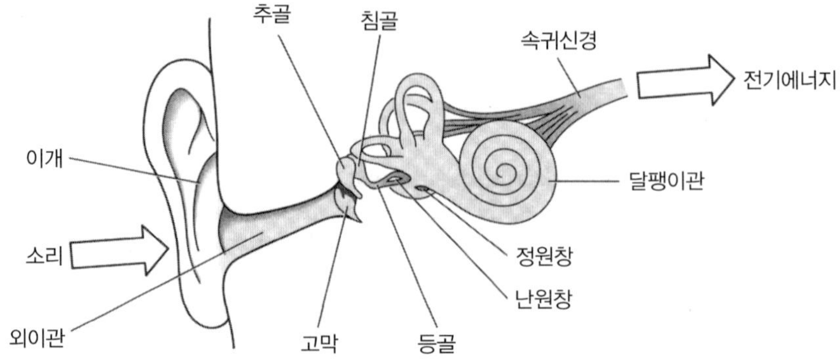

그림 5.10 외이, 중이, 내이의 구조를 보여주는 귀의 해부도.

*canal)*을 통해 지나가서 *고막(tympanic membrane)*에 다다르게 되는데, 고막은 음파에 대한 반응으로 진동한다. 고막의 진동은 *추골(hammer)*, *침골(anvil)*, *등골(stirrup)*의 세 개의 작은 뼈의 묶음을 움직이게 한다. 이 뼈들의 움직임은 달팽이관에 있는 액체에 압력을 가하고 이것은 다시 달팽이관 안에 있는 *기저막(basilar membrane)*을 진동하게 한다. 청각 자극의 주파수에 따라 기저막의 진동이 달라지기도 한다. 기저막에서의 진동은 다시 *유모세포(hair cells)*라 불리는 감각세포를 활성화시키는데, 이 유모세포는 청각신경섬유로 연결된다. 따라서 음파는 귀로 들어와서 청각피질의 신경신호로 끝나는 일련의 움직임을 일으킨다.

영아의 청지각을 연구하는 데 어떤 연구방법을 사용할 수 있는가? 영아의 시지각을 연구하는 주요한 두 가지 방법이 선호보기와 습관화라는 것을 기억하라. 이 방법들은 청각을 연구하는 데에도 사용될 수 있다. *고개 돌리기 선호(head-turn preference)* 절차에서는 영아의 좌우에 있는 스피커로 소리를 들려준다. 불을 깜빡거리게 하여 두 개의 스피커 중 하나에 영아의 주의가 끌리게 하고 영아가 그 스피커 쪽으로 고개를 돌리면 자극을 제시한다. 자극은 영아가 그 스피커로 향하고 있는 동안 계속 제시된다. 관찰자에게 소리자극을 듣지 못하게 하고 영아가 고개를 돌리는 것을 탐지하게 한다. 영아가 소리 나는 곳으로 고개를 돌리는 시간을 비교할 때 영아가 어떤 소리를 선호하는지, 또는 어떤 지각적 구별을 하는지를 알 수 있다.

습관화 방법은 청지각 연구에도 사용되는데, 흔히 *고진폭 빨기*라는 절차를 이용한다. 이 절차에서는 영아에게 압력 변환기에 연결된 젖꼭지를 빨게 하고, 열심히 빨 때 (고진폭) 청각 자극을 들려준다. 시간이 흐르면서 자극에 대한 영아의 흥미가 감소하여, 빠는 비율이 감소하는 습관화가 나타난다. 빠는 비율이 사전에 결정된 역치 이하

로 떨어지면 새로운 자극을 제시한다. 영아의 빠는 비율이 다시 증가하면 영아는 첫 번째 자극과 두 번째 자극을 구별한 것이다.

소리에 주의하기

태아는 출생 전부터 소리에 반응한다. 자궁 안에 있는 태아가 큰소리를 들으면 움직임이 더 많아지고 심장박동도 더 빨라진다(Kisilevsky & Low, 1998). 1주경에 영아는 여러 가지 소리를 듣고 이에 반응한다. 큰소리가 들리면 영아는 놀라서 팔다리에 경련을 일으키듯이 긴장을 하고, 눈을 뜨고 있었다면 눈을 재빠르게 깜빡이고 이미 감겨 있다면 눈을 더 꼭 감는다. 조용한 소리에 대한 반응은 그다지 심하지 않다. 이처럼 신생아의 청각체계는 첫날부터 기능한다.

영아는 어떤 소리에는 다른 소리보다 주의를 더 기울인다. 그들은 사람들의 말소리에 특별히 주의를 더 기울이는 것 같다. 영아는 1000~3000Hz 주파수(음조)의 말소리에 눈에 띌 정도로 많은 반응을 보인다. 영아는 또한 같은 주파수로 된 순수한 소리(음조)보다는 여러 주파수 소리가 섞여 있는 말소리와 같은 소리에 더 많은 반응을 보인다. 영아가 이러한 음조의 소리를 가장 정확하게 듣기 때문에 이러한 현상이 나타나는 것은 아니다. 오히려 고주파수의 소리를 정확하게 탐지하는 능력은 가장 떨어진다(Schneider, Trehub, & Bull, 1979). 영아의 주의를 끄는 소리가 있다. 이러한 말소리 범위의 주파수에 대해 청각적으로 주의를 기울이는 것은 얼굴과 사람의 움직임에 대해 시각적으로 주의를 기울이는 것과 같은 맥락에서 해석할 수 있다. 이 두 경우 모두 다른 사람을 알게 해주는 정보에 영아가 주의를 기울이는 경향을 보여주는 것이다.

영아의 흥미를 특별히 끄는 소리는 자기 이름이다(Mandel, Jusczyk, & Pisoni, 1995). 4개월경에 영아는 자기 이름과 비슷한 악센트 패턴이지만 다른 이름이 나오는 스피커보다 자기 이름이 나오는 스피커에 더 많이 주의를 기울였다(예, Jojo vs Mimi).

아주 초기부터 영아는 모국어를 듣는 것을 좋아한다(Moon, Cooper, & Fifer, 1993). 또한 이 영아들은 자신이 모르는 언어들을 구별할 수 있었다. 하지만, 신생아는 자신이 모르는 언어가 다른 어족에 속한 경우만 그 언어들을 구별할 수 있었다. 예를 들어, 프랑스 신생아는 영어와 일본어를 구별할 수 있었지만, 비슷한 운율 패턴을 가지는 영어와 독일어는 구별할 수 없었다(Nazzi, Bertoncini, & Mehler, 1998).

소리를 확인하기

영아도 성인처럼 약간 다른 소리들을 확인하고 구별하는 놀라운 능력을 보여준다. 영아의 말소리 지각은 영아가 이러한 능력을 가지고 있다는 것을 보여주는 가장 좋은 증거이다. 하지만 영아는 말소리뿐만 아니라 음악소리와 같은 다른 소리들도 잘 알아듣고 구별한다.

말소리. 2개월 된 영아들은 *ba*와 *pa*, *ma*와 *na*, *s*와 *z*처럼 비슷한 소리를 구별한다. 색의 차이를 범주적으로 지각하는 것과 마찬가지로 소리의 차이도 범주적으로 지각하는 것같다. 1개월과 2개월 영아들이 *ba*와 *pa*를 구별할 수 있는지를 검증해 본 실험에서 이에 대한 증거를 처음 보여주었다(Eimas et al., 1971). 이 두 소리는 소리를 만드는 성대를 진동하기 시작하는 시간인 *음성개시시간(voice onset time, VOT)*이 다르다. VOT에서는 연속적으로 변화하는 소리이지만, 성인의 경우 어떤 특정 값 이하인 소리는 *ba*로 듣고 이 특정 값 이상인 소리는 *pa*로 듣는다. 어떤 소리도 *ba*와 *pa*가 섞인 소리로 듣지 않는다. 1개월과 2개월 영아들도 분명히 말소리를 범주적으로 지각한다. 영아들에게 *ba*를 반복해서 들려준 후, 이 *ba* 소리에서 VOT가 같은 정도로 떨어져 있지만, 여전히 *ba*로 들리는 소리와 *pa*로 들리는 소리를 들려주었을 때 영아들은 *ba*를 들을 때보다 *pa*를 들을 때 더 잘 탈습관화되었다. 영아들은 입술의 위치만이 다른 음절(*ba* 대 *ga*), 혀의 위치만이 다른 음절(*a* 대 *i*), 그 밖의 많은 특질들이 대비되는 음절들을 구별할 수 있었다(Aslin, Jusczyk, & Pisoni, 1998).

영아는 주변에서 경험하는 언어 때문에 이러한 변별을 할 수 있는 것일까? 4개월에서 6개월 사이의 과테말라 영아를 대상으로 한 연구에서 그렇지 않음이 밝혀졌다. 과테말라 영아들을 연구 대상으로 선택한 것은 그들이 듣는 스페인어에서는 *ba*와 *pa* 사이의 VOT의 경계가 영어나 대부분의 다른 언어들과는 다르기 때문이었다. 그러나 이러한 언어적 경험에도 불구하고, 영아들이 탈습관화를 보인 *ba*와 *pa* 사이의 경계는 모국어인 스페인어에서의 경계가 아니라 대부분의 다른 언어에서의 경계에서였다(Lasky, Syrdal-Lasky, & Klein, 1975). 따라서 영아는 특별한 경계에 조율되는 민감성을 가지고 태어난다고 할 수 있다.

이러한 경향이 영원히 계속되지는 않는다. 영아는 처음에는 모국어에서 사용되지 않는 많은 대비에 대해 민감하게 반응하지만, 점점 이러한 특질에 대한 민감성을 잃어버린다. Werker, Gilbert, Humphrey 및 Tees(1981)는 영어와 힌디어를 사용하는 성인과 캐나다에서 자란 7개월 된 영아를 대상으로 이 현상을 밝혔다. 이 연구에서는, 힌디어에서는 단어를 구별해 주는 대비되는 소리였지만 영어에서는 그렇지 않은 두 개의 소리를 자극으로 사용하였다. 실험자는 한 소리를 반복해서 들려준 뒤 갑자기 다른 소리로 바꾸었다. 영아들은 보상을 받기 위해 소리가 바뀐 쪽으로 고개를 돌려야 했다. 7개월 된 모든 영아들은 힌디어를 사용하는 성인처럼 소리의 변화를 정확하게 지각했다. 하지만 영어를 사용하는 성인의 경우에는 오직 한 사람만이 이 변화를 정확하게 지각했다. 연령이 증가하면서 대비를 지각하는 이러한 능력이 감소하는 것은 다른 종의 얼굴을 구별하는 능력이 연령이 증가하면서 감소하는 현상과 비슷하다(Pascalis et al., 2002).

아기들이 모국어에서 사용되지 않는 소리를 변별하는 능력을 잃어버리기 시작하는 시기는 모국어를 말하기 시작하는 시기와 일치한다(Werker & Desjardins, 1995). 이 시기는 10개월경이다. 이 시기에 대비되는 소리를 변별하는 능력이 많이 감소하는데, 줄루어에서는 사용되지만 영어에는 사용되지 않는 세 가지 다른 소리의 대비(Best, 1995), 영어에는 사용되지만 일본어에는 사용되지 않는 대비(Kuhl, 1998), Nthlakapmx라는 원주민 언어에는 사용되지만 영어에는 사용되지 않는 대비(Werker & Tees, 1984)가 이에 해당된다. 이러한 감소는 그 후 8년에서 10년간 계속되며, 이때가 되면 지각능력이 성인의 수준으로 떨어진다.

왜 이렇게 음소를 변별하는 능력이 감소하는가? 모국어를 습득하는 과정에서 아동은 물리적으로 다르지만 이 물리적 차이가 의미에 영향을 주지 않는 소리들(예, Eimas와 동료들이 연구했던 물리적으로 다른 *ba* 소리들)을 묶어서 지각하는 것을 학습하는 것 같다. 영아가 모국어에 사용되지 않는 소리 차이를 구별하는 민감성을 잃어버리기 전에 모국어의 소리 패턴에 대한 민감성이 눈에 띌 정도로 높아진다는 사실도 위의 해석을 지지해 준다. 6개월에는 아니지만 9개월 된 영아들은 (1) 모국어에 없는 음소보다는 모국어에 있는 음소로 이루어진 단어를 듣는 것을 선호하고(Jusczyk, Luce, & Charles-Luce, 1994), (2) 모국어에 없는 억양보다는 모국어에 있는 억양 패턴을 가지는 단어를 듣는 것을 선호하며(Jusczyk, Cutler, & Redanz, 1993), (3) 두 개의 음절이 모국어에 전형적인 억양 패턴과 일치할 때, 연속되는 새로운 두 개의 음절을 (단어와 같은) 하나의 단위로 통합할 가능성이 더 높으며(Morgan, 1996), (4) 음절을 시작하는 소리의 유사성에 민감하다(Jusczyk, Goodman, & Baumann, 1999). 하지만 이것들이 6개월에는 나타나지 않는다. 모국어 소리 패턴에 대한 민감성이 증가하는 것이 모국어에서 의미적으로 다른 소리를 구별하는 능력이 감소되는 것에 선행되거나 그러한 감소를 일으키는 원인이 될지 모른다. 종종 알려진 것처럼, 발달은 상실하는 것일 수도 있다(이 원리를 폭넓게 증명해 주기 위해 Baltes, 1997을 참고하라).

말소리 지각은 소리를 구별하는 능력 이상을 요구한다. 말소리 지각에 필요한 능력 중 하나는 다른 화자들의 목소리를 아는 능력이다. 3일 된 영아들은 엄마 목소리를 확인할 수 있고, 엄마 목소리를 다른 목소리보다 더 좋아한다. DeCasper와 Fifer(1980)는 영아들에게 특별하게 개발된 젖꼭지를 물려주고 그것을 빨면 엄마 목소리를 들려주거나 혹은 낯선 여자의 목소리를 들려주는 장치를 고안하였다. 3일 된 영아는 어떤 때 엄마 목소리를 듣게 되는지를 학습하였고 낯선 사람의 목소리보다 엄마 목소리를 더 자주 듣도록 빨곤 하였다.

DeCasper와 Fifer의 실험에 참여한 영아들은 어느 누구도 태어난 뒤 엄마와 12시간 이상 같이 있지 않았다. 물론 이 실험이 엄마 목소리에 대한 선호를 설명할 수 있지만, 다른 설명도 가능하다. 출생 이전에 들었던 목소리에 친숙해져서 이러한 선호가 나타날 수도 있다. 임신 마지막 6주 동안 Seuss 박사가 지은 「모자 속의 고양이」를 임신 중인 엄마에게 매일 큰 소리로 읽게 한 연구에서 이 가능성을 지지해 주는 증거를 찾아볼 수 있다. 아기들이 태어난 후에 실험자는 아기들에게 엄마가 읽어 주었던 이야기와 다른 새로운 이야기를 녹음하여 들려주었다. 이 아기들은 뱃속에서 들었던 친숙한 이야기를 들었을 때 더 높은 비율로 젖꼭지를 빨았다(DeCasper & Spence, 1986).

성인이 영아나 어린 아이에게 이야기 할 때에는 보통 '아기말투(motherese)' 또는 '영아에게 하는 말투(infant-directed speech)'라고 부르는 말투를 사용한다. 이 말투는 음조가 높고 억양이 과장된 특징을 보인다. 독일 어머니들을 대상으로 한 연구에서 Stern, Spieker, MacKain(1982)은 출생에서 6개월 사이의 영아들에게 엄마가 하는 말의 77%가 아기말투에 해당된다는 것을 발견하였다. 후속 연구들은 영아에게 하는 말투가 다양한 문화와 언어 공동체에서 사용되고 있음을 보여주었다(Fernald et al., 1989).

성인이 영아에게 하는 말투를 사용하는 데에는 나름대로 이유가 있다. 2일 된 영아들도 이러한 말투를 선호하는 듯하다. 여자가 영아에게 하는 말투로 문장을 들려주었을 때 같은 여자가 성인에게 하는 말투로 같은 문장을 들려주었을 때보다 영아들은 장기판 패턴을 더 오래 바라보았다(Cooper & Aslin, 1990). 영아에게 하는 말투로 말해주는 것이 영아들에게는 보상이 된 것 같다. 이렇게 일찍부터 영아가 영아에게 하는 말투를 선호하는 것은 이렇게 말하는 것이 엄마가 주는 음식이나 안락감과 같은 보상과 연합되어서 나타나는 것은 아니다. 출생 후 경험과는 무관한 듯하다.

요약하면, 영아는 말소리, 사람들의 목소리, 억양 패턴을 구별할 수 있다. 또한 영아는 다른 여자의 목소리보다 엄마 목소리를 선호하고 성인에게 하는 말투보다 영아에게 하는 말투를 선호한다.

음악. 말소리나 색을 범주로 지각하듯이, 영아는 음악소리 유형의 차이도 범주로 지각한다. 바이올린 소리를 들으면서 성인은 어떤 소리는 뜯는 소리로, 어떤 소리는 활로 켜는 소리로 듣는다. 이 두 소리의 차이는 *상승시간(rise time)*이라는 단일한 물

디를 들려주었다. 멜로디는 영아들이 친숙해질 때까지 스테레오 스피커로 반복해서 들려주었다. 그러고 나서 영아들에게 친숙한 멜로디를 들려주거나 또는 다소 음정이 맞지 않는 멜로디를 들려주기 시작하였다. 6개월 된 영아는 두 경우에 모두 변화를 구별하였다. 영아는 친숙한 음계이든 친숙하지 않은 음계이든 음정이 맞지 않게 연주되는 쪽의 스피커를 더 자주 돌아보았다. 이에 반해, 12개월 된 영아나 성인은 구별하는 데 제한이 있었다. 그들은 친숙한 음계에서의 변화는 알아챘지만 들어본 적이 없는 음계에서는 그렇지 못했다. 친숙한 서구의 장음계와 친숙하지 않은 자바섬의 페로그 음계를 비교했을 때 영아나 성인이 음정이 맞지 않는 멜로디를 지각하는 데에서도 비슷한 패턴이 발견되었다. 6개월 된 영아는 두 음계 모두에서 멜로디의 음정이 잘못 맞춰진 것을 구별하였지만, 성인은 접해 보지 않은 음계에서는 구별하지 못했다(Lynch, Eilers, Oller, & Urbano, 1990).

이 결과들은 흥미로운 질문을 제기한다. 음악 지각능력과 말 지각능력이 제한되는 시점이 동시적인가, 또는 이 두 능력의 제한이 비슷한 시점에 일어난다는 것은 청지각 체계의 재구조화를 시사하는 것인가? 현재로서는 이에 대한 답은 알 수가 없다.

소리의 위치 파악하기

태어나면서부터 영아는 소리가 나는 쪽을 바라본다. Wertheimer(1961)는 자기 딸과의 간단한 실험을 통해 이를 처음 증명하였다. 그는 딸이 출생하자마자 째깍거리는 시계를 가지고 방의 이쪽, 저쪽으로 다니며 소리를 내 보았다. 째깍거리는 소리가 들리자마자 딸은 소리 나는 쪽으로 고개를 돌렸다. 이 같은 결과는 그 후 많은 신생아를 대상으로 한 연구에서도 확인되었다. 후속 연구들은 영아가 소리가 오른쪽이나 왼쪽에서 들린다는 것, 그리고 소리 나는 쪽에서의 구체적인 위치를 알아낼 수 있다는 것을 보여주었다(Morrongiello, Fenwick, Hillier, & Chance, 1994). 영아가 소리의 위치를 알아내는데 사용하는 한 가지 단서는 *두 귀 사이의 시간차(interaural time difference)*인데, 이것은 소리가 두 귀에 도달하는 데 걸리는 시간의 차이이다(Litovsky & Ashmead, 1997).

소리의 위치 파악능력 덕분에 영아는 소리를 사용하여 팔 뻗는 행동을 한다. 3개월 된 영아는 완전히 깜깜한 방에서 소리를 내는 물체에 손을 뻗을 것이다(Clifton, Muir, Ashmead, & Clarkson, 1993; Perris & Clifton, 1988). 영아는 방향뿐만 아니라 거리를 추론하기 위해서도 소리를 사용한다. 6개월경에 영아는 10cm 떨어진 소리 나는 물체에는 손을 뻗지만 100cm 떨어진 소리 나는 물체에는 손을 뻗지 않는다(Clifton, Perris, & Bullinger, 1991).

리적 차원에서의 차이이다. 2개월 된 영아들은 뜯는 소리와 활로 켜는 소리를 구별했다. 그러나 상승시간의 차이가 비슷하지만 뜯는 소리로 들리는 두 종류의 소리나, 활로 켜는 소리로 들리는 두 종류의 소리는 구별하지 못했다(Jusczyk, Rosner, Cutting, Foard, & Smith, 1977).

영아는 들리는 소리의 음높이에도 주의를 기울인다. 영아는 협화음정(즐거운 소리)과 불협화음정(불쾌한 소리)을 구별할 수 있고(Schellenberg & Trehub, 1996), 협화음정이 더 많이 들어 있는 곡을 듣는 것을 선호한다(Trainor & Heinmiller, 1998). 이처럼 영아는 인접한 음의 상대적 높낮이에 민감한 것을 볼 수 있다.

영아도 절대음감을 알아챌 수 있다. Saffran과 Griepentrog(2001)은 8개월 된 영아들과 성인들에게 어떤 음을 짝을 지어 3분 동안 계속해서 들려주었다. 참가자들이 이러한 음의 연쇄를 들은 후에 이 소리를 상대음감(가까운 음 사이의 음정)으로 부호화했는지 또는 절대음감(A, C와 같은 정확한 음)으로 부호화했는지를 검증하였다. 영아들에게 어떤 음의 쌍은 계속해서 함께 들려주었고, 이 음들과 음높이의 차이가 같은 또 다른 음의 쌍은 함께 들려주지 않았다. 영아들이 이 두 쌍의 음을 구별하는지를 살펴보았다. 영아들이 자기들이 들었던 음을 절대음감으로 부호화했다면 이 두 종류의 음 어느 하나를 선호하지 않고 무작위로 반응할 것이다. 왜냐하면 이 두 종류의 음의 쌍은 음높이가 같기 때문이다. 실제로 8개월 된 영아들은 이 두 쌍의 음을 변별할 수 있었고 들어보지 않았던 새로운 쌍의 음을 선호하였다. 이러한 결과는 영아가 자기들이 들었던 음을 절대음감으로 부호화했다는 것을 보여준다.

영아에게 들려주었던 음은 그대로 사용하였지만 과제는 선호 듣기 과제 대신 강제선택과제를 바꾸어 성인을 검증하였다. 시행마다 성인에게 두 쌍의 음 중 더 친숙한 것을 선택하도록 하였다. 성인들은 우연수준의 수행을 보였다. 이것은 성인들이 정확한 음을 부호화한 것이 아니라 인접한 음 사이의 간격을 부호화했다는 것을 보여준다. 영아 연구들과 더불어 이러한 결과는 초기에는 절대음감으로 후에는 상대음감으로 음을 지각하도록 발달적으로 변화한다는 것을 보여준다. 사람들은 발달의 초기나 후기에 모두 절대음감으로도 또 상대음감으로도 음높이를 부호화할 수 있지만, 발달하면서 어떤 음감을 더 많이 사용하는가가 달라지는 듯하다.

음악적 대비를 변별하는 능력에서 또 다른 발달적 변화도 일어난다. 말소리 변별능력과 마찬가지로, 음악지각능력도 집에서 듣던 소리 유형에 점점 더 민감하게 되고, 친숙하지 않은 소리를 구별하는 능력은 시간이 흐르면서 점점 감소하게 된다. Lynch와 Eilers(1992)는 6개월과 12개월 사이의 영아들에게 보통 사용되는 장음계(major scale)나 흔히 사용되지 않는 증음계(augmented scale) 중 하나를 이용하여 짧은 멜로

놀랍게도 신생아는 2개월에서 3개월 된 영아보다 소리의 위치를 더 잘 알아내는 것 같았다. 하지만 4개월 된 영아보다는 못한 듯했다. 이 책의 곳곳에서 언급될 이 같은 유형의 자료를 *U형 곡선(U-shaped curve)*이라 부른다. 이 유형은 처음에는 높은 수준의 수행을 보이고 중간에 떨어지다가 다시 높은 수준으로 올라가는 형태를 보인다. 발달에서 U형 패턴이 나타나는 것은 특히 흥미로운데, 왜냐하면 같은 행동이 발달의 다른 시점에서 나타날 때 그 행동을 다른 기제로 설명할 가능성이 있기 때문이다. 소리의 위치를 알아내는 것도 이 경우에 해당되는 듯하다.

Muir, Abraham, Forbes, Harris(1979)는 생후 4개월 동안 4명의 영아를 반복 관찰하는 종단연구를 수행하였다. 세 명의 영아가 소리의 위치 파악에서 U형 패턴을 보였

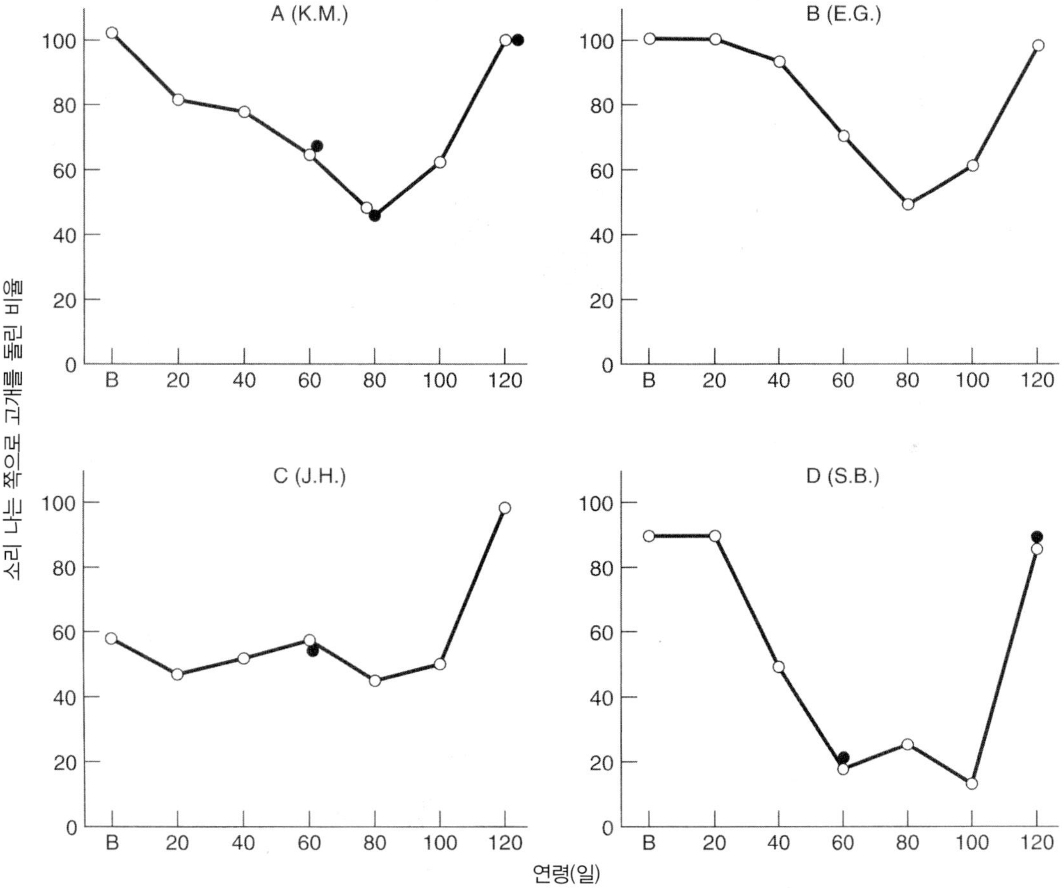

그림 5.11 4명의 영아가 소리 나는 쪽으로 고개를 돌린 시행의 비율. 영아들은 출생부터 120일 사이에 20일마다 검사되었다(Muir, Abraham, Forbes, & Harris, 1979).

다. 그림 5.11에서 볼 수 있듯이, 이 영아들은 처음에 소리 나는 쪽으로 고개를 많이 돌렸다. 그후 이러한 반응 수준이 감소하다가 4개월경에 이전의 높은 수준으로 돌아갔다. 중간에 반응이 감소한 것은 영아가 소리에 대한 흥미를 잃었기 때문이 아니었다. 엄마나 아빠가 딸랑거리는 소리를 내면서 영아의 이름을 불러도 영아들은 고개를 돌리지 않았다.

Muir 등은 영아가 시각 행동에서 보이는 U형 패턴을 Bronson(1974)과 Johnson (1998)이 제안한 것과 비슷하게 설명하였다. 그들은 출생 후 첫 1개월 동안에는 피질하 기능으로 소리의 위치를 알아낸다고 제안하였다. 2개월과 3개월이 되면 피질 활동이 증가하여 피질하 활동을 대체하며 이것이 영아들이 소리의 위치를 알아내는 데 주요한 영향을 미치게 된다. 그러나 이 시점에서 피질활동은 충분히 발달하지 못하여 이전에 피질하 기제가 했던 것만큼 정확하게 수행하지 못한다. 4개월이 되었을 때 피질활동은 정확하게 위치를 알아낼 수 있을 정도로 충분히 성숙해진다.

소리의 위치를 정확하게 알아내는 능력은 2개월에서 5개월 사이에 급속도로 증가하고 1년 6개월이 될 때까지 계속해서 서서히 증가한다(Ashmead, Davis, Whalen & Odom, 1991). 이렇게 빠른 증가가 영아가 머리를 가눌 수 있는 능력이 빠르게 발달하는 시기에 일어난다는 것은 우연한 일이 아니다. 머리를 더 잘 가눌 수 있게 되면 머리를 더 정확하게 움직일 수 있게 되고, 소리가 들리는 정확한 지점으로 머리를 어떻게 움직여야 하는지를 학습하게 된다(Bayley, 1969; Bertenthal & Clifton, 1998).

요약. 영아는 중요한 청각능력을 가지고 태어나며 이 능력은 생의 첫 몇 개월 동안 발달한다. 소리가 영아의 주의를 끌고, 영아가 소리를 확인하고, 소리가 나는 진원지의 위치를 알아낼 수 있다는 점에서 이러한 능력을 분명히 찾아볼 수 있다. 말소리와 비슷한 특성을 가진 소리는 영아의 주의를 특별히 끌 가능성이 높다. 성인과 마찬가지로 영아는 말소리와 음악소리를 모두 범주적으로 처리한다. 말소리 지각과 음악지각의 발달은 얻는 것이 있는 것과 마찬가지로 잃는 것도 있다. 영아의 지각능력은 1년이 되어가면서 그들 문화가 허락하는 말소리와 음악의 유형에 맞도록 제한된다. 소리의 위치를 알아내는 능력은 출생에서 4개월 사이에 U형 패턴을 보인다. 양쪽 극단에서 가장 좋은 수행을 보이고 가운데에서는 수행이 떨어진다. 이 현상은 다음과 같이 설명할 수 있는데, 4개월 이후에 위치파악을 잘 하는 것은 대뇌피질 기제가 담당하는 것인 반면에 초기의 높은 수행은 피질하 기제가 담당한다는 것이다.

감각간 통합

영아는 다른 감각기관을 통해 받아들인 정보를 어떻게 하나의 경험으로 통합하는가? 가능한 설명 중 하나는 처음에는 각 감각기관이 독립적으로 발달하며, 각 감각기관이 일정 수준으로 성숙한 후에 통합되기 시작한다는 것이다. 이 이론은 삐아제(1971)가 주장한 것이다. 그러나 최근에 영아의 감각간 통합에 대한 연구들은 아주 다른 결론을 내리고 있다. 요즈음에는 시각과 청각은 태어날 때부터 통합되어 있는 것으로 간주된다.

감각간 통합에 대한 증거들은 이미 다른 제목으로 앞에서 소개하였다. 감각간 통합은 주의하기, 확인하기, 위치 파악하기와 같은 지각의 세 가지 주요 기능에서 중요한 역할을 담당한다.

주의하기

정향반사는 감각간 통합이 어떻게 영아의 주의집중에 영향을 미치는지를 잘 보여준다. 큰소리가 나면 영아는 그 소리가 나는 진원지를 바라본다. 즉, 그들은 시각적으로 주의를 기울이기 위해 청각 정보를 사용한 것이다.

영아가 시각 정보에 근거하는 보기 '규칙'을 따르는 것과 마찬가지로 청각 정보에 근거한 보기 '규칙'도 따른다(Mendelson & Haith, 1976). 이 규칙 중 하나는 다른 곳을 보고 있을 때 소리가 들리면 소리가 나는 쪽을 바라본다는 것이다. 이미 소리가 나는 곳을 바라보고 있을 때 어떤 행동을 보일 것인지에 대한 규칙도 있다. 이럴 때에는 소리가 나는 곳으로 주의를 옮겨서 눈이 움직이는 거리를 줄여주어야 한다. 이 규칙 때문에 사람들은 소리를 내는 사람이나 동물과 같이 살아 있는 생명체에 주의를 더 기울이게 되는 것 같다.

5개월에서 7개월 된 아동들도 이 규칙을 따르는데, 이 아동들이 목소리를 들으면 자기 앞에 있는 얼굴을 더 많이 주사하게 된다(Haith et al., 1977). 영아들은 이와 같은 시각과 청각의 협응을 통해 특별한 얼굴과 특별한 목소리를 연결하게 되는데 이 능력은 3개월경에 이미 나타난다(Brookes et al., 2001).

Bahrick(1992; Bahrick & Lickliter, 2000)은 여러 감각기관을 통해 동시에 제시되는 정보가 특별히 영아의 주의를 끈다고 주장하였다. 결과적으로, 영아는 하나의 감각기관을 통해 들어오는 정보를 학습하기 전에 다양한 감각으로 제시되는 정보를 학습한다. 한 연구는 이러한 주제에 접근하고자 운율을 배우는 영아의 능력을 탐색하였다. 망치를 두드려서 나는 특정한 리듬이 하나의 감각으로만 제시될 때보다 시각적 자극과 같이 제시될 때 영아는 그 리듬을 더 잘 배웠다(Bahrick & Lickliter, 2000). 여러 감각으로 제시되는 정보에 주의를 기울이는 편향성이 영아가 얼굴과 목소리를 연결하는 데 도움이 된다. 사람들이 말할 때 그들의 입술과 얼굴은 소리의 속도나 길이가 일치하도록 움직이고, 이렇게 여러 감각이 동시에 제시되는 것에 영아의 주의가 끌리게 된다.

물체와 사건을 확인하기

시각과 청각이 모두 물체와 사건을 확인하는 데 사용된다. Spelke(1976)는 4개월 된 영아들이 시각적 이미지와 들리는 소리가 일치하는 화면(엄마가 까꿍하는 것 또는 드럼 치는 소리)을 더 오래 본다는 것을 보여주었다. 영아들이 그 화면에서 청각 정보와 시각 정보를 통합하지 못한다면 이런 식으로 행동할 이유가 없을 것이다.

또한 4개월 된 영아들은 물체를 알아보기 위해 *촉각*(촉감) 정보와 시각 정보를 통합한다는 것을 보여 주었다. 한 연구(Streri & Spelke, 1988)에서, 영아들은 처음에는 두 개의 물체 중 하나를 손으로 탐색했다. 한 물체는 딱딱한 막대기로 연결된 두 개의 둥근 고리였고 다른 물체는 구부러지는 밴드로 연결된 같은 종류의 둥근 고리였다. 두꺼운 천을 덮어서 영아들이 물체를 탐색할 동안 물체를 보지 못하게 했다. 영아들에게 물체를 가지고 노는 것을 습관화시킨 후에, 딱딱한 막대기로 연결된 고리나 구부러지는 밴드로 연결된 고리 중 하나를 시각적으로 보여주었다. 4개월 된 영아들은 이전에 촉각적으로 경험한 적이 없는 물체를 더 오래 바라보았다. 대부분의 영아들은 손으로 탐색하는 동안에 연결 부위를 만지지 않았고 고리만을 가지고 놀았기 때문에 이 결과는 특히 흥미롭다. 이처럼 이전에 고리를 밀고 당겼던 경험에 대한 반응으로 물체에 대한 추론을 하여 시각적으로 알아본 것이다.

Streri와 Spelke의 결과에 대해 시각적인 경험이 손으로 탐색하는 능력을 촉진시키는지 또는 방해하는지에 대한 질문이 제기되었다. 이것을 확인하기 위해 Morrongiello, Humphrey, Timney, Choi, Rocca(1994)는 태어날 때부터 눈이 보이지 않는 3세에서 8세 사이의 아동들이 물체를 알아보는 능력과 같은 연령대의 눈이 보이는 아동들이 눈을 가리고 물체를 알아보는 능력을 비교하였다. 한 가지 가능성은 눈이 보이는 아동들이 더 잘 할 것이라는 것이다. 왜냐하면 그들은 손으로 탐색할 때 알게 되는 특성 때문에 물체가 그렇게 보일 것이라는 것을 학습할 기회를 가졌기 때문이다. 또 다른 추론의 가능성은 눈이 보이지 않는 아동들이 더 잘 할 것이라는 것이다. 이 아이들은 손으로 탐색하는 것에 더 많이 의존해야만 하기에 손으로 탐색하는 기술이 더 좋을 것이기 때문이다.

실제로, 눈이 보이는 아동과 보이지 않는 아동은 손으로 탐색하여 물체를 알아내는 능력은 비슷하였다. 그들이 시행에 정확하게 반응한 비율이 같았고, 탐색하는 데 걸린 시간이 같았고, 탐색을 완벽하게 하는 정도가 같았다. 나이 든 아동은 어린 아동보다 이 모두에서 더 나은 수행을 보였다. 이러한 결과는 손으로 탐색하는 기술이 연령에 따라 증가하지만, 시각 경험이나 또는 촉각 정보와 시각 정보를 연결하는 경험이 아니라 일반적인 인지 발달이나 운동 발달 때문에 이러한 증진이 일어난다는 것을 보여준다.

위치 파악하기

영아의 소리의 위치파악에 대한 연구들은 시각과 청각이 태어날 때부터 협응한다는 것을 보여준다. 소리의 위치파악에 대한 대부분의 연구들에서 가장 많이 사용하는 측정방법은 소리가 나는 진원지를 향해 머리 돌리기이다. 머리 돌리기는 영아가 소리의 진원지를 향해 보지 않는다면 사용할 수 없는 측정방법일 것이다.

영아가 공간에서 자기 신체의 위치를 통제하는 능력도 다양한 감각으로부터 정보를 통합하는 것을 요구한다. 전정(균형) 정보는 분명히 자세를 유지하고 통제하는 데 필요하다. 시각 정보도 필요한지는 분명치 않다. '움직이는 방'을 이용한 연구에서 시각 정보의 중요성을 볼 수 있다. 움직이는 방에서 참가자는 바닥은 움직이지 않지만 천장과 주변 벽들이 움직이는 곳에서 앉거나 선다. 서는 것을 막 배운 영아들은 벽이 움직일 때 몸이 기울어지거나 비틀거리는데, 이는 그들이 시각 정보에 대한 반응으로 자신의 자세를 조정한다는 것을 보여준다(Lee & Aronson, 1974). 마찬가지로 앉아 있는 영아들은 벽이 움직이는 것을 볼 때 몸이 기울어진다(Bertenthal & Bai, 1989; Bertenthal, Rose, & Bai, 1997). 이와 같이 전정기관에서 오는 정보와 시각 정보는 공간에서 신체의 위치를 통제하는 데 통합된다.

연대순 요약

지각 발달을 보다 통합적으로 그려보기 위해 영아가 생의 첫해의 여러 다른 시점에서 시각, 청각, 감각간 통합에 대해 어떤 능력을 가지고 있는지를 생각해 보자. 여러 연령에서 영아가 보이는 지각능력을 표 5.2에 열거했다. 좀 더 엄격하게 추정하였기에, 이 중 일부 능력은 여기에 제시된 것보다 더 일찍 나타날지도 모른다.

이 표는 아주 흥미로운 발달 패턴을 보여주고 있다. 청각이 시각이나 감각간의 통합보다 훨씬 더 빨리 발달한다. 표에서 열거된 청각의 모든 기본적인 발달은 3개월경에 성취되며, 물론 이것이 끝이 아니다. 영아의 청각은 3개월 이후에도 여전히 양적으

표 5.2 여러 연령에서 영아가 보이는 지각능력

연령	능력 시각	 청각	 감각간 통합
출생	정향반사. 보기규칙. 색 지각. 크기항상성. 물체의 윤곽 주사.	정향반사. 중주파수와 고주파수 범위 내에서 거의 성인과 같은 강도의 역치. 엄마 목소리 선호.	소리의 진원지를 바라보기. 소리에 반응하기 위한 보기규칙. 시각에 의해 유도되는 손 뻗기.
1개월	움직임에 기초한 단안 깊이 단서.	범주적 말소리 지각.	소리가 시각적 주사를 강화한다.
2개월	물체의 내부 주사.	음악 소리에 대한 범주적 지각.	
3개월	기대 형성. 움직이는 물체를 눈으로 유연하게 따라가기. 엄마 얼굴에 대한 선호.		
4개월	조직화된 '생물학적' 움직임 패턴을 선호. 양안 깊이 단서. (입체시각)		비슷한 리듬을 가진 소리와 빛을 통합. 시각 정보와 촉각 정보를 통합.
7개월	중첩, 상대적 크기 등의 회화적 깊이 단서를 사용. 거리를 추론하기 위해 기억을 사용.		

로 발달한다. 예를 들어, 그들은 부드러운 소리 특히 저주파 소리를 잘 들을 수 있게 된다. 또한 영아의 청각이 모국어에 조율되면서 일부 말소리의 차이를 지각하는 능력을 잃어버린다. 영아의 청각에 대한 앞으로의 연구에서 3개월까지 전혀 보이지 않던 능력을 보여주거나 또는 모든 시각능력과 감각을 통합하는 능력이 3개월경에 발달한다는 것을 보여줄지도 모른다. 그러나 현재로도 영아기 초기에 나타나는 청각능력은 놀랄 만하다. 초기에 발달하는 다른 많은 놀라운 능력의 배경과 견주어 볼 때 이 발달 수준은 더욱 인상적이다.

지각과 행동

왜 사람은 세상을 지각하는가? 한 가지 이유는 유기체는 지각을 통해 세상에서 효율적으로 행동하는 데 필요한 정보를 얻기 때문이라는 것이다. 행동은 다시 지각적 정보를 만들 수 있고 이미 사용했던 정보의 질을 증진시킬 수 있다. 그리하여 지각과 행동은 서로 영향을 주고받으면서 통합된 체계를 형성한다.

지각이 행동을 이끈다

지각은 자세를 통제하는 것과 같은 기본적인 행동, 그리고 음식을 획득하고 위험을 피하는 것과 같은 복잡한 행동을 이끄는 데 필요하다. 사실, 지각의 목적은 행위를 이끄는 것이다. 이 장에서 이미 논의했던 많은 연구들에서 이러한 일반적인 생각이 분명히 드러난다. 예를 들어, 움직이는 방 연구에서 영아는 방의 변화에 자세를 적응시키는 데 시지각을 사용했다. 마찬가지로 소리 나는 물체에 손을 뻗는 연구에서 영아는 손 뻗는 행동을 하는 데 물체로부터 나오는 소리에 대한 청지각을 사용하였다.

운동 수행에 대한 연구들도 이동하는 행동을 하는 데 지각 정보가 중요하다는 점을 강조한다. 지각적 손상이 있는 영아는 운동 발달에서 지체를 보인다. 예를 들어, 눈이 보이지 않는 아동이나 약간의 시지각 손상이 있는 아동은 균형을 잡거나 자세를 통제하는 데 어려움을 갖고, 앉고, 기고, 서고, 걷는 것과 같은 움직임의 기초가 되는 발달을 성취하는 데 지체를 경험한다(예, Bouchard & Tetreault, 2000; Prechtl, Cioni, Einspieler, Bos, & Ferrari, 2001). 청각장애 아동들도 운동근육을 움직이는 것이 느릴 뿐만 아니라(Wiegersma & Van der Velde, 1983) 운동 발달에도 지체를 보인다(Dummer, Haubenstricker, & Stewart, 1996). 따라서 시각과 청각은 모두 움직이는 행동을 끈다고 할 수 있다.

행동이 지각 정보를 만든다

지각과 행동의 관계는 상호보완적이다. 지각 기술이 증진되면 더 정교한 행동이 가능해진다. 동전의 뒷면과 같이 행동은 또한 지각 정보를 생성한다. 예를 들어, 머리를 움직임으로써 소리를 더 크게 듣게 될지 모르고, 이러한 정보는 소리의 위치를 파악하는 데 도움이 될 것이다. 마찬가지로 공간에서 움직이는 것은 물체를 알아보는 데 도움을 주는 시각 정보 패턴을 만들어 준다. J.J. Gibson(1979)이 언급했듯이, "우리는 움직이기 위해 지각해야만 하지만 또한 지각하기 위해 움직이기도 해야 한다." 지각 정보를 만들어 내기 위해 움직이는 것을 *탐색적 움직임(exploratory movement)*

이라고 한다.

탐색적 움직임의 목적이 지각 정보를 만드는 것이라면 영아는 어떤 행동을 할 것인지를 선택하기 위해 지각 정보를 필요로 할 때 이러한 움직임을 자주 만들어 내야만 한다. 예를 들어, 영아가 가파르게 경사진 곳을 내려가야만 하는 상황에 있을 때 그들은 길 것인지, 미끄러질 것인지, 뒤로 내려갈 것인지를 결정할 필요가 있다. 이러한 결정을 하기 위해서 영아들은 내려가야 할 곳을 두드려보기도 하고 내려가는 길목에서 머뭇머뭇 몸을 흔들어 보는 탐색 움직임을 사용하여 정보를 모은다. 경사가 가파른 곳에서 잘못 판단하여 떨어지게 되면 더 심각한 상해를 가져오기 때문에 영아는 경사가 얕은 곳보다 경사가 가파른 곳에서 이러한 탐색 움직임을 더 많이 보인다(Adolph, 1997). 한 연구에서, 두꺼운 조끼(납으로 채워진 주머니가 있는 것)를 입혔을 때 영아는 탐색 움직임을 적게 보였다. 조끼를 입은 것은 영아가 경사진 곳을 두드려 보거나, 경사진 길목에서 머뭇머뭇 몸을 흔들어 보면서 균형을 잡는 것을 더 어렵게 하였다. 조끼를 입었을 때 영아들은 경사진 곳을 내려가야 하는지, 어떻게 내려가야 하는지를 잘 결정하지 못했다(Adolph & Avolio, 2000).

행동이 지각 정보를 만들기 때문에 행동하는 새로운 능력의 발달은 지각 발달에 중요한 결과를 가져온다(Bushnell & Boudreau, 1993). 움직이는 능력이 발달하면서 영아는 환경을 새로운 방식으로 탐색할 수 있게 되고 결과적으로 새로운 출처의 지각 정보를 만들게 된다.

운동 발달과 지각 발달 사이의 관계를 연구한 Needham(2000)은 물체를 탐색하는 영아의 기술과 시각적으로 인접한 물체의 경계를 알게 해주는 특질을 사용하는 능력을 조사하였다. 실험의 전반부에서 일련의 물체를 적극적으로 탐색했던 영아들은 실험의 후반부에서 다른 물체가 주어졌을 때에도 그것들의 경계를 더 잘 변별하였다. Needham은 물체를 탐색하는 기술이 더 좋은 영아가 물체에 대한 정보를 더 잘 수집할 수 있고 이러한 정보가 물체의 특질을 해석하는 것을 배우는 데 도움을 준다고 주장하였다.

기기 시작하는 것 또한 사회, 인지, 지각 기술과 같은 다른 영역에서 중요한 변화와 관련된다(Campos et al., 2000). 길 수 있는 영아는 같은 연령대의 길 수 없는 영아보다 다양한 맥락에서 더 좋은 지각적 기술을 보여주었다. 예를 들어, 기는 영아는 기기 전 영아보다 '움직이는 방'에서 자세의 균형을 더 잘 잡았는데, 이는 기는 영아가 시각 정보에 대해 더 잘 반응한다는 것을 보여준다(Higgins, Campos, & Kermoian, 1996). 마찬가지로 기는 영아는 기기 전 영아보다 멀리 있는 물체에 더 많은 주의를 기울인다(Campos et al., 2000). 이처럼 움직이는 기술을 갖게 되는 것은 영아가 주의

그림 5.12 영아가 시각 벼랑을 기어간다(사진: Joseph Campos 박사 제공).

를 기울이는 정보가 달라지는 것과 밀접한 관계가 있다.

Gibson과 Walk(1960)이 처음 사용했던 *시각 벼랑(visula cliff)* 과제는 움직이는 기술과 지각의 관계를 보여준다(그림 5.12). 영아가 길 수 있는 유리로 된 바닥 한쪽 편에는 바로 밑에 체크무늬 테이블보가 있고, 다른 쪽에는 같은 체크무늬 테이블보가 몇 피트 떨어져 있었다. 성인에게는 이 두 부분 사이의 경계를 중심으로 한 쪽이 푹 꺼져 있는 것처럼 보였다. 길 수 있는 영아를 '얕은' 쪽에 놓고, 엄마가 다른 쪽에 서서 '깊은' 쪽으로 경계를 건너오도록 손짓하며 불렀다. 영아를 오라고 불렀을 때, 기기 시작한지 6주에서 8주가 지난 7개월 된 영아들은 건너오지 않았고, 그들의 심장박동이 증가하였다(공포의 신호). 이에 반해 아직 기지 못하는 같은 연령의 영아들은 공포를 나타내지 않았다(Campos, Bertenthal, & Kermoian, 1992).

이러한 차이를 가져온 것은 기는 것 자체의 경험이 아니라 스스로 움직이는 경험을 했는지에 달려있는 것 같다. 또 다른 실험에서는 기기 전 영아에게 의자에 앉아서 바닥을 발로 밀어서 혼자 움직이게 해주는 보행기를 40시간 타게 하였다. 시각 벼랑을 지나오게 했을 때, 보행기를 타 본 영아는 그런 경험을 해보지 않은 같은 연령의 다른 영아보다 심장 박동이 증가되는 공포 반응을 더 많이 보였다(Bertenthal, Campos, & Kermoian, 1994). 보행기는 영아에게 움직이는 새로운 기회를 주었고 이러한 행동을 함으로써 영아는 시각 벼랑에서 벼랑을 지각하게 해주는 새로운 정보를 갖게 되었고, 그리하여 시각 벼랑에 대한 공포를 느끼게 된 것이다. 따라서 스스로 움직이는 경험은 높이에 대한 경계심을 발달시키는 데 중요하다. 태어나자마자 움직일 수 있는 포유동물이 생의 초기부터 벼랑에서 머뭇거리는 행동을 보이는 것은 이러한 관점을 지지해 준다.

왜 스스로 움직이는 것이 이러한 효과를 가져오는가? 모든 영아는 부모에 의해 이곳 저곳으로 움직여지는 경험을 한다. Campos 등(2000)은 스스로 움직이는 것과 다른 사람에 의해 움직여지는 것과의 주요한 차이는 시각 정보, 전정(균형) 정보, 체감각 (근육이나 관절부위 같은 신체 감각)정보 등 여러 감각기관으로부터 들어오는 지각 정보를 상응시키는 데 있다고 주장하였다. 영아가 움직여질 때, 그들은 움직이는 방향을 보지 못하기에(그리고, 실제로 그들은 부모의 어깨 너머로 보기 때문에 반대 방향을 보게 된다), 그들이 갖는 지각 정보는 전정 정보나 체감각 정보와 같은 신체 정보와 일치하지 않는 경우가 종종 있다. 결과적으로 움직여지는 영아는 다른 출처의 정보가 어떻게 연결되는지에 대해 일관성 있게 예측하기 어렵다. 이에 반해, 영아가 스스로 움직일 때, 정보의 출처들은 체계적으로 연결되어 영아는 이러한 정보들을 어떻게 상응시키는지를 예측하기 시작한다. 시각 벼랑에서 움직이는 영아는 시각 정보, 전정 정보, 체감각 정보가 연결되는 것에 대해 어긋난 기대를 하게 되고, 이 때문에 벼랑의 경계를 지나서 움직이는 것을 두려워하게 한다.

요약

지금까지 감각체계가 어떻게 발달하고 지각이 행동과 어떻게 통합되는지의 관점에서 영아의 지각 발달을 살펴보았다. 지각 기능은 놀랍도록 빠르게 성인과 같거나 또는 거의 비슷한 수준에 도달한다. 신생아도 보고, 듣고, 여러 감각 체계에서 오는 정보를 통합할 수 있다. 이러한 능력은 생후 6개월 동안 많이 발달하는데, 이러한 능력 덕분에 영아는 물체와 사건에 주의를 기울이고, 확인하고, 위치를 파악할 수 있게 된다. 출생부터 지각과 행동은 서로 밀접하게 연결되어 있고 이 둘은 상호보완적인 관계를 갖는다.

주의를 끄는 특성은 주의를 유지시키는 특성과는 다르다. 일반적으로, 주의를 끄는 특성은 일생동안 비슷하다. 예를 들어, 정향반사는 영아와 성인이 친숙하지 않은 물체나 움직이는 물체뿐 아니라 큰소리와 밝은 빛에도 주의를 기울이게 한다. 성인뿐 아니라 영아도 보기 규칙이라고 부르는 특징적인 형태로 빛, 어둠, 모서리, 윤곽을 주사한다. 반면, 주의를 유지시키는 특성은 연령과 경험에 따라 변한다. 영아와 성인의 시각적 주의는 적정 수준의 자극에 의해 유지되지만, 적정 수준의 자극이란 발달 과정에서 크게 변한다. 이와 마찬가지로, 모든 연령에서 기대가 주의를 조정하나 기대 또한 연령에 따라 많이 변한다. 생의 첫 몇 달 동안 피질하 뇌 기제는 주의를 끄는 데 특별히 중요한 역할을 담당하며, 그후에는 피질 기제가 영아들의 주의를 통제하는 데 점점 더 중요해진다.

물체와 사건의 시각적으로 알아보는 능력은 처음 8개월 동안 급격히 성장한다. 시력은 대략 20/660에서 20/80으로 좋아진다. 이러한 향상은 중간 정도의 공간 빈도에서 특히 현저하게 나타난다. 출생 후 처음 몇 달 동안은 눈이 해부학적으로 미성숙하므로 물체의 내부보다는 윤곽을 주사하고, 큰 체크무늬가 있는 판을 더 오래 바라본다. 물체를 확인하는 일반적 능력 이외에도, 영아는 어떤 물체를 다른 물체보다 선호한다. 영아는 사람의 얼굴, 특히 매력적인 얼굴과 엄마 얼굴을 좋아한다.

물체의 위치를 파악하기 위해서는 물체가 얼마나 떨어져 있고, 어떤 방향에 있는가를 확인하는 능력이 필요하다. 영아는 물체의 거리를 추정하기 위해 두 눈이 같은 위치에 초점을 맞출 때 두 개의 망막상이 다르게 맺힌다는 것에 근거하는 양안 단서와 한쪽 눈을 감고 다른 한쪽 눈으로만 가능한 단안 단서를 모두 사용한다. 회화적 단서들은 6, 7개월 이전에는 사용하지 않지만, 움직임에 의한 단안 깊이 단서는 아주 일찍부터 사용한다. 두 눈을 사용한 깊이 지각 즉 입체 시각은 대뇌와 눈을 연결하는 시각통로의 성숙으로 인해 4개월경에 아주 갑자기 나타난다.

어린 영아의 청지각 수준은 시지각만큼 인상적이다. 영아는 특히 사람들의 말소리와 같은 소리에 주의를 기울인다. 이는 영아가 다른 소리보다도 이 소리를 더 쉽게 알아들을 수 있기 때문이 아니라 이 소리에 더 흥미를 느끼기 때문인 것 같다. 4개월경에 영아는 자기 이름과 같은 특정한 소리에 흥미를 느낀다.

영아는 말소리와 음악소리도 색지각처럼 범주적으로 지각한다. 범주적 지각은 영아가 듣는 특정한 언어 때문에 생기는 것은 아니다. 영아는 모국어와는 다른 범주 경계를 설정할 수도 있다. 특정한 말소리를 구별하는 것 이외에도 신생아는 말소리의 좀 더 일반적 특징을 알 수 있다. 예를 들면, 영아는 엄마 목소리와 다른 여자의 목소리를 구별할 수 있다. 그들은 높은 소리와 과장된 억양이 특징인 '영아에게 하는 말투'를 선호한다.

청각을 사용한 위치 파악은 U형 곡선의 형태로 발달한다. 출생 시와 출생 4개월 후에는 위치 파악이 아주 정확하다. 그 사이에는 위치를 파악하는 능력이 덜 예민하다. 시각적 주의집중과 마찬가지로, 이것은 청각이 피질하 기제에 의해 통제되다가 대뇌피질 기제에 의해 통제되기 때문이다.

지각 정보가 행동을 이끌고, 행동이 지각 정보를 유기체에게 제공한다는 점에서 지각과 행동은 출생부터 통합된 체계를 형성한다. 행동을 이끄는 지각의 역할은 시각장애인이나 청각장애인과 같이 지각적 결함을 가진 아동에게서 분명하게 드러나는데, 이들은 운동 발달 지체를 보인다. 사람들은 반짝이는 표면이 미끄러운지를 알아보기 위해 그 표면을 만진다. 이와 같이 사람들은 지각 정보를 만들기 위해 탐색행동을 하곤 한다. 영아의 운동 기술이 발달하면서 영아는 새로운 방식으로 환경을 탐색할 수 있게 된다. 따라서 운동 기술을 얻게 되는 것은 영아가 지각 정보를 만들어 사용하는 능력에 영향을 준다.

읽을거리

Campos, J.J., Anderson, D.I., Barbu-Roth, M.A., Hubbard, E.M., Hertenstein, M.J., & Witherington, D.(2000). Travel broadens the mind. *Infancy, 1*, 149~219. 기는 것을 학습하는 것이 지각, 인지, 사회성 발달에 어떤 효과를 가져오는지를 정리한 논문이다.

Gibson, E.J., & Pick, A.D.(2000). *An ecological approach to perceptual leanring and development.* Oxford: Oxford University Press. 지각 학습과 발달에 대한 Gibson의 접근을 포괄적으로 설명. 핵심 주제는 지각이 유기체와 환경 사이에서 두 방향으로 진행한다는 것이다. 환경이 지각하는 사람에게 자료와 기회를 주고 지각하는 사람은 환경으로부터, 그리고 환경에 대한 행동으로부터 정보를 얻게 된다.

Lynch, M.P., Eilers, R.E., Oller, D.K., & Urbano, R.C.(1990). Innatenss, experience, and music perception. *Psychological Science, 1*, 272~276. 음악 지각에서 초기 음악경험의 역할에 대한 증거를 제시한다. 어린 영아는 친숙한 음계나 친숙하지 않은 음계에서 맞지 않는 음을 찾아낼 수 있지만 성인은 친숙한 음계에서만 맞지 않는 음을 찾아낼 수 있다.

Maurer, D., Lewis, T.L., Brent, H.P., & Levin, A.V.(1999). Rapid improvement in the acuity of infants after visual input. *Science, 286,* 108-110. 태어날 때부터 백내장 때문에 시각 정보를 받아들이지 못하는 영아의 시력 발달을 기술하고 있다. 백내장 제거 수술을 한 후 영아에게 콘택트렌즈를 끼우면 시력이 몇 시간 내에 변화하기 시작한다.

Pascalis, O., de Haan, M., & Nelson, C.A. (2002). is face processing species specific during the first year of lift? *Science, 296,* 1321-1323. 얼굴 지각에서 경험의 역할에 대한 증거를 제시한다. 6개월 된 영아는 원숭이 얼굴들 간의 차이와 사람 얼굴들 간의 차이를 구별할 수 있지만 나이 든 영아와 성인은 오직 인간 얼굴 간의 차이만 구별할 수 있다.

제 6 장

언어 발달

Where you going?

I' m going.

Shoe fixed.

Talk to mommy.

Shoe fixed.

See Antho.

Anthny.

Good night.

See morrow morning. (Weir, 1962)

위의 예는 2살 반 된 아동이 잠들기 전에 혼자서 한 말을 녹음한 것이다. 여기서 아동이 하는 말은 언어 발달의 여러 가지 중요한 특징을 보여준다. 첫째, 아동의 말은 의미를 전달한다. 아동이 하는 말은 어른이 사용하는 말과 같지는 않지만 대부분을 쉽게 이해할 수 있다. 둘째, 아동이 하는 말은 암호 같다. 아동은 처음 말을 배울 때 언어의 핵심 부분만을 표현한다. 어른 언어에서 정확성, 색, 문법 구조를 표현하기 위해 사용하는 전치사, 관사, 부사, 형용사가 아동 언어에서는 생략된다. 셋째, 아동의 언어는 내적으로 동기화되어 있다. Anthony가 혼자서 말하는 동안에 방에는 아무도 없었다. 그럼에도 불구하고, 이 아동은 말하는 것 자체가 즐겁기 때문에 말을 하는 것 같았다.

아동의 언어 습득은 몇 가지 근본적인 질문을 제기한다. 아마도 가장 근본적인 문제는 앞 장의 지각 발달에서 논의된 문제와 비슷할 것이다. 아동은 엄청나게 혼란스러운 말소리에서 어떻게 의미를 찾아낼 수 있을까? 연속적으로 들리는 말소리를 단어로 분절하는 것은 아주 어렵다. 아직도 말소리를 분절할 수 있는 컴퓨터 프로그램이 개발되지 않았다. 다른 사람의 말을 이해하기 위해서는 말소리를 알아 듣는 것 이상의 능력이 필요하다. 즉, 말로 직접 표현된 의미뿐만 아니라 말로 표현되지 않았지만 함축되어 있는 의미도 이해해야 한다. 정확하게 말하기 위해서는 개별 소리를 정확하게 발음하고, 문장 내에서 단어를 적절하게 배열하고, 통일된 생각을 전달할 수 있도록 문장을 조직화해야 하는 등 여러 가지 능력이 필요하다.

이러한 요구를 만족시키기 위해서 아동은 말소리를 이해하고 산출하게 해주는 여러 가지 정신활동을 한다. 앞 장에서 살펴본 것처럼, 잘 발달된 청지각 체계 덕분에 아동은 말소리를 단어로 분절할 수 있다. 다른 사람의 말을 정확하게 지각하고 또 모방하는 능력을 통해 아동은 단어의 정확한 발음을 배울 수 있다. 아동은 일반적으로 적용할 수 있는 문법적 규칙을 찾는 동시에, 자기가 들은 말에 표현된 단어의 순서에 주의를 기울이고 또 이 순서를 기억한다.

무엇보다도 아동은 두 가지 의미, 즉 자신이 전달하고자 하는 의미와 다른 사람이 하는 말의 의미 모두에 주의를 기울인다. 의미를 강조하는 것은 언어를 습득하는 아주 좋은 방법이다. 언어란 사회에 적응하기 위한 수단이다. 발음이나 문법에 심각한 문제가 있더라도 의도하는 의미를 잘 전달하는 문장은 적응을 도와준다. 문법이나 발음이 완벽하더라도 의도하는 의미를 표현하지 못하는 문장은 적응적이지 않다.

언어를 배우려는 아동 자신의 노력 외에, 부모, 형제, 다른 성인, 다른 아동 또한 아동의 언어 학습을 도와줄 수 있다. 이들은 영아나 걸음마기 아기들의 주의를 끌 수 있도록 억양을 변화시킨다. 이들은 이해하기 쉬운 짧고 간단한 문장으로 말하고, 현재 상황에 존재하는 물체나 사건에 집중한다. 언어 학습자의 입장에서도 문화적 역사를 볼 수 있다. 언어는 인간에 의해 만들어졌고, 그 이래로 언어는 아동이 배울 수 있도록 진화되어 왔다. 그 결과 언어가 무척 복잡함에도 불구하고 모든 아동은 자신의 모국어를 손쉽게 빨리 배운다.

이 장의 구성. 언어 발달에 대한 두 가지 일반적 질문으로 이 장을 시작하고자 한다. 첫째, 언어 학습은 다른 일반적 형태의 학습과 다른 특별한 특성을 가지는가? 둘째, 언어의 생물학적 기초는 무엇인가? 앞으로 이 장에서는 이 질문을 중심으로 언어 발달에 대해 논의해 볼 것이다.

이 장은 언어를 구성하는 네 가지 주요 영역—음운론, 의미, 문법, 의사소통—으로 나뉜다. *음운론*은 말소리의 구조와 연결에 관여한다. *의미*에서는 특정 물체, 물체의 속성, 사건, 생각, 그리고 이들을 표현하기 위해 사용하는 단어와 구 사이의 대응성을 강조한다. *문법*에서는 문장을 만들기 위해 사용하는 규칙의 체계에 초점을 맞춘다. *의사소통*에서는 다른 사람에게 메시지를 전달하기 위해, 그리고 다른 사람이 마음속에 생각하고 있는 것을 이해하기 위해 음운론, 통사론, 의미론이 어떻게 사용되는지에 관심을 갖는다.

언어의 이러한 주요 측면에 대한 지식의 발달은 언어를 이해하는 능력과 산출하는 능력에서 볼 수 있다. 일반적으로 언어의 이 네 측면 모두에서 이해는 산출에 약간씩 선행된다. 예를 들어, 영아는 모국어에서 음운론적으로 대비되는 소리를 산출하기 전에 그 소리의 대비를 알아챈다. 또한 영아는 단어를 말하기 전에 이미 많은 단어를 이해하고 있다.

언어의 이 네 측면은 언어 학습에서 각기 다른 시점에서 중요한 역할을 한다. 음운론은 출생 직후, 즉 영아가 모국어의 소리 특징을 인식하고 산출할 수 있게 되면서 곧 발달하기 시작한다. 의미는 생후 첫해의 후반부에 중요한 주제가 된다. 많은 영아는 6개월경에 몇 개의 간단한 단어를 처음 이해함을 보여주고(Tincoff & Jusczyk, 1999),

표 6.1 이 장의 개요

I. 언어 발달에 대한 일반적 쟁점
- A. 언어는 특별한가?
- B. 언어의 생물학적 기초는 무엇인가?

II. 음운론
- A. 언어의 소리에 대한 지식의 발달
- B. 소리를 산출하는 능력의 발달

III. 의미
- A. 초기 단어와 단어 의미
- B. 최초의 단어 이후의 발달과 단어 의미

IV. 문법
- A. 초기 문법 발달
- B. 후기 문법 발달
- C. 문법 발달에 대한 설명

V. 의사소통
- A. 구어를 통한 의사소통
- B. 수화를 통한 의사소통

VI. 요약

돌이 되면 첫 단어를 말하기 시작한다. 2세가 되면 문법이 중요해진다. 2세 중반부에 대부분의 아동은 다양한 통사 구조 사이의 차이를 이해하고, 이때가 지나면 두 개 이상의 단어를 연결하여 구를 만들기 시작한다. 마지막으로 의사소통은 언어의 다른 요소들과 복잡하게 연결되어 있어서 발달의 어느 시점에서도 나타난다. 하지만 의사소통은 언어의 다른 측면과 연결하여 이해해야 하기 때문에 제일 나중에 살펴볼 것이다. 이장의 구성은 표 6.1에 제시되어 있다.

언어 발달에 대한 일반적 쟁점

언어는 특별한가?

아동이 언어를 빠르고 성공적으로 배운다는 점에는 의문이 없지만 그들이 왜 그렇게 빨리 배울 수 있는지에 대해서는 많은 논쟁이 있다. 위대한 언어학자 노엄 촘스키(예, Noam Chomsky, 1972)는 이 질문에 대해 다음과 같이 답하였다. "사람들에게는 언어를 특별히 쉽게 습득하게 해주는 '언어기관(language organ)'이 있다." 촘스키에 따르면, 문법 규칙은 너무 복잡하고 아동이 듣는 언어 자극은 일관적이지 않기 때문에 이러한 언어기관 없이 언어 자극에만 의존하여 언어와 같이 복잡한 체계를 배우는 것은 불가능하다. 또한 촘스키는 모방이나 강화와 같은 일반적인 학습기제가 학습자의 언어 지식, 즉, 이전에 전혀 들어본 적이 없었던 말을 할 수 있게 해주는 추상적인 언어지식을 만들어 낼 수 없을 것이라 믿었다. 촘스키 관점에서는, 언어기관과 같은 특별한 기제만이 아동이 빈곤한 언어 자극에 의존하여 복잡하고 추상적인 체계를 그토록 빠르고 쉽게 배우는지를 설명할 수 있다. 촘스키는 언어기관이 '보편문법', 즉 세상의 모든 언어에 적용되는 문법에 대한 생득적인 지식을 구현화한다고 제안하였다. 이 생득적 지식 덕분에 아동은 몇 가지 모국어 문법 유형을 인식할 수 있고 그리하여 언어의 복잡성에도 불구하고 언어를 빠르게 배울 수 있다는 것이다.

다른 연구자들은 일반적으로 언어가 특별하다는 주장에는 동의하지만 언어를 배우는 능력이 보편문법의 생득적 지식을 갖고 있는 언어기관에 표상된다는 이 특정한 주장에는 동의하지 않는다. 예를 들어, MacWhinney(2002)는 언어를 배우는 능력이 600만년 동안 진화되어 왔다는 것을 주지하였다. 이 기간에 진화는, 언어 학습에 적절한 뇌 구조뿐만 아니라 보다 일반적인 인지능력, 그리고 보다 정교한 의사소통 체계를 필요로 하게 된 영장류의 사회구조에서도 일어났다. MacWhinney의 관점에서도 언어 학습은 특별하다고 본다. 하지만 언어 학습이 특별한 것은 보편문법이 생득적이기 때문이 아니라, 역사 속에서 점진적으로 진화해온 신경학적 · 인지적 · 사회적 요소들이 독특하고 복잡한 방식으로 상호작용하면서 언어 학습이 출현했기 때문이라고 설명한다.

언어 학습이 다른 일반적인 형태의 학습과 다르기 때문에 언어 학습이 특별하다는 일반적인 주장을 지지해 주는 증거가 있다. 언어 습득이 특별한 것은 그것의 보편성에서 찾아볼 수 있다. 언어 습득은 아주 폭넓은 범위의 환경에서 일어나고, 또한 빠르게 일어난다. 어른이 아동이 특별히 흥미 있어 하는 주제에 대해 아동과 대화를 나누는 문화에서도, 어른이 이러한 주제에 대해 아동과 이야기하지 않는 문화에서도, 어린 아동이 어른에게 말하는 것을 별로 좋아하지 않는 문화에서도 아동은 언어를 배운다(Snow, 1986). 이에 반해 대부분의 다른 복잡한 인지 기술은 바람직한 상황을 만들어 주거나 직접 가르쳐 줄 때 더 잘 배운다.

언어 습득의 또 다른 특성은 자기 동기적 특성(self-motivating properties)이다. 어떤 아동은 트럭에, 어떤 아동은 새에, 또 어떤 아동은 공룡에 관심을 갖는 것처럼 아동의 관심은 저마다 다르다. 하지만 대부분의 아동은 비교적 짧은 시간에 아주 복잡한 언어를 배울 정도로 언어에 높은 관심을 보인다. 언어에 대한 관심은 의사소통하려는 바람 때문에 나타날지도 모른다. 의사소통하려는 바람은 인간의 특징을 잘 보여주기에 다른 동물도 이러한 바람이 있는지에 관심을 갖게 되었다. 그러나 인간만이 생존에 필수적이지 않은 정보를 전달하는 데 관심을 갖는 것 같다. 자연계에서 정상적인 3세 아동이 의사소통하는 것처럼 의사소통하는 동물은 없다. 수화를 통해 의사소통하는 것을 아주 잘 배웠던 침팬지조차도 의사소통만을 목적으로 의사소통하는 경우는 거의 없다(Tomasello et al., 1993).

사람들이 언어에 대해 갖고 있는 관심은 의사소통에만 국한되지 않는다. 사람들의 언어에 대한 관심은 의사소통을 넘어선다. 사람들은 문법에 맞지 않은 말로 충분히 의사를 전달할 수 있음에도 불구하고, 문법에 맞는 말을 사용하려고 한다. 언어를 처음 사용하기 시작하는 아이들은 앞의 예에서처럼 "Where you going?"과 같은 질문을 곧잘 한다. 그 말을 듣는 어른은 그 말의 뜻을 이해하고 반응하지만 그 말을 고쳐주지는 않는다. 그럼에도 불구하고 아동은 얼마 지나지 않아 잘못된 표현을 버리고 문법적인 말을 사용한다. 어린 아동이 옷, 음악, 음식에 대해 특별한 취향이 있는 것처럼, 단지 어른이나 나이 든 아동을 모방하려는 일반적인 바람 때문에 이러한 변화가 일어나는 것 같지는 않다. 다른 사람과 가까이 있거나 주변 세계를 이해하고 싶어하는 바람처럼, 언어를 배우고 싶어하는 바람은 사람의 근본적인 기질의 한 부분인 것 같다.

언어가 특별하다는 세 번째 증거는 일반적으로 사고에 영향을 주는 장애인, 다운

증후군이나 윌리암스 증후군에서 분명히 찾아볼 수 있다(Bellugi, Lichtenberger, Jones, Lai, & St. George, 2000; Harris, Bellugi, Bates, Jones, & Rossen, 1995; Maratsos & Matheny, 1994; Vicari, Caselli, Gagliardi, Tonucci, & Volterra, 2002). 이 장애를 가진 아동들은 IQ가 50에서 70 사이로 정상에 미치지 못한다. 그러나 윌리암스 증후군 아동은 다운증후군 아동보다 언어기술이 훨씬 좋다. 윌리암스 증후군 아동은 어휘 검사나 복잡한 통사 검사에서 그들의 IQ 수준에서 기대할 수 있는 것보다 더 높은 점수를 받는다. 실제로 일부 윌리암스 증후군 청소년과 성인은 아주 말을 잘해서 정상적인 사람으로 오인되기도 한다. 하지만 이런 실수가 다운증후군을 대상으로는 결코 일어나지 않는다. 다운증후군 아동은 청소년기에 수 보존 과제나 유목포함 과제와 같이 추론을 측정하는 삐아제 과제를 성공적으로 수행하곤 한다. 하지만 윌리암스 증후군 아동은 청소년이 되어도 여전히 이런 과제에서 실패한다. 언어와 사고는 복잡하게 서로 연결되어 있지만 이 두 증후군 아동의 수행 패턴은 언어와 사고가 분리되어 있다는 것을 제안해 준다.

많은 증거들은 언어 학습이 특별하다는 촘스키 관점을 지지하지만 아동이 보편문법에 대한 생득적 지식을 가지고 있다는 주장에 대해서는 그렇지 않다. 한 가지 문제는 보편문법이 존재하는지에 대한 증거가 빈약하다는 것이다. 세상의 언어 문법을 비교해 보면 매우 다양하다는 것을 알 수 있다(Slobin, 1986). 간단한 문법적 구별, 예를 들어 'a'와 'the'도 놀라울 정도로 다양한 방식으로 구별된다. 영어에서 'a'와 'the'는 둘 다 명사 앞에 오지만 별개의 단어이다. 헝가리어에서 'a'와 'the'에 해당하는 표현은 동사와 직접목적어의 순서를 통해 구별된다. 어떤 아프리카어에서는 어조로 이를 구별한다. 중국어, 일본어, 폴란드어, 러시아어에서는 순전히 문맥을 보고 이 구별을 추론한다. 이와 같은 다양성을 고려해 볼 때 언어 학습은 몇 가지 가능한 유형의 문법을 듣고 단순히 인식하는 것이 아닐 수 있다. 오히려 언어 학습은 일반적인 학습능력과 언어 습득에 특정적인 능력을 모두 요구하는 듯하다(Maratsos, 1998).

언어의 생물학적 기초는 무엇인가?

언어 습득이 다른 종류의 학습과 다르다는 관점은 언어의 생물학적 기초가 있을 가능성을 제시해 준다. 이러한 주제를 생각할 때 두 가지 개념이 특히 중요하다. 하나는 특정한 인지 기능을 담당하는 대뇌 활동이 뇌의 특정 부위를 통해 변한다는 생각인, *가소성(plasticity)*이다.

첫째, 언어의 국부화에 대한 증거를 생각해 보자. 언어를 담당하는 영역은 해부학적으로 구분된다. 대다수의 사람들에게서 언어처리의 지배적인 영역은 대뇌 좌반구

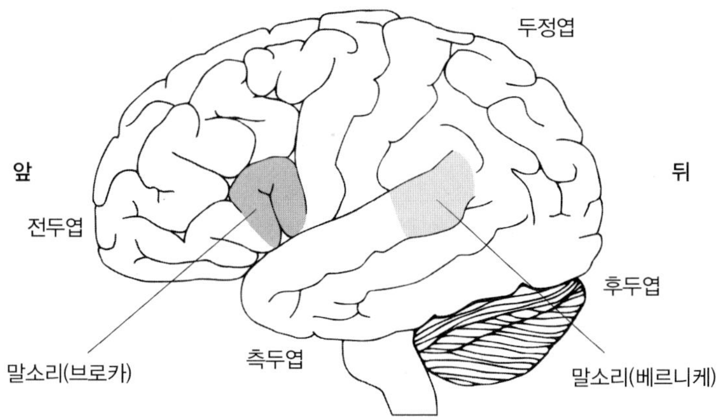

그림 6.1 옆에서 바라본 브로카 영역과 베르니케 영역의 위치를 보여주는 대뇌 좌반구.

의 중앙에 있는 곳, 특히 브로카 영역과 베르니케 영역이다(그림 6.1). (뇌의 일부가 손상되거나 제거된) *뇌의 국부손상(brain lesions)*을 입은 환자의 연구들은 이 영역이 손상되면, 이에 상응하는 우반구 영역이 비슷한 정도도 손상되었을 때보다 언어역량이 더 많이 저해된다는 것을 보여주었다. 이러한 결과는 구어(spoken language)뿐만 아니라 수화에서도 나타났는데, 이것은 이 영역에서의 주요한 처리가 말이나 청각 양상에만 제한된 것이 아니라는 것을 보여준다.

언어처리가 대체로 좌반구에 집중되어 있다는 사실 외에, 특별한 언어 기능은 좌반구의 특별한 부위에 위치해 있는 경향이 있다. 예를 들어, 뇌 손상 환자 연구에서 적어도 세 영역이 색 이름을 붙이는 것을 담당하는 것으로 나타났다. 뇌의 뒤쪽 영역(후두엽 아래쪽)의 손상이 색지각의 손실을 일으켰다. 베르니케 영역(그림 6.1)이 손상되면 색 이름을 말할 수 없었다. 중간에 있는 영역이 손상되면, 색을 보는 능력이나 색 이름을 열거하는 능력(예를 들어, '빨강, 초록, 파랑, 갈색……' 이라고 말하는 것)은 정상적이지만 색과 색 이름을 연결하는 능력은 손상되었다(Damasio & Damasio, 1989, 1992).

문법 기능을 담당하는 단어가 처리되는 뇌의 장소는 다른 단어가 처리되는 곳과 다르다는 증거도 있다(Neville, 1995a; Neville, Mills, & Lawson, 1992). 사람들이 문법적인 기능을 하는 단어(예, the)를 읽을 때, 단어를 읽은 1/4초 후에 대뇌의 전기 반응이 최고점에 다다르고 좌반구의 측두엽 앞부분에서 최대 반응이 일어난다. 이에 반해, '개' 와 같은 내용어를 읽을 때 전기 반응은 1/3초 후에 정점에 다다르고 양쪽 반구의 뒤쪽에서 최대 반응이 일어난다. 또한 문법 단어가 유발하는 전기 활동은 그 언어의 문법을 어느 정도 숙달했는지에 따라 달라진다. 8세에서 13세 사이의 아동과 청각

장애인 중에서 문법적 지식을 많이 갖고 있는 사람들은 문법 단어를 구별하는 반응을 보이는 반면에 문법적 지식이 적은 사람들은 그렇지 못했다(Neville, 1995a). 문법 단어가 좌반구 측두엽 앞쪽에서 주로 처리된다는 사실은 특별한 언어 기능의 국부화에 대한 증거이다.

그러나 뇌의 특정 부위에 언어 기능이 국부화되어 있다는 것을 증명하는 것은 쉽지 않다. 언어 사용에서 좌반구가 우세하다는 가장 널리 알려진 결과에도 예외가 있다. 왼손잡이의 1/3은 언어 처리가 주로 우반구에서 일어난다(Kolb & Whishaw, 2003). 기능이 특정적이면 특정적일수록, 대개 보이는 뇌의 전형적인 위치에서 더 많은 예외를 보인다.

좌반구가 영아기 초기부터 언어활동에 특정화되어 있다는 증거가 있다(Bertoncini, Morais, Bijeljac-Babic, & McAdams, 1989; Holowka & Petitto, 2002). 그러나 발달 초기에 좌반구 손상은 발달 후기에 입은 손상보다 언어를 이해하고 산출하는 능력에 적은 손상을 입힌다(Stiles, Bates, Thal, Trauner, & Reilly, 2002). 간단히 말해, 그러한 손상을 입었을 때 뇌의 가소성이 연령에 따라 감소한다는 것이다.

생명을 위협할 정도의 발작을 일으키는 비정상적인 뇌를 가지고 태어난 영아의 경험을 통해서 이에 대한 증거를 볼 수 있다. 발작을 완화시키는 것으로 알려진 방법은 발작을 일으키는 전체 반구를 제거하는 것인데, 이는 *반구절제술(hemispherectomy)*로 알려진 수술절차이다. 반구절제술을 받은 사람 중 한 사람은 대학을 졸업하고 전문적인 직업을 가졌지만(Smith, 1984), 대부분의 경우 이렇게 수술을 받고 나면 어느 정도 정신지체를 보인다(Huttenlocher, 1994). 언어처리에서 좌반구가 우세하다는 것을 생각해 볼 때 1살 전에 좌반구 절제를 받은 사람들이 비교적 정상적인 언어를 발달시킨다는 것을 놀라운 일이다. 이 경우 우반구가 보통 좌반구가 해야 될 많은 기능을 인도받고, 사람들은 대부분의 상황에서 아주 정상적으로 언어를 사용한다(Stiles & Thal, 1993). 이렇게 회복되는 원인 중 하나는 지각적 공간 기능을 지원하는 우반구가 언어처리를 인도받기 때문이다. 따라서 좌반구 절제술을 받은 영아는 통상적으로 좌반구가 우세한 언어 기능보다 통상적으로 우반구가 우세한 지각과 공간 기능에서 이상하게 더 많은 손상을 보인다. 이러한 결과는 좌반구가 언어처리 수행에 더 적합하지만, 좌반구를 쓸 수 없다면 우반구가 이러한 처리를 담당하도록 변화된다는 것을 제시한다. 좌반구의 조직을 점령하는 것을 좋아하는 유전 프로그램이 있을지도 모른다. 그러나 이 프로그램은 좌반구를 쓸 수 없다면 다른 곳에 있는 조직을 징발할 것이다(Maratsos & Matheny, 1994).

초기에 가소성이 크더라도 분명히 국부화된 손상을 남길 수 있다. 생후 첫 1년 안에 국부화된 좌반구 손상을 입었을 때 아동은 정상에 가깝게 발달할 가능성이 높다. 첫 3년 동안에 언어 학습은 다소 느리게 진행되지만(Marchman, Miller, & Bates, 1991), 4세에서 5세 정도가 되면 언어능력이 일반적으로 정상 범위 안에 있게 된다. 이에 반해, 생후 1년 이후에 좌반구 손상을 입으면 더 오랫동안 문제를 남기는 경향이 있다. 많은 경우에서처럼, 처리하는 위치가 변하는 가소성은 일찍부터 나타나지만, 가소성의 정도는 발달하면서 감소한다.

음운론

언어의 소리에 대한 지식의 발달

영아는 첫 단어를 말하기 오래 전부터 언어의 소리에 대해 많은 것을 알고 있다. 5장에서 기술했듯이, 영아는 2개월부터 *ba*와 *pa*, *a*와 *i* 등의 비슷한 소리를 구별할 수 있다(예, Eimas et al., 1971). 영아는 일찍부터 모국어에서 사용되지 않는 소리의 구분에 민감하다. 하지만 생후 첫 해의 후반부가 되면 모국어에서 의미가 구별되지 않는 소리에 대한 민감성을 잃어버리기 시작한다(예, Werker & Tees, 1984).

영아는 아주 일찍부터 모국어의 소리를 인식할 수 있다. 사실, 생후 이틀 된 영아도 다른 언어보다 모국어 듣는 것을 선호하는데, 그들이 자궁 안에서 모국어의 소리에 대한 무언가를 배웠을 가능성이 있기 때문이다(Mehler et al., 1988; Moon, Cooper, & Fifer, 1993). 출생 후 첫 1년 동안 영아는 모국어 소리에 대해 훨씬 더 많은 것을 배운다(Aslin et al., 1998). 예를 들어, 9개월 된 영아는 모국어가 허락하지 않는 소리의 조합보다는 모국어가 허락하는 조합으로 구성된 단어 듣는 것을 선호한다(Jusczyk, Friederici, Wessels, Svenkerud, & Jusczyk, 1993).

영아는 모국어 소리에 대한 지식을 이용하여 끊임없이 들려오는 소리의 흐름에서 개별 단어를 확인할 수 있다. 대부분 단어마다 끊어서 말하지 않기 때문에 이러한 기술은 언어 학습에서 중요하다. 고개 돌리기 선호 절차를 사용한 연구에서 볼 수 있듯이, 영아는 4개월에서 6개월 사이에 적어도 모국어 소리 패턴의 세 가지 요소를 단어를 경계짓는 단서로 사용할 수 있다(5장 참고). 모국어 단어에서 지배적인 강세 패턴이 하나의 단서이다(Jusczyk, Cutler, & Redanz, 1993). 영어를 배우는 영아들은 $7\frac{1}{2}$개월에 영어에서 일반적인 패턴인, 강세가 있는 음절(예, *doctor*나 *candle*)로 시작하는 단어를 성공적으로 분절하였다. 하지만 영어에서 자주 나타나지 않는 패턴인, 첫 음절에 강세가 없는 단어(예, *guitar*나 *surprise*)를 분절하는 데에는 오류를 보였다

(Jusczyk, Houston, & Newsome, 1999).

영아가 단어를 분절할 때 사용하는 두 번째 단서는 전환 확률(transitional probability)인데, 이것은 언어에서 어떤 소리가 어떤 소리 다음에 오는지에 대한 확률이다. 예를 들어, 'pretty baby'라는 구를 생각해 보자. 영어에서 *pre*라는 음절은 *ty*라는 음절 앞에 올 가능성이 매우 높다. 이것은 이러한 음절이 영어에서 자주 쓰이는 *pretty*라는 단어에서 항상 함께 나타나기 때문이다. 그러나, *pretty*라는 단어는 *baby*라는 단어 이외에 다른 단어와 결합하여(예, pretty dress, pretty eyes) 나타나는 경우가 자주 있기 때문에 *ty*라는 음절 다음에 *ba*가 올 가능성은 아주 적다. *pre* 다음에 *ty*가 올 확률이 높다는 것은 그것이 단어가 될 가능성이 높은 반면에 *ty* 다음에 *ba*가 올 확률이 낮다는 것은 *tyba*가 단어가 될 확률이 거의 없다는 것을 시사해 준다. 인공언어 자극을 사용한 연구들은 8개월경에 영아가 들려오는 말소리의 흐름 속에서 이와 같은 통계적 정보를 추출할 수 있고 그것을 단어 확인에 사용한다는 것을 보여주었다(Saffran et al., 1996).

세 번째 단서는 언어의 개별 단어에서 소리의 순서를 제약하는 *음소배열(phonotactic)* 정보이다. 예를 들어, 많은 영어 단어에서 *nt*와 같은 순서(예, *ant*, *tent*)는 자주 들을 수 있지만 *mt*와 같은 순서는 별로 듣기 어렵다. 따라서 *nt*와 같은 소리 순서는 그 소리가 하나의 단어 안에 있다는 것을 알려주지만 *mt*와 같은 소리는 ('co**me to** me' 에서처럼) 소리 사이에 경계가 있어 다른 단어로 분절될 가능성을 알려준다. 영아는 9개월부터 들려오는 말소리에서 단어를 분절하기 위해 그러한 단서를 사용한다(Mattys & Jusczyk, 2001; Mattys, Jusczyk, Luce, & Morgan, 1999).

이런 결과들을 종합해 보면 영아는 단어를 산출하기 전에도, 들려오는 언어 자극에서 확률적 특질에 대한 정보를 아주 효과적으로 얻어 내고 있음을 알 수 있다. 이처럼 영아는 강세 패턴, 전환 확률, 음소배열 패턴 등 많은 특질에 대한 정보를 얻어서, 그러한 통계적 학습으로 얻은 정보를 들려오는 말소리에서 단어를 구별하는 데 사용한다.

소리를 산출하는 능력의 발달

생후 첫해 동안 영아는 모국어의 소리 패턴을 인식하고 사용하는 것을 배울 뿐 아니라 다양한 소리를 내기 시작한다. 소리를 내는 능력이 어떻게 발달하는지를 살펴보기 전에 소리를 내는 데 고려해야 할 것을 먼저 살펴보기로 한다.

사람들은 어떻게 말하는가. 사람들이 말하고 있지 않을 때 공기는 숨 쉴 때처럼 기관, 코, 입을 자유롭게 통과하는데, 말을 하기 위해서는 공기 흐름을 차단시켜야 한다. 가장 기본적인 소리인 자음과 모음은 공기 흐름을 다르게 차단함으로써 만들어진다. 모음의 경우, 공기의 흐름은 성대에서 차단되며 혀나 이나 입술에 의해 차단되지 않는다. 반면에 자음은 성대뿐만 아니라 혀, 이, 입술에 의해 공기의 흐름이 차단된다. 이 차이는 'hat'에서 *a*와 같은 모음을, 그리고 'ball'에서 *b*와 같은 자음을 발음해 보면 알 수 있다. 모음은 입술을 사용하지 않지만 자음은 입술을 사용한다. 세상에 있는 모든 언어에는 모음과 자음이 다 있다.

모음은 혀의 위치에 따라 주로 구별된다. 표 6.2에서 볼 수 있듯이, 'meet'에 있는 모음을 발음할 때는 혀끝을 올리면서 입의 앞 쪽으로 내민다. 그러나 'mat'에 있는 모음을 발음할 때 혀의 위치는 훨씬 더 낮아진다. (사람들은 입 안에서 혀의 위치를 잘 알지 못하기 때문에, 소리를 만들 때 손가락을 사용하여 혀의 위치를 알아낼 수 있다.)

소리 산출의 발달 과정. 소리를 산출하는 능력은 어떻게 발달하는가? 영아는 특정 소리를 만들어 내고 싶지만 산출하는 데 어려움을 갖는 경우가 종종 있다. 발달하면서 소리를 마음대로 만들어 내는 능력이 증가한다. 다음에 열거한 것은 소리 산출 발달 과정을 이해하게 해준다(Kent & Miulo, 1995).

1. *울음(crying)*: 영아는 태어나는 날부터 운다. 영아는 뭔가 다른 것을 원한다는 의사를 울음으로 전달한다. 많은 부모는 영아의 울음 소리만 듣고도 영아가 원하는 것을 알 수 있다고 믿는다. 그러나, 영아의 녹음된 울음소리를 들려주었을 때, 부모는 보통 영아가 원하는 것을 알지 못했다(Muller, Hollien, & Murray, 1974), 부모는 영아가 우는 이유를 영아의 울음소리로 아는 것이 아니라 상황에

표 6.2 영어 모음을 발음할 때 입 안에서의 혀의 위치

	입의 앞	입의 중간	입의 뒤
입에서의 높은 위치	meet mitt		cooed could
입에서의 중간 위치	mate met	 glasses	code cawed
입에서의 낮은 위치	mat	mutt	cod

서 추론하여 알았던 것이다.

2. *목울리기(cooing)*: 영아는 1개월에서 2개월 사이에 우는 것이 아닌 소리를 내기 시작한다. 특히 혀를 입의 뒤쪽으로 향하고 입술을 둥글게 만들면서 목울리기 소리를 낸다. 이 목울리기는 성인들이 'fun'이라는 단어를 발음할 때 내는 *uh* 소리와 아주 흡사하다.
3. *단순 분절(simple articulation)*: 3개월경에 영아가 내는 자음 소리의 수가 상당히 증가한다.
4. *옹알이(babbling)*: 6개월경에 영아는 자음과 모음을 연결하여 음절을 만들어 낸다. 음절은 반복되어 *bababababa*와 같이 연결되어 발음된다. 옹알이의 억양은 말소리의 억양과 점점 더 비슷해진다.
5. *패턴화된 말소리(patterned speech)*: 생후 1년이 되면 영아는 모국어에 있는 소리를 더 많이 내게 되고 모국어에 없는 소리의 산출은 감소한다. 첫 돌 전후가 되면, 대부분의 영아는 첫 단어를 말한다.

수화를 습득하는 영아에게서도 비슷한 발달 과정을 볼 수 있다. 청각장애 아기들도 청력이 있는 아기들과 같은 시기에 울고, 목울리기를 하고, 음성 옹알이를 한다. 청각장애 아기와 정상 영아를 수화에 노출시켰을 때 이들은 모두 손을 규칙적으로 반복해서 움직이는 *손옹알이(manual babble)*를 보여주었다(Petitto, Holowka, Sergio, & Ostry, 2001; Petitto & Marentette, 1991). 음성옹알이가 구어 습득에서 하는 기능과 비슷한 기능을 수화 습득에서는 손옹알이가 한다.

부모는 영아의 첫 단어(첫 신호)를 기념비적인 발달의 징표로 보지만 영아가 첫 단어를 말하는 것은 그 이전에 옹알이의 발달에서 계속된 것이다. 구어를 습득하는 영아의 옹알이 소리와 첫 단어의 소리는 비슷한 경향이 있다. 15개의 언어를 종합해 봤을 때, *b*, *p*, *m*, *n*과 같은 소리가 영아의 옹알이에서 가장 흔히 나타나는 소리이다(Locke, 1983). 이러한 경향성을 생각해 볼 때, 왜 이러한 소리로 된 단어, 즉 'papa', 'mama', 'dada'가 부모의 이름이며 아동이 배우는 첫 단어인지를 이해하게 된다(표 6.3).

표 6.3에서 볼 수 있듯이 자음 *m*과 *n*는 '엄마(mother)'의 의미와 관련이 되며 '아버지(father)'의 의미와는 관련되지 않는다. 이것은 아주 전형적으로 나타나는 현상이다. 세계의 여러 언어에서 사용되는 엄마와 아버지에 대한 1000여 개의 단어를 조사했을 때 엄마에 대한 단어의 55%가 *m*과 *n* 같은 콧소리를 포함하며, 아버지에 대한 단어는 15%만이 이러한 콧소리를 포함하고 있음을 보여주었다(Jakobson, 1981).

표 6.3 10개 언어에서 엄마와 아버지에 대한 초기 단어

	엄마	아버지
영어	mama	dada
독일어	mama	papa
히브리어	eema	aba
헝가리어	anya	apa
나바호어	ama	ataa
북부 중국어	mama	baba
러시아어	mama	papa
스페인어	mama	papa
남부 중국어	umma	baba
대만어	amma	aba

Jakobson은 이러한 차이를 아주 흥미롭게 설명했다. 입술이 젖가슴에 눌려있을 때 낼 수 있는 유일한 음소는 *m*과 *n* 같은 콧소리이다. 후에, 영아는 먹을 것이 보일 때 그것을 먹고 싶다는 것을 표현하기 위해 또는 다른 변화를 요구하기 위해 이러한 소리를 낼지 모른다. 따라서 *m*과 *n*을 포함하는 단어는 음식을 가장 많이 제공해 주고 그들의 바람을 충족시켜 주는 사람, 즉 엄마의 이름으로 부르는 것이 특히 편리할 것이다. 이렇게 쉽게 만들 수 있는 소리로 엄마의 이름을 붙이는 것은 문화가 부모와 아동 모두를 만족시키는 방향으로 아동의 본성에 적응된다는 것을 보여주는 아주 훌륭한 예이다.

걸음마기 아동이 말하고 싶어하는 대상(사람, 동물, 자동차)에 대해서는 발음하기 어려운 단어를 사용하지 않는다는 사실은 문화적으로 아동의 음운론적 제한이 어떻게 적응되는지를 보여준다. 예를 들어, *str*과 같은 순서는 영어에서 아주 흔하지만(예, strong, strap, straight), 어린 아동이 특별히 흥미를 갖는 대상의 이름으로는 거의 사용되지 않는다.

이와 같이 언어가 영아와 걸음마기 아동의 능력에 적응되었음에도 불구하고, 음운론적 역량을 성취하기 위해서는 많은 연습이 필요하다. 태어날 때 인지적으로는 정상적이었지만 다른 결함 때문에 5개월에서 20개월 사이에 입에 튜브를 끼워 놓았던 영아의 경우에서 이러한 연습의 중요성을 볼 수 있다(Locke & Pearson, 1990). 이 기간에 영아는 보통 정도로 말소리를 들었지만 입에 끼워진 튜브 때문에 소리를 거의 만들 수 없었다. 21개월에 튜브를 제거했을 때, 영아는 곧바로 많은 소리를 만들어 냈지만

제대로 된 음절은 거의 만들지 못했다. 이 영아의 말소리는 정상 아동의 소리보다 같은 연령대의 청각장애 아동이 만들어 낸 소리와 아주 흡사하였다(Oller & Eilers, 1988). 몇 달 동안 소리를 자유롭게 만들어낸 후에야 또래의 정상적인 음운론적 능력을 습득하였다.

대부분의 아동은 학령기가 될 때까지 음운론적으로 완전히 유창하지 못하다. 걸음마기와 학령전기 아동들은 의도하는 소리를 만들어 내지 못해서 문제를 겪기도 한다. 어떤 때에는 단어를 정확하게 발음하고 어떤 때에는 정확하게 발음하지 못한다는 점에서 볼 때 아동의 발음에는 일관성이 없다. 또 다른 문제는 단순히 특정 소리를 발음하기가 어렵다는 것이다. *sh*, *th*, *s*, *r*과 같은 소리를 발음하기 위해서는 성대, 혀, 치아, 입술을 정확하게 협응시키는 것이 필요하다. 또 다른 인지적 요구가 있을 때 더 어려워진다. 예를 들어 문법적으로 복잡한 문장을 말하려 할 때 틀리게 발음하는 경우가 더 많아진다(Panagos & Prelock, 1982).

어린 아동은 단어를 잘 선택함으로써 이러한 어려움을 극복한다. 25개에서 75개의 적은 어휘를 가지고 있는 걸음마기 아동이 어떤 의미에 대해 하나 이상의 단어를 알고 있을 때, 그들은 발음하기 더 쉬운 단어를 선택하는 경향이 있다(Leonard, 1995; Menn & Stoel-Gammon, 1995). 반대로, 일단 어떤 소리 패턴을 발음할 수 있게 되면 그 음운론적 패턴을 사용하는 용어를 더 많이 사용한다(Vihman, 1992).

어린 아동은 자신이 발음하기 어려워하는 것을 아주 잘 의식한다. 예를 들어, 한 실험에서 3세 아동에게 여러 문장(예, I'mell a kunk)을 들려주고 그것이 자신이 발음하는 방식인지 자기 아버지가 발음하는 방식인지를 물어보았다. 30회 모두에서 소년은 누구의 발음인지를 정확하게 구별하였다(Kuczaj, 1983). 이런 지식은 초기에 나타나는 상위언어 인식(metalinguistic awareness)의 예인데, 상위언어 인식이란 언어에 대해 자기가 알고 있는 것과 모르고 있는 것을 인식하는 것을 말한다. 상위언어 인식의 구체적인 예로 언어심리학자와 2살 반 된 아들의 대화를 들어보자.

아버지: 'jump'라고 말해봐.
아　들: Dup.
아버지: 아니, 'jump'
아　들: Dup.
아버지: 아니, 'Jummmp'
아　들: 아빠만 'Dup!'라고 말할 수 있어요. (Smith, 1973, p.10)

의미

단일 단어라 할지라도 그 의미를 학습하는 것은 그렇게 간단하지 않다. 예를 들어, 부모가 개를 가리키며 "저거 개야."라고 말할 때, 무엇을 가르쳐 주려는 것인지 분명치 않다. 아동은 '개'라는 단어가 동물, 콜리, 포유동물, 4개의 다리를 가진 대상, 털이 있는 대상, 꼬리, 귀, 또는 수많은 다른 가능성을 의미한다고 결론지을 수 있다. 동사와 같이 대상의 이름이 아닌 경우는 상황이 더욱 복잡하다. 예를 들어, 'give'라는 동사를 생각해 보자. 누군가가 무언가를 줄(give) 때마다 다른 사람은 무언가를 갖게 된다(get). 결과적으로 'give'라는 단어가 사용될 때마다 'get'이라는 단어 또한 그 상황에 적용될 수 있을 것이다. 주는 상황이 이렇게 애매하다면 'give'도 'get'도 알지 못하는 아동이 각 단어에 대한 정확한 의미를 어떻게 알게 되는 것일까? 아동이 다른 사람에게 빠르게 말하는 것을 듣고, 현재 존재하지 않는 물체나 사건을 표현하는 상황에서 단어를 듣는 것이 상황을 더 어렵게 해준다. 이런 경우에도 아이들은 단어의 의미를 찾아낸다. 그렇다면 어떻게 단어 의미를 찾아낼 수 있는 것일까? 여기에서는 18개월 정도까지 비교적 더디게 진행되는 단어 의미 학습 과정을 먼저 기술하고, 그 후에 급속히 빨라지는 습득 과정을 살펴볼 것이다.

초기 단어와 단어 의미

단어 이해하기. 영아는 소리 패턴과 의미를 언제 연결하기 시작하는가? 6개월 된 영아들도 아주 친숙한 단어의 의미를 안다는 증거가 있다. Tincoff와 Jusczyk(1999)는 선호 보기 절차를 사용하여 영아가 '엄마', '아빠'라는 명칭을 이해하는지를 조사하였다. 그들은 각 참가자의 부모를 녹화한 비디오테이프를, '엄마' 또는 '아빠'(또는 참가자의 부모가 스스로를 부를 때 사용하는 명칭)라고 부르는 아동의 목소리를 합성한 녹음테이프와 함께 틀었다. 여러 시행에 걸쳐 6개월 된 영아는 이름이 불린 부모를 이름이 불리지 않은 부모보다 더 오래 바라보았다. 예를 들어 '엄마'라는 이름을 들으면 아빠가 나오는 비디오보다는 엄마가 나오는 비디오를 더 오래 보고, '아빠'가 들리면 아빠가 나오는 비디오를 더 오래 보았다. 그러나 잘 알지 못하는 남자나 여자가 나오는 비디오에서는 이러한 패턴을 보이지 않았다. 이처럼, 6개월 된 영아는 '엄마', '아빠'라는 단어를 적절한 사람에게 연결하였던 것이다. 이러한 결과는 영아가 사회적 환경에서 중요한 사람과 그 이름을 연결하는데, 이것은 심성어휘집(알고 있는 단어 모음집)을 형성하기 시작한다는 것을 보여준다.

몇 달 후에 영아는 주변 환경에서 이름을 보다 폭넓게 물체와 연결하기 시작한다.

9개월 된 영아에게 어떤 물건과 이름을 짝 지어 들려주면, 이 영아들은 다른 범주에 속하는 다른 물건보다 같은 범주에 속하는 다른 물건에 주의를 기울일 가능성이 더 많다(Balaban & Waxman, 1997). 이는 영아가 물건 이름의 의미를 이해한다는 것을 시사한다. 이와 같은 시기에 영아는 '공을 가져와라(get the ball)'와 같은 명령에 적절하게 반응하기 시작한다(Benedict, 1979). 이처럼, 단어 이해는 대부분의 영아가 알아들을 수 있는 단어를 말하기 한참 전인 9개월경에 이미 시작된 것이다.

첫 단어 말하기. 영아의 옹알이는 초기 단어와 유사하기 때문에 영아가 언제부터 첫 단어를 말했는지를 확인하는 것이 어렵다. 부모는 친구나 다른 친척들보다 여러 달 전에 자녀의 첫 단어를 알아듣는다. 이러한 차이는 부모의 희망이나 자부심을 보여주는 것인지 또는 단순히 부모가 자기 자녀를 더 잘 이해하는 기술을 가져서인지 알 수 없다. 어떤 경우이든, 가장 객관적인 관찰자들은 첫 단어가 나타날 것이라고 기대하는 연령이 보통 10개월에서 13개월 사이라고 하는데, 이 연령은 +와 −의 양방향으로 편차가 나타날 수 있다.

18개월이 되면 3개에서 100개 사이의 어휘를 산출하는 것이 보통이다. 이때 나타나는 단어는 아동다운 취향을 보여준다. 1살 된 아동은 '공', '멍멍이', '더 많이'와 같은 단어를 사용하고 '난로', '동물', '더 적게'와 같은 단어는 절대로 사용하지 않는다. 일반적으로 영아가 산출하는 단어는 영아에게 흥미롭고, 비교적 구체적이고, 영아가 원하는 물체나 활동을 지칭한다.

세계 도처에 사는 아동들은 처음 알게 된 단어로 같은 유형의 물체를 지칭한다. 그들은 '아빠', '엄마'와 같이 사람에 대해 말한다. '차', '트럭', '기차'와 같이 탈것에 대해 말한다. 또한 음식, 옷, 열쇠와 자물쇠와 같이 집에서 쓰는 물건에 대해 말한다. 표 6.4에는 미국 아동들이 가장 자주 사용하는 50개 단어가 열거되어 있다. 이탈리아나 다른 나라 아동이 말하는 첫 단어도 아주 비슷하다(Caselli et al., 1995). 이러한 유사성이 구어에만 국한되어 나타나는 것은 아니다. 미국 수화를 습득하는 아동이 산출하는 첫 50개의 신호도 비슷하다. 이에는 엄마, 아빠, 과자, 아기, 신발, 우유, 개, 안녕, 공과 같은 단어가 포함되어 있다(Bonvillian, Orlansky, & Novack, 1983).

이러한 예는 아동의 초기 심성어휘집에는 *명사*가 우세하다는 것을 보여준다. 사실, 일부 연구자들은 어린 아동이 '명사 편향성'을 가지고 있어서 동사보다 명사를 더 쉽게 배운다고 주장하였다(Gentner, 1982). 영어와 이탈리아어를 습득하는 아동을 대상으로 한 연구들은 아동의 초기 단어가 명사일 비율이 높다는 것을 제시하며 이 생각을 지지하였다(Caselli et al., 1995). 하지만, 다른 연구는 명사 편향성이 보편적이 아

표 6.4 아동이 처음 사용하는 50단어 중 가장 흔하게 나타나는 단어들

범주와 단어*	빈도+	범주와 단어	빈도
음식과 음료수	12	탈것	13
쥬스	10	차	6
우유	10	보트	6
과자	8	트럭	
물	7	가구와 가정용품	7
토스트	7	시계	
사과	5	전등	6
케이크	5	담요	4
바나나	3	의자	3
음료수	3	문	3
동물		개인용품	
개(변형된 단어 사용)	16	열쇠	6
고양이(변형된 단어 사용)	14	책	5
오리	8	시계	3
말	5	식기(먹고 마시는 그릇)	
곰	4	병	8
새	4	컵	4
소(변형된 단어 사용)	4	실외물건	
의복류		눈	4
신발	11	장소	
양말	4	수영장	3
장남감과 놀이감			
공	13		
블록	7		
인형	4		

출처 : Nelson, 1973.
* 성인이 사용하는 단어의 형태임. 많은 단어는 특히 동물 단어에서 여러 가지 변형된 형태를 가짐.
+ 18명의 아동 중에서 50단어 목록에 있는 단어를 사용한 아동의 수

닐지도 모른다고 제안한다(Bloom, Tinker, & Margulis, 1993). 한국어를 습득하는 아동의 초기 심성어휘집에는 동사도 명사만큼 자주 나타나고(Choi & Gopnik, 1995), 만다린 중국어를 습득하는 아동들의 초기 심성어휘집에는 동사가 명사보다 더 많다(Tardif, 1996). 아동에게 양육자가 하는 말의 차이가 이러한 교차언어학적 차이를 가

져왔을지도 모른다. 영어를 사용하는 양육자에 비해 만다린 중국어나 한국어를 사용하는 양육자는 아동에게 말을 할 때 동사를 더 많이 사용한다(Choi, 2000; Choi & Gopnik, 1995; Tardif, Gelman, & Xu, 1999: Tardif, Shatz, & Naigles, 1997). 따라서 아동의 초기 어휘의 내용은 부분적으로 그들이 듣는 언어 자극에 달려 있다.

한 단어구(one-word phrases). 아동은 말을 한 후 첫 6개월 동안(대략 생후 12개월에서 18개월 사이), 보통 한 단어를 말한다. 어떤 때는 한 단어를 말하는 것조차도 인지적 부담이 되는 것 같은데, 이에 대한 증거는 여러 음절로 된 단어를 하나의 음절로 줄여서 말하는 것(예, piano를 po라고 말하는 것), 여러 음절로 된 단어를 말할 때 음절 사이를 잠깐씩 쉬면서 말하는 것에서 찾아볼 수 있다(Echols, 1993; Johnson, Lewis, & Hogan, 1995). 따라서 산출할 때 요구되는 인지적 부담으로 인해 걸음마기 아동이 표현할 수 있는 의미가 제한되는 것 같다.

걸음마기 아동은 더 많은 의미를 전달할 수 있는 단일 단어를 선택하여 이러한 한계를 일부나마 보상하려 한다. 이러한 단일 단어는 전체 구의 의미를 표현하기 때문에 이것을 *일어문(holophrase)*이라고 한다. 1살 된 영아가 "공"이라고 말할 때, 이 단어는 '나한테 공 주세요', '이거 공이야' 또는 '강아지가 공을 물어갔어'와 같은 전체 생각을 표현하는 것 같다. 아동이 선택하는 단어나 상황은 모두 이 일어문을 이해하는데 도움이 된다. 예를 들어, 한 단어 단계에 있는 아동이 바나나를 먹고 싶을 때, "want"라고 말하기보다는 "바나나"라고 말한다(Greenfield & Smith, 1976). 아동이 'want'라고 말했을 때 원하는 대상은 많지만 '바나나'라고 말하면 그것이 언급할 수 있는 가능성은 상대적으로 적기 때문에 '바나나'라고 말하는 것이 더 효과적으로 의사를 전달해 준다. 하지만, 바나나를 원하지 않았을 때 바나나를 주면 1살 된 영아가 "바나나"라고 하기보다는 "아냐"라고 말한다. 왜냐하면 "바나나"라고 말하는 것은 잘못 해석될 우려가 있기 때문이다.

과잉확장, 과소확장, 중복. 어린 아동이 단어를 사용한다고 해도 나이 든 사람이 의도하는 것과 같은 의미로 사용하지는 않는다. 거의 두 살까지 단어를 표준적 의미와는 다르게 사용하는 경우가 자주 있고, 그 후에도 상당한 기간에 다른 의미로 사용한다.

그 아동이 원래의 의미와 다르게 사용하는 경우는 과잉확장, 과소확장, 중복의 세 범주로 나눌 수 있다. Anglin(1986)은 큰 딸 에이미의 말에서 이 세 가지를 모두 발견했다. *과잉확장(overextention)*은 단어가 원래 지시하는 사물뿐만 아니라 다른 사물도 지시하는 데 사용하는 것이다. 예를 들어, 에이미는 '강아지'라는 단어를 강아지뿐만 아니라 양, 고양이, 늑대, 소를 지시하는 데 사용했다. *과소확장(underextention)*은 그 단어가 원래 지시하는 사물의 일부만을 제한적으로 지시하는 것이다. 예를 들어, 에이미는 자신이 물 마실 때 사용하는 플라스틱 병만을 병이라고 불렀고 콜라 병과 같은 다른 병은 병이라고 부르지 않았다. *중복(overlap)*은 단어 사용에서 과잉확장과 과소확장이 같이 나타나는 것을 의미한다. 에이미는 접혀있는 우산을 우산이라고 부르지 않는 과소확장을 보여주면서, 동시에 연 또는 이야기책에 나오는 원숭이가 비를 피하기 위해 사용한 나뭇잎을 우산이라고 부르는 과잉확장을 보여주었다.

이러한 실수들 중에 과잉확장이 가장 눈에 띈다. 대부분의 사람들은 아동이 고양이를 '강아지'라고 부르는 것을 본 적이 있을 것이다. 이에 반해 과소확장은 그다지 눈에 띄지 않는다. 아동이 일상생활에서 개를 보고 '강아지'라고 부르지 않을 때, 아동이 그 단어를 과소확장해서 그렇게 부르지 않는지 아니면 단순히 개에 대해서 말하고 싶지 않아서 부르지 않는지 알 수가 없다. 이 때문에 초기에는 과소확장보다는 과잉확장이 더 흔하다는 인상을 갖게 된다. 하지만, 1세와 2세 아동이 사용하는 단어 의미를 보다 직접적으로 조사했을 때, 즉, 아동에게 물건을 보여주고 "이게 뭐지?" 또는 "이거 ______지?"와 같이 물어볼 때, 다른 결과를 볼 수 있었다. 이 연구에서는 과소확장이 과잉확장보다 훨씬 더 흔하게 일어났다(Kay & Anglin, 1982). 말을 배우기 시작하는 아동은 새로 알게 된 단어를 새로운 대상에 보수적으로 적용하는 경향이 있는 듯하다(MacWhinney, 1989).

형태와 기능. 초기의 단어 의미에 가장 큰 역할을 하는 특질은 무엇일까? 가장 중요한 것은 형태와 기능, 즉, 물체의 지각적 외양과 그것이 사용되는 목적이다. 아동의 과잉확장 오류에서 형태의 역할을 분명히 볼 수 있다(Clark, 1973). 예를 들어, 아동이 호두, 돌, 오렌지와 같이 둥근 것을 '공'이라고 부르는 현상은 전 세계에서 나타난다. 이러한 물체는 공과 같은 기능은 하지 않지만 외양은 비슷하다. 초기 단어 의미에서 기능의 중요성은 아동이 처음 사용하는 언어에서 분명히 나타난다(Nelson, 1973). '더 많이', '위로', '과자'와 같이 아동이 원하는 것이나, '강아지', '차', '열쇠'와 같이 아동이 흥미를 갖는 물건이나 활동을 지시하는 단어가 이러한 기능의 중요성을 보여준다.

형태, 기능, 그 밖의 다른 특성이 초기 단어 의미를 지배할 수 있지만, 그 중 하나만으로 되는 것은 아니다. Bowerman(1980)은 딸 이브와 크리스티를 관찰하여 이 점을 보여주었다. 이브와 크리스티는 모두 많은 초기 단어를 과잉확장하여 사용하였다. 대개 아동은 그 단어를 처음 배웠던 특정한 예로 일관되게 과잉확장하곤 한다. 형태와 기능으로 과잉확장하는 경우가 가장 흔했지만, 아동이 이름 붙이는 대상과 활동의 주

표 6.5 초기 단어와 그것이 지시하는 것

이브, kick.
원형: 공이 앞으로 가도록 발로 차는 것.
특질: (a) 팔다리 흔들기; (b) 갑작스럽고 예리한 접촉(특히 신체부위와 다른 물체의 접촉); (c) 앞으로 움직이는 물체
선택된 예:

18개월: (첫 사용) 마루에 놓인 선풍기를 차면서(특질 a, b); 새끼 고양이 발 앞에 공이 놓인 그림을 보면서(기대되는 사건에서 모든 특질); 테이블 위에서 나방이 날개짓을 하는 것을 보면서(a), 텔레비전 만화영화에서 일렬로 선 거북이가 캉캉 춤을 추는 것을 보면서(a).

19개월: 어떤 물건을 던지기 직전에(a, c); 발로 병을 밀어서 병이 구르게 한 후 '병을 찼다' (모든 특질).

121개월: 세발자전거의 앞바퀴로 공을 쳐서 공이 굴러가게 하면서(b, c); 공인형의 가슴으로 크리스티 가슴을 밀면서; 거울에 대고 자신의 배를 밀면서(b); 싱크대에 대고 자신의 가슴을 밀면서(b) 등.

목할 만한 특질에 근거하여 과잉확장하기도 하였다.

표 6.5에 좋은 예가 제시되어 있다. 이브는 공을 차는 상황에서 'kick'이라는 단어를 배웠다. 이 아이는 후에 영어에서 일반적으로 'kick'이라고 부르지 않는 사건에도, 형태나 기능이 비슷한 활동이 포함되면 'kick'을 과잉확장하여 사용하였다. 예를 들어, 아이는 자기 팔이 물체에 갑자기 닿았을 때, 물체가 앞으로 움직일 때, 팔다리를 흔들 때에도 'kick'을 사용하였다.

이 예는 단어 의미 학습이 무엇을 요구하는지를 보여준다. 아동이 친숙하지 않은 단어를 들었을 때, 그 단어가 상황의 어떤 측면을 표현했는지 확신할 수 없다. 일부 단어는 주로 기능을 표현하고(예, 돕다), 일부는 형태를 표현하고(예, 크다), 일부는 행동을 표현한다(예, 때리다). 어떤 형태나 기능이 흥미를 끌면 아동은 그 물체나 행동에 끌릴 가능성이 크고, 일찍부터 그 물체나 행동에 대한 정확한 이름을 추측하여 사용할 가능성이 높아진다. 따라서 형태와 기능은 모두 아동이 그 단어의 의미를 추론하는 데 중요한 역할을 한다.

최초의 단어 이후의 발달과 단어 의미

어휘 습득 과정. 18개월경까지 단어 학습은 매우 천천히 진행된다. 그러나 이 시점에서 단어 학습이 갑자기 증진되는 '어휘 급등(vocabulary spurt)'이 일어난다. 표 6.6

표 6.6 여러 연령에서 어휘의 수

연령		단어수	증가수
연	개월		
	8	0	
	10	1	
1	0	3	2
1	3	19	16
1	6	22	3
1	9	118	96
2	0	272	154
2	6	446	174
3	0	896	450
4	0	1,540	318
5	0	2,072	202

출처 : M.E. Smith, 1926.

에 나타난 것처럼, 18개월에서 21개월 사이에 평균어휘가 두 배 이상이 되고, 21개월에서 24개월 사이에 다시 두 배가 된다. 이와 같은 빠른 성장은 여러 해 동안 계속된다. 초등학교 1학년에 아동은 적어도 10,000개 단어를 이해하고 5학년에는 40,000개의 단어를 이해한다고 현재 추정하고 있다(Anglin, 1993). 이것은 1년 반에서 10년 사이에 하루에 10개 이상의 단어가 아동이 이해하는 단어목록에 추가된다는 것을 의미한다. 아동이 산출하는 단어수의 증가도 비슷한 정도로 빠르게 일어난다(Dromi, 1986; Goldfield & Reznick, 1990).

아동이 새로운 단어를 오직 몇 번만 들어도 그 의미를 추론할 수 있기에 어휘가 이처럼 급속도로 발달할 수 있을 것이다. 아동의 단어 의미 습득에 대한 연구들은 이 결론을 지지한다. 하나의 단어에 대해 가능한 의미는 수없이 많지만 1살 된 아동은 10번도 채 듣지 않아 그 단어의 의미를 알아내곤 한다(또는 적어도 정확하게 추측한다)(Woodward, Markman, & Fitzsimmons, 1994). 2살과 3살 아동은 한번만 들어도 정확한 의미를 곧잘 추론한다(Carey, 1978; Heibeck & Markman, 1987). 그러나 앞에서 언급했듯이, 개를 가리키며 "이거 개야"라고 말할 때, 많은 해석이 가능하다면 단어와 가능한 의미 사이에 '신속한 연결(fast mapping)'은 어떻게 가능한가? 철학자 Quine(1960)은 이 질문을 '귀납의 수수께끼(riddle of induction)'라 하였다.

연구자들은 이 수수께끼에 대해 각기 해결책을 제안하였다. 제시된 4가지 해결책은 다음과 같다: (1) 학습에 대한 제약, (2) 문법 단서, (3) 일반적 인지 과정, (4) 사회인지 기술.

학습에 대한 제약. Markman(1989, 1992)은 아동이 단어 의미에 대해 논리적으로 가능한 가설을 모두 다 고려하지 않고 귀납의 수수께끼를 해결한다고 제안하였다. 아동은 성인이 마음속에서 생각하고 있을 것 같은 의미에 초점을 맞춘다. 이것은 아동이 다른 사람의 마음을 읽는다는 것을 의미하지는 않는다. 대신, Markman은 아동이 단어 의미에 대한 가능성을 좁혀주는 제약을 가지기에 첫 번째로 한 추측이 정확하게 된다고 제안하였다. 가설에 대해 세 가지 제약이 특히 중요하다고 제안하였다: 온전한 대상 제약, 분류학적 제약, 상호배타적 제약.

*온전한 대상 제약(whole-object constraint)*은 이름이 그 대상의 부분이나 속성이 아닌 온전한 대상을 지시한다고 가정하는 경향이다. 어른이 새로운 물건을 가리키며 "이거 내 blicket이야."라고 말할 때, 2세 아동은 'blicket'은 그 물건의 색이나 재질의 이름이 아니라 그 물건의 이름이라고 가정한다(Soja, Carey, & Spelke, 1991). 상황이 같다면 성인도 같은 가정을 한다(Imai & Gentner, 1993).

아동이 "이거 X야."라고 하는 말을 들을 때, X의 의미에 대한 추측은 *모양(shape)*에 특별히 강한 영향을 받는다. 학령전기 아동과 성인은 모두 원래 대상과 모양이 같지만 색, 질감, 재질, 크기가 다른 물체에 새로운 이름을 부여한다(Baldwin, 1992; Landau, Smith, & Jones, 1992; Samuelson & Smith, 2000a; Smith, Jones, & Landau, 1992). 모양은 다르지만 색, 질감, 재질, 크기가 같은 물체를 지시하는 데 이 새로운 단어를 사용할 가능성은 훨씬 적다.

*상호배타성 제약(mutual exclusivity constraint)*은 어떤 대상이 이름을 가지고 있다면 새로운 단어는 다른 대상을 지시할 것이라고 가정하는 경향성이다. 아동은 두 개의 대상 중 하나의 이름을 알고 있을 때 새로운 단어가 이 두 대상 중 하나를 지시한다면, 그들은 새로운 단어가 이름을 알지 못하는 대상을 지시한다고 추측한다. 예를 들어, '숟가락'이라는 단어는 알지만, '부젓가락'이라는 단어는 알지 못하는 3세 아동에게 숟가락과 부젓가락을 보여주며, "나한테 gug을 보여줄래?"라고 말하면, 그들은 부젓가락을 선택한다(Golinkoff, Hirsh-Pasek, Lavallee, & Baduini, 1985; Markman & Wachtel, 1988). 이 제약이 대상의 이름에만 적용되는 것은 아니다. 학령전기 아동들은 행동을 표현하는 단어를 알고 있는 경우보다는 행동을 표현하는 동사를 모를 때 새로운 동사가 모르는 그 행동을 지시할 것이라고 가정한다(Clark, 1993; Golinkoff,

Hirsh-Pasek, Mervis, Frawley, & Parillo, 1995; Merriman, Marazita, & Jarvis, 1993).

상호배타성 제약은 2.5세경에 나타난다(Liitschwager & Markman, 1994). 16개월에, 아동은 대상을 지시하는 단어를 아는 경우보다 지시하는 단어를 모르는 대상에 대해 더 빨리 이름을 배운다. 그 후 몇 년동안 아동이 일관적으로 상호배타성 제약을 따르는 경향성은 놀랄 정도로 증가한다(Merriman & Bowman, 1989).

*분류학적 제약(taxonomic constraint)*은 새로운 단어를 대상의 이름으로 사용할 때, 그 단어는 그 대상이 속한 유목의 다른 대상을 지시하는 데에도 사용할 수 있다고 가정한다. 예를 들어, 18개월 된 영아에게 뼈다귀를 씹고 있는 개 그림을 보여주며, "이건 sud야."라고 말해주었을 때, 그 아이들은 'sud'를 개의 코, 몸, 털, 또는 뼈다귀를 씹고 있는 개를 지시하기보다는 개라는 유목을 지시하는 것으로 가정한다(Markman, 1989).

그러나 아동이 'sud'가 '동물'과 같은 일반적인 용어를 의미하는지, '개'라는 보다 특정한 용어를 의미하는지, 또는 '독일산 세퍼드'와 같은 보다 더 특정한 용어를 의미하는지를 어떻게 알게 되는가? 반대되는 증거가 없다면 아동은 친숙하지 않은 단어가 기본 수준을 기술한다고 가정하는 경향이 있다. 기본 수준은 대상의 지나치게 특정적이지 않은, 지각적이고 기능적 특성을 전달하는 수준이다(Golinkoff, Shuff-Bailey, Olguin, & Ruan, 1995). 아동은 'sud'가 개를 의미한다고 가정할 것이다. 왜냐하면 여러 종류의 개를 구별해 주는 자세한 특성을 몰라도 개의 기본 특성을 알고 있다면 대상이 개라는 것을 알 수 있기 때문이다. 아동에게 말을 할 때 추상적이거나 특정적인 용어보다는 '개'와 같은 기본 수준의 용어를 사용하는 것은 이러한 가정에 잘 맞는 것 같다(Anglin, 1977; Blewitt, 1983).

이 제약들은 다른 제약과 갈등을 일으키기도 한다. 예를 들어, 한 실험에서 아동에게 생일케이크를 보여주고, 인형이 그것을 'fep'이라고 부른다고 말해주었다. 그러고 나서 아동에게 생일케이크와는 모양이 다른 파이와 생일케이크와 모양이 같은 모자를 보여주고 어느 것이 'fep'인지를 물어보았다. 대상의 모양과 그것이 속한 범주에서 갈등을 일으키는 경우, 3세 아동은 5세 아동보다 비슷한 모양의 모자를 'fep'이라고 선택하는 경향이 높았다. 반면에 5세 아동은 같은 범주에 속한 파이를 선택하는 경향이 높았다(Imai, Gentner, & Uchida, 1994; Merriman, Scott, & Marazita, 1993). 이러한 예가 보여주듯이, 외양은 어린 아동이 단어 의미를 추론하는 데 특히 중요하다. 연령이 증가할수록 같은 범주에 속하고(예, 사탕) 같은 기능을 하는 것(예, 먹기 좋은 것)을 택하는 경향이 높아진다.

문법 단서. 학습에 대한 제약이 시행착오 없이 귀납의 수수께끼를 해결해 주는 유일한 요인은 아니다. 아동이 적어도 2세에서 3세가 되면 문법 단서 역시 중요한 역할을 한다. Brown(1957)은 이 주제를 처음 연구하였는데, 학령전기 아동이 'a wug'은 하나의 대상을, 'some wug'은 수를 셀 수 없는 물질을, 'wugging'은 행동을 가리키는 것으로 해석한다는 것을 발견하였다. 또한 2살 된 아동은 "이 사람은 X야."(예, 이 사람은 로버트야)라고 할 때 소개되는 단어는 고유명사이고(Gelman & Taylor, 1984; Macnamara, 1982), "이거는 X한 거야."(예, 이거는 맛있는 거야)라고 말할 때 X는 그 대상의 속성을 나타내는 형용사라는 것을 안다(Waxman & Markow, 1998).

문법 단서는 특히 동사 의미를 학습하는 데 중요한 듯하다. 동사마다 다른 통사 구조를 가질 수 있다. 어떤 동사는 *타동사*이다. 그것은 직접 목적어를 필요로 한다는 것을 의미한다. 예로 'hit' 동사를 보자. 'Molly hit the ball.'은 문법상 옳지만 'Molly hit.'은 문법상 옳지 않다. 또 어떤 동사는 자동사이다. 자동사는 직접 목적어를 필요로 하지 않는다. 'fall'과 같은 동사가 그 예이다. 'Susie falls.'는 문법상 옳지만 'Susie falls the ball.'은 문법상 옳지 않다. 동사가 나타나는 통사 구조는 동사의 의미에 대한 정보를 나타낸다. 예를 들어, 타동사는 어떤 결과를 일으키는 행동을 포함하는 경향이 있는 반면에 자동사는 인과적 행동을 포함하지 않는다. 또 다른 예는 전치사구로 나타나는 동사(예, Becky walked **up the hill**.)는 움직임을 전달하는 경향이 있다. 통사 구조와 동사 의미 사이의 이와 같은 체계적 관계는 어린 아동에게 하는 부모의 말에서 분명하게 나타난다(Naigles & Hoff-Ginsberg, 1995).

이른 연령부터 아동은 동사의 의미에 초점을 맞추어 통사 정보를 사용한다. Naigles(1990)는 2세 아동에게 오리와 토끼가 인과적인 행동을 하거나(오리가 토끼 머리를 눌러서 토끼를 쪼그리고 앉게 한다), 또는 인과성이 없는 행동을 하는(오리와 토끼가 마주보고 손을 잡고 흔든다) 비디오 장면을 보여주었다. 동시에 아동에게 자동사 문장(The duck is gorping the bunny)이나 타동사 문장(The duck and bunny is gorping)을 들려주었다. 잠시 후 아동에게 두 개의 비디오 장면을 동시에 보여주고, "Where's gorping?"이라고 물어 보았다. 타동사 문장으로 그 동사를 처음 들은 아동은 인과 행동이 있는 장면을 더 오래 보았지만 자동사 문장으로 그 동사를 처음 들은 아동은 인과성이 없는 행동이 담긴 장면을 더 오래 보았다.

이와 관련된 연구(Fisher, Hall, Rakowitz, & Gleitman, 1994)에서, 3세와 4세 아동에게 타동사(토끼가 코끼리를 미는 것)나 자동사(코끼리가 넘어지는 것)로 해석할 수 있는 여러 가지 행동을 담은 비디오를 보여주었다. 아동이 그 비디오를 볼 때, 인형이 인형나라 말로 "The rabbit is ziking the elephant"라고 하거나 'The elephant is ziking"이라고 한다고 말해주었다. 아동은 인형나라 말을 영어로 바꾸어야 했다. 예상했던 대로 아동이 문법 단서에 주의를 기울인다면 아동은 '인형나라 말'을 해석할 때 그 단어가 제시된 문장 구조에 의존할 것이다. 아동이 타동사 구조에서 'ziking'이라는 단어를 들었을 때, 아동은 그것을 'pushing'으로 해석했지만, 자동사 구조에서 들었을 때에는 그것을 'falling'으로 해석했다.

어린 아동이 통사구조와 의미를 연결하는 방법을 어떻게 아는가? 한 가지 가능한 설명은 아동이 자기들이 듣는 언어 자극에서 규칙성을 찾음으로써 이러한 연결을 배울 수 있다는 것이다. 언어 자극은 아동에게 통사적 단서와 단어 의미 사이를 추론할 수 있는 풍부한 데이터베이스를 제공하여, 이러한 추론이 어휘 습득 과정을 이끌게 되는 듯하다.

일반적인 인지 과정. 문법 단서 관점이 초기 단어 학습 발달에서 *언어 자극(language input)*의 특성을 강조한다면, 일반적인 인지 과정 관점은 *언어 학습자(language learner)*의 특성을 강조한다. 이 관점에 따르면 지각하고, 주의하고, 기억하는 기초 과정은 그 자체만으로도 아동이 빠르고 효과적으로 새로운 단어를 배울 수 있게 해준다(Bloom, 2000; Samuelson & Smith, 1998, 2000b; Smith, Jones, Landau, & Gershkoff-Stowe, 2002). 이 과정은 언어뿐만 아니라 다른 많은 종류의 정보를 학습하는 데 적용할 수 있다는 점에서 *영역-일반적(domain-general)*이다. 이것이 제약 접근과 대비되는 중요한 점인데, 제약 접근에서는 아동이 많은 단어를 빨리 배울 수 있는 것이 언어 학습에 특정화된 제약이 있기 때문이라고 주장한다.

Markson과 Bloom(1997)은 일반적인 학습과 기억 과정 덕분에 언어가 빠르게 학습될 수 있다는 것을 보여주는 주목할 만한 증거를 제공하였다. 그들의 실험에서 3세와 4세 아동은 6개의 새로운 물체를 사용하는 게임을 하였다. 게임을 하면서 아동에게 6개의 물체 중 하나를 가리키며 'koba'라고 말해주고, 다른 것 하나를 가리키며 아저씨가 실험자에게 준 것이라고 말해주었다. 그 다음에 아동에게 일련의 물체를 제시하고 koba가 어떤 것인지, 그리고 아저씨가 실험자에게 준 물체를 찾아보라고 하였다. 기대했듯이, 대부분의 아동은 어떤 게 koba인지 학습하였고, 이 새로운 명칭을 1주에서 1달 후까지 기억하고 있었다. 하지만, 더 놀라운 것은 아저씨가 실험자에게 주었던 물체를 학습하고 기억하는 것도 마찬가지로 잘했다는 점이다. 새로운 단어를 학습하는 것과 새로운 사실을 학습하는 것이 비슷하다는 사실은, 학습을 하게 하는 것은 언어에 특정화된 과정이라기보다는 일반적인 인지 과정이라는 것을 제시해 준다.

일반적인 인지 과정은 또한 단어 의미에 대한 제약 발달에도 관여할지 모른다. 이러한 가능성을 살펴보기 위해 Smith 등(2002)은 17개월 된 아동들에게 훈련 연구를 수행하였다. 이 아동들은 연구가 시작된 시점에는 물체의 모양에 근거하여 새로운 단어를 일반화하지 못하였다. 7주 동안 매주 훈련을 받으면서 훈련 집단의 아동은 4개의 모양의 물체 중 하나에 대한 이름을 배웠다(그림 6.2 참조). 각 훈련 세션에서는 범주에 속하는 예들을 반복해서 제시하며 이름을 들려주었고("봐라, zup이야."), 또한 그 범주에 속하지 않는 대비되는 경우(다른 모양의 물체)도 제시하여 "오, 저건 zup이 아니네."라고 말해주었다. 통제집단의 아동들은 훈련을 받지 않았다.

연구의 마지막 주에 두 집단 아동들에게 또 다른 새로운 물체와 새로운 단어를 제시하고 모양에 기초하여 새로운 단어를 일반화하는지를 검증하였다. 훈련 집단의 아동들은 그렇게 한 반면에, 통제집단의 아동들을 그러지 않았다. 훈련 기간 동안 모양에 기초한 범주에 대해 배운 아동들은 단어 의미를 추론할 때 모양을 사용하였고 새로운 물체와 단어에 대해 모양의 중요성을 일반화하였다. 이러한 결과는 주의하기와 일반화와 같은 일반적인 인지 과정이 초기 단어 학습에서 보이는 '모양편향성'에 근원이 될 수 있다는 것을 보여준다.

연구를 시작할 때와 끝낼 때 부모 체크리스트를 통해 측정한 아동의 어휘에 대한 훈련효과는 더욱 더 놀라웠다. 연구 과정 동안에 훈련 집단 아동들이 말하는 물체 이름수는 현저하게 증가하였다. 이러한 증가는 통제집단 아동들이 보여준 증가보다 훨

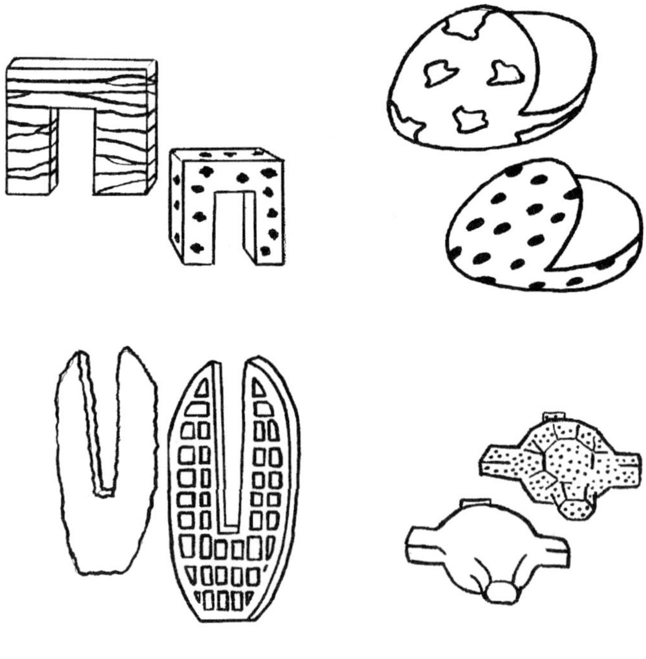

그림 6.2 Smith, Jones, landau, Gershkoff-Stowe(2002)에서 사용된 물체의 4가지 범주. 각 범주에 속한 예들은 같은 모양을 가지지만 질감이나 색이 달랐다. Blackwell Publisher에 2002 판권. reprinted with permission.

씬 더 컸다. 이러한 결과는 물체의 모양에 주의하는 것을 학습하는 것이 실제로 이 아동들의 어휘 급등을 가져왔다는 것을 보여준다! 더 자연스러운 상황에서, 아동은 처음에는 모양에 근거한 범주에 대한 몇 개의 단어(예, 공, 컵, 신발)를 배울지도 모른다. 그러고 나서 이러한 예들을 일반화하여 이름을 물체에 붙이는 데 모양이 중요한 특성이라고 추론한다.

사회적 단서와 사회 인지 지식. 귀납의 수수께끼를 해결할 수 있는 또 다른 능력을 사회적 세계에서 찾을 수 있다. 언어 학습은 아동과 성인이 함께 주의하는 상황, 책 읽기 활동, 까꿍놀이와 같은 게임이나 의례적인 행동 등 사회적 상호작용에서 많이 일어난다(예, Bruner, 1983). 아동과 성인은 모두 이러한 사회적 상호작용에 참여한다. 예를 들어, 영아는 관심을 끄는 물체에 주의를 기울이고 성인은 아동이 주의를 기울이는 물체에 이름을 붙이곤 한다(Masur, 1982). 언어 기술이 증진되면서, 아동은 마음속에 생각하고 있는 것들에 대해 의사소통을 하려고 하고, 대부분의 성인은 의사소통하려는 이 아동의 노력에 반응을 해준다(Bloom, 1998; Bloom, Margulis, Tinker, & Fujita, 1996). 아동은 이러한 사회적 상호작용으로 언어와 언어 사용에 대해 배울 수 있는 상황을 갖게 된다. 또한 다른 사람에 대한 지식이 많아지면서 아동은 언어를 학습할 때 이러한 지식을 이용할 수 있게 된다.

2세경에 영아는 자기가 주의를 기울이는 것이 아니라 화자가 주의를 기울이는 것을 언어가 지칭한다는 것을 인식한다. 영아가 이런 것을 이해한다는 것을 증명하기 위해 Baldwin(1991, 1993a)은 성인이 "modi!"라고 말할 때, 성인은 어떤 새로운 물체를 보고 있었고 18개월 된 아동은 다른 것을 보고 있는 상황을 만들었다. 이때 아동은 성인이 보고 있는 물체로 자신의 주의를 바꾸었다. 다음에 modi를 가져오라고 했을 때 아동은 자기가 보고 있었던 것보다는 성인이 보고 있었던 장난감을 선택하였다. 다른 사람의 의도를 이해하는 것 또한 걸음마기 아동의 언어 학습에 도움이 된다. 예를 들어, 성인이 단어를 말하면서 우연히 새로운 행동을 한 것처럼 보일 때 걸음마기 아동은 그 행동과 단어를 연결하지 않지만, 의도적으로 행동한 것처럼 보일 때에는 그 행동과 단어를 연결한다(Tomasello & Barton, 1994). 이처럼 의사소통과 사회적 세계의 이해는 일반적으로 아동의 단어 의미 학습에 영향을 준다.

사회적 세계는 아동의 단어 학습을 다른 방식으로도 촉진시킨다. 성인은 때때로 아동이 단어를 정확하지 않게 사용할 때 수정해 준다(Bohannon & Stanowicz, 1988). 또한 다음과 같은 4세 소녀의 질문이 증명하듯이, 아동은 성인이 단어 의미에 대한 정보의 창고일 수 있다고 인식한다.

엄마, 더러운 곳에 비가 와서 끈적거리는 게 mud고, 그게 마르면 dirt지, 맞지?(Makris, 개인적 대화에서 발췌, 2002)

따라서, 사회적 상호작용, 수정하는 반응, 대답하는 질문을 통해 성인은 언어 학습을 촉진시킨다. 함께 주의하기, 의도적 행동과 의도 없는 행동 사이를 구별하기, 질문에 답하기를 함으로써 아동도 이러한 사회적 학습 과정에 공헌한다.

귀납의 수수께끼를 넘어서. 아동이 단어 의미를 추론하려 할 때 '귀납의 수수께끼'를 해결하기 위해 사용하는 단서와 능력을 앞에서 살펴보았다. 아동은 단어 의미를 추론하기 위해 제약, 문법 단서, 영역-일반적 인지 과정, 사회적 정보를 종합하여 사용하는 것 같다. 하지만 귀납의 수수께끼를 해결하는 것이 단어 의미 학습에서 아동이 직면하는 유일한 문제는 아니다. 또 다른 문제는 의미를 표현할 적절한 단어를 알지 못할 때 그 의미를 표현하는 방법을 찾아내는 것이다.

이러한 문제를 극복하기 위해 아동은 종종 적절한 의미를 표현하는 새로운 방법을 고안해 낸다. Clark(1995)는 24개월 된 영아가 "There comes the rat-man"이라고 말하는 예, 25개월 된 영아가 "Mommy just fixed this spear-page"라고 말하는 예를 인용했다. 'rat-man'은 심리학에서 쥐로 실험하는 아버지의 동료를 카리킨 것이었다. 'spear-page'는 찢어져서 엄마가 테이프를 붙여 놓은 '창을 든 정글 부족'의 그림을 의미한 것이었다. Clark은 또한 28개월 된 영아가 말하는 "you' re the sworder and I' m the gunner."라는 예도 인용하였다. 이러한 예에서 볼 수 있듯이, 아동은 아무렇게나 언어를 사용하는 것이 아니라 꽤 혁신적인 방법으로 창조적으로 사용한다. 이것들은 새로운 단어를 형성하는 데 규칙이 있다는 것을 보여준다. 아동은 자기 나름대로 의미가 있도록 단어나 다른 요소들을 결합하였고, 결합된 것들은 분명한 의미를 가지고 있었다. 그러한 언어적 창의성 덕분에 아동은 제한된 어휘로 표현할 수 있는 것 이상으로 의미를 표현할 수 있다.

보다 더 복잡한 단어 의미는 어떠한가? 인지발달에 대한 삐아제의 분석이 보여주듯이, 보다 성숙된 일반적인 사고 수준을 보여주기 위해 단어 의미의 초기 지식을 재구조화하는 것일까? 이 질문에 답은 분명히 '그렇다'이다. 2세에서 6세 사이의 아동이 접두사 *un*을 어떤 때 동사에 붙일 수 있는지를 학습하는 방법을 생각해 보자. 언뜻 보기에는 *uncover*, *undress*, *unlock*, *unstaple*과 같은 단어와 *unbreak*, *unspill*과 같은 비단어에는 공통점이 있는 것 같지 않다. 그러나 자세히 분석해 보면 패턴이 있음을 알 수 있다(Bowerman, 1982; Clark, 1995). *un*은 물체 사이의 접촉(예, unlock, unfasten, unstaple)이나 덮는 것(예, undress, unveil, uncover)을 포함하는 동사에 붙고, 그 밖의 다른 동사에는 붙지 않는다.

Bowerman은 아동의 이러한 단어의 첫 사용은 *unbuckled*와 *untangled*와 같이 다른 사람이 사용하는 것을 정확하게 반복하는 것임을 발견하였다. 그후 아동은 새롭지만 정확하지 않은 방법으로 접두사를 붙이기 시작했다. 예를 들어, 한 아동은 자기 엄마에게 "I hate you! And I' ll never unhate you or nothing!" 이라고 말했다. 이러한 실수는 아동은 *un*이 동사와는 구별되는 것으로 다른 동사에 붙을 수 있다는 것을 알고 있지만, 언제 사용할 수 있는지는 알지 못한다는 것을 보여준다. 그 다음에 보이는 실수는 *un*이 덮는 것이나 접촉하는 것을 표현하는 동사에만 붙을 수 있다는 것을 알고 있다는 것을 보여준다. 예를 들어, 자기 엄마를 *unhate*하지 않을 거라고 맹세한 아동이 8개월 후에 귀신 이야기를 암송하며 "He tippytoed to the graveyard and unburied her."라고 말했다. *unburied*는 영어에는 없는 단어이지만, *un*이 덮는다는 것을 표현하는 단어에 붙을 수 있다는 규칙을 따른 것이다. 이러한 세부적인 차이에서 아동의 의미 학습이 얼마나 놀라운지를 볼 수 있다: 얼마나 많은 어른들이 아동에게 *un*이 언제 동사에 붙을 수 있는지에 대한 규칙을 말해주고 있을까?

문법

모든 인간 언어는 문장을 형성하는 규칙인 문법을 가지고 있다. 어린 아동들은 잘 모르는 문법으로 의사소통을 잘 할 수 있을 때에도 그리고 누군가가 문법적 실수를 거의 수정해 주지 않을지라도, 그들은 문법을 배우려는 동기를 갖고 있다(Brown & Hanlon, 1970). 아동이 문법 학습에 흥미를 가진다는 사실은 인간과 영장류를 구별지어 준다. 영장류는 상징으로 의미 표현을 가르쳤을 때에도 자기들이 배우는 언어의 문법을 학습하는 데 흥미를 보이지 않았다.

세상에 있는 언어의 문법은 아주 복잡하다. 어린 나이에 그렇게 복잡한 체계를 학습하는 아동의 능력 때문에 일부 연구자들은 초기 발달에서 대뇌가 특별히 문법 학습을 받아들이는 '결정적 시기(critical period)'가 있다고 제안하였다. 이 절에서는 첫 2년 동안의 문법 발달을, 그리고 나서 좀 더 나이 든 연령에서의 문법 발달을 살펴보고, 아동이 문법을 어떻게 배우는지에 대한 몇 가지 설명을 살펴볼 것이다.

초기 문법 발달

문법 학습의 지각적 기초. 신생아도 문법 정보에 어느 정도 민감한 듯하다. Shi, Werker, Morgan(1999)은 신생아가 *the*, *in*, *its*와 같은 문법적 단어와 *play*, *chair*, *ball*

과 같은 내용어를 구별할 수 있는지를 조사하였다. 이 두 범주에 속하는 단어들은 언어에서 하는 역할이 다르다. 명사, 동사, 형용사, 부사와 같은 내용어는 의미를 전달하는 반면에, 관사, 전치사, 조동사와 같은 문법적 단어는 구조적인 역할을 한다. 이 두 범주에 속하는 단어들은 또한 지각적 특성도 다르다. 예를 들어, 문법적 단어는 모음의 지속 시간이 더 짧고 음절 구조가 더 간단하다.

신생아가 내용어와 문법적 단어를 구별하는지를 검증하기 위해, Shi와 동료들은 태어난 지 1~3일 된 영아에게 문법적 단어 또는 내용어를 제시하였다. 습관화 단계 동안 영아에게 빠는 속도가 녹음되는 젖꼭지를 빨게 하였다. 제시된 단어 목록에 대한 흥미가 충분히 감소되어 빠는 비율이 미리 설정한 기준에 도달했을 때 새로운 목록의 단어를 제시하였다. 일부 영아들에게는 습관화 동안에 들었던 단어와 같은 범주에 속하는 새로운 단어들을 들려주었고(문법적 단어 또는 내용어), 일부 영아들에게는 습관화 동안에 들었던 단어와 다른 범주에 속한 단어들을 들려 주었다. 습관화 단계에서 들었던 단어와 다른 범주의 단어를 들은 영아들은 새로운 단어 목록에 대해 큰 흥미를 보였다. 이들은 범주가 같았던 경우보다 빨기 비율을 더 크게 증가시켰다. 이처럼, 신생아는 단어의 지각적 특성에 근거하여 문법적 단어와 내용어를 구별할 수 있었다. 추후연구는 6개월경이 되면 아동이 문법적 단어보다는 내용어를 듣는 것을 선호한다는 것을 보여주었다(Shi & Werker, 2001). 언어에 어린 영아들이 지각적으로 잘 알아볼 수 있도록 문법을 구별하는 표지가 있으면, 그러한 표지는 문법 학습을 촉진시킬지도 모른다.

문장. 문장은 문법의 기본 단위이다. 문장은 단어를 단순히 연결하는 것이 아니라, 의미를 표현하고 어순, 억양, 강세와 같은 규칙을 따르는 응집력 있는 단위이다. Anisfeld(1984)가 "실제적인 면에서, 소리와 단어는 문장에 사용되기 위해서 존재한다."(p113)라고 언급한 말에서 문장이 기본적이라는 생각을 찾아볼 수 있다.

영아는 아주 이른 연령부터 어순에서 문장의 규칙성을 찾을 수 있다. 이 능력을 조사하기 위해, Gomez와 Gerken(1999)은 영아에게 8개의 무의미한 단어를 인위적인 어순을 따라 '문장'으로 구성하여 제시하였다. 이러한 인공언어로 제시된 문장들은 이 언어의 어순 규칙을 따른다는 점에서 '문법적'이었다. 이 문법적인 문장을 오직 2분 듣고 난 후에 12개월 된 영아는 이전에 들어 본 적이 없었던 새로운 문법적인 문장과 어순 규칙을 위배하는 '비문법적인' 문장을 구별할 수 있었다.

다른 연구는 7개월 된 영아가 *ga ti ga*와 *li na li*와 같은 '문장'에서 'ABA' 패턴을 추상화할 수 있다는 것을 보여주었다(Marcus, 2000; Marcus, Vijayan, Bandi Rao, &

Vishton, 1999). ABA 패턴을 가진 인공언어에 습관화된 영아들은 ABA 패턴을 가진 새로운 문장(예, *wo fe wo*)보다 ABB 패턴을 가진 새로운 문장(*wo fe fe*)을 더 오래 들었다. ABB 패턴을 가진 언어에 습관화된 영아들은 이와 반대되는 반응을 보였다. 이러한 결과는 영아가 추상적이고 규칙다운 문법 정보를 쉽게 습득한다는 것을 제시해 준다.

아동이 문장을 말하기 전에 일상생활에서 다른 사람이 말하는 것을 이해한다는 것은 그들이 모국어의 문법 규칙에 대한 지식이 있다는 것을 보여준다(Hirsh-Pasek & Golinkoff, 1996). 예를 들어, 아동이 주로 일어문을 말하는 연령에서 이미 문장 내의 어순을 이해하고 있음을 보여준다. 한 연구에서 17개월 된 영아에게 누가 무엇을 누구에게 하는지를 담은 두 개의 화면을 동시에 보여주었는데, 이 두 화면은 한 가지 점이 달랐다. 즉, 한 화면에서는 Big Bird가 Cookie Monster를 씻겨주고 다른 화면에서는 Cookie Monster가 Big Bird를 씻겨주었다. "Big Bird가 Cookie Monster를 씻겨주는 게 어디 있니?" 라고 물었을 때, 걸음마기 아동은 그러한 행동이 일어나고 있는 화면을 쳐다보았다. 이러한 반응을 통해, 17개월 된 아동들이 문장에서 처음 언급된 인물이 그 행동을 하고 있을 것이라고 믿고 있음을 알 수 있었는데, 이것은 영어의 문법 패턴과 상응하였다.

아동이 하는 말로 다시 돌아가 보자. 두 단어 단계 초기는 개별 단어 짝짓기에서 진짜 문장으로 넘어가는 과도기 같다. 각 단계에서 두 개의 단어는 연결된 의미를 표현하지만, 응집성이 없고 또 두 단어 사이에 긴 휴지 기간이 있다. 때로는 두 단어를 진짜 문장과 구별하기 위해 (단어의) *연쇄(sequences)*라고 하기도 한다. 20개월 된 한 소년은 "train/bump", "cow/moo", "beep/beep/truck" 과 같은 구를 말했다(Anisfeld, 1984; 여기서 슬래시는 단어 사이의 휴지를 나타낸다). 이러한 표현은 단문에 해당하는 의미를 보인다('The train bumped' 'Cow say moo' 'Trucks beep'). 그러나 문장과는 달리 이 두 단어에는 억양 패턴이나 문장의 응집성이 없다.

아동은 이러한 연쇄와 더불어 진짜 문장을 말하기 시작한다. 초기에는 진짜 문장이 드물지만 몇 달이 지나지 않아 지배적이 된다. 어린 아동이 문장을 구성하는 데 인지적 노력이 필요하다는 사실은 말이 끊기며 띄엄띄엄 진행된다는 것에서 나타난다. Braine(1971)은 24개월에서 30개월 사이의 아동의 말 중 30%에서 40%는 바람직한 형태나 의미를 표현할 때까지 이전에 했던 말에서 일부를 대치하는 '대치연쇄(replacement sequences)' 라고 추정하였다. Braine은 25개월 된 영아가 "Want more, Some more, Want some more" 이라고, 또 26개월 된 영아가 "Stand up, Cat stand up, Cat stand up table." 이라고 연속해서 말하는 것을 기술하였다.

초기의 언어 학습에서 문법 지식은 의미 지식과 섞여 있다(Corrigan, 1988; Corrigan & Odya-Weis, 1985). 다른 언어 배경에서 자란 아동들이 두 단어 단계에서 표현하는 의미 관계는 같다: 행위자-행위(예, Mommy hit), 소유자-소유물(예, Adam checker), 속성(attribute)-대상(예, big car), 재발(recurrence)(예, more juice), 사라짐(예, juice allgone)(Anisfeld, 1984; Bloom, 1990; Braine, 1976). 아동은 두 단어를 말할 때 규칙적인 방식으로 단어를 배열한다. 사라진 물체를 기술할 때, "juice allgone"이라고 말한 아동은 "allgone juice"나 "allgone milk"라고 말하지 않을 것이다. 표현되는 의미에 따라 단어는 일관성 있게 배열되었다.

처음에, 아동은 자신이 알고 있는 문법 역량의 한계 내에서만 일반화하려는 경향이 있다. 예를 들어, Kuczaj(1986)은 두 자녀 중 한 아이가 *these*나 *those*로 시작하는 서술문(예, Those are good toys)에서만 *are*를 사용한다는 것을 관찰하였다. 또 다른 아이는 문장의 끝에서만 *is*를 사용하였다(예, There they is). 새로 습득한 문법 형태를 새로운 맥락에 확대하지 않으려는 경향성은 새로 습득한 단어 의미를 새로운 대상에 확대하지 않으려 하거나 발음하기 어려운 단어를 피하려는 경향과 비슷하다.

후기 문법 발달

아동은 성인 언어에서 사용되는 많은 문법 규칙을 습득하기 시작하면서 진짜 문장을 말하게 된다. 예를 들어, 영어를 말하는 아동은 과거에 일어난 사건을 동사에 ed를 붙여서 나타낼 수 있다는 것을 배운다. 그들은 한 사건에 한 사람 이상이 관여할 때 명사에 s나 es를 붙인다는 것을 배운다. 그들은 *am, is, are*가 충분히 적용될 수 있는 상황에서 그것들을 사용하는 것을 배운다. 과거 시제를 형성하는 규칙과 질문을 만드는 규칙, 이 두 가지 문법 규칙의 습득이 문법 발달을 분명하게 보여준다.

과거시제 형태. 영어에서 대부분의 동사의 과거시제 형태는 동사 원형에 *ed*를 붙여서 만든다(예, *help*에 *ed*를 붙여서 *helped*를 만든다). 그러나 *came, went, hit, ate*와 같은 동사의 과거시제는 이러한 규칙에 대해 예외를 보이기도 한다. 과거에 일어난 사건을 표현하기 위해서는 이 규칙과 예외를 다 알아야 한다.

아동은 각 단어를 별개의 경우로 간주하면서 과거시제를 배우기 시작하는 듯하다. 아동은 과거 시제 동사를 처음 표현할 때 자기가 들었던 형태를 정확히 반복한다. 이는 규칙동사(예, jumped)나 불규칙동사(예, ran) 모두에 다 해당된다. 그러나 일단 많은 수의 동사를 배워서(대략 60에서 70개) *ed* 패턴을 추상화하게 되면, 그것을 적합한 경우뿐만 아니라 적합하지 않은 경우에도 적용한다(Marchman & Bates, 1994). 이러한 경향성 때문에 아동은 이전에 들어 본 적이 없는 많은 규칙동사의 정확한 과거시제 형태를 추론할 수 있게 되지만, 'runned' 와 'eated' 와 같이 과잉규칙화된 형태를 만들게 되기도 한다. 특정 시점에서 이러한 과잉규칙화된 형태만이 나타나는 것은 아니다. 한 문장에서 "runned" 라고 말하는 아동은 다음에 "ran" 이라고 말하고 때로는 "runned" 라고도 말할지 모른다(Marcus et al., 1992). 그러나 2세부터 학령기까지 대부분의 아동이 과잉규칙화를 만들어 내고, 이것은 비교적 오랫동안 지속된다(Marcus et al., 1992). 이 과잉규칙화는 금방 사라지지 않는다. 5세와 6세 아동에게 특정한 형태가 '맞는지', '틀리는지' 를 판단하게 했을 때 대부분은 *eated*가 틀리다고 했지만, *ate*와 *ated*는 둘다 맞다고 답하였다(Kuczaj, 1978). 7세가 되어서야 과거형을 정확하게 판단한다.

의문문. 아동이 두 단어를 사용하기 시작하자마자, 일반적인 문법 형태를 배우기 시작하는데 이 문법형태는 놀랄 정도로 복잡하다. 의문문이 바로 그것이다. 아동이 질문하는 첫 번째 의문문은 "What dat?" 이다(Reich, 1986). 이 다음에 곧바로 'where' (예, Where Mommy boot?), 예-아니오 의문문(예, Go now?), 그리고 행하고 있는 것에 대한 의문문(예, What Billy doing?)이 나타난다.

이렇게 생략된 형태로부터 완전한 문법적인 형태가 나타나기까지는 오랜 시간이 걸린다. 아동이 문법적 의문문을 일관성 있게 사용하기까지는 몇 년의 경험이 필요하다. 예를 들어 wh 의문문을 배우는 과정을 생각해 보자. 처음에 영어를 학습하는 아동은 주어-동사-목적어의 기본 순서를 유지한 채 *wh*를 자기가 들은 문장에 그냥 붙인다(de Villiers, 1995). "Billy hates Mary." 라고 들은 아동은 "Why Billy hates Mary?" 라고 물을지도 모른다. 그 다음에 아동은 *does*와 같은 조동사가 첨가되어야 한다는 것을 알게 된다. 때로 그들은 조동사를 잘못된 위치에 넣기도 한다(예, Why Billy does hates Mary?). 또 어떤 때는 조동사를 맞는 위치에 넣지만 동사에서 s를 빼지 않기도 한다(예, Why does Billy hates Mary?). 또 어떤 때는 정확하게 말하기도 한다. 대략 5세가 되어서야 아동은 이러한 의문문을 일관성 있고 정확한 형태로 사용한다. 이렇게 복잡한 형태를 계속 배우려는 것은 문법에 맞게 말하려는 동기가 높다는 것을 보여준다.

문법 학습에서의 결정적 시기. 그러한 문법적인 형태는 더 이르지도 더 늦지도 않게 왜 바로 그 시점에서 학습되는 것일까? Lenneberg(1967)은 흥미로운 가능성을 제기하였다. 18개월에서 사춘기 사이가 뇌에서 문법 학습을 특별히 잘 받아들이는 결정적 시기라는 것이다.

문법 습득에 대한 초기의 설명은 Lenneberg의 가설과 잘 맞지 않은 듯했다. 예를 들어, 네덜란드에서 1년 동안 살았던 성인과 학령전기 아동을 비교했을 때 성인이 네덜란드 문법을 숙달하는 것이 더 우수한 것을 볼 수 있었다(Snow & Hoefnagel-Hohle, 1978).

그러나 그 언어에 노출된 지 1년 또는 몇 년이 지난 후의 지식이 아니라 문법 습득이 완성되는 시점에 초점을 맞춘 연구들은 어릴 때 배우기 시작한 사람들이 궁극적으로 더 유창한 수준에 도달한다는 것을 보여주었다. Johnson과 Newport(1989)는 3세에서 39세 사이에 미국으로 이민 와서 3년에서 26년 동안 미국에 거주해 온 한국 사람과 중국 사람의 영어 문법 지식을 조사하였다. 이들이 연구한 집단에서 도착연령과 미국에 거주한 기간의 상관이 별로 높지 않았기 때문에, 이 연구자들은 이민자들이 영어를 배우기 시작한 연령의 영향을 영어를 배우는 데 보낸 시간의 양과 분리할 수 있었다.

도착 연령은 최종적으로 도달한 문법 수준과 밀접하게 관련되었다. 이에 반해 미국에 거주한 기간은 거의 관계가 없었다. 7세 전에 미국에 온 이민자들은 미국에서 출생한 사람들처럼 문법을 잘 알았다. 8세에서 10세 사이에 미국에 온 사람들의 문법 지식은 약간 떨어졌다. 11세와 15세 사이에 온 사람들의 문법 지식은 더 떨어졌다. 15세 이후에 온 사람들 중 소수만이 영어 문법을 잘 습득하였다(그림 6.3). 늦게 도착한 22명 중 오직 한 명만이, 11세 이전에 도착한 15명 중 가장 문법 지식이 적은 사람이 갖고 있는 정도의 문법 지식을 가지고 있었다. 또한 15세 이후에 도착한 사람 중에서 도

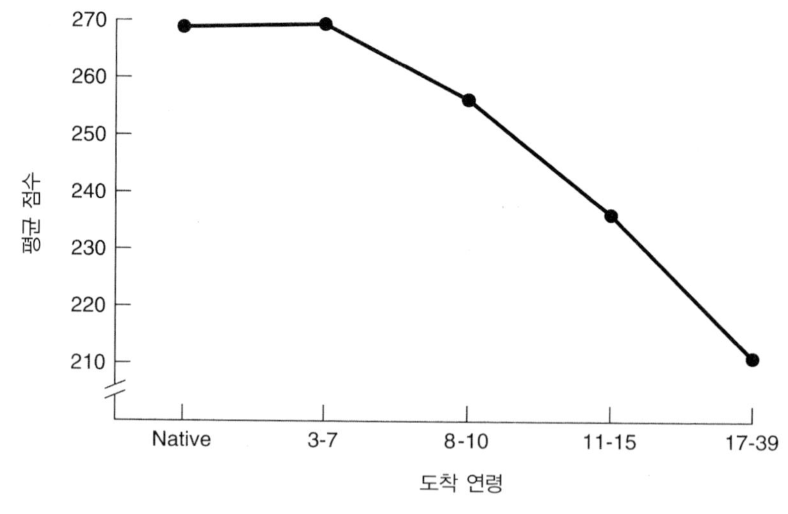

그림 6.3 동아시아로부터 미국으로 이주한 연령에 따라 보이는 문법 역량 검사에서의 수행 함수(Johnson & Newport, 1989).

착연령이나 미국에서 지낸 기간과 습득 정도는 별로 상관이 없었다. 모국어 화자들이 영어 문법의 기본을 보편적으로 습득하는 것과는 달리 일부 어른들은 영어 문법을 중간 정도로, 또 일부는 아주 낮게 습득하였다.

Johnson과 Newport의 연구처럼 문법 학습의 결정적 시기에 대한 대부분의 연구들은 제2언어 학습에 초점을 맞춘다. 왜냐하면 발달하는 아동에게 모국어를 접하지 않게 하는 것은 비윤리적이기 때문이다. 그러나, 극도의 방임이나 학대로 인해 언어 자극 없이 자랐던 아동들이 아주 드물게 발견된다. 그런 아동 중에서 지니는 생후 20개월부터 작은 방에서 감금되어 자라다가 13년 7개월 때에 처음 발견되었다. 지니는 발견된 후에 언어 습득에서 커다란 발전이 있었지만 조동사 체계(예를 들어, 지니는 'I will go home.' 과 같은 문장에서 계속해서 *will*을 생략하였다)와 수동 구성(지니는 'the ball was hit by Molly.' 와 같은 문장을 만들지 못했다)과 같은 문법의 더 어려운 요소들을 습득할 수 없었다(Curtiss, 1977). 이러한 자료는 결정적 시기에 언어 자극이 있어야 적어도 문법의 일부 요소를 습득할 수 있다는 생각과 일치한다. 그러나 지니가 언어를 접할 수 없었다는 것 외에 다른 발달적 또는 학습 문제가 있었을 가능성이 있기에, 이러한 문법 구조를 습득할 수 없었다는 것이 결정적 시기에서 언어 자극을 받지 못해서라고 단정할 수는 없다.

아동이 초기에 언어 자극을 받지 못하고 자라는 자연스러운 상황은 청력이 정상인 부모 밑에서 자라는 청각장애 아동의 경우이다. 이 아동 중 일부는 학교에 들어갈 때까지 유창한 수화를 접할 수 없었다. 결정적 시기 가설이 예측해 주듯이, 수화를 '늦게 학습하기' 시작한 아동은 태어날 때부터 수화를 배운 아동에 비해 복문 회상과 같이 고도의 문법 역량을 요구하는 검사에서 더 낮은 수행을 보였다(Mayberry, 1993; Mayberry & Eichen, 1991; Newport, 1990). 미국 수화를 늦게 배운 사람들은 태어날 때부터 수화를 배운 사람들보다 영어 글씨를 배우는 데 더 많은 어려움을 보였다(Mayberry, Lock, & Kazmi, 2002).

이러한 결과는 발달 초기에 문법을 학습하는 것이 더 효과적이라는 생각을 지지해 준다. 그러나 어떤 연구들은 많은 문제를 제기하기도 한다. 영어를 제2언어로 배우는 사람 중 일부는 모국어 화자에 준하는 문법적 유창성을 보여주기도 한다(Bialystok & Hakuta, 1994; White & Genesee, 1992). 결정적 시기 가설과는 반대로, 제2언어를 배우는 능력은 연령에 따라 급격히 감소되기보다는 서서히 감소된다(Hakuta, Bialystok, & Wiley, 2003). 따라서 결정적 시기 논쟁에 대해서는 아직 답하기가 어려운 듯하다.

문법 발달에 대한 설명

현재, 일반적으로 수용되고 있는 문법 발달 이론은 없다. 그러나 몇 가지 부분적으로 타당한 설명은 있는 듯하다.

기본 아동 문법. Slobin(1986)은 어떤 언어 자극을 받든지 아동은 기본적인 아동 문법을 갖게 된다고 제안하였다. 이러한 관점은 단어 의미에 대한 제약 접근의 사촌쯤 되고 삐아제의 동화 개념의 육촌쯤 된다. Slobin의 관점에 따르면, 아동은 아주 중요한 의미가 문법에 나타날 것이라고 기대한다는 것이다. 또한 아동은 특별한 의미가 구의 특정 장소에서 표현될 것을 기대한다. 아동은 중요하다고 생각하는 의미가 그것이 있어야만 한다고 생각하는 언어의 문법으로 표시될 때 그 문법 규칙을 빨리 배운다. 문법 표지가 다른 장소에 있거나 아동이 그 의미가 중요하다고 기대하지 않을 때에는 천천히 배운다.

부정을 표현하는 단어 사용에서 Slobin의 일반적인 생각을 볼 수 있다. 부정은 그것이 수식하는 전체 구의 의미에 영향을 미친다. 'He didn' t run to the store' 와 같이 말할 때, *didn't*로 표현하는 부정은 'did run to the store' 와 같은 전체 동사구를 수식한다. 아동은 그들이 듣는 언어에서 부정 표현이 구 안에 놓여 있을 때에도 그것을 구 밖에 옮겨 놓는 오류를 범한다. 터키어에서는 부정 표현이 동사구 내에서 동사를 수식하여 의미가 부정인지를 나타낸다(예, He run didn' t to the store). 그러나 터키 아동은 didn' t를 동사구 밖으로 옮겨 놓는 오류를 범하곤 한다(예, He didn' t run to the store). 이처럼 일정 시간 동안 아동의 기대 때문에 문법적 오류를 범한다. 일반적으로, 언어의 문법 규칙이 아동이 기대하는 것과 일치하면, 아동이 문법을 빨리 배울 수 있다.

의미적 자동처리(semantic bootstrapping). 아동의 초기 문장에서 의미는 행위자-행위-수혜자와 같은 표준 순서로 표현된다(예, Billy hit me). 그러나 아동은 그런 표준 순서에 벗어나는 문장을 만들기도 한다. 예를 들어, 아동이 "Going to school sure is fun"이라고 말할 때, 문법적 주어(*going to school*)는 행위자가 아니고, 동사(*is*)는 행위를 표현하지 않고, 문법적 목적어(*fun*)는 그 행동의 수혜를 받는 대상이 아니다. 문법 역량이 커지면서 아동은 의미 없는 문장이 문법적으로 정확할 수 있다는 것을 알게 된다(예, Frequent exercise prevents restless windows). 문법 이해를 완전히 설명하기 위해서는 사람들이 어떻게 문법을 추상적으로 이해할 수 있게 되는지, 그리고 의미에 대한 초기 이해가 그 과정에서 어떤 역할을 하는지를 설명해야 한다.

Pinker(1984)는 문법의 초기 학습이 *의미적 자동처리*에 기초한다고 제안하였다. 이 이론의 핵심적인 생각은 아동은 처음에 자기가 듣는 문장에서 의미의 가장 기본적인 범주(예를 들어, 행위를 일으키는 사람이나 사물, 행위의 이름, 그 행위에 영향을 받는 사람이나 사물)를 구별한다는 것이다. 그 다음에 이러한 의미를 사용하여 의미에 기초한 범주와 문장에서 단어를 배열하는 규칙을 형성한다. 마지막으로, 의미에 기초한 범주와 규칙을 사용하여 순수한 문법 범주와 규칙을 세운다.

문법 범주가 의미와 상관이 있기 때문에 이러한 학습 과정이 가능하다. 영어에서 사람이나 사물의 이름은 명사로, 행위는 동사로, 사람이나 사물의 속성은 형용사로 기능한다. 이러한 관계는 초기에 문장을 분석하는 기초가 된다. 예를 들어, "Babar jumped on the bed"와 같은 문장을 자주 접하면 아동은 행위의 주체인 행위자는 대개 문장의 처음에, 행위는 중간에, 행위의 수혜자는 문장의 끝에 온다는 사실을 학습하게 된다. 이러한 학습을 기초로, 아동은 행위자-행위-수혜자라는 틀에 따라 문장 안에서 단어의 순서를 배열하게 된다.

언어 발달 초기에 갖게 되는 이러한 문장의 틀 덕분에, 아동은 문법적인 문장을 만들 수 있다. 또한 의미에 기초하지 않은 순수한 문법 규칙도 학습하게 된다. Pinker는 명사, 동사, 주어, 서술어와 같은 문법 범주가 생득적이라고 가정하였다. 아동이 학습해야 하는 것은 이러한 문법 범주들이 특정한 언어 내에서 어떻게 기능하는지를 확인하는 것이다. 아동은 자기가 처음 표상한 의미와 생득적으로 알고 있는 문법 범주들 사이의 대응을 파악함으로써 문법 범주의 기능을 학습한다. 예를 들어, 아동은 문법 범주 '주어'를 의미에 기초한 개념인 '행위자'와 , 문법 범주 '동사'를 의미에 기초한 범주인 '행위'와 연결한다. 일단 아동이 자기가 들은 언어를 이러한 문법 범주로 분류하고 나면 아동은 단어의 순서, 어법(phrasing), 억양의 규칙성에 주목하게 되는데 이로 인해 문법 주어가 행위자가 아니고 동사가 행위가 아닌 경우로 문법 범주를 확대할 수 있다(예, The house has three bedrooms이나 Going to school is fun). 이런 과정을 통해 아동은 성숙한 문법 역량의 특징을 보여주는 순수한 문법 범주를 창조하게 된다.

구성 문법(construction grammar). 문법 발달을 이해하는 또 다른 접근인 구성 문법 접근은 Pinker나 Chomsky가 가정한 생득적인 문법 범주가 있다는 것을 부정한다. 대신, 이 관점에 따르면 초기의 문법 발달은 특정한 언어 항목 또는 구성을 학습하는 것이다. 구성은 "비교적 규칙적인 방식으로 완전하고 응집력 있는 의사소통 기능과 연합된 완전하고 응집력있는 언어적 표현"으로 정의된다(Tomasello & Brooks,

1999, p162). 근본적으로, 구성은 반복되는 언어학적 패턴이다. 예를 들어, "Where' s X?"는 무언가를 찾는 의사소통을 전달하는 단순한 구성이다. 이 구성에는 찾고 있는 대상을 나타내는 명사에 대한 추상적인 '장소(slot)'가 있다(예, Where' s Daddy? Where' s doggie? Where' s bottle?).

구성 문법 접근에 따르면, 초기 문법 발달은 구성을 학습하여 그것을 생산적으로 사용하기 시작하는 것이다(Tomasello & Brooks, 1999). 언어 학습을 처음 시작한 사람들은 구성에서 명사는 다른 명사로 쉽게 대체한다. 하지만 동사나 다른 서술어는 새로운 구성를 접할 때마다 하나씩 학습하여야 한다(Tomasello, 2000). 따라서 아동의 초기 구성은 *Eat X* 또는 *See X*와 같이 명사가 들어갈 장소는 비워두면서, 동사나 다른 서술어를 중심으로 구성되는 경향이 있다. Braine(1976)이 기술한 두 단어의 체계적인 조합(예, allgone juice, allgone milk)가 그러한 구성을 보여주는 예이다.

2~3세 전 아동은 각 동사에 대해 오직 한 유형의 구성만을 사용하는 경향이 있다(Lieven, Pine, & Baldwin, 1997; Tomasello, 1992). 예를 들어, *Eat X*(예, Eat apple, Eat cereal)와 같은 구성을 사용하는 아동은 *X eats*(예, Mommy eats, Doggie eats)와 같은 구성은 사용하지 않는다. 따라서 아동이 특정 동사를 포함하는 한 가지 구성을 학습하면 그 동사를 포함하는 다른 구성을 만들 수 없게 된다. 구성 문법 접근을 옹호하는 사람들은 이 결과를 아동이 동사의 생득적인 문법 범주를 가지고 있지 않다는 증거로 받아들인다, 왜냐하면 생득적인 범주가 있다면 하나의 구성이 다른 새로운 구성으로 빠르게 일반화할 수 있어야만 하기 때문이다(Tomasello, 2000).

시간이 흐르면서, 아동은 개별 동사에 기초한 구성들 사이에서 공통성을 추출하고 이렇게 함으로써 타동사 문장(*Molly hit the ball*이나 *Willie pushed the truck*과 같이 '명사구-동사-명사구'), 처소격 문장(*Amy put the cup on the table*과 같이 '명사구-동사-명사구-처소격')과 같이 보다 추상적인 구성을 발달시킨다. Tomasello(2000)에 따르면, 이러한 발달은 구조 결합과 유추형성 과정을 통해 일어난다. 아동은 단순한 구성을 보다 복잡한 것으로 결합하기 시작한다. 예를 들어, *Eat X*와 *X eats*는 보다 더 큰 구성인 *X eats X*(예, Mommy eats cake)로 결합된다. 아동은 여러 구성들 사이의 구조적 유사성에 주목하고 이 같은 유사성에 기초하여 유추하기 시작한다. 결국 비슷하다고 유추하는 구성들 사이에서 공통적인 구조를 찾아내는데, 이 공통된 구조는 보다 추상적인 구조의 기초를 형성하게 된다. 예를 들어, 아동은 *X eats X*, *X pushes X*, *X breaks X*의 유사성에 주목하여 이를 기초로 보다 일반적인 구조인 '명사구-동사-명사구' 를 추상화한다. 구성 문법 이론가들에 따르면, 아동은 이러한 기제를 통해 개별 항목에만 국한되지 않는 보다 일반적인 통사구조를 발달시키게 된다는 것이다.

연결주의 설명. 3장에서 논의했듯이, 발달에 대한 몇 가지 연결주의 모델은 문법 학습에 초점을 맞춘다(예, Elman, 1993; MacWhinney & Chang, 1995; MacWhinney & Leinbach, 1991; Plunkett & Marchman, 1993). 이 모델은 음운론, 의미, 어순의 특질을 부호화하는 컴퓨터 시뮬레이션이 영어에서의 과거시제형, 독일어의 성표지 · 격표지와 같은 복잡한 문법 체계를 학습할 수 있다는 것을 증명하였다.

연결주의 체계는 제시된 언어에서 상관관계 패턴을 찾아내고, 이 상관관계 패턴을 이용하여 어떤 문법 형태가 새로운 상황에서 사용되어야 하는지를 예측한다. 이러한 유형의 기제는 아동의 문법 학습에도 작동될지 모른다. 모든 연결주의 모델은 수많은 예를 접한 결과로, 아주 천천히 문법을 학습한다. 이것은 아동의 문법 학습에 아주 잘 맞는다. Maratsos(1998)가 지적했듯이, 문법 체계는 너무 복잡해서 아동의 문법 습득은 그 체계가 어떻게 작동하는지를 보는 몇 개의 가설을 검증하는 과정이 아닌 '모든 가설을 철저하게 검증해 보는(grinding through)' 과정을 통해 가능해진다.

평가. 아동의 문법 습득에 대한 여러 관점들을 어떻게 평가할 수 있는가? 이것은 여러 면에서 장님들이 코끼리의 다른 부분을 만지고 느끼는 속담 이야기와 닮았다. 각 관점은 일부는 설명하지만 전체를 설명하지는 못한다. 초기 문법 범주 형성에서 의미의 역할을 강조한 Slobin과 Pinker의 이론은 나름대로 이론적으로 잘 형성되었다. Pinker의 의미적 자동처리 생각은 매력적인 전환기제이다. 초기 수행이 특별한 구성을 학습하는 것에 근거한다는 관점 또한 직관적인 매력이 있다. 문법 역량이 언어 내의 복잡한 상관관계를 탐지하는 데 근거한다는 연결주의 생각도 분명히 언어 발달의 많은 부분을 설명한다. 이러한 관점들은 아주 상이하기 때문에 이러한 관점들이 어떻게 하나의 이론으로 통합될 수 있는지는 분명치 않다. 요약한다면, 문법 발달을 설명하는 과제는 이 영역에서 가장 도전이 되는 주제이다.

의사소통

언어의 궁극적인 목적은 의사소통에 있다. 사람들은 구어나 수화를 통해 의사소통할 수 있다. 이제 의사소통의 이러한 양상을 살펴볼 것이다.

구어를 통한 의사소통

영아에게 그리고 영아로부터의 의사소통. 초보적인 의사소통 기술은 생후 일개월에도 나타난다. 3, 4개월 된 영아들도 성인이 그들에게 말을 건네도록 행동을 한다. 성인이 영아에게 말을 할 때는 조용히 있다가 성인이 말을 그치면 더 많은 소리를 낸다(Ginsburg & Kilbourne, 1988). 생후 첫 몇 달 동안에는, 영아와 엄마가 동시에 발성을 하여 소리내는 것이 자주 부닥친다. 그러나 3, 4개월이 되면 나이 든 아동과 성인이 대화하는 것처럼 영아와 성인의 상호작용은 유연하게 주고받는(turn-taking) 과정으로 발전한다. 또한 이 연령의 영아들은 엄마의 일반적인 억양 패턴을 재연하는 경향이 있다(Masataka, 1992). 영아가 조용히 있거나 성인이 말하는 것과 관계없는 행동을 할 때보다 주고받기를 하고 억양패턴을 재연할 때, 성인은 영아에게 더 많은 말을 하게 된다(Locke, 1995).

다시 말해, 성인은 영아에게 말을 할 때, 가능한 한 영아가 말을 잘 듣고 반응을 많이 할 수 있는 방향으로 말을 한다. 영아가 엄마의 억양 패턴을 모방하듯이, 엄마는 영아의 말소리를 모방한다. 엄마가 영아가 내는 말소리는 모방하지만 다른 소리는 모방하지 않을 때, 영아는 말소리 같은 소리를 더 많이 내게 된다(Bloom, Russell, & Wassnberg, 1987). 앞 장에서 보았듯이, 많은 문화에서 성인과 나이 든 아동들은 영아에게 하는 말투(ingant-directed speech), 또는 아기말투(motherese)라고 알려진 말소리 형태를 사용하는데, 이것은 높은 주파수, 과장된 억양, 짧고 간단한 문장을 사용하고, 모음을 길게 늘여서 말하는 형태를 가진다(*Wheeee*라고 말할 때처럼). 이른 연령부터 영아는 성인에게 하는 말투보다는 영아에게 하는 말투를 더 좋아한다(Cooper & Aslin, 1990). 양육자가 영아에게 하는 말투를 사용할 때, 영아는 양육자가 말하고 있는 대상이나 행동에 주의를 더 많이 기울인다(Fernald, 1992).

영아에게 하는 말투는 전 세계의 여러 문화에서 공통적으로 나타나지만 보편적이지는 않다. 예를 들어, 자바섬, 과테말라의 일부 지역, 서부 사모아의 일부 지역에서 부모는 아동에게 거의 말을 건네지 않는다(Ochs & Schiefflein, 1995; Pye, 1992; Smith-Hefner, 1988). 뉴기니의 카루리 성인들은 서구인들이 영아에게 하는 말투로 아기에게 말하는 것을 보았을 때, 아기들이 어떻게 적절한 언어를 말하는 것을 배울 수 있는지 궁금해했다(Schiefflein, 1990). 이런 사회에서 영아와 걸음마기 아동은 주로 성인이 말하는 것을 관찰함으로써 언어를 배운다. 이 경우는 소수의 예외로 간과될 수 없다. 1억의 사람이 자바에 산다. 이 섬의 아동은 말을 연습하여 언어를 학습하지는 않지만 여전히 모국어 문법을 아주 효과적으로 습득한다(Ochs & Schiefflein, 1995).

걸음마기 아동과 나이 든 아동에게 그리고 그 아동들로부터의 의사소통. 아기들이 단어를 말하기 시작하면 의사소통에 새로운 책략을 추가한다. 이러한 책략 중 일부는 언어를 처음 사용하기 시작하는 영아에게만 나타난다. 예를 들어, 일부 걸음마기 아동들은 문법을 단지 조금만 바꾸어서 전체 문장을 반복하는 경향을 보인다(Billman & Shatz, 1981; Keenan, 1977). 한 아버지가 2살 난 아들에게 "Are you a great big boy?" 라고 물어봤을 때, 아들은 "I are a great big boy." 라고 대답했다. 앞에서 살펴본 wh 의문문에 대한 초기의 반응도 이러한 모방을 보여주는 또 다른 예이다. 모방한 문장들은 그 시점의 대부분의 아동이 만드는 문장보다 훨씬 더 긴 경우가 종종 있다. 이처럼 모방은 아동이 좀 더 길고 좀 더 복잡한 문장을 만들기 위한 발판을 제공해 줄지 모른다(Schlesinger, 1982).

아동은 발달하면서, 언어를 사용할 때 의사소통 상대를 더 많이 고려하게 된다(Krauss & Glucksberg, 1969; Sonnenschein, 1986, 1988). 예를 들어, 2살 된 아동은 더 어린 아동(Tomasello & Mannle, 1985; Shatz & Gelman, 1973)이나 인형(Sachs & Devin, 1976)에게 말을 할 때 더 간단하게 한다. 어린 아동도 대화 상대가 볼 수 있는지에 따라 의사소통하는 행동을 바꾼다. 3세 된 아동은 볼 수 있는 상대와 말을 할 때보다 보지 못하는 상대와 말을 할 때 언어적으로 더 분명한 말을 사용하고(Maratsos, 1973), 유치원 아동들은 얼굴을 맞대고 앉아 있는 상대에게 말할 때보다 커텐 뒤에 앉아 있는 상대에게 말을 할 때 제스처를 더 적게 사용하며 말을 하였다(Alibali & Don, 2001). 이처럼, 아주 어린 아동들도 대화 상대의 필요에 맞추어 의사소통 행동을 수정할 수 있었고 이러한 능력은 연령과 경험에 따라 발전되었다.

영아와 걸음마기 아동은 의사소통 과제를 상당히 잘 수행하고 있지만, 보다 세심한 부분은 부모의 직접적인 노력을 통해 이해하게 된다. 이에 대한 한 가지 예는 보다 정중하게 말하는 규칙을 학습하는 것인데, 이것은 다음과 같은 대화를 통해서 볼 수 있다(Ely & Gleason, 1995, p252에서 인용).

아동: Mommy, I want more milk.

엄마: Is that the way to ask?

아동: Please.

엄마: Please what?

아동: Please gimme milky.

엄마: No.

아동: Please gimme milk.

엄마: No,

아동: Please.

엄마: Please may I have more milk?

아동: Please may I have more milk?

수화를 통한 의사소통

미국 수화(Americal Sign Language, ASL)와 퀘벡 수화(Langue des Signes Quebecoise, LSQ)와 같은 수화는 단어의 모든 측면을 가지고 있다는 점에서 진정한 언어이다. 수화는 수천 개의 신호를 포함하는 심성어휘집과 구어의 문법처럼 풍부하고 복잡한 문법을 가지고 있다. 전 세계에는 청각장애 공동체에서 사용되는 수백 개의 다른 수화가 있다. 구어와 마찬가지로, 각 수화는 독특하여 하나의 수화를 사용하는 사람은 일반적으로 다른 수화를 이해할 수 없다.

태어나자마자 수화를 습득하는 청각장애 아동과 태어나자마자 구어를 습득하는 정상 아동은 아주 비슷한 언어 습득의 경로를 보인다(Petitto, 1992, 1995). 두 집단의 아동들은 모두 옹알이를 하고, 일어문을 만들어 내고, 비슷한 연령에서 두 단어를 만들고, 비슷한 연령에서 과거형 · 부정형 · 의문형과 같은 문법 형태를 만들고, 비슷한 연령에서 비슷한 의미와 비슷한 의사소통 역량을 습득한다. 이 두 집단에서 나이 든 아동들은 은유, 직유, 자기가 만들어 낸 단어(invented word)와 같은 상상적인(nonliteral) 언어를 상당히 많이 사용한다(Marschart & West, 1985; Marschark, West, Nall, & Everhart, 1986).

구어 습득과 수화 습득이 유사하다는 사실에 근거하여 Petitto(1995)는 동일한 언어 습득 기제가 구어와 수화를 학습하게 해준다고 제안하였다. 그녀는 이 기제가 구어와 수화에서 구조화된 언어 자극을 알아내고, 일단 학습체계가 적절한 자극을 인식하면 그 구조에 반응하는 운동 움직임(말 움직임 또는 손 움직임)을 자극한다. 이때 구조화된 언어 자극은 보이는 것이든 들리는 것이든 상관이 없다.

Stokoe(1960)는 개별 신호의 의미를 결정하는 세 차원을 기술하였다. 하나는 수화가 만들어지는 위치이다. 가장 흔히 사용되는 위치를 빈도 순으로 나열하면, 손이 움직이는 신체의 앞부분, 턱, 몸체, 뺨, 팔꿈치, 이마 순이다. 또한 이 위치들은 어린 아동이 신호를 만들기 가장 쉬운 위치이며, 언어가 어린 아동의 학습을 촉진시키는 방향으로 진화되었다는 사실을 보여준다(Bonvillian, Orlansky, & Novack, 1983). 신호를 구분하는 두 번째 차원은 손의 모양이나 배열(configuration)이다. 그림 6.4에 흔히 사용되는 손의 모양을 제시하였다. 신호에서 변화를 보여주는 세 번째 차원은 신호를 만드는 손의 움직임이다. 예를 들어, 'candy' 에 대한 ASL은 뺨에서 집게손가락으로 돌리는 움직임을 만들어서 표현한다. 이 세 차원 중에서 아동이 가장 쉽게 습득하는 것

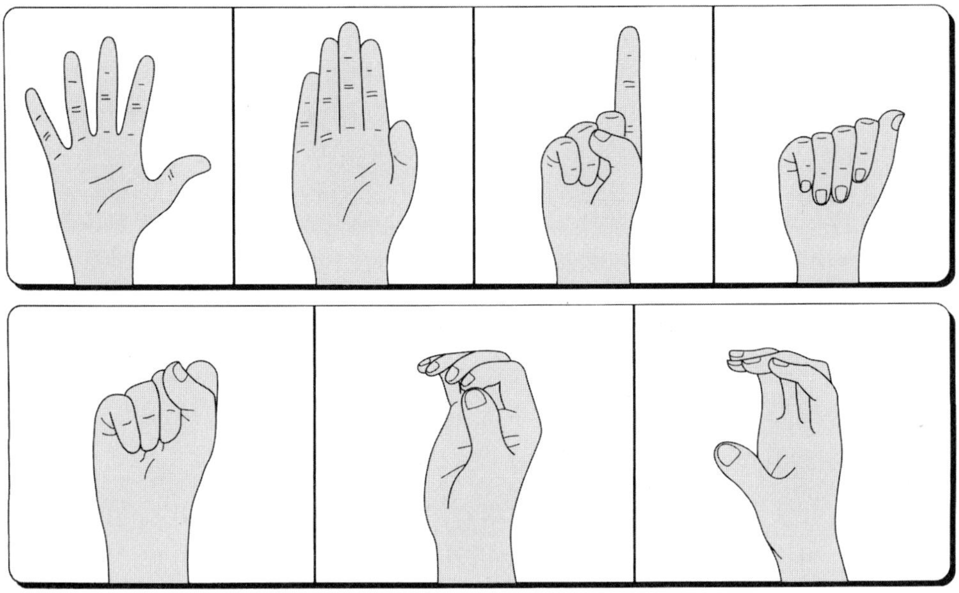

그림 6.4 미국 수화에서 흔히 사용되는 손 모양들.

은 위치이고, 손모양을 가장 어렵게 습득하는 것 같다. ASL을 습득하는 5개월에서 18개월 사이의 9명 아동을 대상으로 한 연구에서, Bonvillian과 Siedlecki(2000)은 아동이 목표 신호의 위치를 가장 정확하게(80% 이상), 그 다음은 움직임을 정확하게 만들었고(약 60%), 정확한 손모양을 만드는 것이 가장 적었다(약 50%).

정상 부모 밑에서 태어나서 아동기 초기에 수화를 접할 수 없었던 청각장애 아동들은 가족들과 의사소통을 하기 위해서 *가정신호체계(home sign system)*라 불리는 단순한 제스처 언어를 고안해 내곤 한다. 이 아동들은 정보를 전달하기 위해서, 요구를 하기 위해서, 이야기를 해주기 위해서, 현재 있거나 없는 물체나 사건에 대해 말하기 위해서 가정신호체계를 사용한다(Goldin-Meadow, 2003; Morford & Goldin-Meadow, 1997; Phillips, Goldin-Meadow, & Miller, 2001). 이 아동들은 혼자서 말을 할 때에도 이 신호를 사용한다! 이처럼, 가정신호체계는 보통 언어가 담당하는 것과 같은 기능을 담당한다. 10명의 가정신호를 사용하는 사람들을 관찰한 것에 근거하여 Goldin-Meadow와 Morford(1985)는 "인간의 의사소통은 회복력이 강한 현상이다. 입으로 의사소통이 가능하지 않을 때, 그 욕구를 제어할 수 없어서 손가락으로 의사소통을 한다."(p.146)라고 언급하였다.

가정신호체계의 가장 두드러진 요소 중 하나는 다양한 수준에서 언어와 같은 구조를 가진다는 점이다. 각 아동의 가정신호체계는 개별 신호가 문장으로 어떻게 결합되는지를 규정해 주는 단순한 문법을 가진다(Goldin-Meadow & Feldman, 1977; Goldin-Meadow & Mylander, 1984, 1998). 예를 들어, (모두는 아니지만) 대부분의 가정신호체계에서 대상에 대한 행위를 기술할 때, 그 대상의 이름은 행위 앞에 놓인다(예, apple eat). 또한 정규 수화의 신호처럼 가정신호체계의 개별 신호는 손모양이나 움직임과 같은 요소들로 구성되는데, 이러한 요소들은 의미를 표현하기 위해 체계적인 방식으로 결합된다(Goldin-Meadow, Mylander, & Butcher, 1995). 따라서 가정신호체계는 문장 수준이나 개별 신호 수준 모두에서 정규 언어에서처럼 구조화된다. 또한 아동이 언어 같은 이러한 구조를 스스로 창조하는 것이 분명한데, 왜냐하면 청력 손상이 없는 부모가 사용하는 제스처는 그러한 구조를 보여주지 않기 때문이다(Goldin-Meadow & Mylander, 1983).

이러한 유사성에도 불구하고 가정신호체계는 진정한 수화와 중요한 면에서 차이를 보인다. 가장 중요한 것은 가정신호체계가 진정한 수화보다 덜 체계적이고 문법적으로 덜 복잡하다는 점이다. 왜 이런 현상이 나타나는 것일까? 수화와는 달리, 가정신호체계는 세대에서 세대로 전달되어 정교화된 것이 아니라 개별 아동에 의해 고안된 것이다. 그밖에, 가정신호체계는 전 언어 공동체가 아닌 오직 몇몇 개인(한 명의 모국어 화자, 고안자)만이 공유하는 경향이 있다. 이러한 요인들은 언어가 자격을 갖춘 언어로 진화되는 데 중요하다.

1970년 후반에 니카라과에서 많은 가정신호를 사용하는 청각장애 아동들이 국가가 처음 세운 청각장애 학교에 모였다. 이 아동들이 서로 의사소통하려고 시도하면서, 각 아동이 사용하던 개별 가정신호체계들은 결합되어 새로운 언어로 체계화되기 시작하였다. 이 상황에서 출현한 새로운 수화는 어떤 개별 가정신호체계보다 더 체계적이었고 문법적으로 더 복잡하였고, 어린 청각장애 아동의 다음 세대가 그것을 모국어로 배우면서 더 복잡해졌다(Kegl, Senghas, & Coppola, 1999; Morford & Kegl, 2000; Senghas & Coppola, 2001). 이 새로운 언어를 Lengua de Signos Nicaraguense (Nicaraguan Sign Language)라고 불렀고, 이것은 새로운 언어의 탄생을 체계적으로 관찰할 수 있었던 드문 예 중 하나가 되었다.

요약

생후 첫 몇 년 사이에 일어나는 언어 습득은 아동이 보이는 가장 중요한 성취 중 하나이다. 아동은 음운론, 의미, 문법을 빠르게 배우고 이러한 지식을 의사소통하는 데 사용한다. 음운론은 말소리의 산출과 이해에 관한 것이다. 의미는 단어와 단어가 기술하는 것 사이의 관계에 대한 것이다. 문법은 시제와 수를 상술할 뿐만 아니라 문장을 이루는 단어의 순서를 다룬다. 의사소통은 바람이나 의도를 표현하고, 반응을 일으키고, 정보를 제공하기 위해 음운론 · 문법 · 의미를 함께 사용하는 것이다.

모든 언어의 음운론은 모음과 자음의 생성을 포함한다. 이 둘 다 공기의 흐름을 차단하는 것이 중요하다. 그러나 공기의 흐름을 차단하는 유형이 다르다. 모음은 성대만으로 공기의 흐름을 차단하지만 자음은 성대뿐만 아니라 혀, 치아, 입술들로 공기의 흐름을 차단한다. 영아는 단어를 말하기 전에 모국어의 음운론에 대해 상당히 많이 알고 있다. 영아는 처음에 소리를 구별하는 데 민감하다. 그러나 생후 첫해 후반부에 모국어에서 의미가 구별되지 않는 소리를 구별하는 민감성을 잃어버리기 시작한다. 소리를 만드는 영아의 능력은 규칙적인 순서(정해진 순서)로 발달한다. 영아는 처음에는 울고, 다음에 목울리는 소리를 내고, 그 다음에 자음을 만들어 내고, 그 다음에 옹알이를 하고, 그러고 나서 단어를 산출한다. 세상의 모든 언어에서 아기들은 옹알이할 때 가장 자주 내는 음절을 이용하여 *mama*, *dada* 등과 같이 자기를 돌보는 사람의 이름을 만든다. 아동은 발음하기 어려운 단어 대신 발음하기 쉬운 단어를 사용하여 말하고 싶은 대상의 이름을 부르려 하기 때문에 말을 시작하는 아동의 말을 더 잘 이해할 수 있게 된다. 그 다음에 소리를 통제하고 발음을 정확하게 하는 능력이 발달하면서 음운 발달이 일어난다.

세계 도처에 사는 아동이 사용하는 첫 단어는 비슷한 의미를 표현한다. 그 단어는 사람 · 동물 · 장난감 · 탈것, 그리고 아동의 흥미를 끌고, 비교적 구체적이고, 아동이 원하는 물체를 나타낸다. 언어를 처음 사용하는 아동들이 말하는 단어가 성인이 사용하는 것과 같다할지라도 의미는 같지 않을 수 있다. 처음에 아동은 어떤 의미는 과소확장하고, 또 어떤 의미는 과대확장하고, 동시에 과소확장과 과대확장하기도 한다. 새로운 단어를 습득하는 속도는 처음에는 느리지만 약 18개월경에는 아주 빨라진다. 이러한 어휘 급등에 관련된 요인은 가능한 단어 의미의 범위를 좁혀주는 제약, 단어 의미에 대한 문법 단서, 학습이나 기억과 같은 일반적인 인지 과정, 사회적 경험이다. 또한 아동은 적절한 표준단어를 알지 못할 때 의미를 표현하기 위해 단어를 개발하는 다양한 책략을 사용한다.

문법 발달은 영아기부터 시작되는데, 이때 영아는 문법적 단어를 내용어와 구별하고, 그들이 듣는 언어의 어순에 있는 규칙성에 민감해진다. 아동이 두 단어를 말하기 시작할 때 그들은 발화 내에서 단어를 순서 지을 필요가 생긴다. 처음에, 아동은 단어의 순서를 단어의 의미에 근거하여 결정한다. 순서는 행위자-행위, 또는 소유자-소유물과 같은 표준 패턴을 따른다. 두 단어 기간 후에 아동은 다양한 문법 구성을 형성하는 것을 배우게 되는데, 이것들은 의미와 상응하지 않는 범주에 근거하기도 한다. 문법 형태에 대한 아동의 기대, 초기 의미에 근거한 범주에서 후에 문법에 기초한 범주가 출현한다는 자동처리, 구성의 학습, 언어 내의 규칙적인 패턴의 탐지가 순수한 문법 범주와 규칙을 형성하는 데 기여하는 요인들이다.

아동은 구어나 수화를 통해 의사소통한다. 영아가 단어를 말하기 한참 전부터 그들은 말소리 억양을 일치시키고 다른 사람이 말을 하지 않을 때 소리를 냄으로써 다른 사람이 자기에게 말하도록 동기를 부여한다. 성인과 나이 든 아동들은 영아에게 하는 말투로 알려진 대화 스타일을 사용하여 어린 아동이 잘 듣도록 동기를 부여해 주는데, 이러한 말투는 높은 주파수, 과장된 억양, 단순한 문장을 포함하고 있다. 수화를 접한 청각장애 아동과 정상 아동은 모두 의사소통을 위해 그 언어를 사용하고, 수화를 접하지 못한 청각장애 아동들은 '가정신호체계'라고 불리는 비공식적인 신호체계를 고안하여 사용하는데, 그것들은 간단한 언어 구조를 가지고 있다. 구어를 배우는 아동과 수화를 배우는 아동은 언어 발달의 순서나 시기가 놀랄 정도로 비슷하다. 이러한 유사성은 자극이 귀로 들어오든 눈으로 들어오든 상관없이 의사소통하려 하고, 의사소통 자극에서 규칙적인 구조를 찾으려는 일반적인 동기가 있을지도 모른다는 것을 제안한다.

읽을거리

Bloom, P.(2000). *How children learn the meanings of words.* Cambridge, MA: MIT Press. 이 책에서 Bloom은 단어의 학습은 다른 사람의 의도를 추론하는 능력, 일반적 학습능력, 기억능력을 포함하는 일반적인 인지능력에 달려 있다고 주장한다.

Goldin-Meadow, S.(2003). *The resilience of language.* New York, NY: Psychology Press. 청각장애 아동이 언어 자극 없이 발달시킨 제스처 체계에 대한 Goldin-Meadow의 선구적인 연구를 요약하고 있다.

Johson, J.S., & Newport, E.L.(1989). Critical period effects in second language learning: The influence of maturational state on the acquisition of English as a second language. *Cognitive Psychology, 21,* 60-99. 언어에 노출되기 시작한 연령과 언어 문법 숙달도의 관계를 조사한 보기 드문 연구. 문법 습득에서의 결정적 시기에 대한 강력한 지지 증거를 제공한다.

Saffran, J.R., Aslin, R.N., & Newport, E.L.(1996). Statistical learning by 8-month-old infants. *Science, 274,* 1926-1928. 영아가 인접한 말소리 사이를 통계적으로 계산하여 들리는 말소리에서 단어를 분절할 수 있다는 주목받는 증거를 제시한다.

Senhas, A., & Coppola, M.(2001). Children creating language: How Nicaraguan Sigh

Language acquired a spatial grammar. *Psychological Science, 12,* 323-328. 초기 아동기에 정규 수화를 접하지 못했던 니카라과의 청각장애 아동들의 언어 창조에 대한 연구. 이 아이들이 니카라과에서 공식적으로 처음 문을 연 청각장애 학교에 들어왔을 때, 새로운 수화가 '탄생되었고' 이 수화는 학습자의 세대가 이어지면서 더 체계적으로 되었다.

제 7 장

기억 발달

동생 콜린이 장난감 인형(Blowtorch)을 가져 가려고 했는데, 나는 안 주려고 했어요. 그래서 동생이 날 밀어서 장작더미 있는 데로 넘어졌는데, 마침 거기에 쥐덫이 있었어요. 넘어지면서 내 손가락이 덫에 끼어버렸어요. 그래서 엄마, 아빠, 콜린, 우리 모두 같이 차를 운전해서 병원에 갔어요. 왜냐하면 병원이 멀리 떨어져 있었거든요. 병원에서 의사가 내 손가락에 밴드를 감아줬어요. (4세 아동 빌리) (Ceci & Bruck, 1998)

약간 외상적인 이 사건에 대한 4세 아동 빌리의 자세한 회상에는 한 가지 문제가 있다. 그것은 이 사건이 일어난 적이 전혀 없다는 것이다!

쥐덫에 손가락이 끼었었다는 빌리의 실감나는 회상은 사실 한 실험의 일부분이었다. 이 실험의 목적은 아동 학대나 다친 경험에 대한 아동들의 증언이 신빙성을 가질 수 있는지를 결정하는 것이었다. 이 실험에서는, 일주일에 한 번씩 10주동안, 실험에 참여한 아동들에게 전혀 일어나지 않았던 사건에 대해 유도적인 질문을 하여 아동들의 반응을 관찰하였다. 예를 들어, "손가락이 쥐덫에 끼어서 병원에 갔던 것 기억하니? 그런 일이 일어난 적이 있는지 말해줄래? 좀 더 얘기해 줄래? 그 다음에 어떻게 됐어?" 와 같은 질문을 빌리에게 하였다. 그 반응으로 위에 제시한 회상을 빌리에게서 얻어낸 것이다.

비록 위의 상황은 인위적으로 설정된 것처럼 보이지만, 실제 아동 학대 사례에서 아동들이 자주 접하는 상황과 크게 다르지 않다. 대체로 아동 학대 사례를 재판에 부치기까지 아동 목격자들은 평균 10차례에 걸쳐서 면담을 받기 때문이다(Whitcomb,

1992). 게다가 이러한 면담에서 아동들이 받는 질문은 앞의 질문처럼 상당히 유도적이다. 실제로 널리 알려진, 1989년 아동 학대로 고소된 한 어린이 집 원장의 사례에서 이루어진 아동 목격자 면담 과정의 일부를 살펴보자. 이 학대 사례는 주방 도구가 사용된 것으로 의심되었다.

검사: 선생님이 숟가락으로 널 만졌니?
아동: 아니오.
검사: 아니야? 그럼, 선생님이 숟가락으로 널 만졌을 때 좋았니?
아동: 아니오.
검사: 아니야? 왜 아니야?
아동: 모르겠어요.
검사: 모르겠어?
아동: 아니오.
검사: 켈리 선생님이 널 만졌을 때 뭐라고 말했어?
아동: 싫다고 했어요.

아동 증언의 신뢰도가 중요한 이유는 질문자와 응답자가 아주 작은 실수를 범하더라도 엄청난 결과를 초래할 수 있기 때문이다. 만일 판사가 정확하게 보고한 아동의 증언을 신뢰하지 않게 된다면, 학대자가 또 다른 아동을 학대하도록 방치하는 결과를 초래할 수 있다. 반면에 판사가 옳지 못한 아동의 증언을 신뢰한다면, 무고한 사람이 감옥에서 몇 년간 썩을 수도 있다. 그렇다면, 우리는 아동 증언의 정확성을 어떻게 판별할 수 있을까? 어릴수록 아동들은 자신의 상상과 실제 일어난 일을 분명하게 구별하지 못하는 경우가 많다. 그렇다면, 연령이 어린 아동들이 성숙한 아동에 비해 일어나지 않은 사건을 꾸며낼 가능성이 높을까? 오히려 성숙한 아동들은 어린 아동보다 풍부한 상상력을 발휘할 수 있으므로, 사건을 더 잘 꾸며내어 보고할 수 있지 않을까? 일어나지 않은 사건을 유도하지 않으면서 불쾌한 경험에 대해 아동이 올바르게 증언하게 하려면 어떻게 질문을 해야 할까? 해마다 10만 명 가량의 아동 증언이 필요한 사건들이 발생하고(Ceci & Bruck, 1993, 1998) 이 중 40%는 5세 이하 아동이 관련된 아동 성학대 사례들이라는 것을 감안하면(Gray, 1993), 이러한 질문들의 답을 구하는 것은 매우 중요하다.

아동 증언의 신뢰도를 결정하는 데 심리학적 연구는 매우 유용한 역할을 하고 있다. 앞에 제시한 실험과 같은 연구에서는, 실제 상황과 달리, 아동들에게 실제로 일어났던 일과 그렇지 않은 일이 구분되어 있어서 아동 증언의 신뢰도를 비교, 측정할 수 있다. 그리고 이러한 연구들의 결과, 아동 증언의 신뢰도뿐만 아니라 보편적인 기억 발달 과정에 대한 많은 자료가 제시되고 있다.

아동의 목격자 증언

사람들은 종종 기억을 삶의 경험에 대한 일련의 사진이나 영화처럼 생각한다. 이것이 사실이라면 목격자는 일어난 일을 정확하게 회상할 수 있을 것이므로 목격자 증언은 아무런 문제가 되지 않을 것이다. 그러나 나이와 상관없이 기억은 이렇게 완전하고 정확하지 않다. 아동들처럼 성인들도 목격한 것을 기억하지 못하기도 하고, 전혀 일어나지 않은 사건들을 떠올리기도 하며, 각기 다른 경험들을 마치 하나인 것처럼 혼합하기도 한다. 비록 아동들의 기억이 성인들의 기억보다 정확도가 떨어진다고 하지만, 그 차이는 종류의 차이라기보다는 정도의 차이에 가깝고, 모든 사람들은 예외 없이 기억이 쇠퇴하고 혼동되는 것을 경험한다.

기억을 시간의 경과에 따라서 약호화, 저장, 인출의 세 단계로 나누는 것은 유용한 틀을 제공한다. 어떤 일에 대한 기억도 그 일이 일어난 당시에 중요한 정보를 약호화하고, 약호화된 정보를 저장하여 필요할 때 인출하는 과정을 반드시 거친다. 그런데, 기억의 이러한 각 단계마다 잠재적인 문제들이 있다. 사람들은 사건이 일어난 당시에 관련된 중요 정보를 모두 인지하지 못할 수 있고, 설사 모든 정보를 입력하였다 하더라도 잊기 쉬운 형태로 저장할 수 있다. 뿐만 아니라, 모든 정보를 제대로 약호화하고 저장하였다고 할지라도 필요 시 인출에 실패할 가능성도 잠재되어 있다.

약호화

정보는 약호화(encoding)될 때, 상세기억과 핵심기억의 두 가지 형태로 표상된다(Brainerd, Reyna, Howe, & Kingma, 1990). 상세기억표상(verbatim representations)에는 상황에 대한 세부 정보가 그대로 기록된다. 예를 들어, 누군가가 한 말의 단어 하나하나를 정확하게 기억하거나 사람들의 얼굴 표정을 세세히 그대로 기억하는 것, 혹은 벽지의 색깔 등을 그대로 기억하는 것 등이다. 핵심기억(gist)은 일어난 사건들에 대한 의미나 본질, 즉 누가 누구에게 무엇을 했는지와 같은 내용을 표상한다. 사람들은 약호화 단계에서 이 두 표상을 모두 이용하는데, 상세기억보다는 핵심기억의 표상이 더 오래 지속된다. 일상생활에서 쉽게 접할 수 있듯이, 이야기를 읽을 때 정확한 각각의 단어는 잠시동안만 기억되는 반면에 이야기의 내용은 수년간 기억되는 것과 유사하다.

아동이 성인보다 적게 기억하는 이유 중의 하나는 약호화 시 핵심정보보다는 상세정보를 표상하는 데 보다 중점을 두기 때문인 것으로 알려져 있다(Brainerd et al., 1990). 기본적으로 상세기억은 핵심기억보다 빨리 잊혀지기 때문에, 아동들이 약호화 시 상세기억에 초점을 두는 것이 보다 빠른 기억의 쇠퇴로 이어지는 것이다. 물론 아동들도 사건의 핵심을 약호화하지만, 좀 더 나이 든 아동들에 비해 상대적으로 핵심에 대한 중요성을 인식하지 못하거나 사건의 중요한 측면을 아예 약호화하지 못하는 경우도 다반사다.

아동들이 사건의 핵심을 완전히 약호화하지 못하는 또 다른 중요한 이유는 지식이 부족하기 때문이다. 어떤 사건에 대한 기억은 그 사건을 기억하는 사람의 사전 지식—그 상황에서 중요한 것과 가능한 것 등을 변별하도록 돕는—이 반영된다. 예를 들어, 3세에서 7세 아동들에게 병원에 갔던 일에 대해 물어보면, 7세 아동은 "간호사가 네 무릎을 혀로 핥았니?"라는 질문에 대해서 쉽게 "아니오"라고 대답하는 반면, 3세 아동들은 종종 그런 일이 있었다고 대답한다. 특히, 병원에 다녀온 지 3개월 정도의 긴 시간이 지난 뒤 질문할 경우 더욱 그러하다(Gordon, Ornstein, Clubb, Nida, & Baker-Ward, 1991). 병원에 가면 대체로 어떤 경험을 하는지에 대해 보다 많이 알게 되면 병원에서 검사받을 때 실제로 일어난 일을 보다 정확히 약호화하는 데 도움이 되고, 실제로 일어나지 않은 일(예, 간호사가 무릎을 핥았다)을 보다 쉽게 배제할 수 있다.

그러나 사전 지식은 양날의 칼과도 같다. 사전 지식은 보다 정확한 회상을 하도록 돕는 반면에 기억을 왜곡시키기도 한다. 타인에 대한 선입견과 같은 지식이 그러한 기억 왜곡의 한 요인이라 하겠다. Leichtman과 Ceci(1995)는 학령전기 아동들에게 백치 같은 기형아 샘 스톤(Sam Stone)에 대한 네 개의 이야기를 들려주고, 나중에 Sam Stone이라는 이름을 가진 사람을 직접 소개하였다. 이 사람은 교실을 2분동안 방문하였는데, 별다른 일도 없었고, 비교적 유쾌한 방문이었다. 다음날, 교실에 있던 곰인형이 더럽혀져 있고 책 한 권이 찢겨 있었는데, 과연 누가 이런 일을 했을까에 대해서 아동들에게 물었다.

샘 스톤에 대해 이미 알고 있는 것 때문에 그가 바로 범인이라고 주장하는 아동들이 그리 많은 것은 아니었지만, 샘 스톤이 범인일 가능성이 많음을 암시하는 질문을 받았을 경우 3~4세 아동의 72%가 샘 스톤이 한 짓이라고 주장했다. 아동의 44%는 샘 스톤이 한 것을 직접 보았다고 주장했고, 그중 21%는 "샘이 한 거 네가 정말로 본 건 아니지?"라는 질문을 받았을 때도 직접 보았다고 계속 주장했다. 5~6세 아동은 이와 같은 오류를 범하지 않았는데, 3~4세 아동의 경우에도 샘 스톤이 백치 기형아라는 이야기를 미리 듣지 못하였을 때 5~6세 아동과 유사하게 반응할 수 있었다.

이처럼 사람들의 기억은 실제로 일어난 것에만 국한되어 있지 않다. 기억은 사람들이 본 것과 알고 있는 것, 그리고 추측하는 것이 모두 합성된 것이다. 아동들의 추론은 대체로 정확하지만 때로는 부정확하다. 그러므로 위의 실험에서처럼, 어떤 아동들은 다음날 곰인형의 상태를 보고 추론한 것을 바탕으로, 샘 스톤이 곰인형을 물에 넣고 크레용으로 문질러 더럽히는 것을 직접 보았다고 보고한 것이다. 아동의 목격자 증언의 정확도를 파악하는 데 전문가들이 어려움을 겪고 있는 것도 아동들이 이렇게 추론한 것을 마치 직접 목격한 것처럼 보고할 가능성이 있기 때문이다. 위 실험에서 얻어진 샘 스톤에 대한 아동 기억 보고 비디오를 목격자 증언 전문가 100여 명에게 보여주었을 때, 전문가들은 아동이 정확하게 보고하는지 그렇지 않은지 판별하지 못하였다(Leichtman & Ceci, 1995).

저장

보다 효율적인 정보의 저장(storage) 또한 정확한 기억의 중요한 요소다. 특히 6세 미만의 아동들은 정보를 저장하는 단계에서 겪는 경험에 크게 영향을 받는데(Bruck & Ceci, 1999), 암시성(suggestibility)은 저장단계에서 목격자 증언에 영향을 끼칠 수 있다. 예를 들어, 관련 사건이 일어나자마자 유도성 질문을 받았을 때, 학령전기 아동들은 질문이 의도한 방향에 맞도록 기억을 수정하여 회상하는 경향을 보였다(Clarke-Stewart, Thompson, & Lepore, 1989; Goodman & Clarke-Stewart, 1991). 유도적인 질문은 중요하지 않은 사건에 대한 회상뿐만 아니라 신체부위가 포함된 사건(예, 간호사가 귀에 바람불기(Ornstein, Gordon, & Larus, 1992), 소아과 의사가 손가락이나 막대 등을 성기에 집어넣기(Bruck, Ceci, Francoer, & Renick, 1995), 낯선 사람이 지저분한 물건을 입에 쑤셔넣기(Poole & Lindsay, 1995)와 같은 회상에도 영향을 끼친다. 조금 더 성숙한 아동과 성인 또한 유도성 질문에 영향을 받기도 하지만 취학전 아동보다는 훨씬 그 가능성이 낮다.

법률소송사례에서 자주 이용하는 방법 중에서 아동의 기억을 왜곡하는 또 다른 방법은 아동으로 하여금 사건에 대해 상상하게 하고, 그 상상한 사건이 일어났는지 아닌지를 묻는 것이다. 이런 상상기법은 종종 아동들이 상상한 사건을 실제사건으로 보고하도록 유도한다(Foley, Harris, & Herman, 1994; Parker, 1995). 아동들에게 실제로 일어나지 않은 일을 그리도록 하고 그려진 사건이 일어났는지 아닌지를 나중에 보고하게 했을 때 얻는 아동들의 반응과 유사하다(Bruck, Melnyk, & Ceci, 2000). 취학전 아동들은 특히 상상한 것과 실제로 일어난 것을 구분할 수 있는 *현실 탐지능력(reality monitoring)*에 어려움을 보인다.

저장된 정보의 내용에 영향을 끼치는 또 다른 요소는 시간이다. 시간이 지나면서 망각이 일어나는데, 이것은 특히 아동들에게서 두드러진다. 어릴수록 사건이 일어난 직후 많은 것을 기억할 수 있었더라도 보다 빠르게 망각하는 경향이 있다(Brainer & Reyna, 1995). 망각의 대부분은 사건이 일어난 즉시 시작되어 멈추지 않고 계속된다. 사건 발생후 소송일 확정까지는 대개 1년이나 2년 정도의 시간이 걸린다. 그 사이 아동들의 회상 정확도는 상당히 저하된다. 사건 발생후의 즉각적인 회상에 비해서 시간이 경과하고 나면 아동들이 중요한 정보를 생략하거나 실제로 일어나지 않았지만 가능성이 있는 다른 정보를 첨가하게 될 가능성이 높아진다(Goodman, Hirschman, Hepps, & Rudy, 1991; Poole & White, 1993).

인출

"오늘 학교에서 어떤 일이 있었니?" 와 같이 사건에 대한 자유 응답 질문을 하면 아동은 비교적 관련된 정보를 정확하게 보고하지만, 학령전기 아동들은 때때로 관련된 것들을 생략하기도 한다. 질문이 자세할수록 아동들이 보고할 때 생략하는 경우도 줄어든다. 예컨대, 5~7세 여자 아이들의 경우 생식기 검사를 받은 후에 "의사가 여기(성기)를 만졌니?" 와 같이 구체적인 질문을 받으면 그런 일이 있었음을 시인하지만, 자유 보고 시에는 그런 일이 있었다고 보고하지 않았다(Saywitz, Goodman, Nichols, & Moan, 1991). 질문자가 응답을 특정 방향으로 유도하지 않는다면, 사건이 일어난 직후에 상세한 질문을 하는 것은 기억을 왜곡시키기보다는 기억이 쇠퇴되는 것을 방지한다(Ceci & Bruck, 1998).

아동이 질문을 받는 조건 또한 무엇을 기억하는지와 또 얼만큼 기억하는지에 지대한 영향을 미친다. 한 예로, "의사가 어디를 만졌니?" 와 같이 일어난 일을 자유롭게 회상(recall)하도록 할 때와 "의사가 네 혀를 만졌니?" 처럼 일어난 일을 재인(recognition)하는지를 알아보는 질문의 형태가 중요한 영향을 끼친다. 모든 연령대의 사람들이 재인이 회상보다 쉽다고 느낀다.

또한 아동들은 일어난 사건에 대해 보다 깊게 생각해 보라고 권하면 더 많은 것을 기억해 낸다. 예를 들어, 소방서 방문 후, 5~6세 아동에게 소방서에서 있었던 일을 그려보라고 하면 사건에 대해서 단순히 말해 보라고 했을 때보다 더 많은 것을 기억해 냈다(Butler, Gross, & Hayne, 1995). 아마도 소방서에 대해 그림을 그리는 것이 아동들로 하여금 방문에 대해 보다 여러 모로 생각해 보도록 만들었기 때문일 것이다. 이와 흡사하게, 아동들은 간접적으로 관찰했거나 누군가에게서 들은 것보다는 직접 참여한 일들에 대해 정확하게 보고한다(Gobbo, Mega, & Pipe, 2002). 이 또한 간접 경험한 일보다는 직접 경험한 일에 대해 보다 깊게 생각해 볼 수 있기 때문일 것이다.

질문자가 어떤 의도로 질문하는가도 아동의 기억에 큰 영향을 미친다. 어떤 사건이 분명히 일어났다고 질문자가 믿고 아동에게 질문하면, 학령전기 아동은 그 사건이 일어났다고 보고할 가능성이 높다(Ceci, Loftus, Leichtman, & Bruck, 1994; Goodman & Clarke-Stewart, 1991). 편파적인 질문자는 여러 경로를 통해서 자신들이 어떤 답을 기대하는지를 전달한다. 예를 들어, 와전된 정보를 전달하거나 특정적인 유도질문을 하거나 비난조로 질문하는 등의 방법을 이용한다(Bruck & Ceci, 1999). 어른에게 협조하려는 노력의 일환으로 아동은 어른이 원하는 답을 말하는 경향이 있기 때문이다.

질문의 빈도도 아동의 기억에 영향을 끼치는 요소이다. 동일한 질문을 여러 번 반복해서 받을 경우 아동은 종종 답을 달리하는 경향을 보인다. 이는 단지 기억해 내지 못하기 때문이 아니다. 아동의 경우 가끔 처음에는 자세한 것을 기억해 내지 못하다가 차차 더 자세한 내용을 기억해 내기도 하기 때문이다. 뿐만 아니라, 같은 질문이 반복되면 아동은 질문자를 만족시키려고 답을 바꾸기도 한다. Poole과 White(1991)는 한 질문자가 4세 아동에게 목격한 사건에 대해 네/아니오 형태의 질문을 반복해서 했을 때뿐만 아니라 여러 질문자가 같은 질문을 반복했을 때에도 아동의 답이 달라짐을 보고하였다.

아동 목격자 증언에 대한 결론

아동 기억에 관한 연구를 바탕으로 아동 목격자 증언에 대해 다음의 다섯 가지 결론을 내릴 수 있다.

1. 아동의 회상은 최초에 약호화된 내용과 기억 내용 저장 시의 경험 그리고 어떠한 조건에서 저장된 내용을 인출하는가를 반영한다.
2. 편견 없이 질문하면 학령전기 아동도 소송사례에 도움을 줄 수 있는 정확한 회상을 해낼 수 있다. 이러한 회상은 상세하지 않을 수는 있으나 대체로 정확하다.
3. 학령전기 아동은 성인이나 학령기 아동에 비해서 혼동스럽거나 편파적인 질문에 약하다.
4. 아동들은 자신들의 신체 일부가 관련되었거나 성적 의미를 담고 있는 사건들, 그리고 직접적 경험이 결여된 일들을 회상하는 데 약하다.
5. 정확하고 완전하게 회상하게 하려면, 중립적인 질문을 해야 한다. 질문은 반복해서는 안 되고, 기억을 도울 수 있을 정도만큼만 구체적인 것이 좋다.

기억 발달에서 무엇이 발달하는가?

위에서 살펴보았듯이, 나이가 많은 아동들은 어린 아동들보다 전반적으로 정확하게 기억할 수 있다. 그렇다면 왜 나이가 들면서 보다 정확한 기억을 할 수 있게 되는 것일까? 연령에 따른 기억의 차이는 네 가지 측면에서 설명할 수 있다.

첫째, 나이가 많은 아동들의 기초처리 능력과 용량(basic processes and capacity)이 더 우수하다. 컴퓨터에 비유하자면, 이 입장은 자료를 기억하기 위해 사용되는 특정한 절차와 같은 기억의 소프트웨어가 발달하는 것이 아니라 절대 용량과 조작의 속도 같은 하드웨어가 발달한다고 본다. 둘째는 기억책략(memory strategies)의 발달이다. 나이가 많은 아동은 어린 아동보다 더 여러 종류의 기억책략을 알고 있고, 더 자주, 더 능률적으로, 더 융통성 있게 이를 사용한다. 셋째 가능성은, 자신의 인지 활동에 대한 지식인 상위인지(metacognition)가 기억 발달의 주요한 근원이라는 것이다. 나이가 많은 아동은 기억이 어떻게 작용하는지 더 잘 알고, 이러한 지식을 사용하여 책략을 선택하고 또 기억에 필요한 자원을 더 효과적으로 할당한다. 마지막 가능성은 나이가 많은 아동은 기억해야 할 자료에 대해 어린 아동들보다 더 많이 알고 있는 것이다. 이렇게 내용 지식이 더 우수하기 때문에 나이가 많은 아동들이 더 잘 기억할지 모른다. 물론 이 네 가지 가능성은 상호배타적인 것만은 아니다. 이 가능성들 모두 또는 이 가능성들의 조합을 바탕으로 연령에 따라 나타나는 기억의 차이를 설명할 수 있다(Brown & DeLoache, 1978).

이 장에서는, 기초 능력, 책략, 상위인지, 내용 지식의 변화가 기억 발달에 미치는 영향에 대해 살펴보겠다(표 7.1). 어떤 변화는 다른 변화보다 기억 발달에 더 큰 영향을 미치기도 하고, 어떤 변화는 특정 시기에 중요한 역할을 담당할 것이다. 영아기, 아동기 초기 · 중기 · 후기, 청소년기에 이들 가운데 어떤 변화가 기억 발달에 가장 큰 영향을 미치는지 목격자 증언 연구와 아동사고에 대해 여러분이 일반적으로 배운 것을 적용해 보면 보다 흥미로울 것이다.

기초처리 능력과 용량

기초처리 능력은 자주 사용되며, 빠르게 실행되는 기억 과정들로서 연합(association), 일반화(generalization), 재인(recognition), 회상(recall)이 이에 속한다. 이 과정들이 다양한 방식으로 결합되어서 모든 복잡한 인지 활동들이 만들어진다는 점에서 이들은 인지활동을 구성하는 기본단위이다. 연령에 따라 변화하는 기초처리 능력은

표 7.1 이 장의 개요

- I. **아동의 목격자 증언**
  - A. 약호화
  - B. 저장
  - C. 인출
  - D. 아동 목격자 증언에 관한 결론
  - E. 기억 발달에서 무엇이 발달하는가?
- II. **기초처리 능력과 용량**
  - A. 명시적 기억과 암묵적 기억
  - B. 연합
  - C. 재인
  - D. 모방과 회상
  - E. 직관, 일반화, 경험의 통합
  - F. 억제
  - G. 처리 용량
  - H. 처리 속도
  - I. 평가
  - J. 기초처리와 영아기의 기억 상실증
- III. **책략**
  - A. 사물 찾기
  - B. 시연하기
  - C. 조직화하기
  - D. 선택 주의
  - E. 책략 변화를 설명하는 대안
  - F. 평가
- IV. **상위인지**
  - A. 외현적 상위인지 지식
  - B. 내현적 상위인지 지식
  - C. 평가
- V. **내용 지식**
  - A. 기억량에 미치는 영향
  - B. 기억하는 내용에 미치는 영향
  - C. 스크립트
  - D. 기억 변화에 대한 다른 설명으로서의 내용 지식
  - E. 내용 지식이 어떻게 기억을 돕는가?
  - F. 평가
- VI. **기억 발달에서 언제, 무엇이 발달하는가?**
- VII. **요약**

기억수행에서 나타나는 발달상 차이의 상당부분을 설명할 수 있다.

기억에서 기초처리 능력의 역할은 발달 초기에 특히 중요하다. 영아들은 기억 책략도 없고, 세상에 대한 지식도 없고, 자신들의 기억이 어떻게 작용하는지에 대해서도 모른다. 그러나 그들은 여전히 많은 것을 배우고 또 기억한다. 영아들이 기초처리를 비교적 능숙하게 실행할 수 있기 때문에 이러한 학습이 가능한 것이다.

명시적 기억과 암묵적 기억

기초처리 능력은 아동들이 명시적 기억(explicit memoty)뿐만 아니라 암묵적 기억(implicit memoty)을 갖추도록 해준다. 명시적 기억은 말로 기술할 수 있고, 의식적이며, 심상을 통해 시각화할 수 있는 것들을 일컫는다(Nelson, 1995). 암묵적 기억은 명시적 기억과 달리 표면적으로 기술할 수는 없지만 생리적 반응이나 문제 해결에 걸리는 시간과 같은 간접적 반응을 통해서 측정하는 기억을 일컫는다.

Newcombe과 Fox(1994)의 연구는 두 기억 간의 차이를 명확하게 설명한다. 이들은 9세 아동들에게 5년전 유치원을 함께 다녔던 원생들의 사진과, 같은 시기 다른 유치원을 다녔던 아동들의 사진을 함께 보여주었다. 이중 절반가량의 아동이 함께 유치원을 다녔던 친구들의 얼굴을 뚜렷이 재인하였다. 이 아동들은 같은 유치원을 다녔던 아동의 얼굴을 봤을 때 그렇지 않은 아동들보다 같은 반에 있었다고 분명히 말하였다. 반면에 나머지 아동들은 이와 같은 명시적 재인을 하지 못했다. 그러나, 아동들의 명시적 기억능력과 무관하게, 같은 유치원을 다녔던 친구들의 사진을 본 아동들의 생리적 반응은 그렇지 않았던 아동들의 사진을 본 경우와 차이가 있었다. 이처럼 변별적 생리 반응은 아동들이 의식적으로 급우들을 기억하든 못하든 암묵적 재인을 할 수 있음을 드러낸다.

암묵적 기억은 생리적 반응에만 국한되지 않고 행동 반응에도 뚜렷이 나타난다. 사진을 이전에 본 경우에는 비록 이미 본 사진이란 것을 의식하지 못하여도 사진이 흐릿한 경우에도 이미 본 사진을 알아보았지만, 이전에 보지 못한 사진은 알아보지 못하였다(Drummey & Newcombe, 1995). 또 다른 예로, 아동들은 이미 알고 있는 얼굴의 경우(예, 예전 급우)에 그 얼굴의 일부분만 보여주더라도 동일한 전체 얼굴 찾기에 능숙한 반면 낯선 얼굴의 경우는 그렇지 못하였다(Lie & Newcombe, 1999).

영아들은 출생후부터 줄곧 이러한 암묵적 기억을 형성하지만 명시적 기억은 생후 6 내지 8개월가량이 되기 전까지는 형성하지 못한다(Nadel & Zola-Morgan, 1984; Nelson, 1995). 이를 뒷받침하는 생리적 · 행동적 자료가 제시되고 있다. 새로운 사물을 익숙한 것보다 오래 응시하는 것과 같은 6개월 미만 영아의 행동 척도들은 암묵적 처리를 담당하는 것으로 알려진 대뇌의 부분, 특히 줄무늬체(striatum)와 소뇌(cerebellum) 부위에서의 능동적 반응을 이끌어 낸다. 반면에 장기간 지연 후에도 일련의 행동 반응을 재연하는 것과 같은 행동들은 명시적 정보처리를 담당하는 대뇌의 전두엽 피질(성숙하는 데 오랜 기간이 걸리는)의 활동에 반영되는데, 6개월 미만의 영아들에게서는 대뇌 전두엽피질 부분의 활동 반응이 나타나지 않은 반면 6개월 이후의 아동들에게서는 나타났다. 이러한 대뇌 성숙도의 차이가 영아들이 명시적 기억을 형성하지 못하는 이유를 설명해 주고 있다. 뿐만 아니라 생후 2~3개월에 성숙되는 시상하부(hypothalamus)도 생후 암묵적 처리 능력을 뒷받침해 주고 있고, 이 시상하부가 보다 성숙하면서 명시적 처리 능력도 성숙하는 것으로 여겨지고 있다. 따라서, 생후 대뇌 성숙이 명시적 기억을 형성하는 데 필수이다.

이제 기억 산출 처리기제(연합, 재인, 회상, 일반화)를 구체적으로 살펴보자.

연합

기초적인 처리기제 중에서도 가장 기초적인 것이 연합(association)이다. 자극과 반응을 연합하는 능력이 없이는 인지 발달을 상상조차 하기 어렵다. 이렇게 핵심 부분이기 때문에 생후 얼마 안 되어서 이러한 연합능력이 나타난다는 것이 그다지 놀랍지 않은 것이다. 이러한 사실을 입증한 Siqueland & Lipsitt(1966)의 실험은 신생아가 부저 소리를 들을 때 오른쪽으로 고개를 돌리면 달콤한 음료를 주었고, '삐' 와 같은 일정 소리를 들을 때는 왼쪽으로 고개를 돌려야 달콤한 음료를 주었다. 신생아들은 소리와 위치의 연합을 빠르게 익혀 소리 종류에 따라서 좌우 바른 방향으로 고개를 돌리는 반응을 보였다.

재인

연합처럼, 재인(recognition)능력도 출생 시부터 존재함을 신생아들의 습관화(habituation)와 탈습관화(dishabituation)의 패턴을 통해 알 수 있다. 조산아들에게 같은 그림을 반복해서 보여주면, 점차 그림을 덜 보게 된다. 그러나 다른 그림을 보여주면 즉각적으로 새로운 그림을 더 많이 응시하기 시작한다(Werner & Siqueland, 1978). 조산아들은 이전의 그림을 이미 본 익숙한 것으로 내재적 재인을 하므로 그림을 보는 시간을 점점 줄이지만, 새로운 그림은 생소한 것으로 인식하여 더 오래 바라보는 것이다.

영아들의 사물 재인은 놀라울 만큼 오래 유지된다. 한 사물 형태에 습관화된 2개월 된 영아는 2주가 지난 뒤에도 이미 본 것보다는 본 적 없는 새로운 형태 보기를 계속 선호한다(Fantz, Fagan, & Miranda, 1975). 1장에서 언급한 것처럼, 7개월 영아가 자극에 습관화되는 속도는 이후 지능을 상당히 정확하게 예측한다(Rose et al., 1992; Rose & Feldman, 1995). 이는 사물 재인이 빠른 아동들이 세상의 다른 측면을 학습할 시간과 에너지를 더 많이 갖기 때문일 수도 있고, 빠른 습관화가 영아들이 보다 효율적으로 정보를 처리할 수 있음을 나타내고 있기 때문일 수도 있다. 그렇다면, 어떤 근거로 영아들은 전에 보았던 사물을 친숙한 것으로 판단할까? 이 질문에 답하기 위해, Strauss와 Cohen(1978)은 5개월 된 영아들을 특정한 형태, 방향, 크기, 색깔(예, 검고 크며 아래쪽을 가리키는 화살표)을 가진 사물에 습관화시켰다. 나중에, 원래의 사물과 한 가지 혹은 그 이상의 다른 특징을 가진 사물(예, 희고 크며 아래를 가리키는 화살표)을 함께 제시했다. 여기 제시한 예의 경우, 두 화살표의 차이점은 색깔뿐이므로, 영아가 새로운 사물을 선호할 수 있으려면, 원래의 사물의 색깔을 기억해야만 한다.

5개월 된 영아들은 원래의 자극을 보여준 직후에는, 네 가지 특징(형태, 방향, 크기, 그리고 색깔)을 모두 기억했다. 15분 후에는 색깔과 형태만 기억했고, 24시간 후에는 사물의 형태만 기억했다. 이처럼 그들이 본 사물의 종류(예, 개)에 대한 영아들의 재인은 아주 오래가지만, 크기 · 색깔과 같은 사물의 특징에 대한 기억은 그렇게 오래가지 않았다. 이와 같이 아동들이 사물 형태를 보다 오래 기억하는 것은 아동들이 초기 어휘 의미 습득 시 형태에 의존하는 것에서도 볼 수 있다(6장).

재인은 발달 초기부터 꽤 정확하다. 2세 아동들의 그림 재인은 성인들의 그림 회상 능력보다 더 정확하다(Perlmutter & Lange, 1978). 4세 정도에 이르면, 재인 시의 정확도는 실로 주목할 만하다. 한 연구를 살펴보면, 한 그림을 두 번 보는 중간에 25개의 다른 그림들을 제시하고, 4세 아동에게 이미 본 그림인지를 물었을 때, 아동들은 질문에 100% 정확하게 대답했다(Brown & Scott, 1971). 두 그림의 차이가 그림에 있는 개가 앉았느냐 섰느냐와 같이 아주 포착하기 힘든 것일 때에도 여전히 95%의 시행에서 정확하게 재인했다(Brown & Campione, 1972). 이렇게 아주 세부적인 차이를 재인하는 능력은 학령 전기 이후에도 계속 증가했지만(Sophian & Stigler, 1981), 일반적으로 재인은 발달의 초기부터 우수했다.

모방과 회상

출생 직후부터 영아들은 나중에 모방할 수 있을 만큼 동작을 잘 기억한다. 예를 들면, 성인이 혀를 내민다거나 입을 오므렸다 벌렸다 하는 것과 같이 영아도 가끔 하는 동작을 하는 것을 6주 된 영아가 보면, 24시간이 지난 후에도 그런 동작을 보지 않은 영아들에 비해서 보았던 동작을 더 많이 반복한다(Meltzoff & Moore, 1994). 이처럼 영아들은 직접 본 특정 동작을 모방한다. 성인의 혀를 내미는 동작은 영아들이 혀를 내미는 동작을 더 자주 하게 했지만, 입을 벌리고 오므리는 동작의 빈도수를 증가시키지는 않았다. 반면에, 입을 벌리고 오므리는 동작은 같은 동작의 모방만을 증가시키고 혀를 내미는 동작을 증가시키지 않았다. 이러한 동작을 모방하려면, 영아들은 이미 본 것들을 회상할 수 있어야만 한다.

생후 1년동안에 영아들이 모방할 수 있는 동작의 범위와 모방 기간은 현격히 증가한다. 9개월이 되면, 영아들은 자연스러운 동작뿐만 아니라 단추를 눌러서 소리가 나도록 하는 것과 같은 임의적인 동작을 24시간이 지난 후에도 회상할 수 있고 모방할 수 있게 된다(Meltzoff, 1988). 14개월이 되면, 더 생소한 동작을 보다 더 긴 시간이 지난 뒤에도 반복할 수 있다. 성인이 이마로 스위치를 건드려 전등을 켜는 것을 본 아동은 4개월이 지난 뒤에도 이 행동을 모방했다(Meltzoff, 1995b). 영아들이 모방하는 동작이 변화하는 과정은 삐아제의 순환반응 가설과 흡사하다. 초기에는 자신의 신체를 포함하는 동작을 주로 반복하지만 나중에는 외부 사물을 이용한 동작을 주로 보인다. 이와 같은 초기 모방능력은 영아들이 타인을 통해서 학습할 기회를 제공해줄 뿐만 아니라 영아들이 직접 목격한 동작을 수개월이 지난 뒤에도 기억할 수 있음을 뒷받침해준다.

직관, 일반화, 경험의 통합

영아의 기초 능력 중 많은 부분들이 움직이는 모빌을 이용한 실험을 통해서 밝혀졌다(Rovee-Collier, 1995, 1999). 이 실험에서는 아기 침대 위에 모빌을 설치하고, 영아의 발목과 모빌을 끈으로 연결해서 영아가 발을 찰 때 모빌이 움직이고 소리를 내도록 설치하였다(그림 7.1). 3개월 된 영아들은 실험 중간 어느 시점에 갑자기 발차기 횟수를 증가시키는데 이는 이러한 학습이 점진적이기보다 갑작스럽게 이루어짐을 나타낸다(Rovee & Fagen, 1976). 이러한 갑작스러운 행동 변화는 성인처럼 아동들도 주변에서 일어나는 일들에 대해 때때로 통찰을 갖는다는 것을 시사한다.

3개월 된 영아는 놀라울 만큼 세밀하게 발차기와 모빌의 움직임 사이의 상관관계를 약호화한다. 예를 들어, 침대의 커버색깔이 달라지는 것과 같이 성인이라면 무시할 만한 아주 작은 차이가 있어도 영아는 이전에 배운 학습을 적용하지 않는다(즉 발차기를 하지 않는다). 그러나, 유사하면서도 다양한 모빌을 경험하면 영아들은 새로운 모빌을 접해도 이전의 학습을 일반화한다(Rovee-Collier, 1989). 이를 보면 3개월 된 영아들이 학습을 유사한 상황으로 일반화할 수 있는 능력이 있지만, 이런 일반화 능력이 최적의 상황에서만 관찰되는 것으로 볼 수 있다.

그림 7.1 발로 모빌을 움직이고 있는 영아(Carolyn Rovee-Collier가 제공한 사진).

영아들은 가까운 시간 내에 경험한 일들을 통합할 수 있는 능력도 보인다. 3개월 된 아동은 처음 접한 후 3일 안에 모빌을 다시 접하면, 단 한 번 모빌을 접했거나 4일 이상의 간격을 두고 모빌을 접했을 때보다 모빌과 관련된 경험을 5일이나 일주일의 시간이 흐른 뒤에도 잘 기억한다(Rovee-Collier, Evancio, & Earley, 1995).

시간 경과에 따른 기억의 통합현상을 설명하고자 Rovee-Collier(1995)는 '*통합 시간 창*(time window)'이라는 개념을 제안했다. 즉, 어떤 주어진 시간 안에서만(시간의 창이 열려있는 동안만) 아동들이 정보를 통합하고 초기의 기억을 강화하고, 이 시간이 지나면 기억의 창은 닫히고 매우 유사한 경험들도 서로 통합되지 못하고 각기 다른 정보로 저장된다는 것이다. 이 시간의 길이는 언제 초기 정보를 잊게 되느냐에 따라 주로 결정된다. 이전에 접한 정보가 망각되면 새로운 정보와 통합할 수 있는 기회의 창의 문도 닫히기 때문이다. 나이가 많을수록 보다 천천히 망각하므로 나이 많은 아동들의 기억의 통합 창이 열려있는 시간도 길어질 것이다.

통합 시간 창이 닫힐 무렵에 유사한 두번째 사건을 접하면, 기억하고 있는 내용의 세세한 부분은 처음 기억에 비해서 많이 약해져 있지만 완전히 망각되지는 않아서, 처음 기억을 보존하는 데 특히 효과가 높다. 이것은 영아뿐만 아니라 아동 및 성인에게도 적용된다(Rovee-Collier, 1995; Rovee-Collier, Adler, & Borza, 1994). 이런 사실은 목격자 증언에 대한 중요한 함의를 품고있다. 즉, 아동들이 원래 사건을 겪고 나서 사건에 대한 기억이 약해지기 시작할 무렵에 사건과 관련한 질문들을 받으면 아동들의 기억을 보존하는 효과가 높을 것이기 때문이다(Brainerd & Ornstein, 1990).

억제

사고를 잘 하려면 부적절한 생각이 끼어드는 것을 방지해야 한다. 개념은 상황에 관련된 생각뿐만 아니라 무관한 생각들과도 연결되어 있기 때문에 효율적으로 기억과 다른 인지능력을 이용하려면 그 상황에 부적절한 생각을 억제(inhibition)해야 한다. 예를 들면, 새로운 물리학 개념을 숙지하려고 할 때, 내일 저녁에 무엇을 먹을 것인가와 같은 생각을 억제하는 것이 도움이 되는 것과 같다.

대뇌 전두엽 영역은 이러한 억제능력의 중추역할을 담당하는 것으로 보인다. 전두엽은 발달과정에서 가장 뒤늦게 성숙되는 부분이며 생후 1년동안 그리고 4세에서 7세 사이와 7세 이후에 각각 급격히 발달한다(Luria, 1973; Thatchter, Lyon, Rumsey, & Krasnegor, 1996). 영아기의 대뇌 성숙은 삐아제의 A-not-B 과제처럼 반응하려는 경향을 억제하는 능력을 요하는 과제들의 수행을 통해서 관찰될 수 있다. A-not-B 과제는 영아로 하여금 B위치에 물체를 숨기는 걸 보고나서 숨겨진 물체를 찾도록 여러 번 반복하게 한다. 그러고 나서 위치를 A로 바꾸어 물체를 숨기는 것을 보여준다. 이 과제의 성공적 수행은 영아가 반복적으로 물건을 찾아 보상을 얻었던 위치(B)로 손을 내미는 반응을 억제하고 바뀐 위치(A)로 다가갈 수 있는지에 달려있다. 성인 원숭이들은 보통 이 과제 수행을 잘 하지만 전두엽 피질이 제거되거나 냉동되면 수행능력을 잃고, 반복적으로 이전에 물체를 찾았던 곳으로만 다가가려 한다(Diamond, 1985; Goldman-Rakic, 1987). 이런 실험을 영아들을 대상으로 할 수는 없을 것이다. 그러나 6개월과 12개월 사이에 영아들은 이 과제를 성공적으로 수행할 수 있게 되는데, 과제 수행 시 전두엽 부분의 반응이 증가하는 것이 관찰되었다(Bell & Fox, 1992). 향상된 억제능력은 새로운 위치에 대한 기억을 지속하도록 한다. Diamond(1985)는 사물이 가장 최근에 숨겨진 위치가 어디인지를 영아들이 꾸준히 탐색하는 데 걸리는 시간이 발달과 더불어 점차 증가함을 발견하였다. 7개월에는 숨겨진 정확한 위치를 찾을 수 있는 최대 지연시간이 2초 정도밖에 안 되었지만 9개월이 되면서 지연시간이 6초로 늘어났고, 11개월에는 10초정도가 지연되어도 꾸준히 정확한 위치를 찾았다(그림 7.2).

4세에서 7세 사이에도 이와 같은 반응 억제능력과 전두엽 기능 간의 병행 발달을 볼 수 있다. 'Simon says' 와 같은 일상적 게임을 통해서 이를 볼 수 있는데, 이 게임에서는 어른이 "Simon says"라는 말로 시작할 때만 그 행동을 따라하고 그렇지 않으면 지시한 행동을 하지 말아야 한다. 4세 아동들은 "Simon says"라는 말로 시작하지 않은

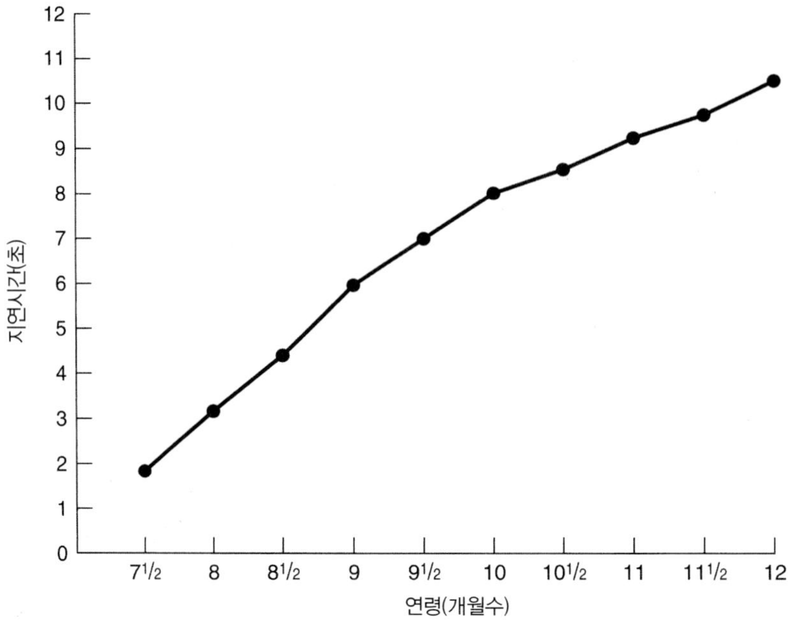

그림 7.2 7~12개월의 영아들이 A-not-B 과제를 성공할 수 있는 지연시간(Diamond, 1985).

지시를 따르는 행동을 억제하는 데 어려움을 보이지만 7세 아동들은 쉽게 억제할 수 있다. 이와 유사한 많은 변화들이 4세에서 7세 사이에 억제를 필요로 하는 과제들에서 드러난다(Dempster, 1992). 예를 들어, 단어 목록을 외우려면 아동들은 최근의 목록에서 주어진 단어들에 집중해야 하고 다른 목록에서 본 관련된 단어나 용어를 억제해야만 한다. 일부 4세에서 5세 아동들은 이런 과제에서 관련된 다른 단어들을 억제하지 못하고 이들을 마치 기억해야 할 새로운 목록의 단어들로 회상한다(Harnishfeger & Bjorklund, 1994). 이와 유사하게 삐아제의 액체량 보존과제(liquid conservation task)에 성공하려면 아동들은 길쭉하고 가느다란 유리잔이 더 많은 물을 담고 있는 것처럼 보이는 지각정보를 억제하면서 새로 더해지거나 감해진 것이 없다는 사실에 주의를 기울여야만 한다(Dempster, 1992). 역시 4~5세 아동들은 이러한 과제 수행에 어려움을 보인다. 그러나 이런 과제에서도 물을 담은 유리잔 앞을 가려놓아서 지각정보를 탐지할 수 없도록 하면 4세 아동들도 일관되게 과제에 성공하는 것을 볼 수 있다. 이는 아동들이 보존과제에 실패하는 것이 방해되는 정보를 무시할 수 있는 능력과 관련 있다는 의견을 뒷받침한다(Bruner, 1966). 이처럼 부적절한 반응을 억제하고 방해되는 정보를 차단하는 능력의 성숙은 영아기와 아동기 초기의 인지 발달에 크게 기여하는 것으로 보인다.

처리 용량

아동들의 사고에 대해서 가장 논란이 많은 부분은 기억능력 특히 작용기억(working memory)의 용량이 연령에 따라 변하는가하는 문제이다. 그러한 변화가 중요하다는 데에는 의문의 여지가 없다. 어린 아동들이 나이가 많은 아동들만큼 정보를 저장할 수 없다면, 학습하고 기억하는 그들의 능력도 부족할 것이다. 그렇다면 작용기억 용량은 실제로 나이와 더불어 증가하는 것일까?

앞에서 말한 것처럼, 이 문제는 연령이 다른 아동들이 무작위로 선택된 숫자나 글자를 몇 개나 기억하는지를 살펴봄으로써 알 수 있다. 그림 7.3은 연령에 따라 기억할 수 있는 정보의 수도 꾸준히 증가함을 보여준다. 대부분의 성인들은 7개의 숫자를 기억할 수 있지만 5세 아동은 4개까지만 정확히 기억하고 그 이상은 기억하지 못한다. 이와 같은 자료를 바탕으로, Pascual-Leone(1970, 1989)은 작용기억에 저장할 수 있는 기호의 수가 영아기에서 성인기가 되면서 두 배로 증가한다는 가설을 세웠다.

연구에서 나온 결과들은 분명하지만, 이 결과가 연령에 따라 작용기억의 용량이 변한다는 가설에 대해 시사하는 바는 분명하지 않다. 한 과제를 수행하는 데 필요한 인지자원의 양은 아동이 이미 보유한 자원과 과제의 난이도를 반영한다. 나이가 많아지면서 아동들이 다양한 인지 과제를 더 잘 수행할 수 있게 되는 것은 아동들의 인지

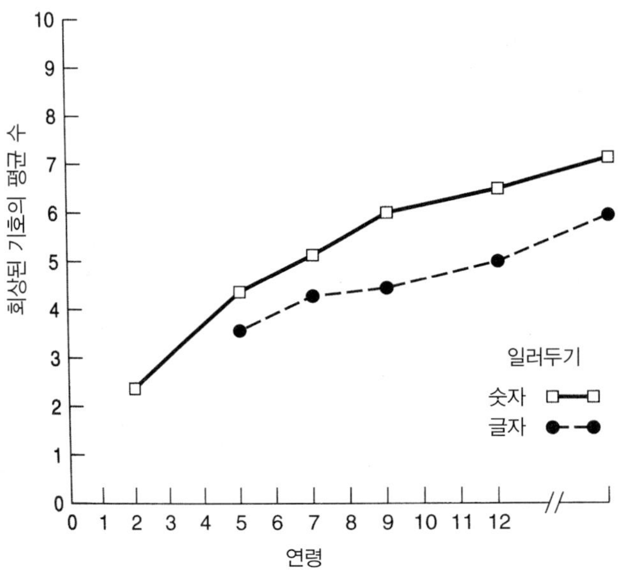

그림 7.3 연령에 따라 향상되는 수와 글자 기억 범위(Dempster, 1981). Copyright © 1981 by the American Psychological Association. Adpated with permission.

자원이 증가하기 때문이거나 아동들이 어떤 과제를 수행하는 데 필요한 자원의 양이 상대적으로 감소하기 때문이다. 나이가 많은 아동들이 어떻게 더 많은 숫자를 기억할 수 있는지 생각해보자. 나이가 많은 아동들은 숫자에 대해 더 많이 안다. 또 숫자에 대해 더 잘 알기 때문에 숫자들을 더 효과적으로 기억할 수 있다. 그들은 시연과 같은 기억을 증진시키기 위한 책략을 더 많이 안다. 그들은 알고 있는 책략을 사용할 때를 적절하게 선택한다. 이처럼 나이가 많은 아동들이 작용기억 내에 더 많은 정보를 저장할 수 있지만, 이것이 작용기억의 실제용량이 변하기 때문인지 또는 (3장에서 논의한 차트렁크의 비유에서처럼) 같은 용량 내에 더 많은 정보를 저장할 수 있게 하는 지식과 책략의 변화 때문인지는 알려져 있지 않다.

처리 속도

기억 내에 저장할 수 있는 부호의 절대적 수처럼 정보를 처리하는 속도도 연령에 따라 증가한다. 이런 현상은 즉각적 정보처리(Hoving, Spencer, Robb, & Schulte, 1978; LeBlanc, Muise, & Blanchard, 1992), 작용기억에서의 정보처리 (Hale, 1990; Hale et al., 1997; Hitch & Towse, 1995; Miller & Vernon, 1997), 장기기억에서 정보를 인출(Hale, 1990; Kail, 1986, 1988; Whitney, 1986)하는 데에서 발견되었다. 전반적인 처리 속도의 향상에 대해서는 논란이 없다. 그림 7.4가 보여주듯이 처리 속도는 아동기에 가장 빠르게 증가하다가 차츰 그 속도가 느려지지만 청소년기까지는 꾸준히 증가한다(Kail, 1991). 그러나 정보처리 속도가 빨라지는 것이 더 효과적인 책략 때문인지, 처리되는 정보가 정보를 처리하는 사람들에게 더 친숙하기 때문인지 또는 속도 자체의 발전 때문인지에 대해서는 아직까지 상당한 논란이 제기되고 있다.

최근의 연구들은 처리 속도 자체가 성숙과 더불어 변화한다고 제시하고 있다. 특정 시기에 급격한 신체 성장(부모들의 키를 바탕으로 예측한 것보다 더 큰 키 성장)을 한 아동들은 정보처리도 더 빨리 한다(Eaton & Ritchot, 1995). 비록 연습도 정보처리를 보다 빠르게 촉진시키지만, 연령과 처리 속도 사이의 상관관계는 나이 많은 아동이 더 많은 연습을 한 것만으로 설명하기는 어렵다. 연령에 따른 처리 속도의 증가를 나타내는 수학적 함수는 연습에 의한 처리 속도의 증가를 설명하는 수학적 함수와 다르다(Kail, 1991; Miller & Vernon, 1997). 뿐만 아니라, 처리 속도의 증가는 아동들이 일상적으로 접하는 과제들(예, 읽기와 산수)만 아니라 쉽게 접하지 않는 과제들(예, 심상적 부호 회전; mental rotation)에서도 나타난다. 이처럼 처리 속도는 연습이나 우수한 책략의 이용 때문만이 아니라 연령과 더불어 증가한다. 또한 빠른 처리능력은 여러 과제에서 향상된 수행을 할 수 있도록 뒷받침한다.

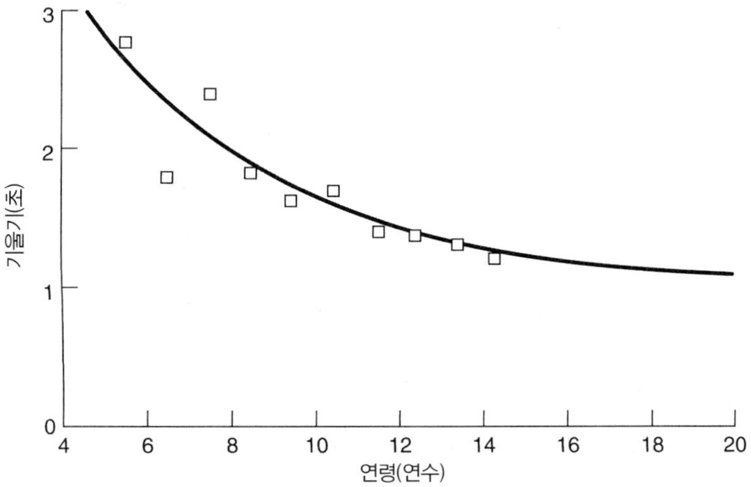

그림 7.4 연령에 따라 산정된 처리 속도의 변화. 수치는 기초처리를 수행하는 데 걸리는 시간을 가리킴. 5세 아동은 각 처리당 대략 3초정도 소요하는 반면, 14세 아동은 처리당 1초 조금 넘게 소요함. 산정치는 30년에 걸쳐 출판된 72개의 실험에서 측정한 아동과 대학생들의 수행을 바탕으로 하였음(Kail, 1991).

평가

기초처리 능력들은 출생후 첫 날부터 기억 발달에 가장 크고 직접적으로 기여한다. 아주 어린 영아들도 연합, 재인, 회상, 일반화 능력을 보이며, 다른 기초처리들을 수행할 수 있다. 이런 처리 용량은 책략이나 기억, 내용 지식을 사용하게 되기 전에 상당한 양의 정보를 기억할 수 있도록 한다. 이와 같은 기초처리 능력이 없다면 기억과 관련한 다른 처리들도 위태로울 것이다. 예컨대, 누구의 전화번호인지 연결짓지 못하면서 전화번호를 기억한다는 것은 전혀 의미가 없을 것이다. 영아기 그리고 이후에 아동이 자극과 반응을 연합할 수 있는 양, 경험을 통합하고 기억할 수 있는 기간, 일반화할 수 있는 상황 그리고 이 모든 것을 처리하는 속도는 상당히 증가한다. 무엇보다 기초처리 능력은 영아들이 출생 직후부터 학습하고 기억할 수 있도록 한다.

기초처리와 영아기의 기억 상실증

영아기에 정보를 재인, 연합, 학습할 수 있음에도 왜 성인이 되면 영아기에 일어난 일들을 거의 기억하지 못하는 것일까? 잠시 생각해 보라. 여러분은 세 살 전에 일어난 일에 대해 무엇을 기억하는가? 몇몇 사람들은 두 살 때 일어난 일들도 기억하곤 하지만(Eacott & Crawley, 1998, 1999; Weigle & Bauer, 2000), 대부분의 사람들은 3세 이전의 일은 거의 기억하지 못한다(Bruce, Dolan, & Phillips-Grant, 2000; Pillemer & White, 1989; Rubin, 2000). 뿐만 아니라, 세 살 이후 몇 년간에 대한 기억도 아주 제한적이다. 대개 소수의 아주 의미 있고 기억할 만한 사건들(예, 디즈니랜드나 병원에 갔던 일, 혹은 동생이 태어난 것 등)만 기억해 낸다. 이런 현상은 인간에게만 국한된 것이 아니라 쥐나 다른 표유류에서도 나타난다(Spear, 1984).

초기 경험을 회상하지 못하는 이 현상을 어떻게 설명할 수 있을까? 단순히 오랜 시간이 경과하였기 때문만은 아니다. 3장에서 본 것처럼, 35년이 지난 후에도 같은 고등학교를 다녔던 친구들의 사진을 재인하는 능력은 우수했다. 이 시기에 영아들이 형성하는 기억의 형태는 오래 지속되지 못한다는 설명 또한 부정확하다. 2.5세에서 3세의 아동들도 수개월 전에 겪은 경험을 기억해 내고 때때로 생후 1년동안 있었던 일을 기억하기도 한다(Myers, Clifton, & Clarkson, 1987; Peterson, 2002). 이와 유사하게, 한 살 아동들도 일련의 동작들(징을 만들고 치는 것과 같은)에 대해 최대 1년까지도 기억해 내고(Bauer, Wenner, Dropik, & Wewerka, 2000), 이러한 기억능력은 13개월과 20개월 사이에 점차 견고해지고 오래 유지되게 된다(그림 7.5). 영아기의 기억 상실증이 강한 성적 의미를 품은 사건들에 대한 기억을 억제하려는 것이라는 프로이드(1905/1953)의 설명 또한 타당하지 못하다. 억제가 물론 가능할 수 있으나, 사람들은 아주 일상적인 일조차 기억하지 못하기 때문이다.

세 가지 다른 가설들이 보다 설득력이 있어 보인다. 그 하나는 기억과 관련한 생리적 변화에 관한 것이다. 대뇌 전두엽은 아동기 내내 계속해서 발달한다. 대뇌 부분, 특히, 전전두엽 피질(prefrontal cortex)은 나중에 기억할 수 있도록 사건들을 기억하는데 아주 중대한 역할을 한다(Diamond, 1990; Newcombe, Drummey, Fox, Lie, & Ottinger-Alberts, 2000; Schacter, 1987). 영아들의 장기기억 능력은 보통 영아들이 이전에 보거나 직접 한 일을 행동으로 직접 반복하는 것을 통해서 입증되었다(예, Bauer, 1996; Bauer et al., 2000). 대뇌 성장 수준 가설은 영아들이 동작이 관련된 기억을 형성하지만 명시적인 언어적 기술을 요하는 기억을 형성하지 못하는 것을 뒷받침한다.

두 번째 설명은 아동들이 과거 경험을 이야기할 때 영향을 미치는 사회적 환경을 바탕으로 하고 있다. 어른들은 아이들과 대화할 때 주로 과거 경험에 대한 것을 얘기하도록 한다. 아동이 어릴 때는, 성인들이 대개 이러한 대화의 내용이나 토대를 제공하여 아동의 과거 경험 기억을 돕는다(예, 몰리 이모가 놀러왔던 거 기억나?). 어떤 엄마들은 이러한 대화에서 아동이 자세한 내용을 기술하도록 돕고 더 많이 참여하도록 정교한 대화 방식을 이용한다. 반면 다른 엄마들은 자세한 내용 기술을 유발하기보다

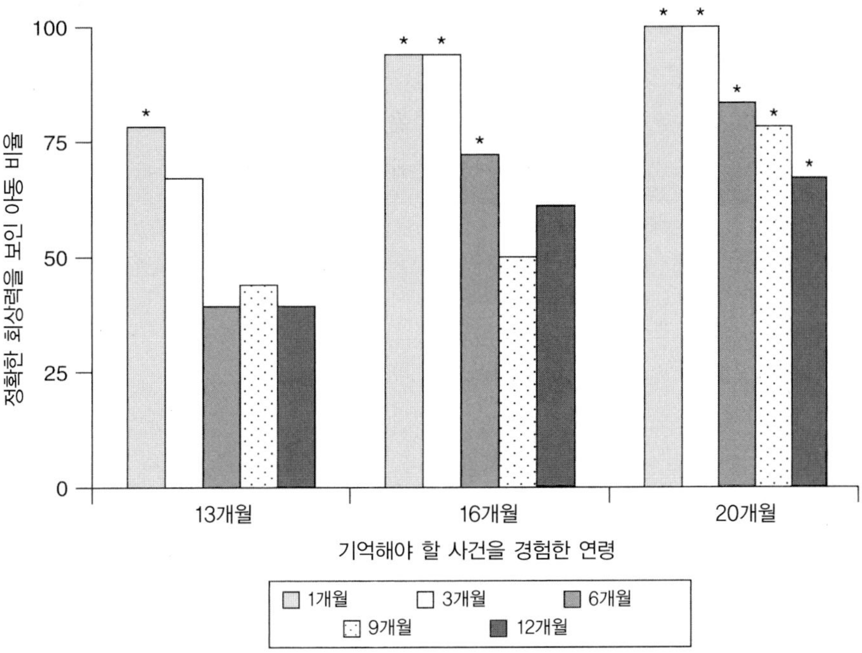

그림 7.5 각각 13, 16, 20개월에 처음 경험한 사건들을 다양한 지연 간격을 두고 기억할 수 있었던 아동의 비율. 별표(*)는 추측만으로는 보일 수 없는 의미 있는 수치를 가리킨다(Bauer, Wenner, Dropik, & Wewerka, 2000).

는 특정한 질문만을 하는 덜 정교한 방식을 이용한다(Fivush & Fromhoff, 1988). 상당수의 연구들이 정교한 방식을 사용하는 어머니를 둔 아동들이 그렇지 않은 어머니를 둔 아동들보다 더 잘 기억할 수 있음을 밝혀냈다(Haden, Haine, & Fivush, 1997; Harley & Reese, 1999; Leichtman, Pillemer, Wang, & Koreishi, 2000). 그러나 부모의 방식이 어떠했든지 간에, 아동들은 자라면서 이러한 대화에 보다 적극적으로 참여하고, 과거에 있었던 일을 자발적으로 꺼내거나 설명하게 된다(Nelson & Fivush, 2000).

성인이 이끄는 대화에 참여하는 것이 아동이 성인기까지 기억할 수 있도록 장기간 정보 저장하는 것을 돕는다(Fivush & Hammond, 1990; Hudson, 1990). 시작 · 전개 · 결말이 분명한 이야기를 듣고 또 직접 해봄으로써 아동들은 사건의 핵심을 추출하는 것을 학습하여 수년이 지난 후에도 이 사건을 설명할 수 있다. 실제로 부모들은 아동이 3세가 될 무렵 아동과 이와 같은 대화를 점점 더 많이 하게 된다. 그러나, 단지 이야기를 듣기만 하는 것은 지속적인 기억을 형성하는 데 충분치는 않다. 2세 아동에게 이런 이야기를 들려주는 것만으로는 지속적이고 말로 기술할 수 있는 기억을 형성하도록 하지 못한다(Goleman, 1993).

영아기 기억 상실을 설명하는 세 번째 설명은 정보를 약호화할 당시의 방식과 이후 나이 들어서 인출하려고 할 때의 방식이 불일치하기 때문이라고 한다. 우리가 어떤 사건을 기억하는 것은 정보를 이전에 약호화한 방식과 이후 인출하는 방식이 일치하는 정도에 크게 의존한다. 즉, 약호화한 방식을 잘 재구성할수록 회상의 성공률도 높아지는 것이다.

영아들의 약호화 방식과 성인 및 나이 든 아동의 인출 방식 사이의 불일치는 여러 가지 요소에 기인한다. 지상 1미터 이하 높이에서 바라보는 세상은 1.5~1.8미터에서 바라볼 때와 전혀 다르다. 사건의 범주에 대한 일반적 지식(생일 파티, 병원 방문, 야구경기 관람 등) 또한 성인과 나이 많은 아동이 경험을 약호화하는 것을 돕지만(예, 내 일곱살 생일에 보았던 야구경기 생각나), 영아나 유아들이 이런 지식을 토대로 경험을 약호화할 가능성은 매우 낮다(Nelson, 1993). 이와 더불어, 영아와 유아들은 사건 약호화 시 언어를 사용하지 않지만 나이 많은 아동들은 언어적 실마리나 질문을 이용하여 회상한다. 아동들은 원래 경험했던 맥락에서 같은 일을 반복하여 경험하면 전언어적 기억(preverbal memory)을 언어로 재약호화할 수 있다(Bauer, Kroupina, Schwade, Dropik, & Wewerka, 1998). 그러나 이런 이야기 능력이 발달하기 이전에 경험한 일은 이후에도 언어적인 형태로 기억하는 경우가 매우 드물다(Peterson & Rideout, 1998). 이는 응급치료를 요하는 부상처럼 외상적인 사건들의 경우에도 마찬가지이다.

위의 세 가지 설명은 상호 배타적이기보다는 서로를 뒷받침해 주고 있다. 대뇌의 미성숙이 기억 저장을 돕는 이야기들을 듣더라도 영아기의 기억형태가 지속되는 형태로 저장되지 못하는 이유일 수 있다. 이야기들을 듣는 것이 학령전기 아동들이 나중에 인출할 수 있는 형태로 기억을 약호화하는 것을 돕는 반면에, 이 시기의 아동들의 향상된 약호화 능력이 이야기들을 이해하고 기억하는 것을 돕고, 앞으로의 일들을 기억하는 데 이야기들을 유용하게 사용하도록 하는 것이다. 따라서, 세 개의 설명 모두—대뇌 성숙, 과거 일들에 대해 이야기하고 듣는 것, 사건의 중요한 측면을 약호화하는 향상된 능력—가 영아기 기억 상실증을 극복하는 데 필요하다.

책략

아홉 살짜리 남자아이가 무장강도질 후 도주하던 차량번호를 외웠다고 월요일 법정에서 보고하였다 … 친구와 함께 있던 소년은 약국의 창문을 들여다보다가 강도가 14세 점원의 목을 잡는 것을 보았고 … 강도사건 직후 경찰에 말할 때까지 자동차번호판을 머릿속에서 계속 반복해 외웠다. (Edmonton Journal, 1월 13일, 1981, Kail, 1984에서 인용)

시연(rehearsal)으로 알려진 이 기억책략(memory strategiy)을 사용하지 않았다면 이 아이는 경찰에 말하기도 전에 자동차번호판을 잊어버렸을 것이다. 그렇다면 기억책략이란 무엇을 일컫는 것이며, 아동들은 어떻게 이러한 책략을 습득하고 언제 어떻게 사용하는 것일까?

책략은 '기억 수행을 강화하기 위해서 사용되고 사용자의 의도적인 통제하에 이루어지는 인지적이거나 행동을 취하는 활동들' (Naus & Ornstein, 1983, p.12)을 일컫는다. 아동들은 자료를 약호화, 저장, 인출하는 기억의 모든 단계에서 책략을 이용한다. 연령에 따른 기억의 향상은 이러한 책략을 새롭게 획득하게 된 경우나 이미 사용하는 책략을 정교화하거나 적용의 범위를 확장시키게 된 경우를 모두 반영한다.

각 책략에 따라 세부적 차이가 있기는 하지만, 모든 책략이 공통적으로 보이는 발달적 특징이 있다(Waters & Andreassen, 1983). 처음에 책략을 습득하면, 아동은 사용하기 쉽고 큰 노력을 필요로 하지 않는 몇 가지 상황에서만 습득한 책략을 사용한다. 또한 아동들의 책략 적용은 제한적이고 융통성이 없고, 과제가 요구하는 난이도에 맞게 책략 사용을 수정하지 못한다. 그러나 이러한 패턴은 발달과 더불어 변화한다. 나이가 많은 아동일수록 보다 다양한 상황에 책략을 이용하게 되고, 사용하기 어려운 책략도 사용하게 되며, 같은 책략이라도 더 효율적으로 사용하고, 각 상황의 특성에 맞게 수정해서 쓰며, 책략 사용을 통해서 더 큰 혜택을 얻을 줄 알게 된다.

뿐만 아니라, 책략 사용은 아동의 경험정도에 따라서 달라진다. 독일의 2~3학년 아동은 미국의 같은 학년 아동에 비해서 자료를 조직화하는 책략을 더 자주 사용한다(Kurtz, Schneider, Carr, Borkowski, & Rellinger, 1990). 독일 아동과 미국 아동의 차이는 왜 나타나는 것일까? 두 집단의 차이는 선천적이지는 않다. 두 집단의 아동들 모두 조직화 책략을 사용하는 훈련을 받고 난 후에는 유사한 빈도로 책략을 사용하는 것으로 나타났다. 또한, 독일의 학부모와 교사들은 미국의 부모나 교사들보다 조직화 책략의 사용을 훨씬 더 많이 강조하는 것으로 보고되었다(Kurtz et al., 1990).

이제 아동들이 어떠한 책략을 사용하는지 그리고 연령에 따라 책략 사용이 어떻게 달라지고 왜 이러한 변화가 일어나는지를 살펴보자.

사물 찾기

두 번째 생일을 맞이하기 전부터 아동들은 기초적인 책략을 사용하기 시작한다. 숨겨진 사물을 찾는 방법에서 이러한 책략을 사용하는데, DeLoache, Cassidy, & Brown

(1985)의 연구는 18~24개월 아동들이 보는 동안 빅 버드(Big Bird, 미국 Sesame Street 프로그램의 캐릭터 인형) 인형을 사물(예, 베개) 밑에 감추고, 아동들이 3~4분 기다렸다가 인형을 찾도록 했다. 아동들은 기다리는 동안, 인형이 숨겨진 위치를 잊지 않으려고 숨겨진 곳을 계속 쳐다보거나 손가락으로 가리키고 있거나 숨겨진 물건의 이름을 말하는 등의 책략 활동을 하였다. 이런 활동은 빅버드 인형이 눈 앞에 보일 때는 거의 사용하지 않았으므로 암기가 필요한 상황에서만 책략을 사용하였음을 알 수 있다.

그러나 유아들의 책략 이용은 아직은 완벽하지 못하다: 단지 자신들이 선호하는 상황에서만 책략을 사용한다. 그래서 베개처럼 독특한 사물이 없고 혼동하기 쉬운 동일한 세 개의 컵 중 한 개 아래에 사물을 숨기면, 2세 아동은 숨겨진 컵을 쳐다본다거나 만지는 것 같은 책략을 더 이상 사용하지 않는다. 반면에 3세 아동은 이름을 외우거나 손가락으로 가리키는 것 같은 책략을 이러한 상황에서도 사용했다(Wellman, Ritter, & Flavell, 1975). 전반적으로 과제가 주어지는 상황이 친숙할수록 보다 일관적이고 효율적으로 책략을 사용한다는 사실이 관찰되었다(Schneider & Sodian, 1988).

숨겨진 사물 찾기에 이용하는 책략은 이후 몇 년간 계속해서 발달한다. 회전 탁자에 놓인 6개의 동일한 컵 중 사물이 숨겨진 컵을 찾아내는 과제를 예를 들어 보자. 8세 아동은 자발적으로 별 스티커나 클립 같은 표시물을 대상 컵 옆에 놓아두는 책략을 사용했지만 5세 아동은 실험자가 제의했을 때에나 이런 책략을 사용하였고, 3세 아동은 책략을 전혀 사용하지 않거나 여러 차례에 걸쳐서 책략 사용을 권고했을 때에야 비로소 책략을 이용했다(Beal & Fleisig, 1987; Ritter, 1978).

시연

상세 회상(Verbatim recall)이 필수인 상황에서는 기억해야 할 정보를 반복해서 외우는 것이 가장 큰 도움이 된다. 자동차번호판을 암기한 예에서 본 것처럼, 학령기 아동들은 이런 방법을 적절히 사용한다. 그렇지만 6~7세 미만의 아동들이 자동차번호판을 반복해서 시연할 가능성은 훨씬 적다. 아동의 시연 사용을 연구하고자 5세 및 10세 아동들에게 일곱 개의 그림을 제시하고 실험자가 그 중 세 개를 손으로 가리켰다. 15초 동안 기다렸다가 세 개 그림의 이름을 차례로 말해야 하는 과제였다. 5세 아동에 비해 10세 아동 집단에서 훨씬 많은 아동들이 그림의 이름을 말하기 전까지의 15초동안 그림의 이름을 큰소리로 반복하거나 속삭였다. 그리고, 이런 방식으로 시연을 한 아동들이 그렇지 않은 아동들보다 회상을 더 잘 하였다(Flavell, Beach, & Chinsky, 1966).

이 결과들은 종종 5세 아동들이 보다 성숙한 아동들에 비해 시연을 사용하지 않는 것으로 해석되어 왔다. 그러나 실제는 이처럼 단순하지 않다. 각 시행을 자세히 살펴보면, 몇 시행에서 대다수의 5세 아동들도 10세 아동들처럼 시연을 하였다(McGilly & Siegler, 1989, 1990). 그리고 이들이 시연한 시행에서 회상의 정확도는 시연하지 않은 시행보다 더 높았다.

시연 책략을 가르치면 5세 아동들도 이전보다 더 많이 책략을 쓰고 회상도 더 잘하게 된다. 그러나, 회상수준이 10세 아동 수준으로 향상되지는 않고, 새로운 상황을 접하면 시연 사용을 중단하는 경향을 보인다(Hagen, Hargrove, & Ross, 1973).

조직화

어떤 내용을 회상해야 하지만 반드시 원래의 순서대로 기억해야 할 필요가 없을 때 사람들은 주로 기억하기 좋은 형태로 내용을 재구성한다. 예를 들면, 10세 아동에게 '소파, 바나나, 개, 의자, 사과, 쥐, 탁자, 소, 오렌지' 의 단어들을 기억하라고 하면, 아이들은 종종 이 단어들을 가구, 과일, 동물의 범주로 정리한다. 그러고 나서 기억해야 할 때 "가구, 음 … 에는 탁자가 있었지, 맞아, 탁자, 그리고 램프가 있었나? 아니다. 의자는 … 아 맞아." 와 같이 스스로 생각해 낸다.

조직화 책략의 발달은 시연의 발달과 전반적으로 비슷하게 진행된다. 시연의 경우처럼, 5~6세 아동들은 9~10세 아동들에 비해 조직화 책략을 덜 사용한다(Carr, Kurtz, Schneider, Turner, & Borkowski, 1989). 그러나 나이 많은 아동들처럼, 어린 아동들도 종종 조직화 책략을 쓰는데(Bjorklund & Coyle, 1995), 그런 아동은 기억 수행이 더 좋은 편이다(Schneider, 1986). 시연 책략 사용에서 이런 조절이 시행마다 책략을 다르게 사용해야 할 필요가 있는 것처럼 조직화 책략 사용 시에도 필요하다(Coyle & Bjorklund, 1997).

상당 수의 아동들이 조직화 책략을 사용하지 않다가 갑자기 일관적으로 적용하기 시작하는 급격한 변화양상을 보인다. 수행에서의 이러한 급격한 비약은, 주단위로 몇 주간에 걸쳐서 기록된 개별 아동들의 기억 연구를 통해서 알려졌다(Schlagmueller & Schneider, 2002). 일단 이 책략을 발견하고 나면 아동들은 규칙적으로 책략을 사용하는데, 조직화 책략의 유용성을 인지하기 때문인 것으로 보인다.

4세에서 5세의 어린 아동들도 조직화 책략을 배울 수 있고, 책략 학습은 기억 향상을 돕는다(Lange & Pierce, 1992). 그러나 새로운 상황에 책략 학습을 확대 적용하지 못하고, 심지어 학습 상황과 아주 유사한 상황이라도 새로운 것이면 학습을 적용하는데 종종 실패한다(Williams & Goulet, 1975).

선택적 주의

5장에서 주의를 유도하는 자극의 속성에 대해서 논의한 바와 같이, 영아들의 주의는 대체로 유도되고 자발적으로 통제하지 못하는 느낌이 있다. 그러나 성장하면서 아동들은 목표 성취에 중요한 정보에 선택적으로 주의를 기울이기 시작한다. 한 예로, 여러 개의 장난감 중에 몇 개를 기억해야 한다고 하면, 4세 아동들은 기다리는 시간동안 종종 기억해야 할 장난감의 이름만 반복하는 경향을 보인다(Baker-Ward, Ornstein, & Holden, 1984). 이러한 행동 유형은 기억해야 하는 장난감에만 선택적으로 주의를 기울이고 있음을 시사한다.

시연이나 조직화 책략처럼 선택적 주의 또한 학령전기와 아동기 중기 사이에 상당히 보편화된다. 선택적 주의의 향상은 그림 7.6과 같은 과제에서 분명하게 드러난다. 이 과제에서 각 줄당 여섯 개씩, 두 줄의 상자들을 아동들에게 보여준다. 각 상자속에는 장난감 동물이나 집안의 물건이 들어있는데, 동물이 든 상자 위에는 동물우리 그림이 그려져 있고, 집안 물건이 든 상자 위에는 집 그림이 그려져 있다. 어떤 아동들에게는 각 동물이 어디에 있는지, 다른 아동들에게는 각 집안 물건이 어디에 있는지 기억하라고 하고, 아동들에게 상자를 열어보고 위치를 공부할 시간을 준다. 이때 동물 위치를 기억해야 하는 아동들에게 가장 현명한 책략은 동물 우리가 그려져 있는 상자들만 열어보고 무슨 동물인지 알아보는 것이다.

관련된 범주에만 주의를 기울이도록 하는 선택능력은 3세에서 8세 사이에 크게 향상된다(De-Marie-Dreblow & Miller, 1988; Miller & Seier, 1994). 이런 능력이 미성숙

그림 7.6 Miller와 동료들(예, DeMarie-Dreblow and Miller, 1988)이 선택적 주의 실험에서 사용한 장치. 실험이 진행되는 동안 아동들은 12개의 상자 안에 무엇이 들어있는지 자유롭게 열어볼 수 있었지만, 검사에서는 관련 있는(동물 우리 혹은 집) 6개의 상자 안의 내용에 대한 질문만 받았다(Patricia Miller가 제공한 사진).

한 아동들(연령이 낮을 수록 더욱 그러하다)은 학습 기간에 무분별하게 두 범주의 상자들을 모두 열어본다. 좀 더 성숙한 아동들은 관련된 범주의 상자들을 더 많이 열어보지만 여전히 무관한 범주의 상자들도 열어본다. 좀 더 발달된 아동들은 무관한 범주의 상자들은 거의 보지 않지만, 그렇다고 두 범주의 상자를 다 열어본 아동들보다 관련된 범주의 내용을 더 잘 기억하지는 못한다. 가장 발달된 아동들은 관련된 상자들에만 주의를 기울일 뿐만 아니라 그렇지 못한 아동들보다 내용을 더 잘 기억해 낸다.

연령이 높은 아동들의 우수한 주의력은 체계성을 갖고 있다. 4~8세 아동의 안구운동 분석에서 이러한 체계성이 입증되었다(Vurpillot, 1968). 이 아동들에게 그림 7.7과 같이 6개의 창문이 있는 집 그림을 제시하고, 왼쪽의 집이 오른쪽의 집과 동일한지 다른지를 묻는다. 이를 결정하는 가장 좋은 방법은 두 집의 창문을 하나씩 비교하는 것이다. 즉, 먼저 왼쪽 집의 첫 번째 창문을 보고나서 오른쪽 집의 첫 번째 창문을 보고 차이가 발견될 때까지 두 집의 같은 위치의 창문을 하나씩 비교해가는 것이다. 이처럼 체계적으로 여러 개의 창문을 비교해 나가는 것(위에서 아래 혹은 좌우)이 주의

그림 7.7 Vurpillot(1968)의 시각 주의 발달 연구에서 사용한 자극. 아동들은 집들이 다른 지(위의 두 집처럼) 혹은 동일한지(아래의 두 집처럼)를 찾아내어야 하였다(Vurpillot, 1968). Vurpillot, E., The development of scanning strategies and their relation to visual differentiation(주사 책략의 발달과 시각 변별력의 상관관계). Journal of Experimental Child Psychology, 6, 632–650.을 Elsevier의 허가로 재판함. Copyright 1968.

를 배분하는 바람직한 방법일 것이다. 그래야 반복하지 않고 모든 창문을 확실히 살펴볼 수 있기 때문이다.

나이와 더불어 아동들의 주사(scanning)는 점차 체계적이 된다. 나이 많은 아동일수록 두 집 간의 상응하는 창문을 차례로 살펴보았고, 종이나 열의 배열순서에 따라 그림을 검토하였다. 또한 두 집이 똑같다고 대답하기 이전에 모든 창문을 검토할 경향이 더 높았다. 종합하면, 연령에 따라 아동들은 관련 정보에만 주의를 기울이게 되고 보다 체계적으로 주의를 기울이게 된다.

책략 변화를 설명하는 대안

앞의 연구 결과들은 왜 아동들이 이처럼 많은 도움이 되는 책략을 사용하지 않는지에 대한 의문을 제기한다. 이를 설명하려는 초기의 시도들은 학령전기 아동들이 시연을 사용하지 않는 두 가지 이유를 강조한다. 첫째는 아동들에게 *중재적 결함(mediational deficiency)*이 있기 때문이라는 것이다(Reese, 1962). 이 관점에 따르면, 아동들은 시연을 사용할 때나 사용하지 않을 때나 회상 정도에 차이를 못 느끼므로 시연을 하지 않는다. 둘째는 *산출 결함(production deficiency)* 때문에 아동들이 책략을 잘 사용하지 않는다는 것이다(Flavell, 1970). 즉, 책략 사용이 기억에 도움이 됨에도 불구하고 아동들은 책략 사용을 선택하지 않는다는 것이다.

그러나 이 두 제안 모두 적절한 설명을 제시하고 있지는 못하다. 중재 결함 가설은 어린 아동들이 책략을 학습하였을 때 보이는 향상된 회상력을 설명하지 못한다. 산출 결함 가설 또한 왜 5세 아동들이 때로는 시연을 하고 또 다른 때에는 시연을 하지 않는지를 설명하지 못한다.

학령전기 아동들의 제한적인 책략 사용을 이해하는 데는 책략을 사용하는 데 드는 비용과 얻는 혜택에 대한 심도 있는 이해가 필요하다. 연령이 낮을수록 아동들은 책략 사용의 혜택을 많이 깨닫지 못하고, 책략 사용 시 더 많은 비용을 소모한다. 처음 어떤 책략을 습득했을때 이를 사용하는 데 필요한 정신적 노력은 이후 사용할 때와 비교했을 때 훨씬 크다. 예컨대, 어떤 과제(검지 손가락으로 탁자를 최대한 빠르게 두드리는 것과 같은)를 수행하면서 동시에 일련의 숫자들을 시연하려면 어린 아동들의 과제 수행은 나이 많은 아동들에 비해 훨씬 느려진다(Guttentag, 1984, 1985; Kee & Howell, 1988). 어린 아동들이 두드리는 속도가 느려지는 것은 시연하는 데 정신적 자원이 훨씬 많이 들어가기 때문이다.

이와 같은 분석은 혜택을 높이고 비용을 낮추면 어린 아동들의 책략 사용을 촉진할 것이라고 제안한다. 이 예측대로, 회상을 더 잘 하면 아동들에게 돈을 지불하는 것과 같이 책략 사용의 혜택을 높이면 아동들도 더 자주 시연하고 보다 정교한 방법으로 시연하였다(Kunzinger & Wittryol, 1984). 마찬가지로 시연하기 쉬운 자료를 제시하여 책략 사용에 드는 비용을 줄였을 때도 아동들의 책략 사용은 증가하였다(Ornstein, Medlin, Stone, & Naus, 1985; Ornstein & Naus, 1985). 이를 통해서 아동들의 책략 사용이 비용과 혜택 모두에 민감함을 알 수 있다. 나이에 따라 책략 사용이 증가하는 것은 혜택이 증가하고 비용이 감소하였음을 반영한다.

중재나 산출 결함의 개념은 아동들이 책략을 사용하면 회상력이 향상함에도 불구하고 책략을 사용하지 않는 이유를 설명하려고 제안되었다. 이와 반대 현상도 일어난다: 처음 책략을 사용할 때 책략 사용이 더 잘 기억하는 데 아동에게 도움을 주지 못한다(Bjorklund & Coyle, 1995; Miller, 1990; Miller & Seier, 1994). 이런 현상은 *사용 결함(utilization deficiency)*으로 불리고 있다. 회상력이 향상되지 못하는 것은 책략 사용이 가져다주는 혜택을 상쇄할 만큼 정신적 자원에 들어가는 비용이 크기 때문이다. 실험자가 아동을 위해서 책략의 일부를 수행하여 책략 사용에 드는 정신적 노력의 양을 줄일 경우, 어린 아동들도 책략 사용의 혜택을 얻을 수 있었다(DeMarie-Dreblow & Miller, 1988; Miller, Woody-Ramsey & Aloise, 1991).

반면에 사용 결함은 아동들이 회상에 도움이 되지 못하는 책략을 왜 사용하는지에 대한 의문점을 낳고 있다. 아마도 새롭게 책략을 습득하는 단계에서 사용 결함이 일어난다는 사실에서 이에 대한 주요 해답을 찾을 수 있을 것이다. 어떤 과정이라도 연습하면 효율적으로 수행할 수 있게 되며, 이는 '연습의 법칙(law of practice)'으로 불릴정도로 일관적이다(Newell & Rosenbloom, 1981). 새롭게 학습한 책략을 사용하여 수행이 어느 정도 향상되었다면, 더 많은 연습을 했을 때 이 책략 사용이 가져올 성공적 수행의 가능성은 훨씬 높을 것이다. 그렇다면 사용하지 않을 까닭이 없지 않은가? 사용 결함은 연습의 법칙을 암묵적으로 깨닫고 있는 인지 체계의 활동을 반영하고 있다.

평가

연령에 따른 책략 사용의 수적 · 질적 향상은 학령전기에서 청소년기의 기억 발달에서 중요한 역할을 담당한다. 이 시기에 시연, 조직화, 선택적 주의의 빈도와 질이 급격히 향상된다. 기억 책략의 발달은 얼마나 자주 사용하는가에만 국한되어 있지 않다. 나이 많은 아동들은 같은 책략이라도 보다 효율적으로 사용하고, 적용하기 쉬운 상황뿐만 아니라 어려운 상황에서도 책략을 이용하며, 책략 이용 시에 회상할 수 있는 정도도 크게 증가한다.

그러나 흥미로운 것은 기억 책략을 사용하도록 훈련하는 것이 반드시 계속적인 책략 사용을 유도하지 않는다는 점이다. 그렇다면 아동들은 어떤 책략을 사용할지를 어떻게 결정하는 것일까? 한 가지 가능성은 이러한 결정에 있어서 아동들이 상위인지 지식(metacognitive knowledge, 관련 책략이나 과제난이도, 자신들의 인지능력에 관한 지식)에 의존하리라는 것이다.

상위인지

상위인지는 두 가지 형태의 지식으로 나누어 볼 수 있다: 명시적 · 의식적 · 사실적 지식과 암묵적 · 무의식적이며 절차적 지식(Brown, Bransford, Ferrara, & Campione, 1983). 명시적 상위인지 지식의 한 예로, 학령전기 아동들도 많은 수보다는 적은 수의 항목들이 기억하기 쉽다는 것을 의식하는 것을 들 수 있다. 하지만 상당 부분의 상위인지 지식은 무의식적이다. 즉, 의식하지 않을 때에도 이러한 지식은 행동에 영향을 미치는 것이다. 이와 같은 암묵적 상위인지 지식은, 예를 들어 책을 읽을면서 깨닫지 못하는 사이에 어려운 부분에서 읽기 속도를 늦추는 것에서 관찰할 수 있다. 여기에서는 명시적 · 암묵적 상위인지 지식의 발달을 살펴보고 이들이 어떻게 아동 기억에 영향을 끼치는지 살펴보겠다.

명시적 상위인지 지식

성인이나 학령기를 넘어선 아동들은 사고하는 것이나 기억하는 것에 대해 명시적 지식을 많이 보유하고 있다—과제에 대한 정보(내용을 상세히 기억하는 것보다는 핵심을 기억하는 것이 더 쉽다), 책략에 대한 정보(전화번호를 시연하는 것은 기억하는 데 도움이 된다), 사람에 대한 정보(대개 나이 많은 아동이 어린 아동보다 많은 것을 기억한다). 이러한 지식의 대부분은 5세에서 10세 사이에 습득하는 것으로 보인다.

기억에 관한 가장 기초적인 지식은 아마도 기억이 잘못된 것일 수 있다는 것이다. 6세 이상의 아동들은 자신들이 망각할 수 있다는 것을 알지만, 다수의 5세 아동(30%)들은 자신들이 절대 망각하지 않는다고 생각한다(Kreutzer, Leonard, & Flavell, 1975). 다른 맥락에서도 자신의 기억능력에 대한 과대평가를 관찰할 수 있는데, 4세 아동들에게 10개의 그림 중에서 나중에 몇 개를 기억할 수 있냐고 물으면, 대개의 아동들이 10개 모두를 기억할 것이라고 대답하는 것을 볼 수 있다(Flavell, Friedrichs, & Hoyt, 1970). 실제로 나이 많은 아동들보다 적게 회상함에도 불구하고, 자신의 기억능력에 대한 평가는 훨씬 더 높았다. 학령전기 아동들의 과대 평가는 희망적인 사고를 반영하거나 추상적 지식이 상대적으로 부족하다는 것을 제시한다. 자신보다 나이 많은 아동들이 기억할 수 있는 양을 예상해 보라고 하면, 학령전기 아동들은 자신에 대한 평가보다 훨씬 더 현실적으로 평가한다(Stipek, 1984).

초등학교 시기나 그 이상이 되면 아동이나 청소년들 모두 과제나 책략, 학습자의 특성이 기억에 미치는 영향에 대해 다양하고 넓은 지식을 갖게 된다(Schneider, Bjorklund, 1998; Weinert, 1986). 대략 절반정도의 1학년생들이 이야기의 상세내용보다는 핵심을 기억하는 것이 쉽다는 것을 안다: 5학년생들은 거의 대부분이 이를 알고 있다(Kreutzer et al., 1975). 이와 유사하게 절반가량의 1학년생들이 그리고 거의 대부분의 5학년생들이 회상보다는 재인이 쉽다는 것을 안다(Speer & Flavell, 1979). 이 시기의 상위인지 지식의 성장은 아마도 학교에서 기억해야 하는 것이 증가하고 또 올바르게 기억했는지 아닌지에 대해 많은 피드백을 받기 때문일 것이다.

인지능력에 대한 명시적 · 사실적 지식에 대한 위와 같은 연구들은 기억이나 인지체계에 관한 지식이 늘어나면서 아동들이 더 나은 책략을 선택하고 보다 효율적으로 기억하게 될 것이라는 전제를 바탕으로 수행되어 왔다. 그러나 놀랍게도 이에 대한 직접적 증거는 발견하기가 어려웠다. 초기의 몇몇 연구들이 어느 정도의 상관성을 조금 발견했을 뿐이다(Cavanaugh & Perlmutter, 1982). 그동안의 수많은 연구들을 재분석한 최근의 분석 결과가 상위 기억술 지식과 기억 수행 사이의 좀더 밀접한 관계를 밝혀 내었다(Schneider & Bjorklund, 1998; Schneider & Preissley, 1989). 그러나, 상관관계는 우리 직관이 제시하는 것만큼 강하지는 않다.

암묵적 상위인지 지식

기억에 대한 명시적 · 사실적 지식이 제한적인 것과는 달리 유아와 학령전기 아동들은 놀라운 암묵적 지식을 보여준다. 이는 특히 자신들의 인지 활동을 감시(monitoring)하는 데에서 두드러진다. 한 예로, 2세 아동들이 자신들의 언어 사용능력을 감시하고 있음을 볼 수 있는데, 사물들의 이름을 지칭할 때나 자신들의 문법, 발음상에서의 실수를 자발적으로 수정하는 것을 관찰할 수 있다. 뿐만 아니라 자신이나 타인의 언어 사용에 대한 평가를 감시하고, 상대방의 지식이나 인지 수준에 맞게 전달할 말을 조절한다(Clark, 1978). 예를 들어, Siegler의 2년 6개월 된 딸이 한번은 그에게 "아빠는 '그' 이고 토드는 '그' 지만 여자아이들은 '그녀' 야."라고 말했다. 두 주 후에 '하마(hippotamus)' 를 발음하는 걸 어려워하다가 또 이렇게 설명했다. "잘 말할 수가 없어. 왜냐하면 내 입을 똑바로 움직일 수가 없거든."

이와 같은 자기 감시는 나중에 잘 기억할 수 있을지 없을지를 예상할 수 있도록 돕는다. 한 연구에서 4~5세 아동들에게 친분 정도가 다른 친구들의 사진을 보여주고 친구들의 이름을 기억하게 했다. 그 결과 비록 사진의 이름을 정확히 기억 못했던 아동도 사진의 이름들 중에 나중에 기억할 수 있는 이름과 아닌 이름을 정확히 예상할 수 있었다(Cultice, Somerville, & Wellman, 1983).

비록 사고 과정을 감시하는 초기 능력이 알고 있다는 느낌을 경험하게 해주고 초등학교 시기에 이런 감시능력이 계속 발달함에도 불구하고(Zabrucky & Ratner, 1986) 성숙한 아동들(Pressley, 1995; Zabrucky & Ratner, 1986)과 성인들(Narens, Graf, & Nelson, 1996; Reder & Schunn, 1996)의 감시능력은 완전하지 못하다. 지속되는 문제 중의 하나는 타인이 말하는 것을 들으면서 자신이 잘 이해하지 못하고 있다는 것을 감지하는 능력의 결여이다. 상당수의 대학생들조차도 다음의 문단에서 뻔하게 드러나는 모순을 감지하지 못하는 것을 볼 수 있다.

> 어떤 뱀은 독을 지니고 있지만 어떤 뱀은 해가 없고 우리에게 도움이 되기도 한다. 예를 들면, 가터(garter) 뱀은 정원에 해충들이 접근하지 못하게 함으로써 도움이 된다. 가터 뱀은 이런 곤충들을 먹는다. 소리를 통해서 곤충을 발견한다. 곤충들은 특별한 소리를 낸다. 가터 뱀은 귀가 없어서 곤충 소리를 들을 수가 없다. 이 뱀들은 곤충의 소리들을 들을 수 있다. 이것이 바로 뱀들이 곤충들을 찾아내는 방법이다. (Elliott-Faust, 1984; Schneider & Pressley, 1989, p. 167)

내용의 이해 정도를 감지하는 데 있어서 숙련된 독서가와 미숙련된 독서가는 큰 차이를 보인다. 나이 많고 숙련된 독서가는 이해하기 힘든 부분에서 읽는 속도를 늦추거나 어려운 부분으로 다시 돌아가서 읽는다. 반면에 나이 어리고 미숙련된 독서가는 문제가 있는 부분으로 되돌아가는 경우가 드물다(Garner & Reis, 1981; Whimbey, 1975). 이는 모순이다. 어리고 미숙련된 독자일수록 다시 읽어야 할 이유가 더 많은데(대개 처음 읽을 때 많이 이해하지 못하기 때문에)도 다시 읽는 경우가 더 적은 것이다.

자기 감시 기술은 무엇을 얼만큼 공부해야 하는지를 선택할 때 특히 중요하다. 나이 많은 아동들은 자신들의 지식을 보다 효율적으로 감시하고 공부해야 할 내용에 대해 얼마나 잘 알고 있는지에 따라서 학습 책략을 효과적으로 적용한다. 공부하는 내용에 대해 다 알고 있다고 말하기 전까지 공부하는 시간량은 4세부터 12~13세까지 꾸준히 증가한다. 이는 아마도 그들의 지식 감시능력이 공부를 한참 할 때까지는 내용을 다 습득하지 못한다는 것을 알려주기 때문일 것이다(Dufresne & Kobasigawa, 1989; Flavell et al., 1970). 게다가 나이 많은 아동들은 아직 완전히 이해하지 못한 내용을 중점적으로 공부한다. 이 또한 아마도 감시능력이 공부 내용의 어느 부분에 보다 주의를 기울여야 하는지를 제시하기 때문일 것이다(Bisanz, Vesonder, & Voss, 1978).

학습 시간을 할당하는 것은 까다로운 일이다. 이전에 본 시험 결과를 막 돌려 받고 나서 같은 부분에 대한 다음 시험을 준비한다고 가정해보자. 이전 시험에서 가장 실수가 많았던 부분을 중점적으로 공부하는 것이 가장 좋은 방법일까? 아니면 다른 부분을 위주로 공부하는 것이 더 좋을까? 실수가 많았던 부분에 초점을 두어 공부를 하면 그 부분의 점수는 좋아질 것이지만 이전에 잘 기억해서 실수하지 않았던 부분들의 점수는 나빠질 수도 있다. 반대로 점수가 좋았던 부분을 다시 공부하는 것은 시간 낭비가 될 수도 있다.

막 학교를 다니기 시작한 아이들은 이런 선택을 하는 데 어려움을 겪는다. 부분적으로 맞혔던 기억 테스트를 다시 공부할 기회를 아동에게 주었더니 7세와 9세 아동이 다른 방식을 선택하는 걸 보여주었다(Masur, McIntyre, & Flavell, 1973). 9세 아동은 잘 기억하지 못했던 항목들을 중심으로 공부하였지만 7세 아동들은 여러 다른 항목들로 주의를 나누었다. 9세 아동의 학습 방법이 보다 효과적으로 보이지만 7세 아동들의 방법보다 더 도움이 되지는 못하였다. 두 방법 모두 두 번째 테스트에서 비슷한 향상을 가져다 주었다. 첫 번째와 두 번째 테스트 사이에 잊어버린 항목이 이전에 기억하지 못했지만 나중에 기억할 수 있게 된 항목과 비슷해진 것이다. 어떤 종류의 문제에는 좋은 해결책이란 없는지도 모른다.

평가

상위인지로 기억 발달을 설명하는 것은 흥미롭지만 동시에 실망스럽다. 상위인지가 지닌 호소력은 기억에 대한 아동의 지식이 기억하는 방법에 영향을 미칠 것이라는 가능성을 바탕으로 한다. 또한 상위인지 기술과 지식이 전반적으로 지니고 있는 잠재적 영향력을 바탕으로 한다. 예컨대, 책략의 상대적 유용성을 알 경우 다양한 상황에서 적절한 책략을 선택할 수 있는 능력이 향상될 수 있다. 상위인지가 가진 또 다른 매력은 상위인지 기술과 지식을 가르칠 때 낳을 수 있는 잠재적 혜택에도 있다. 상위인지 지식과 기술은 둘 다 가르칠 수 있고 넓게 적용할 수 있다. 기초처리 능력보다 상위인지 기술은 가르치기가 좋다. 뿐만 아니라, 암기할 때만 적용할 수 있는 시연과 같이 특정 상황에서만 적용되는 책략보다 상위인지 지식을 가르치는 것은 더 큰 장점이 있다. 이해력을 감시하는 것과 같은 상위인지 기술을 많이 알게 될수록 아동들은 학습 전반에 폭넓은 이득을 얻을 수 있다(Baker, 1994; Borkowski, Johnston, & Reid, 1987; Palincsar & Brown, 1984; Pressley, 1995).

안타깝게도 아동의 향상된 상위인지 지식이 더 잘 기억하도록 돕는다고 확정하기는 어렵다. 기억 수행과 기억에 대한 지식은 둘다 연령에 따라 향상되지만 이 둘 간에는 특별히 밀접한 관련이 없다(Schneider & Bjorklund, 1998). 이로 인해 과연 상위인지가 기억 발달에 미치는 영향력에 대해서는 아직도 의문이 제기되고 있다.

상위인지 지식은 많은 조건들의 각 부분이 모두 충족되었을 때에야 기억 수행에 영향을 미치는지도 모른다. 긴 숫자 목록을 자세히 외우려고 하는 여자 아이가 상위인지 지식을 활용하여 책략을 선택할 때 알아야 할 조건을 생각해 보자. 우선 아이는 자신의 기억이 완벽하지 못하고 모든 숫자들을 다 기억하지 못할 수 있다는 것을 알아야 한다. 또, 숫자들을 들으면서 어떤 기억 책략을 사용하지 않고 한꺼번에 숫자들을 모두 기억하기에는 자신의 기억 용량이 충분치 못하다는 것을 알아야 한다. 그리고, 시연처럼 관련 있는 책략에 대해서 잘 알고 비효율적인 다른 책략 대신 관련 있는 책략을 선택할 수 있어야 한다. 끝으로, 나중에 관련 책략을 더 자주 사용할 수 있으려면 다른 요소들(예, 더 애쓰는 것)에 비해서 책략 사용이 가져다주는 혜택이 무엇인지 알아야 한다.

이런 시각으로 보면, 왜 상위인지 기술들을 가르치는 것이 많은 도움이 되며 동시에 상위인지 지식과 기억 수행능력의 관계가 약하게 나타나는지에 대해 이해하게 된다. 신중하게 계획된 수업이 그러하듯이 모든 연결고리들이 맞아 떨어져야만 상위인지 지식은 기억 수행을 크게 도울 수 있다. 일상생활에서 흔히 그렇듯이, 이 연결고리 중 단 하나만 어긋나더라도 둘 간의 상관관계는 사라질 수 있다.

책략을 새로운 상황에 적용하는 경우를 고려해 보자. 아동이 책략을 알고 있고 사용하고 있으며 기억이 향상되는 것을 목격했다 하더라도, 향상된 기억이 책략의 사용 때문이라는 것을 연결짓지 못하면, 새로운 상황에 책략을 적용하려고 하지 않는다(Borkowski, Carr, & Pressley, 1987; Fabricius & Hagen, 1984; Pressley, Levin, & Ghatala, 1984). 책략 사용에 대해 학습을 하고 난 뒤에 아동뿐만 아니라 성인들도 기억이 향상된 것을 책략이 아닌 다른 요소들 덕택인 것으로 생각한다. Fabricius와 Hagen(1984)은 6~7세 아동이 조직화 책략을 사용하는 상황과 사용하지 않는 상황을 만들었다. 아동들은 책략을 사용하였을 때 더 잘 회상하였다. 모든 아동들에게 이러한 향상을 관찰하도록 하였지만 단지 소수의 아동들만이 책략 사용 덕택에 기억이 향상되었다는 연결을 지었다. 다른 아동들은 내용을 오래 보았거나, 머리를 더 많이 사용한 것, 혹은 천천히 한 것들과 같은 다른 요인덕택이라고 생각했다. 향상을 가져온 원인을 무엇으로 생각하느냐에 따라 일주일 후의 책략 사용 여부가 결정되었다. 책략 사용 덕택이라고 생각한 아동 중 99%가 다음에도 책략을 썼다. 그러나 다른 요인들 덕택이라고 생각한 아동 중 32%만이 책략을 사용했다.

상위인지 지식에 관한 이론들이 어디까지 와있든 상위인지 지식의 실질적 중요도는 분명하다. 아동의 독서능력을 논의한 11장에서 미숙련 독서가들이 읽고 있는 내용을 더 잘 이해하도록 Palincsar와 Brown(1984)이 시작한 성공적 훈련 프로그램을 접하게 될 것이다. 이 훈련 프로그램은 읽고 있는 텍스트의 이해정도를 효과적으로 감시하는 방법을 가르치고 이해에 실패했을 때 대처하는 책략을 제공해 준다. 이 훈련 프로그램만큼 성공적인 것이라면 어떤 것이든 배울 가치가 있을 것 같다.

내용 지식

나이 많은 아동들은 어린 아동들보다 거의 모든 것에 대해서 더 많이 안다. 보편적으로 무언가를 더 잘 알수록 그와 관련한 새로운 정보를 더 잘 배우고 기억할 수 있다. 그러므로, 나이 많은 아동과 어린 아동 사이에 아무런 차이가 없다 할 경우, 더 많은 내용 지식을 소유한 것만으로도 나이 많은 아동들은 더 잘 기억할 수 있다.

관련된 내용에 대한 사전 지식은 기억에 다각적인 영향을 끼친다. 아동이 얼마나 많이 또 무엇을 회상할 수 있는지에 영향을 미치고, 기초처리 능력이나 책략 사용, 상위인지 지식, 새로운 책략 습득을 수행하는 데에도 영향력을 행사한다. 어떤 경우에는 다른 요소들을 모두 합친 것보다도 더 큰 영향을 미친다. 여기서는 이에 대한 증거를 살펴본다.

기억량에 미치는 영향

연령이 높을수록 전반적으로 회상을 잘 하게 되는 것은 나이 많은 아동일수록 기억하려는 내용에 대해 더 많은 지식을 갖고 있기 때문인 경우가 많다. 내용 지식의 영향력은 상당한 것이어서 종종 성인보다 더 많은 지식을 가진 아동들의 기억력이 더 높은 것을 보기도 한다. 예를 들면, 체스판에 놓인 말의 배열을 보여주고 나서 빈 체스판에 같은 배열을 구성해 보라고 하면, 10살 난 체스 전문가가 체스 풋내기 성인보다 훨씬 더 잘 한다(Chi, 1978). 표준 숫자 폭 과제(digit span task)를 수행시키면 이 아동보다 성인의 기억력이 더 좋은 것을 볼 수 있으므로, 체스 전문 아동의 기억력이 성인보다 더 우수한 것은 단순히 더 영리하거나 기억을 더 잘 처리하기 때문은 아니다(그림 7.8). 체스 전문 아동과 체스 전문 성인을 비교해 보았을 때 체스 판의 배열을 기억해 내는 능숙도는 두 집단 간에 비슷하게 나타났다(Schneider, Gruber, Gold, & Opwis, 1993). 아동 TV 프로그램명이나 아동 도서의 제목은 보통 아이들이 성인들보다 더 잘 알고 더 잘 기억한다(Lindberg, 1980, 1991; Schneider & Bjorklund, 1998). 이를 보면

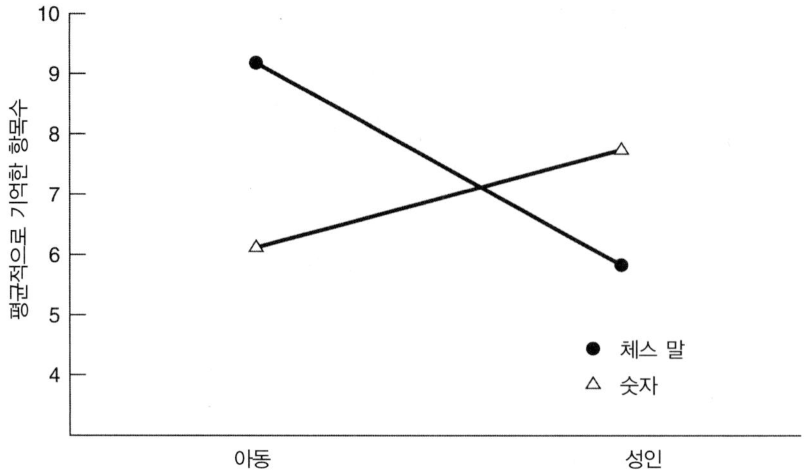

그림 7.8 8~10세 체스 전문 아동과 체스 초보 성인들이 회상한 체스 말의 수와 일반 숫자들(Chi, 1978). 체스 전문 아동은 체스 말 배열을 더 많이 기억하였으나 성인보다 숫자들을 더 많이 기억하지는 못했다.

서 내용 지식의 차이가 성인 기억에 도움이 되는 다른 요소들보다 더 중요한 부분을 차지함을 알 수 있다.

내용 지식의 정도 차이는 아동의 전반적 지능 수준보다도 관련 내용 기억에 더 큰 영향을 준다. Schneider와 Korkel, Weinert(1989)는 어린 축구 선수가 중요한 경기에서 겪은 경험에 대해 지어낸 이야기를 독일 아동들이 기억하는 정도를 검토하였다. 이 연구에서는 축구에 대해 많이 알고 지능이 평균보다 높은 아동, 축구에 대해 잘 알고 지능이 평균보다 낮은 아동, 축구에 대해 잘 모르고 지능이 평균보다 높은 아동, 축구에 대해 잘 모르고 지능도 평균보다 낮은 아동으로 각 집단에 동일한 수의 아동을 참여시켰다.

예상한 대로 축구에 대해 잘 아는 아동이 이 이야기에 대해서 가장 잘 기억했고, 정확한 추론을 가장 많이 도출했고, 이야기에서 일관성이 없는 부분을 가장 잘 알아챘다. 놀라운 것은 두 집단의 지능이 높고 낮음은 축구 지식에 관한 기억량에 차이를 만들지 못했다는 것이다. 높은 지능을 가진 아동들은 보다 빠르게 전문성을 획득하고(Johnson & Mervis, 1994), 이는 곧 여러 분야에서 전문성을 얻을 수 있도록 돕는다. 그러나, 지식의 정도가 유사할 때는 새로운 정보에 대한 기억의 정도는 유사한 경향을 보인다.

기억하는 내용에 미치는 영향

아동 목격자 증언에서 논의한 바와 같이, 어떤 일을 겪기 전에 그 일에 대해 얼마나 알고 있는지는 나중에 경험한 일을 기억하는 데 큰 영향을 끼친다. 이로 인해, 서툰 바보 샘 스톤에 대해서 이미 알고 있던 학령전기 아동들이 샘 스톤이 곰인형을 더럽힌 장본인이라고 기억한 것이다.

어떤 일을 겪고 난 이후에 그 일에 대해 얻는 지식 또한 무엇을 기억하게 되는가에 영향을 미친다. Greenhoot(2000)는 유치원생들에게 한 주인공과 한 어린이가 만나게 되는 이야기를 들려주고, 이 이야기에서 일어난 사건들에 대한 아동의 기억을 살펴보았다. 며칠이 지난 후에 이야기 주인공에 대한 부가적인 정보를 제시하였는데, 한 버전은 주인공이 친절하고 많은 이들이 좋아하는 사람이라는 정보였고 다른 버전은 주인공이 인색하고 사람들이 별로 좋아하지 않는 사람이라는 정보였다. 아동들에게 이 정보를 알려주고 나서 처음에 들었던 이야기에 대해 기억하는 정도를 검토하였다. 아동들은 주인공에 대한 새로운 정보에 맞게 이야기 내용을 수정하였다. 주인공이 착하고 좋은 사람이라고 들은 경우에는 주인공의 긍정적인 행동을 보고한 반면에 주인공이 인색하고 나쁜 사람이라고 들은 경우에는 부정적인 행동을 더 많이 보고하였다. 나중에 얻게 된 지식이 아동들로 하여금 처음 들었던 이야기에 대한 기억을 바꾸도록 만든 것이다.

때때로 지식은 아동들이 부정확한 기억을 하도록 유도하기도 하지만 대체로 정확하게 기억하도록 돕는 경우가 더 많다. 지식은 아동들이 올바른 추론을 하도록 돕기 때문이다. 아동들에게 새라고 명시하지 않고 다만 날개 부러진 불쌍한 생물체에 대한 이야기를 들려주면 이 이야기가 새에 대한 것이었다고 기억하는 것이 그 예이다(Paris, 1975). 이와 흡사하게 지식은 일어나지 않은 일을 일어난 일과 분명히 구분하도록 돕는다. 앞에서 언급하였던, 병원에서 간호사가 무릎을 핥지 않았다는 것을 7세 아동은알았지만 3세 아동은 몰랐던 연구결과를 상기해 보라. 내용 지식은 무슨 일이 일어났는지뿐만 아니라 일어나지 않은 일은 무엇인지를 구분하여 기억하는 데 도움을 준다.

극본

대부분의 일들은 비슷한 형태로 반복된다. 과자를 굽거나 생일파티에 가거나 밥 먹는 일, 혹은 병원에 가는 일들을 살펴보면 매번 조금씩 특정 부분은 달라지지만 기본적인 구조는 변하지 않는다. 예를 들어 병원에 가는 것은 보통 병원에 들어가서 먼저 도착

했다는 것을 알리고 대기실에서 기다리다가 이름을 부르면 일어나서 간호사와 함께 진료실로 들어가 의사나 간호사가 들어와서 진찰하는 것을 기다리게 되는 것과 같은 반복적인 일들로 구성된다.

3세에 이르면 아동들은 이처럼 정기적이고 규칙적인 일들을 극본(scripts)의 형태로 표상한다. 이 극본은 정기적으로 일어나는 일을 묘사하는 지식의 구조를 담고 있다. 학령전기 아동들도 식당이나 어린이집에서 밥을 먹을 때 어떻게 하는지(Nelson, 1978), 생일 파티에 가면 무엇을 하는지(Nelson & Hudson, 1988), 매일 일상생활에서 무엇을 하는지(Fivush & Hammond, 1990), 그 밖의 익숙한 활동에 대한 극본을 갖고 있다. 일상적으로 일어나는 일이 특정 부분에서 조금 빗나갈 경우, 아동들이 잘못 기억하는 것을 통해서 아동들이 극본을 지니고 있음을 관찰할 수 있다(Fivush & Hammond, 1990; Nelson & Hudson, 1988). 예를 들어, 근사한 식당에서 식사할 때 학령전기 아동들은 패스트푸드점에서 늘 그랬던 것처럼 밥을 먹기 전에 계산을 했다고 회상하곤 한다. 이처럼 실제 일어난 특정 사건과 극본을 혼동하는 것은 학령전기에 많이 나타난다. 7세에 이르면, 아동들도 일상적으로 일어나는 일들과 특별한 경우에 있었던 일의 구분을 명확하게 하게 된다(Farrar & Goodman, 1992).

그러면 어떤 경험이 극본을 형성하도록 하는 걸까? 부모들이 아이들에게 해주는 이야기나 이전에 있었던 일에 대해 묻는 질문이 그 한 요소이다. Hudson(1990)은 대부분의 가정에서 부모들이 자녀에게 경험했던 과거의 일을 회상하도록 하는 데 중점을 두고 있음을 관찰하였다. 부모들은 사건이 일어난 순서대로 질문을 하는 경향을 보였는데: "생일 파티에 어떻게 갔어?" "도착해서 빌리에게 무엇을 줬니?" "파티에서 무얼 먹었어?"와 같은 예를 들 수 있다. 이러한 질문의 순서는 대체로 무엇이 중요한 부분인지와 사건이 일어난 순서를 깨닫게 한다(Nelson, 1993).

아동들은 자신들의 경험뿐만 아니라 동화처럼 타인의 이야기를 기억할 때도 극본을 이용한다. 아이들에게 들려지는 이야기들은 대개 이야기의 배경이 묘사되고, 어떤 일이 일어나고, 등장인물들이 사건에 대해 내적 반응을 보이고, 목표를 정하여 목표를 달성하려 애쓰다가 성공하거나 실패하는 것과 같은 기본 형식을 따른다(Trabasso, van den Broek, & Suh, 1989). 이전에 일어난 일의 결과가 등장인물로 하여금 달성하고 싶은 새로운 목표가 생기게 하는 식으로, 이야기에서 이런 기본 형식은 몇 차례 반복된다.

3세 아동이 이런 이야기를 반복해서 할 때, 등장인물들이 목표로 삼는 일이나 내적인 반응 등은 종종 생략하고 이야기의 토대와 무관한 세부사항을 포함시키는 것을 볼 수 있다(Trabasso & Nickels, 1992; Trabasso & Stein, 1995). 4세 아동이 재구성한 이야기는 이와 달리 주요 행위들에만 초점을 두는 것을 볼 수 있는데 여전히 4세들도 등장인물의 목적이나 의도 등은 생략한다. 5세가 되어서야 재구성된 이야기는 모든 주요 부분을 일관성 있게 포함하게 된다. 따라서, 3세와 5세 사이의 아동들은 가장 중요한 사건들에만 중점을 둘 수 있도록 동화에 대한 제한적인 극본을 구성함과 동시에 등장인물들의 행동에 동기를 부여하는 심리적 상태를 포함하도록 극본의 범위를 넓혀가게 된다.

기억 변화에 대한 다른 설명으로서의 내용 지식

기초 용량, 책략, 상위인지의 변화는 연령과 더불어 특정 내용을 더 잘 기억하도록 하는 데 기여한다. 그러나, 그 역도 사실이다. 즉, 내용 지식의 증가가 기초처리 능력이나 책략의 습득과 활용, 상위인지 지식의 효율성을 높여준다.

우선 내용 지식의 증가가 기초처리 능력 수행의 효율성을 어떻게 높이는가를 살펴보자. 적어도 5세부터 아동들은 일어나는 일의 상대적 빈도수를 자동적이지만 아주 정확하게 약호화한다. 내용이 친숙한 것(같은 반 아이들의 사진의 경우처럼)이면 그렇지 않을 때(잘 모르는 아이들의 사진처럼)보다 5세 아동들의 빈도 정보의 약호화는 보다 더 정확해진다(Harris, Durso, Mergler, & Jones, 1990). 이와 유사하게 사람들은 기억하고자 하는 내용에 대해 더 많이 알수록 더 많은 정보를 작용기억 속에 보유할 수 있다(Huttenlocher & Burke, 1976).

다음으로 내용 지식이 기억 책략의 사용과 효율성에 미치는 영향을 살펴보자. 친숙한 항목을 기억하려 할 때 덜 친숙한 항목을 기억할 때보다는 아동들의 조직화 책략 사용이 증가한다(Bjorklund, Muir-Broaddus, & Schneider, 1990). 친숙한 내용을 기억할 때 책략을 사용하면 효율성이 높아진다. 8살짜리 아동들이 시연을 이용해서 친숙한 항목을 기억하는 정도가 11세 아동들이 친숙하지 않은 항목을 시연해 기억하는 정도와 유사할 정도이다(Zember & Naus, 1985).

내용에 대한 친숙도는 새로운 책략을 학습하는 것도 돕는다. Chi(1981)는 5세 아동들이 급우의 이름을 외우는 데 알파벳순으로 인출하는 책략(먼저 A로 시작되는 이름을 생각해 내고 다음에 B로 시작하는 이름을 생각하는 등)을 배우는 과정을 연구하였다. 비록 이런 책략은 새로운 것이었지만, 한 여자 아이는 쉽사리 이 책략을 익히고 급우들의 이름을 기억하는 데 적용하였다. 그러나 이 소녀는 만난 적이 없는 사람들의 이름을 외우는 데 이 책략을 적용하지는 못하였다.

이와 같은 연구 결과는 아동들이 어떻게 새로운 책략을 익히는지에 대해 중요한 함의를 품고 있다. 습득 초기 과정에서는 아마도 잘 아는 내용에 대해서만 효율적으로 책략을 사용할지 모른다. 익숙한 내용을 바탕으로 책략 활용을 연습하면 책략 실행이 점차 자동화되고 아동이 사용해야 할 처리자원은 적어진다. 이러한 자동화는 결국 아동이 좀 더 새롭고 많은 자원이 요구되는 내용에 책략을 적용할 수 있도록 해준다. 그러므로, 친숙한 내용은 아동이 책략 수행을 연습할 수 있는 장을 제공하는 것이라 볼 수 있다.

내용 지식은 상위인지에도 영향을 준다. 체스 전문 아동이 체스 초보 성인보다 체스 말 배열을 더 잘 기억할 수 있을 뿐만 아니라 체스판에 배열된 말들을 완벽하게 재구성하려면 상대적으로 몇 번이나 체스 배열을 보아야 하는지도 정확하게 예측한다. 이처럼 기억의 모든 면이 내용 지식의 영향을 받고 있음은 분명하다.

내용 지식이 어떻게 기억을 돕는가?

내용 지식은 여러 기제를 통해서 기억을 돕는다. 그 하나는 독특한 특징을 약호화하는 것이다. 독특한 특징에 주의를 기울이게 하여 다른 개체들을 기억하도록 돕는 것이다. 예를 들어, 극본은 무엇을 약호화해야 할지를 지시하여 기억을 돕는다. 생일 파티에 갔을 때 극본은 아동이 생일을 맞은 친구에게 준 선물이 무엇인지 또 다른 아이들이 준 선물, 같이 놀았던 게임, 먹었던 케이크 그리고 집에 가져온 선물따위에 주목하도록 지시한다. 이와 유사하게 전문성 또한 정보의 어떤 부분을 약호화해야 하는지를 알도록 함으로써 도움을 준다. 체스 전문가들이 체스판의 말 배열을 정확히 기억할 수 있는 것은 무엇보다 말들을 각 기능—왕을 보호하는 것, 주교(bishop)를 공격하는 것 등—에 따라서 약호화하고 전체 상황과 연결을 짓기 때문이다. 무작위로 배열된 말들을 기억해야 했을 때는 체스 전문가도 초보자보다 크게 나을 것이 없었다(Chi, 1978). 이를 통해서 내용 지식이 약호화를 촉진하여 기억을 돕는다는 것을 알 수 있다.

내용 지식이 영향력을 행사하는 또 다른 중요 기제는 활성화 확산(spreading activation)이다. 어떤 주제에 대해 생각하면 그 주제와 관련된 정보를 빠르게 인출하도록 주제를 활성화한다. 활성화는 이미 활성화한 주제와 관련된 다른 주제로 자동적으로 확산되어 이런 정보가 인출되는 것도 촉진한다. 예컨대, 아이들이 여름 방학을 생각하게 되면, 휴가지에서 가재를 먹었던 것을 기억하게 되고, 이 기억은 다시 다른 기념일에 가재를 먹었던 것을 상기시킬 뿐만 아니라 홍합이나 조개를 먹었던 것까지도 상기시키게 된다. 누군가 이런 생각을 하고 난 직후에 "홍합이 껍질이 있는가"라는 질문을 받으면 평소보다 더 빠르게 "네"라고 대답할 수 있다.

한 주제에 대해 배우고 나면 활성화 확산은 아동들이 보다 효과적으로 기억할 수 있도록 돕는다. 어떤 주제에 대해 잘 알고 있는 아동들이 왜 조직화 책략을 보다 효율적으로 또 더 자주 사용하게 되는지 살펴보자(Rabinowitz & Chi, 1987). 새에 대해 알고 있는 정도가 다른 두 명의 8살 소년들이 '매', '펭귄', '닭'과 같은 일련의 단어들을 외어야 한다고 가정해 보자. 새에 대해 더 잘 아는 소년은 아마도 이 세 단어가 모두 새들임을 아는 반면에 새를 잘 모르는 소년은 매만 새라고 인식할 것이다. 새를 잘 아는 소년의 경우, 활성화가 세 개의 단어와 새의 범주로 확산될 것이나 새를 잘 모르는 소년은 '새'와 '매' 사이에서만 활성화가 일어날 것이다. 활성화는 새를 잘 아는 소년이 '새'의 범주를 이용하여 세 개의 예시들을 조직화하도록 유도할 것이고, 이는 더 나은 회상으로 연결될 것이다('새'의 범주가 처음의 세 단어들을 모두 활성화할 것이므로). 이처럼, 활성화 확산은 내용 지식이 많은 아동들이 책략을 더 자주 사용하고 기억을 향상시키도록 돕는다.

평가

어떤 이론도 특정 내용에 대해 증가하는 지식이 기억 발달에서 차지하고 있는 비중을 떨어뜨릴 수는 없을 것이다. 영아기에서 성인기에 이르는 동안 내용 지식은 꾸준히 증가한다. 체스 배열이나 축구, 동화의 기억연구들에서 분명히 제시되었듯이, 내용 지식은 아동이 얼마나 잘 기억할 수 있는가와 분명한 관계를 갖고 있다. 내용 지식은 아동들이 새로운 정보를 조직화할 수 있도록 극본을 제공해 주고 기억의 내용이 그럴듯한 것인지를 재확인하도록 해주며, 추론을 이끌어 내는 것을 촉진시키고, 사물이나 사건의 독특한 특징들을 약호화하도록 돕는다. 뿐만 아니라, 내용 지식은 기초처리 용량, 책략, 상위인지와 같은 기억 발달을 설명해 주는 다른 능력들의 발달에도 기여한다. 더 이상 물어볼 것도 없이, 증가하는 내용 지식이 나이 들면서 기억력이 증가하는 이유를 설명하는 중요한 부분임은 자명하다.

기억에서 무엇이 언제 발달하는가?

기억의 여러 측면들은 기억 발달에 각기 다른 정도의 기여를 할 뿐만 아니라 발달 시기에 따라서 기여하는 정도도 달라진다. 표 7.2는 기초처리와 용량, 책략, 상위인지, 그리고 내용 지식들이 각 발달 시기에서 기여하는 정도를 요약하고 있다.

사물들을 서로 연합하거나 익숙한 사물들을 재인하는 것과 같은 기초처리 능력들은 출생 이후부터 존재한다. 이러한 처리 능력들은 초기부터 아동이 학습하고 기억하는 것을 가능하게 하는 데 매우 중요하다. 기억의 절대적 용량이 연령에 따라 증가하는지는 아직 알려지지 않았으나 출생 시부터 청소년기 후기까지 처리의 속도는 꾸준히 증가하고, 처리 속도 증가는 기억의 절대적 용량의 증가 여부와 상관없이 기억의 기능적 용량을 증가시킨다.

기억 책략은 기초처리 용량보다는 조금 늦게 기억 발달에 기여하기 시작한다. 가장 일찍 나타나는 책략은 생후 2년째부터 존재하지만, 시연이나 조직화, 정교화와 같은 많은 중요한 책략들은 5세에서 7세 사이에 두드러지게 발달한다. 책략들의 질이나 사용 빈도, 상황의 특수성에 맞게 조절하는 유연성과 같은 부분은 아동기 후기와 청소년기까지 계속해서 발달한다.

두 종류의 상위인지 기술, 즉 명시적·사실적 기억 지식과 암묵적·절차적 기억 지식, 은 서로 다른 발달 양상을 보인다. 암묵적 상위인지 지식은 꽤 일찍부터 나타난다. 유아들조차도 여러 상황에서 가끔 자신들의 이해정도를 탐지하고 알고 있는 느낌

표 7.2 발달 시기에 따른 네 가지 기억 측면의 기여도

발달 근원	연령: 0~5세	연령: 5~10세	연령: 10세~성인기
기초 용량	여러 용량이 존재: 연합, 일반화, 재인 등. 5세경에 (이보다 이르지 않다면) 감각기억의 용량이 성인 수준에 이름.	처리 속도 증가.	지속적으로 처리 속도 증가.
책략	소수의 기초 책략들: 명명하기, 가리키기, 선택적 주의하기.	많은 책략의 습득과 사용 증가: 시연, 조직화 등.	모든 책략들의 질이 계속 향상.
상위인지	얼마간의 사실적 기억지식. 소수는 진행 중 수행 감시도 가능.	사실적 기억지식 증가. 진행 중 수행 감시 능력 향상.	명시적·암묵적 지식이 모두 계속 향상.
내용 지식	꾸준한 내용 지식 증가가 알고 있는 분야의 기억을 도움.	꾸준한 내용 지식 증가가 지식을 가진 분야의 기억을 도움. 또한 새로운 책략 학습도 도움.	지속적 향상.

을 갖고 있으며, 이는 이후 수년간 계속 성장한다. 반면에, 명시적 기억 지식은 5세와 15세 사이에 주로 발달하는 것으로 보인다. 이는 아마도 학교를 다니면서 상당량의 임의적 정보를 기억해야 할 필요성이 생기기 때문인 것으로 보인다.

내용 지식은 영아기부터 지속적으로 기억 발달에 기여하는데, 기억량과 기억 내용 모두에 영향을 끼친다. 또한 기초처리 수행이나 새로운 책략 학습 및 상위인지 기억 지식 등의 효율성에도 영향력을 행사한다. 모두 종합하면, 기초처리 능력, 책략, 상위인지, 내용 지식으로 기억 발달의 두 가지 본질적인 요소를 설명할 수 있다: 첫째, 신생아들도 학습능력이 있고 학습한 것을 기억할 수 있다. 둘째, 기억의 효율성은 영아기, 아동기 초기 · 중기, 청소년기에 이르기까지 계속해서 향상된다.

요약

아동들이 법정에서 증언을 요구받는 사례는 점차 증가하고 있다. 아동 증언의 정확성에 대한 연구결과는 질문들이 공정하고 개방적이라면 학령전기 아동들의 회상도 꽤 정확하고 적절하다는 것을 시사한다. 그러나, 편파적이고 편견을 유도하는 질문들은 아동들—특히 학령전기의—로 하여금 일어나지 않았던 사건들조차 보고하도록 유도한다. 정확하고 완전한 기억 보고를 얻어 내려면 면접자들은 중립적 자세로 질문을 하고, 기억을 도울 정도로만 충분히 구체적이어야 한다. 그리고 질문은 필요 이상으로 반복되어서는 안 된다.

네 가지 변화 원인들에 의해서 기억 발달이 일어난다: 기초처리 능력과 용량, 책략, 상위인지, 내용 지식. 연합이나 재인능력과 같은 기초처리 능력과 용량은 생후부터 나타난다. 3개월경이 되면 영아들도 기초처리 능력의 많은 부분을 보여준다. 일반화도 할 수 있고, 사건들의 핵심을 기억하며, 통찰을 갖고 있음도 보여준다. 처리 속도도 아동기와 청소년기에 걸쳐서 증가한다. 작용기억에 보유할 수 있는 부호들의 수는 이 시기에 점차적으로 증가하지만 이런 증가가 기억량의 절대적 증가에 의한 것인지 다른 향상에 의한 것인지는 아직 불분명하다. 아주 어릴 때부터 기초적 기억 처리 능력을 갖고 있음에도 불구하고 대부분의 사람들이 3세 이전에 일어난 일에 대해서는 거의 기억하지 못한다. 이 현상은 '영아기 기억 상실증' 으로 불리는데, 여러 요소들의 조합이 원인인 것 같다. 대뇌의 생리적 변화, 과거 경험에 대해 타인과 이야기하는 방식의 변화, 영아가 정보를 약호화하는 방법과 아동 및 성인이 정보를 인출하는 방식 사이의 불일치 등이 원인인 것으로 보인다.

시연이나 조직화, 선택적 주의와 같이 넓게 적용할 수 있는 기억책략의 사용은 5

세와 청소년기 사이에 급격히 증가한다. 책략을 사용하는 아동은 보통 그렇지 않은 아동보다 더 잘 기억한다. 책략의 질과 책략이 적용되는 상황의 범위에서 나타나는 변화들은 처음 책략들이 사용되었던 시기를 지나면서 계속 일어난다. 또한 아동들은 보통 책략을 사용하기 시작하기 전에 책략을 학습한다. 그러나 이런 훈련을 받은 후에도 아동들은 종종 이후 상황들에서 책략을 사용하지 못하거나 나이든 아동들에 비해 효과적으로 이용하지 못하곤 한다. 이는 책략 사용이 아동들에게 혜택보다는 비용을 더 요구하고, 아동들이 책략 사용과 기억 향상 사이의 관계를 깨닫지 못하기 때문인 것으로 보인다. 전반적으로 책략의 학습은 아동기 중기에서 이후 발달 시기의 기억 발달의 중요 부분을 설명해 준다.

상위인지는 뚜렷한 두 가지 지식을 내포한다: 명시적 그리고 암묵적 지식. 명시적 기억 지식은 의식적이고 구술할 수 있는 것이다. 이는 책략이나 과제, 능력에 대한 사실적 지식들을 내포한다. 이와 달리 암묵적 지식은 무의식적이고 말로 기술할 수 없는 것으로 자신의 이해 정도를 탐지하거나 아는 느낌과 같은 과정들을 포함한다. 암묵적 기억 지식은 유아기부터 나타난다. 명시적 지식은 초기에는 분명하지 않지만 5세와 10세 사이에 꽤 광범위하게 나타난다. 이 두 상위인지 지식의 발달은 전 생애에 걸쳐 계속 진행된다.

내용 지식은 모든 연령에서 기억에 영향을 준다. 내용 지식은 아동들이 더 기억 못할 것도 잘 기억할 수 있게 만들어 줄 수 있고, 책략 학습능력에도 영향을 미치며, 가능성 있는 추론을 이끌어 내도록 돕는다. 그리고, 사건의 순서들을 기억하도록 극본을 구성하게끔 한다. 어떤 상황에서는 내용 지식 하나만으로도 연령이나 경험에 따른 경우보다 더 큰 기억능력의 차이를 만들 수 있다. 체스나 축구처럼 어떤 주제에 대해 전문적인 아동들은 비록 다른 분야에서의 기억력은 평범하다 하더라도, 전문 분야에 대해서는 실로 인상적일 만큼의 기억력을 선보인다. 독특한 특징의 약호화와 활성화 확산의 두 기제가 새로운 정보를 보다 잘 기억하도록 돕는 것 같다.

읽을거리

Bruck, M., & Ceci, S. J. (1999). The suggestibiligy of children' s memory. *Annual Review of Psychology, 50,* 419-439. 아동 목격자 증언의 정확도 및 증언에 영향을 미치는 조건들에 관한 연구들을 종합적으로 고찰한 논문이다.

Kail, R. (1991). Developmental changes in speed of processing during childhood and adolescence. *Psychological Bulletin, 109,* 490-501. 아동기 초기부터 청소년기에 이르기까지 연령에 따라 증가하는 정보처리 속도의 증가에 대한 흥미로운 자료들을 제시한다.

Miller, P. & Seier, W. (1994). Strategy utilization deficiencies in children: When, where, and why. In H. Reese (Ed.), *Advances in child development and behavior* (Vol. 25). New York: Academic Press. 이 리뷰는 아동들이 책략을 사용함에도 불구하고 회상능력을 향상시키지 못하는 놀라운 현상들에 대한 방대한 자료들과 이에 대한 여러 설명들을 제시하고 있다.

Rovee-Collier, C. (1999). The development of infant memory. *Current Directions in Psychological Science, 8,* 80-85. 영아의 기억이 아동 및 성인과 근본적으로 유사하다는 연구결과들을 간략하게 요약한 논문이다.

Schneider, W., & Bjorklund, D.F. (1998). Memory. In D. Kuhn & R.S. Siegler (Eds.), *Handbook of child psychology: Vol. 2. Cognition, perception, & language* (5th ed.). New York: Wiley. 기억 책략뿐만 아니라 비책략적 요소들에 초점을 두어 기억 발달 연구들을 종합적으로 다루고 있는 논문이다.

제 8 장

개념 발달

실 험 자: 지금은 오후 12시고 햇볕이 정말 화창해. 뭘 먹었지만 그래도 너는 지금 아주 배고파서 팬케이크에 시럽하고 오렌지 주스, 씨리얼, 그리고 우유를 먹기로 해. 그러면 이게 점심이 될까?

유치원생: 아니. 왜냐하면 점심에는 샌드위치 같은 걸 먹어야 하는 거거든요.

실 험 자: 그럼 점심으로 씨리얼을 먹어도 되니?

유치원생: 아니오.

실 험 자: 점심으로 팬케이크를 먹을 수 있어?

유치원생: 아니오. 안돼요.

실 험 자: 그래…. 그럼 어떤 게 점심인지 아닌지 어떻게 알 수 있어?

유치원생: 시간이 12시면요.

실 험 자: 지금 12시였는데.

유치원생: 음. 아닌 것 같은데요.

실 험 자: (앞의 이야기를 반복) 그게 점심이야?

유치원생: 아 알겠다. 그건 점심이 아니구요…. 점심으로는 샌드위치를 먹어야 해요.

실 험 자: 다른 걸 먹을 수 있어?

유치원생: 음료수는 괜찮아요. 하지만 아침은 안돼요.

(Keil, 1989, pp.77, 291)

점심에 대한 이 아동의 개념은 성인이나 나이가 더 든 아동과는 판이하게 차이가 난다. 이 차이점에서 무엇을 결론지을 수 있을까? 단순히 전형적인 점심과 점심의 주요한 특징만 혼동하는 것일까? 아니면 개념을 피상적으로만 이해하고 핵심적 의미는 이해하지 못하는 어린 아동들의 전반적 경향을 드러내는 증상이라고 보아야 할까?

개념은 몇 가지 유사한 점을 바탕으로 여러 개체들을 한 단위로 묶는 것이다. 이 유사성은 '개'의 개념처럼 구체적일 수도 있고, '정의'의 개념처럼 아주 추상적일 수도 있다. 개념은 우리가 겪는 경험을 일관된 형태로 조직화하고 직접적 경험이 결여된 상황에서는 추론할 수 있게 해준다. 에스키모가 키우는 말라뮤트(malamutes)를 개라고 말하는 것을 들으면, 아동들은 곧 말라뮤트도 네 개의 다리가 있고 꼬리와 털이 있다는 것을 안다. 또한 개념은 사전 지식을 새로운 상황에 적용하게 함으로써 정신적 노력을 절약하도록 돕는다. 우선 '아기 고양이'에 대한 개념이 생기면, 특정의 야위고 카라멜 색깔의 아기 고양이에게 무엇을 먹여야 할지를 추측하려고 어렵게 생각할 필요가 없는 것처럼 말이다.

개념을 형성하려는 경향성은 인간에게 있어서 아주 기초적인 특성이다. 영아는 생후 첫 한 달동안에도 개념을 형성한다(Haith & Benson, 1998; Quinn & Eimas, 1995). 발달 초기 몇 년 사이에 아동들은 방대한 수의 개념을 습득한다. 미국에서 자라는 5세 아동들이 갖게 되는 개념들을 살펴보자: 탁자, 금, 동물, 나무, 닌텐도, 더러운 자전거, 달리기, 생일, 겨울, 정당함, 시간, 숫자. 이중 어떤 개념은 물체를 포함하고 있고, 다른 개념은 사건들, 아이디어, 활동들뿐만 아니라 존재의 중요한 차원을 내포한다. 어떤 사물은 자연의 일부분이기도 하고 사람들이 특정 목적으로 만들어낸 인공물이기도 하다. 어떤 개념은 전세계의 모든 아동들이 오랜 역사 동안 공유해 온 것이지만, 다른 개념은 20세기 후반의 진보된 산업화 사회에 살고 있는 아동들에게만 특정적으로 나타난다. 어떤 개념은 보편적으로 적용되지만 어떤 개념은 좁은 맥락에만 적용된다.

이 장에서는 두 가지 관점에서 개념 발달을 살펴보고자 한다. 그 하나는 전반적인 개념 표상에 관한 것이고, 다른 하나는 특정 주요 개념의 발달이다(표 8.1).

전체적인 개념 표상이 어떻게 발달하는지에 주안점을 두는 접근은 대부분의 개념을 특정 형태로 표상하려는 것이 인간 마음의 본질이라고 전제한다. 이 접근에서는 개념 표상의 속성이 어떤 것인지가 일차적 관심사이고 특정 개념들의 세부사항은 부차적 관심사이다. 따라서 도구나 가구, 탈것처럼 개념의 특색보다는 개념의 대표성이 더 중요한 사물 개념의 연구가 보편적이다.

만일 인간 마음의 본질이 특정 형태의 표상을 형성하도록 한다면, 그리고 어린 아동들의 마음의 본질이 나이 많은 아동과 근본적으로 다르다면, 이는 어린 아동들의 개

표 8.1 이 장의 개요

I. **전체 개념 표상**
  A. 정의적 세부 특징 표상
  B. 확률적 표상
  C. 이론 기반 표상
II. **주요 개념의 발달**
  A. 시간
  B. 공간
  C. 수
  D. 생물학적 개념
III. **요약**

념이 근본적으로 다를 것이라 가정하게 한다. 예를 들어서, 어린 아동들의 개념이 구체적인 반면 나이가 더 든 아동들의 개념은 추상적인 것이라는 것이다. 상당수의 저명한 발달 이론가들이 이와 같은 표상 발달 가설(representational development hypothesis)을 지지해 왔다. 표 8.2에 그동안 제안된 어린 아동과 나이 많은 아동 사이의 대조를 요약하였다.

또 다른 접근은 선천적으로 주요한 개념의 발달에 중점을 두어왔다. 시간이나 공간, 수, 살아있는 것(living things) 등과 같은 개념들은 세계를 이해하는 데 너무나 기초적이므로 이런 개념들의 발달은 그 자체로도 중요하다. 이런 개념은 칸트나 삐아제와 같은 철학자와 심리학자들의 이론에 있어서 핵심적 역할을 해왔다. 뿐만 아니라 주요 다른 개념과는 다르게 발달하는 것 같다. 대부분의 다른 개념들과 달리, 이 개념은 여러 문화에서 그리고 역사적 시기를 초월하여 보편적이고, 영아기에도 기초적인 형

표 8.2 나이 든 아동과 어린 아동들의 개념의 고전적 특징화

나이 어린 아동 개념의 기술	나이 많은 아동 개념의 기술	이론가들
구체적	추상적	Piaget(1951)
지각적	개념적	Bruner, Goodnow, & Austin(1956)
전체적	분석적	Werner & Kaplan(1963)
주제적	분류학적	Vygotsky(1934/1962)
전반적	특정적	Inhelder & Piaget(1964)

태가 나타나며, 꾸준히 사용된다. 만약 인간에게 어떤 생물학적 기반이 없었다면 과연 이러한 개념들을 학습할 수 있었을지 상상하기가 어렵다. 예를 들어, 사건들이 일어나는 순서를 약호화하는 방법을 모른다면, 어떤 종류의 경험이 이런 약호화를 가능하게 가르칠 수 있을까? 이러한 기초적 개념들에 대한 이해는 발달시기에 급격히 변화하지만, 개념의 핵심은 인간이 타고난 것의 일부분인 것 같다(Spelke, 1994, 2000). 이 장에서는 우선 전체 개념 표상의 발달에 대해서 살펴보고 나서 주요 특정 개념들의 발달에 대해서 살펴보기로 하겠다.

전체 개념 표상

어떻게 개념을 표상할까? 그에 대한 답으로 세 가지 형태의 표상들이 제안되었다—정의적 세부 특징 표상, 확률적 표상, 이론 기반 표상. 이 세 가지 표상의 차이점은 그림 8.1에서 '삼촌' 이라는 개념을 묘사하는 방식에서 살펴볼 수 있다. *정의적 세부 특징 표상*은 사전적 정의와 유사하다. 각 예제가 개념의 일부인지 아닌지를 결정할 수 있을

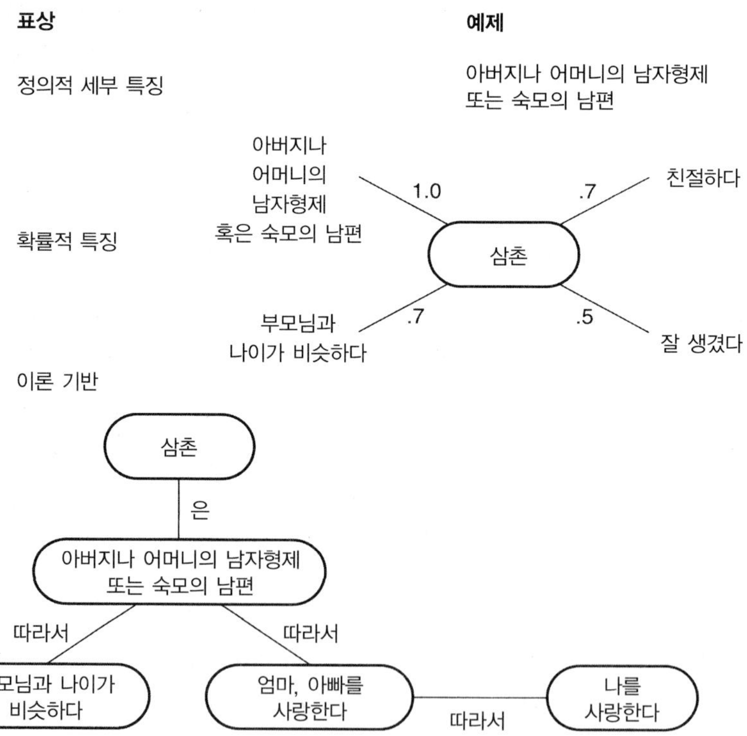

그림 8.1 '삼촌' 의 개념이 정의적 세부 특징, 확률적 혹은 이론 기반 접근에 따라 표상되는 방식.

정도만큼의 필요 충분한 특징들만 담고있다. *확률적 표상*은 백과사전의 항목처럼 항상 존재해야 하는 몇 가지 특징들만 표상하는 데 그치지 않고 대상 개념과 완벽하지 않더라도 상관관계를 가진 다양한 특징들을 표상할 수 있다. (반드시 그런 것은 아니지만) 삼촌이 대체로 조카에게 잘 해주는 경향을 예로 들 수 있다. 마지막으로, 이론기반 표상은 과학 교재의 한 장과 흡사하여 전체 체계의 요소들의 인과관계를 강조한다. 아동의 표상도 이처럼 왜 삼촌은 조카에게 잘 해주는지 혹은 왜 삼촌의 나이가 부모와 비슷한지와 같은 설명을 담고 있다.

그렇다면, 어린 아이들도 이 모든 유형의 표상을 생성할 수 있을까? 앞에서 언급하였듯이 삐아제(Piaget), 비고츠키(Vygotsky), 워너(Werner), 브루너(Bruner)와 같은 저명한 발달 이론가들은 그렇지 않다고 생각했다. 이들이 사용하는 용어들은 다르지만, 모두 어린 아동들은 정의적 세부 특징 표상을 형성하지 못한다고 가정했다. 그럼 이러한 이론의 근거가 된 증거를 살펴보고 과연 그들이 옳았는지 고찰해 보자.

정의적 세부 특징 표상

정의적 세부 특징을 가지고 개념을 표상한다는 것은 과연 무엇을 의미할까? 우선, 개념의 필요 충분 특징들을 알고 있어야 한다. 그리고, 이러한 특징들을 바탕으로 특정 예제가 대상 개념의 해당 예인지를 결정해야 한다.

삐아제, 브루노, 그 밖의 다른 이론가들은 아동들이 사물을 가지고 노는 것을 관찰한 것을 바탕으로 어린 아이들이 정의적 세부 특징 표상을 할 수 없다는 견해를 제시하였다. 이들은 장난감 동물이라든가 자동차, 가구 등의 다양한 물건들을 제시한 뒤 아동이 이 사물들을 어떻게 분류하는지를 관찰하였다. 나이가 더 많은 아동들의 경우는 대개 정의적 세부 특징에 따른 범주들로 사물들을 분류하였다. 즉, 동물은 동물끼리, 자동차는 자동차끼리 모아놓았다. 이와 달리, 전형적인 한 학령전기 아동의 반응은 개와 자동차를 같이 (개들은 차를 타는 것을 좋아하기 때문에), 고양이는 의자와 함께 (고양이들은 의자 위에 웅크리고 있는 것을 좋아하므로), 게임은 선반과 함께(게임들은 보통 선반에 놓여 있으므로) 놓았다. 이와 같은 분류는 Inhelder와 Piaget(1964)로 하여금 전조작기(preoperational stage) 아동들의 개념은 주제적(유사한 활동이나 주제들을 단위로 조직화함) 이고 구체적 조작기(concrete operational stage) 아동들은 분류학적(생물학에서 식물 · 동물을 분류할 때처럼 위계적으로 조직된 범주에 따라 정리)이라 결론짓게 하였다

비고츠키(1934/1962)도 유사한 과제를 사용해서 개념 발달을 연구하였다. 그는 아동들에게 크기 · 색깔 · 모양이 다른 블록들을 주고 비슷한 것끼리 모아보라고 하였

다. 6세 이상의 아동들은 대개 하나의 특질을 정의적 세부 특징으로 선정하였다. 예를 들어, 색깔을 한 그룹의 필요 충분 조건으로 정하여 붉은색 블록끼리 모으고, 초록색 블록끼리 모았다. 이에 비해서 학령전기 아동들은 비고츠키가 연쇄 개념(chain concepts)이라 일컬은 개념을 형성하는 듯 보였다. 이 개념은 각 경우마다 분류의 기준이 바뀌는 것을 말한다. 즉, 몇 개의 빨간 블록을 모으다가 몇 개의 삼각형 블록을 모으다가 다시 초록과 빨강을 모으고, 다시 초록끼리 모으는 것과 같은 방식이다.

이런 관찰 결과, 비고츠키는 아동들이 개념 발달의 세 단계를 거친다는 가정을 하였다. 즉, 아주 초기에는 아동들이 특정 사물들 사이의 관계를 강조하는 주제적 개념을 형성한다. 조금 지나면, 순간적으로 색깔이나 형태처럼 추상적 특성을 기준으로 분류하지만 곧 이를 잊고 분류 기준을 바꾸는 연쇄 개념을 갖게 된다. 좀 더 지나 학령기에 이르면 안정적이고 필수적이고 필요 충분한 특징들을 기반으로 진정한 개념을 형성하게 된다.

평가. 정의적 세부 특징 견해는 학령전기 아동들의 개념 이해도에 대해 몇 가지 새로운 발견을 하였다: 아동들은 일관된 한 특성에 따라서 사물들을 분류하지 못한다. 또, 종종 사물들의 범주 관계가 아니라 사물들이 서로 어떻게 관련 있는가에 따라서 사물들을 배열한다. 그리고 성인과는 다른 관계의 측면에 관심을 갖는다.

하지만, 어린 아동들의 개념이 성인이나 나이 많은 아동들의 그것과는 근본적으로 다르다는 이론적 주장을 폭넓게 수용해야 할까? 그렇지는 않다. 많은 연구들이 어린 아동들도 나이 많은 아동들과 같은 유형의 개념을 형성할 수 있음을 일관적으로 보여주었다. 그 한 예로, Bauer와 Mandler(1989a)는 1살 된 아동도 분류학적 개념을 형성하는 것을 발견했다. 이들은 아동들에게 세 가지 사물을 제시하였다. 목표 사물을 중앙에 놓고, "이거 보이니? 이거랑 비슷한 다른 거 찾아줄 수 있어?" 라고 물었다. 나머지 두 물체 중 하나는 목표와 주제적으로 연관된 것이었고 다른 하나는 분류학적으로 관련된 것이었다. 예를 들면, 가운데 놓인 물체는 원숭이고 이와 함께 분류학적으로 관련된 곰과 주제적으로 관련된 바나나를 제시하였을 때, 1살 된 아동도 85%의 시행에서 분류학적으로 관련된 물건들(원숭이와 곰)을 유사한 것으로 골랐다.

한 살짜리도 분류학적 관계를 이해할 수 있다면 어째서 4~5세 아동들은 이를 이해할 수 없는 것으로 관찰되었을까? 아동의 관심사와 능력을 혼동한 것이 그 한 이유이다. 어린 아동들은 개를 곰보다는 플라스틱 원반(frisbee)과 함께 분류하는데, 이는 개와 플라스틱 원반 사이의 관계가 더 흥미롭기 때문이다. 이러한 해석을 뒷받침하는 Smiley와 Brown(1979)의 연구는 학령전기 아동들이 주제적으로 사물을 분류하더라도 분류학적 관계에 대한 설명을 완벽하게 할 수 있음을 발견하였다. 다른 연구들도 학령전기 아동들이 주제적 범주와 분류학적 범주를 유연하게 사용하는 것을 보고하여 왔다. 이러한 연구들은 아동들이 특정 개념을 사용하는 것은 과제가 주어지는 맥락(Blaye & Bonthoux, 2001)이나 과제 지시문의 속성(Waxman & Namy, 1997) 등에 따라 달라진다고 제안한다. Cole과 Scribner(1974)도 아프리카의 부족민들에게서 관찰한 유사한 결과를 보고하였다. 이들은 부족민들에게 "멍청한 사람은 이걸 어떻게 할까요?"와 같은 질문을 함으로써 부족민들에게서 표면상으로 보이는 것보다 정교한 분류 방식을 갖고 있음을 관찰해 낼 수 있었다. 이는 부족민들과 아동 모두 관련 개념은 지니고 있지만 특정 상황에서 이를 적용하지 않을 수 있음을 보여준다.

어린 아동들에 대한 잘못된 인상에 기여한 또 다른 요인은 개념 이해에서 내용 지식이 담당하는 역할을 과소평가한 것이다. 비록 어린 아동들도 정의적 세부 특징을 가지고 개념을 표상하지만 아이들은 많은 개념들의 정의적 세부 특징을 아직 잘 모른다. 5세와 9세 아동에게 특정 사물을 묘사하는 두 이야기를 들려주고, 이 사물이 특정 개념의 예가 될 수 있는지를 물었던 실험을 살펴보자(Keil & Batterman, 1984). 표 8.3에 제시되었듯이, 한 이야기는 사물과 관련된 다양한 특징들을 포함하고 있지만 정의적 세부 특징은 담고 있지 않았다. 반면에, 다른 이야기는 정의적 세부 특징을 포함하지만 관련된 특징들은 없었다.

9세 아동은 전반적으로 정의적 세부 특징들에 중점을 두어 표 8.3의 윗부분에 제시된 이야기는 섬을 묘사하지 않고, 아래의 이야기가 섬을 묘사한다고 답하였다. 5세 아동의 수행은 어떤 면에서는 이와 유사했고 또 어떤 면에서는 좀 달랐다. 5세들은 9세만큼 정의적 세부 특징에 의존적이지 않았다. 친숙한 개념인 '강도'와 같은 경우에는 5세들도 정의적 세부 특징에 의존하였는데 상대적으로 새로운 개념인 '택시'와 같

표 8.3 Keil과 Batterman(1984)에서 사용된 이야기들

특징을 포함하지만 정의적 세부 특징 결여
손가락처럼 튀어나온 땅덩어리인 장소가 있어. 코코넛과 야자 나무들이 그곳에서 자라고, 항상 날씨가 따뜻해서 소녀들은 머리에 꽃을 달기도 해. 한쪽만 빼고는 모든 면에 물이 있어. 이게 섬일까?
정의적 세부 특징은 있으나 관련 특징 결여
이 땅덩어리에는 아파트들이 있고, 눈도 있는데 초록색으로 자라나는 것은 없어. 이 땅덩어리는 물로 모든 면이 둘러 싸여 있어. 이게 섬일까?

은 경우에는 그렇지 않았다(작은 마을에서 연구가 이루어졌기 때문에 택시라는 개념이 생소했다). 이를 통해 우리는 어린 아동도 정의적 세부 특징을 표상할 수 있지만 특정 개념의 정의적 세부 특징 지식이 연령과 더불어 증가함을 볼 수 있다.

확률적 표상

아리스토텔레스 때부터 최근까지, 대부분의 개념들은 정의적 세부 특징을 갖고 있는 것으로 간주되어 왔다. 성인이나 아동이나 처음에는 정의적 세부 특징들을 모르더라도 곧 알게 되어 있다는 것이다. 그러나 오늘날 철학자들 사이에 통용되는 견해는 대개의 개념들이 정의적 세부 특징을 갖고 있지 않다는 것이다. '의자' 를 예로 살펴보자. 얼핏보면 의자는 '네 다리로 되어 있고 앉는 것에 사용되는 한 사물' 이라는 세부 속성들을 갖고 있는 듯 보인다. 그렇다면 방석 의자(beanbag chairs: 큰 쿠션 같은 의자)들처럼 다리가 없는 것은 어떠한가? 현대 미술관들에 있는 의자들처럼 앉는 것을 주 목적으로 만들어지지 않은 것은 또 어떠한가? 이러한 상황은 '게임' 이나 '자비' 와 같은 복잡한 용어들의 경우에 더 심각해진다. 이런 개념들의 경우에는 정의적 세부 속성이 무엇인지 상상하기조차 어려울 정도다.

이처럼 정의적 세부 특징을 확인하기 어렵다는 사실은 성인이나 아동 모두 몇 개의 정의적 세부 특징을 바탕으로 개념을 형성하기보다는 다양한 특징 간의 확률적 관계로 개념을 표상할 것이라는 가능성을 시사한다. Eleanor Rosch, Carolyn, Mervis와 그들의 동료들이 이러한 견해를 바탕으로 호소력 있는 이론을 발전시켰다. 마치 가족들이 그렇듯이 개념의 예제들 또한 서로 다양한 방식으로 각기 다양하게 닮아있다. 모두가 공통으로 갖고 있는 일련의 특징따위는 없다는 것이다. Rosch와 Mervis의 이론은 네 개의 핵심적 요소를 중심으로 세워졌다—단서 타당도, 기초 수준 범주, 특징 간의 상관관계, 원형.

단서 타당도(cue validities). 사물들이 어떤 한 개념의 예인지 다른 개념의 예인지를 아동들은 어떻게 결정할까? Rosch와 Mervis(1975)는 아동들이 단서 타당도를 비교하여 이러한 결정을 내린다고 제안하였다. 즉, 어떤 사물의 특징이 다른 개념들에 비해 한 개념에 상대적으로 나타나는 빈도나 정도를 근거로 이 사물이 그 개념의 예제인지 아닌지를 결정한다는 것이다. 예를 들어서, '날 수 있다' 라는 특징이 어떤 사물이 새일 가능성을 높이는 것은 새들이 날 수 있는 빈도뿐만 아니라 다른 것들이 날 수 없는 빈도에 비례한다는 것이다. 대개의 새들은 날 수 있기 때문에(물론 다 그런 것은 아니지만), 그리고 대부분의 다른 것들은 날 수 없기 때문에(다 그런 것은 아니지만),

난다는 것은 어떤 대상이 새일 것이라는 타당도 높은 단서가 된다.

단서 타당도의 개념은 정의적 세부 특징 접근으로는 설명하기 어려웠던 현상—어떤 예제들이 다른 것들에 비해 그 개념을 더 잘 대표하는 예제들인 현상—을 확률적 접근을 통해 설명한다. 정의적 세부 특징 접근에 따르면, 개똥지바귀(robin)나 타조 모두 새가 되기에 적절한 필요 충분 특징들을 갖고 있다. 그런데 개똥지바귀가 타조보다 새의 개념을 더 잘 대표하는 예로 보인다. 확률적 접근은 한 개념을 더 잘 대표하는 것으로 보이는 예들은 그 예들의 특징들이 대상 개념에 대해 보다 높은 단서 타당도를 갖고 있기 때문이라고 설명한다. 이때문에, 개똥지바귀의 색깔, 크기, 날 수 있는 능력 등이 새를 대표하는 보다 타당한 단서들이므로 사람들은 개똥지바귀가 타조보다 새를 더 잘 대표하는 예라고 보는 것이다.

개념을 형성하는 데 고려되는 단서들은 발달 과정에서 상당부분이 바뀐다. 생후 몇 개월 안 된 영아들도 단서 타당도에 이미 민감하지만 초점을 두게 되는 단서의 종류는 연령과 경험에 따라서 변화한다. 처음에는 주로 잘 보이고 잘 들리는 특징에 많은 주의를 기울이지만, 경험이 증가하면서 보다 추상적인 특징에 대한 주의가 증가한다(예, Eimas & Quinn, 1994; Madole & Cohen, 1995). 영아들이 개나 달리는 것 같은 범주는 형성하지만 도구라든가 정당성 같은 범주를 형성하지 못하는 것은 이러한 이유에서이다.

비록 초기에는 지각적 단서에 주목하지만, 단지 지각적 특징에만 국한되어 있지는 않다. 생후 일년동안에도 영아들은 사물 간의 인과적 속성이나 기능적 속성에 대한 지식을 가지고 있고 이를 범주화에 이용한다(Mandler, 2000; Mandler & McDonough, 1993). 인위적 색깔들로 칠해진 장난감 동물에 익숙해진 아동들은 비슷한 색으로 페인트 칠한 의자를 보면 관심을 보인다(Pauen, 2002). 이처럼 영아들은 아주 어린 나이부터 발달하고 있는 개념적 지식을 이용하여 생물-무생물(animate-inanimate)과 같이 범주를 형성하는 것으로 보인다.

기초 수준 범주(basic-level categories). Rosch, Mervis, Gray, Johnson, & Boyes-Braem(1976)은 한 범주의 항목들은 반드시 다른 범주의 항목이라는 면에서 많은 범주들이 위계적임을 발견하였다. 이러한 위계는 보통 세 수준을 포함하고 있다(표 8.4): 보편적인 수준(상위 수준), 특정 수준(하위 수준), 그리고 이들의 중간(기초 수준). 기초 수준은 단서 타당도가 가장 최적화된 수준이다. 예를 들어 '의자'는 다리, 등받이, 좌석들 중에서 가장 단서 타당도가 높은 부분들을 포함하므로 기초 수준 범주이다. '가구'와 같은 상위 범주는 상대적으로 단서 타당도가 높은 특징들이 없

표 8.4 상위 · 기초 · 하위 범주 구성원들의 예

상위 수준	기초 수준	하위 수준
가구	탁자	침대 옆 탁자
동물	새	카나리
음식	채소	아스파라거스
도구	망치	Tack 망치
탈것	자동차	티코

다. 어떤 가구들은 다리가 있기도 하고 없기도 하며, 어떤 것들은 앉을 수 있지만 어떤 것들은 그렇지 않다. 반대로, '부엌 의자'와 같은 하위 범주는 기초 수준 범주의 모든 특징들을 공유하지만, 기초 범주의 다른 항목들과 변별할 수 있는 명확한 특징이 없다. 그렇다면, 부엌 의자와 식탁 의자를 구분하는 명확한 특징은 무엇일까? Rosch 등은 기초 수준 범주가 상위 범주나 하위 범주보다 더 근본적인 분류체계라고 결론지었다.

기초 수준 범주가 실제로 가장 기초적이라면 아동들은 하위범주나 상위범주보다 기초범주를 먼저 습득할 것이다. 이는 습관화 과정(habituation procedure)을 이용한 영아 실험에서 검증되었다. 우선 영아들이 덜 바라보게 될 때까지 기초 수준 범주의 항목을 반복해서 보여준다. 그러고 나서 영아에게 같은 기초 수준 범주의 다른 항목을 보여주거나 기초 수준 범주는 다르지만 상위 범주가 같은 항목을 제시한다. 예컨대, 말을 반복적으로 제시한 이후에 기린을 보여주거나 다른 종류의 말을 보여준다.

3개월에서 9개월 된 아동들은 기초 수준 내의 다른 항목을 제시받았을 때 일관되게 탈습관화(dishabituate)하였다(Colombo, O' Brien, Mitchell, Roberts, & Horowitz, 1987; Quinn, Eimas, & Rosenkrantz, 1993; Roberts, 1988). 예컨대, 말 그림을 반복적으로 제시한 후 보여준 비슷한 크기의 기린, 얼룩말, 혹은 고양이 그림에 탈습관화되었다(Eimas & Quinn, 1994). 그러나, 유사한 방법으로 영아들이 보다 보편적인 범주도 형성할 수 있음이 제시되었다(Behl-Chadha, 1996). 여러 종류의 포유류를 보고 난 후, 3~4개월 된 아동들은 새나 물고기 또는 가구와 같은 항목에는 탈습관화되었지만 다른 포유류를 보았을때는 그렇지 않았다. 그러므로, 영아들은 기초 수준 범주뿐만 아니라 보다 보편적인 상위 범주도 형성할 수 있는 것으로 보인다.

비록 기초 수준 범주들이 초기 개념 이해에 있어서 중요한 역할을 하고 있기는 하지만 몇몇 특정 범주들은 어른들이 기초적이라고 여기는 것과는 상당히 다른 면모를

보인다. 좀 더 자세히 기술하면, 한 살 된 아동들이 '공' 이라고 부르는 사물들은 종종 둥근 양초, 둥근 동전 저금통, 다면적인 구슬 등이다. Mervis(1987)는 이를 *아동-기초 범주(child-basic categories)*라고 명명하였다. '아동 기초' 의 특징은 표준 기초 범주(standard-basic categories)와는 종종 다르지만 Mervis는 이 범주들이 형성되는 원리는 동일하다고 주장하였다. 아동이나 성인이나 모두 유사한 모양새로 유사한 기능을 수행하는 사물들을 기초 범주에 포함시킨다. 아동범주가 성인범주와 다른 것은 흥미를 느끼는 기능이나 모양새가 연령에 따라 다르기 때문이다.

그러면 아동들은 어떻게 아동 기초 범주에서 표준 기초 범주로 옮겨가는 것일까? 지각적 중요도는 떨어지더라도 기능적으로 중요한 속성이 담당하는 역할을 이해하게 되면서 변화하는데, 이것은 매우 중요하다(Tversky, 1989; Tversky & Hemenway, 1984). 예를 들면, 아동들은 초기에는 둥근 동전 저금통에 구멍이 있다는 것이나 둥근 양초에는 심지가 있다는 것을 무시하고 지각적으로 보다 두드러진 둥근 모양에 초점을 둔다. 일단 아동이 저금통의 구멍과 심지의 목적을 이해하게 되면 개념적 구분은 보다 이해하기가 쉬워진다. 이러한 해석에 맞게 실험자가 지각적으로 미묘하지만 범주 구성원이 되는 중요한 속성을 확인시켜 주고 이 속성들의 중요성을 설명해 주면 두 살 된 아동들도 아동 기초에서 표준 기초 범주로 옮겨갈 수 있다(Banigan & Mervis, 1988).

특징들 간의 상관관계(correlations among features). 개념 이해는 개인 특징들의 단서 타당도를 아는 것 이상이다. 특징들 간의 상관관계 또한 필수이다. 세상에 있는 사물들의 특징들은 무작위로 분포되어 있다기보다 서로 덩이로 묶이는 경향이 있다. 땅위를 미끄러져 다니는 것들은 대체로 비늘이 있고 길고 가는 편이며 자연상태에서 보기가 어렵다는 것 등이다. 다행스럽게도 10개월 된 영아들도 특징들 간의 상관관계에 주목하고 새로운 개념을 형성하는 데 이 상관관계를 능숙하게 이용한다(Younger, 1990, 1993).

원형(prototypes). Rosch와 동료들은 네 번째 주요 개념으로 원형을 꼽았다. 원형은 개념의 가장 대표적인 항목을 이른다. 즉, 가장 높은 단서 타당도를 가지고 있는 예제들이다. 래시(Lassie)는 개를 보편적으로 가장 잘 대표하는 형질(크기, 모양, 짖는 소리처럼)을 지니고 있으므로 원형적인 개이다.

생후 3개월밖에 안 된 영아도 원형의 형태를 추출한다. Bomba와 Siqueland(1983)는 3~4개월 된 아동들에게 정삼각형 같이 점들을 이용해 원형에서 무작위로 변형시킨 다양한 패턴을 제시하였다(그림 8.2). 이 실험의 초기 단계에서 영아들은 원형을 전혀

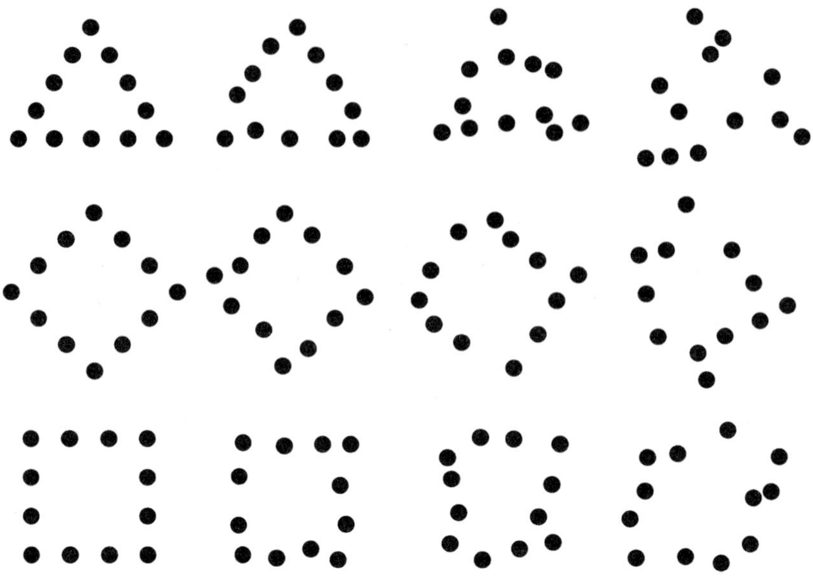

그림 8.2 가장 왼쪽, 위에서 아래가 원형적인 삼각형, 마름모, 그리고 네모들이다. 각 열에는 점차적으로 변형된 버전의 원형들이 왼쪽에서 오른쪽으로 제시되어 있다(after Bomba & Siqueland, 1983). Copyright 1983 by Academic Press, Inc. Reprinted from Bomba P. C., & Siqueland, E. R. The nature and structure of infant form categories, Journal of Experimental Child Psychology, 35, 294–328, Copyright 1983, with permission from Elsevier.

보지 않았다. 그러나 패턴들을 제시하자(그림 8.2의 오른쪽 세 개의 모양들) 영아들은 마치 원형을 본 것처럼 행동하였다. 원형을 원형과 다른 형태들과 함께 제시했을 때 영아들은 원형보다는 패턴을 보는 것을 선호하였고 원형은 마치 이전에 자주 보았던 것이어서 지루하게 여기는 것처럼 행동하였다. 시간이 지나면서 특정 점 형태들에 대한 기억이 감소하고 일반적 개념만 남게 되었을 때 3~4개월 영아들은 원형(본 적은 없지만 기억하고 있는)보다 이전에 본 적이 있는 모양들에 더 흥미를 보였지만 분명히 기억하고 있지는 않았다. 나이가 더 든 아동들과 성인들은 실제로 원형을 본 적이 없었고 단지 본 패턴들에서 원형을 유추해 내었을 뿐이었음에도 불구하고 원형을 본 적이 있는 것과 같은 행동을 자신 있게 하였다(Bransford, 1979).

평가. 개념 표상이 확률적 특징을 바탕으로 한다는 견해는 설득력이 있다. 생후 첫 해에도 영아들은 원형을 추출해 내고, 기초 수준 범주를 형성하며, 단서 타당도와 특징들 간의 상관관계에 주목한다. 발달하면서 점차 상위 및 하위 수준 범주의 수도 증가하고, 아동-기초 범주에서 비롯된 개념들을 아동-기초 범주에서 표준-기초 범주로 전환시키고, 보다 복잡하고 미묘한 상관관계 형태들에 민감해지게 된다.

그러나 확률적 특징 접근법에도 미흡한 부분이 있다. 정의적 세부 특징 접근과 마찬가지로 무엇이 특징을 구성하는가에 대한 설명이 모호하다. 예를 들어, '아름다운 얼굴' 이란 개념을 구성하는 특징은 무엇인가? 그러한 특징은 분명 어떤 머리 색이나 어떤 눈모양, 입술이 어떤 각도로 곡선을 형성하는지, 코는 어떤 형태인지 등과 같은 것들보다 더 복잡하다. 그리고 이처럼 확실한 속성보다 중요한 것은 이들 특징이 어떤 관계를 맺고 있으며 서로 어떻게 조화를 이루는가이다. 그러나 대개의 아름다운 얼굴이 독특하게 느껴지는 것처럼, 특징 간의 조화가 확률적인지는 불분명하고, 이런 조화 자체가 개념 표상에 유용한 특징을 제공하는지도 분명치 않다.

위의 것과 관련된 또 다른 허점은 아동들이 친숙하지 않은 사물이나 사건들의 특징 중에서 어떤 것들을 약호화하고 어떤 것들은 무시해야 하는지를 결정하는 방법을 구체화하지 못한다는 점이다. 3장에서 논의하였듯이 약호화해야 할 대상 특징을 결정하는 것은 매우 어렵다. 그런데 아동들이 중요한 특징들과 관계들을 약호화하지 않는 이상 이 특징들의 단서 타당도를 학습할 수는 없는 것이다.

몇몇 연구자들은 영아들과 아동들이 무엇이 중요한지를 안내해 주는 암묵적 이론을 통해서 관련 특징들을 약호화하는 데 도움을 얻고 있다고 한다(R.Gelman & Williams, 1998; Wellman & S.Gelman, 1992, 1998). 이제 그와 같은 이론을 살펴본다.

이론 기반 표상

다음의 것들이 공통으로 가지고 있는 개념은 무엇인가: 아동, 이동용 텔레비전, 귀금속, 사진첩. 답을 듣기 전에 이 질문은 이상하게 보일 것이다. 답은 집에 불이 났을 때 가장 먼저 들고 나올 것들이다. 아직도 이 개념이 이상한가(Barsalou, 1985).

이 예가 제시하듯이 개념에는 특징들 간의 상관관계나 정의적 세부 특징을 넘어서는 다른 무언가가 더 있다. 개념은 세상이나 개체 간의 관계에 대한 이론적 신념을 통합하고 있다. 이러한 이론적 신념은 새로운 정보에 대한 우리의 반응에 영향력을 행사한다. 이러한 영향을 이해하려면 '오늘 오렌지 바퀴를 단 자동차를 보았어.' 라는 문구에 대한 반응과 '오늘 네모난 바퀴가 달린 자동차를 보았어.' 라는 문구에 대한 반응을 비교해 보라. 둘 다 새로운 상황이어서 오렌지 바퀴나 네모난 바퀴에 대한 단서 타당도를 계산하거나 특징 간의 상관 관계를 산정할 기회는 없었을 것이다. 둘 중 하나가 더 원형적이지도 않다. 그럼에도 불구하고 우리가 지닌 이론적 신념은 두 문구에 대해 다른 반응을 하도록 만든다. 자동차가 오렌지색 바퀴를 달고 있다고 들으면, 차주인이 히피거나 장난끼 많은 사람이고 차의 나머지 부분도 아마 밝은 색으로 칠해져 있을 테지만 차의 기능 자체는 정상일 것이라는 추론을 하게 된다. 자동차가 네모난 바퀴를 달고 있다고 하면, 차가 움직일 수 없을 것이고, 정상적으로 기능하지 못하도록 만들어졌고, 어쩌면 놀라움을 유발하려 만들어진 조형물일지도 모른다는 추론을 하게 한다. 이 같은 추론은 자동차가 작동하는 원리나 사람들이 왜 이상한 행동을 하는가에 대한 일종의 사람들의 비공식적 이론을 반영한다.

Keil(1989, 1994)은 이런 비공식적 이론들이 개념 발달에서 담당하는 역할에 관하여 통찰적인 이론을 제안하였다. 다음은 그가 제안한 주요 원리의 일부다.

1. 대개의 개념은 개념내 부분들 간의 관계나 다른 개념과의 관계를 설명하는 것을 포함하고 있다는 점에서 부분적으로 이론들이다.
2. 이론들은 인간의 연합 지식과 동떨어진 것이 아니라 복잡하게 얽혀 있다.
3. 이 이론 내에서 가장 기초적인 것은 인과관계이고 다른 종류의 관계들보다 더 유용하다.
4. 위계적 관계 또한 매우 유용한 정보를 제공한다.

이런 가정들의 중요성은 가상적 상황을 통해서 설명할 수 있다. 예컨대 한 소녀가 "왜 야크들은 세 개도 다섯 개도 아닌 네 개의 다리를 가지고 있나요?" 라는 질문을 받았다고 하자. 소녀는 네 개의 다리는 쌍으로 움직일 수 있어서 야크들이 상대적으로 보다 빨리 달릴 수 있게 해주면서 균형을 유지할 수 있게 해준다고 대답할 수 있다. 이런 대답은 아동이 가진 이론적 이해가 정의적 세부 특징이나 확률적으로 관련된 특징을 넘어서서 세상에 대한 이치를 설명하도록 해주고 있음을 시사한다. 또한 이 대답은 네 발 달린 다른 동물들이 달리는 것에 대한 구체적 기억과 달리는 것 자체가 어떻게 작동되는지에 대한 비공식 이론을 반영하고 있어서 연합 지식과 이론적 신념 사이의 관계를 잘 나타내준다. 뿐만 아니라, 아동이 동물에 관한 보편적 지식을 특정 동물인 야크에게 적용할 수 있다는 사실은 개념들을 위계에 따라 정리하는 것의 유용성을 입증해준다.

성인이나 나이 든 아동뿐만 아니라 어린 아동들의 개념에서도 이러한 이론적 이해는 나타난다. 물론 모든 연령에서 이해의 양상이 같지는 않다. 이론적 신념의 정확도와 내부 연관성 및 이론적 신념에 의존하는 빈도 등은 발달과 더불어 증가한다. Keil (1989)은 모든 연령대에서 개념이 이론적 연관성과 개별 사실적 정보를 모두 내포하고 있다고 가정하였다. 그러나 이론이 점차 정교화됨에 따라 보다 넓은 범위의 사실적 정보를 설명하게 된다고 하였다.

사람들은 다양한 비공식 이론들을 생성하지만, 소수의 '핵심 이론' 만이 특별한 중요성을 지닌다(Wellman & S. Gelman, 1992, 1998). 특히, Wellman과 Gelman은 세 개의 핵심 이론이 선천적으로 발달한다고 하였는데 이 세 이론은 무생물(순진한 물리학), 생물(순진한 생물학), 인간의 마음(순진한 심리학)에 관한 것이다. 이러한 핵심 이론은 세상에 대한 상당 부분의 지식을 조직화하는 것으로 알려져 있고, 더 많은 지식을 습득하도록 돕는다. Wellman과 Gelman(1998)이 주목하였듯이, 이 세 영역은 기본 생존에 핵심일 뿐만 아니라 타인이나 물리적 환경과의 일상적 상호작용에도 매우 중요하다.

> 타인에 대한 지식은 사회적 관계를 협상하거나 짝짓기와 육아처럼 중요한 과제들을 가능하게 한다. 동식물에 관한 지식은 음식을 모으거나 천적을 피하고 건강을 유지하도록 촉진하며, 자연 사물에 관한 지식은 자기 자신이나 다른 물질적 활동, 도구의 창조와 사용 등이 미치는 영향을 예측하도록 한다(Wellman & Gelman, 1998, p. 524).

핵심 이론의 두드러진 특징 중의 하나는 작용하는 인과관계의 종류가 다르다는 것이다. 다음의 질문 "왜 X가 움직였나요?"에 X가 자갈이거나 물고기 또는 사람인지에 따라 어떻게 답할지 생각해 보라. 자갈이나 무생물체라면 다른 움직이는 물체와 어떤 물리적 접촉을 하였는가를 인용함으로써 움직임을 설명하려 할 것이다. 다음처럼 말이다. "자갈이 트럭에 깔려서 도로 반대편으로 튀었다." 물고기나 다른 생물체라면 움직임을 설명할 때 움직임이 그 종에 제공해 주는 기능에 따라 설명하려 할 것이다. "새들은 겨울에 따뜻하게 지내려고 남쪽으로 날아간다."처럼 말이다. 대상이 사람이라면 "그 소년은 CD를 사려고 가게에 갔다."처럼 개인의 목표에 따라 움직임을 설명할 것이다.

아동들은 언제 핵심 이론을 갖게 되는 것일까? Spelke(1994)는 영아들이 무생물에 관한 기초적 이론—물리학 이론이라고 명명한—을 가지고 삶을 시작한다고 가정하였다. 이 이론은 세상이 일정하고 경계가 있으며, 내용을 지니고, 다른 물체가 건드렸을 때만 움직이며 시간과 공간상에서 연속적으로 움직이는 물리적 물체들로 구성되어 있다는 것을 내포한다. 그 뒷받침으로 4개월 된 아동들이 도개교(drawbridge)가 단단한 다른 사물을 통과하여 움직일 때 놀라움을 보인 Baillargeons(1987, 1994)의 발견을 들었다(2장). 또한 4개월 된 아동들이 물체들이 한 지점에서 다른 지점으로 중간 지점을 거치지 않고 뛰어넘는 것을 보고 놀라거나 명백히 독립적인 물체들이 함께 움직임을 시작하고 멈추는 것을 보고 놀란 그녀 자신의 발견도 그 증거로 제시하였다(Spelke et al., 1992).

Wellman과 Gelman(1998)은 18개월경에 심리학 이론(theory of psychology)이 처

음 등장하고, 2~3세경에 생물 이론(theory of biology)이 처음 나타나기 시작한다고 제안하였다. 하지만 영아들조차도 무생물, 사람, 생물의 차이에 대해 어느 정도 인식하고 있다. 예를 들면, 5~8주밖에 안 된 아동들도 다른 사람이 하는 입모양의 움직임(혀를 내밀거나 입을 넓게 벌리는 것처럼)을 모방하지만 다른 무생물이 만들어 내는 유사한 움직임들—'혀' 같은 것을 내미는 튜브라든가 한쪽으로 열 수 있는 '입'을 가진 상자—을 모방하지는 않는다(Legerstee, 1991). 또 영아들은 어떤 힘의 작용 없이 무생물이 움직이는 것을 보면 놀라지만 사람이 움직일 경우에는 놀라지 않는다(Spelke, Phillips, & Woodward, 1995).

그렇다면 어느 시점에 이러한 지식들이 '이론'을 구성하게 되는 걸까? 아동의 생물학적 개념을 소개하는 다음 부분에서 이를 다루어 보겠다.

평가. 개념 발달에서 이론지향적 접근법은 광범위하고 유망하다. 개념들의 핵심은 관계적이고, 인과 관계는 특히 결정적이다. 아동들은 이런 인과관계에 생후 초기부터 주목하는 것으로 보인다. 인과관계를 아는 것은 아동이 어떤 상황에서 가장 관련된 정보를 약호화하도록 돕는다. 또한 인과관계 지식은 추론을 이끌어내고, 일반화하고, 경험을 이해하도록 한다.

이 접근은 그러나 답할 수 있는 만큼 많은 의문을 불러일으킨다. 그 제한점의 하나가 이론으로서의 자질에 대한 정의가 모호하다는 것이다. 물리학자의 물질 이론은 일반 성인의 그것과는 판이하게 다르고, 아동의 그것과도 다르다. 과학적 이론에서는 내적 일관성, 경제성, 형식화가 중요한 자질로 여겨진다. 그러나 이중 어느 하나도 영아와 아동이 가진 개념과 공통된 부분이 없다. 핵심 이론을 비핵심 이론과 대별하고자 할 때 이와 유사한 문제가 또 발생한다.

이론이 되기 적합한 것이 무엇이냐, 핵심 이론이 되려면 무엇을 갖추어야 하는지에 대한 모호성은 여러 연구자들이 '이론'이라는 용어를 다양한 방식으로 사용하도록 만들었다. Carey(1985)는 아주 어린 아동들은 단지 두 개의 이론—물리학 이론과 심리학 이론—을 지니고 있다고 제안하였다. 아동들은 결국에는 이 두 이론을 약 12개의 이론들, 대학에서 다뤄지는 주요 전공분야들에 상응하는 물리학, 화학, 생물, 심리학, 경제학 등으로 구별하게 된다고 제의하였다. 반면에 Keil(1989)은 개념은 전반적으로 이론적이며 어린 아동들도 셀 수 없이 많은 이론들을 갖고 있다고 주장하였다. 이해가 어느 시점에서 이론으로 여겨지는지, 그리고 언제 '핵심' 이론으로 되는지에 대한 분명한 구체화 없이는 이와 같은 논쟁은 피할 수 없을 것이다.

이런 어려움이 있기는 하지만 이론 기반 표상에 따라 개념을 보는 것은 개념 발달에 꽤 유망한 접근이다. 많은 문제점이 해결되어야 하지만 개념 이해에서 인과관계의 역할을 강조하는 이 접근은 상당히 직관적으로 보인다. 경험을 설명하고자 하는 경향은 인간에게 있어서 기본적인 속성이며, 우리가 형성하는 크고 작은 개념들의 중심적 역할을 담당한다.

요약. 아동의 개념 표상에 대해서 어떤 결론을 내릴 수 있을까? 아주 어린 나이에서부터 아동들은 위에 논의된 세 가지 방식—정의적 세부 특징, 확률적으로 관련된 특징, 비공식 이론—으로 개념을 표상할 수 있다. 그러나 아동들의 개념 이해에서 어느 유형의 표상이 두드러지는지는 변화한다. 특히, 아동들이 개념을 형성하는 초기에는 개념과 특징 사이에 확률적 관계가 큰 역할을 담당한다. 초기에 몇몇 개념들과 이후 다른 개념들에 대해서 아동들은 개념내 다양한 측면이나 관련된 개념들과의 인과관계를 포함하는 간결한 이론을 형성한다. 결국에는 정의적 세부 특징 모델에 적합한 개념의 경우 아동들은 정의적 특징과 특질적이기만 한 특징을 구분하게 된다.

주요 개념의 발달

몇몇 개념들은 중요하고 보편적이어서 특별한 주의를 기울일 가치가 있다. 이런 개념들은 모든 문화권의 아동들에게서 발달하고 아마도 역사상 모든 시기에 보편적으로 발달하였을 것이다. 이 개념들의 근원은 모두 발달 초기에 있다. 그리고 이 개념들은 모두 주변 문화의 영향을 반영한 방식에 따라 발달된다. 이 개념들 중 특별히 중요한 것은 시간, 공간, 수, 그리고 살아있는 것과 같은 기초적 생물학적 개념이다.

시간

시간의 개념은 경험적인 면과 논리적인 측면을 모두 내포한다. 경험적 시간은 사건의 순서와 기간에 대한 우리의 주관적 경험을 이른다. 논리적 시간은 논증을 통해 추론할 수 있는 속성을 지칭한다. 다른 사건보다 먼저 시작해서 더 일찍 끝나는 사건은 더 짧은 시간이 걸렸을 것이다.

경험적 시간(experiental time). 사건들이 일어나는 순서에 대한 감각이 없이는 세상은 이해하기가 매우 어렵다. 그러므로 영아들이 생후 첫 해동안에 그런 순서를 이미 알아차린다는 것은 그다지 놀랍지 않다. 그 예로, 흥미로운 사진들을 '오른쪽 사진; 오른쪽 사진; 왼쪽 사진' 과 같이 일정한 순서로 반복해서 제시하면, 3개월 된 아동들은 이러한 유형을 탐지하고, 사진이 보이기 전부터 사진이 나타날 방향을 보기 시작한다(Haith, Wentworth, & Canfield, 1993). 사건의 순서를 약호화하지 못했다면 어디를 보아야 할지 모를 것이다.

이와 유사하게 4개월 된 아동들은 액체나 단단한 물체에 작용하는 중력을 순방향으로 보여주는 영화와 거꾸로 보여주는 영화를 구분한다(Friedman, 2002; Friedman, Gardner, & Zubin, 1995). 순서를 제외하고 두 영화는 동일하기 때문에 아동들은 액체나 단단한 물체들이 처음에는 높은 곳에 있다가 나중에 낮은 위치에 있다는 것, 혹은 그 반대위치를 약호화해야만 한다. 4개월 된 아동들도 유리잔에 부어지는 액체를 순방향, 역방향으로 보여주는 영화들을 구분하고(Friedman, 2002), 8개월 된 아동들은 (비록 4개월 된 아동은 아니었지만) 블록이 마룻바닥에 떨어지는 것을 순방향, 역방향으로 보여주는 영화들을 구분한다(Friedman et al., 1995).

영아들이 순서를 이해한다는 또 다른 증거는 영아들에게 일련의 동작을 보게 하고 이 동작을 모방할 기회를 준 연구에서 발견되었다. 12개월경이 되면 영아들은 두 동작을 올바른 순서대로 모방할 수 있다(Bauer, 1995). 이처럼, 시간적 순서에 대한 이해는 생후 1년동안 확립되는 것으로 보인다.

또한 영아들이 사건의 기간을 어림할 수 있다는 증거도 있다. Colombo와 Richman (2002)은 2초 동안 불빛을 보여주고 나서 3초에서 5초동안 캄캄하게 하는 순서를 영아들에게 보여주었다. 이 패턴은 여덟 번 반복되었고 아홉 번째 반복에서는 불빛을 생략하였다. 불빛이 다시 나타날 거라 기대되는 시점에 맞추어 영아들의 심장박동이 감소하였다. 이를 통해서 영아들이 몇 초 정도 되는 비교적 짧은 시간의 길이를 정확히 예측할 수 있는 것을 알 수 있다.

물론 명확히 사건의 기간을 예측하게 되려면 더 많은 시간이 필요하다. 5세에 이르면, 아동들은 30초정도 걸리는 기간들도 매우 정확하게 산정할 수 있는데, 특히 기간이 정확히 어느 정도인지에 대한 피드백을 받는 경우에 더욱 그러하다(Fraisse, 1982). 나이가 들면서 아동들은 간격을 예측하는 데 도움이 되는 수세기를 이용하는 데 점차 능숙해진다. 그렇지만, 수세기는 세어지는 시간의 단위가 일정한 경우에만 정확한 산정을 가능하게 한다. 10까지 빠르게 세는 데 걸리는 시간은 10까지 천천히 세는 데 걸리는 시간과 다르다. 많은 5~7세 아동들이 수세기를 할 때 일정하지 않은 시간의 단위로 세므로 수세기 책략을 이용할 때 시간이 지난 정도를 부정확하게 예측하게 되는 결과를 낳는다(Levin, 1989).

주나 달에 걸친 기간에 대한 감각은 보다 이후에 발달한다. 4세경에 아동들은 이런 능력을 습득하기 시작하는데, 일주일 전에 일어난 사건들이 몇 주 전에 일어난 것보다 최근에 일어난 것이라고 일관된 판단을 한다(Friedman, 1991). 이 시기의 아동들은 생일이나 크리스마스 중에서 어느 하나가 보다 최근에 일어나고(최근 60일 이내) 다른 하나는 그렇지 않다면, 무엇이 보다 최근에 일어났는지를 정확히 판단한다(Friedman et al., 1995). 그러나 9세 이전에는, 두 사건 모두 60일 이전에 일어난 경우에 어느 것이 보다 최근에 일어났는지를 정확히 판단하지 못한다.

미래까지 확장된 기간을 이해하는 것은 아동들에게 훨씬 더 어려운 과제이다. 4세 아동들은 일반적으로 가까운 미래에 일어날 일과 먼 미래에 일어날 일들의 시간 간격을 구분하지 못한다. 발렌타인데이 일주일 전에 검사받은 4세 아동들은 발렌타인데이가 크리스마스보다 더 금방 다가올 거라고 일관되게 판단하지 못했다. 미래의 시간 간격을 구분하는 능력은 5세경에 나타나고, 이후에 보다 세분화된다(Friedman, 2000). 왜 과거를 이해하는 것이 미래를 이해하는 것보다 먼저 발달하는 것일까? 그 한 설명으로 아동의 기억은 과거에 대한 단서를 제공한다는 것이 고려되고 있다(최근 일들은 보다 생생히 기억되므로). 그러한 경험적 단서들은 미래에 대한 추론에는 존재하지 않는다.

초등학교 저학년기에 아동은 시간을 주, 달, 년과같이 관습적 방식으로 표상하는 것을 학습하는데 이러한 표상들은 미래에 일어날 일들에 대한 판단에 한 역할을 담당하기 시작한다. 8세와 10세 사이에는 공휴일 같은 미래의 일에 대한 간격에 대해 정확하게 판단하기 시작한다.

논리적 시간(logical time). 논리적 시간의 이해를 측정하기 위해 삐아제(1969)는 선로를 같은 방향으로 나란히 달리는 두 개의 기차를 제시하였다. 그리고 어느 기차가 더 오랫동안 여행했는지를 물었다. 두 기차는 비록 같은 시간에 출발하고 정지했지만 6~7세 미만의 아동들은 선로에서 더 멀리 가서 정지한 기차가 더 오랜 시간동안 더 긴 거리를 보다 빠른 속도로 달렸다고 답하였다. 삐아제는 이를 바탕으로 전조작기 아동들이 시간, 속도, 거리를 논리적으로 이해하는 능력이 부족하다고 결론지었다.

이후의 연구들에서 삐아제의 이런 관찰은 반복 검증되었으나 그의 해석에 대해서는 의문이 제기되었다. 예컨대 5세 아동들이 똑바른 길이 아니라 동그란 길을 달리는 자동차들을 관찰할 때는 어느 차가 더 오랜 시간동안 달렸는지 출발 시간과 도착 시간을 바탕으로 추론하는 데 거의 어려움이 없었다(Levin, 1977). 뿐만 아니라 같은 시간이나 다른 시간에 잠들었다가 깼다고 얘기해준 두 인형의 취침시간을 비교하는 논리적 속성에 대한 이해력도 보여 주었다(Levin, 1982). 이 경우들에서는 멈추는 지점이 다르다거나 하는 것처럼, 아동들이 잘못된 판단을 하는 근거가 될 수 있는 강력한 방해 단서들이 없었다. 이처럼 5세 아동들도 시작과 끝, 총시간 사이의 논리적 관계를 이해하고 있음을 볼 수 있지만, 아동의 이해도는 매우 취약해서 방해가 되는 단서들 때문에 이런 논리적 이해에 의존하지 않게 될 수도 있다.

어린 아동들만이 이미 지닌 시간이나 속도, 거리와 같은 논리적 이해를 사용하지 못하는 것은 아니다. 나이가 더 많은 아동이나 성인들도 같은 문제점을 보인다. 다음의 상황을 생각해 보라. 타원형의 트랙을 달리는 자동차의 문들은 모두 같은 속도로 달리는가? 대부분의 어른들은 그렇다고 믿지만 사실은 그렇지 않다. 트랙의 바깥쪽에 있는 문은 같은 시간안에 더 먼 거리를 달려야 하므로 더 빨리 움직인다.

이 문제가 어렵게 받아들여지는 이유는 Levin, Siegler와 Druyan(1990)이 단일 물체/단일 운동 직관(single-object/single motion intuition)이라고 명명한 사실에 반대되고 있기 때문이다. 이 믿음은 단일 물체의 모든 부분들은 같은 속도로 움직인다는 것이다. 어린 아동, 좀 더 나이 든 아동, 대학생들 모두 같은 직관을 공유한다. 이들 모두 일관되게 단일 물체의 모든 부분은 같은 속도로 여행한다고 한다.

단일 물체/단일 운동 직관은 보통 3학년 때부터 대학교 때까지 지속되긴 하지만, 극적으로 대조적인 물리적 경험을 통해서 이를 극복할 수 있다. Levin 등은 6학년생들에게 한쪽 끝이 한 중심점에 연결되어 있는 6피트(약 1미터 80센티미터)짜리 막대를 주고, 실험자와 함께 막대 끝을 잡고 중심점 주변을 동그랗게 걷도록 하였다. 네 번의 시행동안 두 번의 시행에서는 아동이 중심점에 가까운 부분을 잡도록 하고 실험자는 먼 끝부분을 잡았고, 나머지 두 번의 시행에서는 위치를 바꾸어서 막대를 잡고 걷도록 하였다. 막대의 안쪽과 바깥쪽 부분을 잡고 걷는 동안 아동들이 걷는 속도를 달리 해야 했는데 이 경험만으로도 아동들이 바깥쪽이 더 빨리 움직여야 한다는 것을 학습하게 하는 데 아주 충분하였을 뿐만 아니라, 단일 물체의 다른 부분들이 다른 속도로 움직여야 하는 다른 종류의 문제들에도 이 직관을 일반화하게 하였다. 이런 물리적 경험이 수년간의 비공식적 경험이나 공식적 과학 교육이 가르치는 데 실패한 것을 성취하게 한 것이다. 한 소년은, "그전에는 이런 경험이 없었어요. 그래서 이런 걸 생각해 보지 않았구요. 이제 경험을 직접 해보고 나니까 원의 바깥쪽을 돌 때에는 위치를맞추기 위해서 더 빨리 걸어야만 한다는 것을 알았어요."라고 말하였다(Levin et al., 1990). 이와 같은 물리적 경험은 아동들이 교실수업에서 배우는 것보다 더 심도 있게 개념을 이해하도록 돕는다.

공간

다른 동물들처럼 생후 초기부터 사람들은 같이 사건이 일어나는 시점뿐만 아니라 어디에서 일어나는지를 약호화한다. 이상적인 상황에서 이러한 약호화는 발달 초기부터 매우 정확하다. 그림 8.3에서 제시하고 있는 것처럼, 한 살 된 아동들은 바로 앞에 놓인 길고 가느다란 모래 상자에 감춰진 세서미 스트리트 인형을 보고 나서 실험자가 모래를 평평하게 하는 동안 기다렸다가 장난감을 찾을 위치를 선택할 때 상당한 정확성을 보인다(Huttenlocher et al., 1994).

비록 공간을 부호화하는 이와 같은 기초적 능력이 있지만, 이 능력이 자신의 위치나 물체의 위치를 발견하는 데 필요한 다른 복잡한 문제들을 해결하지는 못한다. 우리는 공간적 위치와 거리를 최소한 세 가지 방식으로 표상한다: 자신의 위치와 관련하여, 이정표와 관련하여, 추상적인 구조와 관련하여(Huttenlocher & Newcombe, 1984). *자기중심적 표상*은 자신들과 연관시켜 물체의 위치를 확인하는 것을 포함한다. 따라서 대상 물체의 위치는 '내 왼쪽으로 10보거리'와 같이 표상된다. *이정표 기반 표상*은 환경 내에서 다른 사물에 상대적인 대상의 위치를 확인한다. 그러므로 '내 차는 노란 층 섹션 B표지 근처에 주차했어.' 라고 생각함으로써 위치를 표상한다. *환경 중심적 표상*은 지도나 좌표 체계가 제공하는 것 같은 추상적 기준을 바탕으로 목표의 위치를 파악한다. 환경중심적이라는 이름이 이런 표상들 내에서의 위치가 주변 공간을 생각하는 데 중심이나 기준으로 작용하고 있다는 사실을 반영한다.

자기중심적 표상(egocentric representations). 삐아제(1971)는 생후 일년 된 영아들은 일종의 감각운동적 자기중심성을 보인다고 제안하였다. 2장에서 자기중심성이 자신들의 관점에서만 세상을 보는 아동의 경향을 지칭한다고 했던 것을 상기해 보라. 삐아제는 영아기에는 자기중심성이 거의 말그대로이며 영아들이 자신들과

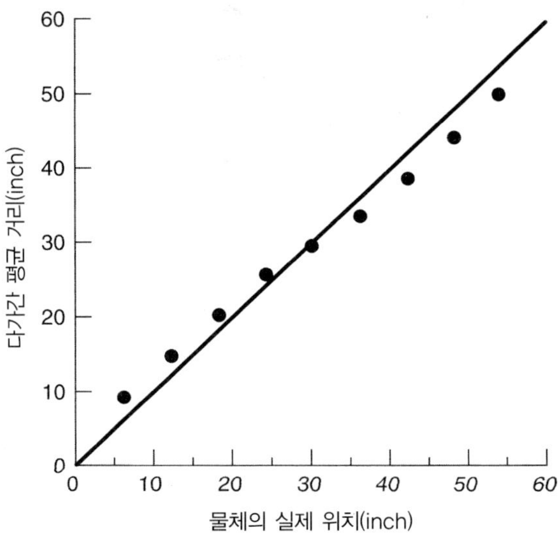

그림 8.3 한 살 된 아동들이 모래 안에 숨겨진 물체를 찾으려 다가간 평균 위치가 실제 물체 위치에 상대적으로 그려져 있다. 물체를 찾는 위치가 실제 위치에 얼마나 가까운지 주목하라(after Huttenlocher, Newcombe, & Sandberg, 1994).

관련지어서만 물체의 위치를 표상한다고 주장하였다. 일례로 자신들의 오른쪽으로 돌면 있는 것으로 한번 표상한 물체는 반대편(왼편)으로 옮겨지고 나더라도 계속해서 오른쪽 뒤에 있는 것으로 표상한다는 것이다.

삐아제의 가설은 6개월에서 11개월 된 아동들이 장난감의 위치에 상대적으로 바뀐 자신들의 위치를 수정하는 데 빈번히 실패한다는 이후의 결과들로 지지를 받았다(Acredolo, 1978). 이 실험에서는 아동을 T자 모양의 미로에 놓고, 미로를 똑바로 기어가서 교차점에서 어느 한 방향(좌측과 같이)으로 돌았을 때 반복해서 장난감을 찾게 한다. 그러고 나서 아동을 이 미로의 반대쪽 끝으로 옮기고 중앙을 향해서 돌려 놓아 반대 방향(우측)으로 돌아야만 장난감을 찾을 수 있게 한다. 6~11개월 된 대부분의 아동들은 이전에 장난감을 찾았던 방향(좌측)으로 계속 돈다. 16개월이 지나야 아동들은 자신들의 변경된 위치에 따라 방향을 수정한다.

그러나 아주 어릴 때에도 이런 감각 운동기의 자기중심성이 절대적인 것은 아니다. 영아가 공간적 위치의 변화에 맞게 조정하는 데 겪는 어려움은 독특한 이정표가 물체의 위치에 대한 단서를 제공하면 완화될 수 있다(Rieser, 1979). 이와 같은 조건에서는 이전에 장난감을 찾았던 방향과 새 위치의 방향이 다르더라도 6개월 된 아동들도 일반적으로 적절한 방향으로 돈다.

그러면 영아들은 이런 조건에서 어떻게 자기중심적이지 않게 공간을 표상하는 방법을 배우는 걸까? 스스로 만들어낸 움직임(self-generated movement)이 깊이를 잘 지각하게 해서 시각 벼랑(visual cliff, 5장 pp. 178-179)을 넘어서는 것을 피하도록 돕듯이 공간에 대해 보다 일반적으로 학습하는 것이 주요한 듯 보인다(Campos et al., 2000). 기어다니거나 보행기를 써서 보다 폭넓은 경험을 한 8개월 영아들은 같은 연령이지만 아직 잘 기지 못하고 보행기 경험이 없는 영아들에 비해 물체의 공간적 위치를 찾아내는 데 훨씬 더 성공적이다(Bai & Bertenthal, 1992; Bertenthal et al., 1994). 더 오래 이리저리 움직여 볼수록 그 이득은 크다(Kermoian & Campos, 1988).

스스로 만들어낸 움직임의 무엇이 자기중심적 관점을 극복하는 능력을 갖게 하는 것일까? Bertenthal(1994) 등은 영아들이 기어다닐 때 주변 환경에 상대적인 자신들의 위치를 꾸준히 갱신하는 것이라 제안하였다. 이 견해와 일치하게, 12개월 된 영아들이 실험실 배치의 반대편으로 걸어가서 상품이 숨겨지는 것을 계속 볼 기회가 있었을 때, 그냥 안겨있던 영아들보다 상품을 더 많이 보고 이후에 새로운 위치에서 상품이 숨겨진 쪽으로 몸을 돌리는 것도 더 잘 하였다(Acredolo, Adams, & Goodwyn, 1984).

스스로 만들어낸 움직임은 표상하려는 공간이 이전에 걸어 보았던 공간이 아니더라도 아동의 공간 표상을 강화할 수 있다. 이는 5세 아동의 공간 심상을 관찰하도록 설계된 한 실험에서 밝혀졌다(Rieser et al., 1994). 이 아동들은 같은 유치원 학급의 학생들이었지만 각자의 집에서 관찰되었다. 한 집단의 아동들에게는 마치 교실에 있는 것처럼 머릿속으로 선생님의 의자로 걸어가서 학생들을 향해서 돌아서는 것을 상상하라고 하였다. 그러고 나서 그 위치에서 교실에 있는 여러 물건들이 어디에 있는지 가리켜 보라고 하였다. 이 경우에는 소수의 아동만이 정확히 수행할 수 있었다. 그러나 같은 반 다른 아동들에게 부엌이나 침실에서 실제로 걷는 동안 같은 것을 상상해 보라고 하자 물건들의 위치를 보다 정확히 가리켰다. 비록 상상하고 있는 곳과 매우 다른 곳에서 걷는 것이지만 움직이고 있다는 사실은 공간 심상을 형성하는 것을 방해하기보단 오히려 도움을 주었다. 이와 비슷한 결과들이 4세와 9세 아동들에게서 그리고 집이 아니라 실험실과 같은 곳에서 이루어졌을 때도 발견되었다. 이 결과들은 상상하는 특정 공간 내에서 일어나는 움직임이 아닐지라도 스스로 만들어낸 움직임이 공간의 표상을 활성화시킨다는 것을 제시한다. 보다 확대하여 해석하면, 이 결과들은 운동 활동을 생성하는 체계와 공간 표상이 매우 밀접하게 관련되어 있음을 시사한다(Rieser et al., 1994).

이정표(landmarks). 길을 가르쳐 줄 때 "남산 터널을 지나서 장충로 출구로 나오세요. 그리고 왕십리 도로가 나올 때까지 남쪽으로 가세요."와 같이 이정표를 자주 사용한다. 그 이유는 이정표가 환경을 다루기 쉬운 부분으로 나누도록 돕기 때문이다. 이런 점에서 이정표를 이용하는 방식은 사람들에게 약도 찾기 문제에 일종의 나누어 정복하기 책략(divide-and-conquer strategy)을 끊임없이 적용하게 한다.

이정표에 따른 공간 위치의 표상은 생후 첫 해부터 시작된다. 이미 언급하였듯이 6개월 된 영아의 물체 위치 표상은 독특한 이정표가 물체 가까이에 있으면 관점이 바뀌더라도 보존된다(Rieser, 1979). 물체뿐만 아니라 사람들도 이정표가 될 수 있다. 9개월 된 영아는 종종 흥미로운 물체의 위치를 확인하기 위해 물체 가까이 있는 엄마의 위치를 이용한다(Presson & Ihrig, 1982).

발달 초기 이후에 이정표의 사용은 상당히 정교해진다(Huttenlocher & Newcombe, 1984; Newcombe, 1989). 첫돌을 맞기 전에는 목표물의 위치를 찾는 데 목표물 가장 주변에 있는 이정표들만 이용한다. 두 살이 되면 목표물에서 보다 멀리 떨어져 있는 이정표들도 이용한다. 5세가 되면 정확한 위치를 설정하기 위해 한번에 여러 이정표에 상대적인 물체의 위치를 표상할 수 있다. 예를 들어 두 개의 물체의 중간 정도에 위치하는 것으로 물체의 위치를 표상할 수 있다.

비록 이정표가 어린 아동들이 공간상에서 물체의 위치를 찾도록 돕긴 하지만 개별 물체 간의 거리를 표상하는 것은 왜곡시킬 수도 있다. Piaget와 Inhelder, Szeminska (1960)는 전조작기 아동들이 두 물체 사이에 이정표 물체가 있을 경우 이정표 물체가 없을 때보다 두 물체 간 거리를 더 가깝게 산정한다고 보고하였다. 이후의 연구들도 대부분의 4세 아동들과 절반가량의 5~6세 아동들이 이러한 행동유형을 보임을 확인하였다(Fabricius & Wellman, 1993; Miller & Baillargeon, 1990). 삐아제가 제안한 대로 이 시기 아동들은 전체에서 일부분에만 주의를 기울여서 전체 거리 내에서의 부분 거리를 혼동하는 것이다.

환경중심적 표상(allocentric representations). 종종 장애물이나 순전히 거리 때문에라도 도달하려는 목적지를 못 보게 되는 경우가 있다. 이런 상황에서는 다양한 관점에서 얻은 공간 정보를 하나의 공통된 추상적 표상으로 통합해야 한다. 이런 표상은 세 종류의 표상 중에서 가장 온전히 공간적일지도 모른다. 자기중심적 혹은 이정표 기반 표상들은 말로 쉽게 요약할 수 있다(동대문 경기장은 내 왼쪽이고 식당은 서울역 로타리 근처와 같이). 이와는 대조적으로 환경중심적 표상은 공간 내에서 개체들 간의 모든 관계가 포함되어야 하므로 말로 묘사하기가 매우 어렵다.

이정표에 의존하는 것보다 환경중심적 표상을 형성하는 것이 보다 힘들다는 느낌이 들긴 하지만, 한 살 된 아동들도 어떤 상황에서는 이정표를 사용하기보다 환경중심적 표상에 의존한다. Hermer와 Spelke(1994)는 그림 8.4에 제시된 것과 같은 방을 이용하여 이를 뒷받침하는 자료를 제시하였다. 피험자들은 네 모퉁이에 붉은색 장애물이 놓인 직사각형 모양의 방에서 한 모퉁이에 장난감이 숨겨지는 것을 보았다. 그리고 눈가리개를 한 뒤 10바퀴를 돌고 나서 숨겨진 물체를 찾아야 하였다. 어떤 때는 방의 네 벽면 모두 하얀색이었는데, 이 조건에서는 이정표가 전혀 없고, 눈을 가리고 빙빙 돌다가 알 수 없는 지점에서 멈췄으므로 처음에 인지한 자기중심적 위치 정보도 더 이상 유용하지 않았기 때문에 피험자들은 환경중심적 표상에 의존해야만 하였다. 이 조건에서 가장 잘 수행할 수 있는 방법은 '장난감은 왼쪽에 긴 벽이 있고 오른쪽에 짧은 벽이 있는 모퉁이에 있다.' 와 같이 공간의 기하학적 속성을 기반으로 표상을 형성하는 것이다. 이런 표상을 이용할 경우 그림 8.4에 있는 두 모퉁이(우측 상단과 좌측 하단의 모퉁이) 모두 이 경우에 해당하므로 두 곳을 같은 빈도로 찾게 될 것이다. 이것이 한 살 된 아동과 성인들이 보여준 행동이었다.

다른 조건에서는 물체가 숨겨진 옆 벽면에 푸른 천을 걸어두고 물체 위치에 곰인형을 놓아서 이정표를 제공하였다. 성인들은 숨겨진 물체를 찾는 데 이 이정표들을 일관적으로 이용하였다. 반면에 한 살 된 영아들은 이정표는 안중에도 없었다. 이전의 경

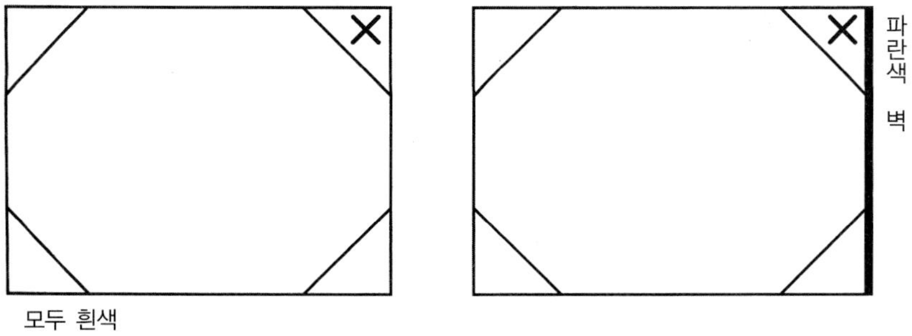

그림 8.4 Hermer와 Spelke(1994)의 영아 물체 찾기 연구에 이용된 방의 도표. X로 표시된 부분이 물체가 숨겨진 곳이다. 두 조건 사이의 유일한 차이점은 오른쪽 도표의 방은 숨겨진 위치와 접하는 벽면이 파란색이어서 숨겨진 물체에 대한 이정표를 제공하고 있다는 것이다.

우에서처럼 긴 벽과 짧은 벽이 만나는 두 모퉁이 중 하나를 주로 찾았는데 두 군데를 비슷한 빈도로 찾았다. 이를 보면, 발달 초기에는 이정표를 사용할 수 있는 상황에서도 기본적인 환경중심적 공간 감각을 통해 자신들의 방향을 설정하는 것으로 보인다.

그러나 다른 연구팀이 시행한 후속 연구는 한 살 된 영아들도 기하학적 정보를 보충하기 위해 이정표를 사용하는 것으로 드러났다. Learmonth와 Newcombe, Huttenlocher(2001)는 전체가 하얀색인 방에서 다양한 종류의 이정표(책장, 문, 색이 있는 벽)를 놓고 아동을 대상으로 실험을 하였다. Hermer와 Spelke(1994, 1996)의 결과와는 반대로 이들은 아동들도 기하학적 정보와 이정표 정보를 연합할 수 있음을 발견하였다. 아동들은 이정표가 있을 때(문과 같이)나 없을 때(문의 반대편) 모두 올바른 위치의 모퉁이로 갔다.

어째서 같은 연령대의 아동들이 한 연구에서는 환경중심적 표상에 의존하고 다른 연구에서는 이정표 기반 표상에 의존한 것일까? 이 수수께끼에 대한 해답은 방들의 크기인 것으로 드러났다. 아동들이 이정표에 의존하지 않았던 연구는 아주 작은 방에서 시행되었다(4×6피트). 반면에 아동들이 기하학 정보와 이정표 정보를 연합할 수 있었던 연구는 좀 더 큰 방(8×12피트)에서 이루어졌다. 방의 크기의 영향을 직접적으로 비교한 연구에서 Learmonth와 Nadel, Newcombe(2002)은 실제로 크기가 작은 방에서는 아동이 이정표를 이용하지 않고 크기가 큰 방에서는 이정표를 사용함을 발견하였다. 방의 크기는 다양한 동작들을 가능하게 하므로 공간에 대한 다양한 종류의 사고를 요구한다는 것이 이 결과를 설명하는 한 가능성이다. 작은 방과는 달리 큰 방은 움직일 공간이 더 많으므로 움직임과 관련된 사고를 하게 되었을 가능성이 더 크다.

보다 일반적으로 이와 같은 일련의 연구들은 사람들이 공간에 대해 하게 되는 사고의 유형은 과제의 속성이나 환경적 특징에 따라 달라진다는 것을 강조한다. 공간에 대한 지식이 어떻게 발달하는지 이해하려면 발달과정에서 여러 상황에 따라 다른 잠재적 공간 정보원들의 상대적 중요성이 어떻게 달라지는가를 더욱 연구해야 할 것이다(Newcombe & Huttenlocher, 2000).

공간 정보는 어떻게 습득되는가? 공간 정보의 분명한 출처의 하나는 환경 내에서의 동작이다. 기어다니기 시작하는 것과 같이 영아들에게 일어나는 동작능력의 발달은 영아들로 하여금 주변 환경에 대한 새로운 정보를 수집하도록 하고 공간 표상에 대한 정보를 제공한다. 앞에서 말했듯이 스스로 만들어낸 움직임은 아동들이 자기중심적 공간 표상을 이겨내는 데 매우 중요하다.

시각 장애인들의 연구가 제시한 바와 같이 다른 형태의 지각적 경험 또한 공간 표상을 정교화하는 데 결정적 역할을 한다(Rieser, Hill, Talor, Bradfield, & Rosen, 1992). Rieser 등은 발달 초기(거의 출생 직후부터)에 심각한 시각 장애를 앓았던 성인들과 나중(대개 10세 이후)에 시각 장애를 갖게 된 두 집단의 공간 표상을 비교하였다. 과제는 친숙한 장소에 있는 특정 이정표에서 피험자들이 특정 방향을 향해 서 있는 것을 상상하게 하고, 상상한 또 다른 이정표가 어디에 위치하는지를 손으로 가리키는 것이었다. 발달 초기에 시력을 잃고 말초 시신경도 손상된 성인들의 공간 표상이 나중에 시력을 잃고 말초 시신경도 손상되지 않은 집단보다 덜 정확하였다. 이 결과는 발달 초기의 지각적 학습이 정확한 공간 표상을 발달시키는 데 매우 중대함을 시사하였다.

한 문화 내에서 강조하는 공간 지식의 구심점 또한 공간 기술 발달 정도에 영향을 미친다. 이에 대한 증거는 호주의 서부 사막에 거주하는 원주민의 연구에서 얻어졌다(Kearins, 1981). 이 원주민들은 수천년동안 유목민으로서 사냥과 채집의 생활 양식을 지켜왔다. 이들의 아이들은 학교에 다니지 않는다. 대부분의 인지 기능 시험에서 이 아이들은 유럽이나 북미에 사는 같은 연령의 아동들보다 훨씬 낮은 점수를 보인다.

그러나 Kearins는 토착 문화에서 중시되는 사고 유형들에 초점을 맞추면 다른 형태가 나타날 것이라고 생각하였다. 공간 사고가 바로 이 기준에 맞는다. 원주민들의 삶은 대체로 널리 퍼져서 분포된 우물들과 작은 강들 사이를 여행하는 것이다. 어느 위치에 물이 있는지 없는지는 변덕스러운 강우 유형 때문에 시시각각 달라진다. 매우 소수의 두드러진 이정표만이 돌이 많은 사막에서 우물들이나 작은 강들의 위치를 알려준다. 따라서 높은 수준의 공간 사고력이 생존을 위해서 중요한 것이다.

이런 추리는 Kearins로 하여금 이 사막지역에서 자란 원주민 아동들과 도시에서 자란 아동들의 공간 기억력을 비교하게 하였다. 한 실험자가 5×4크기 직사각형에 20개의 물체를 배열하여 제시하였다. 30초가 지난 후에 실험자는 물체들을 모두 거두었고, 아동들에게 이전과 같게 재배열해 보라고 하였다.

원주민 아동들의 공간 위치 기억력은 우수한 것으로 입증되었다. 이 아동들은 기억 책략 사용에서도 도시 아동들과 달랐다. 이 아동들은 조용히 관찰하였다. 그리고 어떻게 물체의 위치를 기억하였냐는 질문을 받자 '전체 모양(the look of it)'을 기억했다고 대답하였다. 반대로 도시 거주 아동들은 말로 시연하여서 물체들을 살피는 동안 물체의 이름들을 중얼거리거나 크게 말하는 것을 들을 수 있었다. 도시 아이들의 책략은 학교에서 성적을 올리는 데 필요한 자료를 효율적으로 기억하게 하는 것이었지만, 원주민 아이들의 책략은 공간 정보를 기억하는 데 보다 유용한 것이었다. 각 집단의 아동들은 일상생활에서 중요한 과제를 수행하는 데 유용한 책략에 의존한다.

수

수를 이해하기 위해서는 수의 크기와 수의 순서라는 두 종류의 기초 지식이 필요하다. *수의 크기*는 절대적 수의 크기를 이른다. 사람들의 팔 · 다리 · 눈 · 발의 공통 속성은 이들 모두가 두 개씩이라는 것이다. '두 개성'의 기본 속성이 이 집합들의 공통 특성이다. *수의 순서*는 수의 상대적 속성을 이른다. 누군가가 그 학급에서 세 번째로 키가 크다거나 다섯은 수세기에서 다섯 번째 숫자라는 것 등은 순서적 속성이다.

수의 크기 특성의 이해. 수의 크기 이해는 영아기에 시작된다. 생후 6개월 동안 영아들은 한 개의 물체를 두 개와 변별하고, 두 개는 세 개와 변별할 수 있다(Antell & Keating, 1983; Starkey, Spelke & Gelman, 1990; van Loosbroek & Smitsman, 1990). 이 사실은 습관화 패러다임을 이용한 실험을 통해서 알게 되었다. 영아들에게 세 개의 동그라미처럼 각각 작은 집합을 이루는 일련의 그림들을 순서대로 보여주었다. 그림 세트들은 시행마다 물체의 크기, 밝기, 물체 사이의 거리, 여러 속성들에서 다르게 제시되었으나 물체의 수는 항상 동일하였다. 우선 일정 수의 물체 그림에 습관화하고 나면, 영아들에게 이전에 본 그림과 다른 면에서는 유사하지만 물체수가 다른 그림 세트를 보여주었다. 새로운 수의 물체를 가진 세트를 영아들은 더 오래 응시하였고, 이는 영아들이 이전에 본 세트에서 물체의 숫자들을 도출해 내었음을 시사한다.

그러나 이러한 결과들이 과연 진정한 수개념 이해를 반영하는 것일까, 아니면 물체들의 윤곽의 길이나 눈에 보이는 물체 표면 영역처럼 수와 혼합된 다른 어떤 변인들에 의한 것일까? 이 요소들을 구분하기 위해 설계된 연구들에서 영아들은 숫자 그 자체보다는 실제 윤곽 길이나(Clearfield & Mix, 1999) 눈에 보이는 표면 영역(Feigenson, Carey, & Spelke, 2002) 등을 바탕으로 반응하는 것으로 나타났다. 그렇지만 엄격한 통제 조건을 포함한 여러 다른 연구들은 영아들도 숫자만을 기반으로 양을 변별할 수 있음을 보여주었다(Wynn, Bloom, & Chiang, 2002; Xu & Spelke, 2000). 뿐만 아니라 작은 수량을 변별하는 영아들의 능력은 정지한 물체들의 배열이나 사건들의 순서로 확장된다(Canfield & Smith, 1996; Starkey et al., 1990). 그 한 예로, 6개월짜리 아동은 지루해질 때까지 한 인형이 두 번씩 반복해서 뛰는 것을 보고 나면, 인형이 한 번 뛰거나 세 번 뛸 때 새롭게 관심을 보인다(Wynn, 1995). 이는 몇 번 뛰는지의 수를 변별하였다는 것을 의미한다. 그러므로, 영아들도 표면 영역이나 윤곽 길이와 같은 연속적 차원들뿐만 아니라 수를 기반으로 양을 변별할 수 있는 것으로 보인다. 물론 연속적 차원과 수 둘다 바뀐 경우에는 종종 연속적 차원에 더 의존하게 되기는 하지만 말이다.

영아의 숫자 변별력을 검토한 연구들은 셋보다 작은 숫자들만을 사용하여 왔다. 영아들은 비율이 큰 집합(예, 8:16, Xu & Spelke, 2000)이 아니면 더 큰 수의 물체 집합들을 구별하지 못한다. 3~4세에 이르러서야 아동들은 네 개에서 다섯 개나 여섯개를 변별할 수 있게 된다(Starkey & Cooper, 1980; Strauss & Curtis, 1984). 이러한 결과들은 영아들이 작은 수의 크기들은 직산(subitizing)—하나에서 세 개나 네 개의 집합들에만 적용할 수 있는 빠르고 손쉬운 지각 처리—을 통해서 확인할 수 있음을 시사한다. 우리는 한 개나 네 개 사이의 물체 배열을 보면 몇 개가 있는지 즉각적으로 안다. 하지만, 물체의 수가 커지면 정확한 수를 알기가 쉽지 않다. 성인과 5세 아동들은 직산을 통해 매우 빠르게 한 개에서 서너 개의 물체들(이보다 크지 않은)의 기본 수 크기를 확인할 수 있다는 점에서 영아와 유사하다(Chi & Klahr, 1975).

발달 초기 영아들의 수의 크기 이해는 작은 수의 물체들을 더하고 뺀 결과를 재인하는 것을 가능하게도 한다. Wynn(1992a)은 5개월 된 아동들에게서 이런 능력이 있다는 증거를 발견하였다. 그림 8.5에 제시한 것처럼, 무대에 장난감 생쥐 한 마리를 우선 보여주고 나서 스크린을 올린다. 그리고 손이 나와서 스크린 뒤에 또 다른 생쥐 장난감을 놓고, 스크린을 내린다. 그리고 나서 보여지는 결과는 어떤 때는 이미 한 개 있는 물체에 새 물체를 더한 경우에 기대되는 결과와 같고, 어떤 때는 (속임수를 이용해서) 달랐다. 영아들은 기대하지 못했던 결과(생쥐 한 마리나 세 마리)를 기대했던 결과(두 마리 생쥐)보다 더 오래 바라보아서, $1+1=2$ 라는 것을 기대했음을 시사하였다. 다른 영아들은 두 마리 생쥐가 놓여있는 무대에서 스크린이 올라가고 손이 나타나 한 마리를 스크린 뒤로 없애는 뺄셈의 경우를 보았다. 여기서도 영아들은 기대하지 못했던 결과(두 마리 생쥐)를 기대했던 결과(한 마리 생쥐)보다 더 오래 바라봄으로써 이들이 $2-1=1$이라는 결과를 기대하였음을 보여주었다.

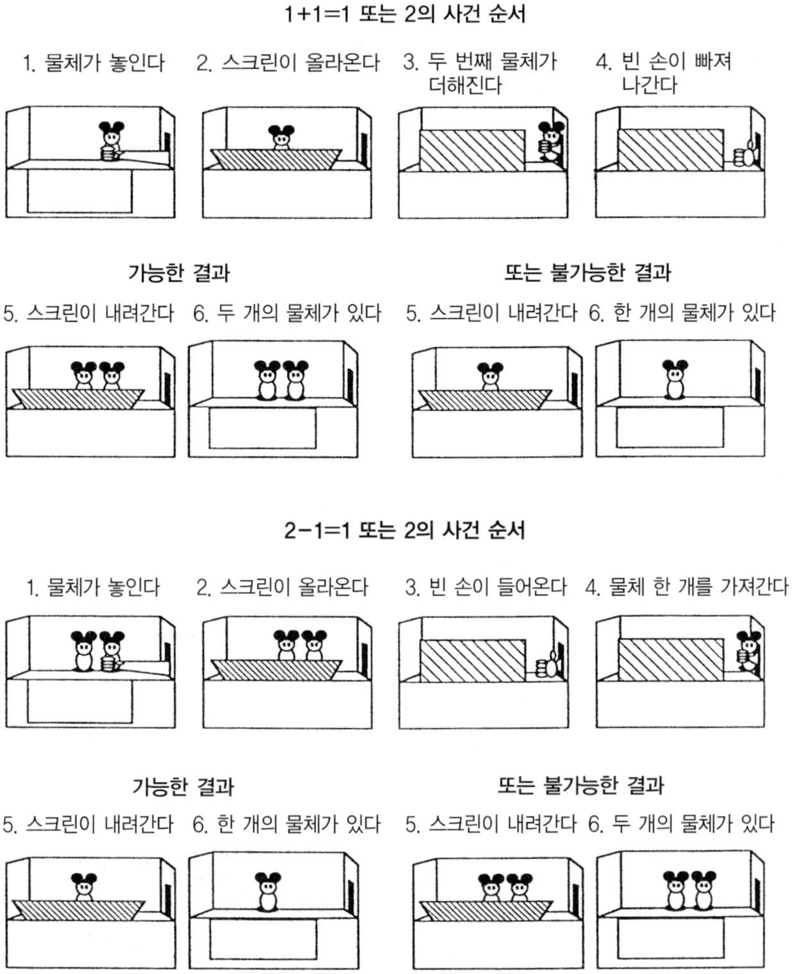

그림 8.5 영아의 뺄셈·덧셈 이해를 실험하기 위해 Wynn(1992a)이 사용한 사건의 순서 (Copyright 1992 by Nature Publishing Group. Reprinted with permission).

이런 결과를 바탕으로, Wynn(1992a)은 "영아들은 간단한 산수 계산의 정확한 결과를 계산해 낼 수 있다"(p. 750)라고 주장하였다. 그러면 영아들은 정말 간단한 산수를 할 수 있는 걸까? Wynn의 기초적 발견은 여러 번 반복 검증되어 왔으나(Simon, Hespos, & Rochat, 1995; Uller, Huntley-Fenner, Carey, & Klatt, 1999), 몇 시도들은 이 결과를 반복 검증하는 데 실패하여(Wakeley, Rivera, & Langer, 2000), 영아들의 계산 능력이 확고한 것은 아닌 것으로 밝혀졌다. 여기에서 또 하나 주의할 점은, 수의 크기에 있어서 영아들은 문제가 매우 작은 수(셋이나 셋보다 작은)를 포함할 때에만 이해력을 드러낸다는 것이다. 4세에서 5세가 되기 전에는 2+2처럼 아주 조금만 큰 수를 더해도 그 결과를 이해하지 못한다(Huttenlocher, Jordan, & Levine, 1994; Starkey, 1992).

왜 영아들은 작은 수들의 경우에만 산수능력을 드러내는 것일까? 앞에 말한 바와 같이 이에 대한 한 가지 설명은 영아들이 직산을 통해 물체의 수를 결정한다는 것이다(Haith & Benson, 1998). 이 처리 과정은 수의 집합이 작을 경우 효율적이지만 넷이나 그 보다 큰 수의 물체 집합에서는 효율적이지 못하다. 이 사례는 매우 중요한 교훈을 준다. 아동의 사고를 이해하는 데는 문제 해결에 이용되는 처리방식을 이해하는 것이 필요하다는 것이다. 영아들의 연구 결과들은 영아들도 덧셈을 '이해' 한다는 결론을 도출하게 한다. 어떤 면에서 이것은 사실이지만 왜 하나에서 세 개의 물체 집합들에만 이를 적용하는지를 분명히 설명하지 못한다. 영아들이 큰 수의 집합에는 적용할 수 없는 처리기제로 작은 수의 문제를 해결하고, 이러한 처리기제가 발달상 훨씬 이후에야 더 큰 수의 집합에도 적용할 수 있게 된다는 견해는 영아의 능력과 무능력을 동시에 이해하도록 하고 있다.

수세기(Counting). 3~4세경에는 수세기라는 수 집합의 기본 가치를 확립하는 또 다른 방식에 능숙해진다. 이 수세기는 직산보다 숫자들을 더 큰 집합으로 배열하게 한다. Gelman과 Gallistel(1978)은 수세기를 배우는 빠른 속도를 보고 이 같은 빠른 학습이 *세기 원리(counting principle)*에 대한 지식의 지도를 받았기 때문에 가능한 것이라고 가정하였다. 특히, 이들은 어린 아동들이 다음을 알고 있다고 가정하였다.

1. *일대일 원리(one-one principle):* 각 물체에 오직 수 하나, 수 단어 하나만을 배정한다.
2. *고정 순서 원리(stable order principle):* 항상 수를 같은 순서로 배열한다.
3. *수의 크기 원리(cardinal principle):* 세기의 마지막 수는 집합내 물체들의 총 수와 같다.
4. *순서 무상관 원리(order irrelevance principle):* 물체를 세는 순서는 무관하다.
5. *추상화 원리(abstraction principle):* 위의 원리들은 모든 물체의 집합에 적용된다.

여러 종류의 증거들이 5세정도가 되면, 어떤 아동들의 경우 3세경에 이 모든 원리들을 이해한다는 것을 보여준다(Gelman & Gallistel, 1978). 아동들이 수세기를 할 때 실수를 하더라도, 대개의 물체들에는 하나의 수 단어만 배정하므로 일대일 원리의 지식을 보여준다. 예를 들어, 아동들은 한 개를 두 번 세거나 건너뜀으로써 모든 물체를 하나만 빼고 다 셀 수도 있다. 이런 종류의 실수는 잘못 의도하였다기보다는 수행상의 실수에 의한 것으로 보인다. 아동들은 고정 순서 원리의 지식도 일정한 순서로 수 단어를 말하는 것을 통해서 보여준다. 대개 주로 통용되는 순서를 따르지만 가끔씩 "1, 3, 6" 처럼 독특한 순서를 일관되게 사용하는 아동을 볼 수도 있다. 여기에서 주목해야 할 현상은 비록 독특한 순서를 사용한다 할지라도 매 번 셀 때마다 동일한 순서를 사용한다는 것이다. 학령전기 아동들은 마지막 수를 특별히 강조하여 세고 방금 센 수의 집합에 몇 개의 수가 있었냐는 질문에 마지막 수로 답함으로써 수의 크기 원리도 이해하고 있음을 보여준다. 또한 다른 종류의 물체들을 포함한 집합들을 셀 때 주저하지 않는데, 이는 추상화 원리도 이해하고 있음을 보여준다. 끝으로, 순서 무상관 원리는 가장 습득하기 어려워 보이지만 5세 아동들은 이 원리도 이해한다. 상당수의 아이들이 모든 물체를 결국 다 세는 한, 물건 배열의 중간부분에서 수세기를 시작할 수 있다는 것을 인지한다. 소수의 아동들만이 이러한 원리를 말할 수 있긴 하지만, 이들의 수세기 수행능력은 이런 원리들을 이해하고 있음을 제안하고 있다.

Gelman과 Gallistel(1978)은 위의 원리들이 중요한 이유는 원리를 이해하는 것이 수세기 기술을 습득하는 데 안내자 역할을 하기 때문이라고 주장한다. 이 주장은 아동들이 정확하게 세기를 하기 전에 이 원리들을 이해하고 있다는 가정을 전제로 한다. 그러나, 이후 여러 연구들은 아동들이 수세기에 바탕이 되는 이 원리들을 이해하기 전에도 실제는 능숙하게 수세기를 할 수 있음을 제시하였다(Bermejo, 1996; Briars & Siegler, 1984; Frye, Braisby, Lowe, Maroudas, & Nicholls, 1989; Wynn, 1992b). 수세기 경험은 아동들이 수세기 과정에서 필수적인 특징들(각 물체는 한 번씩만 세야하는 것과 같은)을 우연한 특징들(가장 왼쪽 끝이나 오른쪽 끝에서 시작하는 것 같은)로부터 구별하도록 하는 일종의 기초자료를 제공하는 것 같다.

수의 순서적 속성(ordinal properties of numbers). 수의 순서는 수의 상대적 위치나 크기를 지칭한다. 한 수는 순서상 첫째이거나 둘째일 수 있고, 다른 수보다 더 크거나 작을 수 있다. 수의 순서적 속성을 숙지하는 것은, 수의 크기 속성을 숙지하는 것처럼, 영아기에 시작된다. 하지만 조금 더 늦은 10개월 무렵에 시작하는 것으로 보인다.

순서적 속성의 가장 기초적인 수량, 즉 많다 · 적다이다. 영아들이 이런 개념을 수에 적용하여 이해하는지를 검토하기 위해서, Feigenson와 Carey, Hauser(2002)는 10~12개월 된 영아들이 실험자가 두 개의 통에 각기 다른 수의 크래커를 일렬로 배열하여 놓는 것을 보게 하였다. 그러고 나서 영아들이 둘 중 선택한 통으로 기어가서 크래커를 집도록 하였다. 하나나 둘 혹은 두 개나 세 개의 크래커를 비교한 경우, 10개월, 12개월 영아들 모두 일관되게 크래커가 더 많이 담긴 통을 골랐다. 그러나 세 개나 네 개 또는 네 개나 두 개와 같이 수가 셋을 넘어서면 두 집단 아동들 모두 무작위로 통을 골랐다. 수의 크기 경우와 마찬가지로 영아의 수의 순서 지식 또한 작은 수에만 국한되는 것으로 보인다.

그런데 최근 한 연구는 상당히 큰 수를 포함한 경우에도 비율만 높다면 영아들도 순서적 관계를 이해할 수 있다는 사실을 제안하였다. Brannon(2002)은 영아들이 증가하거나 감소하는 배열들을 변별할 수 있는지를 습관화 패러다임을 이용하여 관찰하였다. 이들을 변별하기 위해서는 한 배열이 바뀌면서 이전보다 더 많은 수를 포함하게 되지만 다른 배열은 바뀌면서 점차 수가 적어진다는 것을 인지할 수 있어야만 한다. 증가되는 배열(2, 4, 8 혹은 4, 8, 16과 같이)이나 감소하는 배열(8, 4, 2 혹은 16, 8, 4)에 각각 영아들이 관심을 잃을 때까지 노출시켰다. 두 경우 모두 이웃 배열 수와의 비율은 항상 1:2로 고정되었다. 그러고 나서 영아들은 이전에 습관화한 배열과 같은 방향이거나 다른 방향의 새로운 배열을 제시받았다(예, 증가 집단에 있던 영아는 3, 6, 12 혹은 12, 6, 3을 제시받음). 11개월 된 영아들은 새로운 방향을 가진 배열을 제시받으면 새로운 관심을 보였지만 9개월 된 영아들은 그렇지 못하였다. 이는 증가하는 배열과 감소하는 배열을 영아들이 구별할 수 있다는 사실을 나타내준다.

수의 크기의 경우에서와 같이, 초기 수의 순서 이해를 큰 수의 집합이나 근접한 가치들로 확장시키는 데에는 상당한 시간이 걸린다. 2세가 되면 아동들은 6까지의 수쌍의 순서적 판단을 할 때 4와 5, 4와 6 같은 어려운 쌍들에서도, 단순히 추측할 때보다 수행수준이 높다(Brannon & Van de Walle, 2001). 그렇지만 7살이 되기 전에는, 큰 수에 대한 능력이 완숙하지 못한다.

아동기 초기에 수의 순서 이해를 검토하는 데 가장 자주 이용되는 과제는 “어느 게 더 많아, 6개의 오렌지야 4개의 오렌지야?” 라는 질문을 포함한다. 4세나 5세가 되어서야 아동들은 1부터 9까지의 수를 포함하는 이 같은 문제들을 일관되게 정확히 해결하게 된다(Siegler & Robinson, 1982). 큰 수를 포함하는 문제들에서 아동이 겪는 어려움은 상대적으로 크고 서로 밀접한 수들에서 가장 크게 나타난다(7과 8처럼). 수세기 기술이 아마도 순서적 지식을 발달시키는 데 중대한 것 같다. 수세기에서 나중에 세어지는 수는 항상 큰 수이고, 수들이 멀리 떨어져 있을때 어느 수가 나중에 나타나는지 기억하기가 더 용이하다.

요약하면, 첫 돌을 맞이할 무렵에 영아들은 수의 순서에 대한 기초적 이해를 갖는 것으로 보인다. 그러나, 이러한 이해는 취약하고, 작은 수에서만 나타나며, 비율이 큰 경우에만 보여진다. 향후 연구의 주요 과제는 이러한 지식의 발달 과정을 자세히 밝히고, 이들이 이후 어떻게 수세기 지식에 의존하는 순서 수의 이해와 관련되는지를 조사하는 것이다.

생물학적 개념

시간, 공간, 수와 같이 기초 생존이나 일상 생활 영위에 있어 생물학적 현상에 대한 지식은 중요하므로 생물학도 인간 인지영역에서 근본적인 것으로 여겨져 왔다(Wellman & Gelman, 1998). 이 관점에서 보면 아이들이 생물에 대해 흥미를 갖는 것은 놀라운 일이 아니다.

생물학적 지식은 서로 연결된 개념들로 구성된다. 이 개념들은 기초 생물학적 범주인 생물 · 동물 · 식물, 그리고 성장 · 유전 · 질병과 같은 기초 생물학적 처리들을 포함한다. 아동의 생물학적 이해를 검토하는 연구들은 아동들이 생물학적 범주와 처리체계를 이해하기 시작하는 시기와 이러한 지식을 습득하는 방법, 아동이 가진 생물학적 지식이 생물학 영역에서 일관된 '이론'을 형성하는 정도 등에 주안점을 두어 왔다.

생물학적 범주(biological categories). 아동들은 언제 생물학적 개체와 다른 종류의 개체들을 구분하기 시작하는 것일까? 가장 빠르게 습득하는 가장 기초적인 생물학적 분류는 생물과 무생물의 구분이다(Gelman & Opfer, 2002; Rakison & Poulin-Dubois, 2001). 첫 돌을 맞기 전에도 영아들은 새들을 비행기와 다르게 범주화하고, 동물들을 탈 것과 구분하여 범주화한다(Mandler & McDonough, 1993, 1998a). 또한 동물들은 마실 수 있고 잠을 잘 수 있다는 점에서 다른 사물들과 다르다는 것을 인식한다(Mandler & McDonough, 1996, 1998b).

그렇다면 무엇을 기반으로 영아들이 생물과 무생물을 구별하기 시작하는 것일까? 한 가지 가능성은 얼굴이 있는지와 같은 특징들을 이용한다는 것이다. 5장에서 기술하였듯이, 얼굴은 영아들에게 특별한 관심거리다(Dannemiller & Stephens, 1988; M. H. Johnson & Morton, 1991). 얼굴에서 눈은 특히 더 중요한 것 같다(S. C. Johnson, Slaughter, & Carey, 1998). 눈이나 얼굴에 주의를 기울이는 초기의 편향성은 생물과 무생물을 구분하는 기반을 제공해 준다.

영아들이 생물과 무생물을 구분할 때 이용하는 또 다른 정보원은 운동성(motion)이다. 태어난 지 얼마 안 되어서 영아들은 생물학적인 운동과 비생물학적인 운동을 구별하고(예, Bertenthal, 1993), 다른 종류의 운동을 생물이나 무생물과 연합하기 시작한다. 예를 들어, 9개월이 되면, 영아들은 인간은 동작을 스스로 시작할 수 있지만 무생물은 그렇지 않다는 것을 기대하는 것으로 보인다. 이 시기 아동들은 독립적으로 움직이는 로보트(원격장치를 통해서)를 보았을 때 부정적 정서가 증가하는 양상을 보인 반면, 인간이 독립적으로 움직이는 것을 보았을 때는 그렇지 않았다(Poulin-Dubois, Lepage, & Ferland, 1996). 영아들은 인간에게서 목표 지향적인 움직임을 기대하지만 무생물에게서는 그런 기대를 하지 않는 것으로 보인다. 6개월이 되면, 영아들이 사물을 만지기 위해 인간이 팔을 뻗는 경우와 기계적인 팔이 움직이는 경우를 응시하는 유형도 다르다(Woodward, 1998).

살아있는 것(living things)과 살아있지 않은 것(nonliving things)의 구분은 생물과 무생물 간의 구분보다 아동들에게는 훨씬 더 어려워서 더 뒤늦게 습득된다. 초등학생들도 어떤 것이 살아있는 것인가에 대한 질문을 받으면 종종 실수를 한다(Carey, 1985; Richards & Siegler, 1984). 아동들에게 특히 어려운 범주는 식물이다. 3세에서 5세 사이에 아동들은 동물처럼 식물들도 물과 양분을 섭취하고(Inagaki & Hatano, 1996), 성장하며(Hatano et al., 1993; Hickling & Gelman, 1995), 다치고 나서 낫게 되고(Backscheider, Shatz, & Gelman, 1993), 죽는다(Nguyen & Gelman, 2002)는 것을 알게 된다. 뿐만 아니라, 동물처럼 식물도 병이 들거나 늙어서 죽게 되고(Nguyen & Gelman, 2002), 죽고 나서 분해되며(Springer, Ngyuen, & Samaniego, 1996), 죽으면 다시 살아날 수 없다(Nguyen & Gelman, 2002)는 것을 인식한다. 그러나, 유치원 시기를 지난 후 몇 년간에는 아동들도 식물들이 동물과 함께 살아있는 것의 범주로 묶일 수 있는지는 확신하지 못한다(Hatano et al., 1993; Richards & Siegler, 1984). 초등학교 고학년이 되어서야 비로소 살아있는 것이 동식물을 모두 포함하는 통합적인 개념임을 습득하게 된다.

생물학적 처리(Biological processes). 생물학적 처리는 심리학적 기제(욕망과 같은)나 물리적 기제(물리적 힘처럼)뿐만 아니라 특정한 생물학적 기제가 바탕이 되어야 한다. 상당수의 생물학적 처리들에 대한 이해는 학령전기 초에 나타난다.

생물학적 처리에서 기본적인 것 중 하나는 *스스로 만들어낸 움직임*(self-generated movement)이다. 위에 고찰한 연구 결과들은 아동들이 영아기에서부터 생물학적 움직임에 대한 기초적 이해를 보임을 제시한다. 학령전기에 이르면 생물학적 움직임과 비생물학적 움직임에 대한 지식은 상당히 분화한다. 학령전기 아동들은 어떤 종류의 물체들이 움직일 수 있는지를 정확히 예측하고(Massey & Gelman, 1988), 생물학적, 비생물학적 움직임들을 다르게 설명할 수 있다. 그 한 예로, 학령전기 아동들은 풀쩍 뛰는 친칠라(영장류)는 스스로 움직이지만 풀쩍 뛰는 태엽 인형은 사람이 만든 장치 때문에 움직이는 것이라고 보고한다(Gelman & Gottfried, 1996). 아동들은 움직임을 만들어내는 생물학적 기제가 물리적인 것과 다르다는 것을 인지하고 있는 것이다.

또 학령전기 아동들은 *성장(growth)*을 생물학적 기본 처리과정임을 이해한다. 3~4세가 되면, 아동들도 살아있는 것만이 자라고, 장난감이나 가구 같은 무생물은 자라지 않는다는 것을 안다(Carey, 1985; Rosengren, Gelman, Kalish, & McCormick, 1991). 뿐만 아니라, 생물학적 성장이 작은 크기에서 커지는, 그러나 그 반대는 아닌, 단일 방향적임을 이해한다. 이와 유사하게, 성장은 단순한 형태에서 복잡한 형태로 진행되며(애벌레에서 나비, 올챙이에서 개구리) 그 반대가 아니라는 것도 이해한다(Rosengren et al., 1991). 또한 이 시기의 아동은 '작고 귀여우므로 동물을 작은 크기로 영원히 유지하고' 싶은 염원이 있더라도 아기 동물이 성장하는 것을 막을 수 없다는 것도 인식한다(Inagaki & Hatano, 1987). 즉, 아동들은 성장이 생물학적 기제에 바탕을 둔 것이지 욕망과 같이 심리적 처리에 기반을 둔 것이 아님을 인식하는 것이다.

*유전(inheritance)*도 학령전기에 발달되는 기초 생물학적 처리 개념의 하나다. 물론, 아동들이 유전적 전달이나 유전자를 이해하는 것은 아니지만 유전에 대한 어느 정도의 기본적 이해를 보인다. 태어난 직후는 달라 보일지라도 아기 동물들이 자라서 자신들의 종에 맞는 성인을 닮게 되지만 인형이나 다른 무생물은 그렇지 않다는 것도 이해한다(Gelman & Wellman, 1991). 그리고 아기 동물이 다른 종의 부모에 의해 길러지더라도 자라면 같은 종의 성인처럼 된다는 것도 이해한다(Johnson & Solomon, 1996). 이와 유사하게, 동물이 자신과 다른 종류의 동물에 적합한 환경에서 길러지더라도 여전히 자신의 종에 적합한 특징을 갖게 된다는 것을 이해한다. 예를 들어, 돼지들 사이에서 자란 소는 꿀꿀이 아니라 음메하고, 꼬불거리지 않는 똑바른 꼬리를 갖는다. 아동들은 이러한 이해를 화분에 심어진 사과 씨와 같이 다른 식물에 적합한 환경에서 자라는 식물에도 적용시킨다(Gelman & Wellman, 1991; Peterson & Siegal, 1997).

유전에 대한 초기 개념은 생물학적 기제를 특별히 포함하는 것으로 보인다. Springer와 Keil(1991)은 아동들로 하여금 꽃, 개, 쇠가 어떻게 각각의 색깔을 띠게 되었는지를 설명하는 각기 다른 기제들의 순서를 매겨보게 하였다. 꽃과 개의 경우, 자연적인 내부 기제('애기 꽃이 분홍색이 되는 것은 엄마꽃이 씨앗을 품고 있는 동안에 분홍색이 될 무언가를 주었기 때문' 처럼)와 자연적 외부 기제('애기 꽃이 씨앗 속에서 자라는 동안 태양이 쬐이고 비가 내려서 분홍색이 되었다' 와 같이)를 모두 내포하는 자연적 기제를 더 선호하였다. 반대로, 깡통 캔의 경우, 아동들은 인간을 포함하는 기계적 설명(예, '캔을 만든 사람이 무언가를 해서 캔을 초록색으로 만들었다')을 선호하였다.

이처럼 초기 이해에 대한 증거가 있긴 하지만 유전에 대한 학령전기 아동의 개념은 이후 몇 년간은 여전히 제한적이다. 예컨대, 엄마가 바라는 것이 아이들의 외모에 어떤 역할을 한다고 믿는다(Weissman & Kalish, 1999). 아동들은 유전에는 생물학적 기제만이 아니라 심리적 기제도 깔려있다고 믿는것으로 보인다. 일곱 살이 되어야 아동들도 부모와 자식 사이에 닮은 점을 설명하는 데 생물학적인 친자 관계가 중요하다는 것을 이해한다(Solomon, Johnson, Zaitchik, & Carey, 1996).

학령전기 아동들은 질병도 기본적인 생물학적 처리임을 이해한다. 4세 및 5세 아동들은 질병이 보이지 않는 병균의 작용 같은 기제에 의해 생길 수 있음을 이해한다(Kalish, 1996). 병균에 대한 지식정도에 따라서 병균이 없다면 쓰레기를 먹는 것 같은 위험한 행동을 하여도 질병이 생기지 않지만, 병균이 있다면 물에 떨어진 음식을 먹는 것처럼 무해한 행동을 하여도 질병이 생길 수 있음을 예측한다. 더 나아가서 슬픔 같은 심리적 반응에 의한 원인과 질병의 원인을 구분한다(Kalish, 1997). 오염물질에 노출되는 것은 그 오염균에 대해 아무것도 모르는 사람에게도 질병을 일으킬 수 있다는 것도 알고 있다. 그러나 오염물질에 대한 정서적 반응(무언가가 역겹다는 믿음처럼)은 오염균에 대한 지식에 따라 다르다. 그러므로, 오염물질에 대한 생물학적 반응(질병)과 정서적 반응(혐오)을 구분하는 것이다.

질병을 일으키는 기제를 이해하고 있음에도 학령전기 아동들의 질병에 대한 지식은 여전히 제한적이다. 대부분의 학령전기 아동들은 질병이 생기는 데는 시간이 걸린다는 것을 이해하지 못하고 오염에 대한 즉각적인 반응으로만 생각한다(Kalish, 1997). 그리고, 모 아니면 도 식으로 질병의 결과를 생각하는 경향을 보인다(Kalish, 1998b). 그 예로, 아픈 아이와 한 교실에서 같이 놀았던 아이들은 전부가 아프게 되거나 아무도 아프지 않게 된다고 예측하는 경향이 있다. 아동들은 질병의 원인이 확률적인 방식으로 작용한다는 것을 인식하지 못하는 것이다.

종합해 보면, 비록 중요한 부분의 지식은 제한적이기는 하지만 학령전기 아동들은 움직임, 성장, 유전, 질병과 같은 몇 가지 기초 생물학적 처리들의 기본적인 측면들을 이해한다. 그리고 대부분의 경우 생물학적 기제와 심리적, 물리적 기제들을 구분한다. 이를 통해서 학령전기가 되면 아동들도 생물학적으로 독특한 인과 기제들에 대한 지식을 갖는 것을 알 수 있다.

어떻게 생물학적 지식을 습득하는가? 발달의 관점에서는 아동들의 생물학적 지식의 속성뿐만 아니라 어떻게 이러한 지식이 습득되는지를 이해하는 것도 매우 중요하다. 생물학적 개념을 아동들이 어떻게 습득하는지에 대해 몇 개의 대안적 설명이 있다. 몇몇 연구자들은 생물학적 개념의 학습을 촉진하는, 선천적으로 타고난 대뇌 구조나 처리과정이 있다고 주장한다. 예컨대, Atran(1994)은 인간이 진화과정에서 발달된 '생물학 모듈' 을 가지고 태어나며, 이 모듈이 살아있는 것에 대한 초기의 빠른 학습을 돕는다고 주장하였다. 이 견해를 뒷받침하는 주요 증거로 여러 문화권에서 자라는 아동의 생물학적 지식의 속성과 내용에서 나타나는 유사점을 든다(Lopez, Atran, Coley, Medin, & Smith, 1997).

다른 연구자들은 경험이나 환경의 역할에 중점을 두어 왔다(예, Callanan, 1990; Springer, 1995, 1999). Inagaki(1990)는 금붕어를 길러본 적이 있는 5세 아동들이 금붕어를 길러본 적이 없는 아이들보다 낯선 동물(개구리)의 행동을 더 잘 예측한다는 것을 발견하였다. 애완동물을 보살핀 경험이 다른 종의 동물들에게로 일반화할 수 있는 생물학적 지식을 습득하는 데 도움이 된 것이다. 아동들은 일상 생활에서 부모나 다른 보호자들과의 상호작용을 통해 생물학적 지식을 습득하기도 한다. Gelman과 동료들은(Gelman, Coley, Rosengren, Hartman, & Pappas, 1998) 한두 살 정도의 자녀들에게 동물에 관한 그림책을 읽어주는 어머니들을 관찰하였다. 어머니들은 말하거나 제스처를 할 때 종종 다른 종의 동물들 간의 분류학적 관계를 강조하였고, 전반적인 동물 또는 동물들의 각 범주 내의 특성을 묘사하거나 지적하였다. 이 같은 암묵적 가르침이 생물학적 지식 발달에 기여하는 것이다.

명시적 가르침도 생물학적 지식 발달에 기여한다. Solomon과 Johnson(2000)은 5~6세 아동이 생물학적 유전을 이해하는 데 명시적 가르침이 담당하는 역할을 고찰하였다. 이들은 아이들에게 한 가지 주요 사실('아기들은 엄마의 뱃속에서 나온다')을 가르치고 유전자에 대한 기초적인 몇 가지 정보를 제공해 주었다—우리 몸 안에 있는 유전자라 불리는 아주 작은 것이 지금의 우리 모습을 만든 거다, 갈색 털을 가진 토끼는 갈색 털 유전자를 갖고 있고 하얀 털을 가진 토끼는 하얀 털 유전자를 갖고 있다. 가르침을 받은 아동들은 이 개념을 배웠을 뿐만 아니라 유전에 대한 자신들의 지식도 부모와 자식 사이에 신체적으로 닮은 것은 동일한 믿음을 갖고 있기 때문이 아니라 출생이 더 중요하다는 것을 강조하도록 재조직화하였다. 직접적 가르침이 유전에 대한 개념에 상당한 변화를 가져오게 한 것이다.

물론, 선천적인 것과 후천적인 것 둘 다 생물학적 개념 습득에 중요한 역할을 담당한다. 전세계에 있는 모든 아동들은 식물이나 동물에 매료되고, 이들에 대해 배우고자 하는 강한 동기를 보인다. 아이들이 자라는 사회적 · 문화적 환경은 살아있는 것들을 학습하는 데 다양한 기회를 제공한다. 어떤 문화에서는 이런 학습의 일부분이 학교에서 이뤄진다. 그러나 아동들은 자연 속에서의 직접적인 경험, 애완동물과의 관계, 농장 가축들이나 가정의 화초, 대화나 이야기, 텔레비전 프로그램 등을 통해서도 생물학에 대해 학습한다.

아동들의 지식이 일관된 생물학 '이론'을 형성하는가? 학령전기에 보이는 생물학적 범주나 처리에 대한 아동의 지식들의 증거들을 기반으로, 몇몇 연구자들은 아동들이 학교에 다니기 전에도 순진한 생물학 '이론'을 갖고 있다고 주장하였다(Hatano & Inagaki, 1994; Inagaki & Hatano, 2002; Keil, 1992). '이론'으로 간주되려면 아동들의 지식은 무슨 특징을 가져야만 할까?

Wellman과 Gelman(1992, 1998)은 이론적 이해를 특징짓는 네 가지 기준을 제시하였다—생물 관련 영역에만 유일한 기본적 범주, 인과적 설명, 관찰할 수 없는 설명적 개념, 일관된 조직화. 앞에서 기술하였듯이, 아주 어린 연령부터 아동의 생물학적 지식은 생물, 살아있는 것, 동물, 식물 등의 기초 범주들을 통합한다. 학령전기가 되면, 아동들은 생물학적 개체의 행동들도 성장, 유전, 질병처럼 생물학 영역에서 독톡한 인과적 처리로 생각한다. 이 처리의 일부분은 병균처럼 생물학 내에서 독특하고 관찰할 수 없는 설명적 개념들에 의해 중재된다는 것도 이해하게 된다. 마지막으로 새로운 정보를 학습하는 것이 기존의 생물학적 지식을 재조직화도록 한다. 즉, 생물학적 지식은 일관된 구조를 가지고 있는 것으로 보인다. 종합해 보면, 이러한 결과들은 학령전기 아동들의 생물학 이해가 진정한 의미의 이론, 혹은 적어도 이론의 기준들을 따르는 것으로 구성되어 있음을 시사한다.

요약

개념 발달은 전반적인 개념 표상에 대한 연구나 중요성을 가진 몇몇 특정 개념에 주안점을 두는 연구 접근법으로 검토할 수 있다. 전반적 개념 표상은 최소한 세 가지 형태라고 볼 수 있다. 정의적 세부 특징 표상은 몇 가지의 필요 충분 특징들을 가지고 개념을 기술한다. 확률적 표상은 범주화 구성원으로서의 필요 충분 특징보다는 개념과 연관된 다양한 특징들을 포함한다. 이론 기반 표상은 개념 이해에 여러 측면 간의 인과관계에 충점을 둔다.

삐아제, 비고츠키, 워너나 브루너 등의 유명한 발달 이론가들은 표상 발달 가설을 구성하였다. 이 가설에 따르면, 어린 아동들은 정의적 세부 특징을 기반으로 표상을 만들지 못한다. 하지만 한 살짜리라도 친숙한 개념의 정의적 세부 특징에는 의존할 수 있다는 것이 입증되었다. 어린 아동들은 나이 많은 아동이나 성인보다는 정의적 세부 특징 표상에 덜 의존적인 것으로 보이지만 이러한 표상은 분명히 형성할 수 있는 것으로 보인다.

아동이나 성인의 표상 모두 정의적 세부 특징보다는 확률적 관계를 더 강조한다. 영아기에서부터 아동들은 원형을 추출해 내고, 단서 타당도를 감지하며, 특징 간의 상관 관계를 인식하고, 기초 수준 범주를 형성한다. 상대적으로 짧은 기간 안에 상위와 하위 개념들도 형성하기 시작하고, 아동-기초 범주에서 표준 기초 범주 개념으로 옮겨가며 점차 복잡한 관계 유형을 뽑아낼 줄 알게 된다.

이론 기반 표상은 인과적, 위계적 관계의 역할을 강조한다. 아동의 많은 개념들이 추론 · 설명 · 일반화를 촉진하고, 피상적인 지각 유사성의 영향을 극복하도록 돕는 이론적 측면들을 내포하고 있는 것으로 보인다. 여기에는 어쩌면 생물학이나 마음의 이론처럼 보편적 개념들과는 다른 특질을 가진 핵심 이론—이 이론들이 다른 것들과 어떻게 다른지는 아직 분명하진 않지만—이 있는지도 모른다. 몇몇 개념은 생애 초기부터 이론적 측면을 갖고 있지만 이론 기반 개념의 깊이나 한계는 발달하면서 크게 증가한다.

개념 발달을 연구하는 또 다른 접근법은 몇몇 중요한 특정 개념들의 발달에 주안점을 두었다. 이중 주요 개념은 시간, 공간, 수, 그리고 살아있는 것들이다. 다양한 범위의 경험을 표상하도록 하고, 전세계에서 영아기부터 성인기까지 존재하며, 이들이 없이 세계를 이해하는 것은 불가능하기 때문에 이들 개념에 특별한 주의를 기울이는 것은 가치 있다.

시간은 경험적, 논리적 측면을 모두 갖고 있다. 3개월 된 아동들도 사건이 일어나는 순서를 약호화하며 경험적 시간에 대한 감각을 보여준다. 5세가 되면 상대적으로 짧은 사건들의 기간도 잘 어림할 수 있다. 이 시기에는, 비록 이해의 정도는 미미하고 잘못된 단서들의 방해를 쉽게 받기는 하지만, 시작 · 끝 · 총시간 사이의 논리적 관계에 대한 지식도 보여준다.

공간 내에서 위치와 거리는 자기 자신과 관련짓거나 이정표 혹은 추상적 체계와 관련하여 표상할 수 있다. 자기중심적 표상은 한 살도 안 된 영아들이 목표에 상대적인 자신들의 위치가 바뀐 후에도 계속 이전에 목표물이 있던 방향으로 몸을 돌리게 만든다. 스스로 만들어낸 움직임—특히 기는 것과 걷는 것—은 공간을 자기중심적으로 표상하는 경향을 극복하는 데 중요하다. 물체 가까이에 있는 이정표들은 생후 첫 해 동안에도 영아가 물체의 위치를 확인하도록 돕는다. 이와 유사하게 첫 해 동안에도 영아들은 공간 전체의 윤곽을 바탕으로 공간을 표상하는 환경중심적 표상을 형성할 수 있다. 이런 환경중심적 표상의 형성에는 스스로의 움직임처럼 시각 정보의 흐름과 관련한 초기 경험들이 결정적이다.

수의 이해는 수의 크기와 순서 개념에 대한 이해를 포함한다. 아동들은 영아기부터 수의 크기와 순서의 속성에 대해 부분적으로 이해한다. 이는 어떤 물체의 수에 습관화한다거나 영아가 더 큰 수의 물체를 고르는 능력 등에서 분명히 나타난다. 학령전기가 끝날 무렵에는 수세기나 수 보존의 이해를 통해 수의 크기에 대한 초기의 미성숙한 개념을 보완한다. 그리고 수 크기에 대한 지식을 가지고 수의 순서에 대한 이해도 보완한다.

아동들의 생물학적 지식은 식물 · 동물 · 살아있는 것과 같은 기본 생물학적 범주와 성장 · 유전 · 질병과 같은 생물학적으로 독특한 처리들을 모두 내포한다. 가장 일찍 습득되는 생물학적 구분은 생물과 무생물 간의 구분이다. 식물도 살아있는 것이라는 이해는 상대적으로 늦게 발달하기는 하지만 시간이 지나면서 생물학 범주에 대한 아동의 지식은 점차 풍부해지고 분화된다. 생물학적으로 독특한 상당수의 기초 처리들의 경우, 학령전기 초에 이해하기 시작한다. 그러나, 학령전기 아동들의 이해는 비교적 제한적이고 아동기를 거치는 동안 점차 확대되어 간다. 그럼에도 불구하고, 학령전기 아동의 생물학 지식은 기초 범주를 포함하고, 인과적 설명을 담고 있으며, 관찰할 수 없는 설명적 개념들을 내포하고, 일관되게 조직되어 있다는 점에서 이론적 이해의 특질들을 갖고 있다. 따라서 아동들은 학령전기가 시작되면서 생물학 이론을 갖는 것으로 보인다.

읽을거리

Inagaki, K., & Hatano, G. (2002). *Young children's naïve thinking about the biological world.* New York: Psychology Press. 아동의 생물학적 개념 이해에 대한 포괄적 리뷰. 저자들은 생물학에 대한 아동의 지식이 학교를 다니기 전부터 순진한 이론을 구성한다는 사례를 제시하였다.

Kearins, J. M. (1981). Visual-spatial memory in Australian aboriginal children of desert regions. *Cognitive Psychology, 13,* 434-460. 호주 원주민 아이들이 사막의 긴 여정에서 발달시킨 우수한 공간 기술을 기록하고 있는 흥미로운 연구.

Newcombe, N.S. & Huttenlocher, J. (2000). *Making space: The development of spatial representation and reasoning.* Cambridge, MA: MIT Press. 공간 사고와 추론 발달을 생물학적 준비성과 물리적 세계 경험 사이의 상호작용의 중요성에 주안점을 두어 제시한 통합적 설명.

Rieser, J. J., Garing, A. E., & Young, M. F. (1994). Imagery, action, and young children' s spatial orientation: It' s not being there that counts, it' s what one has in mind. *Child development, 65*, 1262-1278. 동작, 지각, 그리고 심상이 복잡하고 놀라운 방식으로 연결되어 있다. 이 연구는 걷는 동안 다른 공간에 대해서 생각한다면, 한 공간을 걸어가는 것이 다른 공간에 대한 아동들의 표상도 향상시킨다는 것을 보여준다.

Wellman, H. M., & Gelman, S. A. (1998). Knowledge acquisition in foundational domains. In D. Kuhn & R.R. Siegler (Eds.), *Handbook of child psychology: Vol. 2. Cognition, perception, and language* (5th ed.). New York: Wiley. 이 장은 '사랑 영역'에서도 아동들이 이론 기반 지식을 갖고 있음을 주장하고 있다.

제 9 장

사회 인지 발달

제레미(세 살): 엄마, 부엌에서 좀 나가.
엄마: 왜, 제레미?
제레미: 왜냐하면 과자를 먹고 싶으니까. (from Peskin, 1992)

위 글의 아동은 엄마를 속이고 싶었지만 성공하지 못했다. 자기가 계획한 행동을 엄마에게 말하는 것이 엄마가 직접 보는 것과 같은 결과를 가져온다는 것을 인식하지 못한 것 같다. 이와 같은 대화는, 성인과는 다른 방식으로 어린 아이들이 타인을 이해하고 있음을 보여준다. 이 장에서는 사회적 세계에 대한 아동의 인지—자신과 타인에 대한 이해, 인간의 마음이 어떻게 작용하는지, 사회 규범과 사회적 범주—에 중점을 둘 것이다.

아동들은 사람들이 가득한 세계에서 성장한다. 사회문화적 이론이 강조하는 것과 같이(4장), 사회적 관계는 아동들이 행동과 사고와 사고하는 방식에 지대한 영향을 끼친다. 또한 사회적 관계는 건강한 발달과 함께 살아가면서 최적의 기능을 하는 데 필수이다. 이런 사실을 놓고 볼 때, 타인이나 사회에 대한 아동 사고를 이해하는 것의 중요성은 분명하다.

진화론적인 관점에서 보면, 인간 행동과 사회적 관계를 이해하는 것은 분명한 생존적 가치를 가지고 있다. 사회 관계를 보다 능숙히 협상할 수 있는 개인은 오래 살고 더 많이 재생산할 가능성이 있다. 이런 사고는 사회 인지가 진화 과정에서 자연 선택(natural selection)을 통해 구축된 생물학적 기반이 있음을 함의한다. 이것이 옳다면 아주 어린 영아들조차도 사회 인지의 기초적인 부분을 보여주어야 한다는 가능성은 타당한 것 같다. 어쨌든 사회에 대해 학습하려면 타인과의 경험이 많이 필요하다는 것은 분명하다.

발달을 일반적 과정으로 본 삐아제의 심도 있는 통찰 중의 하나는 사회 인지의 발달을 고찰할 때 특히 유용한 사고의 틀을 제공한다. 삐아제(1952)는 영아기에는 현실은 우선적으로 아동의 행동과 외부 환경의 접점에만 존재한다고 제안하였다. 이를 출발점으로 발달은 두 방향, 즉, 스스로에 대해 보다 나은 이해를 얻도록 내부로, 넓은 세상에 대해 더 잘 이해하도록 외부로 진행한다. 이 장에서는 우선 발달 초기에 타인과 스스로를 어떻게 이해하는지 사회적 이해의 기초에 초점을 두겠다. 그리고 다음에는 행동을 유발하는 의도(intention), 바람(desire), 믿음(belief)의 역할을 아우르는 타인과 자신의 정신 세계의 속성을 이해하고자 아동들이 어떻게 초기의 사회적 이해를 내부로 확장시켜 가는지를 검토하겠다. 세 번째와 마지막 부분에서는 발달 초기의 이해를 넓은 사회 세계로 확장시키는 과정에서 성(gender), 인종(race), 민족성(ethnicity)과 같은 사회적 범주와 사회적 규범에 적절한 행동을 어떻게 습득해 가는지를 검토하겠다. 표 9.1에 이 장의 개요를 제시하였다.

표 9.1 이 장의 개요

- **I. 사회 인지의 토대**
  - A. 타인에 대한 이해
  - B. 자신에 대한 이해
- **II. 정신 상태와 정신 활동에 관한 지식**
  - A. 의도에 대한 이해
  - B. 바람에 대한 이해
  - C. 믿음에 대한 이해
  - D. 사고에 대한 이해
  - E. 앎에 대한 이해
  - F. 가장하기에 대한 이해
  - G. 공상에 대한 이해
  - H. 마음을 이해하는 발달의 원천들
- **III. 사회적 세계에 대한 이해**
  - A. 사회 규범에 대한 이해
  - B. 사회 범주와 집단에 대한 이해
- **IV. 요약**

사회 인지의 토대

사회적 세계에 대해 배우려면 영아와 아동은 사회적 자극에 주의를 기울여야 한다. 사람들은 영아의 지각 세계에 존재하는 다른 사물들에 비해 흥미롭다. 예컨대, 천장이나 가스 레인지, 유모차보다 말이다. 뿐만 아니라, 앞에서 언급하였듯이 사회적 정보에 주의를 기울일 적응적 가치도 있을 것이다. 그러므로, 다른 사람들에게 주의를 기울이거나 타인과 상호작용하는 것에 흥미를 갖는 것이 사회 인지의 가장 초기 발현의 하나라는 것은 그다지 놀랍지 않을 것이다.

사회적 세계에 대해 영아와 아동이 직면하는 가장 기초적 과제의 하나는 자기 자신과 타인에 대해 이해하는 것이다. 영아들은 자신이 다른 사물이나 사람들로부터 별개로 존재한다는 것을 학습하여야 한다. 이후 발달에서 아동은 신체적 특징과 좋아하는 것 싫어하는 것, 그리고 자신들의 성향을 통합하는 자아 개념(self-concept)을 발달시켜야 한다. 또한 유사한 정보들을 통합하는 타인에 대한 개념도 형성하여야 한다. 이런 개념들의 토대는 영아기 초기에 마련되고, 아동기와 청소년기에 지속적으로 변화한다.

타인에 대한 이해

영아 주변의 사회적 세계는 부모, 형제자매, 그 밖의 가족, 또는 다른 보호자나 보모와 같은 다른 사람들로 가득하다. 타인들에 대한 이해를 발달시키는 것은 영아와 아동이 사회적 세계를 학습하는 가장 기초적 과제의 하나다.

사회적 자극에 대한 주의(attention to social stimuli). 4장에서 논의하였듯이, 영아들은 인간의 얼굴과 음성에 높은 주의력을 보인다. 신생아도 얼굴답지 않은 자극보다는 얼굴다운 자극을 선호한다(Mondloch et al., 1999). 영아들은 특히 인간의 말소리처럼 복잡한 소리에 특별한 주의를 보이고, 인간 언어에서 사용하는 소리를 세분할 수 있다(Eimas et al., 1971). 또 영아들은 영아에게 하는 말투(Infant-directed speech or motherese)를 특별히 선호한다(Cooper & Aslin, 1990).

아주 어렸을 때부터 영아들은 사람들이 사물과 다르게 행동할 것이라고 기대하는 것으로 보이며, 사람과 사물에 대해 달리 반응한다. 전 장에서 언급하였듯이, Legerstee(1991)는 5 내지 8주 정도 된 영아들이 다른 사람의 입모양(혀를 내밀거나 입을 크게 벌리는 것과 같은)을 모방하는 것을 발견하였다(Meltzoff & Moore, 1977 참고). 그러나 튜브가 혀 같은 것을 내미는 것이나 상자가 입 같은 것을 한쪽으로 벌리는 것 같은 무생물체의 움직임은 모방하지 않았다(Ellsworth, Muir, & Hains, 1993). 그리고 무생물체가 혼자서 움직이는 것을 보았을 때는 놀라지만 사람이 혼자 움직일 때는 놀라움을 보이지 않는다(Spelke et al., 1995).

어린 영아들은 특정 타인을 구분할 수도 있다. 태어났을 때, 엄마의 목소리와 다른 여성의 목소리를 구별할 수 있다(DeCasper & Fifer, 1980). 생후 첫 해 초기에 영아들은 보호자를 인식하기 시작하고 그들과 정서적 애착을 발달시키기 시작한다. 첫 해 후반기의 '낯선 사람에 대한 불안(stranger anxiety 혹은 낯가림)' 의 출현은, 이 시기 즈음에, 영아들이 자신들을 둘러싼 사회적 세계에서 친숙한 사람과 그렇지 않은 사람을 구별하고 있음을 보여준다.

초기 사회적 상호작용(early social interactions). 4장에서 다뤘듯이, 영아는 2개월째부터 대화 시의 상호 주고받기 형식을 닮은 상호적 반응과 행동형태의 *유관적 상호작용(contingent interaction)*을 보인다(예, Bateson, 1979; Trevarthen, 1979). 이 같은 상호작용은 아주 초기 연령부터 영아들이 상대로부터 일정한 행동 양식을 기대한다는 것을 의미한다.

3개월경에는 주변 사람들과 상호작용하게 될 것을 기대한다. 보호자가 '굳은 얼굴(still face)'을 보이고 말하지도, 움직이지도 않을 때, 영아들은 덜 웃고, 시선을 다른 곳으로 돌리며, 심박수도 변화하여 각성하고 있음을 나타내는데, 어떤 영아들은 보채거나 울기도 한다(Kisilevsky et al., 1998; Toda & Fogel, 1993; Tronick, Als, Adamson, Wise, & Brazelton, 1978). 이러한 반응은 '굳은 얼굴'이 보호자와의 상호작용 행동에 대한 영아의 기대를 위반하고 있음을 시사하는 것이다.

사회적 상호작용의 속성에 대한 기대는 상당히 구체적이다. 한 연구에서, 한 성인이 영아와 '보통의' 까꿍놀이(Peek-a-boo)와 게임의 순서(눈을 가렸다가 다시 보여주고 '까꿍'이라고 말하는 것)가 무작위로 배열된 '뒤섞인' 까꿍놀이를 하도록 하였다. 4 내지 6개월 된 영아들은 보통의 놀이 조건에서보다 순서가 뒤섞인 놀이 조건에서 덜 웃었고 실험자를 덜 쳐다보았다(Rochat, Querido, & Striano, 1999). 이러한 결과는 어른이 어떻게 상호작용할지에 대해 영아들이 일정한 기대를 하고, 이러한 기대가 순서가 뒤섞인 놀이 조건에서 위배되었음을 인식한다는 것을 보여준다.

3개월 무렵이 되면 영아들은 성인들의 시선을 따라가기 시작한다. 이 기술은 점차 공고해지고 9개월 무렵에는 확립된다(Butterworth, 2001). 같은 시기에 영아들은 어른들의 가리키기(pointing) 몸동작도 따라하기 시작한다(Morissette et al., 1995; Murphy & Messer, 1977). 보호자들의 시선과 몸동작을 따라함으로써, 4장에서 설명하였듯이, 보호자들과 특정 사물이나 일어나는 일들에 공통의 주의를 기울이는 함께 주의하기(joint attention)에 기여하게 된다. 함께 주의하기는 의사소통 기술 발달에 있어서 중요한 선행조건이다. 성인이 주의를 기울이는 것을 탐지함으로써 영아들은 올바른 지시 대상과 어른이 말하는 것을 연결할 수 있다(Baldwin, 1991, 1993b).

초기 정서 표현의 이해(early understanding of emotional expressions). 생후 초기부터 영아들은 다양한 정서 표현을 구분할 수 있다. 이러한 능력을 검토한 한 연구에서, Walker(1982)는 5개월 영아에게 낯선 어른이 등장하는 두 개의 동영상을 보여주었다. 그 중 하나에서는, 어른이 화가 나서 말하면서 화난 얼굴 표정과 몸동작을 하였고, 다른 하나에서는 행복하게 말하고 행복한 얼굴과 몸동작을 했다. 그리고 외부 스피커를 이용해서 각각의 동영상 소리가 크게 들리도록 하였다. 행복한 것이거나 화난 것에 상관없이 동영상과 소리가 서로 일치하였을 때 그 동영상을 더 오래 바라보았는데, 이는 5개월 된 영아가 여러 정서들에 대해 어느 정도의 지식을 보유하고 있고 이러한 정서들이 얼굴과 목소리를 통해서 어떻게 표현되는지도 알고 있음을 시사한다.

첫 돌을 맞기 전 6개월 동안에, 영아들도 상황이나 사물이 안전한지 위험한지를 판단하기 위해서 타인의 정서적 반응을 살피기 시작한다. 이러한 현상을 *사회적 참조(social referencing)*라고 하는데, 6개월 된 아동에게서도 이를 볼 수 있다(예, Walden & Ogan, 1988). 이를 살펴보고자, 12개월 된 영아들이 기꺼이 시각 벼랑의 깊은 쪽으로 넘어서는 정도를 관찰하였다(5장에서도 제시하였듯이). 보호자가 놀라거나 화난 표정을 지으면 아동은 깊은 쪽으로 넘어서려 하지 않은 반면, 보호자가 즐거운 표정을 지었을 때는 대부분의 영아들이 넘어섰다(Sorce, Emde, Campos, & Klinnert, 1985). 따라서 영아들은 자신들의 행동을 안내하는 데 사회적 세계에서 얻은 정보를 이용할 수 있는 것이다. 이런 점에서 영아들은 타인과 타인의 정서적 표현을 잠재적 정보원으로 인식하는 것이다.

타인에 대한 개념(concepts of other people). 영아들이 사회적 상호작용에서 하는 행동이나 타인의 정서적 표현에 대한 반응에서 타인에 대한 개념이 출현하고 있음을 볼 수 있다. 언어와 인지능력이 향상되면서 타인에 대한 개념은 점차 명확해지고 이 개념을 언어로 표현할 수 있게 된다. 타인 개념 발달에 대한 연구들은 이러한 개념들이 발달 과정에서 상당한 변화를 거친다고 한다(Livesley & Bromley, 1973; Ruble & Dweck, 1995; Shantz, 1983). 일반적으로 구체적이고 외현적이면서 눈에 보이는 것에서부터, 보다 추상적이고 내현적이며 눈에 보이지 않는 것들로 발달한다.

특정한 타인에 대해 설명해 보라고 하면, 5세 미만의 아동들은 외모나 가진 것, 혹은 주로 하는 행동과 같은 외현적이고 관찰 가능한 특징을 중점으로 설명한다. 그리고, 타인의 행동이 자신과 어떻게 관련 있는지에 주안점을 둔다. 다음의 예는 5세가 조금 안 되는 아이가 친구를 묘사한 대표적 예이다.

> 존은 내 친한 친구예요. 우리는 길거리에서 놀아요. 걔는 큰 누나가 있어요. 걔 장난감을 갖고 놀아서 걔를 좋아해요. (Livesley & Bromley, 1973, p. 265)

학령전기 무렵부터 아동들은 종종 타인의 행동을 심리적인 용어로 설명하기도 한다('걔는 무서워요' '엄마는 슬퍼요' 처럼)(Lillard & Flavell, 1990). 그렇지만 이 시기의 심리적 기인은 대개 상황 특정적인 것에 그칠 뿐 지속적인 성향이나 성격을 의미하지는 않는다.

시간이 지나면서, 행동의 심리적 원인에 대한 아동의 지식도 점차 추상적이고 복잡해진다. 아동기 중기에 이르면, 타인이나 타인의 행동을 성격이나 성향에 따라서 설명하기 시작한다(Alvarez, Ruble, & Bolger, 2001; Eder, 1989; Kalish, 2002; Rholes & Ruble, 1984). Rholes와 Ruble(1984)은 등장 인물들의 성격을 드러낸, 짧은 이야기의 첫머리를 아이들에게 제시하였다. 그리고 등장 인물이 다른 유사한 상황에서 어떻게 행동할지 예상해 보라고 하였다. 9세 이상의 아동들은 이야기 첫머리에서 등장 인물들의 성격이 나타난 행동들을 인식하였고 새로운 상황에서 이와 일관된 행동을 할 거라 예상했다. 반면에, 어린 아동들은 예상하지 못하였다. Rholes와 Ruble은 이 결과를 바탕으로 성격을 타인의 안정적이고 지속적인 특성으로 이해하는 것은 아동기 중기에 나타나기 시작한다고 추론하였다.

그러나 다른 연구는 나이 어린 아동도 몇몇 상황에서는 성향에 관한 정보를 평가할 수 있다고 제안한다. Feldman과 Ruble(1981)의 연구에서는 아동들에게 사람들에 관한 짧은 동영상을 보여주고 그 사람들에 대해 설명해 보라고 하였다. 몇몇 아동에게는 단순히 등장 인물을 묘사하도록 하였고, 다른 아동들에게는 묘사하고 나서 등장 인물들과 곧 만나게 될 것이라고 믿게 하였다. 곧 만나게 될 것이라고 기대한 경우에는 5 내지 6세 아동들도 인물 묘사에 성향과 관련된 부분을 포함시켰다. 5~6세 아동 집단에서 아이들이 묘사한 다음의 예를 비교해 보자.

> 앞으로 만날 것이라 기대하지 않은 집단:
>
> 그 여자는 공을 양동이에 던져 넣고 있었어요. 목표 지점에 원반(frisbee)을 던졌구요. 머리 색이 짙었어요. 다른 방에 들어갔어요.
>
> 앞으로 만날 것이라 기대한 집단:

> 그 여자는 게임을 잘 하고 아마도 친절할 거예요. 매우 열심히 해요. 게임하는 걸 좋아한다고 생각해요. (Feldman& Ruble, 1981, p. 202)

묘사하는 대상의 사람과 곧 만날 것이라는 기대는 아이들로 하여금 외모나 활동과 같은 관찰 가능한 특성보다는 심리적 속성에 더 주안점을 두게 하였다.

청소년기에 이르면 타인에 대한 아동들의 설명은 일반적으로 눈에 보이지 않는 성격이나 일관된 행동 양식과 같은 특징들에 관한 정보도 통합시키게 되고, 개인의 행동을 형성하는 사회적 맥락의 중요성도 포함하게 된다. 다음은 15세 소년이 묘사한 것을 발췌한 것이다.

> 필은 아주 겸손해요. 낯선 사람과 있으면 나보다 더 수줍어하지만 잘 알거나 좋아하는 사람과 있으면 아주 수다스러워요. 그애는 성격이 좋고 화내는 걸 본 적이 없어요. 다른 사람들이 성취한 걸 낮추는 경향이 있지만 자기 자신의 성취를 칭찬하지도 않아요. 누구에게도 자기 의견을 내세우지 않는 것 같아요. 쉽게 긴장해요. (Livesley & Bromley, 1973, p. 199)

이 예에서처럼, 타인에 대한 청소년들의 기술은 심리적 복잡성과 행동에 작용하는 상황적 변인을 고려하고 있다.

자신에 대한 이해

'자신' 은 아마도 어느 누구의 사회적 세계에서나 가장 중요한 개인일 것이다. 영아들은 놀랄 만큼 어린 나이에 자신에 대해 인식하게 된다. 시간이 흐르면서 영아들과 아동들은 지각적 · 신체적 · 사회적 · 심리적 측면의 지식을 아우르는 완숙한 자아 개념을 발달시킨다.

자신에 대한 인식과 재인(awareness and recognition of self). 아기들이 자기 자신에 대해 맨 처음 인식하는 것은 언제일까? 다시 말해서, 언제 자신들이 다른 사물이나 사람과 별개임을 이해하게 되는 것일까? 이 문제를 검토하는 한 방법은 자기 자신과 타인의 모습에 영아가 어떻게 주의를 기울이는지를 살피는 것이다. 자신과 또래 아동이 등장하는 동영상을 보여주면, 3개월 된 영아도 또래 아동 바라보기를 선호하는데(Bahrick, Moss, & Fadil, 1996), 이는 아주 어릴 때부터 영아들도 자신과 타인을 구분한다는 것을 시사한다.

이를 검토하는 또 다른 방법은 영아들이 거울 속의 자신을 언제부터 인식하기 시작하는지를 살피는 것이다. 그림 9.1에 제시된 '연지 검사(rouge test)' 에서 어머니가 영아의 얼굴을 닦아주는 동안 코에 몰래 빨간 표식을 칠한다(Amsterdam, 1972;

Bullock & Luetkenhaus, 1990; Lewis & Brooks-Gunn, 1979). 그러고 나서 영아를 거울 앞에 데려간다. 대개 12개월 된 영아들은 거울 속에 있는 코 위의 빨간 표식을 만진다. 이와 달리, 15개월 된 아동들은 자신들의 코를 만지는데, 이는 거울 속에 있는 것이 자신들임을 인식하고 있음을 보여주는 것이다.

그러면 이런 발달 경향이 혹시 거울에 대한 경험이 늘어나기 때문인 것은 아닐까? 이를 검토하기 위해, Priel과 deSchonen(1986)은 이스라엘 사막 지역에서 거울이나 다른 종류의 반사 표면을 접해 본 적이 없는 영아들에게 이 검사를 시행하였다. 이 영아들도, 거울을 많이 접하고 자란 도시 근처의 영아들과 동일한 발달 유형을 보여주었다. 두 집단 모두 6개월에서 12개월 사이에는 자신들의 코를 만지는 아동이 없었지만 13개월에서 19개월 사이에는 자신의 코를 만지는 아동들이 있었고, 대부분의 20 내지 26개월 아동들이 자기 코를 만졌다.

아동 행동의 또 다른 측면은 자기 인식이 2세경에 확립된다는 것을 보여준다. 2세 아동의 대부분은 또래의 사진보다 자신의 사진을 보고 더 잘 웃고 더 오래 본다. 게다가 이 연령의 대부분의 아동들이 자신을 이름이나 인칭 대명사를 이용하여 지칭하고, 몇몇 아동들은 나이나 성별도 알고 있다(Lewis & Brooks-Gunn, 1979).

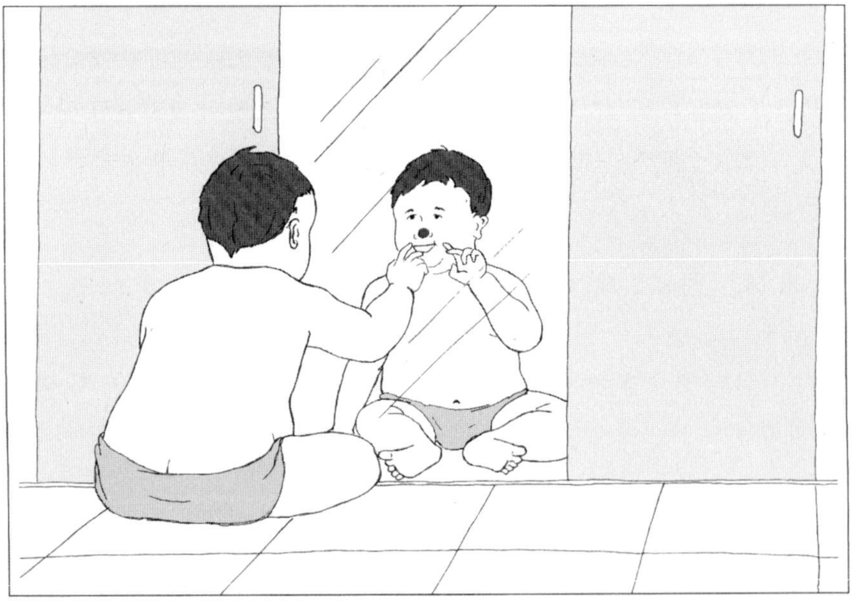

그림 9.1 연지 과제. 어머니가 얼굴을 닦는 동안 12개월 된 아기의 코에 붉은 자국을 몰래 남겨 놓았다. 아이가 자신의 코가 아닌 거울에 있는 코를 만지려고 하는 것에 주의하라. 15개월이 되면 이런 상황에서 자신의 코를 만진다.

자아 개념(concepts of the self). Rochat(2001)는 영아들이 지각적 · 사회적 요소를 담고 있는 암묵적이고 선언어적(preverbal) 자아 개념을 태어날 때부터 발달시키고, 이 발달이 2개월 무렵에 가속화한다고 주장하였다. 영아의 지각적 자기 지식(self-knowledge)은 자신들의 신체에 대한 지식과 주변 탐색이나 주변 세계 내에서 자신들의 행동이 미치는 영향을 경험하는 것을 통해서 얻은 자신들의 행동능력에 대한 지식으로 구성되어 있다. 이들의 사회적 지식은 타인과의 교류나 자신과 타인이 어떻게 다른지를 봄으로써 얻어지는 스스로의 행동 유형에 대한 지식으로 구성되어 있다. Rochat에 의하면, 이러한 초기 지각적 · 사회적 자기 지식은, 유아기와 유아기 이후에 말로 표현하기 시작할 때의 자기 지식과 같은 보다 명시적이고 반영적인 자기 지식의 근간을 마련한다.

아동들의 언어 및 인지능력이 성장하면서, 자아 개념의 속성도 달라진다. 유아기에는 나이, 성별, 신체적 특징(예, 나는 커)이나 착하다거나 버릇이 없다와 같은 평가적 특질(예, 나는 착한 아이야)을 바탕으로 자신을 분류하기 시작한다(Stipek, Gralinski, & Kopp, 1990). 학령전기 초에 이르면, 대부분의 아동들이 손쉽게 말로 자신을 설명할 수 있다. 학령전기 아동들은 대개 구체적이고, 외모나 가진 것, 또는 전형적 행동과 같은 관찰 가능한 특질들을 통해 자신을 묘사한다(Keller, Ford, & Meacham, 1978). 그 예로, 저자 중 한 명의 조카인 5세 소녀의 자기 묘사를 살펴보자.

> 나는 친구들이 있어요. 내 눈은 담갈색이에요. 엄마, 아빠, 그리고, 오빠와 여동생이 있어요. 개도 있었는데 죽었어요. 학교에 다니고 발레를 해요. (Makris, personal communication, 2002)

이 아이처럼, 대부분의 학령전기 아동들은 좀처럼 자기 묘사에 심리적 특징을 언급하지 않는다. 그럼에도 불구하고, 학령전기 아동들은 자신들의 성향에 대해 기본적으로 이해하고 있다. 한 연구에서, 아동들에게 다음의 문장의 쌍들을 제시하였다(예, 화날 때 누군가를 때리고 싶다, 혹은 화날 때 조용히 있고 싶다). 그리고 그중에서 자신을 더 잘 나타내는 문장을 고르라고 하였다(Eder, 1990). 이 과제는 스스로 생각해 내게 하는 것에 비해서 언어능력을 덜 요구한다. Eder는 3.5세 정도의 어린 아이들도 연관된 문장 쌍에서 일관된 선택을 하고, 선택한 문장이 자기 통제(self-control), 자기 수용(self-acceptance), 외향성(extraversion)과 같이 심리적으로 의미 있는 측면과 부합한다는 것을 발견하였다. 3.5세 가량의 어린 아동들도 심리적 측면을 통합하는 자아 개념을 가지고 있는 것으로 보인다.

아동들의 자아 개념은 발달과 더불어 중요한 변화를 거친다(Harter, 1998). 자신에 대한 표상은 자기 이해의 다양한 측면(지각적, 신체적, 사회적, 심리적 이해들을 포함하여)이 조화를 이루고 통합되면서 점차 조직화한다. 시간이 흐르면서 아동들의 자아 개념도 점차 추상적이 되고 보다 심리적이 된다(Mohr, 1978). 아동기 중기에는 종종 자신을 절대적으로 묘사하기보다 타인과 비교하여 묘사한다(예, 나는 언니보다 똑똑해). 그리고 아동기 후기에 이르면, 대부분의 아동들이 일반적 성향이나 성격을 바탕으로 자신을 묘사한다(예, 나는 친절하고 외향적이야). 청소년기에 이르러서 자기 묘사는 사회적 역할과 관계(예, 학생, 딸, 친구, 여자 친구)의 확대된 부분을 반영하기 시작하고, 사회적 맥락의 중요성(예, 나는 보통 꽤 진지하지만 친구들이랑 있으면 아주 바보처럼 할 수도 있다)도 반영하기 시작한다(Harter, 1999).

이와 같이, 아동들의 자기 묘사는 발달과 더불어 점차 추상적이 되고, 비교를 포함하게 되고, 세분화된다. 이러한 변화와 함께 이들의 개념도 행동 변인이나 사회적 맥락의 중요성 등에 대한 정보를 통합하기 시작한다. 그러므로, 아동들의 자아 개념은 타인에 대한 개념들처럼 처음에는 안정적이고 외현적이며 관찰 가능한 특징들에만 국한되다가, 이후 보다 다양하고 내현적이며 눈에 보이지 않는 관찰할 수 없는 것들로의 보편적 진행 과정을 따르고 있음을 보인다.

정신 상태와 정신 활동에 관한 지식

아동들이 자신과 타인에 대한 이해를 토대로 이뤄내야 할 주요 과제 중의 하나는, 자신과 타인의 정신적 삶의 속성을 이해하기 위해, 자신들의 사회적 이해를 내부로 확장시키는 것이다. 사람들에게는 목표와 의도 및 기대가 있음을, 즉 사람들이 어떤 것은 알지만 어떤 것은 모를 수도 있고, 어떤 것에 대해 자신이 가진 믿음을 다른 사람들은 가지고 있지 않을 수 있다는 사실을 학습할 필요가 있다. 간단히 말하면, 인간 마음의 작용 원리를 이해해야 할 필요가 있다는 것이다.

사람들이 마음에 대해 이해하는 방법의 하나는 자기 자신에 대한 의식을 통해서이다. 우리는 자신의 마음의 작용 원리의 일부를 인식하고 있고, 이것이 곧 타인의 마음으로 일반화할 수 있는 기반을 제공하는 것이다(Harris, 1992; Johnson, 1988; Smiley & Huttenlocher, 1989). 그렇지만 우리는 어떻게 목적과 믿음, 지식, 의도, 바람을 가지고 있다는 것을 이해하게 되는 것일까? 그 어느 누구도 목적이나 믿음을 본 적이 없고, 자동차나 나무 혹은 다른 동물들에게 목적이나 믿음을 기대하지도 않는다. 그럼에도 불구하고 유아들은 그들의 일상적 언어가 보여주듯이 그와 같은 정신적 처리를 알고 있다(Bartsch & Wellman, 1995).

로스(Ross, 2년 10개월): 엄마는 그 노래를 할 수 없어요. 그 노래를 몰라요. 이해하지 못해요. (p. 41)
나오미(Naomi, 2년 11개월): 나는 꽃들과 강아지들을 꿈꿔요. (p. 41)
아담(Adam, 2년 11개월): 나는 이게 껌사탕이라고 생각해요…아냐. (p. 46)

유아들의 대화의 단편에서 드러나듯이, 세 돌을 맞이할 즈음이면, 아동들은 이미 자신이나 다른 사람이 생각하고, 알고, 꿈꾸고, 이해한다는 것을 생각하고 있다. 어떻게 이런 지식을, 특히 마음의 내용이 포착하기 어려운 것일 때에도, 이토록 빠르게 발달하는 걸까?

몇몇 연구자들은 심리학이 '핵심' 영역이며 인간은 합리적인 이론과 마음의 작용 원리를 형성할 수 있는 경향을 타고난다고 주장해 왔다(Gelman, 2003; Gopnik & Meltzoff, 1994; Leslie, 1994; Wellman & Gelman, 1998). Wellman과 동료들은 상당히 영향력 있는 형태로 이러한 개념을 제의하였다. 이들은 대략 세 살 때부터 아동들이 마음이 어떻게 작용하는지에 대한 순진한 이론(naive theory)을 갖는다고 제안하였다. 이 이론의 목적은 인간 행동, 특히 행동하는 사람이 어떤 이유(무언가를 갖고 싶다와 같이)를 위해 취하는 자발적 행동인 의도적 행동(intentional actions)을 설명하는 것이다. Wellman과 동료들은 행동을 이끌어 내는 데 중심 요지가 내면적 믿음(belief)과 바람(desire)이기 때문에 이 이론을 *믿음-바람 마음 이론(belief-desire theory of mind)*이라고 명명하였다. 이 이론의 기본적 구성은 그림 9.2에 요약되어 있다.

Wellman과 동료들에 따르면, 완전한 마음의 이론은 믿음 · 바람 · 공상과 같은 정신 상태가 현실과 분리된 내면적 실체들이고, 이 실체들이 세상과 특정 방식으로 연결되어 있다는 것을 이해하여야 한다고 하였다. 보다 일반적으로 설명하자면, 마음의 내용은 세상에 있는 마음들을 표상한다는 것을 이해해야 한다는 것이다. 현실 표상으로서 정신 상태를 이해하는 것은 개인들이 타인의 행동을 예측하고 설명하도록 만든다. 예를 들어, 한 소녀가 자기 오빠가 과자 통에 과자가 있다고 믿고 있다는 것을 안다면, 오빠가 과자가 먹고 싶을 때 과자통을 보게 될 것이라고 기대할 수 있다. 더 나아가서, 소녀는 엄마가 과자를 냉동실로 옮겨 둔 것을 알고 있을 때도 오빠가 과자통을 볼 것이라고 예측할 수 있다. 그것이 바로 오빠가 가진 세상에 대한 표상이며, 오빠의 행동을 지시하는 세상의 실재인 것이다. 진정한 마음 표상의 이론은 마음이 세상을 표상한다는 것을 이해하고, 이러한 표상들이 행동과 체계적으로 연결되어 있음을 이해하는 것이다.

그림 9.2가 보여주듯이, 아동 마음 이론의 '핵심'은 의도, 바람, 믿음, 그리고 이들이 행동과 어떻게 관련되는지를 이해하는 것이다. 그러나 다른 많은 정신적 활동도 이

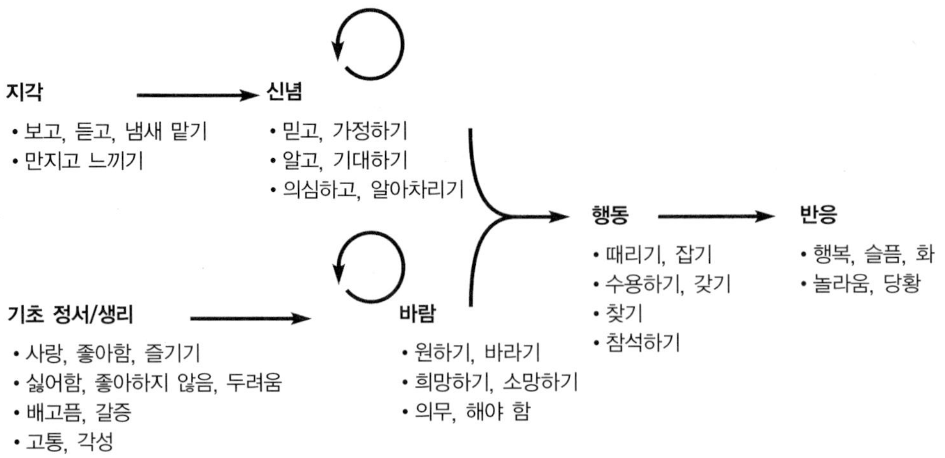

그림 9.2 Wellman(1990)의 아동의 믿음–바람 마음 이론의 도식.

해해야만 한다. 최근의 연구는 아동들이 어떻게 두 주요 계통의 정신 활동을 이해하게 되는지를 다루어 왔다. 그 한 계통은 사고, 앎, 추측과 같은 '실제' 세계에 대한 표상을 주로 다루고, 다른 하나는 가장하기(pretending), 공상하기(fantasizing), 상상하기(imagining), 꿈꾸기와 같은 허구적 세계를 표상하는 것을 주로 다룬다. 다음에서는 의도, 바람, 믿음의 이해가 어떻게 발달하는지를 다룬 최근 연구들을 살펴보겠다. 그리고 사고, 앎, 가장하기, 공상하기의 이해의 발달을 고찰해 보겠다.

의도에 대한 이해

의도에 대한 기초적 이해는 영아기에 출현한다. 6개월이 될 무렵에 영아들은 사람들이 특정 유형의 행동을 특정 종류의 상황에서만 한다는 것을 이해한다. 한 연구에서, 6개월 된 영아들은 장애물 뒤에 있는 무언가를 잡으려 하는 것과 그 무언가에게 말하는 것을 반복적으로 지켜 보았다. 말하기 조건이나 잡기 조건에 각각 습관화한 후, 숨겨졌던 '무언가'가 사람이거나 물체인 것으로 드러났다. 말한 것을 보았던 영아들은 무언가가 사람이었을 때보다 물체였을 때 더 오래 쳐다보아서 사람이 물체에게 말했다는 사실에 놀란 것으로 나타났다. 반면에, 잡기 조건에 습관화한 영아들은 물체보다는 사람을 더 오래 쳐다보아서 사람이 물체를 잡으려고 다가갔던 것으로 기대했음을 시사하였다(Legerstee, Barna, & DiAdamo, 2000). 이는 곧 사람들이 사람과 물체에 대해 각기 다른 의도를 가지고 있음을 6개월 무렵이되면 인식한다는 것이다.

이 결과들은 나이 어린 영아들도 의도적 행동에 대해 몇 가지 중요한 규칙성을 이해하고 있음을 시사한다. 그러나 의도의 완전한 이해는 사람들이 일반적으로 예측 가능한 방식으로 행동한다는 것을 인식하는 것만으로는 충분하지 않다. 사람들의 행동이 바람이나 믿음 같은 정신 상태에 의해서 이루어진다는 것도 이해해야만 한다. 그러므로 진정한 개념의 의도는 사람들의 행동을 이끄는 정신 상태들을 이해하는 것을 필요로 한다. 이러한 이해의 정도를 측정하는 한 방법은 행동이 의도적으로 수행된 경우와 우연하게 이루어진 경우에 표면적 행동이 같아도 영아들이 다르게 반응하는지를 살피는 것이다. 이를 다룬 한 연구에서 행동을 하고 나서 즉각적으로 우연인지('어머나!') 혹은 의도적인지('됐다!')를 나타내는 언어적 단서를 제공하였다. 14개월 된 영아들은 행동이 의도적인 것으로 제시되었을 때, 우연인 것으로 제시되었을 때보다 더 많이 모방하였다(Carpenter, Akhtar, & Tomasello, 1998). 이와 유사하게, 두 살 된 아동들은 어떤 동작에 대한 새로운 단어를 학습할 때 이 동작이 우연한 것일 때보다 의도적인 것으로 보일 때에 단어를 더 잘 학습하는 경향이 있었다(Tomasello & Barton, 1994).

의도에 대한 영아의 이해는 보다 직접적으로 검사할 수도 있다. Meltzoff(1995a)는 18개월 된 아동들에게 어떤 목표 동작(예, 막대를 가지고 버튼을 누르기)을 하려고 하였지만 성공하지는 못한 것을 보여주었다. 그러고 나서 영아들이 직접 이 사물들을 가지고 놀 기회를 주었는데, 영아들은 관찰한 행동이 비록 성공적으로 수행되지 못하였더라도 성공하려고 노력한 경우의 행동들은 따라하는 경향을 보였다. 그러나 장난감 로봇이 사람처럼 했을 때(막대로 버튼을 누르려 했지만 실패함)는, 이 행동을 따라하지 않았다. 18개월 무렵에는 성공하지 못하더라도 사람이 하려고 시도했다는 것을 인식하는 것 같다. 뿐만 아니라 이러한 이해를 다른 사람들에게는 적용하지만 장난감 로봇처럼 무생물체에는 적용하지 않는다.

영아들이 의도적인 행동과 비의도적 행동을 어릴 때부터 구분하는 것은 분명하다. 하지만, 이것이 의도에 대한 이해가 영아기에 완전히 성숙해진다는 것을 의미하는 것은 아니다. 실제로 의도에 대한 초기의 이해는 의도가 잇달아 일어나는 행동의 결과와 별개라는 이해를 포함하고 있는 것 같지는 않다. 이처럼 제한된 이해의 결과로 나이 어린 아동들은 실수, 사고, 반사적 행동을 의도적 행동과 혼동한다(예, Astington, 1991; Shultz, 1980). Shultz(1980)는 반사 망치를 가지고 어린 아동들에게서 무릎 반사 움직임을 이끌어낸 뒤에 아동들이 이 움직임을 하려고 마음먹은 것인지를 물었다. 대부분의 3세 아동들이 다리를 움직이려고 마음먹었다고 주장한 반면에 대개의 5세 아동들은 움직임이 자신들의 통제 밖이었고 마음먹어서 된 것이 아니라고 올바르게 답했다. 전반적으로, 어떤 행동의 결과가 긍정적이면, 3세 아동들은 그 행동이 의도적이었다고 가정한다. 4세에서 5세 아동들은 의도적인 것을 우연한 행운과 구분하는 데 보다 능숙하다.

바람에 대한 이해

바람은 생리적 상태(배고픔 · 갈증 · 통증)나 정서(사랑 · 화 · 두려움)에 의해 생겨날 수 있는 정신 상태이다. 12개월밖에 안 된 아이들도 바람과 더불어 바람이 행동을 유발한다는 기초적 이해를 가지고 있는 것으로 보인다. 그 한 예로, Phillips와 Wellman, Spelke(2002)는 12개월 된 아동들은 자신들이 한 행동과 그것에 대한 타인의 시선 방향, 정서적 표현에 대한 정보를 연결지을 수 있음을 보여주었다. 영아들은 어떤 사람이 두 개의 고양이 인형(하나는 오렌지색, 다른 하나는 회색) 중 하나를 흥미롭게 보면서 "와, 아기 고양이 좀 봐."라고 유쾌한 목소리로 말하는 것을 보았다. 그리고 이 장면을 가리개로 덮었다가 2초 후에 다시 열어 보였다. 가리개가 열렸을 때, 고양이를 보고 있던 사람이 고양이 인형 둘 중의 하나를 들고 있었다. 처음에 보고 있지 않던 고양이 인형을 들고 있는 경우에 영아들은 더 오래 쳐다보았는데, 이는 결과가 영아들에게 놀라운 것이었음을 제시하는 것이다. 12개월경에는 영아들도 행동하는 사람의 바람을 나타내는 시선과 긍정적 정서 반응에 이어서 일어나는 행동 간의 연관성을 인식하는 것으로 보인다.

18개월에서 24개월 무렵이 되면, 상당수의 아동들이 자신의 바람('주스 원해' 와 같이)이나 연관된 정서 상태('나는 무서워' 처럼)를 정신 상태를 나타내는 용어로 묘사하기 시작한다(Bartsch & Wellman, 1995). 이 나이 무렵에는 영아들도 다른 사람들에게 자신과 다른 바람이 있다는 것을 이해하는 것으로 보인다. Repacholi와 Gopnik(1997)은 영아들에게 금붕어 크래커와 브로콜리 둘 중에 하나를 고르게 하였다. 놀라울 것 없이, 대부분이 크래커를 골랐다. 그리고 나서 영아들은 실험자가 얼굴 표정과('음, 이 브로콜리는 맛나')말로 브로콜리를 더 좋아하는 체하는 것을 보았다. 그리고 영아들에게 실험자에게 먹을 것을 주라고 하였다. 대부분의 14개월 된 아동들은 자신이 선호하는 음식(크래커)을 주었는데, 18개월 된 아동들은 실험자가 선호하는 음식(브로콜리)을 주었다. 즉, 18개월이 되면 영아들도 타인의 바람에 대해 사고할 수 있게 되는 것이다.

Wellman과 동료들(Bartsch & Wellman, 1995; Wellman, 1990)은 바람에 대한 초기 이해가 표상적이지 않다고 주장해왔다. 다시 말해서 나이 어린 아동들은 사람들이 사물들을 원한다는 점에서 사물들과 관련 있다고 이해하지만, 사람들이 원하는 사물을 정확하든지 부정확하든지 어떤 특정 방식으로 머릿속에 표상한다는 것은 아직 이해하지 못한다는 것이다. 바람에 대한 기초적 이해는 정신적 표상을 요구하지 않으므로, 바람에 대한 이해가 정신적 표상을 요구하는 다른 정신 상태에 대한 이해들보다 일찍 발달한다는 것이다(Astington, 1993; Bartsch & Wellman, 1995; Gopnik & Slaughter, 1991; Lillard & Flavell, 1992). 그 예로, 두 살 된 아동은 비록 아동 자신은 다른 선택을 하고 싶더라도, 이야기의 등장 인물들이 그들의 바람에 맞게 행동할 것이라고 일관되게 예측한다. 그러나 이 또래 아이들은 아동 자신들의 믿음이 등장 인물들의 그것과 다를 때, 등장 인물들이 그들의 믿음—예컨대, 사물이 어디에 숨겨져 있을 거라는 믿음—에 따라 행동할 것이라고 잘 예측하지 못한다(Wellman & Woolley, 1990).

믿음에 대한 이해

Wellman과 동료들은 믿음을 이해하고 믿음이 행동을 유발하는 데 담당하는 역할에 대한 이해를 하게 될 때에 비로소 아동들이 완전한 마음의 표상이론을 갖는 것이라고 하였다. 아이들은 3세에서 4세 사이에 이러한 이해에 도달하게 된다(Wellman, Cross, & Watson, 2001).

물론 믿음을 이해하는 기초적 요소들은 3세 이전에 자리를 잡는다. 이중 하나가 지각과 정신 상태의 관계를 이해하는 것이다. 18개월에서 3년 사이에 아이들은 시각적 관점 취하기(visual perspective taking)를 이해하기 시작한다. 타인들이 자신들이 하는 것을 보지 못할 수도 있음을 인식하고 나중에는 동일한 물체가 어느 관점에서 보느냐에 따라서 두 사람에게 달리 보일 수 있음도 인식하게 된다(Lempers, Flavell, & Flavell, 1977). 18개월에서 두 살이 될 무렵, 대개의 아동들은 '보다' 라는 단어를 올바르게 사용하여 시각적 지각을 묘사한다(Flavell & Miller, 1998).

아동들은 지각과 정신 상태의 관계를 학습하여야 할 뿐만 아니라 지각과 정신 상태가 어떻게 현실에 상관되는지도 학습해야 한다. 이런 부분에서 한 가지 이루게 되는 중요한 것은 외양-현실 구분—보이는 것은 진실이 아닐 수도 있다는 것을 아는 것—을 이해하는 것이다. 아동들이 이를 이해하는지를 검토하기 위해 Flavell과 Flavell, Green(1983)은 3, 4, 5세들에게 바위처럼 페인트 칠이 된 스펀지처럼 속기 쉬운 물체들을 제시하였다. 그리고, 이 물체들을 가지고 놀도록 하여서 물체가 보이는 것과 동일한 물체가 아님을 배울 수 있게 하였다. 그러고 나서 물체가 무엇처럼 생겼는지와 실제로 무엇인지를 물었다. 그리고, 돋보기를 가지고 물체를 살펴보게 하였고, 돋보기로 볼 때 물체가 얼마나 큰지 또 실제로는 얼마나 큰지도 물었다.

대부분의 4세 및 5세 아동들은 이 질문들에 적절하게 답하였다. 그러나 대개의 3세 아동들은 스펀지가 바위처럼 생겼을 뿐 아니라 실제로 바위라고 하였다. 돋보기로 물체를 보았을 때도, 4~5세 아동들은 역시 외양과 현실을 구분하였지만, 3세 아동들은 돋보기로 보았을 때 물체가 커 보일 뿐 아니라 실제로 그렇게 크다고 답하였다. 이러한 결과는 서양 문화권에서 자라는 아이들에게만 독특하게 나타나는 것이 아니라 중국에서 자라는 아이들에게도 나타남이 확인되었다(Flavell, Zhang, Zou, Dong, & Qi, 1983).

타인의 시각적 관점을 이해하고 외양과 현실의 차이를 이해하는 것은 둘 다 믿음에 대한 이해를 발달시키는 데 중요한 성취들이다. 하지만, 연구자들이 믿음의 이해를 보여주는 데 이용하는 '황금 기준' 은 자신과 타인의 *잘못된 믿음(false belief)*의 이해를 요구하는 과제에서 성공하느냐이다. 그와 같은 과제 중 하나가 '그르치기 쉬운 외양(misleading appearance)' 과제이다. 한 연구에서 이 과제의 전형적인 버전을 이용하여, 아동에게 스마티(사탕의 한 종류) 그림이 겉에 있는 스마티 한 상자를 보여주고 상자 안에 무엇이 들어 있느냐고 물으면, 3세 아동과 보다 나이 든 아동들은 모두 '사탕' 이라고 하였다. 그러고 나서 상자를 열었는데, 놀랍게도 상자 안에는 다른 것, 연필 같은 것이 들어 있었다. 대부분의 5세 아동들은 이것에 놀라고, 놀랐다고 인정하고, 상자 안을 보지 못한 다른 아이들은 상자에 사탕이 들어 있을 거라고 생각한다고 예측했다. 이와는 반대로, 대부분의 3세 아동들은 이 유머를 인식하지 못하고, 이전부터 상자 안에 연필이 들어 있다는 걸 알았다고 주장하였고, 다른 아이들도 처음부터 상자 안에 연필이 들어 있다는 것을 알 거라고 하였다(Gopnik & Astington, 1988). 다음은 3세 아동의 전형적인 반응을 보여준다.

어 른: 여기 봐. 상자가 있네. 안에 뭐가 있을까?
3세아: 스마티요!
어 른: 상자 안을 보자.
3세아: 어! 이럴수가! 연필이다.
어 른: 처음에 상자를 봤을 때 상자 안에 뭐가 있다고 생각했었니?
3세아: 연필이요.
어 른: 니키(아동의 친구)는 상자안을 보지 못했어. 니키가 상자를 보면 안에 뭐가 있다고 생각할까?
3세아: 연필이요. (Astington & Gopnik, 1988, p. 195)

잘못된 믿음의 이해를 살펴보는 데 자주 이용하는 또 다른 과제는 '위치 변경(location change)' 과제이다. 이 과제는 어떤 물체의 위치가 바뀌는 이야기로 구성되어 있다(그림 9.3 참조). "맥시가 초콜릿을 찬장에 두었어. 그러고는 놀러 나갔어. 맥시는 나가 노는 사이에 엄마가 와서 초콜릿을 찬장에서 탁자 서랍으로 옮겨놓은 걸 보지 못했어. 그 후 엄마는 친구를 만나러 나갔어. 맥시가 집에 와서 초콜릿을 꺼내려고 할 때 어디를 찾아보게 될까?" (Wimmer & Perner, 1983). 3세 미만의 아동 대부분은 맥시가 실제로 초콜릿이 있는 서랍을 찾아볼 것이라고 답하였다. 그러나 4세가 되면, 대개의 아동들이 맥시가 처음에 초콜릿을 두었던 찬장을 볼 것이라고 답하였다. 이러한 발달 유형은 역시 서양 문화권에만 국한되어 있지 않다. 아프리카의 우림에서 사냥

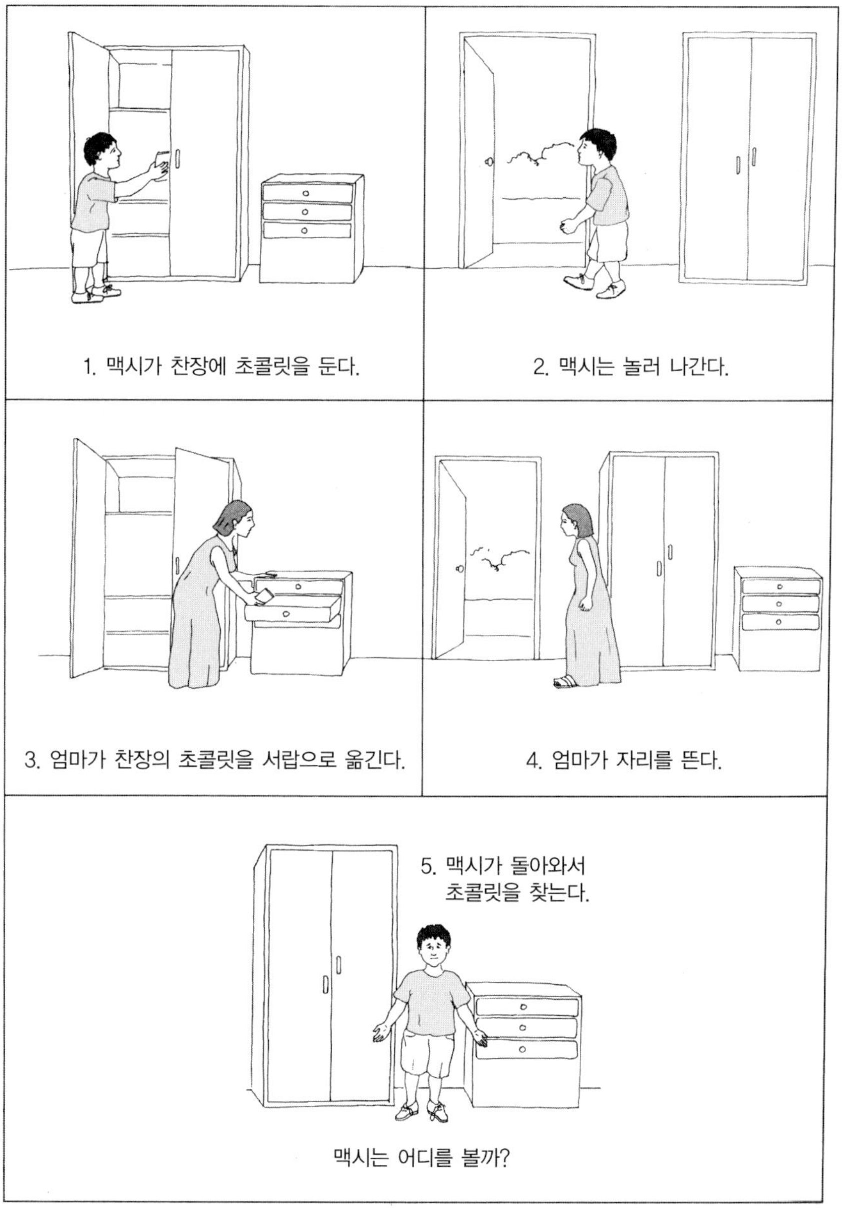

그림 9.3 Wimmer와 Perner(1983)가 개발한 위치 바꾸기 과제의 도식적 표상.

과 채집을 하는 바카(Baka) 부족의 아이들도 미국이나 유럽의 아이들과 같게 답하였다(Avis & Harris, 1991).

잘못된 믿음 과제에서 아동의 수행에 미치는 요인은 다양하여서 상당수의 연구들이 '표준' 과제를 변형한 형태를 이용하여 왔다. 이러한 178개의 연구들을 상위 분석한 최근의 한 연구는 아동 수행에 영향을 주는 다섯 가지 주요 요인과 대부분의 아동들이 성공하게 되는 연령대를 밝혀내었다(Wellman et al., 2001). 먼저, 과제의 이야기가 위치 변경의 동기로 속임수(등장 인물을 속이기 위해 초콜릿을 옮기는 것처럼)를 담고 있으면, 나이 어린 아동들도 더 잘 수행하는 경향을 보였다. 둘째, 아동 스스로 물체 위치 변경(실험자가 옮기는 것을 보기보다는 아동 본인이 초콜릿을 옮기는 것처럼)을 한 경우에는 더 어린 나이에 더 잘 수행하였다. 셋째, 질문을 받을 때 목표물이 눈 앞에 없으면(초콜릿을 서랍에서 꺼내어 먹어버려서 더 이상 없는 경우) 더 어린 나이에 더 잘 수행하였다. 네 번째로, 등장 인물의 믿음이 분명히 언급되거나 그려지면 (이야기에서 분명하게 '맥시는 초콜릿이 서랍 안에 있다고 생각한다' 라고 말하는 것처럼), 등장 인물의 믿음을 추론해야 하는 이야기들보다 더 잘 하고 더 어린 나이에 수행할 수 있었다. 마지막으로 4세 이상의 아동들은 잘못된 믿음 질문이 시간적 측면('맥시가 돌아왔을 때, 초콜릿을 찾으려고 할 때 처음에 어디를 볼까' 에서처럼)을 강조할 경우 더 잘 수행하는 경향을 보였다. 그러나 이와 같은 수행 강화 요인이 발달의 전반적인 경향을 바꾸지는 않는다. 학령전기에 아동들의 수행 수준은 추측하는 것 이하 정도에서 추측하는 것 이상의 수행 정도로 점차 향상된다.

아동의 잘못된 믿음 과제 수행은 상당한 논쟁을 낳았다. 논쟁은 연구 결과 자체보다—반복 검증하기가 쉬웠으므로—결과에 대한 적절한 해석을 놓고 일어났다. 여러 면에서 이 논의들은 삐아제의 보존 개념(conservation)을 둘러싼 논쟁과 유사하였다(2장). 한 연구 집단은 3세 아동들이 과제 수행에서 필수적인 특정 능력, 이 경우, 타인의 마음이 자신의 마음과 다른 것을 표상한다는 것을 인식하는 마음의 이론이 결여되어 있기 때문에 잘못된 믿음 과제 수행에 실패하는 것이라고 주장한다(예, Astington & Gopnik, 1991; Flavell & Miller, 1998; Perner, 1991). 다른 연구 집단은 3세 아동들도 능력을 갖고 있으나 과제가 언어 기술이나 관습적 대화방식의 이해를 요구하기 때문에 과제에 실패하는 것이라고 주장한다(예, Lewis, Freeman, Hagestadt, & Douglas, 1994; Lewis & Osborne, 1990; Siegal & Peterson, 1994). 세 번째 연구 집단은 과제 수행이 요구하는 전반적인 정보처리, 복잡 다단하고, 위계적인 규칙을 가지고 추론하는 능력이나 우세한 반응을 억제하는 능력을 강조한다. 이 집단의 연구자들은 이와 같은 요구사항은 타인의 마음을 이해하기에 본연적인 것이므로 이러한 능력이 발달하기 전까지는 아동들이 잘못된 믿음 과제를 성공적으로 수행할 수 없다고 한다(예, Carlson & Moses, 2001; Carlson, Moses, & Hix, 1998; Frye, 2000; Frye, Zelazo, Brooks, & Samuels, 1996; Russell, Jarrold, & Potel, 1994).

3세 아동의 믿음에 대한 이해, 특히 믿음이 사람마다 다를 수 있고 또 현실과 다를 수 있다는 것의 이해에 대해 어떤 결론을 내릴 수 있을까? 풍부한 연구자료를 검토한 결과, Flavell과 Miller(1998)는 다음의 합리적 결론에 도달하였다.

> 상당수의 3세 아동들은 아마도 기초적 이해를 가지고는 있지만 이 이해는 여러 측면에서 극히 제한적이다. 이들의 이해는 취약하여 표현 시 정보처리라든가 다른 능력의 한계에 의해 쉽게 방해받을 수 있고 … 아마도 아동이 스스로 평범한 일상에서 접근하게 되는 경우는 드물 것이다 … 마지막으로 나이 많은 아동이 가진 이해와 비교해 볼 때 보다 암묵적이고, 절차적이며, 언어적 표현이나 회상을 통해 접근하기가 쉽지 않은 등의 차이가 날 것이다. (p. 874)

믿음에 대한 이해는 마음 표상 이론의 절대적 요소이다. 그러나 믿음은 아동이 배워야 할 여러 정신 상태 중의 하나이다. 예를 들면 '실제 세계'를 표상하는 것과 허구적 세계를 표상하는 것이다. 다음에서 다른 정신 상태 표상에 대한 아동의 이해를 살펴보자.

사고에 대한 이해

일반적 용어로 사고(thinking)는 "마음이 어떤 내용에 대해 일종의 정신적 접촉을 하는 것" (Flavell, Green, & Flavell, 1995, p.3)이다. 사고는 실제 세계 혹은 가능한 실제 세계에 대한 정신적 표상을 형성하는 것을 내포한다.

3세즈음이 되면, 아동은 사고에 필수적인 측면들을 이해하게 된다. 아동들은 이 무렵 사람들(그리고 아마도 다른 생물들도)만이 사고할 수 있고, 자동차나 가구 같은 무생물은 사고하지 못한다는 것을 안다(Dolgin & Behrent, 1984; Lillard, Zeljo, Currenton, & Kaugars, 2000). 그리고 사고가 마음과 두뇌를 포함하는 내면적이고 정신적 활동이라는 것도 안다(Johnson & Wellman, 1982; Wellman, 1990). 더 나아가서 사고가 물리적으로 존재하지 않는 것에 대한 사고와 물체를 보고 만지고, 그에 대해 말하는 것과 같은 활동과 관련하여 물체에 대해 사고하는 것을 구분할 수 있다(Flavell et al., 1995).

그러나 학령전기 아동들의 사고의 이해는 독특한 제한점을 갖고 있다. 그 하나로, 이 시기 아동들은 타인의 정신적 활동의 양을 과소 평가하는 것으로 보인다. 조용히 앉아있거나 무언가를 바라보거나 듣고 있거나 읽는 사람, 혹은 말하고 있는 사람들이 정신적 활동을 하고 있다고 생각하지 못한다(Flavell, Green, & Flavell, 1993; Flavell et al., 1995). 이 시기 아동들은 타인이 사고하고 있다고 인식하는 경우에도, 또 이를 보여주는 증거들이 매우 강력하고 분명할 때에도, 타인의 사고 내용을 추론하는 데 어려움을 보인다(Flavell et al., 1995).

또한 이 시기 아동들의 자기 자신에 대한 사고도 제한적이다. 5세 아동들조차도 종종 자신의 정신적 활동을 보고하는 데 어려움을 보인다. 한 실험에서, 아동들에게 집에 칫솔을 두는 방에 대해서 조용히 생각하라고 하였다. 조금 후에 질문하였을 때 많은 수의 아동이 아무것도 생각하지 않았다고 하였고, 생각하고 있었다고 하였던 아동 중에서도 많은 아동들이 무엇을 생각하였는지 그 내용을 보고하지 못했다(Flavell et al., 1995). 또 다른 연구에서는 5~8세 아동들을 '생각하지 말기' 의자에 앉게 하고 아무것도 생각하지 말라고 하였다. 25초후에 평범한 의자에 앉게 하고 '생각하지 말기' 의자에 앉아있는 동안에 무언가 생각했는지를 물었다. 대부분의 5세 아동들이 그 시간에 무언가를 생각했다고 인정하지 않은 반면 8세 아동들은 인정하였다(Flavell, Green, & Flavell, 2000).

앎에 대한 이해

안다는 것(knowing)은 높은 수준의 확신을 가지고 어떤 일의 진정한 상태를 표상하는 것을 포함하는 정신 상태이다. 이런 앎의 특징을 아이들은 인식하고, 4세가 될 무렵이면 사고나 다른 정신 활동과 앎을 구분할 수 있다(Montgomery, 1992). 4세 이전에도 아동들은 어떻게 사람들이 지식을 습득하는지에 대해 기초적으로 이해하는 것으로 보인다. 예를 들어, 3세 아동들은 상자 안을 본 사람이 상자 안의 내용을 알지 상자를 만진 사람은 알지 못한다고 한다(Pillow, 1989; Pratt & Bryant, 1990). 그러나 지각적 경험과 지식의 연관에 대한 아동의 이해는 초기에는 상당히 제한적이다. 5세가 되어서야 아동들은 다른 감각 기관을 통한 지각적 경험이 다른 종류의 지식을 낳는다는 것을 확실히 이해하게 된다. 예컨대, 물체를 만지는 것이 그 물체의 색을 알게 하지 못함을 이해한다(O' Neill, Astington, & Flavell, 1992; Pillow, 1993).

어떻게 자신들이 지식을 습득하는지를 이해하는 정도도 학령전기에 점차 증가한다. 나이 어린 아동들은 종종 자신들이 무언가를 어떻게 알게 되는지를 확인하는 데 어려움을 보인다. 학령전기 아동들의 자기 지식원 탐지능력을 조사하고자, Gopnik과 Graf(1988)는 아동들이 각각 서랍 속의 내용물에 대한 정보를 직접 보게 하는 방법이나 안에 무엇이 있는지 말해주는 방법, 혹은 안에 무엇이 있는지 추리할 수 있도록 단서를 제공하는 방법을 이용하여 서랍 속의 내용물이 무엇인지 알게 하였다. 아동들에게 어떻게 내용물을 알게 되었냐고 물었을 때, 3세 아동들은 내용물을 알게 된 방법을 확인하는 데 큰 어려움을 보였다. 이와는 대조적으로, 5세 아동은 아주 쉽게 확인할 수 있었다.

또한 나이 어린 아동들은 자신이 알고 있는 정보를 '언제' 습득하였는지를 확인하는 데에도 자주 어려움을 보인다. Talor와 Esbensen, Bennett(1994)은 학령전기 아동들에게 새로운 사실—호랑이의 줄무늬는 위장을 위한 것이라는—을 담고 있는 이야기를 들려주었다. 이야기를 해준 직후 질문하자, 대부분의 4, 5세 아동은 오랫동안 이 사실을 알고 있었다고 주장하였다. 이에 대한 후속 연구는 학령전기 아동들이 새로운 지식에 대한 행동(예, 일본어로 수세기)을 배웠을 때 일어나는 변화를 새로운 사실(예, 일본어 수 단어들의 의미)을 배웠을 때 생기는 변화보다 더 쉽게 인식한다는 것을 입증하였다(Esbensen, Talor, & Stoess, 1997). 나이 어린 아동들은 행동을 앎의 최상의 척도로 보는 것 같다(Perner, 1991).

가장하기에 대한 이해

가장하기(pretending)는 "재미를 가지고, 가설적 상황을 실제적인 것으로 투영하는 것이다." (Lillard, 1993a, p. 349). 가장하기는 사물이나 행동을 사용하여 다른 사물이나 행동을 대신하는 것으로 정신적 활동과 눈에 보이는 행동 모두를 포함한다. 아동들은 12개월에서 18개월 사이에 가장놀이를 시작한다. 일례로, 한 아이가 바나나가 전화기라고 가장하고 귀에 한쪽을 대고 다른 쪽에 말하는 것을 볼 수 있다. 이러한 가장하기는 한 물체가 다른 것을 대신할 수 있다는 암묵적 이해를 필요로 한다. 이러한 이해는 물체들이 사고나 정신적 심상을 대신할 수도 있다는 인식을 가져오는 데 중요한 역할을 담당하는 것으로 보인다(Bretherton, 1984; Leslie, 1987). 이런 점에서 가장하기는 기초적인 정신적 표상이 발달하기 시작했음을 보여준다.

그렇다면 아동들이 가장하기가 정신적 표상을 내포한다는 것을 실제로 이해하는 것일까? 이에 대한 몇 가지 증거는 아동들이 정신 상태보다는 행동을 바탕으로 가장하기를 생각하고 있음을 제의한다. Lillard(1993b)는 4세 아동들에게 토끼처럼 뛰는 도깨비 인형을 제시하였다. 그리고 도깨비 세상에는 토끼가 없고, 이 도깨비는 특히 토끼에 대해서는 아무것도 모른다고 말해주었다. 이런 사실에도 불구하고, 대다수의 아동들이 도깨비가 토끼처럼 가장하였다고 보고했다. 4세 아동들은 토끼처럼 가장하기 위해서는 토끼가 무엇인지를 알아야만 한다는 것을 이해하지 못했다.

나이 어린 아동들이 가장하기에서 정신적 표상의 역할을 이해하지 못한다는 또 다른 증거는 누가 그리고 무엇이 가장할 수 있느냐에 대한 아이들의 판단에서도 찾을 수 있다. 이를 다룬 한 연구(Lillard et al., 2000)에서 많은 3~4세 아동들이 무생물도, 특히, 생물처럼 보이도록 옷이 입혀져 있을 때(고양이 복장을 한 기차처럼)나 물체들이 생물처럼 움직일 수 있을 때(지렁이처럼 움직이는 기차처럼), 가장할 수 있다고 주장하였다 .

외양이나 동작과 같이 가장하기의 외현적인 특징이 어린 아동들에게 매우 두드러지는 것이 분명하다. 그러나 외현적 특징에 초점을 두는 것이 가장하기에 담겨있는 정신 표상에 대한 지식이 없다는 것을 의미하지는 않는다. 오히려 최근의 여러 연구들은 학령전기 아동들이 가장하기의 정신적 기반에 대한 지식을 가지고 있다고 제안한다. Custer(1996)의 연구를 보면, 3세 아이들에게 이야기의 등장 인물이 현실과 다른 정신적 표상을 갖고 있다는 각본을 제시하였다. 한 예로, 등장 인물이 낚싯줄에 걸린 장화를 물고기인 것으로 가장하는 것을 들려주었다. 그러고 나서 등장 인물의 마음에 있는 것이 무엇인지 두 그림(물고기와 장화) 중에서 고르라고 하였다. 3세 아동들은 올바른 그림을 골라서 이 또래 아이들이 가장하기에 정신적 표상이 내포되어 있음을 이해한다는 것을 시사하였다.

이와 관련된 연구에서 Davis와 Woolley, Bruell(2002)은 아동들에게 한 소녀, 새, 나비에 관한 이야기를 그린 일련의 그림을 제시하였다. 마지막 그림은 소녀가 새와 가까이 있는 것이었다. 그리고 이 그림에서 소녀는 날아가듯이 팔을 흔들고 있었고, 소녀 머리 위의 '생각 풍선(thought bubble)'은 소녀가 나비에 대해서 생각하고 있음을 나타내었다. 아동들은 소녀가 둘 중 어느 동물을 가장하고 있느냐는 질문을 받았다. 소녀의 날기 동작은 새나 나비 모두와 일치하는 것이어서, 아동들이 가장하기가 무언가에 대한 사고를 담고 있다는 것을 이해하지 못한다면, 두 동물들 중 하나를 무작위로 고르게 될 것이다. 그러나 3세 아동들은 이 과제에서 꽤 성공적이었고, 4~5세 아동들은 완벽하게 수행하였다. 종합하면, 이러한 연구들은 아동들이 3세가 될 무렵 가장하기가 정신적 표상을 내포한다는 것을 이해하기 시작한다고 제안한다. 이러한 이해는 연령과 더불어 향상되며 5세에 이르면 비교적 확고해지는 것으로 보인다.

공상에 대한 이해

공상적 사고는 "이미 알려진 물리적 원리를 위반하는 물리적 세계에 대해 추론하는 방식" 으로 정의된다(Woolley, 1997). 이와 같은 사고는 상당수의 아동의 삶에 퍼져있다. 이에 대한 예로는 마술 · 상상친구 · 마녀나 요정 · 산타 클로스 같은 가공 인물에 대한 믿음을 들 수 있다. 공상에 대한 이해 연구는 아동들이 공상적 사고를 하는 정도와 공상의 세계와 현실을 구분하는 정도에 주안점을 두어왔다.

가장 보편적인 공상적 사고의 한 형태가 마술적 사건이나 처리에 대한 믿음이다. 많은 아동들은 사람들이 소망과 같은 특별한 생각이나 마법을 거는 마술 단어들을 말하고 갈라진 틈을 밟고 올라서는 것과 같은 특별한 행동을 통해서 실제 세상에 있는 물체나 일들을 통제할 수 있다고 믿는다. 그렇다면 아이들은 진실로 마술을 '믿는' 것일까, 아니면 그러한 믿음이 공상의 영역에 속한다는 것을 인식하고 있을까?

아동들은 종종 자신들이 마술적 믿음을 갖고 있다는 것을 부인하지만 아이들의 행동은 믿고 있음을 드러낸다. Subbotsky(1993)는 4~6세 아동들에게 마술 단어 '알파 베타 감마' 를 중얼거리면 그림을 실제 사물로 바꿀 수 있는 마술 상자에 대한 이야기를 들려주었다. 그러고 나서, 이 마술 상자를 믿느냐고 물었는데 대부분의 아이들이 그렇지 않다고 주장하였다. 며칠 후에 실험실을 다시 방문하였을 때, 연구자가 상자를 보여주고, 그 상자로 주문을 해서 바꾸어 놓은 물체라고 하면서 물체들을 보여주었다. 그리고, 아동들이 갖고 싶어할 만한 것들(예, 반지)과 무서워하는 것(예, 말벌)을 그림으로 주었다. 그러고 나서 실험자는 아동을 상자와 함께 놔두고 방을 나왔다. 거의 대부분의 아동(각 연령대별 90%)이 그림들을 바꾸려고 상자를 이용하였다. 게다가 갖고 싶어하는 그림들을 골라서 하였고 무서운 것들은 피하였다. 상당수의 아동들이 여러 그림들을 반복해서 바꿔 보려고 시도하였고, 실험자가 돌아왔을 때 마술 상자가 '작동하지 않는다' 라고 실망을 표현하였다. 이 결과는 6세가 될 때까지는 직접적으로 질문하면 부인할지라도 실제로는 마술을 믿고 있음을 시사하였다.

마술에 대한 아동의 이해는 초등학교 초반에 변화하는 것으로 보인다. Phelps와 Woolley(1994)는 아동이 놀라운 물리적 사건(한 자석이 다른 자석에 닿지도 않고 움직이게 하는 것과 같은)을 설명하는 데 어느 정도 마술에 의존적인지를 조사하였다. 이들은 마술로 설명하려는 경향이 4세에서 8세 사이에 감소한다는 것을 발견하였다. 그리고 아동들이 관찰한 사건에 대해 적절한 물리적 설명을 제시할 수 없을 때에만 주로 마술로 설명하려는 경향이 있음도 발견하였다.

공상적인 사고의 또 다른 보편적 형태는 상상친구에 대한 믿음이다(Gleason, Sebanc, & Hartup, 2000; Taylor, 1999). 152명의 3~4세 아동 및 부모와의 인터뷰 연구에서 Taylor와 Carlson(1997)은 28%의 아동이 상상친구를 가지고 있고 어떤 아이들은 하나 이상의 친구를 갖고 있음을 발견하였다. 이중 몇몇 집단의 아동들이 6~7세가 되었을 때 다시 그들과 인터뷰를 하였다. 이 연령까지 63%의 아동들이 과거에 혹은 현재까지도 상상친구의 형태를 가지고 있었거나 가지고 있는 것으로 나타났다 (Taylor, 1999).

아동들의 상상친구는 다양한 형태를 취한다(표 9.2). 어떤 아동들은 투명 인간이나

표 9.2 아동들의 상상친구의 예

이름	상세 설명	출처
마가린	아동의 놀이그룹에 참여하는 매우 친절한 소녀. 노랗고 길게 땋은 머리를 바닥에 끌고 다님.	Taylor, 1999
가짜 레이첼	레이첼이라는 진짜 친구의 가장 버전. 가짜 레이첼은 진짜 레이첼이 주변에 없을 때 같이 놀아주었다.	Taylor, 1999
유명 친구들과 하트 팬 클럽	생일파티도 같이 하고, 축제에도 같이 가고, 호보치라는 그들만의 말을 하는 일군의 학령전기 아동들	Gleason, Sebanc & Hartup, 2000
너찌와 너찌	(암컷과 수컷 한 쌍의)새들로 아이의 방 창밖 나무에 산다. 밝은 색깔의 깃털을 지녔고 쉬지 않고 떠든다. 가족 소풍을 갈 때 차 위에 올라타 함께 갔고, 저녁 식탁에 이들의 자리가 있다.	Taylor, 1999
딥퍼	문 크기만 하고 반짝이는 장식과 줄무늬를 가진 돌고래로 멀리 떨어진 별에 산다.	Taylor, 1999
소떼	다양한 크기와 색깔의 소들의 집단으로 아기처럼 먹여주고 기저귀를 채워준다. 아동의 아버지가 우연히 이들 중 하나를 밟아서 발견하게 되었다.	Gleason, Sebanc & Hartup, 2000
바너비	검은 콧수염을 가진 '나쁜 녀석'으로 사람들을 위협하기 좋아하고 침실 옷장에 산다.	Taylor, 1999

출처 : Taylor, M. (1999). *Imaginary companions and the children who create them*. New York: Oxford University Press.
Gleason, T.R., Sebanc, A. M., & Hartup, W. W. (2000). Imaginary companions of preschool children. *Developmental Psychology, 36*, 419-428.

동물들을 만들어서 진짜 친구인 것처럼 대한다. 보이지 않는 이 친구들은 종종 이들을 창조한 친구들에게 놀이 친구가 되어준다. 어떤 아이들은 동물 인형을 진짜 친구처럼 다루기도 하고 성격이나 일정한 행동양식을 부여하기도 한다(예, 만화 주인공 캘빈의 호랑이 인형, 홉스). 이런 아동들에게 동물 인형들은 단순한 인형이나 안정적 사물 그 이상인 것이다. 즉, 이들은 확장된 공상 세계의 일부이며 보이지 않는 상상친구와 거의 동일한 것이다. 어떤 아이들은 친구를 만들지 않는 대신에 상상의 등장 인물을 창조해서 규칙적이고 일정한 바탕을 가지고 직접 자신이 그 인물인 것처럼 행동한다. 일종의 '상상 신분(imaginary identity)'을 빈번히 취하는 것이다. 그리고 어떤 아이들은 부정적이고 무서운 상상친구들을 만들기도 하는데, 이들은 '상상친구'라기보다는

'상상 적' 에 가깝다. 공상은 이처럼 많은 아이들의 사회적 세계에 풍부함을 더하고 극적 효과를 더한다.

상상친구를 가진 아동들은 이 동반자들이 진짜가 아니라는 것을 인식하고 있을까? 다시 말해서, 상상친구가 허구적 세계의 정신적 표상임을 이해하는 것일까? 수집된 자료들은 그렇다고 제안한다. Taylor(1999)는 '가장 친구(pretend friends)' 에 대해 아이들과 인터뷰한 연구에서 자신의 경험을 다음과 같이 설명하였다.

> 가장 친구에 대해서 자세히 질문하고 답하는 동안 아이들의 말을 진지하게 듣고 받아 적기까지 하는 연구자들을 보면서 어른들이 혼동하고 있는 것이 아닌지 궁금해하기 시작하는 것 같은 인상을 뚜렷이 받았다. 인터뷰가 진행되는 어느 시점에서 아이들은 질문자를 도와주려고 "그건 그냥 꾸며낸 거에요, 알죠"라고 말하거나 "그애는 진짜가 아니에요."라고 말했다. (Taylor, 1999, p. 122)

널리 퍼져 있는 공상적 사고의 또 다른 유형은 괴물이나 유령, 그리고 요정이나 산타 클로스나 이의 요정(tooth fairy)처럼 관습적인 어떤 행사와 관련된 공상 인물에 대한 믿음이다. 4~6세 아동들의 부모로부터 얻은 설문지 연구에서 대략 40%의 부모들이 자신의 아이들은 괴물이나 요정에 대해 믿고 있다고 보고하였고, 80% 이상의 부모가 아이들이 산타 클로스를 믿는다고 보고하였다(Rosengren, Kalish, Hickling, & Gelman, 1994). 또한 부모들은 관습적 일과 관련된 인물에 대한 믿음을 초자연적 인물에 대한 믿음보다 더 권장한다고 하였다. 예를 들어, 많은 가족들이 크리스마스 이브에 굴뚝 옆에 산타를 위해서 우유와 과자를, 그리고 순록을 위해 당근을 놓아 둔다고 하였다. 이와 같은 관습적인 행사와 관련된 인물에 대한 문화적 뒷받침은 크리스마스 시즌에 어느 쇼핑몰에 가도 산타를 볼 수 있는 것에서 명백하게 드러난다. 그러므로, 크리스마스를 기리는 대부분의 아동들이 산타 클로스를 믿는다는 것은 놀랍지 않은 것이다.

산타 클로스를 믿는다는 것은 아동들이 공상과 현실의 구분을 제대로 이해하지 못한다는 것을 의미할까? Taylor(1999)는 그렇지 않다고 주장한다. 산타 클로스를 믿도록 하는 가족적인 그리고 지역사회적인 뒷받침을 고려하면, 상당수의 아이들이 산타 클로스 이야기를 믿는다는 것은 놀랍지 않은 것이다. 그러나 그런 믿음이 공상 인물이 진짜가 아님을 이해하는 데 전반적 어려움을 보이는 것을 의미하지는 않는다. 사실, 이러한 이해는 3세정도의 어린 아동들에게서도 나타난다. 여러 물체나 인물들을 '꾸며진 것' 과 '진짜' 의 범주로 구분하라고 하면, 대부분의 3세 아동들도 꽤 성공적으로 수행한다(Harris, Brown, Marriot, Whittall, & Harmer, 1991). 아동들은 괴물이나 유령, 마녀들은 '가짜' 의 상자에 담았고, 개나 집, 곰과 같은 것은 '진짜' 상자에 담았다.

그러므로, 학령전기 아동들은 공상과 현실의 구분을 이해하는 것으로 보인다. 그러나 이러한 구분을 하기 시작하는 연령은 공상적 사건들에 대한 대안 설명의 존재(마술적 인과관계를 대신하는 물리적 인과관계처럼), 공상의 사회적 뒷받침, 그리고 공상의 기원 등을 포함하는 다양한 요인들에 의해서 달라질 수 있다. 아동들은 상상친구처럼 자신들이 직접 만든 공상들에 대한 구분을 산타 클로스처럼 광범위한 사회적 뒷받침을 가지고 있는 기존에 만들어진 공상적 존재에 대한 구분보다 더 잘 하는 것으로 보인다.

마음을 이해하는 발달의 원천

아동의 마음 이해와 정신 활동 이해에 기여하는 요인은 무엇일까? 마음 이해의 발달 원천에 대해서는 상당한 논쟁이 있다. 상당 수의 연구들이 믿음에 대한 아동의 이해에 주안점을 두어 온 반면에 다른 어떤 연구들은 가장하기나 공상하기와 같은 다른 정신 상태나 활동의 이해를 다루어 왔다.

몇몇 연구자들은 사회적 정보를 이해하는 데 특히 유용한 정보처리기제의 성숙이 발달의 주요 원천이라고 강조해왔는데(예, Baron-Cohen, 1991; Fodor, 1992; Leslie, 1994) 일정 시기에 마음에 대한 이해가 발달한다고 하였다. 특히, 잘못된 믿음 이해의 발달 시기는 여러 연구들에서 상당히 일관되게 나타났는데, 대다수의 5세 아동들이 잘못된 믿음 과제를 문제없이 수행한 반면에 대다수의 3세 아동들은 많은 어려움을 보였다(Wellman et al., 2001).

그리고 자폐 아동들이 잘못된 믿음 과제를 수행할 때 특히 어려움을 보인다는 연구 결과들은 특히 강조되었다. 자폐증은 드문 발달 장애(대략 1000명 중 1명꼴로 발생하는)로 반복적이고 전형적 행동방식, 흥미, 활동을 보이고, 사회적 관계와 질적 의사소통의 인 결여를 그 특징으로 한다(APA, 1994). 자폐 아동들은 종종 낮은 지능지수를 보이기는 하지만 잘못된 믿음 과제와 같이 타인의 마음에 대한 이해를 요하는 과제에서의 수행 수준은 이들의 지능 수준에 비해 훨씬 더 낮다(Baron-Cohen, 2001; Baron-Cohen, Leslie, & Frith, 1985).

또한 자폐 아동들은 비슷한 정도의 다른 장애를 가진 아동들에 비해 '생각하다' 나 '안다' 와 같은 심리 동사들도 더 적게 사용한다(Tager-Flusberg, 1992). 뿐만 아니라 가장하기나 공상하기 놀이를 하는 능력도 결여되어 있다(Baron-Cohen, 1987). 이런 결과들을 바탕으로, 몇몇 연구자들은 마음을 이해하도록 하는 기제가 다른 현상들을 이해하는 기제들과는 부분적으로 독립적일 것이고, 자폐 아동들에게는 자신의 마음이나 타인의 마음 이해 기제가 특히 결여되어 있는 것이라고 주장하였다(Frith, 1989; Leslie, 1991).

다른 연구자들은 정보처리 능력과 같은 *전반적인 인지능력의 성장*을 마음 이해의 주 발달원이라고 강조해 왔다(예, Carlson & Moses, 2001; Carlson et al., 1998; Halford, 1993; Rice, Koinis, Sullivan, Tager-Flusberg, & Winner, 1997). 마음의 이해를 검사하는 과제들은 상당한 정보처리 부하를 가져온다. 잘못된 믿음 과제의 경우 아동들이 다른 사람이 본 것을 기억해야만 할 뿐만 아니라 자신들이 알고 있는 사실을 말하는 것을 억제해야 한다. 3세 아동들은 진짜 상황이 무엇인지를 들으면 자신들의 눈으로 직접 보았을 때보다 잘못된 믿음 과제를 더 잘 수행하는데(Zaitchik, 1991), 이는 생생한 인상을 억제하는 것이 문제의 일부라는 해석을 뒷받침한다. 이와 유사하게, 아동으로 하여금 원래 문제의 전제가 무엇인지를 철저히 학습하게 하거나(Lewis et al., 1994) 목표 상대를 속이는 것에 적극적으로 몰입하도록 하여 (Hala & Chandler, 1996; Sullivan & Winner, 1993; Wellman et al., 2001) 정보처리 요구 부담을 줄이면 3세 아동도 잘못된 믿음 과제를 더 잘 한다. 이 결과들은 보편적 정보처리 능력의 발달이 잘못된 믿음 과제나 다른 관련 과제들에서 연령에 따라 나타나는 향상의 기초임을 뒷받침한다.

세 번째 접근은 *타인과의 경험 정도*가 마음 이해 발달의 주요 원천이라고 강조한다(예, Dunn, 1988; Hughes & Dunn, 1998; Perner, Ruffman, & Leekam, 1994; Ruffman, Slade, & Crowe, 2002). 이를 뒷받침하는 연구들은 주로 가족 형태와 마음 이해 수준의 상관관계를 검토한다. 이러한 연구는 형제가 많을수록 잘못된 믿음 과제에서 더 나은 수행을 보인다는 것을 제시하였는데, 이는 아마도 형제들을 통해 다른 사람의 사고에 대해 배울 기회가 더 많았기 때문인 것 같다(Jenkins & Astington, 1996). 특히 나이 많은 형제가 있다는 것은 더 큰 도움이 된다(Ruffman, Perner, Naito, Parkin, & Clements, 1998).

어째서 형제자매가 있는 정도가 마음의 이해와 관련되는 걸까? 한 가지 가능성은 형제가 있는 아동들은 마음 이해의 발달을 촉진하는 활동들에 관여하게 될 가능성이 높기 때문이라는 것이다. 나이 많은 형제가 있으면 가장 놀이를 이끌어 줄 수 있고(Youngblade & Dunn, 1995), 사회적 가장 놀이에 많이 참여할수록 마음 이론은 더 잘 발달한다(Harris, 2000; Schwebel, Rosen, & Singer, 1999). 이와 같이 형제자매가 있는 아동들은 정신적 처리에 대한 대화를 나눌 기회가 더 많고 또 이런 대화들은 마음 이해 발달에 중요한 요인인 것으로 보인다. 부모와 감정에 대해 비교적 많은 대화

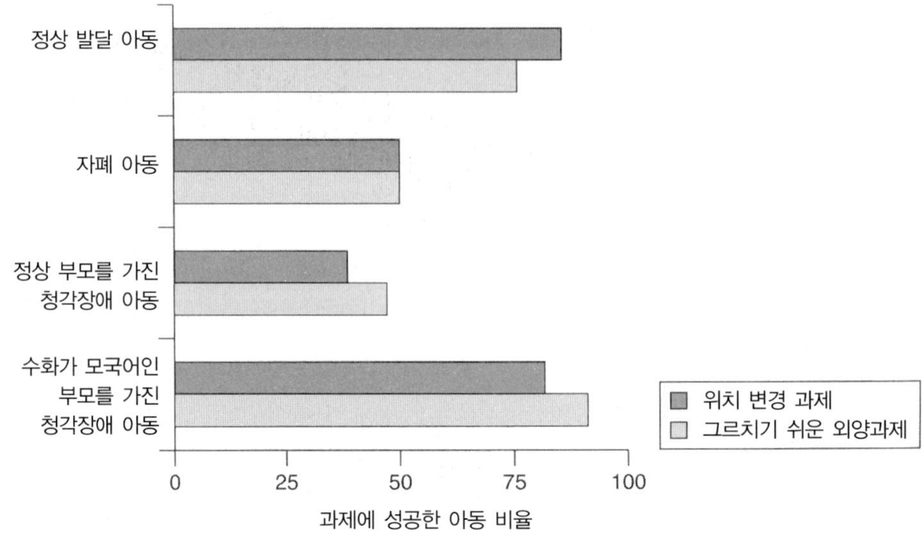

그림 9.4 수화가 모국어인 청각장애 아동, 정상 부모를 가진 청각장애 아동, 자폐아, 그리고 전형적인 학령전기 아동의 두 개의 마음 이론 과제에서의 수행 정도. 위치 변경 과제(제시된 '맥시' 과제와 유사)와 그르치기 쉬운 외양 과제(앞에 제시된 '스마티 사탕' 과제와 유사)(Peterson & Siegal, 1999의 표 1을 바탕으로 함).

를 나눈 두 살짜리 아동은 전반적인 언어능력 변인을 통계적으로 통제하였을 때에도 마음 이론 과제에서 3세 아동 수준의 능력을 보인다(Cutting & Dunn, 1999; Dunn, Brown, Slomkowski, Tesla, & Youngblade, 1991).

대화의 중요성은 종종 마음 이해 발달의 지연을 보이는 청각장애 아동 연구에서도 나타났다(Figueras-Costa & Harris, 2001; Lundy, 2002; Peterson & Siegal, 2000; Woolfe, Want, & Siegal, 2002). 그림 9.4가 보여주듯이 이러한 발달 지연은 특히 정상적으로 들을 수 있는 부모를 가진 청각장애아들에게서 더 많이 볼 수 있고, 수화가 모국어인 청각장애 부모에게서 자란 청각장애아들에게서는 적게 나타났다(Courtin, 2000; Peterson & Siegal, 1999). 이는 수화에 능숙한 청각장애 부모와 아동에 비해 정상 부모들은 수화로 능숙하게 대화를 나눌 수 없기 때문에 결과적으로 아이들과 정신적 과정에 대한 대화를 적게 나누기 때문이라고 볼 수 있다.

네 번째 접근은 *언어 발달*을 마음 이해의 잠재적 발달 원천으로 보고 이에 중점을 두어 왔다(예, Astington, 2000; Olson, 1988). 최근의 여러 연구들은 언어능력과 마음 이론 발달의 상관관계를 보여왔다. 정상적으로 발달하는 아동(Astington & Jenkins, 1999), 자폐 아동(Happe, 1995; Tager-Flusberg, 2000), 정상 부모를 둔 청각장애 아동(Jackson, 2001)을 포함하는 연구이다.

언어는 여러 방식으로 마음 이론 발달에 관련될 수 있다. 한 가지 가능성은 전반적인 언어능력이 마음 이론에 관련되어 있다는 것이다. 즉, 아동들은 시각적 제시(서랍에 있었던 초콜릿, 그러나 지금은 찬장에 있다)와 상반되는 정보를 마주하게 되었을 때 언어를 사용하여 과거의 상황을 정신적으로 표상할 것이라는 것이다(Astington, 2000). 또 다른 가능성은 마음 이론의 발달이 정신 상태를 나타내는 '생각하다, 알다, 궁금하다' 와 같은 단어의 습득에 의존한다는 것이다(Olson, 1988).

세 번째 가능성은 언어가 보다 근본적인 방식으로 마음의 이해에 관여하고 있다는 것이다. De Villiers와 De Villiers(2000)는 언어가 아동들에게 한 개념을 다른 개념 안에 내재시킬 수 있는 보문 구조(complement structures)라 불리는 ('그는 그가 우유를 마셨다고 말했다' 나 '그는 초콜릿이 서랍 속에 있었다고 생각했다' 와 같은) 표상적 구조를 제공해 준다고 주장해 왔다. 이들은 개념들을 내포시키는 능력이 잘못된 믿음 이해의 발달에 절대적이라는 가설을 세웠다. 이 가설과 일관되게 De Villiers와 De Villiers는 보문 구조를 이해하고 사용하는 것이 같은 시기의 마음 이론 과제의 수행뿐만 아니라 이후의 수행능력에 우수한 예측 지표임을 발견하였다. 그러므로 언어 발달은, 특히 보문 구조 사용의 능력 발달은 믿음이나 다른 표상적 정신 상태들에 대해 추론하는 능력의 토대가 될 것이다.

다행히, 마음 이해 발달의 잠재적 원천으로서 성숙, 전반적 인지능력, 타인과의 경험, 언어 발달 중 어느 하나만 선택해야 할 필요는 없다. 네 가지 설명 모두 상호 배타적이지 않고 각기 어떤 방식으로든 자기 자신이나 타인의 마음에 대한 이해를 발달하는 데 관여하고 있다. 남은 과제는 이 개념들이 어떻게 이토록 일정 시기에 발달하는지를 인지 기제와 관련된 경험을 통해 설명하는 것이다.

사회적 세계에 대한 이해

지금까지는 자신이나 타인과 같은 개인이나 개인의 마음에 대한 아동의 이해를 주로 살펴보았다. 개인을 이해하는 것은 적응적 기능면에서나 사회적 상호작용에 매우 중요하지만 사회적 인지의 다는 아니다. 아동에게 있어서 또 다른 주요 과제는 보다 넓은 사회적 세계에 대해 배우는 것이다. 여기에서는 아동들이 어떻게 개인에 대한 초기 이해를 보다 넓은 사회 세계로 넓혀나가는지를 살펴보겠다. 아동들이 어떻게 사회적으로 정의된 적절한 규범과 행동을 학습하는지 그리고 성, 인종, 민족성이나 사회 계층을 바탕으로 한 사회적 범주를 학습하는지를 중심으로 살펴보자.

사회 규범에 대한 이해

사회 규범은 사회적 혹은 문화적 집단내에서 수용되는 관례를 일컫는다. 그 예로는 복식 형태(남자는 드레스를 입지 않는다 등), 식사 예절(테이블 차림에서 포크는 왼쪽에 칼과 숟가락은 오른쪽에 놓는다 등), 사회적 상호작용에서의 의식(낯선 어른은 이름보다는 지위명을 가지고 불러라 등) 등을 들 수 있다. 어떤 사회 규범들은 적절한 행동에 대한 일반적 규율로 갖춰져 있는데, '입 안에 음식이 있을 때 말하지 마라' 라거나 '칭찬을 받으면 감사하다고 하여라' 등이 그 예이다. 다른 사회 규범은 보다 제한적 상황에서만 적용된다. '음식을 나누지 말아라' 와 같은 것은 학교 식당에서 보다 일상적인 규범이고 다른 환경에서는 별로 적용되지 않는다.

사회 규범은 가령 도둑질을 해서는 안 된다는 것과 같은 도덕 규범과는 임의적이라는 점에서 다르다(Turiel, 1983, 1994). 사회 규범과는 대조적으로 도덕 규범은 타인의 권리와 복지를 보호하는 것이기에 임의적이지 않다. 아동들은 세 살이 될 무렵부터 사회 규범과 도덕 규범의 차이를 이해하기 시작한다. 한 연구에서 3세 아동들은 또래 친구의 사과를 훔치는 것과 같은 도덕 규범을 위반한 경우를 손가락으로 아이스크림을 먹는 것과 같이 사회 규범을 위반한 경우보다 다양한 범위의 상황을 통틀어서 더 나쁘다고 판단하였다(Smetana & Braeges, 1990).

사회 규범과 도덕 규범을 구분하는 아동의 이해에 대한 또 다른 증거로 아동들이 이러한 규범들의 위반에 대해 어떻게 반응하는지 관찰하였다. Nucci와 Turiel(1978)은 자연스럽게 일어나는 사회, 도덕 규범의 위반에 대한 학령전기 아동들의 반응을 관찰하였는데 사회 규범 위반보다는 도덕 규범 위반에 반응하는 경우가 더 많음을 발견하였다. 도덕적 위반에 대해서는 정서적으로 반응하였고, 위반한 사실이나 타인의 감정, 규칙에 대해 이야기 하였다. 사회적 위반의 경우에는 이와 같은 종류의 반응들의 빈도가 더 낮았다. 이는 곧 아동들이 어릴 때부터 사회적 규범과 도덕적 규범을 구분함을 보여주는 것이다.

학령전기 아동들은 때때로 물리적 법칙들을 위반할 수 없듯이, 사람들이 사회 규범을 '위반할 수 없다' 고 믿는다(Levy, Talyor, & Gelman, 1995). 그러나 어째서 두 종류의 위반이 일어날 수 없는지를 설명해 보라고 하면 3세 아동들은 다른 종류의 이유를 댄다(Kalish, 1998a). 3세 아동은 물리적 법칙의 위반은 불가능하다(예, 공을 새로 바꾸는 것)고 주장한다. 하지만 사회 규범의 위반(예, 옷을 입고 목욕하는 것)에 대해서는 위반이 불가능해서라기보다는 허용되지 않거나 그런 위반을 하면 불리한 결과를 가져오기 때문이라고 주장한다. 3세 아동들은 이처럼 물리적 법칙과 사회 규범도 구분하는 것이다.

4세 정도가 되면, 아동들은 사회 규범이 규범에 대한 지식과 규범을 따르고자 하는 의도에 따라 달라짐을 이해하기 시작한다. Kalish(1998a)는 3~4 아동에게 여러 물리적 법칙과 사회 규범을 모르는 아동이나 규범을 위반하려고 의도한 아동의 행동이 어떠할지 예측해 보라고 하였다. 4세 아동들은 규범을 모르는 아동이나 규범을 어기려는 아동 모두 사회 규범을 어길 것이라고 예측하였다. 그러나 물리적 법칙에 관해서는 법칙을 모르거나 법칙을 어길 의도가 있었다 하더라도 법칙을 어길 것이라고 예측하지 않았다. 이와는 반대로, 3세 아동들은 물리적 법칙과 사회적 규범이 의도나 행위자의 지식에 달려 있다는 것을 확실하게 구분하지 못하였다. 3세 아동은 아니지만 4세 아동은 지식이나 의도와 같은 정신 상태가 규범을 지키고 지키지 않는 것에 관련되어 있음을 이해하는 것이다.

사회 범주와 집단에 대한 이해

보다 넓은 사회적 세계에 대한 지식은 사회에서 의미 있는 사회적 범주나 집단에 대한 지식도 포함한다. 물론 개인을 사회 범주로 분류하는 데에는 다양한 방법이 있을 것이다. 아동기에 습득하게 되는 사회 범주는 주로 성, 인종, 민족성, 사회 계층을 바탕으로 한다.

성에 대한 아동의 지식. 아주 어릴 때부터 아동들은 성을 알고 있고 성 전형성(gender stereotype)에 대해 안다. 18개월부터 영아들은 남자 얼굴과 남자 목소리, 여자 얼굴과 여자 목소리를 연결할 수 있다(Poulin-Dubois, Serbin, & Derbyshire, 1998). 시각적 선호도 과제에서도 역시 18개월 가량의 남자아이들은 여자아이들보다 탈것을 더 오래 쳐다 보았고, 여자아이들은 남자아이들보다 인형을 더 오래 쳐다 보았다. 이러한 선호도는 23개월이 될 무렵에 보다 뚜렷해지는데(Serbin, Poulin-Dubois, Colburne, Sen, & Eichstedt, 2001), 이는 아동이 성 범주를 아주 어릴 때부터 알고 있음을 나타낸다.

성 이해 발달에 있어서 중요한 것 중의 하나는 *성 항상성(gender constancy)*에 대한 이해인데, 이는 성은 생물학적 기반을 둔 것으로, 외양적 특징이나 행동 혹은 바람이 개인의 성을 바꾸지 못한다는 것이다. Lawrence Kohlberg(1966)는 세 단계의 순서에 따라 성 항상성을 습득한다고 제안하였다. 첫 단계는 *성 명명(gender labeling)*으로 2~3세경에 이뤄진다. 이 단계에서는 아동들이 자신이나 다른 사람의 성을 정확하게 명명할 수 있다. 그러나 아직은 옷이나 헤어스타일 같은 피상적이고 외양적 특징이 성을 바꿀 수 있다고 믿는다. 그리고 성은 영원한 것임을 아직 인식하지 못하고, 원하기만 하면 개인이 성을 바꿀 수도 있다고 믿는다. 두 번째 단계는 *성 안정성(gender stability)*으로 학령전기 초에 대부분의 아이들이 이 단계에 도달한다. 이 단계에서 아동들은 성이 시간이 지나도 변하지 않으므로 남자아기는 소년으로 자라서 결국에는 남자가 되고, 여자아기는 소녀로 자라서 여자가 된다는 것을 이해한다. 그러나 여전히 피상적 속성을 바꾸거나 활동을 바꾸면 성의 변화를 가져올 수 있다고 믿는다. 세 번째 단계는 성 항상성 단계로 4세와 8세 사이의 아동들이 이 단계에 도달한다. 이 단계에서 성이 외양적 특징, 행동, 혹은 바람이 어떻게 달라지든지 변하지 않는 것임을 인식한다. 그리고, 성은 내면적이고 눈에 보이지 않으며, 상황적으로 일관된 특징에 달려있음을 인식한다.

미국과 그 밖의 나라에서 얻은 상당수의 증거들이 성 항상성 이해의 발달이 Kohlberg가 제안한 순서대로 나타남을 입증하고 있다(De Lisi & Gallagher, 1991; Munroe, Shimmin, & Munroe, 1984). 그러나 특정한 사실에 대한 지식이 이런 발달 과정의 시간 순서에 영향을 준다는 증거들도 있다. 특히, 남자아이와 여자아이는 다른 성기를 가지고 있음을 아는 아동들은 이런 지식이 없는 또래 아동에 비해서 성 항상성을 보여줄 가능성이 더 높다(Bem, 1989).

비록 아동의 성 항상성 지식이 예측된 순서대로 발달한다는 강력한 증거들이 있기는 하지만, 이러한 지식의 함의에 대한 논쟁도 상당하다. 특히, 성 항상성 측정과 성의 이해를 기반으로 한 행동 사이의 연관성을 뒷받침하는 경험적 증거는 매우 적다. 예컨대, 성 항상성을 습득하기 훨씬 전에도 아동들은 성 전형적인 장난감을 갖고 놀기를 선호하고(Lobel & Menashri, 1993), 다른 성보다는 같은 성을 모델로 행동을 모방하는 경우가 더 많다(Bussey & Bandura, 1984). 뿐만 아니라, 성 항상성의 증가는 성 특정적인 역할이나 활동에 대한 선호도 증가와 관련이 없다(Martin & Little, 1990; Smetana & Letourneau, 1984). 아동들은 성이 시간상에서 일정한 것이라는 것을 이해하지 못하더라도 성 전형적 방식으로 행동한다.

Kohlberg의 성 항상성 발달 이론은 성에 대한 주요 개념을 습득하는 순서는 규정짓고 있지만 어떻게 이런 개념들이 습득되는지는 분명히 제시하지 않는다. 성에 대해 아동들이 어떻게 배우는지를 설명하기 위해, Maritn과 Halverson(1981)은 정보처리 이론, *성 도식 이론(gender schema theory)*을 제안하였다. 이들은 아동이 먼저 성 정체성을 습득한 뒤에 성 도식을 형성하여 성에 대한 정보를 조직화하는 지식 구조를 구성한다고 하였다. 성 도식은 성 전형성에 대한 지식과 각 성에 전형적인 행동이나 활동에 대한 지식을 통합한다. 이 이론에 따르면, 아동들은 성 도식을 이용하여 어떻게

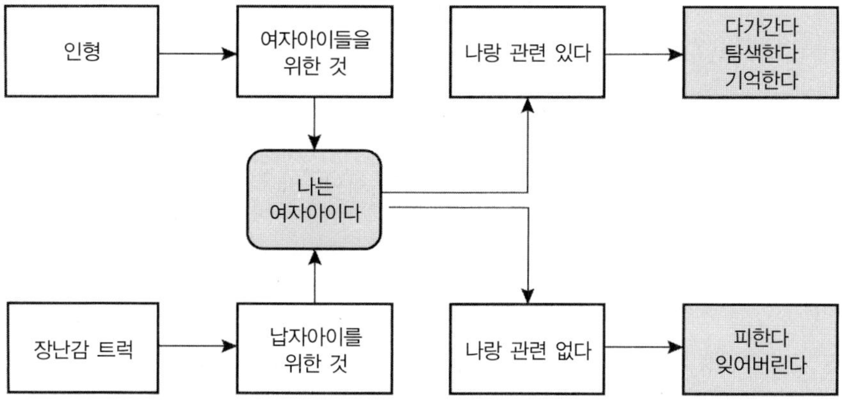

그림 9.5 성 도식의 작용 원리. Martin과 Halverson, 1981을 바탕으로 함.

행동할지 정한다. 그림 9.5에서 볼 수 있듯이, 어떤 물체나 행동 또는 활동을 접했을 때, 그것이 여성을 위한 것인지 남성을 위한 것인지를 결정한다. 이러한 초기 분류를 바탕으로 사물이나 활동 또는 행동에 대해 배울지를 결정한다. 아동은 자신의 성과 관련된 것으로 분류된 것에는 더 접근하여 배우려고 하지만 자신의 성과 무관한 것으로 분류된 것은 무시하려고 한다. 이처럼, 자신의 성에 대한 아동의 도식은 시간이 흐르면서 점차 풍부해지고 견고해지는 것이다.

성 도식 이론이 예측한 대로, 아동들은 자신들의 성을 대상으로 명명된 새로운 물체를 선호하고 그러한 사물들에 대해서는 반대 성을 위한 물체들에 비해 자세히 기억한다(Martin, Eisenbud, & Rose, 1995). 뿐만 아니라, 보다 확고한 성 도식을 가진 아동들은 약한 성 도식을 가진 아동들에 비해 보다 성 전형적 행동을 보이고 성과 관련한 정보를 알 가능성이 더 높다(Welch-Ross & Schmidt, 1996). 이처럼 아동들의 성 도식은 인지와 행동 모두에 영향을 끼치는 것이다.

다른 연구자들은 성에 대한 학습에서 사회적 세계의 역할에 중점을 두어 왔다. Bussey와 Bandura(1999)는 세 가지 주요 양식을 통해 성 학습이 이루어지는데, 이들은 모두 주변 사람들의 역할을 포함한다고 주장하였다. 그 첫 째는 *관찰 학습(observational learning)*을 통해서 성을 학습하는 것이다. 아동들은 주변 환경이나 대중 매체에 등장하는 모델에 주의를 기울이고 이 모델의 행동에서 성 역할에 대한 정보를 얻는다. 둘째는 *작동적 경험(enactive experience)*을 통해 성에 적절한 행동을 배우거나 자기 자신의 행동의 결과를 바탕으로 배우기도 한다. 예를 들어, 아버지들은 종종 아들이 여성적 장난감을 가지고 노는 것에 부정적으로 반응한다. 자신들의 행동에 대한 다른 사람의 반응에 주의하여 성 적절 행동 유형을 배우는 것이다. 셋째는 *직접*

*적 가르침(direct teaching)*을 통해서 배우는 것이다. 부모나 다른 사람들은 때때로 "다 큰 남자아이는 울지 않아."와 같이 아동들에게 직접적으로 성 적절 행동이 무엇인지 가르친다.

아동들은 성에 관한 많은 정보원에 노출되어 있고, 인지적 · 사회적 요인 모두 성 도식의 발달에 기여하는 것으로 보인다. 그러나 어떻게 다양한 정보원들이 발달 과정에서 통합되는지는 여전히 이 연구 분야의 주요 과제로 남아 있다. 성에 대한 아동의 지식의 원천을 이해하는 것은 성 특정 행동에서 나타나는 다양성을 이해하도록 도울 것이고 어떻게 성 편향성이 발달하는지도 조명할 것이다.

인종, 민족성, 그리고 사회 계층에 대한 아동의 지식. 위에서 언급한 바대로 성에 대한 아동의 이해는 뚜렷한 발달 단계를 거친다고 개념화되어 왔다. 이와 유사한 접근법이 인종과 민족성에 대한 이해 발달에도 적용되어 왔다(예, Aboud, 1988).

인종과 민족성 이해 발달의 가장 최근의 단계모델은 Quintana(1994, 1998)가 제안한 것으로 네 단계의 순서를 통합한다. 이 모델은 인종과 민족성 이해 발달과 관련한 결과들을 조직화하는 데 토대가 되었다.

첫 단계는 대략 3세부터 6세 사이의 아동들을 특징짓는 것으로, 민족성과 인종에 대한 *감정적 · 지각적 이해의 통합*에 초점을 둔다. 이 단계에서 아동들은 다양한 인종과 민족 집단의 존재를 인식하고, 사회에 만연하고 있는 인종과 민족 집단에 대한 태도를 반영하는 태도를 발달시키기 시작한다. 이 단계의 아동들은 종종 특정 민족 집단의 구성원에 대해 부정적 반응을 표현하거나 어떤 경우에는 자신들의 민족 집단 구성원에 대해서도 부정적 반응을 보인다(Aboud, 1988). 놀랍게도, 이 시기 아동들의 인종 관련 태도는 부모들의 태도와 체계적으로 관련되어 있지는 않고(Branch & Newcombe, 1986), 보다 큰 사회적 견해를 기반으로 하고 있는 것으로 보인다. 그러나 이 단계에서의 아동들의 태도가 놀이 친구를 고르거나 놀이할 때 아동 행동에 반영되는 경향은 없다(Doyle, 1983).

또한 이 단계의 아동들은 사회 계층에 대한 기초적인 이해를 보인다. 옷이나 주거지, 소지품 등과 같은 외양적 특징을 바탕으로 가난한 것과 부유한 것을 구분할 수 있다(Ramsey, 1991). 그러나 교육적 성취나 직업적 명성과 같은 보다 추상적인 요인들이 사회 계층을 결정하는 데 담당하는 역할의 중요성은 아직 이해하지 못한다.

두 번째 단계는 6세에서 10세의 아동들을 특징짓는 단계로, 민족성과 인종에 대한 내용적인 이해(literal understanding)를 보이는 시기이다. 이 시기에는 인종과 민족성을 바탕으로 사람들을 범주화하는 능력이 매우 정확해진다. 타인의 인종과 민족 집단에 대한 언어적 기술도 외양적 특징을 강조하는 것에서 사용 언어나, 음식 선호도, 기리는 민족 공휴일처럼 겉으로 드러나지 않는 특징을 강조하는 쪽으로 옮겨간다. 외양적인 것에서 겉으로 드러나지 않는 특징으로의 변화는 아동의 사회 계층 이해에도 비슷하게 적용된다. 아동기 중기에는 부자와 가난한 사람을 구분하는 데 심리적 특질(부자들은 '돈을 벌어서 저축한다' 가난한 사람들은 '게으르다' 와 같이)을 이용한다(Leahy, 1983).

두 번째 단계에서는 다른 인종이나 민족 집단에 대한 부정적 태도가 감소하는 경향이 있다(Doyle, Beaudet, & Aboud, 1988; Kowalski 7 Lo, 2001; Powlishta, Serbin, Doyle, & White, 1994). 개인에 대한 이해는 점차 풍부해지고 보다 세분화되며 다른 인종의 사람들이 여러 중요한 면에서 서로 비슷하고 같은 인종의 사람들이 서로 아주 다를 수도 있다는 것을 인식하게 된다. 그러므로 집단 간의 유사성과 집단 내의 차이점을 이해하기 시작한다. 이러한 이해는 편견을 감소시킨다(Doyle & Aboud, 1995). 물론, 인종 · 민족성 · 사회 계층에 대한 편향성이 있느냐 혹은 편향성을 얼마나 강하게 가지고 있느냐는 아동마다 다르다. 이런 편향성의 발달에서 역할을 담당하는 한 요인은 어른들이 집단 간의 차이점을 어느 정도 강조하느냐이다. 집단 차이를 강조할수록, 아동들이 자기가 속한 집단을 선호하고 속하지 않은 집단에 대한 차별을 보일 가능성이 높아진다(Bigler, Spears-Brown, & Markell, 2001).

세 번째 단계는 대략 10세부터 14세의 시기로 인종과 민족성에 대한 *사회적 이해*를 발달시키는 시기이다. 이 단계에서는 사회 계층에서 민족 집단의 차이와 같은 인종과 민족성의 보다 미묘한 특징들을 인식하게 된다. 그리고, 친구 만들기나 집단내 역학과 같은 사회적 관계에서 민족성이 한 역할을 담당하는 것도 인식하기 시작한다. 마지막으로, 한 개인이 타인을 지각하고 타인에 대해 반응하는 방식에 민족성과 인종이 영향을 행사한다는 것도 인식한다(Quintana, 1994).

네 번째 단계에서는, 청소년들에게 *민족적 정체성(ethnic identity)*과 *민족 집단 의식(ethnic-group consciousness)*이 발달하기 시작한다. 이 단계에서 청소년들은 개인들이 적극적으로 표현하기를 선택할 수도 있고 아닐 수도 있는 정체성의 주관적 측면으로 민족성을 생각한다. 점차 민족 집단 내에서 공유되는 관점, 태도, 경험을 인식하게 되고, 이런 점에서 청소년들은 민족성에 관하여 집단적 관점을 택하기도 하고, 때때로 개인들을 그들의 민족 집단을 '대표한다'고 생각하기도 한다(Quintana, 1994). 그 결과로 고정관념이나 민족 중심적 태도가 청소년기에 증가하기도 한다(Black-Gutman & Hickson, 1996).

지금까지 제시한 단계의 순서는 연령별로 아동들이 인종이나 민족성에 대해서 무엇을 이해하는지는 상술하고 있지만 이러한 이해가 어떻게 발달하는지는 정확히 상술하지 않고 있다. 성에 관련하여, 어떻게 인종과 민족성에 대한 지식이 발달하는가를 이해하는 것은 여전히 주요 연구과제로 남아있다. 발달상의 변화를 가져오는 것이 무엇인지를 보다 잘 이해하는 것은 인종과 민족성에 대한 편견을 줄이고, 더 나아가 편견을 없애는 프로그램을 설계하는 데 보탬이 될 것이다.

아동의 사회 범주 이해의 보편적 유형. 성 · 민족성 · 인종 · 사회 계층과 같은 사회적 범주 이해의 발달에서는 보편적 경향성이 분명히 드러난다. 초기에는 집단 소속감의 표현으로 외양적이고 신체적인 특징에 초점을 두는 경향이 있다. 예를 들어, 인종 집단을 구분하는 데 피부색에 의존하거나 성 집단 구분에 옷이나 전형적인 활동들에 의존하거나, 사회 계층을 구분하는 데 소지품에 의존한다. 발달과 더불어 사회 범주에 대한 아동의 이해는 보다 추상적으로 되고, 보이지 않지만 추론하여 얻게 되는 특징들을 사회 집단 개념에 통합하기 시작한다. 예를 들면, 민족 집단의 개념에 언어에 대한 정보나 음식 선호도, 민족 공휴일 등을 포함하기 시작하고, 사회 계층 집단의 개념에 직업적 명성이나 교육적 성취를 포함시키기 시작한다. 궁극적으로 사회 범주의 아동 이해는 아동들이 보다 넓은 사회적 함의와 집단 소속의 사회적 맥락을 고려하기 시작하면서 보다 세분화된다.

구체적이고 눈에 보이는 특징들에서 보다 추상적이고 보이지 않는 특징으로 이동하는 보편적인 경향은 자신과 타인에 대한 이해의 발달에서도 분명하다. 물론, 이와 같은 보편적 경향은 여러 발달 영역에서 개인마다 다르게 나타나는 복잡다단한 발달 경로를 단순화한 것에 불과할 것이다. 그러나 포괄적인 측면에서 이러한 경향은 전반적인 발달 형태를 잘 요약해 준다.

요약

발달 초기에 타인에게 주의를 기울이고 타인과 상호작용하며, 타인과 자신을 이해하기 시작하는 것이 사회를 이해하는 토대가 된다. 발달하면서 아동들은 이러한 초기의 이해를 자신과 타인의 정신적 삶의 속성을 이해하도록 내부로 확장시키고, 보다 넓은 사회적 세계의 속성을 이해하도록 외부로 넓혀간다.

타인에 대한 관심은 사회적 인지의 가장 이른 발현이다. 신생아들조차도 인간의 얼굴과 목소리에 높은 주의를 기울인다. 2개월이 되기도 전에 영아들은 사람과 물체에 다르게 반응하며 사람들이 물체와 다르게 행동하기를 기대하는 것으로 보인다. 2

개월 무렵부터는 '유관적 상호작용'이라 일컫는 상호적인 행동과 반응을 보이기 시작한다. 생후 첫 해의 초기에 영아들은 다양한 정서적 표현을 구분할 수 있다. 6개월이 되면, 영아들은 상황에 대한 타인의 정서적 반응을 평가할 수 있게 되는데, 이를 사회적 참조능력이라 한다.

언어능력과 인지능력이 발달되면서 타인에 대해 명시적 개념을 형성하기 시작한다. 이런 개념들은 아동기와 청소년기에 상당히 변화한다. 학령전기 아동들은 다른 사람들을 묘사할 때, 신체적 특징이나 전형적 행동과 같은 특징에 주안점을 두곤 한다. 아동기 중기에 이르면, 성향이나 지속적인 성격을 기반으로 타인을 묘사하기 시작한다. 그러므로, 전반적인 발달은 구체적이고 외현적이며 눈에 보이는 특징에서, 보다 추상적이고 내현적이며 눈에 보이지 않는 것으로 이루어지는 것이다.

생후 첫 해에 영아들은 자신들이 다른 사람이나 사물과는 별개의 존재임을 이해하기 시작한다. 3개월무렵에는 영아들도 자신들의 동영상을 타인의 동영상과 구분할 수 있고, 15개월이 되면, 거울에 비친 자신의 모습을 인식할 수 있다. 타인에 대한 개념처럼 자신에 대한 개념도 발달과 더불어 많은 변화를 거친다. 유아기에는 자신을 연령 · 성 · 신체적 특징에 따라 분류하기 시작한다. 학령전기에는 신체적 특징이나 소지품, 전형적 활동과 같이 구체적이고 눈에 보이는 특징들을 바탕으로 자신을 묘사하는 것이 대부분이다. 아동기 중기에 아동의 자아 개념은 보다 추상적이고 심리적이 된다. 자기 이해(지각적 · 신체적 · 사회적 · 심리적 이해)가 조화를 이루고 통합되면서 자신에 대한 표상이 점차 조직화된다.

자신과 타인을 이해하기 위해서, 아동들은 자신의 마음과 타인의 마음의 작동 원리를 이해해야 한다. 진정한 '마음 이론'은 믿음, 바람, 공상과 같이 현실과 구분되는 내적인 실체인 정신 상태에 대한 이해와 이런 정신 상태가 세계를 표상한다는 것에 대한 이해를 요한다. 아동 마음 이론의 핵심은 의도, 바람, 믿음을 이해하고, 이런 정신 상태들이 행동과 어떻게 관계되는지를 이해하는 것이다. 유아기 무렵에 아동은 의도, 바람, 믿음에 대한 기초적 이해를 보인다. 그러나 정신 상태들이 세계의 상태를 표상한다는 것(정확하거나 부정확하거나), 사람마다 각기 다른 믿음을 가지고 있고 현실과 다른 믿음을 가질 수 있다는 것에 대한 이해는 3~4세가 되어야 비로소 나타난다.

의도, 바람, 믿음과 더불어 아동들이 이해해야 하는 정신적 활동들이 또 있다. 최근의 연구는 두 계통의 주요 정신적 활동에 관심을 가져 왔는데, 그 하나는 '실제' 세계의 표상에 주로 관심을 둔 것으로 사고하기나 알기와 같은 것이고, 다른 하나는 허구적 세계의 표상에 관심을 두어 가장하기나 공상하기 등에 초점을 둔다. 사고하기와 앎의 이해는 학령전기와 초등학교 저학년기까지 점차적으로 발달한다. 가장하기와 공상하기를 포함하는 놀이 활동은 이보다 이른 시기에 관찰된다. 하지만, 가장하기를 정신적 표상을 내포하는 것으로 이해하고 공상과 현실은 다르다는 것에 대한 이해는 보다 이후에 발달한다.

또한 아동들은 사회적 관습과 자신들이 자라고 있는 사회 구조에 대해 학습해야 한다. 습득해야 할 중요한 지식 중 하나는 사회 규범에 대한 이해이다. 3세경부터 아동들은 사회 규범과 도덕 규범 사이의 차이를 이해한다. 4세가 되면 아동들은 사회 규범을 따르는 것이 규범에 대한 지식과 규범을 따르고자 하는 의도에 따라 달라진다는 것을 이해하기 시작한다.

사회를 이해하는 또 다른 주요 측면은 성 · 인종 · 민족성 · 사회 계층을 기반으로 한 사회 범주에 대한 학습이다. 사회 범주를 배우는 데 있어서 아동들은 초기에는 인종 집단 구분을 위해 피부색에 초점을 두거나, 성 집단 구분에 옷이나 전형적 활동에 주안점을 두는 등 각 집단의 외양적 · 신체적 표시에 주안점을 두는 경향이 있다. 발달하면서 점차 사회 집단 개념에 눈에 보이지 않는 특징들을 통합하기 시작하여, 결국에는 보다 넓은 사회적 함의를 고려하기 시작하고, 집단 구성에 있어서 사회적 맥락을 고려하기 시작한다. 그러므로, 발달과 더불어 사회적 범주에 대한 아동의 이해는 점차 세분화되고 추상적이 되는 것이다.

읽을거리

Bussey, K. & Bandura, A. (1999). Social cognitive theory of gender development and differentiation. *Psychological Review, 106,* 676-713. 이 논문은 성 이해 발달 연구에서의 주요 이론적 접근을 고찰하고 이러한 지식이 어떻게 습득되는지를 사회 학습 이론을 통해 설명한다.

Flavell, J. H., & Miller, P.H. (1998). Social cognition. In D. Kuhn & R.S. Siegler (Eds.). *Handbook of child psychology: Vol. 2. Cognition, perception & language* (5thed.). New York: Wiley. 마음 이해 발달 연구에 대해 포괄적으로 고찰한다.

Taylor, M. (1999). *Imaginary companions and the children who create them.* New York: Oxford University Press. Taylor는 상상친구의 속성과 상상친구를 만드는 아동들의 특징 및 공상과 현실 사이의 차이에 대한 아동의 이해에 대한 그녀의 연구들을 고찰하고 있다. 호소력 있는 다양한 예제들이 실려 있다.

Wellman, H. M., Cross, D., & Watson, J. (2001). Meta-analysis of theory-of-mind development: The truth about false belief. *Child Development, 72,* 655-684. 이 논문은 잘못된 믿음 이해를 연구한 178개의 연구들을 상위 분석한 결과를 제시한다. 잘못된 믿음 이해 평가를 위해 학령전기 아동들이 잘못된 믿음 과제들을 수행하는 데 영향을 주는 다양한 요소들을 제시한다.

제 10 장

문제 해결

조지(2살)는 부엌 창문 밖으로 돌맹이를 던지고 싶어한다. 잔디 깎는 기계가 밖에 있다. 아빠는 조지가 창밖으로 돌맹이를 던지면 잔디 깎는 기계가 망가질 수 있기 때문에 그러면 안 된다고 말한다. 조지는 "좋은 생각이 났어"라고 말한다. 그는 밖으로 나가서 그가 예전에 가지고 놀았던 초록색 복숭아를 몇 개 들고 들어와서, "이것들은 잔디 깎는 기계를 망가뜨리지 않을 거야"라고 말한다. (Waters, 1989, p.7)

자신의 즐거움을 망칠 수 있는 상황을 극복한 조지의 이야기는 문제 해결의 본질을 보여준다: 목표, 장애물, 장애물을 교묘하게 피해서 목표에 도달할 수 있는 책략. 조지의 경우 목표는 창문 밖으로 물건들을 던지는 것이며, 장애물은 아버지가 그것을 용납하지 않는 것이며, 해결 책략은 '돌맹이 대신에 복숭아를 던지는 것' 이었다. 2살로서는 제법 괜찮은 책략이다.

문제 해결은 우리 모두의 삶에 있어서 핵심적인 부분이다. 다음 학기에 어떤 과목을 들을지, 가로세로 단어 퍼즐을 완성시킬 단어가 무엇일지, 어디에 두었는지 기억나지 않는 열쇠를 어떻게 찾을지, 난제(brain teaser)에 어떻게 대답할지를 결정하는 것은 모두 문제 해결을 요구한다. 아마 어떤 문제를 해결하기 위해 노력하지 않고 지나가는 날은 하루도 없을 것이다.

또한 문제 해결은 지각 · 언어 · 기억 · 개념적 이해와 같은 다른 인지적 과정들이 존재할 이유를 제공하기도 한다. 만약 사람들이 이러한 과정을 수행하는 데 있어서 왜 진화가 일어나는지를 누군가가 묻는다면, 그 대답은 그것이 환경이 내놓는 문제들을 해결할 수 있는 인간의 능력을 향상시킨다는 데에 있을 것이다. 다시 말하자면, 문제 해결은 인간이 힘든 상황에도 적응할 수 있도록 도와준다. 성인의 삶에서 문제 해결이 만연해 있는 것만큼, 아동들의 삶에서 문제 해결은 더욱더 만연해있을지도 모른다. 나이와 경험이 많아짐에 따라, 사람들은 한때는 문제였던 상황들이 더 이상 문제가 되지 않게 장애물을 교묘하게 피해갈 수 있는 방법들을 배운다. 예를 들어서, 몇 블록 떨어져 있는 친구 집을 처음 갔다가 집으로 돌아올 수 있는 가장 좋은 방법을 알아내는 것은 아동에게 정말 문제이다. 그러나 여러 번의 방문을 통해서, 그것은 더 이상 문제가 되지 않는다. 아동들은 자신에게 새로운 상황과 너무나 많이 접하게 되기 때문에 끊임없이 문제를 해결해야 한다.

아동들은 이러한 도전들에 어떻게 대처하는가? DeLoache, Miller, Pierroutsakos (1998)는 아동에 대한 가장 적절한 은유로 'bricoleur'이라고 제안하였다. bricoleur는 일종의 땜장이를 일컫는 프랑스어로, 어떠한 문제가 일어날 때마다 손에 잡히는 재료로 문제를 해결하는 사람을 일컫는다. 이 은유가 제안하듯이, 아동들은 자신의 목표를 달성하기 위해서 추론 · 개념적 이해 · 책략 · 내용 지식 · 다른 사람들 · 그 밖에 가능한 자원을 모두 동원한다. 그들의 해결법이 항상 훌륭하지는 않을지 모르지만, 그들은 일을 처리할 수 있는 방법을 대개 찾아낸다.

이 장의 구성. 이 장은 두 개의 주요 부분으로 나누어져 있다(표 10.1). 첫 번째 부분은 아동들의 문제 해결에 대한 개관을 제공한다. 개관의 초반부에서는 아동들의 문제 해결에 관한 연구에서 비롯된 몇 가지 일반적인 주제들에 관해서 설명한다. 다음, 이러한 주제 중 일부를 단일 과제－저울－에 대한 문제 해결의 발달이란 측면에서 설명한다.

이 장의 두 번째 부분에서는 계획하기(planning), 인과 추론(casual inference), 유추(analogy), 도구 사용(tool use), 과학적이고 논리적인 추론(scientific and logical reasoning)과 같은 특정 문제 해결 과정에 초점을 맞췄다. 이러한 과정은 아동들이 자주 사용하며 그것의 효과에서의 변화가 문제 해결의 전반적 효과와 많은 관련이 있기 때문에 특별히 관심을 가져야 하는 영역으로 선택하였다. 아동들이 사용하는 문제 해결 과정은 한 장에서 논의하기에는 너무 많지만 이 과정들이 그중 가장 중요한 것이다.

아동들은 때로는 특정 문제를 스스로 해결하고, 보다 유능한 어른의 도움을 받아서 수행하기도 하며, 또래들이나 다른 아동들과의 협력을 통해서 수행하기도 한다. 이 장의 초점은 아동 스스로가 수행하는 문제 해결에 있다. 공동 협력이나 도움을 통한 문제 해결에 관한 연구는 4장에서 논하였다.

표 10.1 이 장의 개요

Ⅰ. 문제 해결에 관한 개관
A. 주요 주제들
B. 문제 해결의 발달에 대한 예
Ⅱ. 몇 가지 중요한 문제 해결 과정
A. 계획하기
B. 인과 추론
C. 유추
D. 도구 사용
E. 과학적이고 논리적인 추론
Ⅲ. 요약

문제 해결에 대한 개관

주요 주제

과제 분석. 과제 분석은 문제를 해결하는 데 필요한 과정들을 밝혀내기 위한, 문제에 대한 주의 깊은 검토를 말한다. 예를 들어서, 여러 자릿수의 덧셈을 하는 표준 알고리즘(standard algorithm)에 관한 과제 분석(예, 375+536)은 숫자들을 적절한 열에서 합산하는 것, 합산 결과의 한 자릿수를 해답의 일부로서 적는 것, 초기 합산의 십 자릿수를 (만약에 있다면) 원래 문제의 십 자릿수들이 있는 열로 가져가는 것, 가져간 수를 다른 십 자릿수들에 더하는 것 등과 같은 구성 요소들을 수반할 것이다. 사람들이 문제를 유능하게 푸는 상황에서 과제 분석은 그들이 무엇을 하는지 보여줄 수도 있다. 사람들이 유능하게 문제를 풀지 못하는 상황에서 과제 분석은 그들이 어려움을 가지고 있는 것은 어느 부분이며 어려움의 원인이 무엇인지를 시사해줄 것이다.

과제 분석이 어떻게 아동들의 문제 해결에 대한 통찰력으로 이어지는지에 대한 예를 생각해 보자. Klahr(1985)는 5세 아동들에게 개, 고양이, 쥐가 각각 뼈다귀, 물고기, 큰 치즈 조각을 찾아가야 하는 퍼즐을 보여줬다. 퍼즐을 풀기 위해서, 아동들은 세 동물 모두를 각자에게 알맞은 음식이 있는 장소로 옮겨야 했다. 표면적으로는 목표에 다다르기 위한 이동 횟수가 많아질수록 문제가 어려운 것처럼 보인다.

그러나 Klahr의 과제 분석은 서로 다른 문제들이 세 동물을 그들이 원하는 먹이에 도달하게 해야 하는 즉각적 목표와 세 동물들 모두를 적절한 위치에 도달하게 하려는 장기적 상위 목표 간의 갈등의 정도에서 서로 많이 다름을 보여준다. 어떤 문제들은 한 동물이 목표를 달성할 수 있도록 이미 목표에 다다른 다른 동물을 임시적으로 옮겨 놓는 것을 요구했다. 이러한 문제들은 학령전기 아동들에게는 서로 다른 동물들이 가진 목표들 간에 갈등을 일으키지 않으면서 이동 횟수를 많이 요구하는 과제보다 더 어려운 것이다. 또 다른 문제들은 아동들로 하여금 목표지점으로부터 한 번만 이동하면 되는 거리에 있는 동물을 목표 방향으로 이동시키려는 유혹을 억제하고 다른 방향으로 움직이기를 요구하기도 했다. 이러한 문제들은 이미 목표지점에 도착한 동물을 이동시키기를 요구하는 문제들보다도 훨씬 어려웠다. 과제와 그것의 즉각적 목표와 장기적 상위 목표들 간에 창출된 갈등에 관한 상세한 분석은 Klahr로 하여금 아동이 사용하는 접근 방법을 밝힐 수 있도록 했다: 각 움직임으로 하여금 현재 배치 상태와 원하는 배치 상태 간의 일치를 증가시키기 위한 노력. 이러한 접근법은 *수단-목표 분석(means-ends analysis)*이라 불리며, 널리 쓰이는 문제 해결 책략이다.

약호화(encoding). 제3장에서 논의한 것처럼, 약호화는 한 상황에서의 결정적인 정보를 밝히고 그 상황에 관한 내적 표상을 형성하는 데 그 정보를 사용하는 것을 말한다. 아동들은 중요한 특징들이 무엇인지 모르거나 그것들을 이해하지를 못하거나 그것들을 효과적으로 약호화할 줄 모르기 때문에, 자주 과제의 중요한 특징을 약호화하는 데 실패한다. 중요한 정보를 약호화하는 데 실패하는 것은 아동들이 잠재적으로 유용한 경험으로부터 학습하는 것을 방해할 수 있다. 그들이 관련 정보를 흡수하지 못한다면, 그들은 그것으로부터 이익을 얻지 못한다.

잘못된 약호화는 문제 해결 노력을 자주 실패로 돌아가게 만든다. 그러한 사례 중 하나에서, 4세부터 11세에 이르는 아동들과 대학생들에게 짐차에 공을 나르고 있는 움직이는 전기 기차를 보게 했다. 미리 정해진 지점에서 공은 움직이는 짐차의 구멍을 통해서 몇 피트 아래에 있는 바닥으로 떨어졌다. 아동의 과제는 공이 떨어지는 동안의 궤도를 예측하는 것이었다(McCloskey & Kaiser, 1984).

4세부터 11세에 이르는 아동 중 70%가 넘는 아동들과 생각보다 많은 수의 대학생들이 공이 일직선으로 떨어질 것으로 예상했다. 그들이 이 가설을 말한 후에 실험자는 참가자들이 실제로 무슨 일이 일어나는지 볼 수 있도록 기차들을 작동시켰다(공은 포물선 모양의 궤도를 그리며 떨어졌다). 아동들과 대학생들은 그들이 본 결과에 부합하도록 자신들의 예측을 재조정해야 할 상황에 직면하게 되었다.

그들의 설명은 잘못된 약호화가 문제 해결과 추론에 어떠한 영향을 미칠 수 있는지를 드러냈다. 몇몇은 그들이 생각했던 것처럼 공이 일직선으로 떨어졌다고 말했다.

다른 이들은 공이 투하되기 직전에 기차가 공을 앞으로 밀었다고 말했다. 흥미롭게도 공이 일직선으로 떨어질 거라고 약호화했던 대학생들 중 다수는 그 이전에 대학 물리학 강좌들을 들었고 이 강좌들에서 낙제하지 않았다. 명백하게도 이 경험은 그들의 기대나 그들이 본 것에 대한 약호화를 바꾸기에는 부족했다. 이 장에서 설명하겠지만, 약호화의 변화는 다양한 종류의 문제 해결 발달에 매우 중요한 역할을 한다.

심적 모델. 문제를 해결하기 위해서, 사람들은 종종 과제에 대한 심적 모델과 그것을 해결하기 위해서 무엇을 해야 하는지에 관한 심적 모델을 구성한다(Crowder, 1996; Gentner & Stevens, 1983; Halford, 1993; Johnson-Laird, 1983; Markovits & Barrouillet, 2002). "왜 내가 입을 벌려도 피가 나오지 않나요?" 라는 3세 아동의 질문에서 나타나듯이, 심지어 어린 아동들도 복잡한 체계가 어떻게 작동하는지에 관한 모델을 형성한다(DeLoache et al., 1998; p.801). 이 진술은 혈액이 신체 내부를 돌아다니지만, 정맥 · 동맥 · 모세혈관에 한정되어 있지 않고 모든 곳에 있다는 순환 체계에 대한 아동의 심적 모델을 제시한다.

Halford(1993)는 좋은 심적 모델의 주요한 특징 몇 가지를 밝혀냈다. 가장 중요한 것은 모델이 문제의 구조를 정확하게 표상한다는 것이다. 즉, 심적 모델의 구성 요소들 간의 관계는 문제의 필수적인 관계들과 유사해야 한다는 것이다. 모델의 구조가 문제에 그려진 상황의 구조와 유사할 때, 사람들은 이해했다고 느낀다. 그렇지 않다면 그들은 인출하기와 같은 방법으로 해결 방법을 산출했다 할지라도, 자신이 이해하지 못했다고 느낄 것이다. 심적 모델 안에 그려진 구조는 정적인 특징뿐만 아니라, 움직임 · 작용과 같은 역동적인 것들도 포함한다. 심적 모델링 과정은 또한 문제의 불필요한 특성들을 제거한 추상적 개념도 포함한다. 이렇게 문제의 부수적인 특징들을 제거하는 것은 원래 문제의 심적 모델을, 표면적으로는 다른 특징을 가졌지만 유사한 구조를 가진 관련 문제들로 일반화하는 것을 촉진시킨다.

심적 모델을 형성하는 것은 종종 아동들로 하여금 자신의 경험에 다른 사람들로부터 들은 내용을 조화시킬 것을 요구한다. 예를 들어서, 아동들은 모든 이들이 지구가 평평하다는 것을 볼 수 있는데도, 어른들이 지구가 둥글다고 말할 때 이것이 무엇을 의미하는지 궁금할지도 모른다. 이 문제를 풀기 위해서, 6~11세에 해당하는 미국의 아동들은 최소 다섯 개의 심적 모델을 고안해 냈다(Vosniadou & Brewer, 1992). 몇몇 아동들은 지구를 평평한 원반 모양으로 생각함으로써 지구가 둥글다는 진술과 평평해 보인다는 관찰 간의 조화를 이루었다(그림 10.1). 다른 아동들은 이원적인 지구 모델(dual-earth model)을 가지고 있었는데, 이 모델에는 두 개의 지구, 즉 하늘에는 동그란 지구가 있고(아마도 태양계 모델을 본 경험으로부터 얻었을 것이다), 그들이 사는 땅에는 평평한 지구가 존재한다. 그러나 다른 아동들은 지구란 구체 안의 평평한 땅 위에 사람들이 살고, 윗부분인 하늘은 돔처럼 땅을 감싸고 있는 속이 텅빈 구체(hollow sphere)로 생각했다. 여전히, 또 다른 아동들은 지구를 납작하게 만든 구체(flattened sphere)라고 생각하며, 사람들이 평평한 부분 위에서 산다고 생각한다. 마지막으로, 몇몇 아동들은 지구를 완전한 구체로 이해한다. 1학년과 5학년 사이에, 지구를 완전한 구체로 생각하는 아동들의 비율이 증가하며, 다른 모델들을 채택하는 비율은 감소한다. 그러나 5학년이 되어서도, 40%의 미국 아동들은 완전한 구형 모델보다는 자신의 심적 모델에 의존했다.

비교 문화 연구들(예, Samarapungavan, Vosniadou, & Brewer, 1996)은 지구에 관한 이러한 심적 모델의 대부분이 다른 문화에서도 일어난다는 것을 보여준다. 예를 들어서 미국 아동들처럼 인도의 아동들도 보통 원반 모델과 속이 텅빈 구체 모델을 모

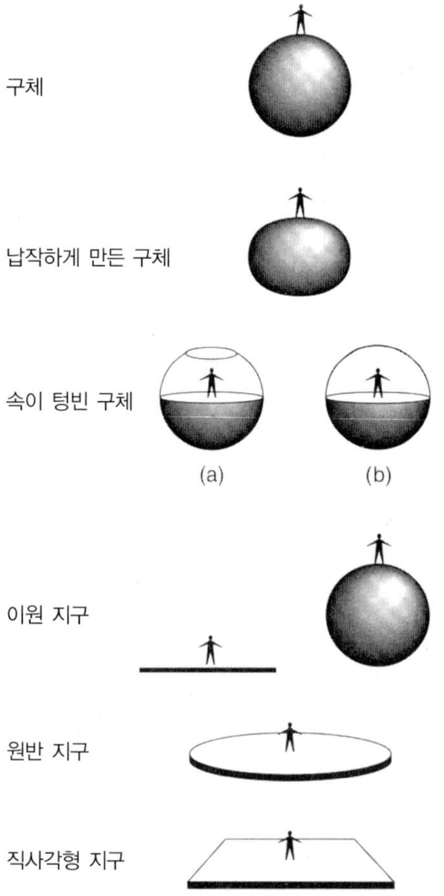

그림 10.1 6세에서 11세 아동들이 가진 지구에 관한 심적 모델들(Vosniadou & Brewer, 1992). 직사각형의 지구를 제외하고, 모든 모델들은 아동들이 그들 주변에서 관찰한 평평함(특히, 연구가 수행된 Champaign-Urbana, Illinois의 평평함)과 지구가 둥글다는 어른들의 주장을 조화시키려고 한 노력을 보여주고 있다. Vosniadou, S., & Brewer, W., Mental models of earth: A study of conceptual change in childhood, Cognitive Psychology, 24, 535-585, Copyright 1992, 재인용, Elsevier로부터 허락을 받고 실음.

두 가지고 있다고 한다. 이에 대한 가장 적합할 듯한 설명은 두 문화권에 사는 아동들이 지구가 평평하다는 자신들의 관찰을 어른이나 학교로부터 받은 지구가 둥글다는 정보와 조화시킨다는 것이다. 그러나 다른 모델들은 문화 특정적(cultural-specific)이다. 인도 아동들은 일반적으로 미국 아동들에게서는 관찰될 수 없는 모델—즉, 그들은 자주 지구가 물 위에 떠 있다고 생각한다—을 가지고 있다. 문화 특정적 모델은 아마도 아동들에게 노출된 특정 '민속 우주론'이나 우주에 관한 비공식적인 이론들로부터 유인되었을 것이다. 지구가 물 위에 떠 있다는 생각은 인도의 민속 우주론에서 일반적인 주제이기 때문에 이러한 모델은 아마도 아동들이 이러한 민속적 관점과 자신들의 경험을 통합하려는 시도를 반영하는 것일 것이다. 미국 표본에서처럼, 지구를 완전한 구체라고 생각하는 아동의 비율은 발달에 따라 증가하고 다른 모델을 채택하는 비율은 감소한다. 그렇지만 (실험을 실시한 가장 높은 연령인) 3학년이 되어서도 58%의 인도 아동들은 완전한 구체 모델보다는 다른 심적 모델을 믿었다.

영역-일반적 지식과 영역-특정적 지식. 문제 해결 과정은 그것들이 적용되는 상황의 범위에 따라 다르다. 용어가 제안하는 것처럼, 영역-일반적 과정들은 상대적으로 폭넓게 적용될 수 있는데 반해, 영적-특정적 과정들의 적용 범위는 좁다.

처음에는, 영역-일반적 과정들이 문제 해결 수행 정도에 있어 영역-특정적 것들보다 훨씬 더 많은 기여를 하는 것처럼 들릴지도 모른다. 그것은 영역-일반적 과정들이, 어쨌든, 더욱 폭넓게 적용될 수 있기 때문이다. 그러나 이 문제는 한 과정의 적용 범위와 문제 해결의 효율성 간에 상호교환(trade-off)이 존재하기 때문에 그리 단순하지 않다. 폭넓게 적용할 수 있는 과정들은 특정 부류의 문제들에 적합하도록 정밀하게 재단된 과정들인 만큼 문제들을 해결하는 데에는 효율적이지는 못한 경향이 있다. 따라서 성인의 일반적 문제 해결 기술들이 아동들의 문제 해결 기술보다 훨씬 훌륭하다고 할지라도, Chi(1978)가 연구한 체스 전문가인 아동들이 사용하는 특정한 체스 책략들은 경험이 거의 없어서 일반적 문제 해결 과정에 의존해야 하는 성인들보다 아동들이 더욱 효과적으로 체스 문제들을 해결할 수 있도록 해줬다.

비록 영역-특정적 과정과 영역-일반적 과정의 상대적인 중요성에 대해 종종 논의가 벌어져 왔지만, 각각의 독립적인 기여도를 비교하는 것보다는 둘이 같이 어떻게 작용하는지에 관해서 생각하는 것이 더 유용하다(Ceci, 1989; Sternberg, 1989). 그 이유는 조지와 복숭아에 관한 일화로 돌아가면 이해할 수 있다. 복숭아가 돌보다 덜 단단하다는 영역-특정적인 지식 없이 조지는 해결책을 창출해 내지 못했을 것이다. 그는 또한 똑같은 목표를 달성하는 데에는 다양한 경로가 있을 것이라고 이해하는 것과 같은 일반적 문제 해결 기술들이나 특정 범위에 해당하는 크기나 모양의 물체에 관한 지식과 같은 매개적 보편성에 관한 지식 없이는 해결할 수 없었을 것이다. 문제 해결은 다양한 수준의 보편성과 관련된 지식과 과정에 달려있다. 중요한 문제는 특정적 혹은 일반적 지식 중 어느 것이 더 중요한가라기보다는 아동들이 어떻게 그러한 다양한 정보를 효율적인 문제 해결 과정들로 통합하는가이다.

발달상의 차이. 인지 발달에 관해 잘 알려진 주장들 중 상당수는 어린 아동들이 수행할 수 없으리라 생각되는 문제 해결 과정들과 관련되어 있다. 예를 들어, Piaget(1970), Inhelder와 Piaget(1964)는 전조작기 아동들은 과학적이고 연역적인 추론을 할 수 없다고 주장하였다. 반면, 그들은 형식적 조작기에 해당하는 청소년들은 그러한 종류의 추론에 뛰어나다고 묘사하였다(Inhelder & Piaget, 1958).

그러나 보다 최근 연구들은 그러한 절대적 구분을 지지하지 않는다. 실제로, 이 장의 주제들 중 하나에 역설적인 제목 '어린 아동들의 능력과 더 나이 든 아동들의 무능력' 이 주어질지도 모른다. 수많은 연구들은 지금까지 믿어 왔던 것보다 어린 아동들이 훨씬 더 능력 있는 문제 해결자들이라는 것을 보여주고 있다. 이러한 아동의 능력들을 드러내는 방법은 검사 과정 중 그 능력과 관련이 없는 어려운 과정들을 제거함으로써 문제를 단순화시키는 것이다. 보완적으로 수많은 다른 연구들은 한때 믿어졌던 것보다 청소년들(그리고 성인들)이 훨씬 덜 논리적이고, 합리적이라는 것을 보여주었다. 청소년들과 성인들의 계획, 과학적 추론, 연역능력 모두 이상적인 형식적 조작으로 여겨지는 사고 수준에 이르지는 못한다.

이러한 발견들은 문제 해결이 초기 아동기와 청소년기에 유사하다는 것을 의미하는 것은 아니다. 사실, 그것은 크게 다르다. 그러나 변화는 대체로 과정을 전혀 수행할 수 없다가 수행할 수 있는 데에서 오는 것이 아니다. 오히려 대부분의 변화는 아동들이 성공적으로 문제 해결 과정을 실행하는 다양한 상황들에서 일어난다. 더 높은 연령의 아동들은 어린 아동들을 완전히 좌절시키는 기억량, 언어적 난해함, 혼동케 하는 단서들의 숲을 고군분투하면서 활로를 개척할 수 있는 능력을 가지고 있다. 또한 그들은 새로운 문제들을 해결하는 방법을 더 빨리 습득한다. 따라서 한때 생각했던 것보다 비록 어린 아동들이 더욱 유능하며, 더 연령이 높은 아동들이 능력이 덜하다고 밝혀졌을지라도, 연령에 따라 문제 해결력이 향상되는 것은 여전히 명백한 사실이다.

변화 과정. 최근의 문제 해결에 관한 많은 연구들은 어린 아동들과 보다 높은 연령의 아동들의 문제 해결 간의 차이점을 밝히는 것뿐만 아니라 아동들의 문제 해결이 어떻게 변화하는지를 해명하려고 모색한다. 변화의 성질을 탐색하는 데 사용하는 도구 중 하나는 바로 *미시발생적 방법(microgenetic method)*으로, 이것은 아동들이 사고가 변화하는 동안 아동들에게서 빈번한 사고 표본을 수집하는 것이다(Siegler & Crowley, 1991). 아동들의 사고에 대한 이러한 빈번한 표본 추출은 다른 방법으로 획득한 것보다 변화 과정들에 관해 보다 더 정밀한 자료를 제공한다.

미시발생적 연구들은 아동들의 문제 해결에서의 변화가 가진 본질에 관한 몇몇 일관성 있는 결과들을 밝혔다. 한 가지는 단순히 난이도가 낮은 문제 해결 책략 대신에 난이도가 더 높은 문제 해결 책략을 사용하는 것으로 변화가 나타나지 않는다는 것이다(Alibali, 1999; Kuhn, 1995; Siegler, 1995; Tunteler & Resing, 2002). 새로운 더 좋은 책략들이 창출된 이후에도, 더 오래되고 덜 적합한 책략들이 종종 장기간 계속해서 사용된다. 이것은 심지어 아동들이 새로운 접근이 왜 더 우월한지 설명할 수 있는 경우에도 그러하다(Siegler & Jenkins, 1989). 따라서 새로운 사고방식의 적용은 갑작스럽고 완벽하다기보다는 불완전하고 점차적으로 일어나는 경향이 있다.

두 번째 일관된 발견은 아동들이 일반적으로 문제를 어떤 주어진 시간 내에 다양한 방식으로 생각한다는 것이다. 이러한 인지적 다양성은 비록 변화기에 종종 두드러지지만, 갑작스러운 변화기 이전, 변화기에, 그리고 그 이후에 명백하게 나타난다(Alibali, & Goldin-Meadow, 1993; Siegler & Svetina, 2002). 인지적 다양성은 영아, 아동, 성인에게서 명백하게 나타나며, 운동 과제(Adolph, 1995), 보존(Church, 1999; Siegler, 1995), 기억 과제(Coyle & Bjorklund, 1996), 수학 문제(Goldin-Meadow & Alibali, 2002; Siegler, 2002), 톱니바퀴의 움직임에 관한 문제들(Perry & Lewis, 1999), 새로운 과학기술에 대한 이해를 필요로 하는 문제들(Granott, 2002)을 포함한 폭넓고 다양한 문제 해결 과제에서도 그러하다.

세 번째 일관된 발견은 혁신은 실패뿐만 아니라 성공한 뒤에도 일어난다는 것이다. 발견에 대한 동기부여를 하기 위해서 실패가 반드시 필요한 것은 아니다; 아동들은 오래된 접근법들이 올바른 해결책을 산출해 내지 못할 때뿐만 아니라 올바른 해결책을 산출해낼 때에도, 문제 해결에 대한 새로운 접근법들을 생각해 낸다(Karmiloff-Smith, 1992; Siegler & Stern, 1998). 때때로, 아동들은 예전에 오래된 접근법을 사용해서 정확하게 풀었던 문제에 대해서도 새로운 책략들을 발견하기도 한다(Siegler & Jenkins, 1989).

미시발생적 연구에서 관찰된 변화 과정들은 관찰 혹은 시험을 이용한 전통적 연구들에서 관찰된 것과 비교 가능한가? 이를 알아보기 위해서, Siegler와 Svetina (2002)는 미시발생적 시간척도상(10주에 걸쳐, 일곱 회기의 실험으로 이루어진 코스)에서 연구한 아동들에게서 일어난 변화와 횡단척도상(1년 간격으로 두 번 평가)에서 연구한 다른 집단의 아동들에서 일어난 변화를 직접 비교했다. 연구는 그림 2.6(2장 참조)에서 보여주는 것과 같은 매트릭스를 완성하는 6~8세 아동들의 수행에 초점을 맞췄다. 각각의 3×3 매트릭스 안에, 9칸 중에 8칸은 채워져 있고, 입력될 내용은 행과 열에 있는 칸들에 걸쳐 체계적인 규칙에 따라 달랐다. 아동들의 과제는 형태, 크기, 색, 방향이 다른 여섯 개의 선택사항 중에서 올바른 답을 선택하는 것이었다.

Siegler와 Svetina는 미시발생적 표본에서의 변화 패턴이 횡단 표본에서 관찰된 것과 매우 유사하다는 것을 발견했다. 두 집단의 아동들 모두 동일한 종류의 오류를 자주 범하여—매트릭스에서 이미 제시한 것과 중복되는 것을 골랐다. 중복되는 것을 고르는 오류의 절대적인 비율은 집단 간에 매우 유사했다—미시발생적 집단에서는 59%, 횡단 집단에서는 57%였다. 두 집단 모두 시간에 걸쳐서 방향과 크기가 맞게 선택하는 비율이 증가하였지만, 그 어떠한 집단도 색과 형태가 맞는 선택을 하는 비율은 증가세를 보이지 않았다. 그러므로 미시발생적 시간척도상에서 관찰된 변화들과 횡단 시간척도상에서 관찰된 것들은 인상적일 정도로 유사하다. 이 자료들은 미시발생적 연구들로부터 변화들에 관해서 알게 된 내용들을 실제로 더 폭넓은 시간척도상에서의 변화로 일반화할 수 있음을 제안한다.

문제 해결의 발달에 대한 예

문제 해결의 발달에 대한 감각을 갖기 위해서는, 단일 과제에 대한 영아기에서 성인기까지의 변화를 고려하는 것이 도움이 된다. 저울은 이러한 변화들을 생각하는 데 유용한 내용을 제공한다. 심지어 반년밖에 안 된 영아들도 몇몇 저울 문제들을 해결하지만, 대학 교육을 받은 성인들도 어떤 문제들을 해결하는 데 실패한다. 변화는 문제 해결과 관련된 폭넓고 다양한 차원에서 일어난다—문제 해결을 위한 새로운 규칙들, 경험으로부터 학습하는 능력, 문제에 대한 약호화. 게다가, 이 과제에 대한 문제 해결의 발달은 문제 해결의 일반적 속성 중 몇 가지를 예증한다.

문제 해결을 위한 규칙. 그림 10.2는 아동들의 문제 해결을 검사하는 데 자주 사용되는 저울의 한 종류를 보여준다. 저울은 받침대과 이를 중심으로 기울어지는 지렛대를 가지고 있다. 지렛대는 받침대의 양쪽에 있는 못에 추(가운데 구멍이 있는 금속 원반)를 어떻게 배치하느냐에 따라 왼쪽 혹은 오른쪽으로 기울거나, 수평으로 유지될 수 있다. 그렇지만, (그림에는 나타나지 않은) 지렛대가 움직이지 않도록 대개 설치되어 있다. 아동의 과제는 지레를 풀었을 때 (혹은 둘 중 어느 한쪽이라도 내려간다면) 어느 쪽이 내려갈지를 예측하는 것이다.

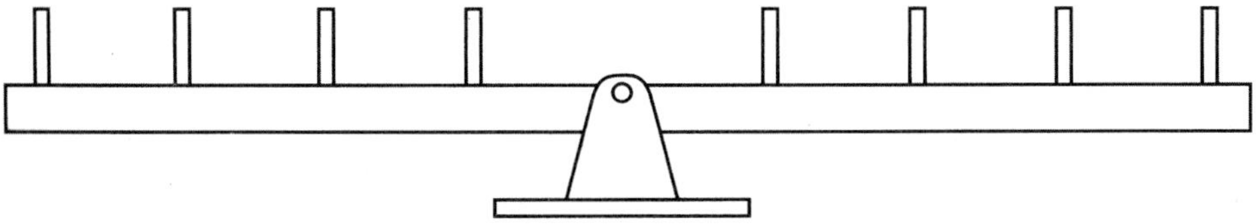

그림 10.2 저울. 금속 원반이 받침대 양쪽에 있는 나무못에 놓여진다. 아동들은 못에 있는 추의 특정한 배열 상태에 관한 정보가 주어진 상태에서 저울의 어느 쪽이 내려갈지 결정해야 한다(Seigler, 1976 인용).

이 문제에 관한 과제 분석은 두 개의 요인이 이 결과에 영향을 미친다는 것을 시사했다—받침대 양쪽의 추의 무게, 받침대로부터 추가 걸려진 거리.

따라서, 문제를 해결하는 열쇠는 관련 두 차원 모두에 주의를 기울이고, 그것들을 적절하게 결합시키는 것이다. 이 분석은, 어린 아동들이 관련된 한 가지 차원에만 집중하는 잘 알려진 경향성과 더불어, Siegler(1976)로 하여금 아동들이 그림 10.3에 그려진 4개의 규칙들 중 하나를 사용하여 그러한 문제들을 해결할 것이라는 가설을 세우게 했다.

규칙 I: 양쪽의 중량이 동일하다면, 저울이 수평을 유지할 것이라고 예측한다. 만약 중량이 다르다면, 무게가 더 많이 나가는 쪽이 내려갈 것이라고 예측한다.

규칙 II: 만약 한쪽의 중량이 더 많이 나간다면, 그것이 내려갈 것이라고 예측한다. 양쪽의 중량이 동일하다면, 거리가 더 먼 쪽을 선택한다(다시 말하면, 받침대로부터 중량이 더 멀리 떨어져 있는 쪽).

규칙 III: 중량과 거리가 모두 동일하다면, 저울이 수평을 유지할 것이라고 예측한다. 만약 한쪽의 중량이 더 크거나 거리가 더 멀고, 나머지 한 차원이 양쪽 모두에서 동일하다면, 동일하지 않은 차원에서 더 큰 값을 가진 쪽이 내려갈 것이라고 예측한다. 만약 한쪽의 중량이 더 많고, 다른 쪽의 거리가 더 멀다면, 그럭저럭 생각해 내거나 짐작을 한다.

규칙 IV: 한쪽의 중량이 더 크거나 다른 쪽의 거리가 더 멀지 않은 한, 규칙 III과 같은 방식으로 처리한다. 그러한 경우에, 양쪽의 중량과 거리를 곱함으로써 회전우력(torque)을 계산한다. 그러고 나서, 더 큰 회전우력을 가진 쪽이 내려갈 것이라고 예측한다.

그러나 아동들이 저울 문제들을 해결하기 위해서 이러한 규칙들을 사용한다고 어떻게 단언할 수 있는가? 아동들에게 그들이 어떻게 문제들을 해결했는지 물어보는 것이 가장 단순한 책략이겠지만, 그러한 질문에 대한 응답들은 아동의 지식을 과대평가하거나 과소평가하게 할 수 있다. 만약 아동들이 단순히 그들이 집이나 학교에서 들은

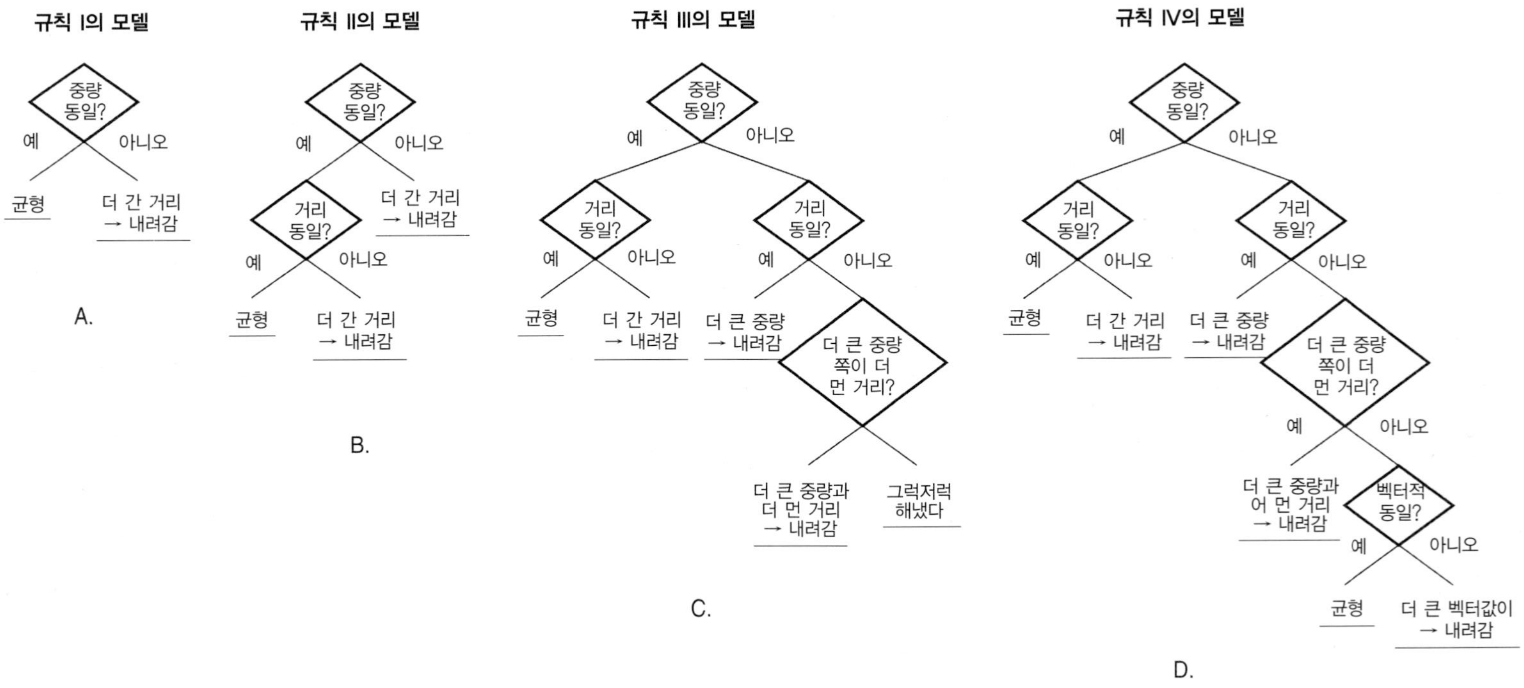

그림 10.3 저울 문제를 해결하는 규칙들(Siegler, 1976 인용).

대로 뜻도 모르고 그대로 따라 말한다면, 그 응답들은 그릇된 긍정적인 인상을 줄 수 있다. 만약 아동들이 사실상 그들이 가지고 있는 지식을 분명하게 표현할 수 없다면, 응답은 그릇된 부정적인 인상을 줄 것이다.

이러한 어려움들 때문에, Siegler는 아동이 사용한 규칙이 만약 있다면, 그것이 무엇인지 결정할 수 있게 해주는 규칙 평가 방법(rule assessment method)을 체계화했다. 이 규칙 평가 방법은 서로 다른 규칙들이 정답과 오류의 특정 패턴들을 산출시키는 다양한 문제를 계발하는 것을 포함한다. 표 10.2에 나타냈듯이, 아동들의 규칙을 평가하는 데 사용된 문제의 종류는 다음과 같다.

1. 균형 문제: 받침대 양쪽의 나무못에 있는 동일한 배열의 중량.

표 10.2 각 규칙을 사용하는 아동들의 정답률 예측

	규칙			
문제 종류	**I**	**II**	**III**	**IV**
균형 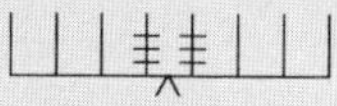	100	100	100	100
중량 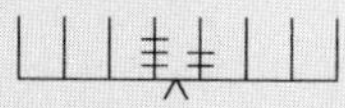	100	100	100	100
거리 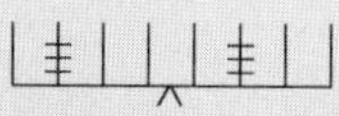	0 (‘균형’ 이라고 대답함)	100	100	100
대립-중량 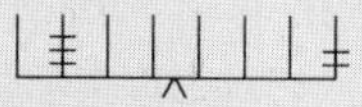	100	100	33 (확률로 정답을 말함)	100
대립-거리 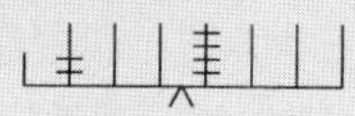	0 (‘오른쪽이 내려감’ 이라고 대답함)	0 (‘오른쪽이 내려감’ 이라고 대답함)	33 (확률로 정답을 말함)	100
대립-균형 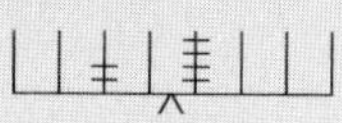	0 (‘오른쪽이 내려감’ 이라고 대답함)	0 (‘오른쪽이 내려감’ 이라고 대답함)	33 (확률로 정답을 말함)	100

2. 중량 문제: 동일하지 않은 중량, 받침대로부터 동일한 거리.
3. 거리 문제: 동일한 중량, 받침대로부터 다른 거리.
4. 대립-중량 문제: 한쪽의 중량이 더 많이 나감, 다른 쪽에는 받침대로부터 보다 먼 거리에 중량을 배치, 중량이 더 많이 나가는 쪽이 내려감.
5. 대립-거리 문제: 한쪽의 중량이 더 많이 나감, 다른 쪽의 중량이 받침대로부터 '더 먼 거리' 에 배치, 받침대로부터 더 먼 거리에 중량이 있는 쪽이 내려감.
6. 대립-균형 문제: 중량과 거리 간의 통상적인 대립, 양쪽이 균형을 이룸.

다른 규칙들을 사용한 아동들은 이러한 문제에 대해 서로 다른 패턴의 응답을 제공할 것이다(표 10.2). 규칙 I 을 사용하는 이들은 균형, 중량, 대립-중량 문제들은 항상 정확하게 예측하고, 다른 세 종류의 문제들은 항상 틀리게 예측할 것이다. 규칙 II를 사용하는 아동들은 거리 문제들에 정확하게 대답할 것이라는 점을 제외하고는, 유사하게 행동할 것이다. 규칙 III을 채택한 아동들은 세 종류의 대립이 없는 문제들은 반드시 맞힐 것이며, 세 종류의 대립 문제들에서는 우연 수준(정확도 33%)으로 수행할 것이다. 규칙 IV를 사용하는 이들은 모든 문제들을 정확하게 해결할 것이다.

표 10.2에 있는 종류의 문제들을 제시했을 때, 5~17세 아동 중 80% 이상이 네 개의 규칙들 중 한 개를 일관되게 사용했다(Siegler, 1976). 5세 아동들은 규칙 I 을 가장 자주 사용하였고, 9세 아동들은 규칙 II 혹은 III을 가장 많이 사용하였고, 13~17세의 아동들은 보통 규칙 III을 사용하였다. 연령에 관계없이 소수의 아동들만이 규칙 IV를 사용하였다. 저울 문제에 관한 규칙들의 유사한 순서들이 다수의 후속 연구들(Amsel, Goodman, Savoie, & Clark, 1996; Damon & Phelps, 1988; Ferretti & Butterfield, 1986; Jansen, & van der Maas, 2001, 2002; Marini, 1992; McFadden, Dufresne, & Kobasigawa, 1986; Surber & Gzesh, 1984; Zelazo & Shultz, 1989)에서도 관찰되었다. 또한 규칙의 서열이 제안하듯이, 규칙의 발달에의 최소한 몇몇 변화들은 비연속적인 것으로 발견되었다(Jansen & van der Maas, 2001).

여섯 종류의 문제들에 대한 수행에서 예상되는 발달적 변화도 또한 나타났다. 예를 들어서, 갈등-중량 문제들에서의 수행을 생각해 보아라. 표 10.2에 제시된 것처럼, 규칙 I 을 사용하는 아동들은 그러한 종류의 문제들을 일관되게 잘 해결한다. 그들은 중량이 더 많은 쪽이 내려간다고 예측하는데, 이것은 앞에서 이야기하였듯이, 갈등-중량 문제들에 적합한 정의 덕분이다. 반대로, 규칙 III을 사용하는 아동들은 중량과 거리 모두 중요하다는 것을 알아차리지만, 모든 종류의 대립 문제들에서는 그럭저럭 해 내거나 짐작을 한다. 그러므로 그들은 대개 대립-중량 문제들을 바르게 해결하지 못한다. 이 분석과 일관되게, Siegler(1976)의 연구에 참여한 아동 중 규칙 I 을 사용한 대부분의 5세 아동들은 대립-중량 문제들에 대해서 89%를 맞췄지만, 규칙 III을 사용한 대부분의 17세 아이들은 단지 51%만 맞췄다. 또한 어른들도 6세 아동들보다 그러한 문제를 푸는 데 느린 것으로 나타났다(van der Maas & Jansen, 2003). 수행에서의 발달적 퇴보는 매우 드물다는 것을 고려했을때, 이 자료의 패턴은 이러한 일이 일어날 거라고 예언한 규칙 분석에 대한 강력한 지지가 된다.

저울 문제를 해결하는 능력의 발달은 사실 5세 이전에 시작된다. 그러한 능력 일부는 영아기에 나타난다. Case(1985)는 영아들에게 지렛대의 한쪽 끝 아랫부분에 벨이 달린 저울을 제시했다. 그 끝을 아래로 누르는 것은 벨을 울리게 한다. 4~8개월에 해당하는 연령에 이르렀을 때, 실험자가 지렛대에서 그 해당되는 부분의 끝을 쳐서 벨소리가 나게 만든 것을 본 영아들은 그 끝을 자신도 치거나 만지려는 반응을 보였다. 12~18개월에 이르렀을 때, 영아들은 보다 어려운 문제에 대한 실험자의 해결책을 모방하였다: 빔의 한쪽 끝을 누름으로써 다른 쪽이 올라가서 그 위에 있는 벨을 울리게 했다. 2~3.5세에 이르렀을 때, 아동들은 실험자가 해결하는 것을 먼저 보지 않고도 이 문제에 대한 해결책을 알아낼 수 있었다. 4~5세에 이르렀을 때, 아동들은 심지어 무거운 블록과 가벼운 블록이 주어져서 한쪽 끝의 위에 있는 벨을 울리게 하기 위해서 블록을 저울의 양쪽 끝에 각각 넣을 필요가 있었을 때에도 벨을 울리게 할 수가 있었다.

Halford와 동료들(Halford, Andrews, Dalton, Boag, & Zielinski, 2002)은 보다 전통적인 저울 과제를 어린 경우에는 연령이 2세밖에 안 되는 어린 아동들에게 사용했다. 그들은 표준적 장치를 수정하여 나무못이 4개가 있는 것이 아니라 단지 3개만 저울 양쪽에 있게 하였다. 또한 한쪽 끝에는 토끼를 배치하였고, 다른 쪽 끝에는 오리를 배치하여 아동들이 저울의 측면을 쉽게 명명할 수 있도록 했다. 그들의 실험에서 아동들은 "나한테 오리가 아래로 내려갈지, 토끼가 아래로 내려갈지, 아니면 둘 다 위에 있을지 얘기해 줄래?" 라는 질문을 받았다. Halford 등은 추의 수가 적고, 단거리를 사용하고, 한 번에 한 차원만 다르게 했을 때 2세인 어린 아동들도 정확한 예측을 할 수 있다는 것을 발견했다.

보다 연령이 높은 아동들을 대상으로 한 다음의 이야기는 문제 해결 기술이 얼마나 과제에 특정적인가를 보여줄 것이다. Siegler의 원래의 연구(1976)에서, 그는 16~17세 아이들을 포함하지 않기로 결정을 내릴 뻔했다. 학교 교장은 학생들이 이전에 두 개의 과학 과목에서 저울에 관해서 배웠기 때문에 완벽하게 수행할 것이라고 그에게 말했다. 그런데 20% 미만의 학생들만이 규칙 IV를 사용했고 Siegler와 교장 모두는 놀랐다.

이후에 학교에 있는 과학 교사와의 대화는 새로운 사실을 드러냈다. 교사는 수업 시간에 사용된 저울은 받침대로부터 다양한 거리에 다양한 무게의 추를 고리에 걸 수 있는 천칭 저울인 반면, 실험에서 사용된 저울은 지렛대 저울임을 지적했다. 재검사를 통해서 몇 명의 학생들은 천칭 저울에 제시된 유사한 문제들을 해결할 수 있음을 보여 주었다. 이와 같이 일반화가 제한되는 것은 문제 해결에서 결코 예외가 아니다.

학습과 약호화. 규칙들의 전형적인 발달적 순서와 개개 아동들에게 사용되는 규칙 모두를 밝히고자 하는 한 가지 이유는 어떠한 교수 경험(instructional experiences)이 특정 아동들의 학습을 돕는지 예측하기 위해서이다. 이 점을 설명하기 위해서, Siegler(1976)는 예비실험의 저울 과제를 통해서 규칙 I 을 사용하는 5세 아동과 8세 아동들을 구별해 냈다. 그러고 나서 아동들에게 피드백 경험을 제공하였다. 아동들에게는 문제가 먼저 주어졌고, 저울의 어느 쪽이 내려갈지 질문을 받고 답한 후, 지렛대가 움직이지 못하도록 잡고 있었던 지레를 풀어서 아동들이 자신의 예측이 맞았는지의 여부를 볼 수 있게 하였다. 개개 아동은 세 문제들 중 하나에 대해서 그러한 피드백을 받았다. 몇몇 아동들은 균형과 중량 문제를 받았는데, 그들이 예비 실험에서 사용한 접근으로도 올바르게 해결할 수 있는 문제이다. 다른 이들은 거리 문제를 받았는데, 그들이 현재 가지고 있는 규칙을 가지고는 올바르게 해결할 수 없지만, 전형적인 발달 순서에 있는 다음 규칙을 습득한다면 올바르게 해결할 수 있는 문제이다. 또 다른 이들은 대립 문제를 받았는데, 그들이 규칙 III에 도달하기 전까지는 제대로 이해하기 힘든 문제이다.

적정불일치 가설(moderate-discrepancy hypothesis, p.151)에 따르면, 학습을 촉진시키는 가장 효과적 문제들은 아동의 현재 수준을 조금 넘어선 것이라고 제안한다. 따라서 규칙 I 을 사용한 아동들에게는 거리 문제가 도움이 가장 많이 되는데, 거리 문제는 규칙 I 을 습득한 아동들이 다음 단계에 습득해야 할 규칙 II로 해결할 수 있기 때문이다.

이러한 가설과 일관되게, 거리 문제들을 제시받은 5세와 8세 아동들 모두 대개 규칙 II로 한 단계 올라간다. 또한 예상했듯이, 현재 아동이 가지고 있는 접근법(규칙 I)으로 해결할 수 있는 중량 문제에 대한 피드백을 받은 5세와 9세 아동들은, 계속해서 규칙 I 을 사용한다. 그러나 대립 문제들에 대한 반응들은 예측한 것과는 다소 달랐다. 예상했던 것처럼 대부분의 5세 아동들은 진전이 없었다. 그러나 예상치 못하게 대부분의 8세 아동들은 그 문제들과의 경험을 통해서 굉장한 이득을 얻었다. 8세 아동들은 종종 모든 문제들에서 중량과 거리의 역할에 대한 질적 이해를 수반하는 규칙 III의 단계로 향상되기도 하였다.

왜 초기에는 똑같이 규칙 I 을 사용했던 5세와 8세 아동들이 대립 문제들에 대한 경험에 대해 다르게 반응했을까? 대립문제들을 해결하는 몇몇 아동들을 녹화한 테이프에 대한 검토는 저울의 배열에 대한 약호화가 학습을 결정하는 데 매우 중요한 역할을 했다고 제안했다. 8세 아동들은 받침대 양쪽에 있는 추의 양과 각 추 더미들과 받침대 간의 거리 모두에 대한 정보를 약호화하는 듯했다. 정반대로, 5세 아동들은 각 배열을 다만 받침대 양쪽에 하나씩 있는 추들의 더미라는 측면에서만 보는 듯했다. 그들은 받침대로부터 떨어져 있는 추들의 거리를 약호화하는 것으로 보이지는 않았다. 만약 5세 아동들의 약호화가 이러한 방식으로 제한되어 있다면, 대립 문제들로부터 학습하는 데 실패하는 것은 놀라운 일이 아니다. 그들은 단지 거리에 관한 관련 정보를 고려하지 않았을 뿐이다.

보다 향상된 약호화가 실제로 학습과 관련되어 있는지 시험해 보기 위해서, 규칙 I 을 사용했던 5, 8세 아동들에게 약호화 시험을 제시하였다. 그들에게 나무못에 있는 추의 배열을 10초간 보여주었다. 그후에 배열을 판자 뒤에 숨겼고, 그들에게는 추가 놓여져 있지 않은 동일한 저울에 '동일한 문제를 만들 것' 을 요구했다. 정확한 수의 추를 양쪽에 배치하는 것은 추에 대한 정보를 정확하게 약호화했다는 것을 시사한다; 추들을 적절한 나무못에 배치하는 것은 거리에 대한 정확한 약호화도 포함한다.

8세 아동들은 보통 정확한 수의 추들을 정확한 나무못에 배치함으로써 그들이 중량과 거리를 둘 다 정확하게 약호화했다는 것을 보여준다. 반면 5세 아동들은 보통 정확한 수의 추들을 받침대 양쪽에 놓지만, 일반적으로 그것들을 엉뚱한 나무못에 배치한다. 그들은 받침대로부터의 추들의 거리를 거의 약호화하지 못했다.

제한된 약호화 때문에 5세 아동들이 대립 문제에 대한 경험으로부터 얻는 이익이 없다는 것을 검증하기 위해서, 규칙 I 을 사용한 다른 5세 아동들에게 중량뿐만 아니라 거리도 약호화하도록 가르쳤다. 또한 이 연령대에 있는 다른 아동들에게 대립문제들에 대한 피드백을 제공하였다. 약호화에 대한 직접 교수는 커다란 차이를 낳았다. 약호화 훈련을 받지 않은 5세 아동들은 그 누구도 그러한 대립문제들에 대한 피드백으로부터 이득을 얻지 못한 반면, 약호화 훈련을 받은 5세 아동의 70%는 이득을 얻었다. 따라서 약호화는 학습과 강력한 관계가 있다.

일반화. 아동들은 저울 문제에서 썼던 것과 유사한 방식으로 다양한 문제들에 접근한다. 그림자 투영 문제를 해결하는 능력의 발달을 생각해 보자(Siegler, 1981). 이 과제(그림 10.4)에서, 두 개의 T자 모양의 막대기를 각각 빛과 스크린 사이에 위치시킨다. 그리고 빛을 비추었을 때 어느 것이 스크린에 더 큰 그림자를 생기게 하는지 물

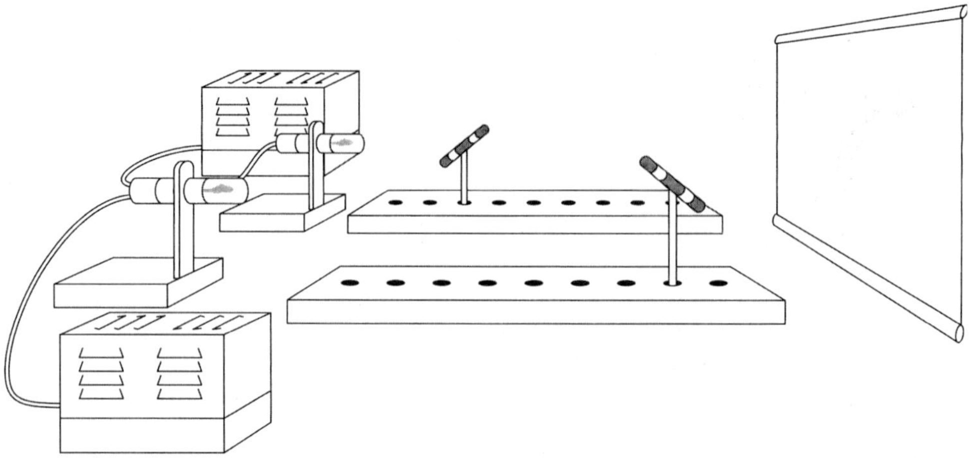

그림 10.4 Siegler(1981)가 사용한 그림자 투영 장치. 불빛을 켬으로써, 스크린에 서로 다른 크기의 그림자를 비출 수가 있었는데, 그림자의 크기는 T-모양의 막대의 길이와 빛과 스크린에서 떨어져 있는 거리와 관련이 있다.

었다. 대체로, 5세 아동들은 한 차원에 근거해서 판단을 했다; 그들은 더 큰 물체가 항상 더 큰 그림자를 만들 것이라고 판단했다. 이것은 그들이 저울 문제에서 양쪽의 중량의 양이라는 한 차원에 근거를 두어 판단하는 것과 유사한 것이다. 8세와 9세 아동들이 사용하는 가장 흔한 접근은 규칙 II로, 두 가지 선택에 대한 값이 동일하지 않는 경우, 하나의 우세한 차원(여기에서는 물건들의 크기)에 의존하는 것이다. 선택의 값이 동일한 경우에는, 두 번째 차원, 즉 빛과 물건 사이의 거리를 고려했다. 12세와 13세 아동들과 성인들은 규칙 III의 사용이 지배적이었다; 그들은 두 차원을 일관성 있게 같이 고려했지만, 그것들을 통합할 수 있는 비례공식을 알지 못했다. 마지막으로, 저울과제에서처럼, 연령에 관계없이 모든 문제를 올바르게 해결하는 규칙 IV를 알고 있는 사람은 거의 없었다. 다양한 문제들에서 유사한 규칙 발달의 순서들이 발견되어 왔는데, 그런 문제에는 온도와 당도 문제(Strauss, 1982), 행복과 공평성 문제(Marini, 1992), 성격 진단 문제(Marini & Case, 1994), 비율 문제(Bruner & Kenney, 1966), 경사면 문제(Ferretti et al., 1985; Zelazo & Shultz, 1989) 등이 있다.

한 가지 특히 공통적인 결과는 4세에서 6세 아동들의 문제 해결 접근법이, 문제 해결은 두 개 혹은 그 이상의 차원들과 관련되어 있음에도 불구하고, 대부분 하나의 차원에 기초해 있다는 것이다. 이것은 위에서 열거한 문제들에서뿐만 아니라 액체와 고체의 양 보존 문제들; 시간, 속도, 거리 문제; 가능성 문제; 이행 추론 문제; 공간 추론 문제; 이야기, 사회적 딜레마, 화폐 가치, 정서적 반응에 대한 이해; 악보 읽기;

양에 관한 형용사들의 사용에 있어서도 마찬가지이다(Andrews & Halford, 1998; Bruchkowsky, 1992; Capodilupo, 1992; Case & Okamoto, 1996; Case et al., 1996; Dean, Chabaud, & Bridges, 1981; Dennis, 1992; Griffin, Case, & Sandieson, 1992; Levin, Wilkening, & Dembo, 1984; Marini & Case, 1989; Siegler, 1981; Siegler & Richards, 1979; Surber & Gzesh, 1984).

이러한 결과들은 4세에서 6세 아동들이 문제를 해결하는 데 있어 한 차원 이상을 고려하지 못한다는 것을 의미하는 것은 아니다. 그들은 할 수 있고, 또한 종종 그렇게 한다. 이것은 또한 하나보다 많은 차원들이 문제와 관련 있는 상황에서 어린 아동들만 한 차원의 규칙에 의존한다는 것을 의미하는 것도 아니다. 성인들도 종종 그렇게 한다(예, Neisser & Weene, 1962). 그러나 이 연령의 아동들은 1차원적 규칙에 대해 유난히 강한 선호를 보인다; 그러한 규칙들이 틀렸다고 그들을 설득하는 것은 매우 어려울 수가 있다.

저울 학습에서 나타난 발달적 차이들에 관한 결과는 수많은 학습 상황에서도 나타난다. 인지 발달에 관한 가장 견고한 개념들 중 상당수는 학습에서의 발달적 차이에 대한 관찰에 기초해 있다: 그것들 중에는 단계들, 결정적 시기들, 준비도가 있다. 예를 들어서, 다음에 있는 읽기 준비도(reading readiness)에 대한 20세기의 첫 10년간 관찰을 고려해 보라.

> 초년기 읽기에 대한 격렬한 분투와 체계화의 대부분은 성장함에 따라, 그리고 아동의 감각 기관과 신경계가 강해짐에 따라 자연스럽게 자리잡을 것이다 … 읽기는 때가 되면 빠르게 학습될 것이다. 초년기에 귀중한 시간이 낭비되고 있다. (Huey, 1908, pp.303, 309)

언어는 기묘하지만, 기본적인 관찰－더 나이 든 아동들이 어린 아동들보다 빨리 학습한다는 것－은 여전히 사실이다. 어떻게 우리는 어린 아동들과 더 나이 든 아동들의 학습에서 발생하는 그러한 차이점들을 설명할 수 있을까? 우리들은 이미 문제 해결한 과정, 즉 약호화에서의 차이가 어떻게 저울에 대한 학습에서 연령이 높은 아동들에게 더 큰 용이함을 주는지 이미 살펴보았다. 이제 다른 많은 종류의 중요한 문제 해결 과정들의 역할을 살펴보자.

몇 가지 중요한 문제 해결 과정

여기서는 계획하기, 인과 추론, 유추, 도구 사용, 과학적이고 이성적인 추론의 몇 가지 중요한 문제 해결 과정에 초점을 둔다. 물론, 이것들이 아동들이 사용하는 문제 해결

과정의 전부는 아니지만, 가장 근본적이고 널리 알려진 것들이다. 게다가 이러한 과정들의 향상은 발달에 의한 문제 해결의 효과성 변화의 가장 큰 원천이다.

계획하기

계획하기는 미래지향적인 문제 해결이다(Haith, 1994). 이것은 우리가 문제 해결을 위해 따라야 할 정확한 경로가 없고, 계획하지 않았을 경우 실수를 범하기 쉬운 복잡하고 새로운 상황에서 가장 자주 사용된다. 그러나 그러한 새로운 상황에서도 사람들은 종종 계획하지 않고 행동을 하고, 때로는 이것을 후회하기도 한다(Friedman, Scholnick, & Cocking, 1987). 이와 같이 계획하기를 하지 않는 것은 안타깝게 여겨지기도 했지만, 이해는 가능하다. 아동들이 문제를 푸는 데 도움이 됨에도 불구하고, 계획하기를 하지 않는 몇 가지 이유를 생각해 보자(Ellis & Siegler, 1997).

1. 계획하기는 바로 행동하고자 하는 경향성을 지연시킨다. 행동을 지연시키는 능력은 아동기에 걸쳐서 서서히 발달한다(Dempster, 1993).
2. 아동들은 계획하지 않고 성공할 가능성에 관해서 자주 지나치게 낙관한다(Stipek, 1984).
3. 계획하기는 헛수고할 위험이 있는데, 예를 들어 아동이 계획한 대로 정확하게 실행에 옮기기를 실패한다거나 문제가 아동이 해결할 수 있는 능력 밖에 있을 경우에 그러하다(Berg, 1989).
4. 계획하기는 종종 다른 사람들과의 공동작업을 요구한다; 이것은 모든 사람들에게 어렵지만, 특히 말다툼을 잘 하고, 과제를 잘 잊어버리고, 협력하려고 하지 않는 어린 아동들에게는 더욱더 그러하다(Baker-Sennet, Matusov, & Rogoff, 1992).
5. 만약 아동이 계획을 세우지 않는다면, 다른 사람들, 특히 부모들은 그들이 계획하지 않음으로써 실패의 결과를 얻는 것으로부터 구해줄 수 있을지도 모른다. 예를 들어, 만약 그들이 숙제를 하는 데 효과적인 시간을 할당하지 않는다면, 부모들은 그들을 도울 것이다. (Ellis, Dowdy, Graham & Jones, 1992)

아동의 계획하기를 방해하는 이러한 모든 장애물에도 불구하고, 아동들이 계획을 한다는 것은 다소 놀라운 일이다. 영아기 이후로, 그들은 꽤 자주 계획을 한다.

목표-수단 분석. 목표-수단 분석은 특히 유용하고 폭넓게 적용할 수 있는 계획하기의 한 형태이다. 이 장의 앞부분에서 개-고양이-쥐 실험에 대해 논의한 것처럼, 이것은 우리가 다다르고 싶은 목표와 현재의 상황을 비교하고 이 둘 간의 차이를 목표에 도달할 때까지 줄이는 것을 필요로 한다. 이 과정은 동시에 하위목표들, 하위목표를 달성하기 위해 필요한 과정들, 현재 상태와 전체 목표 간의 불일치와 같은 몇 가지 사항들을 계속 기억할 것을 요구한다.

태어난 지 일년이 다 되어가는 영아들은 이미 목표-수단 분석을 사용한다. Willatts (1990)는 12개월 된 영아들에게 스펀지 고무로 만든 장애물을 제시하였는데, 그 뒷면에 실이 달린 천이 있다. 때로는 그 실에 장난감이 달려 있었으며, 다른 때에는 장난감이 그냥 근처에 놓여 있었다. 장난감이 근처에 놓여 있을 때보다 실에 달렸을 때에는 아기들은 더 빨리 장애물을 제거하고, 천을 만지고, 실을 잡아당겼다. 이리하여, 12개월 된 영아들은 3단계 계획을 형성하고 수행하는 것으로 나타났다: 아기들은 장난감을 갖기 위해서 장애물을 제거하고, 천을 잡아당기고, 실을 잡아당긴다.

Willatts의 연구에서, 목표(장난감)와 목표를 성취할 수 있는 수단(실) 간의 관계는 손쉽게 지각할 수 있다—실은 가시적으로 장난감과 연결되어 있다. 그러나 많은 종류의 문제에서 목표와 목표를 성취하는 데 필요한 행동의 특정 순서는 직접적으로 지각할 수 없고, 문제 해결자가 스스로 생성해야 한다. Bauer와 그의 동료들(Bauer, Schwade, Wewerka, & Delaney, 1999)은 가시적이지 않은 목표를 달성할 수 있는 경로를 생성하는 능력이 21개월경에 생긴다는 것을 발견했다. 그들은 21개월과 27개월 된 아동들에게 장난감을 만들기 위해 부품들을 조립해야 하는 4개의 문제들을 제시하였다. 각 문제에서 아동들에게 먼저 목표 상태를 보여주고(예를 들어, 플라스틱 통 안에 나무 블록을 넣어서 만든 딸랑이), 장난감을 아동들이 볼 수 없는 곳에서 해체하였다. 그 다음 아동들에게 조립 재료(블록과 반으로 나누어진 통)들을 주고, 장난감을 조립하도록 하였다. 연구결과를 종합하면, 아동들은 문제의 40%를 성공적으로 풀었다; 이렇게 해결한 문제들의 90%에서 그들은 정확하게 바른 순서대로 목표 행동들을 수행함으로써, 그들이 행동의 순서를 미리 계획하였음을 보여주었다. 27개월 된 아동들은 21개월 된 아동들보다 계획한다는 더 많은 증거들을 보였지만, 심지어 더 어린 집단의 아동들도 몇몇 시행에서 성공적으로 계획을 하였다. 이와 같이 2세경에, 아동들은 심지어 목표와 그것을 성취할 수 있는 수단을 미리 지각하지 못할지라도, 목표에 달성하기 위해서 행동 순서를 생성할 수 있다.

이후 여러 해에 걸친 목표-수단 분석의 계속되는 발달은 아동들이 한 번에 머릿속에 유지할 수 있는 하위 목표들의 개수와 그 복잡성과, 장기적 목표를 추구하기 위해 단기적 목표들의 유혹에 저항하는 능력에 커다란 변화를 가져온다. 이러한 변화는 3세에서 6세 아동들의 하노이 탑 문제에 대한 접근법들에서 볼 수 있다(그림 10.5). 이 게임은 이동 횟수를 최소한으로 하면서 실험자가 쌓아올린 것과 동일한 배치로 아동들이 캔을 배치하는 것이다. 두 개의 규칙이 있다—한 번에 하나만 이동시킬 것과 작은 캔을 큰 캔 위에 놓을 수 없다는 것(떨어지기 때문에). 문제를 해결하는 데 필요한

그림 10.5 하노이 문제의 세 원반 탑. 목표는 아동쪽에 있는 세 개의 캔을 실험자 쪽에 있는 세 개의 캔과 동일하게 배치하는 것이다. 한번에 한 개의 캔만 이동시킬 수 있으며, 작은 캔을 더 큰 것 위에 놓을 수는 없다. 일곱 번만 자리를 이동시킬 수 있다(Klahr, 1989 인용).

계획을 알아보고자 한다면, 그림 10.5에서 문제에 대한 최선의 해결책(7번 이동)을 생각해 내도록 하여라 .

당연히 나이가 많은 아동들은 더 긴 문제들을 해결할 수 있었다. 대부분의 3세 아동들은 두 번 이동하는 문제들(초기 상태에서 목표 상태에 이르는 데 2번 이동하는 문제들)을 해결하고; 대부분의 4세 아동들은 4번 이동하는 문제들을 해결하고; 대부분의 5세와 6세 아동들은 5번 혹은 6번 이동하는 문제들을 해결한다(Klahr & Robinson, 1981; Welsh, 1991). 아동들이 해결할 수 있는 문제의 길이에서의 변화보다 더 흥미로운 것은 그들이 어떤 것을 움직여야 할지에 대한 계획을 세우기 위해 사용하는 책략의 변화이다. 3세 아동들의 책략은 원반을 목표로 이동시키고자 하는 직접적인 노력뿐이었다. 다른 캔이 그들이 이동시키고 하는 캔 위에 있어서 목표로 이동시킬 수가 없을 경우에, 아동들은 종종 규칙을 어기고 마음대로 이동시키기도 한다. 나이가 많은 아동들은 이러한 상황에서 그들의 원래 목표에 달성할 수 있는 가망성이 있는 방향으로 캔을 이동시키는 하위 목표들을 계획하는 반응을 보인다. 그들은 이동을 계획하는 데 있어 더 멀리 내다본다. 그러나 6세 아동들도 단기 목표 달성을 유발하고 한발 뒤로 물러나야 하는 문제 해결에서는 어려움을 겪는데, 이것은 앞에서 설명한 개-고양이-쥐 문제에서 이 연령의 아동들이 직면했던 어려움과 같은 것이다(Klahr, 1985).

경로 계획하기. 계획하기의 활용 중 하나는 목적지에 도달하는 가장 능률적인 경로를 선택하는 것이다. 예를 들어서, 아이들에게 집안 여기저기에 흩어져 있는 물건들을 치우라고 했을 때, 그들은 이동거리를 줄이려고 노력한다. 그들은 2층에 있는 자기 방 침대에 옮겨놓기 전에 1층에 흩어져 있는 옷들, 게임들, 책들, 장난감들을 한 곳에 쌓아놓을지도 모른다.

경로를 계획하는 능력은 일찍 발달한다. 첫돌이 거의 다 된 아동들은 장난감을 찾으러 갈 때, 처음 이동하기 시작할 때 보이지 않았던 장난감들을 갖기 위해서 처음엔 보이지 않았던 방들로 이동한다(Benson, Arehart, Jennings, Boley, & Kearns, 1989).

경로 계획 기술의 상당한 부분이 아주 어린 시기에 발달한다는 것은 그리 놀랍지 않다. 4세와 5세라는 단기간에도, 아동들의 계획하기 기술은 상당히 증진한다. 5세 아동들은 4세 아동들보다 시작하기 전에 더 많은 대안적인 경로들을 고려하고, 철회를 덜하고, 오류를 더 빨리 수정한다(Fabricius, 1988).

더 나이 든 아동들 또한 환경에 따라 더 정밀하게 책략들을 맞춘다. 4세부터 10세 아동들에 대한 한 연구(Gardner & Rogoff, 1990)에서 몇몇 아동들에게는 한 지점에서 다른 지점으로 어떻게 가야할지 계획하게 하면서, 이동 속도와 잘못된 방향으로 회전하는 것을 피하는 것 둘 다 중요한 변인이라고 말해주었다. 또 다른 4세부터 10세 아동들에게는 잘못된 방향으로 회전하는 것을 피하는 것만이 중요하게 고려할 점이라고 말해주었다. 두 조건 모두에서, 4세에서 7세 아동들은 경로의 일부는 미리 계획하였으며, 나머지는 기로에 섰을 때 결정하였다. 7세에서 10세 아동들도 속도와 잘못된 방향으로 회전하는 것을 피해야 하는 것이 중요할 때에 그러했다. 그러나 가장 최단거리를 선택하는 게 중요할 때, 더 나이 든 아동들은 시작하기 전에 선택들의 전체 순서를 자주 계획하였는데, 이것은 잘못된 방향으로 회전하는 횟수를 감소시켰다. 더 나이 든 아동들은 이와 같이 속도가 중요하지 않을 때에는 계획하기의 이득을 알아차렸고, 속도가 중요할 때에는 계획하기의 시간적 손실을 피했다. 반대로, 더 어린 아동들의 무계획은 속도가 관계 없는 조건에서, 속도가 중요할 때만큼 많은 오류를 범하도록 하였다.

인과 추론

8장에서 설명하였듯이, 개념들을 암묵적 이론으로 보는 이들은 인과관계에 대한 지식이 개념 이해에 있어 핵심이라고 강조한다. 이해를 통합하는 데 인과관계는 너무나 중요하기 때문에 철학자 David Hume은 그것을 '우주의 시멘트'라 묘사하였다. 따라서 문제 해결이 종종 사건들의 원인들을 결정하고자 하는 노력이라는 것은 놀라운 것이 아니다. 예를 들어, 아동이 시계가 어떻게 작동하는지 보기 위해서 그것을 분리할 때, 그 아동은 각 부분이 움직이도록 하는 것이 무엇인지 알아내고자 노력하는 것이다. "왜 개들은 짖나요?"와 같은, 2세 아동들의 끝없는 '왜' 질문은 종종 원인을 이해하고자 하는 노력이다(때로는 단순히 부모를 화나게 하려는 노력일 때도 있다).

왜 사람들이 사건들 간의 인과적 연결을 추론하는지는 오랫동안 철학자들과 심리학자들의 호기심을 불러일으켜 왔다. 외부 세계에 그러한 추론들을 강제하는 것은 아무것도 없다. 한 당구공이 다른 당구공을 쳐서 두 번째 공이 굴러가기 시작하면, 굴러가던 첫 번째 공이 두 번째 공을 굴러가도록 만들었다는 것은 명백하다. 그러나 이러한 추론은 논리적인가? 두 번째 공이 단순히 다른 원인으로 인해서 굴러가기 시작했다는 것도 가능하지 않을까? 차의 트렁크를 열었을 때 갑자기 차의 라디오가 켜진다면, 우리는 똑같은 추론을 이끌어낼까?

Hume의 변인들(Humean variables). 영국의 철학자인 David Hume(1739~1740/1911)은 사람들로 하여금 사건들이 인과적 관련이 있다고 추론하게끔 이끄는 세 가지 특징들에 대한 가설을 세웠다: 사건들은 시간적, 공간적으로 근접해서 일어난다(*근접성*); '원인'으로 분류되는 사건은 '결과'라고 분류되는 사건을 선행한다(*선행성*); 그리고 원인과 결과는 일관성 있게 과거에도 같이 일어났다(*공변성*). Hume의 가설과 일치되게, 이 각각의 변인들은 아동들의(그리고 성인들의) 인과 추론에 영향을 미친다.

태어난 지 일 년이 되지 않은 영아들은 이미 시간적, 공간적 근접성 모두를 인과적 연결을 추론하는 데 사용한다. 이 점을 증명한 실험들(Leslie, 1982; Oakes, 1994; Oakes & Cohen, 1990, 1995)에서, 6개월에서 10개월 된 영아들에게 움직이는 물체가 정지해있는 물체와 충돌해서 정지해있던 물체가 움직이기 시작하는 동영상을 반복적으로 보여주었다. 그러고 나서, 영아들은 공간적 근접성을 위반하거나(두번째 물체가 첫 번째 물체가 닿지 않았는데도 움직였다) 시간적 근접성을 위반하는(첫 번째 물체가 두 번째 물체에 부딪쳤지만 충돌하고 3/4초가 지난 후에야 두 번째가 움직였다) 장면들을 연속하여 보았다. 영아들은 공간적·시간적 근접성을 위반한 사건들은 더 오랫동안 응시함으로써, 그러한 위반이 영아들을 놀라게 했다는 것을 시사했다.

5세경에, 그리고 아마도 더 이른 시기에, 아동들은 한 사건이 다른 사건을 일으켰는지 추론하기 위해 사건들의 순서를 이용한다. 3세와 4세 아동들에게 A-B-C 순으로 세 가지 사건을 보여주고, "무엇이 B를 일어나게 했니?" 라고 물어보면, 그들은 사건 B 뒤에 일어난 사건 C보다는, 사건 B를 선행한 사건 A를 선택하는 경향이 있다 (Bullock & Gelman, 1979; Kun, 1978). 그러나 유념할 점은 3세 아동들은 이러한 선행성에 대한 이해를 더 나이 든 아동들보다 더 적은 수의 상황에서만 나타낸다는 것이다. 어떤 상황에서는, 두 번째 사건이 첫 번째 사건을 일으켰다고 말하는 3세 아동의 수와 정반대로 말하는 아동의 수가 같다(Corrigan, 1975; Kuhn & Phelps, 1976; Shultz, Altmann, & Asselin, 1986; Sophian & Huber, 1984). 그러나 모든 연구들은 5세경에는 아동들이 선행 사건을 원인으로 일관성 있게 선택한다는 것을 발견했다.

사건들 간의 일관된 공변성의 중요함은 Hume의 세 가지 변인 중에 가장 마지막으로 이해할 수 있다. 어린 아동들은, 특히 이 변인이 근접성과 대립될 경우에 이것을 무시하는 경향이 있다. 예를 들어, 5세 아동들은 한 사건이 다른 사건의 5초 뒤에 항상 일어나는 연속된 사건들을 인과적으로 연결시키지 못한다(Mendelson & Shultz, 1976). 반대로, 8세 아동들과 성인들은 지연되었지만 일관된 관계를 가진 두 사건이 인과적으로 연결이 되었다는 것을 의미한다고 본다. 요약하자면, 근접성은 영아기에도 영향력이 있고; 선행성은 3세경에는 귀인적인 원인으로 종종 고려되고, 5세경에는 일관성 있게 고려되고; 공변성은 5세 이후에 매우 영향력이 커진다.

Hume의 변인들을 넘어서. 아동들의 인과 추론들은 몇 가지 측면에서 Hume의 변인을 넘어 확장된다. 영아기 때부터 그들은 결과의 크기가 원인의 크기와 관련되어 있다는 것을 이해한다. 한 실험에서, 11개월 된 영아들은 중간 크기의 물체가 정지해 있는 물체에 충돌해서 그것이 일정 거리를 이동하게 만드는 것에 습관화되었다 (Kotovsky & Baillargeon, 1994). 그러고 나서 그들은 움직이는 더 큰 물체가 정지해 있던 물체를 더 멀리 움직이게 하는 것 혹은 움직이는 더 작은 물체가 정지해 있던 물체를 더 멀리 이동하게 만드는 것을 보았다. 그들은 더 작은 물체가 더 큰 이동거리를 일으켰을 때 더 오랫동안 응시함으로써, 그들은 더 작은 물체가 더 작은 효과를 행사하기를 기대한다는 것을 암시하였다.

또한 3세부터 아동들은 물리적 인과관계와 심리적 인과관계를 구분할 수 있다. 이러한 점을 증명해 보인 한 연구(Schlottman, Allen, Linderoth, & Hesketh, 2002)에서, 3세에서 9세 아동들에게 먼저 세 가지 그림—하나는 물리적 인과관계를 그린 것(한 남자가 공을 차서, 그것이 하늘로 날아가게 만드는 것), 심리적 인과관계를 그린 것 (한 남자가 다른 남자를 쫓아감으로써 그 남자를 도망가게 하는 것), 한 사건이 다른 사건을 일어나게 하지 않았다는 의미에서, 인과적이지 않은 사건을 그린 것(한 남자가 걸어가는 것)—을 제시하였다. 그 다음, 아동들에게 다양한 패턴으로 움직이는 빨간색과 초록색 모양들에 관한 동영상을 제시하였으며, 각 동영상이 끝난 후에, 그들에게 그림들 중에 어떤 것이 앞에서 본 동영상과 같은지를 가리키도록 했다. 모든 연령에서, 아동들은 움직이는 모양이 정지해 있는 것과 충돌해서 정지해 있던 물체가 이동하기 시작하면, 그들은 거의 항상 물리적 인과관계 그림을 선택했다. 부가적으로, 그들은 움직이는 물체가 정지해 있던 물체에 닿지 않게 접근했고 정지해 있던 물체가 움직이기 시작했을 때, 그들은 거의 항상 심리적 인과관계 그림을 선택하였다. 이와 같이, 3세에 이르면, 아동들은 서로 다른 인과적 기제들로 서로 다른 종류의 도식 사건(접촉 대 비접촉 사건)을 해석한다.

또한 아동들은 서로 다른 종류의 실재물에는 서로 다른 종류의 인과적 설명이 적합하다는 것을 발달 초기부터 이해한다. 심지어 학령전기 아동들도 동물의 안에 있는 무엇인가가 그들이 움직이고 싶을 때 움직이게 한다는 것을 알아차린다(Gelman & Gottfried, 1996; Opfer & Gelman, 2001; Simons & Keil, 1995). 그들은 그 무엇이 어떤 것인지에 대해서는 확실하지는 않지만, 무생물체의 운동 원인과는 다르다고 믿는다. 이러한 일반적 구분은 아마도 생물체와 무생물체의 운동의 구체적인 원인을 다른 방향에서 바라보도록 그들을 이끌 것이다.

이러한 사례들은 더 큰 원리를 보여준다: 생애 초기에서부터 아동들은 사건의 원인을 추론하기 위한 모든 단서들 중 인과 기제를 가장 중요시한다. 아동은 사건의 인과 기제를 이해했을 때, 모든 사건들이 그 *인과 기제*에 따를 것을 기대한다. 예를 들어서, 충돌하는 물체들과 관련이 있는 인과 기제는 힘이다. 다른 것들이 동일하다면, 크기가 더 작은 이동하는 물체는 정지해있는 물체에 더 작은 힘을 가하여, 더 적은 양의 이동을 가져올 것이다. 심지어 영아들도 이러한 관계성의 위반을 놀라워한다고 나타났다. 비접촉 사건들과 관련된 인과 기제는 심리적이다—즉, 행위자의 의도와 신념의 측면에서 이해 가능하다. 3세쯤 되면, 아동들은 비접촉 사건을 심리적 인과관계란 관점에서 해석하는데, 이는 심지어 관련된 행위자들이 생명체가 아닌 모양일 경우에도 그러하다.

서로 다른 상황들은 사건을 일으킨 원인이 무엇인지를 암시하는 다양한 종류의 정보를 제시한다. 때로 이러한 정보의 원천은 똑같은 결론을 내리게 한다(어떤 때에는 그렇지 않다). 사건들의 서로 다른 잠재적인 원인들 중에서 하나를 결정하는 것에 대한 어려움은 주로 어떤 종류의 정보에 가장 많은 가중치를 줄지 결정하는 것에 있다. 최소 3세 이후부터, 아동들은 이러한 결정을 내리는 데 일련의 책략선택 규칙들을 사용하는 듯하다(Shultz, Fisher, Pratt, & Rulf, 1986). 인과 추론 기제에 관한 정보를 사용할 수 있다면, 아동들은 그것을 사용한다. 그렇지 않을 때에는 시간적 · 공간적 근접성과 그 밖의 다른 지각적으로 두드러진 사건들에 의존하는 경향이 있다. 이러한 종류의 정보 중 그 어느 것도 사용할 수 없을 때, 아동들은 지연되었지만 원인과 결과 간의 일정한 공변성과 같은, 그 결과의 발생과 관련된 덜 두드러진 요인들을 고려한다.

일단 아동들이 인과관계를 이해하면, 이들은 범주를 형성하고 추론을 이끌어 내는 것과 같은 다른 종류의 문제 해결에도 인과관계에 대한 지식을 이용한다. 실제로, 몇몇 증거들은 아동들이 범주화에서 인과 정보에 특히 가중치를 많이 둔다는 것을 제시하였다(Keil, Smith, Simons, & Levin, 1998). 이 주제에 관한 한 연구(Ahn, Gelman, Amsterlaw, Hohenstein, & Kalish, 2000)에서 7세에서 9세 아동들은 새로운 동물에 관한 설명문을 학습했다. 몇몇 아동들에게는 그 동물의 한 특성이 두 가지 부가적인 특징들을 초래한다고 말해주었다(예, 신경에 있는 프로미신(Promicin)은 탈리부(taliboo)가 굵은 뼈와 큰 눈을 갖게 한다). 그러고 나서, 아동들에게 두 마리의 동물들을 부가적으로 제시하고, 범주(또 하나의 탈리부)에 해당하는 또 다른 일원이 어느 것인지 선택하도록 하였다. 부가적으로 제시한 동물들 중 하나는 원인적 특징(신경에 있는 프로미신)이 없었고, 다른 것은 원인적 특징을 가지고 있었지만 결과적 특징(큰 눈들)이 없었다. 두 가지 경우 모두에서, 새로운 동물들은 세 가지 특징들 중 두 가지를 가지고 있었다; 그러나, 아동들은 원인적 특징을 가지고 있지 않고 결과적 특징을 가진 동물을 선택하기보다는 원인적 특징을 가지고 있고, 결과적 특징이 없는 동물을 범주의 일원으로 선택하는 경향이 있었다. 따라서 인과 추론 기제들에 관한 정보는 인과관계 평가에서뿐만 아니라 범주를 형성하는 데 있어서도 아동의 사고에서 매우 중요한 것으로 나타났다.

유추

유추적 추론은 많은 영역에서 널리 사용되는 강력한 과정이다. 그것은 비교하고 있는 물체들이나 사건들 간에 서로 대응하는 구조나 기능을 밝힘으로써 문제를 해결하는 것이다(Gentner et al., 1995; Goswami, 2001; Halford, 1993). 예컨데, 은유적 표현인 '카메라는 녹음기와 같다' 를 이해하는 것은 각 장치가 제공하는 기능–미래에 검토하기 위해 현재를 기록하는 것–에 대한 이해를 필요로 한다. 유추는, 과학자들이 연구실 미팅에서 가설을 생성하거나 정치인이 정치적인 집회에서 투표자들을 동요시키고자 하는 것과 같은 특수한 환경에서뿐만 아니라 일상적 추론과 문제 해결에서도 널리 사용된다(Dunbar & Blanchette, 2001).

유추의 발달은 인과 추론의 발달과 유사하다. 아동들이 이해하고 생성하는 유추의 범위는 연령에 따라 크게 증가한다. 예를 들어서, 카메라/녹음기 은유를 제시했을 때, 6세 아동들은 둘 다 검은색이라는 것과 같은 외관적 유사성을 열거하는 경향이 있는 반면, 9세 아동들은 그것들의 공통적 기능에 초점을 둔다(Gentner et al., 1995). 다른 한편, 심지어 영아들과 걸음마기 아기들도 몇몇 상황에서는 성공적인 유추를 이끌어 내고, 어떤 상황에서는 심지어 대학교육을 받은 성인들도 그렇게 하는 것에 실패한다. 인과 추론과 유추 간의 이러한 유사성은 우연이 아니다. 적절한 유추를 이끌어 내는 것은 자주 비교 중인 인과관계(예를 들어, 왜 사람들이 녹음기와 카메라를 사용하는지) 내에 있는 유사점을 이해하고 밝히는 데 매우 크게 의존한다.

유추에서의 발달적 유사성. 유추를 형성하는 초기 능력은 생후 일 년이 다 되었을 때에 나타난다. Chen, Sanchez, Campbell(1997)은 10개월과 13개월 된 아기들에게 그들이 좋아하는 장난감들을 장애물 뒤에 배치한 일련의 세 가지 문제를 제시했다. 문제는 Willatts(1990)가 제시한 것들과 유사했다; 영아들은 장애물을 제거하고 수건의 실이 장난감에 부착되어 있지 않은 것이 아닌 수건의 실이 장난감에 부착되어있는 것을 잡아당겨야 했다. Chen 등의 연구에서는 처음에는 아동들이 스스로 문제를 해결해 보게 한 다음에 그들의 부모가 어떻게 문제를 해결하는지 보게 하였다. 그 다음에는 개념적으로는 동일하지만, 물체의 종류, 색과 크기, 장난감 획득 시 아동의 자세와 같이 외면적 특징에서 차이가 나는 새로운 문제들을 제시하였다. 첫 번째 문제에서 부모가 해결하는 것을 본 이후에, 13개월 된 아기들은 보다 효과적으로 그 후의 문제들을 해결할 수 있었는데, 이는 심지어 문제들이 첫 번째 문제와 유사하지 않을 경우에도 그러하였다. 10개월 된 아기들도 적절한 유추를 이끌어낼 수 있었지만, 이것은 단지 그 이후의 문제들이 그들이 해결하는 것을 본 이전의 문제와 보다 유사할 경우에만 그러했다.

학령전기에 이르면, 아동들은 더 복잡한 유추를 형성한다. 한 연구에서, 3세에서 5세 아동들은 램프의 요정이 보석들을 한쪽 벽에서 병으로 운반해야 하는 이야기를 들었다(Brown, Kane, & Echols, 1986). 램프의 요정은 포스터보드(posterboard)를 돌돌 말아 통을 만들어 보석들이 통을 통과해서 병 안으로 들어가 굴러 떨어지게 함으로써 문제를 해결했다. 이 이야기를 들은 후에, 아동들은 강을 건너서 다른 쪽에 있는 바구니로 달걀들을 운반해야 하는 부활절 토끼에 관한 문제를 제시받았다. 아동들은 포스터보드를 이용해서 바닥에 그려진 강의 다른 쪽에 있는 바구니에 달걀들을 어떻게 운반할 수 있는지 보여줘야 했다. 상당수의 5세 아동들과 소수의 3세 아동들만이 램프

요정의 이야기에 사용된 책략과 유사한 것을 사용하여 부활절 토끼 문제를 해결하였다. 그러나 각 이야기의 핵심적인 사실에 관한 질문을 받았을 때(등장하는 주요 인물이 달성하려고 한 목표가 무엇인지, 어떤 장애물이 그것을 이루는 데 어려움을 주었는지, 장애물을 극복하기 위해서 주요 인물이 무엇을 했는지), 3세 아동들과 5세 아동들 모두 문제를 일관되게 해결하였다. 이와 같이 3세 아동들이 관련된 유사점들을 이끌어 내기 위해서는, 그것의 핵심 구성요소들을 상기시켜 줘야 할 필요가 있다.

4세경에, 아동들은 특정 상황에서는 촉진적 지원을 받지 않고도 유추를 형성할 수 있다. Tunteler와 Resing(2002)은 4세 아동들에게 짧은 이야기들을 제시하였고, 그 다음에 그들에게 이야기에서 설명된 접근법과 유사한 방법을 사용함으로써 해결할 수 있는 물리적 과제를 완성할 것을 요구하였다. 예컨대, 덤불에 가방을 떨어뜨린 할머니에 대해서 기술하였다—그녀는 손이 닿지 않았지만 가방을 꺼내기 위해서 지팡이를 이용하였다. 이 이야기를 들려준 후에, 실험자는 아동들에게 손이 닿지 않는 테이블 위에 있는 플라스틱 병을 가져올 것을 요구하였다. 아동들은 문제를 해결하기 위해 14가지 도구들을 사용할 수 있었다. 모든 문제들은 유추적인 방법(이야기에서 설명한 도구와 같은 기능을 가진 도구를 사용하는 것)이나 관련이 없는, 비유추적인 방법(다른 종류의 도구나 다른 행동을 하는 것)으로 해결할 수 있었다.

실험 조건에 있는 아동들에게는 6주 동안 매주 그러한 문제를 두 개씩 주고 풀도록 하였으며, 통제 조건의 아동들은 첫 번째와 마지막 주에만 두 개의 문제를 주어 풀도록 하였다. 두 집단의 아동들은 우연 수준보다 더 자주 유추적 도구를 자발적으로 선택함으로써, 4세 아동들이 자발적으로 유추를 형성할 수 있음을 암시하였다. 게다가, 실험집단의 아동들은 첫 번째 시행에서 마지막 시행으로 갈수록 유추적 문제 해결의 사용이 증가한 반면, 통제집단의 아동들은 그렇지 않았다. 따라서 유추적 추론의 연습은 어린 아동들의 유추의 자발적 형성을 향상시켰다고 할 수 있다.

영아들과 어린 아동들이 몇몇 상황에서 유추를 자발적으로 형성할 수 있을지라도 더 나이 든 아동들이나 성인들은 유추를 형성할 수 있는 많은 상황에서 유추 형성에 실패한다. Brown 등(1986)의 연구에서 3세 아동들과 마찬가지로, 대학생들도 유사점에 주의를 기울이게 되었을 때 손쉽게 이끌어낼 수 있는 유추들을 알아차리는 데 종종 실패한다(Holyoak & Thagard, 1995).

몇 개의 변인들은 어린 아동들, 보다 연령이 높은 아동들, 그리고 성인들의 유추 모두에 똑같이 영향을 미친다. 모든 연령의 사람들은 (목표, 장애물, 잠재적인 해결책과 같은) 심층적인 특징뿐만 아니라 (등장 인물의 이름과 같은) 표면적인 특징도 유사할 때 상황들 간의 유추를 더 쉽게 알아차릴 가능성이 있다(Goswami, 1992, 1995a).

또한 그들은 동일한 해결 원칙을 가진 문제를 하나만 접했을 때보다 몇 개의 선행 문제들을 접했을 때(Chen, 1999; Crisafi & Brown, 1986; Gholson, Emyard, Morgan, & Kamhi, 1987), 원 문제와 목표 문제를 해결하는 데 사용된 과정들이 매우 유사할 때(Chen, 1996, 2002), 유추를 더 많이 할 가능성이 있다. 관련된 구조적 특징들의 완전한 약호화는 모든 연령에서 유추 문제 해결을 하는 데 중요하다(Chen et al., 1997; Gentner et al., 1995). 유추를 이끌어낼 가망성은 연령에 따라 변하지만, 이러한 가망성을 증가시키거나 감소시키는 변인은 동일한 경향이 있다.

발달적 차이들. 유추를 형성하는 데 영향을 주는 변인은 모든 연령에서 유사하지만, 이러한 유사성이 연령에 따라 나타나는 변화의 중요성을 가리게 해서는 안 된다. 어린 아동들은 보다 나이 든 아동들의 도움 없이 유추하기 위해서 뚜렷한 단서나 시연을 필요로 한다(Brown et al., 1986; Chen et al., 1997; Crisafi & Brown, 1986). 또한 그들의 유추는 나이 든 아동들과 성인들보다 외면적 · 지각적 차이점과 연합의 방해를 더 많이 받는다(Chen, 1996; Chen, Yanowitz, & Daehler, 1995; Goswami & Brown, 1990).

이와 거의 비슷한 발달적 경향이 은유의 해석에서도 분명하게 나타난다(Gentner, 1988; Winner, 1988). '교도관은 단단한 바위였다'는 은유를 제시했을 때, 6세와 7세 아동들은 자주 "교도관은 단단한 바위벽들을 가진 감옥에서 일했어요" 혹은 "교도관은 단단하고 강인한 근육을 가지고 있었어요"와 같은 문자 그대로 혹은 마법적인 해석들을 내보였다(Winner, Rosenstiel, & Gardner, 1976, p.293). 대조적으로, 13세와 14세 아동들은 "교도관은 심술궂었고, 죄수들의 감정에 대해서 상관하지 않았다"란 설명에서처럼, 일관되게 심리적인 특징들과 신체적인 특징들 간의 관계를 강조했다. 일반적으로, 아동들은 관련 구조들만 유사한 은유를 정확하게 해석하기에 앞서, 비교하는 물체들의 생김새에 기초한 은유를 정확하게 해석한다. 더 나아가서, 연령이 높아짐에 따라 아동들은 물체로서의 유사성에서나 관계적 관점에서 유사성에서 볼 수 있는 은유를 점점 더 관계적인 측면에서 해석하게 된다(Gentner, 1988).

왜 유추적 추론은 연령이 증가함에 따라 향상되는가? 한 가지 원인은 내용 지식의 증가이다. 아동들이 더 많은 지식을 습득함에 따라, 표면적으로는 두드러지지 않는 특성들의 중심적 역할을 점차적으로 이해하게 된다. 녹음기/카메라 사례로 돌아가서, 아동들은 이 장치들의 핵심적 특징이 색, 크기, 혹은 다른 명백한 외면적 특징이기보다는 정보 보존이란 것을 학습한다. 유추 발달의 두 번째 원천은 언어이다(Gentner et al., 1995). 언어는 다른 방법으로는 유사하다고 알아차리지 못할 수도 있는 추상적인 관계들에 대한 명칭을 제공한다. 따라서 카메라와 녹음기 모두를 '정보-보존 장치'라고 부르는 것은 물체들이, 가령 책과 초상화 같이, 표면적으로 서로 전혀 다르지만 그 물체들이 공유하고 있는 유사성에 주의를 돌리게 한다.

도구 사용

아동들은 진공상태에서 문제를 풀지 않는다. 그들은 도움이 되는 사용 가능한 도구들을 사용한다. 적당한 문제가 주어진다면, 거의 무엇이든지 도구가 될 수 있다: 지팡이, 갈퀴, 구어와 문어, 지도, 수학적 기수법, 그리고 심지어는 사람들. 도구들은 그것들의 적용 가능성의 범위와 그것들이 얼마나 직접적으로 해결로 이어질 수 있는지의 측면에서는 다르지만, 도구가 없었더라면 불가능했을 문제들을 해결할 수 있도록 수단을 제공한다.

아동들이 첫 번째로 사용하는 도구 중 하나는 바로 그들의 어머니다(Mosier & Rogoff, 1994). 매력적인 장난감이 그들의 손이 닿지 않는 곳에 위치해 있을 때, 6개월에서 13개월 된 아기들은 장난감을 손에 넣기 위해서 어머니를 도구로 사용한다. 그들은 간청하듯이 어머니와 장난감 사이를 번갈아가면서 바라보고, 손과 손가락으로 '주세요'란 몸짓을 하고, 장난감을 향해서 몸을 구부리고, 소리를 낸다. 좋은 도구가 그렇듯이, 사람들은 아동들이 해결할 수 있는 문제의 범위를 엄청나게 확장시킨다.

아동들은 아주 어린 시기부터 무생물을 도구로 사용하기 시작한다. 한 연구에서, 1.5세에서 2세 영아들은 실험자가 갈퀴를 이용해서 매력적인 장난감을 끌어당기는 것을 보았다(Brown, 1989). 그러고 나서, 그들은 스스로 장난감을 잡아볼 것을 요구받았다. 그들은 의자에 묶여 있어서 움직일 수가 없었지만, 다양한 종류의 도구들은 사용할 수 있었다. 예컨대, 길다란 갈퀴로 장난감을 얻는 것을 본 아동에게 손이 닿을 수 있는 위치에 긴 지팡이, 짧은 갈퀴, 앞서 사용된 갈퀴와 동일한 색을 가진 길고 반듯한 막대기, 그리고 길고 비뚤비뚤하고 쉽게 구부러지는 물체를 제시하였다. 걸음마기 아기들은 선택을 빨리 하였고, 그들의 선택은 대부분 거의 항상 좋은 선택들이었다. 그들은 단단하고, 끌어당기기에 적합한 끝을 가졌으며, 장난감에 닿을 수 있을 정도로 긴 도구를 골랐다. 그들은 처음에 사용된 갈퀴의 색과 동일한 색을 도구가 가졌는지의 여부에는 무관심했다. 또한 그들은 갈퀴 대신 지팡이를 사용하는 데 전혀 개의치 않았다. 요컨대 그들은 도구가 문제를 해결하는 데 적합한 원인이 되는 특성을 이해하고 있었다.

Brown의 연구에서는 실험자가 걸음마기 아동들에게 장난감을 끌어오기 위해 갈퀴를 어떻게 사용하는지 시범을 보여주였다. Chen과 Siegler(2000)는 아동들의 도구 사용을 촉진시키는 데 실험자의 시범이 중요한 요인인지 조사하였다. 그들의 연구에서 18개월에서 35개월 된 유아들은 실험자가 장난감을 회수하기 위해서 어떻게 도구를 사용하는지에 대한 시범을 보거나, 적절한 도구를 사용하는 것에 대한 단서를 받거나(예, 장난감을 손에 넣기 위해서 너는 이것을 사용할 수 있니?), 어떠한 시범이나 단서도 얻지 못하는 세 조건에 할당되었다. 시범과 단서 집단의 아동들 모두가 통제집단의 아동들보다 이후의 시행에서 도구 사용을 더 많이 나타내는 경향을 보여, 아동들이 시범과 단서를 통해서 도구 사용을 학습했음을 시사하였다. 게다가, 그들의 연구에서 아동들은 여러 번의 시행에서 도구 책략을 더욱 일관되게 사용했고, 책략들을 더 능숙하게 실행했으며, 사용 가능한 도구의 선택에서도 보다 훌륭하고 정교하였다.

도구로서의 상징적 표상. 지도, 축소 모형, 그림과 같은 상징적 표상은 매우 유용한 문제 해결 도구이다. 3세경에, 아동들은 이러한 종류의 도구를 사용하는 데 상당한 재능을 보인다. 이러한 기술의 대표적인 연구에서, DeLoache(1987)는 2.5세에서 3세 아동들에게 모형 방에 작은 장난감을 숨기는 것을 보여주었다. 그러고 나서, 아동들은 모형 방의 실제 크기인 방에서 장난감을 찾을 것을 요구받았다. 만약 모형 방에 있는 장난감이 모형 의자 밑에 숨겨졌다면, 방에 있는 실물 크기의 의자 밑에서 인형을 찾을 수 있었다. 실험자는 "봐봐! 내가 여기에다 작은 스누피를 숨겼어. 나는 큰 방에서 똑같은 장소에다가 큰 스누피를 숨길거야!" 와 같은 지시를 하였다(DeLoache, 1995, p. 110).

두 집단 아동들의 평균 연령에서의 작은 차이(7개월)에도 불구하고, 축소 모형을 사용하는 능력은 크게 달랐다. 3세 아동들은 시행의 70% 이상에서 숨겨진 물체를 실수 없이 찾았다. 그러나 2.5세 아동들이 실수 없이 그것을 찾은 시행은 20%도 되지 않았다. 이것은 상황을 이해하지 못했거나 축소 모형에서 스누피의 위치를 기억하지 못한 탓이 아니다. 두 연령의 아동들은 모형 방 안에 모형 장난감이 어디에 숨겨져 있는지에 대한 질문을 받았을 때 일관되게 기억해 냈다. 그보다, 연령 간 차이는 더 어린 아동들이 더 큰 방에서의 물체의 위치를 추측하기 위해 축소 모형을 사용할 수 없다는 데 기인한다.

왜 2.5세 아동들은 문제를 풀기 위해 축소모형을 사용하는 데 어려움을 겪을까? 한 가지 가능성은 그들이 어떠한 종류의 표상이든 문제를 해결하기 위해서 그러한 도구를 사용할 수 있다는 것을 이해하지 못했기 때문이라는 것이다. 이러한 가능성을 검증해 보기 위해서, DeLoache(1987)는 2.5세 아동들에게 그 방에 대한 그림과 사진을 보여주면서 이들을 이용해서 물건을 찾으라고 지시하였다. 축소 모형에서는 실패했던 바로 그 아이들이 그림이나 사진을 이용하는 데서는 성공하였다. 따라서 그들은 몇몇 상징적 표상을 문제 해결 도구로 이용할 수 있음이 밝혀졌다.

DeLoache는 2세 유아들이 축소 모형에서 갖는 어려움은 이들이 축소 모형을 그것 자체로 흥미로운 물체로 여겨야 할지 다른 물체의 상징물로 보아야 할지 결정하지 못하기 때문이라 제안하였다. 이러한 해석과 일관되게, 3세 아동들로 하여금 먼저 축소 모형을 가지고 놀게 하는 것-이것은 그들로 함으로써 모형을 그것 자체로 흥미로운 물체로 더 생각하게 한다-은 이후에 그것을 이용해서 숨겨진 물체들을 찾는 성공률을 감소시켰다. 반대로, 모형과 관련된 모든 잠재적 상호작용을 제거해 버리는 것-모형을 유리 상자 안에 넣어서 볼 수는 있지만 만질 수 없게 함으로써-은 2.5세 아동들이 평소보다 숨겨진 물체들을 더 성공적으로 찾을 수 있도록 하였다(DeLoache, 1989, 2000). 또한 이러한 해석은 왜 축소 모형들보다 발달 초기에 그림과 사진들이 문제 해결 장치로 더 잘 사용될 수 있는지를 이해할 수 있게 해준다: 그것들은 물체들만큼 흥미롭지 않기 때문에 갈등이 일어나지 않는다(DeLoache & Burns, 1994; Troseth & DeLoache, 1996).

또 다른 독창적 실험은 어린 아동들이 축소 모형을 물체 그 자체인 동시에 또 다른 물체의 표상으로 생각하는 데 어려움을 가지고 있다는 해석에 대한 주목할 만한 증거를 제공하였다. DeLoache, Miller, Rosengren(1997)은 2.5세 아동들로 하여금 '마법의 축소 기계'가 방을 모형으로 변신시켰다고 믿게 만드는 축소 모형 과제를 창작하였다. 즉 아동의 관점에서, 축소 모형은 다른 방의 표상이 아니라는 것이다-그것은 다른 방이었다. '마법의 축소 기계' 시나리오를 믿을 만하게 만들기 위해서, 아동들에게는 우선 기계 자체(반짝이는 불들이 있는 역전류 검출관)를 보여주고, 커다란 괴물 인형을 그것 앞에 앉혔다. 기계를 켜놓고 실험자와 아동은 10초 동안 연구실 밖으로 나갔고, 그 후 아동은 연구실로부터 나오는 이상한 기계 소리들을 들었다. 그들이 돌아왔을 때, 아동들은 기계 앞에 있는 작은 괴물 인형을 보았다. 다음, 아동들에게는 들고 다닐 수 있는, (괴물의 방이라고 일컬어지는) 텐트 모양의 방이 제시되었고, 축소시키는 기계는 방을 향해서 겨누어졌다. 다시 한번, 실험자와 아동은 잠시 동안 연구실을 나갔고, 밖에서 아동은 연구실에서 나오는 더욱 이상한 기계 소리를 들었다. 그들이 연구실로 돌아왔을 때, 아동들은 축소시키는 기계 앞에 있는 축소 모형의 휴대용 방을 보았다.

실험을 위해서, 괴물과 방은 다시 '확대되었고' (축소시키는 기계가 '거꾸로' 로 작동함으로써), 괴물은 방 안에 숨겨졌으며, 숨겨진 괴물이 있는 방은 다시 '축소되었으며' 아동들에게는 축소된 방에서 괴물을 찾을 것을 요구하였다. 2.5세 아동들은 시행의 약 80%에서 즉각적으로 정확한 장소를 찾았다—축소 모형을 표상으로 생각할 것을 요구하는 표준적 과제에서 보인 동일한 연령의 아동들의 수행보다 훨씬 높은 것이다. 줄어드는 방 과제에서 아동들은 모형을 물체 그것 자체로 생각하며 더 큰 방의 표상으로 생각하지는 않았다. 대신에, 아동들은 모형이 더 큰 방이었다고 믿었다.

DeLoache와 동료들의 연구는 왜 어린 아동들이 상징적 도구를 이해하고 사용하기 어려운지에 대한 몇 가지 이유를 강조한다. 동시에, 그들의 연구는 도구와 같은 상징적 표상을 사용하는 아동의 능력이 생후 초기 몇 년 동안 상당히 발달한다는 것을 증명해 보였다(DeLoache, 2002). 이는 다행스러운 일인데, 왜냐하면 현대 생활에서 중요한 수많은 도구가 상징과 관련되어 있기 때문이다: 구어와 문어, 계산 체계, 측정 도구, 그리고 물론, 컴퓨터. 그러나 문명이 제공하는 상징적 도구만이 아동들이 사용하는 유일한 것이 아니다—그들은 자신만의 새로운 것을 창조한다.

자발적으로 창조한 상징적 도구. 새로운 상징적 도구에 관한 연구에서, Eskritt와 Lee(2002)는 1, 3, 5, 7학년에 있는 아동들이 기억 게임 '집중' 에서 그들의 성공을 도와주도록 고안해 낸 상징적 표시법들을 조사하였다. 그들이 고안한 게임은 똑같은 그림 카드 한 쌍으로 이루어진 카드 한 세트를 사용한다. 처음에 모든 카드들을 임의의 배열로 엎어놓는다. 게임 참가자 중 한 사람이 하나의 카드를 뒤집고, 그 짝을 찾기 위해서 두 번째 카드를 뒤집는다. 그 사람이 두 카드의 짝을 맞추면 계속해서 카드를 뒤집어 다른 짝을 찾을 수 있다; 그 사람이 찾은 두 카드의 짝이 맞지 않으면 그 사람의 차례가 끝난다. 대개, 그 게임에는 여러 명의 참가자가 함께 하지만, Eskritt와 Lee의 연구에서는 아동들이 혼자 게임을 했다. 이러한 아동들에게 게임의 목표는 최소한으로 시도하여 모든 카드의 짝을 맞추는 것이었다.

아동들이 게임을 시작하기 전에, Eskritt와 Lee는 그들에게 '최소한의 횟수를 사용하여 게임에서 이길 수 있도록 너를 도와줄 수 있는 무엇이든지 쓰거나 그릴 수 있는' 기회를 주겠다고 말했다. 아동들은 자신들이 카드들의 정체와 위치를 기억할 수 있도록, 그림이나 단어들이 있는 몇몇 메모들을 포함해서 서로 다른 종류의 메모들을 다양하게 만들었다. 그림 10.6에 제시되었듯이, 일학년 학생들은 그들의 기억을 도와줄 수 있는 정보가 포함되지 않은 메모들을 만들어 내는 경향이 있었다. 그러나 5학년과 7학년 학생들은, 여러 가지 카드들을 스케치한 도표와 같이, 카드들의 정체와 위치에 대한 정보를 통합시킨 메모들을 자주 만들어냈다. 메모들의 질이 게임의 성공에 영향을 미쳤다는 것은 놀라운 사실이 아니다. 더 좋은 메모들을 만들어낸 아동들이 더 적은 횟수의 차례(순번)로 게임에서 이겼다.

그림 10.6 "기억 게임에서 더 적은 시도로 게임에서 이길 수 있도록 네가 원하는 무엇이든지 쓰거나 그려라"라고 했을 때, 어린 아동과 더 나이 든 아동이 그린 메모들의 예. 어린 아동이 그린 메모는 카드의 위치와 정체에 대한 아동의 기억을 도와줄 만한 정보를 전혀 포함하고 있지 않지만, 더 나이 든 아동은 그렇다는 데 주목하라. Eskritt와 Lee(2002), Copyright © 2002 by the American Psychological Association로부터 허락을 받고 재인용.

후속 연구에서, Eskritt와 Lee는 게임을 시작할 때 7학년 학생들의 한 집단에게는 메모를 하라고 요구했으며, 다른 집단에게는 단순히 카드들을 세심하게 검토할 것을 요구했다. 메모를 하는 아동들은 게임을 할 때 그들의 메모를 사용할 것이라 생각하게 하였다. 그러나 실제로는 게임을 실시하지 않고 아동들이 작성한 메모들을 제거한 후 그들에게 두 개의 '깜짝' 과제를 제시하였다. 한 과제에서는 아동들에게 새로운 카드뿐만 아니라 원래의 카드 패에 있었던 카드도 포함된 새로운 카드 한 벌을 제시한 후 그들에게 원래 카드 세트에 속해 있었던 카드들을 식별해낼 것을 요구했다. 다른 과제에서는, 아동들에게 원래의 카드 패에서 왔다고 그들이 알아낸 카드들의 위치를 지적할 것을 요구했다. 두 집단의 아동들 모두 카드들을 알아보는 것에서는 똑같이 잘 수행하였다. 그러나 위치를 지적하는 데 있어서는, 메모를 한 아동들이 단순히 세심하게 카드들을 검토한 아동들보다도 훨씬 더 서툴게 수행하였다. 이러한 결과는 아동들이 자발적으로 창출한 상징적 메모들이 특정 카드들의 위치들에 대한 정보를 저장하기 위한 것이었다는 것을 제안한다. 예상치 않게 메모를 빼앗겼을 때, 아동들은 위치를 기억해 내는 것을 어려워했다.

자발적으로 창출된 상징적 도구의 또 다른 종류로는 비형식적 지도가 있다. Karmiloff-Smith(1979, 1986, 1992)는 아동들의 지도 사용에 대해 연구하였는데, 이 연구에서 7세부터 11세 아동들은 아픈 환자를 병원으로 우송해야 하는 구급차 운전수 역할을 맡았다. 환자의 집은 40피트 종이에서 한쪽 끝에 있는 그림으로 표현되었다;

병원은 다른 쪽 끝에 있는 그림으로 표현되었다. 그 사이에는 20개의 기로들이 있었다. 각 기로에서 아동들은 두 가지 중 하나의 선택을 할 수 있었고, 그중 하나는 막다른 골목으로 이어진다. 아동들에게는 그들이 가장 빠른 길을 찾을 수 있도록 환자 없이 한번 갔다가 오라고 말해주었다. 또한 그들은 나중에 어떤 경로를 갈지 기억하는데 도움이 되도록 종이에 표시를 하도록 격려를 받았다.

한 시간의 회기 동안, 아동들은 그들이 표시했던 표시의 종류를 자주 바꿨으며, 심지어 처음에 한 표시가 최고로 유익할 때에도 그러하였다. 한 7세 아동의 표시들이 그림 10.7에 그려져 있다. 처음에, 그 아동은 단순히 길 끝에 길의 방향과 수직을 이루는 막대기를 놓음으로써 막다른 골목을 표시했다. 그 다음에 그 아동은 잘못된 길에 막대기와 'X'를, 맞는 길에는 화살표를 놓음으로써 이 표상(representation)을 확장시켰다. 마침내, 이 아동은 원래의 보다 단순한 표시로 돌아왔다.

왜 아동들은 효과적으로 수행할 수 있게 해주는 올바른 접근법을 사용하지 않을까? 이러한 문제는 지도 그리기에서만 나타나는 것은 아니다; 똑같은 현상은 아동들의 수 보존과 유목포함 책략들, 그리고 그들의 과거시제와 사역동사(causal verb)의 사용에서도 나타난다(Bowerman, 1982; Markman, 1979). Karmiloff-Smith(1992)는 아동이 올바른 접근법을 사용하지 않는 것은 그들이 그 책략이 왜 효과적인가를 이해하고자 하는 요구를 반영하는 것이라 제안했다. 아동들의 첫 번째 목표는 수행을 정확하게 하는 것인 듯하다. 그러나 목표를 달성하는 것은 그들을 계속적으로 만족시키지 못한다. 아동들은 만약 한 접근이 왜 효과가 있는지 이해하지 못하거나 다른 접근이 더 효과적이거나 효율적이거나 훌륭하다는 생각이 들 때, 그들은 최소한 그 순간만이

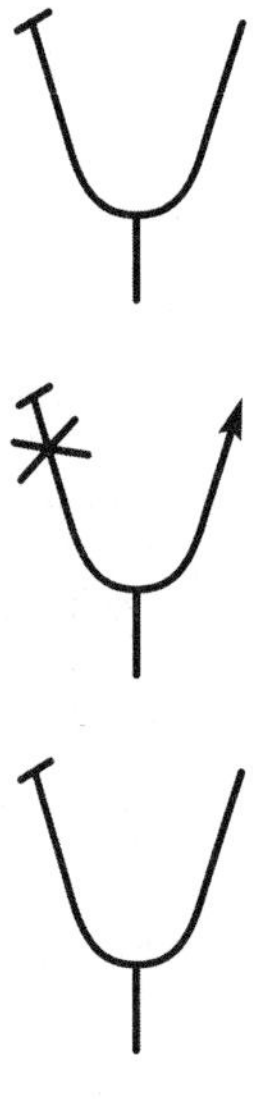

실험 회기 초기 모습

동일한 아동의 프로토콜 내에서 나중 모습

동일한 아동의 프로토콜 내에서 더 나중 모습

그림 10.7 한 회기의 세 시점에서 7세 아동이 그린 지도. 어떻게 과다한 특징들이 두 번째 표상에서 추가되었다가 세 번째에서 제거되었는지에 주목하라(Karmiloff-Smith, 1986 이후). Karmiloff-Smith, Stage/Structure versus Phase/Process in Modeling Linguistic and Cognitive Development, in I. Levin (Ed.), Stage and structure: Reopening the debate에서 재인용. Copyright © 1986 by Ablex Publishing Corporation. Greenwood Publishing Group, Inc., Westport, CT의 허락을 받아 재인용.

라도 원래의 방식을 버릴 것이다. 이와 같은 인지적 동기와 아동들이 대안적 접근을 실험해야 할 때를 어떻게 결정하는가를 이해하는 것이 현재 인지 발달 이론들이 직면하고 있는 뿌리 깊은 어려움 중 하나이다.

측정을 위한 도구. 수세기, 무게측정, 자 사용하기와 같은 측정 과정은 많은 문제를 푸는 데 특히 매우 유용한 도구이다. 그러나 다른 모든 문제 해결 기술처럼 양날의 칼과 같다. 그것을 적절하게 사용한다면 문제 해결력을 향상시키지만, 부적절하게 사용한다면 오류로 이끈다.

얼마나 부적절한 측정 기술의 사용이, 특히 수세기의 부적절한 사용이, 아동들을 오류로 이끄는지를 생각해 보아라. Miller(1989)는 3세에서 10세 아동들에게 두 마리의 거북이에게 똑같은 양의 먹이를 주라고 했다(먹이는 다양한 크기의 찰흙 덩어리로 나타냈다). 대부분의 아동들은 수세기 책략을 사용했는데, 즉 그들은 한 마리의 거북이에게는 한 조각을 떼어 주고, 다른 거북이에게 또 다른 조각을 떼어 주는 것을 반복하였다. 이것은 먹이의 조각 수를 동일하게 나누는 결과는 가져왔지만, 어떤 조각은 다른 조각보다 컸기 때문에 먹이의 양에서는 대개 그러하지 못했다. 수세기 과정의 효과성에 대한 믿음은 굉장히 깊어서 몇몇 학령전기 아동들은 그들이 거북이들 중 한 마리에게 먹이를 한 조각 더 줬다는 것을 발견하면, 단순하게 다른 거북이의 조각을 반으로 잘라서 각각에게 한 조각을 줌으로써 개수를 동등하게 만들었다. 연령이 많아짐에 따라, 아동들은 더 자주 동일한 크기의 조각을 만들려고 노력했지만, 그들은 여전히 각 거북이에게 동등한 개수를 세어 주려고 했으며, 이는 심지어 그것들의 크기를 표준화시키고자 하는 시도가 실패했을 때에도 그러하였다. 이러한 어려움은 5세에서 9세 아동들이 동일한 시간 단위로 세지 않아 시간 경과를 부정확하게 추정하는 것과 유사하다(Levin, 1989). 측정 도구는 아동들의 능력을 확대시키지만, 오류를 범하게 할 수도 있다.

과학적이고 논리적인 추론

과학적 사고. 아동은 자주 과학자로 비유되어 왔다. 둘 다 우주의 본질에 관한 근본적인 질문을 한다. 또한 다른 사람들에게는 하찮은 것 같아 보이는 수 많은 질문을 한다. 둘 모두 계속 생각할 수 있는 시간을 사회로부터 인정받는다. 이 '과학자로서의 아동' 이란 은유는 어떻게 아동들이 가설을 형성하고, 실험을 하고, 자료를 해석하는가에 관한 수많은 연구들을 촉진시켰다.

아동들의 문제 해결과 과학자들의 문제 해결 간의 몇 가지 유사성에도 불구하고,

커다란 차이들이 있다. 이중 몇 가지는 실험의 질과 관련된 것이다. 아동들은 성인들보다 조사의 대상이 되는 한 변인을 제외한 모든 변인들을 일정하게 유지한, 혼입이 없는 실험을 설계할 가능성이 상대적으로 낮다. 그래서, 아동의 실험은 종종 여러 가지로 해석된다(Chen & Klahr, 1999; Klahr, Fay, & Dunbar, 1993; Kuhn, Schauble, & Garcia-Mila, 1992). 또한 그들은 자주 충분한 근거가 있는 결론을 이끌어 내기 위해서 그들이 필요로 하는 증거를 얻기에는 턱없이 적은 횟수의 실험들을 실시한다(Klahr, 2000; Klahr et al., 1993; Kuhn et al., 1995). 마지막으로, 아동들은 여러 가지 실험들의 정보를 통합하는 데 자주 실패한다. 그들은 때때로, 실험 전반에 대해 해석하지 않고, 개별적인 실험적 결과들을 '국부적으로' 해석한다(Klahr, 2000).

그러나 아동들이 실험의 논리에 대해 전혀 이해하지 못하는 것은 아니다. 간단한 질문을 해결하는 두 개의 잠재적인 실험들을 제시하고 어느 것이 더 나은 접근인지를 물어봤을 때, 1학년과 2학년 아동들은 결정적인 증거를 산출할 수 있는 실험을 그렇지 못한 것보다 선호한다(Sodian, Zaitchik, & Carey, 1991). 게다가, 초등학생들은 왜 혼입되어 있는 비교들이 결정적이지 못하고, 왜 혼입되어 있지 않은 비교들이 결정적인지에 초점을 둔 교육을 받으면, 어떻게 혼입되어 있지 않은 실험들을 설계할 지를 배울 수 있다(Chen & Klahr, 1999). 이와 같이 교육적 지원이 있다면, 초등학생들은 한 번에 한 요인만이 변화하는 실험적 비교에 대한 원리를 학습할 수 있었다. 그러나 전반적으로, 가설을 검증하기 위한 실험을 창출하고 대안적인 가설 중에서 선택하는 방법을 고안해 내는 아동의 능력은 상당히 제한적이다.

아동의 과학적 추론의 또 다른 주요 약점은 이론과 증거를 구분하는 것과 관련되어 있다. 아동들은 일상적 · 과학적 현상에 대한 직관적인 '이론'을 가지고 있으며, 이러한 이론은 그들의 증거에 대한 평가에 영향을 미친다(Koslowski, 1996; Zimmerman, 2000). 아동들은 때때로 그들의 관찰에 기초한 결론을 그들이 가지고 있었던 기존의 이론이나 믿음에 기초한 결론과 구분하지 못한다(Dunbar & Klahr, 1988; Kuhn, Amsel & O' Loughlin, 1988; Kuhn et al., 1995; Metz, 1985). 그들은 가지고 있었던 믿음과 불일치하는 결과를 산출한 실험을 해석하는 데 특히 어려움을 가지고 있다. 예상치 못한 관찰들에 대해 반응하여 자신의 관점을 바꿀 수 있는 능력은 과학적 맥락에서는 특히 중요한데, 그 이유는 새로운 증거가 자주 예상치 못한 결론을 제안하기 때문이다.

Schauble(1990)은 자료에 대해서 아동이 이미 가지고 있던 믿음 · 실험 · 해석 간의 상호작용에 관한 매우 흥미로운 연구를 수행하였다. 9세에서 11세 사이에 해당하는 아동들에게 장난감 경주용 자동차를 사용하는 컴퓨터 게임을 제시하였다. 과제는 엔진의 크기, 바퀴의 크기, 수직 안정판의 존재 여부, 머플러의 존재 여부, 색의 5가지 요인들이 경주용 자동차의 속도에 대한 인과적 효과를 결정짓는 것이었다. 게임에서, 큰 엔진과 중간 크기의 바퀴들은 자동차가 더 빨리 가게 만들었고, 머플러와 색은 관련이 없었으며, 수직 안정판의 부재는 자동차의 엔진이 컸을 때는 속도를 증가시켰지만, 엔진이 작았을 때는 아무런 효과가 없었다.

아동들은 다섯 특징들의 효과에 대해서 학습할 수 있는 여덟 번의 회기에 참여했다. 각 회기에서, 그들은 그들이 선택하는 특징들로 이루어진 자동차들을 제작하고, 그러한 특징들을 가지고 있는 자동차의 속도를 비교할 수 있었다. 과제는 근본적으로 어렵지 않았다. 한 가지 특징을 변화시키고 다른 특징은 일정하게 유지함으로써, 아동들은 각 변인의 효과를 신속하게 확인할 수 있었다. 과제를 제시받은 성인 과학자는 한 회기에서 모든 특징들의 인과적 역할을 밝힐 수 있었다.

9세에서 11세 아동들은 인과 관계를 밝히는 데 훨씬 오래 걸렸다. 한 가지 이유는 그들의 실험 중 절반 이상이 타당하지 않았다는 데 있다. 그러한 타당하지 않은 실험에서 아동들이 설계한 자동차들은 자주 두 가지 요인 혹은 그보다 많은 요인이 변화하여서, 어떠한 요인이 자동차의 속도 차이를 가져왔는지를 결정하는 것이 불가능했다. 아동들은 타당한 실험을 시행했을 때조차도, 실험 결과와는 일치하지 않으면서 자신의 믿음과 일치하는 결론들을 이끌어 냈다. 게다가, 심지어 그들이 처음에 한 변인에 대해서 올바른 가설을 세웠고 가설과 일치하는 증거를 얻게 되었을 때에도, 그들은 올바른 새로운 가설과 그들이 원래 가지고 있었던 믿음에 의해서 산출된 부정확한 기대 사이에서 갈등을 겪었다.

그러나 9세에서 11세 사이 아동들의 과학적 추론의 상황이 나쁜 것만은 아니다. 아동들은 8번의 회기에 걸쳐서 상당한 학습을 보였다. 타당성 있는 실험의 비율은 증가했으며, 그들은 적절한 결론을 매우 자주 이끌어 냈고, 경주용 자동차들의 속도에 대한 그들의 예측은 보다 정확해졌다. 따라서 과학적 추론에 대한 연습을 통해서, 아동들의 실험 방법과 적절한 결론을 이끌어 내는 능력은 둘 다 상당히 향상되었다.

또한 성인들도 자주 이상적인 과학적 문제 해결에 미치지 못한다. 성인들은 그들이 가지고 있던 믿음에 맞도록 자료를 해석하는 편향을 보였으며, 새로운 가설을 창출해낸 뒤에도 부정확한 옛 가설에 계속해서 의존하고, 실험을 수행할 때 한 개 이상의 변인들을 변화시켰다(Kuhn et al., 1995; Oaksford & Chater, 1994; Shaklee & Elek, 1988). 또한 그들은 실험이 명백한 결론을 내도록 하기 위해 실험 세트를 조직적으로 계획하는 일도 거의 없었다(Schauble, 1996). 그러나 성인들의 실험은 보다 정교했으며, 그들의 자료에 대한 해석은 아동들보다 대개 편견이 덜 들어갔다. 예를 들어, 경주용 자동차 문제와 유사한 문제를 제시한 한 연구에서는, 성인들이 그들의 실험 전체 중 56%에서 한 번에 한 가지 변인만 변화시킨 데 비해, 11세 아동들은 34%만 그렇게 하였으며, 성인들이 전체 사례 중 73%에서 타당성 있는 추론을 이끌어낸데 비해 11세 아동들은 43%만이 그렇게 하였다(Schauble, 1996). 이와 같이, 과학적 추론은 연령에 따라 실질적으로 향상되지만, 타당한 실험과 자료 해석을 통해서 원인을 밝히는 것은 아동뿐 아니라 성인들에게도 여전히 어려움으로 남아있다.

논리적 추론. 다음에 나오는 4세 아동의 나무랄 데 없는 논리를 생각해 보자: "내가 떨어뜨렸을 때 깨지지 않으면, 이것은 돌맹이이다. 이것은 깨지지 않았어. 이것은 돌맹이임이 분명해." (Scholnick & Wing, 1995, p.342). 그리고, 이미 뚜껑이 열려 있는 소다를 냉장고에서 가져오면서 엄마에게 한 3세 아동의 말을 생각해 보자. "이것은 누구 것인가요? 이것은 립스틱이 묻어있지 않기 때문에 엄마 것이 아니예요." (DeLoache et al., 1998, p. 801). 3세 아동의 추론은 다음과 같다: 우리 엄마는 항상 캔을 마실 때 캔에 립스틱을 묻혀; 이 캔에는 립스틱이 없네; 따라서, 엄마가 이것을 마시지는 않았어.

이러한 진술은 *연역적 추론(deductive reasoning)*의 일상적인 예로, 문제 안의 맨 앞 진술 정보가 특정한 해결법이 정확하다는 것을 충분히 보증할 때 언제나 문제를 해결하는 데 사용할 수 있는 과정이다. 연역적 추론에서, 만약 전제들이 사실이라면, 그것을 따르는 결론은 논리적으로 필연적이다. 연역법은 자주 여러 관찰들로부터 일반화를 수반하는 *귀납적 추론(inductive reasoning)*과 대조된다. 귀납적 추론을 통해서 산출된 결론은 매우 있음직하지만, 확실한 것은 아니다. Galotti, Komatsu, Voelz (1997)가 고안한 다음의 사례들이 그 차이를 보여준다.

연역적 추론	**귀납적 추론**
모든 파곱(poggop)들은 파란 장화를 신는다.	탐보어는 파곱이다.
탐보어(Tombor)는 파곱이다.	탐보어는 파란 장화를 신는다.
탐보어는 파란 장화를 신는가?	모든 파곱들이 파란 장화를 신는가?

연역적 추론 문제에서, 우리는 100%의 확신을 가지고 탐보어가 파란 장화를 신는다고 결론을 내릴 수 있다. 어쨌든, 그는 파곱이고, 모든 파곱들은 파란 장화를 신는다. 귀납적 추론 문제에서, 우리는 모든 파곱이 파란 장화를 신는다고 확신을 가지고 결론을 내릴 수 없다. 심지어 1,000마리의 파곱을 보았고, 모두 파란 장화를 신었다고 할지라도 이러한 결론을 내릴 수 없다. 우리가 보지 못한 곳 어딘가에 있는 파곱이 빨간 장화를 신고 있을 가능성이 항상 있기 때문이다; 만약 그렇다면, 모든 파곱들이 파

란 장화를 신는 것은 아닌 게 된다. 따라서, 귀납적 추론에 대한 가장 좋은 답은 모든 파곱들이 파란 장화를 신는지 아닌지의 여부에 관해서 우리는 알 수 없다가 된다.

비록 어린 아동들은 연역적 · 귀납적 추론 모두를 사용하지만, 그것들 간의 차이를 이해하는지는 불분명하다(Gellatly, 1987; Markovits, 1993; Murray, 1987; Murray & Armstong, 1976). 탐보어 질문과 유사한 질문에 대한 유치원생들과 4학년 학생들의 대답을 생각해 보자. 유치원생들은 귀납적 추론 문제들과 연역적 추론 문제들에 대해 비슷하게 대답한다; 그들은 두 종류의 진술 모두 똑같이 사실일 거라고 생각했다. 반대로, 4학년 학생들은 더 자주 연역적 추론의 결론이 사실이라고 생각했고, 더 확신하고 있었으며, 귀납적 문제들보다 더 빨리 결론에 이르렀다. 이 모든 연구 결과들은 4학년 학생들이, 유치원생들과는 달리, 연역적 추론과 귀납적 추론이 서로 다르다는 것을 이해하고 있음을 제안한다(Galotti et al., 1997).

연역적 추론의 이해에서 어린 아동들의 어려움은 심각하다. 어떤 증거들은 4세 아동들이 연역적 추론을 추측으로 내린 결론 정도로만 확실하다고 생각한다는 것을 제안한다(Pillow, Hill, Boyce, & Stein, 2000). Pillow와 그의 동료들은 아동들에게 꼭두각시 인형과 서로 다른 색을 가진 두 개의 장난감을 제시하였다. 그 다음에, 장난감들은 아동들과 꼭두각시 인형이 보지 못하도록 한 채, 두 개의 다른 상자 안에 각각 숨겨졌다. 다음, 꼭두각시 인형은 상자 중 하나를 들여다본 후에 다른 상자 안에 들어있는 장난감의 색을 말하거나(연역적 추론), 둘 중 어느 상자 안도 들여다보지 않고 한 장난감의 색에 대해서 말하였다(추측). 아동들은 자신의 믿음에 대해서 얼마나 꼭두각시 인형이 확신을 가지고 있는지를 평정하라는 요구를 받았다. 4세 아동들의 꼭두각시 인형의 확신에 대한 평정은 연역적 추론과 추측 간에 차이가 없었다. 그러나 6세에 이르면 많은 아동들이 연역적 추론을 추측보다 높게 평정하였고, 9세에 이르면 대부분의 아동들이 그러하였다. 연령에 따라 아동들의 꼭두각시 인형의 추론에 대한 설명이 향상되었다. 소수의 4세 아동과 수많은 9세 아동들은 연역적 추론의 전제를 연상시키는 설명, 예를 들면 '왜냐하면 그가 다른 것이 노란색이라는 것을 봤으니까요' 와 같은 설명을 제공하였다.

위의 증거와 또 다른 증거들은 어린 아동들이, 연역적 추론이 다른 종류의 추론과 다르지 않다고 생각한다는 것을 암시한다. 이와 같이 아동이 논리적 필연성과 경험적으로 도출된 결과를 구분하지 못하는 것은 어린 아동들이 연령이 높은 아동이나 성인들은 순수한 논리적 관계라 여기는 것을 경험적으로 밝혀 입증하고자 하는 열의를 드러내는 것이다(Efklides, Demetriou, & Metallidou, 1994; Galotti & Komatsu, 1989; Kuhn, 1989; Overton, Ward, Noveck, Black, & O' Brien, 1987). 예를 들어, 7세 아동들은 "내가 손에 들고 있는 칩이 파란색이거나 파란색이 아니다"란 진술을 사실로 받아들이기 위해서 실험자가 손을 펴 보여줄것을 주장한다(Osherson & Markman, 1975).

아동들이 경험적으로 도출하는 것과 논리적으로 필연적인 것을 구분하지 못하는 것은, 이들이 증거가 논리적으로 어떤 결론에 다다를 수 없을 때에도 그 결론을 받아들이는 현상 또한 설명한다(Acredolo & Horobin, 1987; Byrnes & Overton, 1986). 예를 들어서, 연속해서 4개의 상자를 열어 본 후, 아동들은 각 상자를 열 때마다 빨간 칩이 어떤 상자에서 나왔는지를 확실하게 말할 수 있는지의 여부를 보고해야 하는 게임에서, 대부분의 5세 아동들은 그들이 본 빨간 칩을 담고 있었던 첫 번째 상자를 선택하였으며, 이것은 심지어 아동들에게 "다른 (열지 않은) 상자일 수도 있지 않을까"라는 질문을 했을 때도 그렇게 대답하였다(Fay & Klahr, 1996).

왜 아동들은 꽤 어린 나이부터 연역적으로 추론을 하면서도, 연역적 추론을 이해하는 데 그렇게 오랜 시간이 걸리는 것일까? Halford(1993)는 연역의 기본적인 논리에 대한 이해, 대안적인 책략들 사이에서 선택할 수 있는 기회, 정보처리의 한계라는 세 가지 요인이 유력하다고 제안하였다.

Halford의 이론에서는, 연역적 추론은 구체적인 상황에 대한 이해로부터 비롯된다. 이것은 *전이적 추론(transitive inference)*(만약 A > B이고 B > C이면, A > C)의 맥락에서 설명할 수 있다. Halford는 아동들의 그러한 추론능력이 블록을 가지고 노는 것과 같은 일상 활동의 맥락에서 처음으로 나타날지 모른다고 제안하였다. 특히, 그들은 만약 블록 A가 블록 B보다 크고, 블록 B가 블록 C보다 크면, 블록 A는 또한 늘 블록 C보다 훨씬 크다는 것을 알아차릴지도 모른다. 이러한 초보적 이해는 심적 모델로 작용함으로써 다른 순서들을 어떻게 설명할지 결정하는 데 유용하다. 이 관점과 일관되게, 4세 아동들은 다른 방법으로는 해결할 수 없는 이행 추론 문제는 *골디락스와 세 마리의 곰(Goldilocks and the Three Bears)* 이야기—아빠 곰의 소유물이 항상 가장 컸고, 아기 곰의 것이 가장 작았고, 엄마 곰의 것은 그 사이였던—를 통해 유추할 수 있었다(Goswami, 1995b).

Halford의 모델에서, 논리적 연역적 추론 발달의 두 번째 원천은 여러 대안적 책략들 중 보다 더 나은 책략의 선택이다. 아동들은 전형적으로 문제 해결을 위한 몇 가지 책략들을 알고 있고, 어린 아동들은 연역적 추론의 기본적인 논리를 이해했을 때조차도 연역적 추론 외의 다른 책략을 선택할 수 있다. 전이적 추론을 다시 예로 사용해 보자. 어떤 상황에서는, 심지어 5세 아동들도 논리적 방법을 가지고 이와 같은 문제를 해결하지만(Trabasso, Riley, & Wilson, 1975), 그들은 또한 그 문제를 해결하기 위해

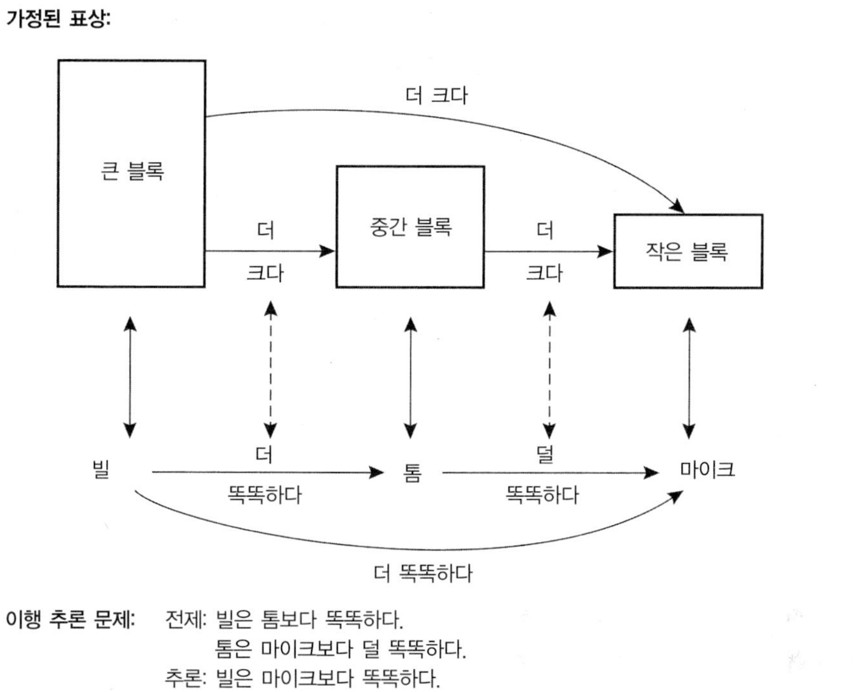

그림 10.8 어떻게 아동이 블록에 대한 선행 지식을 가지고 유추를 함으로써 전이적 추론 문제에서 틀릴 수가 있는지에 관한 Halford(1993)의 분석. 실제로 빌은 마이크보다 더 똑똑하거나 똑똑하지 않을 수 있다.

대안적인 책략을 사용한다. 그러한 대안 중 하나는 비교하고 있는 특징이 무엇인지 관계없이 단순하게 가장 최근에 언급한 물체가 가장 크다고 가정하는 것이다(Halford, 1984). 이러한 단순화 책략(simplification process)은 정보처리 요구량은 감소시키지만, (그림 10.8에 나타난 것처럼) 순서에 대한 잘못된 추측을 할 위험을 안고 있다. 동일한 목표들을 달성할 수 있는 또 다른 책략—그러나 또한 결점도 가지고 있는—은 전제의 상세한 내용이 아닌 요점을 기억하는 것으로, 예를 들어 주어진 막대기가 대개 다른 것들보다 길다는 인상을 형성하는 것이다(Brainerd & Reyna, 1990). 이러한 책략들이 자주 아동을 오반응으로 이끌기 때문에, 시간에 걸쳐서 아동들은 연역적 추론에 근거한 대안적 접근에 점차 더 많이 의지하게 된다.

발달의 마지막 요인은 정보처리 능력의 증가이다. 그러한 증가는 아동들이 복잡한 상황에서 모든 관련 정보를 보유할 수 있도록 해줌으로써, 큰 노력을 요하지 않는 상황뿐만 아니라 노력을 요하는 상황들에서도 연역적으로 추론할 수 있도록 해준다.

Halford의 이론이 가지고 있는 함축적 의미 한 가지는 전제들 간의 논리적 관계를 정확하게 표상하지만 정보처리의 요구량을 감소시키는 책략들을 아동에게 가르치는 것이 연역적 추론 문제에서 그들의 수행을 향상시킬 수 있다는 것이다. ('모든 A는 B이고, 모든 C는 B이다. 모든 A는 또한 C인가?'와 같은) 삼단논법 문제에서, 벤다이어그램은 그러한 책략 중 하나를 제공한다. 성인들은 자주 그러한 문제들에서 벤다이어그램을 자발적으로 사용하지만(Oakhill, 1988), 아동들은 그렇게 하는 방법을 거의 알지 못한다. 그러나 6학년과 8학년 학생들에게 벤다이어그램의 사용법을 가르치면, 여름에 해수욕장에는 햇볕에 그을린 여자가 해수욕장의 모든 여자보다 많다고 결론을 내리는 것과 같은 논리적 오류는 피할 수 있다(Agnoli, 1991).

다른 연구자들은 아동들의 연역적 추론에 관한 학습에서 교수(instruction)의 중요성에 또한 초점을 두었다. 예를 들어서, Morris와 Sloutsky(1998)는 연역적 추론, 특히 논리적으로 필연적인 결론과 경험적 타당성을 필요로 하는 결론 간의 구분에 명백하게 초점을 두고 있는, 한 러시아의 실험적 수학 교과과정의 효과를 조사하였다. 실험적 교육과정 교육을 받은 학생들은 보다 전통적인 교수를 받은 다른 학생들보다 연역적 추론에서 더 큰 학습성과를 보였다. 놀랍게도, 명백한 교수를 받지 못한 많은 학생들은 심지어 16세까지도 연역적 추론에 대해 충분히 이해하지 못했다. 교수는 연역적 추론의 발달에 결정적인 요인일지도 모르며, 교수가 없다면 많은 학생들은 능력을 완전히 발달시키지 못할 수도 있다.

요컨대, 연역적 추론에 있어 많은 원천들이 기여하는 것으로 나타났다. 경험과 교수로써 아동들은 연역적 추론의 기본적인 논리를 보다 많이 이해하며, 연역적 추론 문제에서 효율적으로 전제들을 표상할 수 있는 방법과 같이 정보처리의 한계를 교묘히 피할 수 있는 방법을 배운다. 이 새로운 지식은 연역적 추론 문제를 해결하기 위한 대안적 책략 중에서 그들이 더 나은 선택을 할 수 있도록 해줌으로써 결과적으로 더 나은 추론으로 나아가게 한다.

요약

문제 해결은 장애물을 극복하고 목표에 도달하기 위해 많은 과정을 지휘하는 아동들의 노력을 포함한다. 그것은 과제의 구조에 의해서 크게 영향을 받는다; 이것은 정확한 과제 분석이 문제 해결을 하기 위한 성공적 시도와 성공적이지 못한 시도 모두를 이해하는 데 필수인 것으로 만든다. 과제에서 중요한 정보에 대한 약호화, 약호화된 정보로부터 적절한 심적 모델의 형성, 일반 지식과 특정 지식 간의 통합, 적절한 문제 해결 책략의 선택은 문제 해결의 성공을 결정짓는 주요 요인이다. 최근 연구는 한때

생각했던 것보다 매우 어린 아동들이 이와 같은 능력을 더 많이 가지고 있고, 반면에 더 나이 든 아동들은 이전에 생각했던 것보다 더 적은 능력을 가지고 있다는 것을 보여주고 있다. 그러나 기본적으로 아동들이 해결할 수 있는 문제의 범위는 확장된다.

이러한 일반적 양상은 저울 척도의 수행에서도 분명히 나타난다. 과제 분석은 아동들이 저울 척도 문제를 해결하기 위해서 모든 판단을 양쪽의 추의 양에 두는 것부터 필요할 경우에는 회전 힘(torque)를 계산하는 것에 이르기까지, 4개의 해결 규칙들 중 하나를 사용할 것이라는 것을 시사하였다. 저울 척도 문제에 대한 학습에서의 그러한 발달적 차이는 어린 아동들의 약호화의 한계에 의한 것이 대부분을 차지했다. 아동들이 관련 정보를 약호화하도록 도와주면 그들은 보다 효과적으로 학습할 수 있었다.

문제 해결의 가장 중요한 과정에는 계획하기, 유추, 인과 추론, 도구 사용, 과학적 · 논리적 추론이 있다. 계획하기는 미래 지향적인 문제 해결이다. 그것은 복잡하고 새로운 상황에서 가장 자주 사용된다. 가장 흔한 종류의 계획하기는 수단-목표 분석으로, 이것은 현재 상태와 목표 간의 차이를 점진적으로 감소시키는 것과 관련된다. 단순한 형태의 수단-목표 분석은 저울 문제와 멀리 있는 장난감 획득하기 문제 모두에서 생의 첫 해에 분명히 나타난다. 계획하기의 발달은 아동들이 기억할 수 있는 하위목표의 개수에 근거한 복잡성과 장기적 목표를 희생하면서 단기적 목표를 달성시키고자 하는 유혹에서 벗어나는 능력에서 우선 나타난다.

인과 추론은 18세기 철학자 David Hume에 의해서 그 중요성이 밝혀진 근접성, 선행성, 공변성의 세 변인들에 기초한다. 심지어 영아들도 근접성의 영향을 받는다. 선행성은 3세경에는 가끔씩만 그 영향력을 행사하고, 5세경에는 시종일관 그러하다. 근접성이 부재할 때 공변성은 5세 이후에 매우 중요해진다. 그러나 결과를 일으킬 수 있는 그럴듯한 기제들의 존재라는 네 번째 변인은 앞의 세 변인들보다 훨씬 더 큰 중요성을 가지고 있다. 대안적인 잠재적 원인들 중 학령전기 아동들의 선택은 그 결과들을 산출할 수 있는 기제들에 1차적 관심을 가지며, 지각적으로 두드러진 정보에 2차적인 관심을 가지며, 일관된 공변성과 같은 다른 단서들에 3차적인 관심을 가지고 있다는 것을 반영한다. 아동들은 일단 인과 추론을 형성하면 이 정보를 범주화 및 다른 종류의 문제 해결에도 사용한다.

매우 어린 아동들도 간단한 상황에서는 유추를 형성할 수 있는 반면, 성인들은 잠재적으로 유용한 유추들을 알아차리는 데 자주 실패한다. 여러 가지 변인들이 아동들과 성인들 모두의 성공에 영향을 미친다. 그런 변인 중에는 원천 문제와 목표 문제 간의 유사성 정도, 유추 관계의 특징, 동일한 원리를 가지고 이전에 해결했던 문제의 갯수와 같은 요인들이 포함된다. 그러나 더 나이 든 아동들과 성인들은 어린 아동들이

알아차리는 것보다 훨씬 더 많은 유추들을 알아차리며, 이는 특히 문제의 외면적인 특징이 예전의 상황과 새로운 상황 간의 관계를 알아차리기 어렵게 할 때 그러하다.

문제 해결을 위해서 도구를 사용하는 것 또한 매우 어린 아동들에서 분명히 나타난다. 지팡이 · 갈퀴와 같은 도구 중 일부는 목표를 직접적으로 달성하는 데 사용할 수 있다. 지도 · 축적 모형과 같은 다른 것들은 덜 직접적인 방법으로 효과적이다. 도구는 문제 해결을 하는 데 이롭지만, 항상 그러한 것은 아니다. 도구의 이용 가능성은 아동들이 어려운 문제를 해결할 수 있게 도와줄 수도 있지만, 아동들이 오류를 범하게 만들 수도 있다.

과학적이고 논리적인 추론은 상대적으로 늦게 발달하는 능력이다. 아동들은 그들의 가설을 분명하게 검증하는 실험을 설계하는 것을 특히 어려워한다. 그들은 또한 이론을 증거로부터 추출해 내는 것을 어려워한다; 그들의 초기 가정은 종종 그들이 설계하는 실험과 그 결과로부터 이끌어 내는 결론 모두에 영향을 미친다. 또한 성인들도 이러한 종류의 어려움들을 가지고 있지만, 그 정도는 덜하다. 논리적 사고와 관련해서, 심지어 어린 아동들도 몇 가지 결론들은 추론해 내지만, 귀납적 추론과 연역적 추론 간의 차이는 대개 아동기 후기나 청소년기에 이르기 전까지 이해하지 못하며, 때로는 그때에 이르러서도 이해하지 못한다. 이들이 가진 어려움은 전제로부터 얻어지는 필연적인 결론과 단지 가능성만을 의미하는 결론을 구분해 내는 것이다. 연역적 추론의 기본 논리에 대한 보다 향상된 이해, 대안적 책략에 대한 보다 나은 선택, 그리고 정보처리의 한계들을 피할 수 있는 새로운 방법들의 학습을 포함한 수많은 자원은 연역적 추론 발달에 기여한다. 이러한 향상은 아동이 연역적 추론 문제를 해결했던 경험과 직접적 교수 모두를 통해서 일어난다.

읽을거리

DeLoache, J.S. (2002). The symbol-mindedness of young children. In W.W. Hartup & R.A. Weinberg (Eds.), *Minnesota Symposium on Child Psychology: Vol. 32. Child psychology in retrospect and prospect.* Mahwah, NJ: Erlbaum. 이 장에서, DeLoache는 아동들의 상징에 대한 이해와 문제를 해결하기 위해서 상징적 표상을 사용하는 능력에 관한 그녀의 논문을 요약했다.

Halford, G.S. (1993). *Children's understanding: The development of mental models.* Hillsdale, NJ: Erlbaum. 심적 모델과 작업기억 용량 그리고 문제 해결 경험에서의 변화가 어떻게 인지 발달을 설명하는지 통합적 견해를 제공했다.

Klahr, D. (2000). *Exploring science: The cogni-*

tion and development of discovery processes. Cambridge, MA: MIT Press. 이 책에서 Klahr는 심리학의 과학적 발견에 대한 포괄적인 설명을 제공하기 위해서 학령전기 아동부터 성인에 이르기까지 이들에 대한 연구를 종합하였다.

Kuhn, D., Garcia-Mila, M., Zohar, A., & Andersen, C. (1995). Strategies of knowledge acquisition. *Monographs of the Society for Research in Child Development, 60*(4, Serial No. 245.) 아동들과 성인들의 새로운 지식을 습득하는 과정을 매우 꼼꼼하게 설명하였다.

Vosniadou, S., & Brewer, W. (1992). Mental models of the earth: A study of conceptual change in childhood. *Cognitive Psychology, 24,* 535-585. 성인들이 의미하는 바를 해석하는 일은 쉽지 않은데, 특히 그들의 주장이 명백한 사실인 듯한 것과 반대될 때 그렇다. 아동들의 지구의 모양에 대한 정신적 모형은, '지구는 둥글다' 와 같은, 심지어 우리들이 그들에게 하는 단순한 진술에 대한 아동들의 독창성과 모호함 모두를 보여준다.

제 11 장

학업 기술의 발달

나는 알파벳이 마치 딸기 나무 덤불인 양 엄청난 걱정을 하며 활자를 긁혀 가면서 힘들게 헤치며 나아갔다. 그 뒤로, 매일 저녁마다 자기를 알아보지 못하게 하려고 매일 밤 변장하기 위해 새로운 무엇인가 하는 그 도둑들, 아홉 개의 철자들 사이로 나는 떨어지고 말았어. 그러나 마침내 나는, 맹인이 손을 더듬어 앞으로 나아가듯이, 아주 조금씩 읽고 쓰고 계산을 하기 시작했어. (Dickens의 위대한 유산 중 필립의 독백)

인지 발달은 아동이 학교에 다니는 동안에도 멈추지 않는다. 아동이 학교에서 배우는 것은 특정 지식과 기술뿐 아니라 일반적 인지 능력에도 영향을 미친다. 이러한 영향은 역으로도 작용한다; 아동들의 일반적 인지 능력은 그들이 교실에서 배우는 것에도 크게 영향을 미친다.

인지 발달 이론과 아동의 교육에 관한 실질적 결정들은 교실 내외 요인 간의 상호작용에 달려있다. 예컨대, 부모는 아동법에 정해진 연령에 맞춰 학교에 보낼지 다음 해부터 보내야 할지를 결정해야 한다. 미국 내 많은 지역 공동체에서는 아동들의 입학을, 특히 남자아이들의 입학을 일 년 정도 보류하는 것이 일반적인 것이 되었다. 부모의 논리는 아이들의 연령이 더 높을 때 보다 성숙하고 많은 것을 배울 수 있다는 것이다.

일 년간의 기다림이 아동들이 입학 후 첫 해에 보다 많은 것을 배울 수 있게 해주는지 검증하기 위해서, 연구원 팀은 학교 입학 연령이 되자마자 학교를 다니기 시작하는 아동의 비율이 95%에 이르는 지역의 아동들을 대상으로 조사하였다(Bisanz,

Morrison, & Dunn, 1995; Morrison, Griffith, & Alberts, 1997; Morrison, Smith, & Dow-Ehrenberger, 1995; Varnhagen, Morrison, & Everall, 1994). 이 연구는 지역에서 정한 유치원 입학이 가능한 날짜보다 생일이 약간 빠른 아동들의 수행과 그 날짜보다 생일이 조금 늦어서 그 해에 입학하기에는 조금 어린 아동들의 수행을 비교하는 기한 설계(cutoff design)를 활용한 것이다. 따라서 두 집단은 평균 연령에서는 서로 1개월 내의 차이가 나지만, 한 집단이 다른 집단보다 일 년 먼저 입학했다. 여기에서의 문제는 더 높은 연령에서 1학년을 다니는 것이 기한 연령보다 생일이 조금 넘어서 1학년을 다니는 아동보다 더 많은 것을 배울 수 있게 하는 결과를 가져오는가이다.

결과는 명백했다: 11개월이라는 연령차에도 불구하고, 생일이 정해진 날짜를 겨우 넘긴 아동들과 생일이 정해진 날짜에 조금 못 미쳐서 일년 후 일학년에 입학한 아동들이 1학년을 보낸 1년 후 읽기와 수학 실력이 거의 비슷하게 증가되었다. 두 집단들이 1학년을 마쳤을 때, 그들의 수행 간에는 차이가 나타나지 않았다. 결과의 양상은 생일이 마감일보다 조금 빨랐거나 조금 느렸던 아동들의 차이에서 비롯된 것이 아니다. 수 보존과 같이, 학교 교육보다는 연령이 영향을 미칠 것이라 여겨지는 과제에서는, 1학년 말에 다른 아동들보다 일 년 정도 빨랐던 아동들은 훨씬 더 수행이 좋았다(Bisanz et al., 1995). 게다가, 두 집단 아동들의 IQ와 부모들의 배경은 유사했다. 기한설계를 사용하여 다른 지역의 아동들을 연구한 경우에도 이와 유사한 결과를 나타냈다(Crone & Whitehurst, 1999; Naito & Miura, 2001). 운동이나 사회적 성숙성에서는 아동이 학교를 다니기 시작하는 것을 지연할 만한 몇몇 이유들이 있을 테지만, 읽기와 수학을 하는 데 있어서는 그렇게 해야 만하는 이유가 없는 듯하다(Stipek, 2000).

이 장의 구성. 이 장은 읽기(reading), 쓰기(writing), 수학(arithmetic)의 세 개의 'R' 학습에 초점을 둔다. 우선 학령전기와 초등학교 초기에 획득하는 산수 기술에서 복잡한 계산, 대수학, 컴퓨터 프로그래밍으로 진행된다. 그 다음 아동들이 형식적 교육를 받기 전에 획득하는 읽기 기술에서 개개의 단어 읽기 과정, 이야기와 같은 보다 큰 단위에 대한 이해로 이어진다. 마지막 부분은 아동들이 자신들의 에세이와 이야기의 초고를 어떻게 쓰는지 설명하고, 자신이 쓴 것을 어떻게 교정하는지(혹은 왜 교정을 잘하지 못하는지)로 진행된다. 표 11.1에 이 장의 구성을 요약하였다.

학업 기술에 관한 기본적 질문들. 사람들은 학교에서의 심리학의 역할을 생각할 때, 일반적으로 표준화된 검사들을 가장 먼저 떠올린다. 교육자들은 재능 있는 아동들을 특별 프로그램에 배치하고 특수 교육을 제공하고 대학입학 허가를 포함한 여러 가지 중요한 결정을 내리기 위해서 IQ와 성취 검사 점수를 사용한다.

표 11.1 이 장의 개요

그러한 검사들은 미래 학업 성취도를 예측하고, 주어진 과목에 관해서 아동들이 얼마나 알고 있는지에 대한 지표로 매우 유용하다. 그러나 그것들은 아동이 학습하는 과정이나 아동을 보다 효과적으로 가르칠 수 있는 방법에 관해서는 그다지 많은 것을 말해주지 못한다. 아동들을 이해하고 그들을 돕는 데 있어 효과적 교수의 큰 중요성 때문에 아동 사고 연구는 학습과 관련된 특정 과정에 점점 더 집중되어 왔다. 이러한 학습 과정이 이 장의 핵심이다.

수학, 읽기, 쓰기 모두와 관련해서, 특정 학습 과정과 교수에 관련된 주제에 관한 몇몇 핵심 질문은 다음과 같다.

1. 아동들은 여러 가지 경쟁적 처리 과정의 요구에 대처하기 위해서 주의 자원을 어떻게 할당하는가?
2. 아동들은 자신들이 알고 있는 접근법들 중에서 어떤 책략을 사용할지 어떻게 선택하는가?
3. 교사는 그 분야의 전문가들이 사용하는 기법을 직접적으로 가르쳐야할까? 아니면, 간접적인 교수법이 더 효과적인가?
4. 지식과 학습에서의 개인차의 원인은 무엇인가?

이러한 질문들을 통해 우리는 서로 다른 과목 영역들에서의 아동의 사고에서 몇 가지 주목할 만한 공통점을 발견하게 되었다. 예컨대, 계산, 읽기, 철자법에서 아동의 책략 선택들을 생각해 보기로 한다. 이 세 가지 영역 모두에서, 아동들은 기억에서부터 답을 인출해 낼지, 시간이 더 걸리는 다른 대안들로 돌아갈지를 선택해야 한다. 수를 더하기 위해서 아동은 답을 인출해서 말할지 아니면 수세기를 통해 답을 낼지 결정해야 한다. 단어를 읽기 위해서 그들은 기억으로부터 인출해서 발음을 할지 아니면 단어를 소리 내어 볼지를 결정해야 한다. 철자를 쓰기 위해서, 아동은 인출해낸 문자들의 순서를 쓸지 아니면 사전에서 그 단어를 찾아볼지 결정해야 한다. 이러한 과목들 간의 차이에도 불구하고, 아동들은 세 가지 결정 모두 책략 선택 과정을 통해서 하는 듯하다. 이 장에서는 수학, 읽기, 쓰기에서 각각에 대한 발견과 그들 간의 일반적 패턴 모두를 다루고자 한다.

수학

8장에서 논의한 것처럼, 대부분의 아동들은 학교에 들어갈 즈음, 수에 관한 기본적 지식을 가지고 있다. 대부분의 5세 아동들은 최소 20까지는 셀 수 있으며, 수세기가 한 물체에 하나의 숫자만이 대응할 수 있다는 것과 n개의 물체들로 이루어진 서로 다른 세트들은 서로 같은 수크기(numerosity)를 가지고 있다는 것을 알며, 1부터 10까지의 수들이 가지고 있는 상대적인 크기를 안다. 그렇지만, 이외에도 산수, 대수, 기하 등 배울 것은 엄청나게 많다.

한 자릿수의 계산

한 자릿수의 계산은 기억으로부터 그 답을 인출할 수 있다는 면에서는 가장 간단한 기술 중 하나인 듯하다. 그러나 이러한 생각은 잘못된 것이다. 초등학교 처음 몇 년 동안 아동은 3+6, 8+5와 같은 문제를 해결하기 위해서 다양한 종류의 책략들을 사용한다. 그들은 기억으로부터 답을 인출할 뿐만 아니라, 손가락으로 1부터 세거나, 가수(addends) 중 더 큰 수에서부터 다른 가수의 개수만큼 세는 책략을 사용하기도 하며(예, 3+6의 경우 '6, 7, 8, 9' 라 센다), 관련된 문제들에 대한 지식으로부터 답을 추론해내기도 한다(예, 6+5, 음, 5+5=10이란 것을 아니까, 6+5는 11임이 분명해)(Fuson & Kwon, 1992; Geary, Fan, & Bow-Thomas, 1992). 심지어 대학생들도 인출 외의 다양한 책략들을 놀라울 정도로 자주 사용한다(Geary, 1996; LeFevre, Sadesky, & Bisanz, 1996). 특히, 그들은 가수 중 더 큰 것부터 세거나 복잡한 문제를 두 개의 간단한 문제로 분해하기도 한다(예를 들어, 9+6은 10+6과 16-1로 분해할 수 있다). 계산은 또한 두뇌의 다양한 영역을 사용하도록 한다. 계산 문제를 수행하는 사람들에 대한 자기 공명 화상법(MRI) 연구들은 전두엽의 피질, 운동신경의 피질, 두정엽, 그리고 대뇌의 양쪽 반구에 있는 몇 개의 다른 영역들이 관련되어 있다는 것을 보여 주었다(Rueckert et al., 1996). 따라서 계산은 보기보다는 훨씬 복잡하다.

한 자릿수 계산의 발달. 요즘 아이들의 대부분은 꽤 이른 시기부터 산수를 배우기 시작한다. 이들은 유치원에 입학할 즈음에 대부분 한 자릿수 덧셈과 뺄셈 문제를 풀 수 있다. 이러한 문제에 대한 그들의 학습은 *Sesame Street*와 같은 교육용 텔레비전 프로그램에 의해 촉진되었을 것이다. 텔레비전 시대 이전의 연구들(예, Ilg & Ames, 1951)은 아동들이 1학년이 되어서야 이와 유사한 수준의 능력을 가지고 있다는 것을 발견할 수 있었기 때문이다.

다양한 계산 책략의 사용은 덧셈에만 한정되어 있지 않다. 예를 들어서 곱셈을 하기 위해서, 2학년부터 4학년 학생들은 때로는 피승수(mulitplicands) 중 하나를 다른 피승수의 횟수만큼 반복해서 더하거나(6×8을, 6을 8번 더하거나 8을 6번 더함으로써 해결하는 것), 해치마크(hatch mark)를 만들어서 그것들을 세거나 더하거나(4개의 해치마크가 있는 3개의 집단을 그려서 그것들을 세거나 더함으로써 3×4를 해결하는 것), 때로는 기억으로부터 답을 인출하고, 또는 그것과 관련된 문제들을 이용해서 답을 낸다(Cooney, Swanson, & Ladd, 1988; Lemaire & Siegler, 1995).

아동의 경험이 증가함에 따라 사용하는 책략도 바뀐다. 가장 극적인 변화는 인출 책략 사용의 증가이다. 몇 년 동안의 덧셈과 뺄셈, 약 일 년 동안의 곱셈과 나눗셈의 경험 후 대부분의 아동들은 기본적 계산의 답을 인출한다. 인출 외에 다른 책략들에 대한 그들의 사용 또한 변한다. 아동이 덧셈을 하기 시작하면, 그들은 손가락들을 펴서 1부터 세기 시작하는 책략을 가장 많이 사용한다. 그들은 기술과 지식이 쌓여감에 따라, 더 큰 가수부터 세기를 시작하거나 상대적으로 어려운 문제를 더 쉬운 두 개의 문제로 분해하는 것(10+7=17; 17−1=16을 통하여 9+7을 푸는 것)과 같은 더욱 복잡한 책략들을 점점 더 많이 사용한다.

같은 시기 아동들은 계산 문제를 보다 빠르고 정확하게 풀 수 있게 된다. 속도와 정확성의 변화는 사용하는 책략의 변화와 각 책략이 얼마나 효과적으로 수행하는가와 관련된다. 인출과 더 큰 가수에서부터 세기와 같이 보다 이후에 사용되는 책략은 1부터 세기와 같이 초기에 사용되는 책략보다 본질적으로 더욱 신속하게 문제를 풀게 한다. 어떤 책략에서든 속도와 정확성은 향상된다.

이와 동일한 발달은, 학교 체계의 현저한 차이에도 불구하고, 유럽, 북미, 동아시아의 모든 아이들에게서 나타난다(Fuson & Kwon, 1992; Geary, Bow-Thomas, Fan, & Siegler, 1993; Lemaire & Siegler, 1995; Naito & Miura, 2001). 그러나 유럽과 동아시아의 아동들은 미국의 아동들보다 더 이른 시기에 더욱 발달된 책략을 사용하며, 속도와 정확성이 더 빨리 증진된다. 예를 들어, 미국 아동들이 여전히 1부터 셀 때, 동아시아의 아동들은 주로 기억으로부터 답을 인출하고 더 큰 가수부터 세거나 관련된 계산 지식에 의존한다(Geary et al., 1993).

책략의 선택. 아동의 계산에서 가장 인상적인 점 중 하나는 아동의 책략 선택이 참으로 적응적이라는 것이다. 이러한 적응성은 인출한 답을 말할지 아니면 *대체 책략*(인출 외의 다른 책략)을 사용할지에 대한 아동들의 선택에서 명백하게 나타난다. 심지어 4세와 5세 아동들도 덧셈 문제가 어려울수록(문제에 대한 더 많은 횟수의 오류나 더 긴 해결 시간으로 측정) 더욱 자주 1부터 혹은 더 큰 가수부터 세기와 같은 대체 책략을 사용하였다(Siegler & Shrager, 1984).

아동들이 아주 어려운 문제를 풀기 위해 대체 책략을 가장 빈번하게 사용하는 것은 그들이 속도와 정확성의 요구와 균형을 이룰 수 있도록 도와주기 때문에 적응적이다. 인출한 답을 말함으로써 덧셈 문제를 해결하는 것과 수세기로 덧셈 문제를 해결하는 것을 선택해야 하는 1학년 학생들을 생각해 보자. 인출하는 것이 더 빠르긴 하지만 수세기를 하는 것이 어려운 문제에서 더 정확한 경향이 있다. 어린 아동들은 인출이 정확한 답을 낼 수 있는 더 쉬운 문제에서는 주로 회기를 사용하지만, 정확한 수행을 위해서 대체 책략이 필요한 어려운 문제에서는 다른 책략을 사용함으로써 이러한 목표들의 균형을 맞춘다. 다시 말하자면, 아동들은 그들이 정확하게 수행할 수 있는 가장 빠른 접근법을 선택하는 경향이 있다. 그림 11.1에서 나타나듯이, 아동들은 뺄셈과 곱셈에서 대체책략과 인출 간의 선택에 있어서도 유사하게 적응적 책략을 선택한다.

책략 선택 모델. 어떻게 아동들은 그들이 알고 있는 대안적 책략 중에서 적응적인 선택을 하는가? 3장에서 논의한 Siegler와 Shipley(1995)의 책략 선택 모델은 이 질문에 초점을 두고 있다. 여기에서 우리는 방금 전에 설명한 선택을 그 모델에 근거하여 살펴보고자 한다: 덧셈 문제를 해결하기 위해서 인출한 반응을 말할지 아니면 대체 책략을 사용할지. 이러한 선택을 하는 모델의 기제는 상호작용을 하는 두 부분과 관련되어 있다: 특정 문제에 관한 지식의 표상과 수행을 위해 그 표상 위에서 작동하는 과정. 표상은 각 문제들과 그 문제들의 옳고 그른 모든 잠재적 해답들 간에 맺고 있는 다양한 강도의 연합들을 포함하고 있다. 예를 들어, 그림 11.2에서, 문제 '3+4' 은 6이라

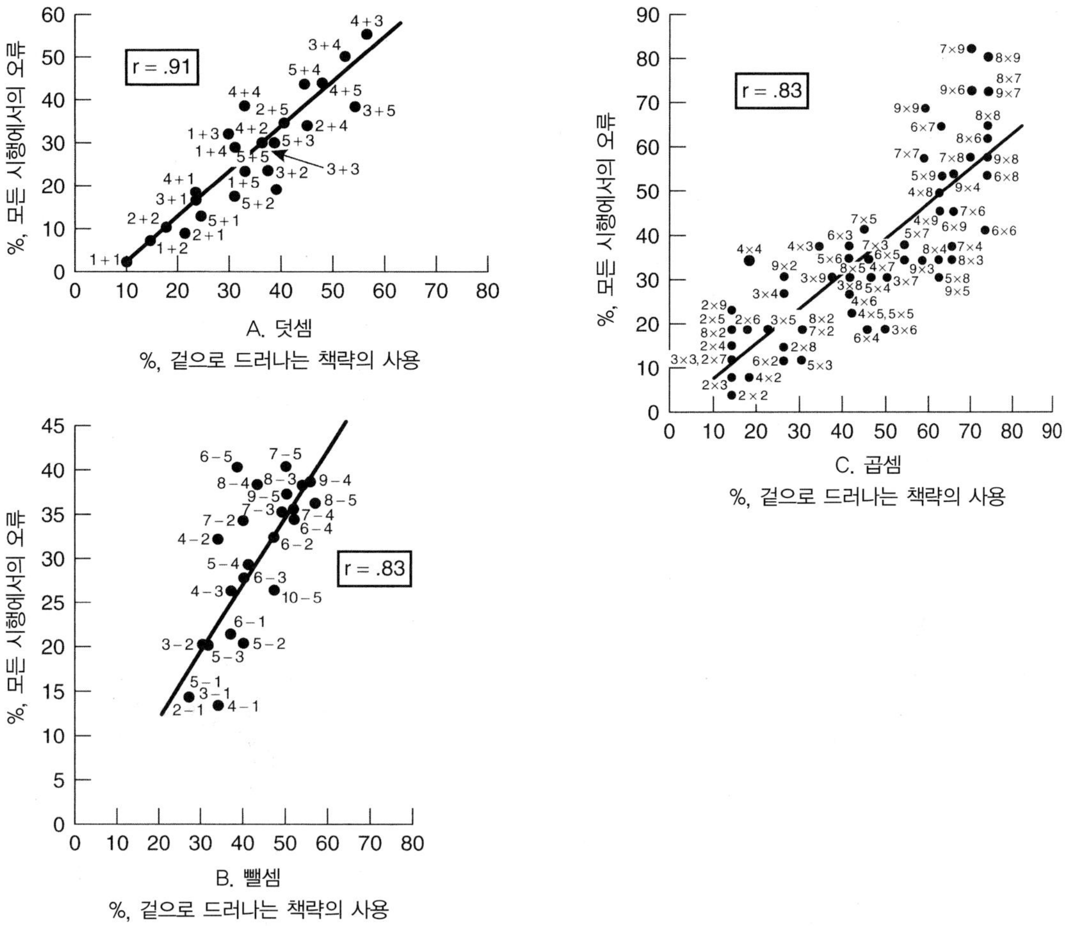

그림 11.1 아동 비율에서 보이는 것과 같이, 아이들은 산수 문제가 어려울수록 겉으로 보이는 책략들을 더 자주 사용한다(Siegler, 1987a, 1988b; Siegler & Shrager, 1984의 자료). 그림에서 '%, 겉으로 드러나는 책략 사용(overt strategy use)'란 명칭은 이 실험에서 대체 책략의 사용여부가 문제를 해결하는 동안 아동들의 책략을 수행하는 외적 행동들을 찍은 비디오테이프를 통해서 판단되었기 때문이다.

는 답과 강도 .12로 연결되어 있고, 7이란 답과는 강도 .29로 같이 연결되어 있다.

서로 다른 문제들에 대한 표상들은 구배(peakedness)의 차원에서 다양해진다고 생각할 수 있다. 그림 11.2에서, '2+1'의 표상은 대부분의 연합 강도가 하나의 답에 집중되어 있으므로 정점(peak) 분포를 이룬다. '3+4'의 표상은, 정반대로, 구배가 넓게 퍼진(납작한) 분포인데, 그 이유는 연합 강도가 몇 개의 답안들에 분포되어서 그것들 중 어느 것도 강한 정점을 만들지 못하기 때문이다.

이와 같은 표상 위에 다음과 같은 과정이 작용한다. 우선, 아동은 *신뢰 기준(confidence criterion)*을 세운다. 이 신뢰 기준은 인출한 답을 답이라고 말하기 위해서 그것

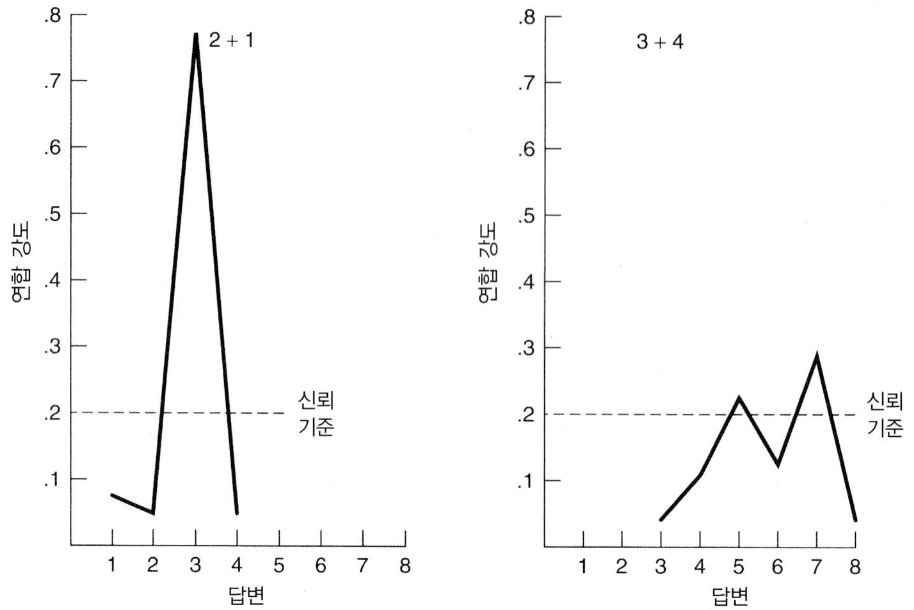

그림 11.2 정점 분포와 납작한 분포의 연합들. 정점 분포는 겉으로 드러나는 책략 사용에 대한 필요성 감소시키며, 더 적은 오류, 더 짧은 해결 시간들로 이어지게 할 것이다(Siegler, 1986에서 인용).

의 연합 강도가 초과해야 하는 경계이다.

신뢰 기준을 한번 세우면, 아동은 답을 인출한다. 인출을 하려고 노력함으로써 어떠한 답이 인출될 가능성은 문제에 대한 모든 답변들의 연합 강도들의 상대적 크기에 비례한다. 즉 '2+1'을 '3'을 연결시키는 연합 강도*가 .79이기 때문에, 그리고 '2+1'과 모든 답들을 연결시키는 전체의 연합 강도는 1.00이기 때문에, '3'을 '2+1'에 대한 답으로 인출할 가능성은 .79이다.

그런데 인출한 어떠한 답의 연합 강도가 신뢰 기준을 초과하면, 아동은 그 답을 말한다. 인출한 답이 신뢰 기준을 넘지 못하면, 아동은 하나의 답을 다시 인출해서 그것

* 추정된 이러한 연합 강도는 개별적인 실험에서의 아동들의 수행에 기초하고 있다. 4세 아동들은 간단한 덧셈 문제들을 받았고, "손가락을 펴거나 세지 않고 가능한 한 빨리 맞다고 생각되는 답을 말하라"라는 요구를 받았다. 이러한 지시의 목적은 문제들과 답들 간 연합들의 강도에 대해 가능한 한 가장 순수한 측정치들을 얻는 것이다. 그림 11.2의 값은 인출만 한 이 실험에서, 아동들이 주어진 문제들에 대해 주어진 답들을 제출한 시행들의 비율을 나타낸다. 따라서, 3+4라는 문제를 제시했을 때, 아동들은 '6'이란 답을 전체 시행 중 12%에서만 내놓았다. 개개의 아동들에 대한 유사한 추정치가 개개의 아동들에게 동일한 문제들을 10회 제시했던 한 연구에서 나타났다.

이 신뢰 기준을 초과하는지 보거나 아니면 인출하고자 하는 노력을 중단하고 그 문제를 해결하기 위해서 대체 책략을 사용한다.

이 모델에서, 한 문제에 대한 분포가 더 뾰족할수록, 아동은 대체 책략보다 인출을 더 자주 사용할 것이다. 이것은 한 답에 대한 연합 강도의 집중도가 클수록, 가장 강하게 연합된 답이 인출된 가능성이 더 높아지고, 그 답의 연합된 강도가 신뢰 기준을 넘어서 인출한 답을 말할 수 있도록 해줄 가능성이 높아지기 때문이다. 유사하게, 가장 강한 연합 강도를 가진 답이 보통 정답이기 때문에, 그 답 내의 연합 강도의 집중도가 더 클수록 인출한 답이 정답일 가능성이 더 높다. 따라서 각 문제의 오류와 책략 선택이 모두 문제의 연합들의 분포가 얼마나 뾰족한지를 반영하기 때문에, 그 문제의 오류 비율과 문제의 대체 책략의 비율 간에 높은 상관이 발생한다(그림 11.1).

그렇다면 어떻게 어떤 문제들은 정점 분포를 가지게 되고, 다른 것들은 납작한 분포를 가지게 될까? 책략 선택 모델의 기본적인 가정은 아동들이 자신들이 말한 답변과 문제를 연합시킨다는 것이다. 아동들은 여러 시기에 걸쳐 같은 문제에 대하여 서로 다른 답을 말했기 때문에, 그들은 그 문제와 그들이 말한 모든 답들 간에 연합을 시켰을 것이다. 한 문제에 대해 어떤 답을 더 자주 할수록, 이후 그 문제를 제시했을 때 그 답을 이끌어낼 가능성이 더 높아진다. 그러므로, 2+1과 같은 문제는 3+4보다도 분포가 더 뾰족한데, 그 이유는 아동들이 일곱 개의 손가락으로 정확하게 세서 '7' 이란 답을 3+4와 연합시키는 것보다 세 손가락으로 더 정확하게 셀 가능성이 더 높고, 이에 따라 '3' 이란 답을 2+1과 연합시킬 가능성이 더 높기 때문이다. 이 관점과 일관되게, 1학년 때 대체 책략을 가장 정확하게 수행하는 아동들은 2학년 때 인출을 가장 빈번하게 사용한다(Kerkman & Siegler, 1993).

앞선 발견과 모델은 아동들이 덧셈할 때 손가락을 쓰지 못하게 하는 일반적인 방책은 잘못된 것이라는 흥미로운 교육적 함의를 제공한다. 많은 교사들은 반복적으로 아동들에게 손가락을 사용하지 말라고 가르친다. 이에 대해서 교사들은 다음과 같이 그들만의 특정한 논리를 가지고 있다. 교육의 목표 중 하나는 더 어리고 덜 숙련된 아동들을 더 성숙하고 숙련되게 만드는 것이다. 즉, 연령이 높고, 보다 숙련된 아동들은 그들의 손가락을 사용하지 않는다. 따라서 이러한 논리에 의해서, 더 어리고 덜 숙련된 아이들도 그렇게 해서는 안 된다는 것이다.

반면, 책략 선택 모델은 아동들에게 손가락을 사용하지 말라고 강요하는 것은 실제로 학습을 저해할 수 있다고 제안한다. 계산에 대해 더 많은 지식을 가진 아동들은 연합의 정점 분포를 더 많이 지니고 있다; 그들은 문제에 대한 답을 정확하게 인출할 수 있기 때문에 손가락을 더 이상 사용하지 않는다. 그러나 더 어리고 적은 지식을 가진 아동들은, 그들의 연합 중에 정점 분포가 많지 않기 때문에 대체 책략을 사용한다. 답을 인출하라고 강요하는 것은 많은 오류들로 이어질 것이며, 각 응답은 그 답의 연합 강도를 더하기 때문에, 잘못된 답을 문제에 더 강화 연합시킬 것이다. 따라서, 역설적으로, 아동들에게 손가락을 사용하지 말라고 강요하는 것은, 강요하지 않았을 때보다 더 오랜 시간동안 그것들을 사용할 필요가 있도록 만들 수도 있다. 종종 그렇듯, 교육 목표를 추구하는 가장 직접적인 방법이 반드시 가장 효과적인 것은 아니다.

개인차. 이 모델의 효용 중 하나는 아동들 간의 차이를 설명할 수 있는 틀을 마련했다는 것이다. 이 모델은 아동들 간에 차이가 나는 두 차원을 제안하였다. 그것은 연합 분포들의 뾰족한 정도와 그들이 세운 신뢰 기준의 엄격함이다. 첫 번째는 아동들이 그 문제들에 대한 정답을 얼마나 알고 있는지의 차이를 반영할 것이다. 두 번째는 아동들이 인출한 답을 말하기 전에 어느 정도의 확신이 필요한지의 차이들을 반영할 것이다.

1학년생들의 덧셈과 뺄셈에 대한 검사는 그들의 수행이 두 차원 모두에서 차이가 나타난다는 것을 밝혔다(Kerkman & Siegler, 1993; Siegler, 1988a). 아동을 '잘 하는 학생, 그다지 잘 하지 못하는 학생, 완벽주의자'의 세 집단으로 분류할 수 있다.

잘 하는 학생들과 그다지 잘 하지 못하는 학생들 간의 수행에서의 현저한 차이는 명칭에서 예상되는 것처럼 모든 차원에서 명백했다. 잘 하는 학생들은 인출과 대체 책략 시행 모두에서 더 빨랐고, 더욱 정확했으며, 인출을 더 자주 사용했다. 또한 그들은 표준화된 성취 검사에서 더 높은 점수를 받았다.

잘 하는 학생들과 완벽주의자들 간의 수행에서의 차이는 매우 흥미로웠다. 두 집단은 동일하게 정확했고, 성취 검사에서 비슷하게 잘 했지만, 책략 사용에서 차이가 났다. 잘 하는 학생들은 다른 두 집단보다 더 많은 문제에 대한 답을 인출했다; 완벽주의자들은 다른 두 집단보다 인출을 덜 빈번하게 사용했으며, 심지어는 잘 하지 못하는 학생들보다도 훨씬 덜 사용했다. 그러나 완벽주의자들이 인출을 사용할 때 그들의 반응은 극도로 정확했다.

이 모델에 따르면, 잘 하는 학생들은 연합의 정점 분포를 가지고 있고, 보통 정도로 엄격한 신뢰 기준을 세운 아동들이다. 그다지 잘 하지 못하는 학생들은 납작한 분포를 가지고 있고, 낮은 신뢰 기준을 세우는 아동들이다. 완벽주의자들은 정점 분포를 가지고 있지만, 매우 엄격한 신뢰 기준을 세우는 아동들이다.

이러한 해석을 시험해 보기 위해서, Siegler와 Shipley 모형(1995)에 근거한 세 가지의 변형 모형이 고안되었다. 이들은 세 아동 집단을 변별할 것이라고 가정된 두 개의 변인(연합들의 분포의 뾰족함 정도와 신뢰 기준의 엄격함)을 제외하고는 동일했다. 이 모형들의 시뮬레이션은 각 집단에서 예상되는 책략 선택과 정확성의 양상을 나타냄으로써, 중요하다고 가정된 변인들이 예상한 효과를 가지고 있다는 것을 증명하였다.

이와 같은 발견은 이 장 초반에 언급한 주안점, 즉 사고에 대한 보다 깊은 이해는 표준화된 시험 점수에 관심을 두는 것보다, 특정 인지적 과정들을 검토해 봄으로써 얻을 수 있다는 것을 확증한다. 표준화된 성취 검사는 그다지 잘 하지 못하는 학생들을 잘 하는 학생과 완벽주의자로부터는 명백하게 구분할 수 있다. 이러한 차이는 산수에 대한 더 나은 혹은 더 못한 지식을 반영하였다. 그러나 잘 하는 학생들과 완벽주의자들 간의 차이는 그렇지 않았고 성취 검사로는 파악할 수가 없었다. 이 아이들은 똑같이 박식했지만, 인지적 양식은 달랐다. 그들의 수행 양식은 계수를 잘 하는 더 좋은 방법 혹은 더 나쁜 방법을 보여줬다기보다는, 계산을 잘 하기 위해 사용하는 서로 다른 방법을 보여주었다. 이와 같은 차원에서 아동들이 차이가 날 것이라고 예측함으로써, 이 모형은 성취 검사로부터 알아낼 수 있는 것을 뛰어넘어 인생 초기 나타나는 개인의 차이를 이해하는 데 기여하였다.

수학 장애. 수업 시간에서의 낮은 수행과 표준화된 시험들에서의 낮은 점수를 근거로 볼 때, 미국에서는 약 6%의 아이들이 수학 장애를 가지고 있는 것으로 분류된다(Badian, 1983; Cross-Tsur, Manor, & Shalev, 1996). 앞에서 언급한 그다지 잘 하지 못하는 학생들과 같이, 이 아이들은 대체 책략을 수행하는 것과 정답을 인출하는 것 모두에서 어려움을 겪는다(Geary, 1994; Geary, Hamson, & Hoard, 2000). 1학년 학생들처럼, 그들은 (더 큰 가수부터 세기보다는 1부터 세는 것과 같은) 미숙한 수세기 절차를 자주 사용하며 대체 책략도 느리고 부정확하게 사용하며 인출은 거의 사용하지 않거나 부정확하게 사용한다. 2학년이 될 즈음에 그들은 더 큰 가수부터 세는 것과 같이 다소 복잡한 수세기 절차를 사용하고 속도와 정확성이 향상된다. 그러나 그들은, 그때와 그 이후 수년 동안 계속해서 정답을 인출하는 데 어려움을 겪는다(Geary, 1990; Geary & Brown, 1991; Goldman, Pellegrino, & Mertz, 1988; Jordan, Levine, & Huttenlocher, 1995). 학령기에 이 아이들은 여러 자릿수의 계산과 대수와 같은 기본적 계산 능력을 기초로 하는 많은 기술에서 더 많은 문제에 봉착하게 된다(Hanich, Jordan, Kaplan, & Dick, 2001; Zawaiza & Gerber, 1993; Zentall & Ferkis, 1993).

왜 몇몇 아이들은 계산에서 그러한 큰 문제들에 부딪히게 될까? 한 가지 이유는 입학 전에 수에 대한 노출이 적었기 때문이다. '수학적으로 장애가 있는' 이라 분류되는 많은 아이들은 공식적 교육을 거의 받지 않은 빈곤한 가정 출신들이다. 그러한 가정환경의 아동들은 학교에 입학할 즈음에 수세기 기술, 수 크기에 관한 지식, 그리고 산술적 공식에 관한 지식에서 다른 아이들에 비해 훨씬 뒤처져 있다.

다른 주요한 차이는 작업기억 용량과 관련이 있다. 계산의 학습은 문제와 답을 연합시킬 수 있도록 답을 계산하는 동안 원래의 문제를 기억할 수 있는 충분한 작업기억 용량을 필요로 한다. 수학적 능력이 없는 아동들은 또래만큼 수 정보에 대해 많은 것을 기억하지 못했다(Geary, Bow-Thomas, & Yao, 1992; Koontz & Berch, 1996; Passolunghi & Siegel, 2001). 또한 그들은 입력 정보를 관리하여 그것을 인지 과제에 할당하는 시지각적-공간적 과정 · 실행 절차와 같은 작업기억의 다른 측면에서도 확실한 손상을 보였다 (Bull, Johnston, & Roy, 1999; Keeler, & Swanson, 2001; McLean & Hitch, 1999). 수세기 · 산술적 연산 · 자릿수에 대한 이해의 부족은 이 아이들의 계산 학습에 더 큰 장애를 가져온다 (Geary, 1994; Geary et al., 2000; Hanich et al., 2001; Hitch & McAuley, 1991). 요컨대, 수학 장애는 배경 지식, 수행 능력, 개념적 이해의 결함의 총합을 반영한다.

원리의 이해. 계산 기술이 증진될수록, 계산이 기초하는 원리들에 대한 이해도 증진된다. 그러한 원리 중 하나는 하나의 수에 같은 수를 더하고 다시 빼는 것이 처음 수의 크기를 변하지 않은 채로 남겨놓는다는 역환 원리(inversion principle)이다. 이 원리는 실물의 집합에도 적용되기 때문에, 약 4세 혹은 5세 정도의 아이들에게서 나타나기 시작한다(Klein & Bisanz, 2000; Vilette, 2002). 예를 들어, 유치원생들은 만약 두 개의 물건을 제거한 후 다시 두 개의 물건을 더하면 그 집합의 물건이 동일한 수로 유지된다는 것을 알아차린다. 그러나 아동들의 역환에 대한 이해는 수의 형태로 제시되는 문제에 적용되기 때문에 상당히 느리게 나타난다. 이것은 (5+8−8=? 과 같은) '$a+b-b=?$' 형태로 된 문제에 대한 수행에서 볼 수 있다. 상반 원리를 적용해서 그러한 문제들을 푸는 아동들은, b를 더하거나 뺄 필요가 없기 때문에, 그 크기와는 관계없이 동일한 시간 내에 답을 할 것이다. 정반대로, b를 더하고 뺌으로써 문제를 푸는 아동들은, 큰 수들을 더하고 빼는 것이 작은 수를 더하고 빼는 것보다는 시간이 더 걸리기 때문에, b가 작은 수일 때보다는 큰 수일 때 시간이 더 걸릴 것이다.

6세와 9세 사이에, 모든 $a+b-b$ 문제들에 대한 수행의 전체 반응시간은 연령이 증가함에 따라 더욱 빨라진다. 그러면서 9세 아동들도 6세 아동들처럼 b의 크기가 작은 수일 때보다는 큰 수일 때 시간이 더 오래 걸린다(Bisanz & LeFevre, 1990; Stern, 1992). 모든 문제에 대한 속도의 향상은 덧셈과 뺄셈 절차에 대한 이해의 향상에 의한 것으로 나타난다. b가 큰 수일 때와 작은 수일 때에 따른 반응시간의 차이가 나타난다는 것은 6세 아동과 9세 아동 모두 상반 원리에 대해 충분히 이해하지 못한다는 것을 암시한다. 특히, 상반 원리 중에서 덧셈과 뺄셈을 하지 않고도 그러한 문제에 일관성 있게 대답할 수 있다는 이해가 없다는 것을 암시한다. 11세에 이르러서야, 대부분의 아동들은 성인들처럼, b의 특정 값을 무시하고 똑같이 빨리 모든 문제들을 풂으로써 상반 원리에 대해서 개념적으로 이해한다는 것을 명백히 보여준다.

아동의 이해가 놀라울 정도로 오래 걸리는 개념 중에는 수학적 상등(mathematical equality)이 있다. 심지어 3학년과 4학년 학생들도 등호가 그 양쪽의 값이 동일한 수량임을 나타낸다는 것을 자주 이해하지 못한다. 그보다 그들은 등호를 단순히 산술적 연산을 하라는 표시로 믿는다. 등호를 정의하라는 질문을 받으면, 그들은 자주 그것이 '모든 수를 더하라' 는 것을 의미한다고 말한다(McNeil & Alibali, 출판 중). 3+4+5= ______ 와 같은 전형적인 문제에서, 이러한 오해는 별다른 어려움을 일으키지 않는다. 그러나, 3+4+5= ______ +5와 같이 전형적이지 않은 문제들에서 그것은 대부분의 3학년 학생들과 4학년 학생들로 하여금 등호의 왼쪽에 있는 수를 단순히 합산해서 '12' 라고 답하게 하거나 양쪽의 모든 수들을 합산해서 '17' 이라고 답하도록 이끈다(Perry et al., 1988; Rittle-Johnson & Alibali, 1999).

3+4+5= ______ +5와 같은 문제에서, 아동들은 자주 손짓으로 그들의 구두적인 진술에서는 분명하게 나타나지 않은 지식을 드러내 보여준다. 예컨대, '12' 라고 대답하고 그들이 단순히 3+4+5를 합산했다고 설명하는 몇몇 아동들은 등호의 오른쪽에 있는 수를 향해서 손짓을 한다. 예비검사에서 자주 언어적 반응과 몸짓 간의 불일치를 보이는 아동들은 예비검사에 몸짓과 진술에서 일치하는 아동들보다 이후 이러한 문제 해결 방법을 가르칠 때 더 잘 학습한다(Alibali & Goldin-Meadow, 1993; Goldin-Meadow, Alibali, & Church, 1993; Goldin-Meadow & Singer, 2003; Perry et al., 1988). 이와 유사하게 예비검사에서도 틀리고 모호한 구두적 설명을 하는 아동들은, 틀리면서도 그 과정을 명백하게 설명하는 아동보다 이후 지시를 통해 더 많은 것을 배운다(Graham & Perry, 1993). 이러한 결과들은 많은 맥락들로부터 얻어진 결과이다: 사고와 행동에서의 높은 다양성은 학습에 대한 준비성을 예언하기 마련이다(Goldin-Meadow et al., 1993; Siegler, 1994; Thelen, 1992).

맥락의 효과. Gary Larson은, 'Far Side' 만화에서, 지옥의 도서관이 완전히 계산과 대수 문장 문제들(algebra word problems)로 꽉 찬 모습을 그림으로써 많은 이들을 대변하였다. 그러한 문제들이 주는 어려움은 종종 뒤얽힌 어법 때문에 생겨난다

('조는 23개의 구슬을 가지고 있고; 자신이 가지고 있던 구슬의 절반을 빌에게 주기 전에, 그는 빌이 어제 가지고 있었던 구슬보다 7개가 많았다. 빌은 자신의 구슬들을 모두 잃었는가?'). 그런 표현들은 작업기억에 부담을 주고, 아동들은 그것을 해석하는 것을 종종 어려워한다(Mayer, Lewis, & Hegarty, 1992; Stern, 1993; Verschaffel, De Corte, & Pauwels, 1992).

작업기억에 문장 문제가 주는 부담에 대한 인식은 몇몇 연구자들로 하여금 문장 문제를 처음 가르칠 때 될 수 있는 대로 작은 수를 사용할 것을 권하게 하였다(Lesgold, Ivill-Friel, & Bonar, 1989). 여기에서의 논리는 더 간단한 수들이 기억 부담을 줄일 것이라는 것이다. 그러나 이 논리의 결점은 사람들이 대개 계산을 시작하기도 전에 문제를 해석한다는 데 있다. 따라서 두 과정은 서로 다른 시간에 작동한다. 따라서 더 작은 수를 사용하더라도 아동들이 문장 문제를 해석하는 데 별 도움이 되지는 않을 것이다(Rabinowitz & Woolley, 1995).

심지어 이야기 문장들이 얽혀 있지 않을 때에도, 친숙하지 않은 맥락은 종종 아동들이 다른 맥락에서는 성공적으로 사용했던 절차들을 적용하지 못하게 한다. 이것은 브라질의 큰 도시의 가난한 가정의 9세에서 15세 아이들에 대한 연구에서 예증되었다(Carraher, Carraher, & Schliemann, 1985). 아이들은 코코넛, 팝콘, 옥수수, 그리고 그 밖에 다른 음식들을 길거리 노점에서 팔아 그들의 가정에 재정적 기여를 했다. 아이들은 일을 하기 위해서 더하고, 빼고, 곱하고, 이따금 나누기를 머릿속으로 하는 것이 필요하였다(코코넛 한 개가 x.달러; 코코넛 다섯 개는 …). 공교육을 조금밖에 받지 못했는데도 불구하고, 아이들은 손님들에게 구매금액이 얼마인지를 말하고, 그들이 거스름돈을 얼마나 받아야 하는지 알 수 있었다.

이 아이들에 관한 Carraher 등의 연구에서 이들은 아동에게 세 가지 종류의 문제를 제시하였다. 문제 중 몇몇은 자신의 노점 거래 상황에서 일어날 수 있는 것이었다. (예, 가격이 85쿠르제이로인 코코넛과 63쿠르제이로인 옥수수를 사면 나는 돈을 얼마나 내야 하나요?) 다른 문제들은 그들의 거래와 유사한 상황이지만, 아이가 노점에서 팔지 않는 상품에 관한 것이었다(예, 만약 바나나 한 개가 85쿠르제이로이고 레몬 하나가 63쿠르제이로라면, 두 개를 합산해서 얼마인가?) 그리고 또 다른 문제들은 계수적으로는 동일한 문제이지만, 판매 맥락 없이 제시되었다. 아이들은 노점에서 파는 물건이나 친숙하기 않은 물건을 파는 이야기를 포함한 문제에서는 거의 대부분 성공했다. 하지만 그러한 판매 맥락이 적용되지 않은 경우에는 대부분이 문제를 성공적으로 해결하지 못했다. 이들은 덧셈을 하는 방법을 확실히 알고 있었지만, 언제 이 기술을 사용해야 하는지에 대해서 항상 알고 있는 것은 아니었다.

맥락 효과는 미국 아이들이 계산 문제를 위한 책략의 선택과정에서도 나타난다. 예컨대, Bjorklund와 Rosenblum(2002)은 (사다리 게임에서 주사위를 두 번 던진 후에 말을 몇 칸 이동시켜야 하는지를 결정해야 하는) 게임의 맥락에서 문제들이 제시되었을 때보다 (한 어른이 "2+3은 뭐지?" 라고 묻는) 교육의 맥락에서 문제들이 제시되었을 때, 아이들이 더 정교한 계산 책략들을 사용한다는 것을 발견했다. 교육의 맥락에서, 아이들은 수 지식(number facts)을 인출하거나 더 큰 가수부터 수를 세는 책략을 가장 자주 사용했다. 게임 맥락에서, 아이들은 총합을 구하기 위해서 일부터 세는 것을 가장 빈번하게 하였다. 문제와 맥락의 특징은 아동의 책략 선택에도 영향을 미친다.

또한 맥락은 아이들이 활성화시키는 개념적 지식에도 영향을 미친다. McNeil과 Alibali(출판 중)는 전형적인 덧셈 문제(4+8+5+4= ____), 등호의 양쪽에 가수들이 있는 문제(4+8+5= 4+ _____), 혹은 등호 혼자만 있는(=) 세 가지 유형의 맥락에서 7학년 학생들에게 등호에 대한 정의를 내리라는 요구했다. 등호만 있는 것을 보거나 전형적인 덧셈 문제를 본 대부분의 7학년 학생들은 부정확한 정의를 말했지만 (예, 그것은 모든 수를 더하라는 의미예요), 등호 양쪽 모두에 가수들이 있는 문제를 본 대부분의 7학년 학생들은 정확한 정의를 말했다. 이와 같이, 개념적 이해는 실무율적인 것이 아니다. 오히려 아동들은 서로 다른 맥락에서 개념적 이해의 서로 다른 측면을 활성화시키는 것이다.

복잡한 계산

아동들은 기본적인 계산 지식을 일단 숙달하면, 여러 자릿수 문제를 해결하는 데 필요한 알고리즘을 학습한다. 그러나 많은 아동들은 이러한 문제들을 해결하는 절차들과 절차들의 근거가 되는 개념들 간의 관계를 이해하지 못한다. 이해 없는 암기의 결과는 잘못된 생각들이 자랄 수 있는 비옥한 땅을 조성한다. 아이들이 여러 자릿수의 뺄셈 알고리즘을 학습할 때 나타나는 '결함(bugs)들' 은 이러한 잘못된 생각의 예이다.

결함이 많은 뺄셈 알고리즘. Brown과 Burton(1978)은 여러 자릿수 뺄셈 기술의 습득을 연구하였다. 그들은 저울 문제를 연구할 때 사용한 규칙-분석 접근과 유사한 오류 분석 방법을 사용하였다(pp. 349-350). 이러한 방법 중에는 각각의 올바르지 못한 규칙들('결함들')이 특정 오류를 이끌도록 만들어진 문제를 제시한 다음, 결함을 가진 규칙에 의해 발생될 양상과 아동의 반응이 일치하는가를 알아보기 위해, 개개 아동의 반응과 오류의 유형을 검토하는 것이 있다.

표 11.2 뺄셈 '결함' 의 예

307	856	606	308	835
−182	−699	−568	−287	−217
285	157	168	181	618

많은 아동들의 오류는 그러한 결함을 나타냈다. 표 11.2의 유형을 고려해 보라. 일단 대략 봤을 때 우리는 소년이 뺄셈을 잘 하지 못한다는 것 외에는 그 소년의 수행에 대해서 어떤 결론도 이끌어내는 것이 어렵다. 그러나 더 자세한 분석을 통해서 그 아이의 수행을 이해할 수 있게 된다. 그의 세 가지 오류들은 모두 0이 들어간 *피감수*(위에 있는 숫자)가 있는 문제들에서 일어났다. 이것은 그의 어려움이 0에 빼는 방법을 이해하지 못한 데에서 기인했다는 것을 암시한다.

소년이 잘못을 범한 문제들(왼쪽에서부터 첫 번째, 세 번째, 네 번째)과 그가 내놓은 답들에 대한 분석은 그런 특정한 답을 만드는 두 개의 결함이 존재한다는 것을 암시한다. 0에서 수를 빼는 것이 필요한 문제에서 그는 단순하게 0이 있는 열에 있는 두 숫자를 뒤집었다. 예컨대, 307−182 문제에서, 그는 0−8을 8−0으로 취급했고, 답으로 '8' 을 적었다. 소년의 두 번째 결함은 0의 왼쪽에 있는 수를 감분하지 않은 것과 관련되어 있다(307−182에 있는 3을 2로 감분하지 않은 것). 감분을 하지 않은 이유는, 첫 번째 결함에서 암시하였듯이, 그 열에서 아무것도 빌리지 않았기 때문이다. 따라서 나머지 두 문제에서의 정반응과 세 개의 오반응은 특정한 두 개의 결함이 존재하는 뺄셈 절차를 올바르게 사용했음을 가정함으로써 설명할 수 있다.

그러한 결함은 미국 아동들 사이에서는 많이 나타나지만, 한국 아동들 사이에서는 훨씬 덜 일반적이다(Fuson & Kwon, 1992). 주된 원인은 한국 아동들이 기본 십진법과 그것의 빌려오기와의 관계에 대해 보다 확실히 이해하고 있기 때문인 것으로 나타난다. 동아시아 언어들 내에 있는 자릿수들의 분명한 명칭과 기본 십진법에서 나타나는 자리들 간의 보다 명쾌한 관계는, 4장에서 언급했던 것처럼, 관련 지식 습득을 보다 용이하게 할 수 있다는 것이다(Miller et al., 1995). 이를 테면, 한국어로 57은 '5가 10개 그리고 7이 1개' 이다. 이러한 표현법은 왜 57−29와 같은 문제에서, 5가 10개 그리고 7이 1개인 것을 4가 10개 그리고 17이 한 개인 것으로 바꾸는 것이 논리적인지를 보다 잘 이해하게 해준다. 그러한 이해는 아동의 빌려오기가 원래 수의 값을 유지할 수 있게 해줄 가능성이 높다. 보다 일반적으로 말하자면, 아동의 자릿값에 대한 개념적 이해는 뺄셈 절차의 적용을 인도한다.

분수. 1/2+1/3과 같은 문제를 제시하면, 많은 아동들은 2/5라고 대답한다. 그들은 정답의 분자값을 구하기 위해 두 분자의 수를 합하고, 정답의 분모값을 구하기 위해서 두 개의 분모들을 더함으로써 그러한 답을 낸다. 이러한 오해는 결코 일시적이지 않다. 지역 전문대학(community college)의 수학 과정에 등록한 많은 성인들도 비슷한 오류를 범한다(Silver, 1983).

분수 계산에서 아동들이 겪는 어려움의 대부분은 각 분수가 표상하는 크기를 생각하지 않는 데에서 일어난다. 이것은 12/13+7/8에 대한 답을 추정하는 데에서 일어나는 아동들의 오류에서 명백히 나타난다(표 11.3). 전국 성취 검사에서, 미국의 13세와 17세 아동들 중 이와 같이 단순한 문제에 대해서 올바르게 답을 추정한 아동의 비율은 1/3도 되지 않았다(Carpenter, Corbitt, Kepner, Lindquist, & Reys, 1981). 도대체 어떻게 각각의 크기가 1에 가까운 두 수를 더하는 것이 1, 19, 혹은 21이란 합산 결과를 가져올 수 있었을까?

상징값의 크기에 관해 이와 유사한 오해는 소수를 다루고자 하는 아이들의 시도에서도 명백하게 나타난다. 그들이 어떻게 2.86과 2.357과 같은 두 수의 상대적 크기를 판단하는지 고려해 보자. 그러한 문제들에 대한 4학년과 5학년 학생들의 가장 일반적인 접근은 소숫점의 오른쪽에 더 많은 숫자들이 있는 것을 더 큰 수라고 얘기하는 것이다(Ellis et al., 1993; Resnick et al., 1989). 그러므로 그들은 2.357을 2.86보다 크다고 판단할 것이다. 그러한 선택들은 소수와 정수들 간의 유추에 기초해 있는 것으로 나타난다. 더 많은 수를 가진 정수가 더 적은 수를 가진 정수보다 항상 컸기 때문에,

표 11.3 두 소수의 합계 추정하기*

12/13 + 7/8에 대한 답을 추정해 보라.
종이와 연필을 이용해서 문제를 풀 시간은 없다.

답	답을 선택한 백분율 13세	 17세
1	7	8
2	24	37
19	28	21
21	27	15
모름	14	16

* National Assessment of Educational Progress로부터(Carpenter, Corbitt, Kepner, Lindquist, & Reys, 1981)

몇몇 아동들은 소수에서도 그것이 똑같이 적용될 것이라 가정한다.

또 다른 집단의 아이들은 그와는 정반대의 반응을 하였다. 그들은 일관되게 소숫점 오른쪽에 더 적은 수들이 있는 것을 더 큰 수로 판단하였다. 예컨대, 2.43이 2.897보다 클 것이다. 이 아이들 중 다수는 .896이 1/1000과 관련이 있으며, .43은 1/100과 관련이 있으며, 1/100의 단위는 1/1000의 단위보다 크기 때문에, .43이 .897보다 클 것이라고 추론하였다.

소수를 이해하는 데 있어서의 어려움은 빨리 사라지지 않는다. Zuker(1985, Resnick et al., 1989에 인용되어 있음)는 이스라엘의 7학년과 9학년 학생들의 1/3이 조금 전에 설명한 두 가지 오류들을 계속해서 범하는 것을 발견했다. 이와 같이 여러 자릿수의 뺄셈에서와 같이 소수에서 아이들이 수 체계를 이해하지 못하는 것은 체계적이고 지속적인 오류로 이어진다.

그러나 여러 자릿수의 뺄셈에 대한 아이들의 이해에서 문화차가 있었듯이, 소수에 대한 아이들의 이해에서도 문화 간의 차이가 나타난다. 여기서도 또 다시 언어의 차이가 원인의 일부로 작용하였을 것이다. 분수에 의해서 표시되는 부분-전체의 관계는 영어보다 몇몇 동아시아 언어들에서 더 명쾌하게 표현된다. 예컨대, 한국어에서, 1/3의 값은 '삼 분의 일'로 말하는데, 이것은 '세 부분의 하나'로 직역할 수 있다. 부분-전체 관계를 명쾌하게 만듦으로써, 한국어는 아이들의 소수에 대한 지식의 습득을 촉진시킬 수 있다. 이 관점과 일관되게, 한국의 1학년과 2학년 학생들은 분수를 시각적 표상과 연결시킴으로써 미국과 크로아티아의 또래들보다 훨씬 높은 수행을 보인다 (Miura, Okamoto, Vlahovic-Stetic, Kim, & Han, 1999).

대수

대수를 학습하는 것은 아이들의 수학적 추론능력을 크게 증가시킨다. 단 한 개의 대수 방정식은 헤아릴 수 없을 만큼 많은 상황들을 표상하고 추론하는 데 사용될 수 있다. 그러나 이러한 힘을 자주 알아차리지는 못한다. 학생들은 자주 대수를 배우면서 실질적인 어려움들을 겪는데, 이것은 부분적으로 그들이 계산에 대한 자신의 선행 지식을 대수로 곧장 연결시키지 못하기 때문이다(Herscovics & Linchevski, 1994). 계산에서는, 연산을 숫자들에 실행하고 다른 숫자들을 산출해내지만, 대수에서는, 연산을 대수식들에 실행하고 다른 대수식들을 산출해낸다. 대수를 배우는 데 있어서, 학생들은 (2x 혹은 x+3y+5와 같은 변수들이나 배수들을 포함하는 것들을 포함해서) 상징 부호들을 수학적 실체 그 자체로 보도록 배워야 한다.

문제 해결. 많은 학생들의 관점에서 대수를 배우는 것은 대수 조작의 '공식'을 배우는 것이다. 물론 대수를 학습하는 것은 새로운 형태의 기호 표시법을 학습하고, 문제를 풀기 위해서 어떻게 이러한 기호 표시법을 쓸 수 있는지를 학습하는 것이 수반된다. 많은 학생들은 대수 조작의 공식을 올바르게 적용하는 데에서 적지 않은 어려움을 겪으며 그들의 오류는 기호 표시법에 대한 불완전한 이해와 이러한 공식의 개념 원리에 대한 부족한 이해를 드러낸다. 문제 해결에 대한 학생들의 어려움은 올바른 공식에 대한 틀린 적용에 기인한다(Matz, 1982; Sleeman, 1985). 예컨대, 분배 원리가

$$a\times(b+c)=(a\times b)+(a\times c)$$

를 가리키기 때문에, 몇몇 학생들은 다음과 같이 겉보기에는 유사한 결론을 이끌어 낸다.

$$a+(b\times c)=(a+b)\times(a+c)$$

또 다른 예로, 학생들은 때때로 '등식의 양쪽에 똑같은 일을' 해야만 한다는 공식을 부적합하게 적용한다. Koedinger와 Nathan(2004)은, 그림 11.3에서 볼 수 있듯이, 학생들은 종종 연산 기호들 중 하나만을 양쪽에 '똑같이 적용했다'고 보고했다.

학생들은 대수 방정식의 변형이 적합한지 결정할 수 있는 다양한 절차들을 사용한다. 11세에서 14세 아동들 사이에서, 가장 자주 사용되는 책략은 원래의 방정식과 변형된 방정식에 숫자를 대입하여 똑같은 결과가 나오는지 확인하는 것이다(Resnick, Cauzinille-Marmeche, & Mathieu, 1987). 이러한 절차는 비록 그것이 왜 그런지를 거의 나타내지 않는다고 해도 변형이 올바른가를 드러낸다. 또 다른 일반적 접근은 공식을 언급하면서 변형을 정당화하는 것이다. 몇몇 학생들은 올바른 공식을 언급하지만, 앞의 사례들에서처럼, 다른 많은 학생들은 잘못된 공식을 언급한다.

여러 자릿수의 뺄셈과 소수들에서처럼, 학생들이 대수 문제를 해결하는 데 있어서

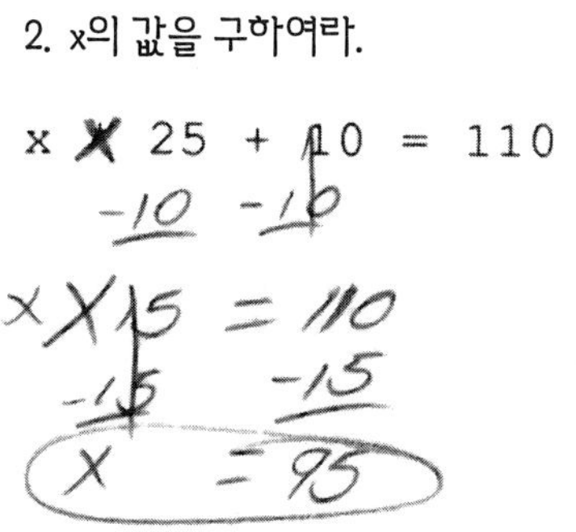

그림 11.3 대수의 조작 공식에 대한 올바르지 못한 적용을 보여주는 학생의 계산 결과(Koedinger와 Nathan, 2004로부터 인용). 이 학생이 등호의 양쪽보다 덧셈 부호의 양쪽에 '똑같은 일을 했다'는 데 주목하라. Copyright © 2004 by Lawrence Erlbaum Associates. 허락을 받고 재인용함.

의 어려움은 절차를 이를 뒷바침하는 원리와 연결하지 못하는 데에서 자주 발생한다. 대수에 대한 학생들의 이해는 절차들이 의미하는 것이 무엇이고 왜 그것들이 문제를 풀리게 하는가보다는 대개 절차 그 자체에 집중되어 있다. 그러한 연결이 없으면, 대수는 어떤 임의의 부호들의 조작들은 허용되고 어떤 것들은 허용되지 않는지를 외우는 의미 없는 연습이 된다. 전통적인 대수 교육과정을 받은 많은 학생들은 그러한 연결들을 발달시키는 데 실패했기 때문에 대수 교육과정을 개선하고자 하는 최근의 노력은 부호 표시법과 대수 조작의 개념적 토대를 강조한다(National Council of Teachers of Mathematics(NCNM), 2000).

표상적 유창성. 문제를 해결하는 것 외에 대수에서의 능력은 방정식 · 그래프 · 표 · 단어를 포함해서 수학적 정보를 나타내는 서로 다른 방법들을 창출하고 추론하고 서로 다른 표상을 변환하는 능력을 포함한다(Brenner et al., 1997; Kaput, 1989; Knuth, 2000; NCTM, 2000). 이러한 일련의 기술을 '표상적 유창성(representational fluency)'이라 한다(Nathan et al., 2002).

수학적 정보를 하나의 표상에서 다른 것으로 변환하기 위해, 학생들은 주어진 표상을 이해할 수 있는 능력과 목표가 되는 표상을 산출해낼 수 있는 능력 두 가지 모두가 필요하다. 예를 들어 문장 문제를 하나의 등식으로 성공적으로 '변화하기' 위해 학생들은 문제 안에서 표현된 수학적 관계를 이해하기 위해서 문장을 충분히 잘 파악할 수 있어야 하고, 또한 대수의 부호 체계 안에 있는 바로 그 수학적 관계들을 나타낼 수 있는 등식을 창출해낼 수 있어야 한다.

표상들을 변환하는 것은 많은 학생들에게 상당한 어려움을 일으키며(Heffernan & Koedinger, 1997), 이러한 어려움은 고등학교 이후에도 영향을 미친다. 예컨대, 주요 주립 대학에 다니는 공대 신입생들의 37%가, '이 대학에는 교수의 6배에 이르는 학생들이 있다'라는 간단한 진술을 나타낼 수 있는 올바른 등식을 만들지 못한다(Clement, 1982). 대부분은 '6×학생수=교수수'로 나타냈다. 언뜻 봤을 때에는, 이것이 논리적인 것 같다. 그러나 '6×학생수=교수수'의 등식이 더 큰 값(학생수)을 6으로 곱해서 산출한 결과가 작은 값(교수 수)과 동일하다는 것을 의미한다는 사실을 깨닫는 순간 그 생각은 무너져 내린다.

대수의 힘은 궁극적으로 특정한 상황을 추상화하기 위한 부호, 그래프와 같은 수학적 표상들로부터 비롯된다. 대수의 힘에 접근하기 위해서, 학생들은 특정한 상황들에 맞는 추상적 표상을 구성할 수 있어야 하고, 이러한 추상적 표상을 가지고 능숙히 추론해낼 수 있어야 한다. 물론, 전국 수학교사협의회(National Council of Teachers of Mathematics, 2000)에서 제시한 수학 교수법의 가장 최근의 기준들은 고등학교 수준에서뿐만 아니라, 중학교에서도 전형적 수학적 상황에 추상적 표상을 사용하는 것을 강조한다. 몇몇 연구자들(예, Carpenter, Franke, & Levi, 2003)은 몇 가지 형태들의 추상적 표상을 포함해서, 대수 개념의 통합을 초등학교 교과과정에 넣을 것을 요구해 왔다. 학생들이 수학적 경험에 추상적 표상을 보다 일찍 소개하는 것이 보다 능통하고도 적절한 표상의 사용으로 이어질지는 두고 봐야 할 것이다.

컴퓨터 프로그래밍

요즘 학교를 다니는 학생들은 십년 전에 다녔던 학생들보다 훨씬 더 많은 컴퓨터 프로그래밍 경험을 한다. 그러한 경험의 제공을 지지하는 사람들은 그것이 프로그래밍에 대한 기술뿐 아니라 보다 높은 일반적인 문제 해결 능력도 생기게 한다고 강하게 주장하였다. 이러한 경향에 관련하여 주목할 만한 노력 중 하나로, Papert(1980)는 문제를 주요소들로 나누고 생각의 논리적 결합을 찾아내고 면밀한 계획을 창출하는 기술과 같이, 아이들이 폭넓게 사용할 수 있는 유용한 기술의 습득을 돕고자 LOGO 언어를 설계하였다.

표준적 방법으로 학습했을 때, LOGO는 그러한 목표를 달성하기에는 불충분한 것으로 증명되었다. 그러나 전이 기술을 형성하는 데 관심을 두고 LOGO를 가르치는 *중재된 교수(mediated instruction)*는 그러한 결과를 낳는 데 꽤 성공적인 것으로 나타났다(Carver & Klahr, 1987; Klahr & Carver, 1988; Lehrer & Littlefield, 1991, 1993; Littlefield, Delclos, Bransford, Clayton, & Franks, 1989). 컴퓨터 프로그래밍의 전통적인 교수법처럼, 중재된 교수법에서 교사들은 학생들에게 명령어와 개념을 사용하는 방법을 보여주고 학생들이 그것들을 사용하고자 시도했을 때 피드백을 제공하는 것이 필연적으로 포함된다. 그러나 중재된 교수법 또한 교사들이 특정한 명령어와 프로그램이 일반적인 프로그래밍 개념을 드러낼 때 이를 명백하게 언급하고, 프로그램에 사용된 논리와 다른 맥락에서 문제를 해결하기 위해 사용된 추론 간의 명백한 유추를 이끌어내는 것이 포함된다.

그러한 중재된 교수는 다양한 종류의 합당한 전이들을 생성시켰다. 예를 들어, Klahr와 Carver(1988)는 LOGO에서의 중재된 교수법이 LOGO 맥락 내에서뿐만 아니라 밖에서도 유용한 디버깅 기술들을 만들어냈다. 그들의 교수 프로그램은 디버깅에 대한 과제 분석에 근거해 있었다. 이러한 분석에서, 디버깅 과정은 절차가 산출하는 결과를 결정하는 그리고 그것의 결과가 계획된 것으로부터 벗어나는지의 여부와 어떻게 벗어나는지를 살펴보는 디버거에서 시작한다(예컨대, 컴퓨터 프로그램을 작동시키고, 그것의 결과를 관찰하는 것). 다음 디버거는 원하는 결과와 실제 결과 간의 차이를 설명하고, 원인이 될 만한 결함들의 종류들을 가정한다. 다음 단계는 관찰된 결함을 만들 수 있는 프로그램의 부분들을 밝혀내는 것이다. 이 단계는 프로그램의 특정 부분들을 특정한 기능들로 취급할 수 있도록 프로그램을 구성 요소들로 나눌 것을 요구한다. 이 뒤를 이어서 디버거는 어느 부분이 의도된 결과를 산출하는 데 실패했는지 프로그램의 각 부분들을 확인하고; 결함이 있는 구성 요소를 고쳐 쓰고; 이제는 원하는 결과를 산출하는지를 알아보기 위해 디버깅된 프로그램을 작동시킨다.

이러한 교수를 받은 8세에서 11세의 아동들은 LOGO 디버깅 문제들을 푸는 데 그러한 교수를 받은 적이 없는 아동들이 걸린 시간의 절반도 걸리지 않았다. 또한 그들은 특정 목표지로 여행하기와 같은 과제를 완수하는 데 필요한 지시에 대한 아이들의 디버깅 능력을 향상시켰다. 이러한 성취는 아이들이 기대한 결과들과 처음에 났던 차이의 성질을 분석하기, 가능한 원인에 대한 가설 세우기, 그것들을 하나하나 단순하게 확인하기보다 지시들과 관련된 부분을 조사하는 데 초점을 맞추기 등과 같이 프로그램에서 배운 기술들을 사용하기 때문인 듯하다.

또한 더 어린 아이들은 LOGO 내의 중재된 교수법으로부터 문제해결 기술을 습득할 수 있다. 그러한 교육을 2학년 학생들에게 제시하는 것은 유추에 대한 표준화된 검사에 대한 더 좋은 수행과, 유사점과 차이점의 측면에서 기하학적 모양을 분석하는 데에서 더 향상된 능력을 가지게 하였다(Lehrer & Littlefield, 1993). 이러한 결과들은 중재된 교수법으로 가르치면, LOGO의 창시자들이 마음에 그리던 전이가 가능한 문제해결 기술들의 종류를 LOGO가 산출해낼 수 있다는 것을 보여준다.

읽기

읽기의 발달은 연대기적(특정 연령에 일어나는 것이 무엇인지)으로 혹은 주제별(능력 x가 어떻게 발달하는지)로 살펴볼 수 있다. 여기서는 우선 읽기 획득에 대한 간단한 연대기적인 개요를 제시하고, 그 다음에는 읽기전 기술, 단어 식별, 이해와 같은 영역에서 특히 중요한 몇 가지 주제들에 더 많은 관심을 둔다.

읽기의 연대기적 발달

몇몇 연구자들은 일련의 단계로 읽기 학습의 특성을 기술했다. 예를 들어, Chall (1979)은 읽기가 다섯 단계로 발달한다는 가설을 세웠다. 단계들은 읽기 획득을 실제보다 훨씬 더 정돈되고 논리 정연한 것처럼 보이게 만드는 문제가 있기는 하지만 주된 성취와 그것들이 일어나는 순서에 대한 전반적 개관을 제공한다.

출생에서 1학년 초까지 해당하는 단계0에서 아동들은 읽기의 몇 가지 필요조건들에 통달한다. 많은 아동들은 알파벳의 문자들을 식별하고, 자신들의 이름을 쓰고, 몇 가지 단어를 읽을 수 있게 된다. 계산에서와 마찬가지로 현재 어린 아동들의 읽기 지식은 50년 전보다 훨씬 더 훌륭한 듯하다. 이러한 향상은 Sesame Street과 같은 교육 프로그램들과 자주 반복되고 주의를 끄는 텔레비전 광고들 때문일 것이다.

1학년과 2학년을 거치는 단계1에서, 아동들은 *음운적 재부호화 기술(phonological recoding skill)*을 습득하는데, 이것은 문자를 소리로 바꾸고, 소리들을 단어들로 융합시킬 수 있는 능력이다. 또한 아이들은 이 단계에서 문자들의 이름과 소리에 대한 학습을 마친다.

2학년과 3학년 사이에 일어나는 단계2에서 아이들은 유창하게 읽기 시작한다. 그들은 개개의 단어들을 더 빨리 알아낸다. 그러나 Chall은 이 단계에서 읽기는 여전히 학습에 사용되지 않는다고 말한다. 아동들의 단어 식별(word identification)을 위한 처리 자원의 요구는 여전히 엄청나기 때문에 읽기를 통해서 새로운 정보를 습득하는 것은 아직 어렵다.

Chall이 4학년부터 8학년까지라 정의한 단계3에서, 아동들은 인쇄된 활자로 새로운 정보를 습득하는 것이 가능해진다. 그녀의 말을 인용하자면, "저학년에서 아동들은 읽기를 학습하고; 고학년에서, 그들은 학습하기 위해서 읽는다"(p. 24). 그러나 이 시점에서 읽는 아동들의 대부분은 한 가지 관점에서 제시된 정보들만 이해할 수 있다.

고등학교 시기를 차지하는 단계4에서 아동들은 다양한 관점에서 제시된 문서상의 정보를 이해할 수 있게 된다. 이것은 예전에 그랬던 것보다 역사, 경제, 그리고 정치에 관한 보다 정교한 이해를 가능하게 만든다. 또한 이것은 그 이전보다 고등학교 때 훨씬 자주 제시되는 훌륭한 소설 작품들의 미묘함에 대한 이해를 가능하게 한다.

이와 같은 단계적 변화의 연대기는 아동의 읽기 기술 획득에서 읽기의 궁극적 목적이 이해라는 점과 어려운 자료에 대한 이해를 위한 단어 이해의 필요성이란 두 주제를 주목하게 한다. 아동은 단어 이해 기술을 획득하기 전에 몇몇 선행 능력을 갖추어야 한다. 이제 이러한 능력에 관해 논의할 것이다.

읽기전 기술

아이들은 몇 가지 *읽기전 기술(pre reading skilss)*을 노력 없이 획득한다—예컨대, (영어의 경우) 텍스트가 왼쪽에서 오른쪽으로 진행되고 한 줄의 오른쪽 끝에서 끝난 후 다음 줄의 왼쪽 끝으로 진행되고 문자들 사이의 빈칸은 단어의 분리를 표시한다는 것.

이러한 지식은 그들의 글쓰기 모방에서 명백히 드러난다. 그들은 글자 쓰는 법을 알기도 전에, 그들의 '쓰기'는 수평으로 가로지르며, 단어 길이 정도의 낙서들은 작은 빈칸들로 분리되어 있다(Levin & Korat, 1993; Teale Sulzby, 1986). 그러나 문자를 식별하고 단어들 내의 개별적 소리들을 구별하는 것과 같은 읽기의 필요조건은 훨씬 더 어렵다.

문자 지각. 영어와 같은 알파벳 언어들을 읽기 위해서, 아동은 각 글자를 특징짓는 수평 부분, 수직 부분, 곡선, 사선의 독특한 결합체를 학습해야 한다. 이러한 초기 학습 이후에도 아이들은 여전히 방향에서 차이가 나는 문자(가령, *b*와 *d*, *p*와 *q*)를 자주 혼동한다(Adam, 1990). 그러한 혼란은 읽기 외의 맥락에서는 방향이 정체성에 거의 영향을 미치지 않기 때문에 생겨날지도 모른다. 한 소년의 강아지는 그것이 향하는 방향과는 관계없이 그 소년의 강아지이다. 그러나 2학년이나 3학년이 되면 아이들의 대부분은 어떤 경우에도 문자들을 더 이상 혼동하지 않는다.

연구자뿐 아니라 부모나 교사들도 학교를 다니기 시작하기 전에 문자를 학습하는 것이 아동들이 읽기를 배우는 데 도움이 되는지 궁금히 여겨왔다. 그 양상은 복잡하지만, 최소한 예비적 결론을 내리는 것이 가능하다. 문자들을 명명하는 유치원생들의 능력은 적어도 7학년까지의 읽기 성취 점수들을 예언한다(Vellutino & Scanlon, 1987). 언뜻 이러한 결과는 문자 이름에 대한 초기 학습이 아이들이 읽기를 더 잘 하게 할 것을 암시하는 듯하다. 그러나 무선적으로 선택한 어린 아동들에게 글자의 이름을 가르치는 것은 그들의 읽기를 촉진시키지 않았다(Adams, 1990; Venezky, 1978). 요컨대 이러한 사실은 문자 이름을 학습하는 것이 더 나은 읽기를 초래하지 않는다는 것을 제안한다. 그보다는 인쇄물에 대한 관심, 일반지능, 지각 기술들, 자녀들의 읽기에 대한 부모의 관심과 같은 다른 변인들이 아동의 문자 이름에 대한 초기 학습과 이후에 읽기 능력 모두를 초래하는 제삼의 원인들일 것이다.

음운 인식. 영어와 같은 알파벳 언어들을 읽기 위한 또 다른 필요조건은 단어들이 분리 가능한 소리들로 이루어졌다는 것을 알아차리는 것이다. 이러한 깨달음은 *음운 인식(phonemic awareness)*이라 명명되어 왔다. 한 언어를 수년 동안 사용한 이후에도, 대부분의 아이들은 그들이 단어들을 만들기 위해서 개별적 소리들을 결합시키고 있다는 것을 인식하지 못하는 듯하다. Liberman, Shankweiler, Fischer, Carter(1974)는 4세와 5세 아동들을 대상으로 한 연구로 이를 검증하였다. 아동들은 짧은 단어 내에 있는 한 소리마다 가볍게 한 번씩 두드리란 지시를 받았다. 그러므로 그들은 'it'에 대해서는 두 번, 'hit'에 대해서는 세 번 두드려야 했다. 이러한 과제와 음운 인식을 측정하는 다른 과제에서의 수행은 저학년에서의 읽기 성취도에 대한 훌륭한 예측 도구가 되는 것으로 증명되었다(Bruck, 1992; Olson, Forsberg, & Wise, 1994). 특히 중요한 점은, 음운 인식 기술을 4, 5세 아동들에게 훈련시키는 것(예를 들어, 세 단어들 중 어느 것이 똑같은 소리를 포함하고 있는지 아닌지를 알아내는 것)은 4년 후까지 읽기와 철자쓰기 수행으로 이어진다(Bradley & Bryant, 1983; Byrne, Fielding-Barnsley, 1995; Byrne, Fielding-Barnsley, & Ashley, 2000; Vellutino & Scanlon, 1987). 52개의 연구들에 대한 최근의 검토 결과, 음운 인식을 훈련시키는 것이 단어 식별, 철자 쓰기, 읽기 이해에 이익을 가져오는 것으로 결론를 내렸다(Ehri et al., 2001).

음운 인식이 왜 읽기 성취도를 향상시킬까? 아동의 읽기 학습 과정에 관해 생각해보면 곧 답이 나온다. 읽기를 배울 때 아이들은 각 문자에 대표적으로 동반되는 소리들을 학습한다. 그들이 이 소리들을 단어로 조합시키지 않는 한 소리-상징 간 대응 지식은 별로 소용이 없다. 음운 인식 과제에서 측정되는 기술 중 하나인 단어 내 소리들의 구별은 단어를 형성하기 위해 소리를 조합시키는 것과 읽기를 하는 데 매우 중요한 듯하다.

음운 인식은 동요를 아이들에게 읽어주는 것과 같은 간단한 활동을 통해서 촉진될 수도 있다. 3세경 아이들이 동요를 아는 정도는 엄마의 교육수준과 아이의 연령과 IQ의 기여를 통계적으로 통제하였을 때에도 이후 음운 인식과 읽기 준비도를 예언하였다(Maclean, Bryant, & Bradley, 1987). 동요들 내에 있는 행들의 마지막 단어들 간에 자주 일어나는 작은 차이들(예, horn과 corn, muffet과 tuffet)은 아이들이 각 음절 내에 제시되는 개별적 소리들을 분리하고 분리된 소리들로 이루어진 단어들을 알아차릴 수 있도록 도와줄수 있다. 학교 내 읽기 교수법 또한 그런 기술을 촉진시킨다; 학교 입학 가능 날짜보다 생일이 조금 빠른 아이들은 연령에 조금 미치지 못해서 일 년을 더 유치원에서 보낸 거의 동일한 연령의 아이들보다 더 훌륭한 음운 인식을 보였다(Bentin, Hammer, & Cahan, 1991). 이와 같이, 음운 인식은 읽기를 촉진할 뿐만 아니라 읽기에 의해서도 촉진이 된다.

읽기를 빨리 획득하는 아동. 어떤 2세, 3세 아동들은 읽는 능력을 가지고 있다. 그들은 대개 특별한 교수를 받았다기보다 알파벳 문자 체계를 스스로 터득했다. 이와 같이 읽기를 잘 하는 아동들과 그렇지 않은 아동들의 차이는 무엇일까? 전반적으로 그들은 평균 이상의 IQ를 가지는 경향이 있지만, 그들의 점수가 아주 뛰어난 것은 아니다(Jackson, 1988). 비록 매우 높은 IQ를 가진 아동들 중 절반 정도가 5세부터 읽기를 시작하지만, 나머지 절반은 그렇지 않다(Roedell, Jackson, & Robinson, 1980).

읽기를 빨리 획득하는 아동들은 몇 가지 측면에서 다른 아동들과 차이가 있다(Jackson, Donaldson, & Cleland, 1988; Jackson, Donaldson, & Mills, 1993). 그 몇 가지는 지적 능력과 관련이 있다. 일찍부터 책을 읽는 아동들은 현저하게 많은 언어 지식과 큰 작업기억량을 가지는 경향이 있다. 또 다른 독특한 특징 중에는 읽기전 기술의 보다 빠른 통달이다. 그러한 아동들의 대부분은 3세 이전에 알파벳을 암송하고 몇몇 대문자들을 구분할 수 있다. 또 다른 비범한 특징은 읽기에 대한 흥미와 관련되어 있다: 그러한 아동들은 다른 대부분의 아이들보다 읽기에 더 많은 흥미를 가진다.

몇몇 교육자들의 걱정과는 반대로 읽기를 일찍부터 하는 것이 이후 학교 수행에 악영향을 끼치지는 않는다. 학교에 입학할 때 읽을 줄 아는 아동들은 적어도 6학년까지는 변함없이 읽기를 더 잘 한다(Durkin, 1966; Jackson et al., 1993). 그러나 이후에 읽기를 더 잘 할 수 있게 해주는 원인이 더 이른 시기에 읽기를 할 수 있어서였다고 결론 내릴 수는 없다. 무선적으로 선택한 아동들을 1학년에 입학하기 2년 전부터 읽기 교수에 노출시키는 것이 3학년 후기의 읽기를 더 잘 하게 만드는 결과를 가져오지 못했다(Durkin, 1974/75). 그럼에도 불구하고 이른 시기부터 읽기를 잘 하는 것은 아동에게 아무런 해를 끼치지 않으며 이후의 읽기를 뛰어나게 하는 전조가 되는 것은 분명하다.

개별적 단어들의 식별

빠르고 노력이 필요 없는 단어 식별은 더 높은 이해뿐 아니라 읽기를 즐겁게 하는 데 필수적이다. 이러한 기술을 가지지 못한 아동에 대한 결과는 Juel(1989)이 보고한 놀라운 통계자료에서 명백히 드러난다: 단어 식별을 잘 하지 못하는 4학년 학생들의 40%는 읽기보다는 방청소를 선호한다고 말했다. 한 아동은, "전 책을 읽느니 욕조의 곰팡이를 청소하겠어요"라고 말했다. 이러한 태도는 읽기에도 문제일 뿐 아니라, 다른 과목들이 내용을 통달하는 데에 능숙한 읽기를 요구하기 때문에 다른 과목들의 성취도 저하시킨다(Stanovich, 1986). 또한 열등한 단어 식별 기술은 아동들이 수업 시간에 요구하는 최소량도 읽지 않게 만드는데 이는 문제를 더욱 악화시킨다. Adams (1990, p.5)가 언급한 것처럼, "만약 우리가 아동들이 많이 읽게 만들고 싶다면, 우리들은 그들이 읽기를 잘 할 수 있도록 가르쳐야 한다."

아동들은 *음운적 재부호화*(때로는 *해호화*)와 *시각에 기초한 인출*이란 두 개의 주요 단어-식별 절차를 사용한다. 이 두 절차에서 아동들은 우선 인쇄된 단어를 보고 그 다음에 장기기억에서 그 단어를 찾으려 한다. 두 절차의 차이는 그 사이에 무슨 일이 일어나는지와 관계가 있다. 아동들이 단어를 음운적으로 재부호화시키면 그들은 시각적 형태를 말하기와 같은 것으로 전환시키고 이 말하기와 같은 표상을 사용하여 단

으로 시작되면 그것은 'stop'이라고 결론을 내릴지도 모른다.

비록 시각에 기초한 인출을 처음에 사용할 때에는, 한 개 혹은 두 개의 특징에 의존할지 모르겠지만, 인출 과정은 결국 수많은 출처의 정보에 대한 병렬적 처리 과정들을 포함한다(Seidenberg & McClelland, 1989). 이러한 출처에는 특정 문자로부터 오는 정보, 전체로서의 단어가 주는 정보, 그 단어를 둘러싸고 있는 맥락으로부터 오는 정보가 있다. 단어 내의 문자들과 주변의 맥락을 포함해서 다양한 단서들을 사용하는 것은 이르면 1학년부터 시작된다. 1학년 학생들이 한 단어를 다른 단어 대신 사용할 때 선택하는 단어는 대개 제시된 단어와 첫 자가 같고, 주변의 맥락 또한 일치한다(Weber, 1970). 따라서 다양한 출처의 정보는 읽기 초반부터 시각에 기초한 인출에 영향을 미친다.

단어 식별의 다양한 경로. Seidenberg와 그의 동료들(Harm & Seidenberg, 1999; Plaut et al., 1996; Rayner, Foorman, Perfetti, Pesetsky, & Seidenberg, 2001; Seidenberg & McClelland, 1989)은 단어 식별 과정에서 어떻게 음운적 재부호화와 시각에 기초한 인출 모두를 활용되는지에 관하여 설명하기 위해서 연결망 모델(3장 참고)을 사용해왔다. 이 모델은 아동의 읽기 기술이 발달함에 따라 두 경로의 상대적인 역할들이 어떻게 변하는가에 관해서도 구체적으로 설명한다.

모델은 아동들이 결국 단어들의 소리, 단어들의 시각적 형태, 단어들의 의미 간의 연합을 획득한다는 가정 위에 있다(그림 11.4). 읽기를 배우기도 전에 아동들은 구어를 통한 자신의 경험에 기초하여 소리와 의미 간의 강한 연결고리들을 가지고 있다. 이후에 아동들이 읽기를 배우면 그들은 단어의 시각적 형태와, 그 소리와 의미 간의 연합을 점차적으로 획득한다.

모델은 단어들의 시각적 형태, 소리, 의미 간의 연합을 형성할 수 있는 기회와 교정을 제공하는 피드백을 받을 수 있는 기회를 제공받음으로써 단련된다. 훈련의 과정

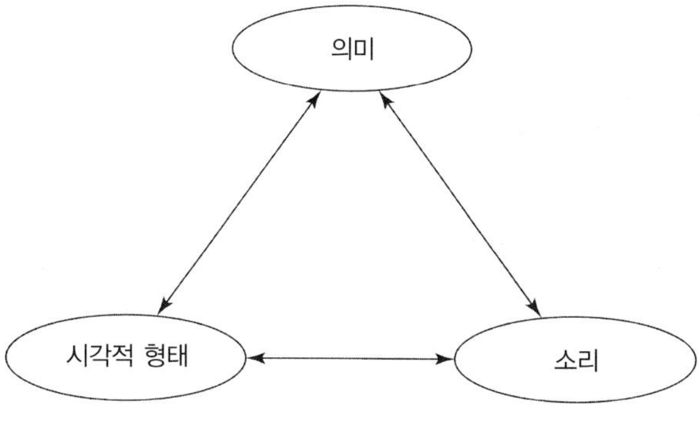

그림 11.4 Seidenberg와 McClelland(1989)에 의해 개발되고, Harm과 Seidenberg(1999)에 의해서 확장된, 모델 안에서의 시각적 형태(철자), 소리(음운론), 의미 간의 관계.

에서 모델은 시각적 형태와 의미 간의 연결고리보다는 시각적 형태와 소리 간의 연결고리들을 더 빨리 학습하였다. 그 이유는 철자쓰기가 발음과 체계적으로 관련되어 있으므로, 시각적 형태가 의미보다 소리에 더 강하게 관련되어 있기 때문이다. 훈련 초기, 즉 단어의 시각적 형태를 모델에게 제시할 때, 모델은 단어를 식별하기 위해서 시각적 형태에서 시작해서 소리에 의존한 후 의미로 가는 경로를 나타냈다. 시간이 흐르면서, 모델이 단어에 대한 경험을 더 많이 쌓아가면서 매번 단어가 성공적으로 파악될 때마다 시각적 형태와 의미 간의 연결고리들이 더 강해졌기 때문에 시각적 형태에서 의미로 가는 직접적인 경로 또한 더욱 강해졌다. 이와 같은 보다 직접적 경로가 점점 강해져 모델 내의 단어 식별을 위한 우회적 경로(시각적 형태에서 소리로, 그리고 의미로 가는)를 '이기기' 시작했다. 이와 같이 연결망 모델은, Jorm과 Share(1982) 그리고 Share와 Stanovich(1995)에 의해 밝혀진 숙련된 음운적 재부호화가 시각에 기초한 인출 과정에 기여하는 기제를 설명한다.

이 모델은, 읽기 학습 과정 초기에, 아동들은 소리와 의미 간의 연결고리와 시각적 형태와 소리 간의 체계적인 관계에 관해 (구어로부터 얻은) 자신의 지식을 이용한다고 제안한다. 단어를 식별하기 위해서 처음에 그들은 음운적으로 중재된 경로를 사용하는데, 그것은 우선 시각적 형태와 소리 간의 연결고리에 의존하고 그 다음에는 소리와 의미 간의 연결고리에 의존한다. 읽기 경험과 더불어 시각적 형태에서 의미로 가는 직접적인 경로는 더욱 강해진다. 따라서 아동들이 단어에 대한 경험을 더 많이 쌓을수록 그들은 직접적인 시각적 인출을 사용하기 시작한다.

또한 모델은 흥미로운 점을 함의한다: 읽기 학습은 단어 소리에 관해서 아동들이 가진 표상의 질을 실질적으로 바꿀 수 있다. 단어의 소리에 관한 아동의 초기 표상은 개별적인 소리나 음소와 같은 단어의 하위 단위에 대한 정보를 종종 포함하고 있지 않다. 예를 들어, 구어에 대한 그들의 경험에 기초해서, 아동들은 'make'와 'bake'가 다른 단어라는 것을 깨닫고 있을지는 모르지만, 첫 번째 자음이 단어들 간의 차이를 가져온다는 사실을 분명하게 표상하지는 못할 수 있다. 연결망 모델에서 단어들의 시각적 형태와 그것의 소리 간의 사상(mapping)이 학습되는 동안, 모델은 단어의 소리에 대한 보다 구체적인 표상을 발달시키고, 개별적 음소(예, make와 bake 안에 있는 'ake'와 같은)와 압운들과 같은 단어의 하위단위들을 분명하게 표상하기 시작한다. 이것은 아동들이 시각적 형태에서 소리로의 사상을 학습함에 따라, 개별적 음소와 압운과 같은 단어의 하위단위들에 대해 보다 분명한 표상을 발달시킬지도 모른다고 제안한다. 따라서 모델은 단어의 시각적 형태와 그것의 소리들 간의 사상의 학습이 음운인식을 촉진시킨다는 것을 암시한다. 그리고 물론, 읽기 학습은 정말로 아동들의 음운 인식을 향상시키는 듯하다(Rayner et al., 2001).

단어 식별에서의 책략 선택. 계산에서와 마찬가지로 숙련된 독서자들은 적응적으로 읽기 책략을 선택한다. 올바른 답을 끄집어낼 수 있을 경우에는 빠른 인출법을 사용하고, 보다 어려운 단어들의 경우에는 소리 내기와 같은 대체 전략에 의존한다(그림 11.5). 이러한 관찰에서, 두 가지 경로가 모두 사용 가능할 때, 아동들이 특정 단어를 식별하기 위해서 음운적 재부호화를 사용해야 할지 아니면 시각에 기초한 인출을 사용해야 할지를 어떻게 결정하는가의 문제가 제기된다.

결정 과정은 아동들이 계산에서 사용하는 것과 동일할 것이다. 그들은 단어를 접하면 그것의 정체를 단어의 시각적 형태에 기초해서 인출하려고 할 것이다. 만약 그들이 인출한 대안이 충분한 연합 강도를 지니고 있다면 말 할 것이다. 그렇지 않으면, 그들은 단어를 소리 내는 것과 같은 대체 전략에 의존한다. 대안적으로, 앞서 연결망 모델에서 제안했던 것처럼 아동들은 시각적 인출과 음운적 재부호화 모두를 동시에 사용하려고 시도할지도 모른다. 충분한 강도의 답을 가장 빨리 내는 경로가 바로 단어를 식별하는 데 사용되는 경로이다.

이러한 관점은, 음운적 재부호화의 사용이 시각에 기초한 인출의 효율성에도 기여한다는 증거와 결부되어, 아동들이 단어를 빠르고 정확하게 알아내도록 돕는 일에 있

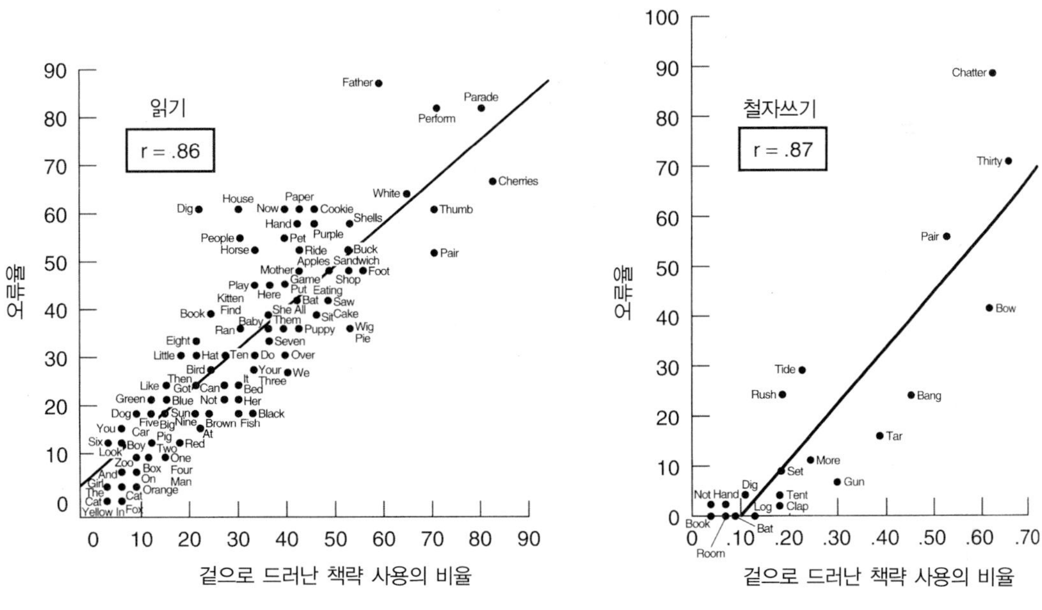

그림 11.5 계산에서와 같이, 오류율에서 나타나듯이 단어가 더 어려울수록 아동이 읽거나 철자쓰기를 하기 위해 겉으로 나타나도록 책략을 사용하는 경향이 높다.

어 발음에 기초한 교수법이 통단어법보다 우월하다는 것을 암시한다. 이것의 논리는 대체 책략의 정확한 사용이 단어와 그것의 인쇄된 형태들 간의 강한 연합을 만듦으로써 빠르고 정확한 인출을 가능하게 만든다는 것이다. 이러한 예측이 옳다는 것이 증명되었다. 교실과 실험실내 실험에서 발음에 기초한 접근법이 읽기의 성취를 촉진시키는 데 더 우월한 것으로 발견되었다(Adams, 1990; Foorman, Francis, Fletcher, Schatschneider, & Mehta, 1998; National Reading Panel, 2000).

난독증. 정상적인 지능을 가졌음에도 불구하고, 몇몇 아동들은 읽기 학습에 유난히 어려움을 겪는다. 여기서는 앞서 언급한 두 단어 식별 과정에 대응하는 두 개의 문제를 밝히고자 한다. 더욱 일반적인 문제인 *음운성 난독증(phonological dyslexia)*은 음운적 재부호화의 어려움과 관련된다. 덜 일반적인 *표층성 난독증(surface dyslexia)*은 시각에 기초한 인출에 대한 어려움과 관련된다(Rack, Snowling, & Olson, 1992; Stanovich, Siegel, Gottardo, 1997; Wagner & Torgeson, 1987).

이러한 난독증의 형태들은 아동들에게 *예외적인 단어*들('pint' 와 'yacht' 와 같이 불규칙적인 상징-소리 대응을 가진 단어들)과 *발음할 수 있는 비단어*들(단어들은 아니지만 소리 낼 수 있는 문자들의 열)을 읽으라고 함으로써 구분할 수 있다. 시각에 기초한 인출에 어려움이 있는 표층성 난독증은 다른 사람들이 기억으로부터 인출해낼 수 있는 예외적인 단어들에서 더 큰 어려움을 겪는다. 소리 내는 데에 어려움이 있는 음운성 난독증은 새로운 단어이므로 음운적 재부호화를 필요로 하는 발음할 수 있는 비단어들에서 더 큰 어려움을 겪는다(Castles & Coltheart, 1993; Manis, Seidenberg, Doi, McBride-Chang, & Peterson, 1996).

발음할 수 있는 비단어들에서 어려움을 겪는 대부분의 아동들은 또한 예외적인 단어들에서도 어려움을 겪으며, 그 반대도 마찬가지이다. 따라서 음운성 난독증과 표층성 난독증 간의 차이는 대개 두 장애의 정도에서 차이가 날 뿐이다. 그러나 그런 아동의 약 25%는 음운적 과제에서 정상 범위 내에 있지만, 표층적 과제에서는 그 이하에 있다(Manis et al., 1996).

난독증 진단을 받은 아동들은 성인이 되어서도 계속 읽기를 잘 하지 못하는 경향이 있다. 심지어 읽기가 정상에 가까운 수준에 도달하는 경우에도 그들은 계속해서 비단어들을 읽는 데 어려움들을 겪는다. 왜냐하면 그것은 음운적 재부호화 기술에 의존해야하는 것들인데 그들의 음운 인식은 여전히 좋지 않기 때문이다(Bruck, 1990, 1992). 아마도 읽기 경험이 그들로 하여금 인출을 자주 사용할 수 있도록 도와줄지는 몰라도, 친숙하지 않은 단어들을 소리 내는 데에 대한 어려움은 여전히 남아 있기 때문일 것이다 (Manis, Custodio, & Szeszulski, 1993).

다행히도 상황은 절망적이지 않다. 읽기를 잘 하지 못하는 아동들에게 음운적 재부호화의 어려움을 피할 수 있는 책략을 가르쳐 주거나 음운적 재부호화 기술 그 자체가 향상되도록 가르치는 것은 가치 있는 긍정적 효과를 낳을 수 있다. 예컨대, Lovett 등(1994)은 읽기를 잘 하지 못하는 아동들에게 새로운 단어들과 이미 알고 있는 단어들 간에 유추하기, 그들의 첫 번째 추측이 잘 맞지 않았을 때 대체가 될 만한 모음 발음을 시도하기, 그리고 알고 있는 단어들의 부분들을 밝혀낸 다음 단어의 나머지 부분들에 주의 집중하기를 가르치는 훈련들의 효과를 조사하였다. 이러한 책략들을 통한 35시간의 교육을 받은 읽기를 잘 하지 못하는 아동들은, 문제 해결과 공부 기술에 관한 유사한 분량의 교육을 받은 읽기를 잘 하지 못하는 다른 아동들에 비해 상대적으로 단어 식별과 철자쓰기에 관한 표준화된 검사에서 유의미한 향상을 보였다. 따라서 비록 난독증은 지속적이고 치료가 어려운 문제이긴 하지만, 그것을 피할 수 있는 방법들을 설명해 주는 훈련은 도움이 될 수 있다.

이해

아동들이 획득하는 수많은 학업기술들 중, 읽기 이해는 아마도 제일 중요할 것이다. 그것은 그들이 공부하고, 자신의 흥미를 추구하고, 지루함에서 탈출할 수 있도록 도와준다.

읽기 이해 과정은 4개의 구성요소로 나눌 수 있다: 어휘 접근, 명제 조립, 명제 통합, 본문 모델링(Perfetti, 1984). *어휘 접근(lexical access)*은 단어들을 식별하고 그것들의 의미에 접근하는 것이다. 읽기에서 어휘 접근은 아동들이 장기기억으로부터 인쇄된 단어의 의미를 인출해내는 과정이다. *명제 조립(proposition assembly)*은 의미 있는 단위들을 형성하기 위해서 단어들을 서로 연결시키는 것이다. 예컨대, '아픈 소년은 집으로 갔다' 는 문장에서, 독자는 '소년이 있었다' '소년은 아팠다' 등의 명제들을 구성할 것이다. *명제 통합(proposition integration)*은 개별적인 명제들을 더 큰 의미 단위로 결합시키는 것이다. 마지막으로, *본문 모델링*(text modeling)은 아동들이 추리를 하고, 그들이 읽은 것과 알고 있는 것을 관련시키는 과정들과 관련이 있다. 예를 들어, 독자들은 문장에서 언급되지 않았다 할지라도, 소년의 부모 중 한 사람이 그를 자동차에 태워서 집으로 데려왔다고 추리하기 위해서, 아픈 아동에 관한 지식, 학교와 집 사이의 거리에 관한 지식에 접근할 것이다.

Perfetti의 분석은 읽기 이해와 듣기 이해의 관계를 분명하게 하는 데 도움이 된다. 둘 다 명제들을 형성하고 그것들을 통합하고 상황에 대한 일반적인 모델을 구성하는 것을 필요로 한다. 그러나 이들은 어휘 접근 과정에서 서로 다르다. 읽기에서 어휘 접근은 쓰여진 단어들을 의미로 전환하는 것을 필요로 한다. 듣기에서는 말한 단어와 소리 간의 전환을 필요로 한다. 초보자들이 말한 단어들을 의미로 전환하는 것에 더욱 능숙하다는 것은 그들의 듣기 이해가 읽기 이해보다 왜 더 높은가를 설명한다. 7학년이나 8학년이 되어서야 대부분의 아이들은 이러한 차이를 없앨 수 있게 되며 그들의 읽기 이해와 듣기 이해의 수준이 유사해진다(Sticht & James, 1984).

읽기 이해를 발달시키는 것은 무엇인가? 우리들이 이해하는 것은 우리가 기억하는 것과 밀접하게 관련되어 있다. 따라서 기억 발달에 대한 주된 영향을 주는 요소들－기초적 과정, 책략, 상위인지적 이해, 내용 지식－이 읽기 이해에도 영향을 준다.

읽기 이해의 향상에 기여하는 두 개의 기본적 과정은 단어 식별의 자동화와 작업기억의 능률적 작동의 증가이다. 단어 식별의 자동화는, 계산의 자동화가 고등 수학의 학습을 돕는 것처럼, 읽기 이해를 돕는다: 그것은 인지적 자원을 보다 이용 가능하게 해준다. 이러한 관점과 일관되게 1학년 초의 단어 식별의 자동화 정도는 그 당시의 읽기 이해에 대해서 예언을 할 뿐만 아니라, 3학년 말까지도 그렇다(Lesgold, Resnick, & Hammond, 1985). 동일하게, 단어 식별 기술은 4학년 학생들의 읽기 이해에 대한 강력한 예언 변인이다(Zinar, 2000). 작업기억의 능률적 작동의 증가는 비슷한 이유로 이해를 돕는다. 더 많은 정보를 계속해서 기억할 수 있는 아동들은 예전 개념들과 새로운 개념을 통합하고 그것들 간의 관계를 이해할 가능성이 더 높다. 보다 큰 작업기억량은 모호한 표현들에 대처할 때 특히 도움이 되는 듯한데, 이해를 하기 위해서는 모호함이 해결될 때까지 한 가지 이상의 해석을 계속 기억하고 있을 것을 필요로 하기 때문이다(Daneman & Tardif, 1987).

책략들의 획득 또한 읽기 이해의 발달에 영향을 미친다. 빈번하게, 책략 중에는 자료의 난이도와 그것을 읽는 목표에 맞게 읽기의 속도와 신중함을 조정하는 것이 포함된다. 예컨대, 읽기를 잘 하는 아동들은 시시한 소설을 교과서보다 훨씬 빠른 속도로 읽는다. 그러나 이러한 종류의 융통성 있는 책략 사용은 놀라울 정도로 늦게 발달한다. 예를 들면, 10세 아동들은 질문에 답하는 데 상세한 이해가 불필요할 때에도, 대충 읽어 보기 책략을 거의 사용하지 않는다; 14세가 되어서야 훑어보기가 일반적이 된다(Kobasigawa et al., 1980).

또한 읽기 이해는 읽기 과정에 대한 상위인지적 이해의 영향도 받는다(예, Zinar, 2000). 1학년부터 성인기까지 모든 연령대에서 읽기를 잘 하는 사람들이 그렇지 못한 사람들보다 스스로의 읽기 이해를 더욱 정확하게 모니터링한다(Baker, 1994). 읽기를 잘 하는 사람과 그렇지 못한 사람들 모두의 이해 모니터링은 연령이 높아질수록 향상되지만 읽기를 잘 하는 사람들과 그렇지 못한 사람들 간의 차이는 여전히 유지된다. 그러한 이해 모니터링은 연령이 더 높고 읽기를 더 잘 하는 사람들로 하여금 이해에 대한 어려움들에 대처할 수 있는 다양한 책략(혼동의 출처로 돌아가기, 이해가 회복되기 전까지는 속도를 줄이기, 상황의 시각화 시도하기, 추상성을 구체적인 사례로 바꾸기)을 채택하게 한다.

연령과 관련된 읽기 이해 향상의 마지막 자원은 점점 증가하는 내용 지식이다. 그러한 지식을 가진 아동들은 그들이 읽은 것에 대한 자신들의 해석이 그럴듯한지를 자신들이 이미 가지고 있는 지식과 비교해서 확인할 수 있다. 또한 그들은 명확하게 나타나 있지 않은 암묵적인 동기, 사건, 결과에 대한 그럴듯한 추론을 이끌어낼 수 있다. 비록 관련된 선행 지식은 무엇이든 읽기 이해에 도움을 줄 수 있지만, 인과관계들에 관한 지식들이 특히 도움이 된다. 독자들이 인과관계들에 더 집중할수록 그들은 재인을 더 잘 하게 된다(Trabasso, Suh, Payton, & Jain, 1994). 연령이 높아질수록 아동들은 폭넓은 범위의 인과적 연결들을 제시하는데 이는 그들의 이해를 향상시킨다. 예를 들어, 8세 아동들은 한 에피소드 내의 인과 연결들에 주로 집중하는 반면, 14세 아이들은 에피소드들 간의 연결들도 강조한다(van den Broek, 1989). 요컨대, 책략 사용, 상위인지, 내용 지식과 관련된 실행의 능률성의 진보는 모두 연령과 관련된 읽기 이해의 향상에 기여한다.

교육적 함의

적절한 배경지식의 중요성. 읽기 교육을 위한 중요한 시사점 중 하나는 교사들은 모든 학생들이 그들이 읽고 있는 내용을 이해하기 위해 필요한 선지식을 가지고 있는가를 확인해야 한다는 것이다. 아동들이 그러한 내용 지식이 부족할 때 일어나는 문제는, 2학년 교과서에 등장하는 이야기인 '너구리와 맥기니스 부인' 전설에서 명백하게 나타난다.

> 가난하지만 마음이 착한 농부인 맥기니스 부인은 자신의 동물들을 수용할 수 있는 축사를 갖게 해달라고 별한테 소원을 빌었다. 그런데 그렇기는커녕, 강도들이 나타나서 동물들을 훔쳐갔다. 밤마다 습관적으로 맥기니스 부인의 문턱에서 먹이를 찾는 너구리가 강도들을 따라가서 안전하게 숨기 위해 나무위로 올라간다. 가면을 쓴 너구리의 얼굴을 본 강도들은 또 다른 강도라고 착각을 한다. 두려움에, 그들은 동물들을 놓아주고, 그들이 다른 사람에게서 훔친 돈 주머니를 조심스럽게 놓고 간다. 너구리는 돈 주머니를 주운

다음, 먹이를 계속해서 찾기 위해 맥기니스 부인의 문턱으로 돌아왔다가, 돈 주머니를 문턱에 떨어뜨린다. 다음날 아침, 맥기니스 부인은 돈을 찾고, 이런 행운이 전날 밤에 소원을 빌었기 때문이라고 생각한다.

대부분의 성인들은 이 이야기가 꽤 매력적이라고 생각하지만, 그것을 읽는 2학년 학생들에게는 매력적이지 않다. 그것은 단순히 그들을 혼란시킬 뿐이다. Beck과 McKeown(1984)은 사건들의 순서를 이해하는 데 필요한 두 가지 중요한 개념(우연과 습관)이 아이들에게는 결핍되어 있기 때문이라는 가설을 세웠다. 따라서, 또 다른 집단의 2학년 학생들이 그 이야기를 읽기 전에, 실험자는 그들에게 우연이란 단순히 함께 일어난 두 개의 사건을 서로 관련시키는 것이며, 습관은 사람들과 동물들로 하여금 똑같은 활동들을 반복적으로 자주 하도록 만든다고 말해주었다. 또한 실험자는 너구리의 눈 주변에 있는 어두운 원들은 가면처럼 보인다는 것, 너구리들이 습관적으로 밤에 먹이를 찾는다는 것, 그리고 너구리들이 종종 물건들을 집어 들어서 다른 장소로 가져간다는 것 등의 몇 가지 유용한 배경지식을 소개했다.

이러한 배경지식은 아동들이 이야기를 이해할 수 있도록 도왔다. 우연의 개념에 대한 설명은 맥기니스 부인이 일어났다고 생각한 것과 실제로 일어난 것을 대조할 수 있는 아동의 수를 증가시켰다. 게다가, 배경이 되는 정보를 얻은 아동들은 수많은 또래들과는 달리, 너구리가 맥기니스 부인을 도와주려 했다고 결론내리지 않았다. 이와 같이, 관련 배경지식의 보유는 훌륭한 읽기 이해에 필수이다.

이해에 대한 상위인지의 중요성. 또 다른 효과적인 교수법인 상호교수(reciprocal teaching)는, 읽기 이해에 대한 상위인지의 역할과 관련된 연구 결과들에 근거하고 있다. Annemarie Palincsar과 Ann Brown(1984)에 의해서 개발된 이 접근은 원래 혜택받지 못한 배경을 가진 7학년 학생들의 읽기를 향상시키기 위해서 설계되었다. 비록 이 학생들의 단어 식별 기술은 그들의 학년 수준에 도달했지만 그들의 이해는 2년에서 3년 정도 뒤처져 있었다. Palincsar와 Brown은 학생들이 가진 어려움의 근원은 부적절한 이해 모니터링 때문이란 가설을 세웠다. 특히, 그들은 학생들이 이해 모니터링과 관련되어 있는 4가지 과정의 수행을 향상시킬 필요가 있다고 가정하였다: 요약하기, 명료화하기, 질문하기, 차후의 질문을 예상하기.

상호교수에서, 교사는 작은 집단으로 학생들을 나누고 각 집단의 구성원들이 돌아가면서 본문의 특정 부분에 대한 토론을 하도록 했다. 처음에는 교사가 토론 지도자의 역할을 한다. 학생들과 교사 모두 한 단락을 읽은 후 교사가 그것을 요약하고, 이야기의 다음 부분에서 어떤 일이 벌어질지를 예측한다. 그 다음 단락에서, 한 명 혹은 그보다 많은 학생들이 이러한 활동을 이끌어나간다. 그러면 다시 교사의 차례가 된다. 시간이 흐름에 따라, 모든 학생들은 한번씩 지도자의 역할을 하게 된다. Palincsar와 Brown(1984)은 이렇게 번갈아가면서 하는 것이 필수라는 것을 발견했는데, 그 이유는 처음에는 학생들이 이런 기술에 대한 능력이 없기 때문이다. 그들의 연구에서 훈련 초기에는 학생들의 요약문 중 단지 11%만이 단락의 중심적인 생각을 담고 있었다. 20시행 이상을 마쳤을 즈음에는, 그들의 진술 중 60%가 중심적 생각을 담고 있었다.

Palincsar과 Brown(1984)은 그 교수법이 7학년 학생들의 읽기 이해에 많은 긍정적인 효과를 가지고 있다는 것을 발견했다. 매일 교수가 끝난 후 그들은 새로운 단락을 읽고, 그것에 대한 10개의 질문에 읽은 것을 기억하여 답했다. 프로그램이 시작하기 전에 실시한 예비시험에서 아이들은 평균적으로 20%를 맞혔다. 집단 프로그램이 끝난 후 그들은 평균적으로 80% 이상을 맞혔다. 이와 같은 문단의 향상된 이해는 프로그램이 끝난 지 6개월이 지난 후 재시험을 했을 때에도 유효했다. 더욱 인상적인 것은 훈련 받은 아이들이 학교에서 백분위 20%에서 56%로 향상되었다는 것이다.

이후의 발견들 또한 고무적이다. 상호교수에 관한 16개의 연구들에 대한 개관은 실험자 혹은 교사들이 제공하는 교육이 4학년부터 성인기까지 이르는 학생들, 낮은 성취 수준과 보통 성취 수준을 가진 학생들 모두, 2명에서 23명까지 이르는 다양한 학생수를 가진 집단들 모두에게 긍정적인 효과를 드러냈다(Rosenshine & Meister, 1994). 또한 이러한 이익은 교육을 받고 나서 최소 6개월에서 일 년까지 유효했다(Palincsar, Brown, & Campione, 1993). 읽기 이해를 촉진시키는 다른 방법들과의 비교는, 상호교수가 최소한 다른 대안적인 접근들만큼은 효과적이라는 것을 보여준다(예, Johnson-Glenberg, 2000).

이러한 성공 이야기로부터 우리는 어떤 교훈을 이끌어낼 수 있을까? 한 가지 교훈은 기술이 사용되는 맥락과 가능한 한 유사한 맥락에서 기술을 가르치는 일이 중요하다는 것이다. 상호교수에서는 이해 모니터링 기술을 교실에서 사용되는 이해 모니터링과 유사한 맥락에서 가르친다. 또 다른 교훈은 학생들을 학습에 적극적으로 관여하게 만드는 것의 중요성이다. 4장에서 더 숙련된 동료가 덜 숙련된 동료를 문제해결 과정에 적극적으로 관여시키는 데 협력의 유효성이 의존한다는 점을 상기하라. 그러한 관여는 상호교수에는 없어서는 안 되는 부분이다. 처음부터 학생들은 관련 과정(요약하기, 질문하기 등)을 시도해 보도록 격려를 받으며 그들의 역할은 그들의 능력이 성장함에 따라 증가한다. 이와 같이 상호교수의 유효성은 최소한 부분적으로는 사용될 맥락과 유사한 맥락에서 기술을 가르치는 것과 학생들을 학습에 적극적으로 관여시키는 교수 과정으로부터 비롯된다.

쓰기

학생들이 글쓰기를 잘 못하는 것은 교사들의 오래된 비애다. 그 어려움은 아동기에서 끝나지 않는다. 컴퓨터 회사들은 초당 수백만 개의 지시들을 수행할 수 있는 기계를 생산하지만, 그것을 어떻게 작동시킬 수 있는지에 대해서 명확하게 설명하는 매뉴얼은 거의 만들지 않는다. 현대 생활에서 글쓰기가 가진 커다란 역할 때문에 글쓰기 기술의 부족은 특히나 불행한 일이다. 예를 들어 비즈니스 직원은 어림잡아 그들이 일하는 시간의 19%를 메모, 편지, 기술 보고서를 작성하는 데 보낸다(Klemmer & Snyder, 1972).

글쓰기는 초고 작성, 교정의 두 가지 과정으로 나눌 수 있다. 두 가지 모두 글을 쓰는 사람이 다음과 같은 다양한 어려움을 극복할 것을 요구한다—구두점, 철자법, 문법에 의해 부과되는 기계적 요구; 내용을 이해할 수 있게 만드는 데 필요한 조직화에 대한 요구; 글쓰기의 목적이 설득하려는 것이든 설명하려는 것이든 특정 관점을 전달하려는 것이든 작가의 목적에 합치되어야 한다는 요구(Boscolo, 1995). 한꺼번에 고려해야 하는 목표의 개수를 생각해 보면, 사람들이 글쓰기를 어렵게 여기는 것은 너무나 당연하다.

초고 작성 과정

교사를 제외하면, 아동의 작문이 무엇을 의미하는지 이해하는 사람은 거의 없다. 8세 아동이 평균보다 많은 노력을 들여 작성한 다음의 에세이는 그 풍미를 전달한다.

> 나는 새를 안 가졌지만 나는 그것들에 관해서 몇 가지를 안다. 그것들은 두 개의 콧구멍을 가지고 있고 그것들은 그것들에 깃털을 깨끗하게 청소하고 그것들은 씨앗들, 지렁이들, 빵, 포옹할 수 있는 전나무들(cuddle firs), 그리고 그 밖의 다른 많은 것들을 먹는다. 그리고 그것들은 물을 마신다. 그가 물을 마실 때 그 머리는 들고 물은 네려간다. 섀장(새장)은 아주 더러워지고 사람드른 그것을 깨끗이 청소해야한다. (Kress, 1982, pp. 59-60)

이 이야기는 아동들이 쓰기를 할 때 직면하게 되는 근본적인 세 가지 어려움을 반영한다: 논의되는 주제의 종류, 여러 가지 목표를 동시에 추구해야 하는 필요성, 쓰기의 기계적인 요구들(Bereiter & Scardamalia, 1987).

친숙하지 않은 주제에 대한 요구. 이야기를 쓰기 위해서 아동들은 우선 장기기억 속에 있는 관련 정보를 활성화시켜야 한다. 많은 경우에 이것이 어려운데, 그 이유는

('내가 새들에 관해서 알고 있는 것'과 같이) 아동들이 보통 때 잘 생각해 보지 않은 것들이 주제가 되기 때문이다. 이러한 상황에서 그들의 기억의 다양한 곳에 있는 자료들을 모두 모아서 그것들을 사고하기 위한 조직체를 창출해 내야 한다. 새들에 관한 8세 아동의 에세이는 어떤 일이 종종 발생하는지를 보여준다: 그것에 대해서 조직화된 논의를 펼치기보다는 주제에 관한 사실을 열거한다.

여러 가지 목표의 요구. 사람들은 타인을 즐겁게 하기 위해서, 흥미를 끌기 위해서, 정보를 주기 위해서, 자극하기 위해서, 또는 충분한 자료를 창출하여 교사들을 만족시키기 위해서 글을 쓴다. 목적을 달성하기 위해 말하기에서는 사용할 수 있는 어조와 비언어적 몸짓을 글쓰기에서는 사용할 수가 없다. 게다가, 글을 쓴 사람들이 초고 작성 과정에서 받는 피드백은 자기 자신들의 반응으로 한정되어 있다. 이것은 다른 사람들의 질문들과 의견들이 새로운 목표와 방향을 제안하는 대화 상황과 꽤 다르다. 따라서 글쓰기는 외부의 자극이 거의 없는 상태에서 목표를 형성하고 그것을 장기간 기억하고 그것이 달성된 때가 언제인지 독립적으로 판단하는 것을 필요로 한다.

아동들은 여러 가지 목표를 달성해야 한다는 요구에 어떻게 대처하는가? Scardamalia와 Bereiter(1984)는 아동들의 전형적인 접근을 *지식-말하기 책략(knowledge-telling strategy)*이라고 명명했다. 이 책략은 쓰기 과제를 한 번에 한 개의 목표만을 고려하면 되도록 과제를 단순화시킨다. 책략은 두 가지 명령으로 요약할 수 있다: 1) 물어본 질문에 바로 대답해라; 2) 기억에서 인출된 관련 정보를 써라. 그 '새' 이야기는 이 접근을 사용한 결과를 예증한다. 처음에 아동은 기본적인 질문에 답을 했다: '나는 새를 안 가졌지만 나는 그것들에 관해서 몇 가지를 알고 있다.' 다음에 그녀는 새에 관해서 그녀가 기억하는 몇 가지 사실을 열거했다. 이 조직의 단순성은 아동들의 작문의 가장 두드러진 특징 중 하나인 '간결함' 때문이다. 초등학교 시기에 작문은 전형적으로 인쇄용 종이의 절반 정도 되거나 그것조차도 되지 않는다.

글쓰기 경험과 더불어 아동들은 글쓰기에서 기억에 대한 요구에 대처할 수 있도록 목표들을 표준적 구조로 배열할 수 있게 된다. Waters(1980)에 의해 보고된 보기 드문 자연적 실험은 여러 가지 목표들을 조화시키는 기술이 연습을 통해서 어떻게 발달하는지 보여주었다. Waters는 2학년 동안 한 소녀가 쓴 120개의 에세이를 분석하였다. 모든 에세이는 '학급 소식' 과제로 썼던 것이다. 매일 학생들은 그날의 사건에 관해서 써야 했다.

Waters는 학기 초에 연속으로 쓴 5개의 에세이와 학기 중간에 쓴 5개의 에세이 그리고 학기말에 쓴 5개의 에세이를 분석하였다. 표 11.4에서 나타난 것처럼 이야기의 내용은 처음에는 날짜, 날씨, 학급 활동에 한정되어 있다. 이후에 그것은 또래, 해야 하는 일, 학교로 가져온 자료들에 대한 정보도 포함하였다.

더 일반적으로 뒤의 이야기들은 초기의 이야기보다 더 양이 많으며 다양한 목표들을 보여준다. 이후의 에세이 중 대부분은, Waters가 사건을 회상할 때마다, 그녀는 사건이 일어난 시간을 언급하고, 그 사건에 대한 자신의 반응을 설명하는 목표를 형성한 듯했다. 이렇게 미리 조정된 목표들의 순서는 사건의 단순한 발생을 뛰어넘는 내용을 제안함으로써 처리의 요구를 감소시켰다. 그래도 여전히, 그녀의 에세이들은 인쇄용 종이의 1/3도 채우지 못했다.

어린 초등학교 아동들이 두 개 혹은 그 이상의 목표를 동시에 고려하고 이러한 목표들을 서로 관련시키는 것을 돕는 것은 그들의 글쓰기를 향상시킬 수 있다. Bereiter와 Scardamalia(1987)는 놀랍게도 단순한 교수적 책략이 이러한 목적을 촉진시킨다는

표 11.4 학급 소식 과제로 학기 초, 중간, 말에 쓴 이야기들

1956년 9월 24일
오늘은 1956년 9월 24일 월요일이다. 오늘은 비가 온다. 해가 곧 났으면 좋겠다.
우리는 새로운 철자 책을 받았다. 우리는 사진도 찍었다. 우리는 바바라에게 생일 축하 노래를 불러줬다.

1957년 1월 22일
오늘은 1957년 1월 22일 화요일이다. 오늘은 안개가 끼었다. 길을 건널 때 우리는 주의를 해야 한다.
오늘 아침, 음악 시간이 있었다. 우리는 새로운 노래를 배웠다.
린다가 결석했다. 그녀가 곧 돌아왔으면 좋겠다.
수학 시간이 있었다. 우리들은 사탕 사기 놀이를 하였다. 재미있었다.
우리들은 영어 책을 가지고 공부했다. 우리들은 *is*와 *are*를 언제 쓰는지 배웠다.

1957년 5월 27일
오늘은 1957년 5월 27일이다. 오늘은 따뜻하고 흐린 날이었다. 해가 곧 났으면 좋겠다.
오늘 오후에, 음악 시간이 있었다. 즐거웠다. 우리는 밖으로 나가서 놀았다.
캐롤이 결석했다. 그녀가 곧 돌아왔으면 좋겠다.
철자 수업이 있었다. 우리는 한 다스에 대해서 배웠다.
내일 우리는 보여주면서 말하기(show and tell)를 할 것이다.
우리들 중 몇 명은 숙제로 문장의 철자쓰기를 해야 한다.
대니는 고치를 가져왔다. 그것은 나비로 변할 것이다.

출처 : Waters, 1980.

것을 발견했다. 그들은 아동들에게 '유사하게' '예를 들어' '반면에'와 같이 일반적으로 문장의 서두에 나오는 단어가 적힌 카드 한 세트를 주었다. 아동들에게 그들이 다음에 무엇을 말해야 할지 생각이 나지 않을 때 이 단어들 중에서 하나를 고를 것을 요구했다. 이것의 논리는 이러한 문장의 서두 단어들이 아동들로 하여금 앞의 문장들과의 관계를 고려하면서, 그들이 작가로서 하고 싶을 뿐 아니라 독자들의 관점도 또한 고려하도록 해준다는 것이다. 비록 이 실마리는 내용이 어떠해야 한다고 구체적으로 말하지는 않지만 아동들이 보다 많은 내용과 보다 내적으로 연결된 풍부한 내용을 가진 에세이를 쓰게 해주었다.

사람들이 글쓰기에 대한 전문성을 발달시켜 감에 따라 지식-말하기 책략은 *지식-변형 책략(knowledge-transforming strategy)*으로 발전한다(Bereiter & Scardamalia, 1987). 이 책략은 글 쓰는 사람이 어떤 내용을 전달할지 결정하는 것과 청중이 이해할 수 있는 방법으로 그것을 어떻게 전달할지를 결정하는 두 가지 목표를 달성하려는 것으로 정의된다. 전문적인 작가들은 이 책략을 계속해서 일관되게 사용한다. 다른 성인들은 그들의 에세이 주제에 대해서 잘 알고 있을 때에만 그것을 사용한다. 책략은 에세이의 주제에 대한 분석과 관점의 채택에서 시작된다. 이와 더불은 인지적 활동은 논의하고 있는 영역의 지식과 내용을 원하는 형태로 바꿀 수 있는 수사적 기교에 대한 지식 사이를 오가는 것을 포함한다. 또한 이 접근에는 작가가 하고 싶은 말과 그가 종이에 쓴 것 간의 빈번한 비교도 포함된다. 지식-변형 책략의 유용한 부산물은 글쓰기 과정이 작가의 지식을 증대시킨다는 것이다. 독자들에게 한 입장을 알리고자 하면서, 작가는 자기 자신의 생각에 존재하는 공백과 자기모순을 깨닫게 된다. 이러한 공백과 자기모순을 해결하는 것은 주제에 대한 그들의 이해를 보다 깊이 있는 것으로 만든다.

지식-변형 책략을 보다 더 많이 사용하는 경향은 쓰기를 시작하기 전 이를 계획하기 위해 보내는 시간의 양을 통해 알 수 있다. 일반적으로 대학생들은 5학년 학생들보다 쓰기를 시작하기 전에 계획하기에 더 많은 시간을 보낸다(Zbrodoff, 1984). 그들은 이 시간에 그들의 입장이 무엇이며, 그것을 어떻게 논할 것이며, 그렇게 하기 위해서 어떠한 수사적 기교를 사용할 것인지를 계획한다.

글쓰기에서 과제의 제약을 극복할 때 나타나는 융통성은 연령과 함께 증가한다. 5학년 학생들은 시간과 길이의 제약과는 관계없이 쓰기를 시작하는 데 적은 시간을 할당한다. 이것은 지식-말하기 책략을 사용할 때 예상되는 일이다; 질문에 대한 직접적 응답이 생기자마자 바로 쓰기를 시작한다. 그와는 반대로 대학생들은 과제가 더 긴 에세이를 요구할 때 그리고 그들이 그것을 완성할 수 있는 시간이 더 많을 때, 계획하기 시간을 늘렸다(Bereiter & Scardamalia, 1987).

기계적 요구. 쓰기에서 접하게 되는 세 번째 종류의 어려움은 문자들을 형성하고 단어들의 철자들을 바르게 쓰고 대문자와 구두점을 올바른 위치에 넣는 것과 같은 기계적 요구들이다. 이러한 기계적 요구들로 인해 많은 아동들의 글쓰기는 상당히 더디게 진행이 되고, 결국 아동은 무엇을 말하려고 했는가를 잊어버리게 된다.

기계적 요구들과 더딘 산출 속도가 아동들의 쓰기에 어떻게 영향을 미치는지 시험해 보기 위해서, Bereiter과 Scardamalia(1982)는 4학년과 6학년 학생들에게 다음의 세 가지 조건 중 하나에서 에세이를 쓰도록 하였다. 전형적 쓰기 조건에서, 아동들은 평상시처럼 글을 씀으로써 기계적 요구들과 더딘 속도의 쓰기 둘 모두를 접하게 된다. 느린-말하기 조건에서, 아동들은 자신의 에세이 이야기를 아동의 속도로 글을 쓰도록 훈련을 받은 대필자에게 읽어주어 받아쓰도록 하였다. 이것은 아동들을 기계적인 요구들로부터는 자유롭게 해주었지만, 느린 속도로부터는 아니었다. 표준-말하기 조건에서 아동들은 그들의 정상적인 말하기 속도로 녹음기에 읽었다. 이것은 기계적 요구들과 통상적인 쓰기의 느린 속도 모두로부터 그들을 자유롭게 해주었다.

기계적 요구들이나 느린 속도에 대한 부담이 없었던 표준-말하기 조건의 아동들은 가장 좋은 에세이를 창작하였다. 느린 속도로 인한 부담은 있었지만 기계적 요구들에 의한 부담은 없었던 느린-말하기 조건의 아동들은 그 다음으로 좋은 에세이를 창작하였다. 느린 속도와 기계적 요구들 둘 다에 대한 부담이 있었던 전형적 쓰기 조건의 아동들은 가장 좋지 않은 에세이를 창작하였다.

이러한 결과들은 글쓰기가 아동들에게 어려운 이유 중 하나를 분명히 드러낸다. 그것은 그들의 작업기억량에 과중한 부담을 지우는 것이다. 작업기억량이 줄었을 때 아동의 수행은 향상되었다. 물론 글쓰기에서의 개인차와 발달차가 모두 작업기억량에서의 차이와 관련되어 있다는 것을 제안하는 증거가 있긴 하다(Kellogg, 1996; McCutchen, 1996, 2000; Swanson & Berninger, 1996). 아동들이 글쓰기의 기계적인 측면에 더 능숙해질수록, 본문을 창조해내는 과정은 훨씬 적은 작업기억 용량을 필요로 한다. 그 결과 아동들은 글쓰기 과제의 다른 측면에 그들의 주의를 더 잘 집중시킬 수 있게 된다.

더 나아가서 이러한 결과들은 아동들에게 타자를 치거나 워드프로세서를 사용하도록 가르치는 것이 그들의 글쓰기 질을 향상시킬 수 있다는 것을 제안하는데 그 이유는 손으로 쓰는 것과 철자에 할당된 주의를 감소시킴으로써 작업기억에 대한 요구를 감소시키기 때문이다. 워드프로세싱의 효과에 대한 32개 연구들에 대한 개관은 그것이 이러한 기대되는 효과를 가지고 있다고 지적하였다. 워드프로세싱의 사용은 대체로 아동들이 더 높은 수준의 글을 쓰도록 하는 결과를 가져왔다(Bangert-Downs,

1993). 다른 상황에서는 글을 잘 쓰지 못하는 학생들에게 가장 효과가 컸다. 에세이를 워드프로세서로 썼던 학생들이 다시 손으로 쓰게 되어도 긍정적 효과는 계속해서 나타났다. 글쓰기의 질적 향상은 크지 않았지만, 꽤 일관적이었다. 따라서 워드프로세서는, 글을 손으로 쓰기 위해 필요한 기계적 요구들을 제거함으로써 학생들의 글쓰기를 향상시키는 데 도움이 될 수 있다.

교정 과정

잘 된 초고는 거의 없다. 그런데 불행히도 수정되어야 할 초고를 쓴 학생들도 그것을 교정하려 하지 않는다; 그들은 대개 초고를 낸다. 더 불행한 일은 학생들이 교정을 한다고 해도 그런 수정이 질적인 향상이란 일관된 결과를 낳지 않는다는 것이다(Fitzgerald, 1987). 이것은 교정이 왜 불충분한가라는 의문을 불러일으킨다.

교정은 결점을 찾아내고 정정하는 것의 두 주된 과정으로 나눌 수 있다(Baker & Brown, 1984). 결점을 찾아내기 위해서 사람들은 문장이나 단락과 같은 본문의 한 단위를 본문이 의도한 특성의 내적 표상과 비교해야 한다. 그러한 비교는 작가가 쓴 단어들이 헷갈리거나 산만할지라도 글이 의도한 목표에 대해서는 작가가 분명히 할 것을 요구한다.

수많은 성인뿐만 아니라 아동들도 본문의 결점을 잘 찾아내지 못한다. 예컨대, Beal(1990)의 한 연구에서, 아동들은 그들에게 제시된 에세이에서 결점을 찾아 정정해야 했는데, 여기에는 결여된 문장, 이해하기 어려운 문장, 직접적인 모순이 포함되었다. 4학년 학생들은 이러한 결점이 두드러지는 문제 중 단지 25%를, 6학년 학생들은 60%밖에 찾아내지 못했다. 일반적으로, 초등학교 아이들은 본문의 명확성에 대해 과대평가하는 경향이 있었다(Beal, 1996).

아동들이 자신이 작문한 내용을 교정해야 하는 더 전형적인 사례에서는, 자기중심성이 그 어려움을 악화시켰다. 아동들은 자신들이 알고 있는 것과 독자들이 무리 없이 이해할 것이라고 예상하는 것을 구별하는 데 어려움을 가진다. 이러한 점을 예증하기 위해, Bartlett(1982)은 아동들에게 자신들의 에세이 혹은 학급 친구가 쓴 에세이를 교정하게 하였다. 여기에서의 관심은 아동들이 문법적 오류(예, 경찰과 강도가 싸웠다. 그는 살해당했다)와 모호한 참조의 두 오류를 얼마나 잘 찾아내는지의 여부였다. 만약 자기중심성이 오류를 알아차리는 데 문제를 일으킨다면, 아동들은 다른 아동들의 이야기 속에 있는 모호한 참조보다는 의도된 참조가 무엇인지를 알고 있는 자신의 이야기 속의 모호한 참조들을 정정하는 데 더 큰 어려움을 겪을 것이다. 반면에, 자기중심성은 다른 아동들의 문법적 오류보다 자신의 문법적 오류들을 정정하는 데 더 큰 어려움을 겪게 만들지는 않을 것이다.

기대했던 대로 아동들은 다른 아동들의 글에서 참조적 모호성을 알아차리는 일은 꽤 잘했지만, 자신의 글에서 알아차리는 것은 상대적으로 잘 못했다. 자기중심성이 별다른 문제가 되지 않는 문법적 오류들을 찾아내는 것은 자신의 글이나 다른 아동의 글에서 비슷한 수행을 보였다. 그러므로 교정 기술 발달의 주요 부분은 자신의 관점을 독자의 것으로부터 분리하는 능력이라 할 수 있다.

이러한 결과로부터 이끌어낼 수 있는 결론은 글을 쓰는 사람들이 교정을 하기 전에 약간의 시간을 두고 기다려야 한다는 것이다. 이것의 논리는 작문에 대한 심리적 그리고 시간적 근접성은 작품을 쓴 직후 자기중심성을 증가시키기 때문에 교정하고자 하는 노력을 방해할 수 있다는 것이다. 시간이 지남에 따라 보다 많은 객관성을 갖는 것이 가능해질 것이다.

그러나 이러한 조언은 문제의 핵심에 미치지는 못한다. 4학년부터 12학년까지 학생들의 교정의 질은 그들이 글을 쓰고 나서 일주일 후에 교정을 한 것이나 바로 교정한 것이나 차이가 없었다(Bereiter & Scardamalia, 1982). 따라서 학생들에게는 글을 쓰자마자 교정을 하는 것이 더 편리할 것으로 보인다. 기다림 그 자체로 도움이 되지는 않는다.

설사 아동들이 자신의 글쓰기에서 문제를 발견하더라도, 그들은 여전히 그것을 고쳐야 하는 문제를 가지고 있다. 다행히도, 최소한 그들이 문제점을 자발적으로 알아냈을 때, 아동들은 그러한 수정을 꽤 효과적으로 한다. 예를 들어, Beal(1990)의 연구에서 4학년과 6학년 학생들은 스스로 찾아낸 문제들을 효과적으로 정정하였다. 그러나 아동들이 놓친 문제점을 성인이 지적했을 때는 달랐다. 연령이 보다 높은 학생들은 성인이 지적한 문제들을 고치는 데 똑같이 효과적이었지만, 어린 아동들은 꽤 무능했다.

심지어 연령이 더 높은 아이들의 경우에도 에세이에서 교정이 필요한 부분들을 단순하게 가르쳐주는 것이 항상 이득이 되는 것은 아니었다. McCutchen과 그의 동료들은 교정이 필요한 문장들을 알려줬을 때, 7학년 학생들은 (연대기적 순서의 오류) 의미에 기반을 둔 오류보다는 (철자, 구두법과 같은) 표면적 수준의 오류에 더 집중하는 경향이 있었다(McCutchen, Francis, & Kerr, 1997). 대학생들은 정보를 더 잘 사용하였으며, 적절한 곳에 보다 자주 의미에 기반을 둔 교정을 하였다.

성공적 교정으로의 열쇠는 다양한 관점을 취하는 능력인 듯하다. 이것은 원래의 초고에서 문제점을 찾고 진단내리는 일과 다른 사람들이 지적한 문제점을 정정하는 일 모두를 돕는다. 따라서 읽기와 계산에서처럼 쓰기에서도 다양한 종류의 지식을 조정하고 그들 사이에서 관심을 융통성 있게 바꾸는 것은 성공적 수행에 필수이다.

요약

학교에 다니게 되면, 아동들은 많은 새로운 기술과 개념을 획득하기 위해서 수에 대한 초기 지식을 쌓는다: 단순하고 복잡한 정수의 계산, 분수, 대수, 컴퓨터 프로그래밍. 단순 계산의 발달은 고급 책략의 획득 및 증가된 속도와 정확성을 수반한다. 비록, 계산의 발달 속도가 동아시아 아이들 사이에서 더 빠르긴 하지만 동일한 양상의 발달이 북미, 유럽, 그리고 동아시아에서 발견되었다. 아동들 사이의 개인차는 지식의 양과 선호하는 책략의 종류 둘 다에서 명백히 나타난다.

아동들은 단순 계산을 넘어서 수학의 기반이 되는 개념을 종종 이해하지 못하여 다양한 오해와 왜곡을 만들어 낸다: 결함이 있는 뺄셈 규칙들, 소수와 등호에 대한 오해, 대수 조작에 대한 부적절한 사용. 컴퓨터 프로그래밍의 개념과 명령어뿐만 아니라 다른 상황에서 그것의 적용 가능성을 강조하는 중재된 교수는 프로그래밍 기술뿐만 아니라 일반적 문제해결 능력도 향상시킬 수 있다.

읽기 학습은 읽기전 기술의 획득, 단어 식별 과정, 그리고 이해를 포함한다. 읽기전 기술 중 가장 중요한 것에는 문자 지각과 음운 인식이 있다. 음운 인식 기술을 가르치면 학령전기 아동들은 읽기 성취에서 영속적인 증진을 보인다.

아동들은 음운적 재부호화와 시각에 기초한 인출의 두 주된 단어 식별법을 사용한다. 두 가지 방법 모두 인쇄된 단어에 대한 조사에서 시작해서 장기기억 속에 있는 단어의 의미와 발음으로의 접근으로 끝이 난다. 음운적 재부호화는 인쇄된 내용이 소리로 바뀌는 중간 단계를 포함하고 있다. 두 기술은 관련되어 있어서, 정확한 음운적 재부호화는 인쇄된 단어와 그것의 장기기억 진입로 간의 강한 연합들의 발달을 도움으로써 시각에 기초한 인출을 돕는다.

읽기 이해는 기억 발달에 영향을 주는 동일한 요인들에 의해서 영향을 받는다: 기본 과정들, 책략들, 내용 지식들, 상위인지 이해의 향상. 아동들이 중요한 배경 내용을 이해하도록 도와주고 그들의 상위인지적 처리를 향상시키는 것은 읽기 이해를 실질적으로 향상시키는 결과를 가져왔다.

글쓰기는 대부분의 아동들에게 어려운 과제이다. 그들은 대화가 제공하는 자극이나 피드백 없이는 명확한 목표들을 세우는 데 어려움을 겪는다. 또한 그들은 글쓰기의 기계적인 측면의 수행에 대한 경쟁적인 요구를 조정하고 문법적 문장을 형성하여 의미를 표현하고, 독자의 반응을 예기하는 데 어려움을 가진다. 그에 대한 반응으로 그들은 우선 지식-말하기 책략을 사용하는데, 이것은 제시된 질문에 대한 반응을 말하고 난 뒤에 뒷받침할 만한 증거들을 기억에서 인출하는 순서대로 열거하는 것이다. 이 책략은 간략하며 목록과 같은 작문의 나열로 글을 작성하게 한다. 연령과 경험에 따라 발생하는 글쓰기에서의 주요 변화는 목표들을 조정하는 향상된 능력으로, 이것은 글을 쓰는 사람들이 보다 해박하고 흥미로운 에세이를 창작할 수 있도록 해준다. 이것은 결과적으로 글을 쓰는 사람들이, 더 많은 계획하기를 필요로 하지만 더 높은 질을 가진 작품을 낳는 책략인 지식-변형 책략으로 진보하도록 해준다.

교정에 대한 기술 또한 연령과 경험에 따라 향상된다. 여기서 가장 큰 발전은 본문 내의 문제점을 알아차리는 데서 비롯된다. 아동들은 일단 문제점을 알아차리면, 그것을 고치는 데에 꽤 능숙하다. 문제점 찾기 향상의 기본이 되는 것은 자기 자신의 지식을 독자들이 알고 있는 것과 구분하는 능력의 발달이다.

읽을거리

Bereiter, C., & Scardamalia, M. (1987). *The psychology of written composition.* Hillsdale, NJ: Erlbaum. 아동들의 글쓰기와 그들의 글쓰기가 어떻게 향상될 수 있는지에 대한, 잘 알려진 훌륭한 요약.

Geary, D.C. (1994). *Children's mathematical development: Research and practical implications.* Washington, DC: American Psychological Association. 이 책은 인간들에게서 타고난 수학적 능력에는 무엇이 있는 지에서부터 수학적 장애가 어떻게 발생하는 지까지 이르는 주제들을 통합한다.

Goldin-Meadow, S. (2001). Giving the mind a hand: The role of gesture in cognitive change. In J.L. McClelland & R.S Siegler (Eds.), *Mechanisms of cognitive development: Behavioral and neural perspectives.* Mahwah, NJ: Erlbaum. 아동들이 말하는 내용을 듣는 것뿐만 아니라 아동들의 손짓도 관찰하는 것이, 그들이 알고 있는 것뿐만 아니라 그들의 지식이 어떻게 변하는지를 이해하는 데 어떻게 도움을 줄 수 있는지를 흥미롭게 설명한다.

Palincsar, A.S. & Brown, A.L. (1984). Reciprocal teaching of comprehension-monitoring activities. *Cognitive and Instruction, 1,* 117-175. 학교에서의 학습 향상이란 과제에 대한 심리학적 원리들의 가장 성공적인 적용. 심각한 읽기 이해 문제들을 가진 7학년 학생들이 이 프로그램에 참여함으로써 평균 이상으로 이해가 가능해진다.

Rayner, K., Foorman, B.R., Perfetti, C.A., Pesetsky, D., & Seidenberg, M.S. (2001). How psychological science informs the teaching of reading. *Psychological Science in the Public Interest, 2,* 31-74. 이 모노그래프는 숙련된 읽기와 읽기 학습에 대한 연구들을 개관하고, 연구의 읽기 교수에 대한 함의를 고려한다.

제 12 장

결론 및 향후 과제

"그래서 아이들이 어떻게 생각한다는 거죠?" (이 책의 내용에 대한 아버지의 설명을 들은 후 7세 아이가 내놓은 질문이다.)

앞 장에서 우리는 지각, 언어 기억, 개념적 이해, 사회 인지, 문제 해결 그리고 학업 기술을 각각 별도로 다루었다. 이러한 구분은 아동 사고의 각 영역들의 독특한 특성을 고려하는 데는 도움이 되지만 인지 발달의 서로 다른 측면들을 통합하고자 한 우리의 목적을 흐리게 했을 수도 있다. 따라서 결론을 맺는 마지막 장의 주요 목표는 다양한 영역을 통합하고 향후 핵심적 이슈가 될 것으로 보이는 주제들을 논의하는 것이다.

이 책의 첫 장에서, 우리는 아동 사고에 일반적으로 적용되는 8개의 주제들을 제시하였다. 그 주제들이 이 장에서도 주요 골자가 될 것이다. 이 장은 서로 다른 주제를 다루는 8개의 섹션으로 나누어져 있다. 각 섹션에서 그 주제와 관련된 현재까지의 인식을 요약한 후, 이와 관련하여 새로이 주목받기 시작하는 논쟁점들을 소개하였다. '향후 논쟁점' 에는 학습과 발달이 과연 같은가 다른가, 그리고 무엇이 발달적 변화의 기제인가와 같이 아동 사고에 관한 가장 크고 흥미로운 이슈들도 포함되었다. 표 12.1에 이 장의 구성을 정리하였다.

1. 아동 사고에 대한 가장 기본적인 논쟁점은 '무엇이 발달하는가' 와 '어떻게 발달이 일어나는가?' 이다.

학술지의 논문에 연구자들이 아동 사고에 관하여 글을 쓸 때, '본 연구의 목표는

표 12.1 이 장의 개요

I. **아동 사고에 관한 가장 기본적 논쟁점은 '무엇이 발달하는가'와 '어떻게 발달이 일어나는가'이다.**
   A. 발달의 내용과 발달의 방식에 대한 최근의 인식
   B. 향후 논쟁점

II. **인지 발달에 특별이 큰 공헌을 한 네 개의 변화 과정은 자동화, 약호와, 일반화, 책략 구성이다.**
   A. 변화 과정에 대한 최근의 인식
   B. 향후 논쟁점

III. **영아와 아주 어린 아동들은 실제 보이는 것보다 훨씬 유능하다. 그들은 신속한 학습을 가능하게 만드는 풍부한 능력을 소유하고 있다.**
   A. 초기 능력에 대한 최근의 인식
   B. 향후 논쟁점

IV. **연령 집단 간 차이는 유형의 차이라기보다는 정도의 차이로 보인다. 어린 아동들은 겉보기보다 유능할 뿐 아니라, 보다 나이 든 아동이나 성인들은 실제 우리가 생각하는 것보다 유능하지 못하다.**
   A. 연령 집단간 차이에 대한 최근의 인식
   B. 향후 논쟁점

V. **아동 사고의 변화는 결코 진공의 상태에서 일어나지 않는다. 아동이 접하는 대상에 대하여 이미 가지고 있는 지식은 아동이 무엇을 배울지 또 얼마나 많은 것을 배울 것인가에 영향을 준다.**
   A. 기존 지식의 영향에 대한 최근의 인식
   B. 향후 논쟁점

VI. **지능 발달은 인지적 자원의 효과적 할당의 증가뿐 아니라 대뇌 구조와 기능의 변화도 반영한다.**
   A. 지능 발달에 대한 최근의 인식
   B. 향후 논쟁점

VII. **아동의 사고는 사회적 맥락에서 발달한다. 부모, 또래, 교사, 그리고 사회 전반은 아동들이 특정한 방식으로 사고를 하게 된 방법과 원인뿐만 아니라 사고의 내용에 영향을 미친다.**
   A. 아동 사고에 미치는 사회적 영향에 대한 최근의 인식
   B. 향후 논쟁점

VIII. **아동 사고에 대한 이해의 증가는 이론적 통찰뿐 아니라 실질적 이익을 제공한다.**
   A. 아동 사고 연구에 대한 최근의 인식
   B. 향후 논쟁점

IX. **요약**

무엇이 발달하는 가를 발견하기 위해서…' 또는 '본 연구의 목표는 어떻게 발달이 일어나는지를 알아보기 위해서…'라는 문장을 결코 사용하지 않는다. 아마도 이것은 어떤 연구도 이러한 목표를 달성할 수 없다는 깨달음과 연구자의 겸손 때문이 아닌가 한

다. 그럼에도 불구하고 이 둘은 가장 깊은 곳에 있는 연구의 동기이자 목적임에는 분명하다. 이 책을 읽는 독자들도 연구의 목적에 가장 중심이 되는 이 문제들을 항상 명심하길 바란다.

발달의 내용과 발달의 방식에 대한 최근의 인식

흔히 있는 일은 아니지만 Brown과 DeLoache(1978)는 '무엇이 발달하느냐'에 대한 자신의 견해를 밝혀야 했을 때, 기억 발달과 관련하여 인지적 성장의 주요한 근원으로 네 가지를 꼽았다: 기본 처리 과정, 책략, 상위인지, 내용 지식. 그들이 제안한 내용은 기억 발달뿐 아니라 다른 인지 발달의 영역에서 무엇이 발달하는가에 대한 생각에 유용한 안내자가 된다.

이 책의 수많은 예들은 이러한 네 유형에서의 능력의 변화가 대부분의 인지적 발달에 기여한다는 것을 증명하였다. 기본적 처리능력의 증가는 감각기억, 단기기억, 장기기억의 기능 증진을 설명하였다(Hale et al., 1997; Kail, 1991). 또한 이들은 영아들이 선호하는 자극의 복잡성 수준의 변화(McCall et L, 1977), 어린 아동의 단어 학습에서 상호 배타성 제약을 사용하는 현상(Markman, 1989), 학령전기 아동의 성공적인 전이적 추론능력(Carlson & Moses, 2001; Russeell et al,1994), 그리고 학령기 아동의 읽기와 산수능력(Adams, Treisman & Pressley, 1998; Geary, 1994)을 설명하는 데 사용되었다.

마찬가지로 책략도 시연, 조직화, 기억술 외의 다른 맥락에서 변화하였다. 가령, 유목 포함 과제나 측정 과제의 정확한 해결(Miller, 1989; Trabasso et al, 1978), 덧셈과 역산(예를 들어 $3+4-4=$ ______), 문제의 더욱 빠르고 효과적인 해결(Siegler & Jenkins, 1989; Siegler & Stern, 1998), 과거 시제를 만들기 위한 '-ed'의 사용(Marcus, 1996), 그리고 '학급 소식지'에 그날 일어난 일을 더욱 정교하게 서술하기(Waters, 1980)에서 책략은 개선되었다.

더욱 발달된 상위인지 또한 기억에서뿐 아니라(Schneider & Pressley, 1989), 1세 영아가 어머니가 지칭하는 대상이 어머니가 바라보고 있는 대상이라는 것을 이해하는 것(Baldwin 1993a; Tomasello & Barton, 1994), 4세 아동이 자신이 사실이 아니라고 생각하는 것을 다른 사람은 사실이라고 믿을 수 있다는 것을 이해하는 것(Astington & Gopnik, 1991), 학령기 아동이 기억 게임에 도움이 되는 상징물을 만들어 내는 것(Esrkitt & Lee, 2002), 그리고 아동들이 학습 과정에 흥미를 가져야 한다는 것을 성인들이 더욱 뼈저리게 인식함으로써 아동들보다 더 효과적 학습의 계획자가 되게 하는 것에도 중요한 역할을 한다.

마지막으로, 더 높은 내용 지식은 병원방문 경험, 우화와 축구게임에 대한 정확한 기억만을 돕는 것이 아니다. 더 높은 수준의 내용 지식은 4개월 된 영아가 두 개의 서로 다른 물체를 본 후 이 두 물체가 함께 움직이는 것을 보고 놀라는 것(Needham et al, 1997), 나이 든 형제가 있는 3~4세의 아동이 그렇지 않은 또래보다 다른 사람의 생각을 더 잘 이해하는 것(Ruffman et al, 1998), 5세 아동이 곰 세 마리 이야기를 생각했을 때 전이적 추론 과제를 더 잘 해결하는 것(Goswami, 1995b), 그리고 14세 아동이 일화내 · 외의 관계를 잘 연결시키기 때문에 이야기를 보다 잘 이해하는 것을 가능케 한다.

어떻게 발달이 일어나느냐에 대한 가설은 무엇이 발달하느냐에 대한 가설과 같이 인지 발달의 상호 연관성을 반영한다. 사고의 발달이 약호화 능력의 발달에 근거한다는 것을 제안하는 상황을 회상해 보자. 영아기에 세부특징을 추출하는 능력에 따라 범주를 형성하는 경향성의 증가(Eimas & Quinn, 1994; Madole & Cohen, 1995), 걸음마기에 양초의 심지와 같이 기능적으로 중요한 역할을 하는 세부특징을 약호화하기 시작하면서 아동-기본 범주에서 표준-기본 범주로의 이행(Tversky & Hemenway, 1984), 학령전기에 단어의 길이와 첫 글자와 같이 주요한 세부 특징에 근거하여 'Coke' 나 'Budweiser' 와 같은 단어를 읽는 능력(Gough & Hillinger, 1980), 그리고 학령기에 무게와 거리를 모두 약호화할 수 있게 되면서 균형 저울 학습능력의 증가(Siegler, 1976)가 그 예이다.

향후 논쟁점

무엇이 발달하며, 어떻게 발달이 일어나는가와 같이 어려운 논쟁점을 보다 발전적으로 다루기 위해서 반드시 필요한 것은 이론과 이를 연구하기 위한 방법의 개선이다. 필요조건 중 하나는 정확하면서도 다양한 맥락에 적용 가능한 이론이다. 그러한 이론은 주요 논쟁점에 주의를 모으면서, 이전에 다루어지지 않은 문제들을 제기하며, 아이디어를 생성할 수 있게 하는 출발점이 될 것이다.

오랜 기간, 삐아제의 이론이 이와 같은 통합과 목표 설정의 기능을 담당해 왔었다. '친삐아제'와 '반삐아제' 간의 논쟁은 그간 수많은 논문, 책 그리고 학회를 장악해 왔다. 그러나 그것은 모두 과거의 일이다. 어느 누구도 이젠 8개월 이전의 영아가 대상영속성에 대한 이해가 없음을 주장하지 않으며, 5세 아동이 변환을 이해하지 못한다고 하지 않으며, 인지 발달이 단순하고 깔끔한 순서에 맞춰 단계적으로 이루어진다고 주장하지도 않는다. 마찬가지로 어느 누구도 삐아제 유형의 과제에서의 아동의 실패가 단지 방법론적인 문제 때문이라고 하지 않으며, 각 시기의 사고에 동질성이 없다고

도 주장하지 않는다. 대신, 인지 발달 영역의 대부분 학자들은 영아와 어린 아동들이 삐아제가 강조했던 기술과 개념을 완전히 이해하는 데 큰 어려움을 갖고 있지만, 어느 정도 초기 이해가 존재하며, 점차 큰 이해를 획득하게 되며, 보다 일관되고 복잡한 방식으로 조직화하는 것이라는 보다 절충적 입장을 취하고자 한다.

그렇지만 절충은 그 값을 치러야 하기 마련이다. 삐아제의 견해는 어떤 면에서는 옳지만 그렇지 않은 면도 있다. 하지만, 옳고 그름을 떠나 그의 이론은 분명 아동 사고 여러 측면에 일관적 설명의 틀을 제공한다. 이제 필요한 것은 삐아제 이론의 미학과 그 단점을 보완하며 이를 계승하는 이론이다. 다시 말해, 영아기에서 청년기까지의 연령 범위에서, 문제 해결 · 개념 이해 · 기억 · 도덕적 판단 등의 다양한 영역, 그리고 이제 까지 알려지지 않은 아동 사고의 특성을 아우르는 이론이 필요한 것이다.

본서에서 우리는 이와 같이 넓지만 세밀한 이론들을 구성하기 위한 많은 노력을 제시해 왔다. 각각의 이론은 인지 발달에 대한 이해를 넓혀 주었지만 그중 어떤 것도 삐아제의 이론처럼 인지 영역에서의 상상력을 발휘하지는 못했다. 현 과제는 그러한 이론을 어떻게 만들어낼 것인가이다.

이론의 발달을 위한 방법 중 하나는 변화가 일어나는 그 순간 그대로를 조사하는 방법을 이용하는 것이다. 변화에 대한 상세한 설명이 부족한 것은 삐아제 이론뿐 아니라 최근의 인지 발달 이론들의 약점이기도 하다. 변화를 설명하는 것은 본질적으로 어려운 일이지만, 아동 사고를 연구하는 데 전통적으로 사용된 방법들은 이러한 어려움을 덜어줄 것으로 보인다. 그러한 방법들은 연령차가 큰 아동들 간의 수행을 대조시켜 주며, 연령 간의 차이에 근거하여 각 연령대 사이에서 어떤 변화가 일어났는지를 추론하게 하였다. 하지만, 이러한 추론 방법은 각 연령 간 사이의 긴 시간 동안 일어날 수 있는 다양한 변화 경로의 가능성을 열어놓는다. 특히 아동 사고의 변화가 연구자들이 생각하는 대로 직접적 경로를 취하지 않는다는 것을 생각했을 때 더 큰 문제일 수 있다.

아동 사고 변화의 실제적 경로를 밝혀 줄 수 있는 방법 중 하나가 미시발생적 방법이다. 10장에서 소개하였듯이, 미시발생적 방법은 실제 아동의 사고가 변화하고 있는 순간의 아동의 생각의 내용을 될 수 있는 대로 많이 수집하는 것이다. 이러한 접근법을 사용한 연구들은 아동의 사고가 때로는 진보하지 못하고 퇴행하기도 하며, 모든 아이들이 같은 문제를 해결하는 능력에서 같은 변화의 경로를 취하는 것이 아님을 증명해왔다(예, Granott & Parziale, 2002; Siegler & Svetina, 2002; Tunteler & Resing, 2002).

미시발생적 연구의 한 예는 환자를 병원으로 우송하기 위한 아동들의 지도 그리기에 관한 Karmiloff-Smith(1986, 1992)의 연구이다(p370-371). 아동들이 그리는 지도들의 변화의 순서를 조사한 결과, Karmiloff-Smith는 아동의 지도가 때로는 효과적이고, 정보가 충분한 것에서 불충분하거나, 정보가 중복되어 효과적이지 못한 것으로 퇴보하기도 하며, 또 다시 효과적인 것으로 돌아가기도 한다는 것을 발견하였다. 이와 같은 퇴보의 가능성은 아동이 그리는 지도의 시시각각의 변화를 조사하지 않았다면 결코 발견하지 못했을 것이다. 요컨대, 이와 같은 변화 과정의 상세한 자료는 이론가들이 변화를 설명하기 위해 필요한 점을 정확히 지적해 준다. 그러므로 미시발생적 방법의 사용은 변화의 과정을 명백히 해줄 수 있는 아주 유망한 접근이다.

이론적 발달을 촉진한 또 다른 접근 중 하나는 한 영역에서의 발달이 다른 영역에서의 발달에 영향을 주었는가에 대한 연구이다. 전통적으로 연구자들은 하나의 영역에서만 전문적 연구자가 되도록 훈련받아 왔다. 따라서 대부분의 연구는 언어 발달, 지각 발달, 기억 발달 등의 한 영역내의 발달에 초점을 맞춰왔다. 하지만 발달은 그렇게 단순한 것이 아니다. 한 영역에서의 증진은 다른 영역에서의 수행이나 이해의 증진에 영향을 줄 수 있다. 이러한 발달적 과정의 깊은 이해를 얻기 위해서는 각 영역 간의 관계와 실제 발달과정에서 이들이 어떻게 상호작용하는지를 이해하여 아동 발달의 연구들을 통합하는 시도가 필수이다.

다행히도, 몇몇 연구자들은 이미 이러한 통합적 접근법을 시작하였다. 예컨대, 5장에서 Joseph Campos와 그의 동료들은 운동 기술에서의 발달이 지각의 발달을 촉진하는가를 탐색하였다. 특히, 기는 능력의 학습이 지각 발달에 주요한 역할을 한다는 것을 밝혔는데, 기는 것이 가능한 영아들은 같은 연령의 기지 못하는 영아들에 비해서 다양한 맥락에서 더 높은 지각적 기술을 나타냈다. 가령, 기어갈 수 있는 영아들은 원격자극에 더 큰 주의를 기울이며, 절대적 거리의 지각이 더욱 정확하였다(Campos, et al., 2000). 바닥은 고정되었지만 천정과 벽이 '움직이는 방'에 놓여졌을 때, 기어갈 수 있는 영아들은 기지 못하는 아동들에 비해 그들의 자세를 더욱 효율적으로 조절하여 보다 시각 정보에 반응적임을 제안하였다(Higgins et al, 1996). 또한 시각 벼랑 실험에서 기어갈 수 있는 영아들은 같은 월령의 기지 못하는 영아들에 비해 더 큰 두려움을 나타냈다. 이러한 발견은 결코 우연적인 것이 아니다. 기지 못하는 영아들도 보행기 경험을 한 경우에는, 즉 스스로의 발차기를 통한 독립적 이동경험을 한 후에는 시각 벼랑에 대한 두려움을 나타냈다(Campos et al., 1992).

운동 기술의 발달은 인지 발달에도 영향을 준다. 기어갈 수 있는 아동들은 그렇지 못한 영아들에 비해 삐아제의 A-not-B 과제에서 높은 수행을 보였다. 이 과제에서 영아들은 처음 장소(A)에 숨겨진 대상을 여러 번 찾은 후, 새로운 장소(B)로 옮겨 숨겨진 대상을 찾아야 한다. 기어갈 수 있는 영아들은 실제 장소(B)에서 대상을 찾는 데 더욱 유능하였다(Horobin & Acredol, 1986; Kermoian & Campos, 1988). 게다가, 기어가기를 통한 이행의 경험이 증가함에 따라 영아들은 숨기기와 찾기 시간의 간격이 커져도 대상을 B의 장소에서 성공적으로 찾을 수 있게 되었다(Campos et al., 2000). 요컨대 기어가기의 학습은 영아의 대상에 관한 지식과 공간 탐색 수행에 영향을 주는 것으로 보인다.

신경생리학적 연구의 결과도 인지 발달과 운동 발달이 밀접히 관련되어 있음을 지지한다. 이것은 신경 발달적 장애를 가진 아동들의 연구를 통해 증명되었다(Diamond, 2000). 인지적 영역에서 손상을 보이는 장애들은 대부분 운동 기술도 손상을 보인다. 예컨대, 운동 협응 문제와 운동 장애는 ADHD(Kadesjo & Gillberg, 1998), 언어 장애(Hill, 1998; Hill, Bishop,& Nimmo-Smith, 1998), 자폐증(Leary & Hill, 1996)을 가진 아동들에게서 흔히 나타난다. 또 다른 신경생리적 증거는 인지 영영과 운동 영역을 담당하는 대뇌 영역이 종종 함께 활성화됨을 보여주는 뇌 촬영 연구 결과이다(Diamond, 2000). 예컨대, 복잡한 인지적 과제를 담당하는 전전두엽과 운동 기술에서 중요한 역할을 하는 소뇌가 종종 함께 활성화된다(Berman et al., 1995). 요컨대, 수많은 증거들은 인지적 과정과 운동능력이 관련되어 있음을 보여준다. 향후 과제 중 하나는 운동 기술의 향상과 인지 영역에서의 증진이 서로에게 미치는 영향에 관한 보다 구체적이고 정확한 발견일 것이다.

영역 간의 통합을 보여주는 또 다른 많은 예들이 본서에 제시되었다. 언어와 범주화의 상호 관련성은 4장에서(Lucy & Gaskins, 2001), 언어와 마음 이론의 관련성은 9장에서(예, de Villers & de Villers, 2000) 다루었다. 이러한 예들이 제안하듯이, 한 영역에서 발달의 변화를 일으키는 '엔진'이 때로는 다른 영역에서 비롯되기도 한다. 따라서 다양한 영역을 통합하는 연구들은 발달을 설명하는 이론의 발달을 촉진하는 데 분명 도움이 될 것이다.

2. 인지 발달에 특별히 큰 공헌을 한 네 개의 변화 과정은 자동화, 양호화, 일반화, 책략 구성이다.

변화 과정에 대한 최근의 인식

비록 아동 사고의 변화 과정에 대한 이해가 아주 초보적이긴 하지만, 우리는 이것이 자동화 · 약호화 · 일반화 · 책략 구성이란 네 개의 주요 과정에 근거한 것임을 인정한다. *자동화*란 특정 상황에서 필요한 처리들이 아주 적은 인지적 용량을 사용하거나 또는 거의 사용하지 않고 같은 방식으로 실행되는 것을 말한다. 이와 관련된 개념으로는 인지적 용량 사용의 면제, 통제적 처리에서 자동적 처리로의 전환, 계열적 처리에서 병렬적 처리로의 전환이 있다. *약호화*는 대상이나 사건을 세부특징과 세부특징들 간의 관계에 근거하여 표상하는 것을 의미한다. 약호화와 관련된 개념에는 결정적 세부특징의 동화 · 변별 · 분화와 심적 모델의 형성이 있다. *일반화*는 알려진 관계를 새로운 경우로 확장하는 것을 일컫는다. 유사한 개념으로는 연역 · 추상화 · 전이 · 규칙성 탐지 · 유추적 추론이 있다. 마지막으로 *책략 구성*은 과제 요구에 맞춰 다른 인지적 과정을 통합하는 것이다. 관련된 기제로는 조절, 책략 발견과 상위 구성 요소와 중심적 개념 구조의 조작이 있다.

이러한 기제에 대한 이해가 아직은 완벽하지 못하나, 이들이 폭넓은 발달 현상에 기여하고 있음에는 분명하다. 이러한 예들 중 몇몇이 표 12.2에 제시되었다.

제시된 네 가지 과정은 개별적으로도 발달에 기여하고 있지만, 각 과정의 통합 또한 중요하다. 이들이 특정 영역에서 어떻게 힘을 모아 발달에 기여하고 있는지를 알아

표 12.2 자동화 · 약호와 · 일반화 · 책략 구성의 주요 예

과정	영역	연구자
자동화	글쓰기 기제	Bereiter & Scardamalia(1987)
	기초 산수	Lemaire et al.(1994)
	능숙한 독서자의 단어 재인	Harm & Seidengerg(1999)
	발달의 일반 이론	Case(1992a)
약호화	영아 지능의 개인차	Rose et al.(1992)
	학령전기 아동의 이야기 핵심내용 선택	Brainerd et al.(1990)
	아동의 등식 문제 해결	McNeil & Alibali(2004)
	발달의 일반 이론	Sterngerg(1999)
일반화	영아의 모빌에 관한 학습	Rovee-Collier(1999)
	걸음마기 아동의 과거 시제 과잉 일반화	Marcus et al.(1992)
	학령전기 아동의 유추적 문제 해결	Tunteler & Resing(2002)
	발달의 일반 이론	MacWhinney et al.(1989)
책략 구성	영아의 수단-목적 분석	Willatts(1990)
	걸음마기 아동의 도구 사용	Chen & Siegler(2000)
	아동의 과학적 실험	Kuhn et al.(1995)
	발달의 일반 이론	Siegler(1996)

보기 위해서, 수를 더할 때 사용하는 계속 세기 책략을 생각해보자(3장). 이 책략을 사용하기 위해서 우선 아동은 두 수 중 더 큰수를 알아낸 후 거기서부터 작은수의 개수만큼 더 세야 한다. 가령 2+5와 5+2 문제에서, 아동들은 우선 5라는 큰수를 발견한 후 '5, 6, 7'이라 센 후 답이 '7'이라고 말한다.

이제 제시된 개개의 과정이 이러한 책략을 생성하기 위해 어떻게 함께 작용하는지 생각해보자. 이러한 책략을 생성하기 위해서 아동들은 이전에 'a+b의 결과는 항상 b+a와 같았다' 라는 일반화 과정을 경험했을 것이다. 그렇지 않았다면 순서에 상관없이 항상 큰수부터 세어가기 시작하는 책략을 사용할 수 없었을 것이다. 이러한 일반화 과정은 또한 적절한 약호화 과정에 근거한다. 즉, 덧셈에서 순서가 상관 없음을 학습하기 위해서 아동들은 각 문제에서 무엇이 '첫번째 가수' 이고 무엇이 '두 번째 가수' 인지를 약호화해야 하기 때문이다. 첫 번째, 두 번째 가수를 약호화하고 마지막으로 새로운 책략을 발견하기 위해 필요한 생각의 용량을 제공하기 위해서 수세기와 같은 다른 과정들의 자동화가 필요할 것이다.

향후 논쟁점

자동화 · 약호화 · 일반화 · 책략 구성의 영향력은 인지 발달에만 국한된 과정이 아니다. 학습이 일어나는 인생의 어느 순간에도 이와 같은 과정들이 반드시 필요하다. 하지만 이러한 주장은 또한 새로운 주요 문제를 낳는다. 즉, '발달 특수적인 변화의 기제가 존재하는가?' 즉, '인생의 특정 시기에만 존재하는 변화의 기제가 있는가?' 란 질문을 야기한다.

이러한 문제를 다루는 일반적 방법은 발달과 학습이 동일한가 그렇지 않은가를 질문하는 것이다(Feldman, 1995; Fischer & Granott, 1995; Halford, 1995; Siegler, 2000). 이 두 용어는 분명 다르게 사용된다. 특정 시기에 일관되게 이루어지며, 문화에 걸쳐 보편적으로 나타나며, 한 문화 안의 개인들에게서 보편적으로 나타나는 획득은 흔히 '발달' 이라 불린다. 반면, 다양한 연령대에서 획득되며, 몇몇 문화에서는 나타나나 다른 문화에서는 나타나지 않으며, 한 문화 내에서도 개인차가 나타나는 획득은 '학습' 이라 불린다. 그러나 이러한 용어적 변별도 '발달'과 '학습'이라 불리는 결과를 얻기 위해 필요한 과정이 과연 동질적인지 그렇지 않은지의 문제를 여전히 해결하지 못한다.

발달 신경과학자들은 대뇌의 변화를 일으키는 두 가지 유형의 차이를 구분해 왔다(Bruer & Greenough, 2001; Greenough et al., 1987). 이러한 구분은 학습 · 발달과 관련된 신경 구조물이 무엇이며, 이 두 과정이 어떻게 다른가를 규명하는 데 주요한 역할을 한다.

경험 기대적(experience-expectant) 과정은 발달과 학습의 양 극단 중 보다 발달적 현상에 포함된다. 이는 1장에서 언급한, 초기 시냅스의 과잉 생성과 가지치기 과정에 근거한 것으로 여겨진다. 경험 기대적 과정에서, 초기 시냅스의 과잉 생성은 성숙의 프로그램에 의해 조절되지만, 무엇이 제거될 것인가는 경험에 의존한다. 정상적 시기의 정상적 경험은 전형적 신경망을 유지하기 위한 신경활동을 유발한다. 하지만 정상적 경험의 결핍은 비전형적 신경망을 생성하게 한다. 따라서 대뇌 발달에 필요한 경험들이 반드시 일어나야만 하는 민감기(Bailey & Bornstein, 1989)가 존재하게 되는 것이다. 이러한 경험 기대적 과정에 필요한 경험의 유형은 인류 진화의 역사상 쉽게 이용 가능한 것들이다.

Greenough와 그의 동료들(1987)에 따르면 이러한 경험 기대적 과정의 강점 중 하나는 그것이 정상적 환경에서의 효율적 획득과 비정상적인 환경에 대한 적절한 대응 모두를 가능케 한다는 것이다. 보다 구체적으로, 유전적 정보는 최종적 결과물에 대한 대략적 개요를 제공하여 정상적 환경에서의 적절한 획득을 촉진한다. 정상에서 벗어난 환경이나 물리적 결핍은 이에 적응하기 위해 정상적인 환경에서와는 다른 신경 활동을 일으키고 대안적 대뇌 활동의 체계를 생산한다.

이러한 주장에 대한 직접적 증거는 청각장애자나 시각장애자의 대뇌활동 연구에서 나타난다(Neville, 1995b; Neville & Bavelier, 2002). 청각장애 아동들은 아무런 청각적 경험을 하지 못한다. 그 결과, 청각적 처리를 담당해야 하면서 청각과 시각 모두로부터 정보를 받는 대뇌 영역은 결국 시각적 처리를 담당하게 된다. 반대로 시각장애 아동들은 아무런 시각적 경험을 하지 못한다. 따라서 정상적 상황에서는 시각처리를 담당하게 되어 있던 대뇌 영역이 결국 청각적 처리나 촉각적 처리를 담당하게 된다. 청각장애아나 시각장애아에게서 발견되는 이러한 대뇌 회로는 출생 당시에는 존재하지 않는다. 이것은 출생 후 몇 달(보통 민감기) 입력을 받은 후 나타난다. 요컨대 대뇌의 각 영역들은 특정 처리를 하도록 예정되어 있었지만 기대되었던 자극이 나타나지 않으면 다른 감각의 처리를 위해서 사용된다.

Greenough가 제안한 또 다른 대뇌 발달과정은 경험 의존적(experience-dependent) 과정이다. 이들은 보통 학습의 결과로 인해 발생하는 신경 구조물이다. 경험 의존적 과정에서 시냅스 연결은 큰 개인차가 나타나는 것으로, 특정 입력의 경험 여부와 시기에 따라 달리 결정된다. 경험 의존적 과정은, 정보를 처리하고자 하는 시도가 부분적으로 또는 전적으로 실패한 경우에 나타나는 특별한 신경 활성화에 반응하여 형성된 시냅스에 의해 작동한다. 그러한 시냅스는 새로운 경험 후 10분에서 15분 정도면 급격히 생성될 수 있다(Chang & Greenough, 1984). 이러한 상황에서의 시냅스 생성은 이전 정보처리의 위치에만 국한되는 것으로 보인다. 그러나 경험 기대적 과정과 마찬가지로 경험 의존적 과정에서도 궁극적으로 남아 있을 양보다 더 많은 양의 시냅스를 생성한다. 이후 신경 활동에 포함된 시냅스만이 끝까지 유지된다.

이러한 분석은 경험 기대적 과정과 경험 의존적 과정의 유사점과 차이점 모두를 제안한다. 두 경우 모두 변화의 기제는 과잉 생성 후 제거를 포함한다. 또한 두 경우 모두 신경 활성화가 무엇이 남아 있을까를 결정한다. 그러나 시냅스의 생성을 촉발하고 대뇌에서 국지화 정도를 결정하는 요인은 유형에 따라 다르다. 이제 남겨진 문제는, 인지적 수준에서의 유사한 변화 기제에 대한 발견을 통하여 학습과 발달에 관한 유사점과 차이점을 이해하는 것이다.

3. 영아와 아주 어린 아동들은 인지 면에서 실제 보이는 것보다 훨씬 유능하다. 그들은 신속한 학습을 가능하게 만드는 풍부한 능력을 소유하고 있다.

초기 능력에 대한 최근의 인식

어머니의 자궁에서 나온 그날부터, 영아들은 다양한 지각적 능력을 소유하고 있다. 그들은 다양한 색으로 이루어진 세상을 보고(Adams, 1987), 대상들이 자기한테서 얼마나 떨어져 있는가를 정확하게 지각한다(Slater et al, 1990). 그들은 소리의 근원지를 향해 바라볼 수 있으며(Morrongiello, Fenwick, et al, 1994), 임신 중 그들에게 들려주었던 이야기가 나오는 전축기 소리를 듣기를 선호한다(DeCasper & Spence, 1986). 4개월경 그들의 시각과 청각은 상당히 정확해진다. 그들은 다른 대상보다 얼굴을 선호하며(Dannemiller & Stephens, 1988), 매력적인 얼굴을 그렇지 못한 얼굴보다 선호한다(Langlois et al.,1994). 또한 그들은 다른 사람의 이름보다 자신의 이름을 듣기를 좋아한다(Mandel et al., 1995). 다른 감각으로부터의 정보들의 통합능력 또한 출생 후 존재하며 4개월이 되면 더욱 유능해진다. 영아들은 어디를 바라보아야 할지를 결정하기 위해 청각적 정보를 이용하며(von Hofsten, 1993), 대상을 손으로 탐색한 결과 얻어진 정보를 이용하여 어디를 응시할지를 결정한다(Needham et al., 1997; Streri & Spelke, 1988).

초기 능력이 단지 지각에만 한정된 것은 아니다. 1년도 채 안 된 영아들도 시간(Colombo & Richman, 2002; Freidman, 2002) · 공간(Bai & Bertenthal, 1992) · 수(Wynn, 1992a) 그리고 인과성(Oakes & Cohen, 1995) 등의 다양한 개념에 대해 일상적 이해를 한다. 수단-목표 분석(Willatts, 1990), 유추(Chen et al., 1997), 자신이 원하

는 것을 어머니에게 알림으로써(Mosier & Rogoff, 1994) 문제를 해결할 수 있다. 그들은 사람과 대상을 구분하여 다르게 반응하며(Legerstee, 1991; Spelke, et al., 1995), 다른 사람이 자기와 어떻게 상호작용할지에 대한 기대를 형성할 수 있으므로, 양육자가 '굳은 얼굴(still-face)'을 보이며 움직이거나 말하지 않을 때 부정적으로 반응한다(Rachat et al., 1999).

영아가 이렇듯 빨리 많은 것을 할 수 있는 이유 중 하나는 이들이 여러 상황에 적용 가능한 다양한 학습 절차를 소유하고 있기 때문이다. 태어난 첫 날부터 영아는 밝은 빛, 큰 소리, 움직이는 대상과 같이 잠재적으로 정보가 있는 대상을 향하여 주의를 옮긴다(Aslin, 1993; Cohen, 1972). 영아들은 연합하고 친숙한 대상을 재인하고 이미 학습한 것을 유사한 대상에 일반화하고 다른 사람의 행동을 모방한다(Meltzoff & Moore, 1989; Rovee-Collier, 1995; Siqueland & Lipsitt, 1966). 4개월경이면 영아들은 기대를 형성하고 추상적인 원형 패턴을 형성한다(Bomba & Siqueland, 1983; Haith et al., 1993). 10개월이 되면 영아들은 세부 특징들 간의 상관을 탐지하고 이를 사용하여 새로운 개념을 형성한다(Younger, 1993). 생후 1년이면, 영아들은 시각적 · 청각적 입력 자극들의 통계적 규칙성을 탐지한다(Kirkham et al., 2002; Saffran, 2003a, 2003b; Saffran et al., 1996).

이와 같은 일반적 학습 과정만이 아동 초기에 나타나는 인지적 유능함의 유일한 이유는 아니다. 영아와 걸음마기 아동의 사고는 학습을 보다 쉽게 하기 위해 특정 방향으로 편향되어 있는 것으로 보인다. 특히, 영아들은 그들의 지각적 · 개념적 발달을 위해 물리적 세계와 사회적 세계의 여러 측면들에 관한 타당한 가정들을 가지고 있는 것으로 보인다. 그러한 가정 중 하나는 물리적 대상의 본질에 대한 것이다. 6개월도 안 된 영아들은 한 물체의 모든 부분은 함께 움직일 것과 다른 대상이 차지하고 있는 공간을 통과하지 못하며 대상의 이동은 연속적 경로를 따를 것을 기대한다(Baillargeon, 2002; Kellman & Spelke, 1983; Spelke et al., 1992). 18개월경 걸음마기 아동들은 새로운 단어들은 그 단어가 포함된 범주의 모든 대상을 지칭하는 것으로 기대하며(범주적 제약), 새로운 단어가 이미 존재하는 단어가 지칭하는 대상과는 다른 것을 의미할 것으로 기대한다(상호 배타성 제약)(Markman, 1989; Merriman & Bowman, 1989). 영아와 걸음마기 아동들은 개념에서 인과적 관계를 중요하게 여기며(Leslie, 1982), 이를 사건에 대한 자신의 기억을 구성하기 위해 사용하는 경향이 있다(Bauer & Mandler, 1989b).

이러한 초기 능력들이 단지 인지 발달의 긴 여정의 한 부분이라는 것을 명심하는 것이 중요하다. 영아와 걸음마기 아동의 이해와 용량은 아동들과는 상당히 다른 것이다. 그럼에도 불구하고 종합해 보면, 초기 능력, 다양하게 적용 가능한 학습 기제, 그리고 세상에 대해서 특정 방식으로 사고하도록 이끄는 편향들은 생후 첫 몇 년간 신속한 인지적 성장을 가능하게 한다.

향후 논쟁점

영아의 인지와 관련된 주요 논쟁 중 하나는 영아가 어떤 상황에서 유능함을 드러내지만 또 다른 상황에서는 무능함을 드러낸다는 것이다. Munakata와 그의 동료들(1997)의 모델은 이러한 논쟁에서 출발점을 제공한다. 그들의 모델은 대상영속성의 발달에 관한 것이다. 2장에서 삐아제가 8개월 이전의 영아들은 대상들이 눈에 보이지 않을 때에도 그 대상이 계속 존재하는 것을 이해할 수 없다고 가정했음을 상기해 보자. 삐아제는 6~7개월 된 영아들이 빼앗긴 장난감이 불투명한 상자 안으로 옮겨졌을 때 이를 더 이상 찾지 않는다는 결과를 증거로 주장하였다. 그러나 이후의 실험(예, Baillargeon, 1987; Hespos & Baillargeon, 2001)들은 3개월 된 영아도 대상영속성에 대한 이해를 가지고 있음을 보여주었다. 3개월 된 영아들도 탁자 위에 고정된 대상이 있는 것을 본 후 움직이는 대상이 그 고정된 물체가 있는 영역을 통과하여 이동하는 것을 볼 때, 고정된 대상이 있는 것을 보지 않은 후 대상이 이동하는 것을 볼 때보다 더욱 오랫동안 응시한다. 이는 3개월의 영아도 보이지 않는 대상에 대해서 표상을 형성할 수 있으며, 다른 물체가 대상을 통과하는 것같이 이동하는 것을 보았을 때 놀라워하며 더욱 오랫동안 응시한다고 제안한다. 문제는 왜 응시를 통해서는 영아들이 그렇게 일찍 대상영속성에 대한 이해를 드러내면서 탐색을 통해서는 그러한 이해를 드러내지 못하는가이다.

한 가지 가능한 설명은 영아들이 3개월이면 대상영속성의 원리를 이해하지만 어떤 대상(장난감)을 잡기 위해 다른 대상(불투명한 상자)에 행동해야 한다는 것을 깨닫기에는 아직 어리기 때문이라는 것이다(Baillargeon, 1994; Diamond, 1991). 하지만 장난감을 얻기 위해 불투명한 상자를 치우지 않는 영아도 투명한 상자가 사용되었을 때는 그 상자를 제거하는 경향을 보이는 결과는 이러한 가능성을 반대한다(Bower & Wishart, 1972; Munakata et al., 1997). 마찬가지로 이들은 장난감이 보인다면 이를 얻기 위해 단추를 누르지만, 장난감이 보이지 않을 경우에는 단추를 누루지 않는다(Munakata et al., 1997).

Munakata와 그의 동료들은 다른 설명을 제안하는데, 그들은 첫돌 이전의 영아들이 숨겨진 대상에 대하여 표상을 갖지만, 영아의 표상은 바라보기 행동을 유발할 정도로는 충분히 강하지만 탐색의 행동을 유발하기에는 충분하지 않다고 주장한다. 대뇌가 손상된 성인들에 대한 연구 중에는 대뇌 손상이 시각적 표상의 손상을 가져왔지만, 그 표상에 근거한 과제 요구량이 너무 많지 않는 행동은 유지할 수 있을 정도의 손상만을 가져왔다는 결과가 있다(Farah, Monheit, & Wallace, 1991). 탐색은 보기보다 과제 요구량이 크다. 탐색은 더 많은 에너지를 소비해야 할 뿐 아니라 영아들은 4개월이 되기까지 흥미로운 대상에 대해서 지속적으로 바라보려고는 하지만 계속해서 탐색하려고 하지는 않는다(von Hofsten, 1993). 그러므로 숨겨진 대상에 대한 영아의 표상은, 대뇌가 손상된 성인의 표상과 마찬가지로, 우호적인 상황에서는 성공적으로 나타나지만 보다 도전적인 상황에서는 나타나지 않을 수 있다는 것이다.

이러한 가설이 상황에 따라 달리 나타나는 영아의 능력을 설명할 수 있는가를 검증하기 위하여, Munakata와 그의 동료들(1997)은 연결망 모델을 만들었다. MacWhinney (1997)의 독일어 문법의 발달에 관한 연결망 모델처럼(p. 94), Munakata의 대상영속성에 관한 모델은 자극의 입력 층, 숨겨진 층, 출력 층으로 구성된다. 또한 다른 연결망 모델처럼, 각 층들은 수많은 처리 단원들을 가지며, 서로 다른 층의 단원들 간에 수많은 연결을 가진다.

Munakata의 모델에서 입력 경험에는 공과 이를 가리는 방벽에 해당하는 기호들이 있다. 방벽은 공 앞으로 이동하여 공을 가리기도 하고 좀 더 이동하여 공이 아직도 존재하고 있음을 보여주기도 한다(그림 12.1). 이러한 과정은 영아가 한 대상이 다른 대상 뒤로 사라지고 가리는 대상이 모두 계속 이동하면 다시 처음의 대상이 나타나는 현상을 경험하는 것과 같다.

연결망은 이와 같은 상황에 대한 경험을 통하여 공의 연속적 존재에 대한 표상을 획득하였으며, 공을 가리는 대상이 이동하면 공이 다시 나타날 것을 예측하였다. 처음 모델은 공이 짧은 시간 동안 가려졌을 때만 그러한 표상을 유지하였다. 그러나 학습을 통해 더 오랫동안 표상을 유지하는 능력을 점차적으로 획득하였다. 이는 6~12개월 된 영아들이 가려진 대상에 대하여 대상영속성을 확장해 나가는 발견과도 일치하는 것이다.

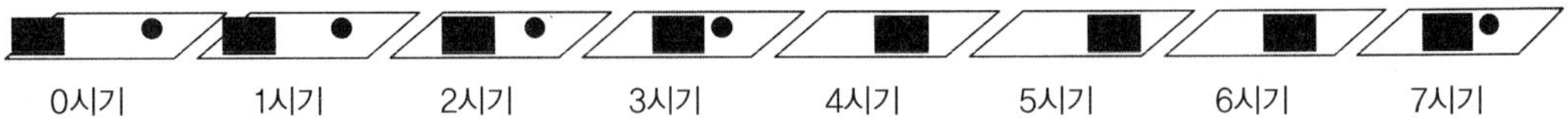

그림 12.1 공과 방벽의 표상이 Munakata와 그의 동료(1997)의 모델에 제시되었다. 처음(0시기), 방벽은공의 왼쪽으로 움직인다. 그리고 방벽 오른쪽으로 움직여 공이 보이지 않게 한다(4~6시기). 다음 방벽을 다시 왼쪽으로 움직여 공이 여전히 존재하는 것을 보여준다(7시기). 이러한 사건을 수없이 경험한 후, 모델은 공이 더 이상 보이지 않더라고 계속 존재하는 것을 학습한다.

여기서 특히 중요한 것은 이 모델이 대상에 손을 뻗어 잡으려는 행동으로 가려진 대상에 대한 표상능력을 드러낼 수 있는가를 보여주었다는 것이다. 이 모델에서, 대상에 대한 표상은 대상을 바라보는 것과 대상에 손을 뻗어 잡으려는 행동을 유발하였다. 그러나 손을 뻗는 행동과 관련된 체계와 대상의 표상에 대한 연결을 강화하는 과정은, 바라보기를 이끄는 체계와 표상과의 연결보다 보다 늦게 그리고 보다 느리게 진행되도록 프로그램화되었다. 대상에 대한 표상과 손을 뻗어 잡기를 유발하는 시스템 간의 보다 오랜 강화 과정이 필요하므로, 대상을 바라보는 행동은 유발할 수 있지만 손을 뻗는 행동을 유발하기에는 부족한 수준의 약한 표상 체계만이 존재하는 발달의 특정 시기가 존재한다는 것이다.

4. 연령 집단 간 차이는 유형의 차이라기보다는 정도의 차이로 보인다. 어린 아동들은 겉보기보다 유능할 뿐 아니라, 보다 나이 든 아동이나 성인들은 실제 우리가 생각하는 것보다 유능하지 못하다.

연령 집단 간 차이에 대한 최근의 인식

앞에서 논의하였듯이, 영아와 걸음마기 아동들은 생각했던 것보다 훨씬 더 풍부한 인지적 삶을 살고 있다. 같은 원리가 학령전기 아동에게도 해당된다. 한때 7세 이하의 아동들에게는 가능하지 않다고 여겼던 삐아제의 과제와 개념들을 생각해 보자. 삐아제의 조망과제에서 세 산의 차이를 분명히 드러 내도록 스티커를 붙여 주었을 때, 3세 아동도 세 산에 대한 자신의 공간적 조망과 옆에 앉은 다른 사람의 공간적 조망이 서로 다름을 구분하였다. 즉, 그들은 항상 자기중심적은 아니다(Newcombe & Hettenlocher, 1992). 3~5세 아동이 설탕이 물에 녹는 것을 본 후, 비록 물의 모습은 이전과 달라지지 않았지만, 물의 무게가 이전보다 더 많이 나갈 것으로 믿는다. 이는 무게의 보존에 대한 아동의 이해를 나타낸다(Au et al., 1993). 학령전기 아동들은 수에 관하여 삐아제가 인정한 것보다 더 많이 이해하고 있다. 그들은 두 수 중 어떤 것이 큰수임을 알아내며, 그들의 수세기 능력은 수 체계의 구조에 대한 이해를 나타낸다(Geary, 1994).

연령 스펙트럼의 끝에 존재하는 성인기의 추론능력은 생각보다 덜 합리적임이 증명되고 있다. 훈련을 받지 않은 경우, 고등학생이나 대학생도 균형 저울이나 그림자 투사 문제와 같은 삐아제의 형식적 조작기에 해당하는 문제들을 거의 풀지 못했다(Byrnes, 1988; Kuhn et al., 1995). 심지어 대학의 물리학 강좌를 수강한 후에도 많은 대학생들이 자동차가 타원형으로 돌 때 바깥 쪽의 문이 더 많이 이동해야 하는 상황임에도 불구하고, 안으로 향한 문과 바깥을 향한 문이 같은 속도로 움직일 것으로 믿었다(Levin et al., 1990). 이러한 어려움은 과학적 추론에만 국한된 것이 아니다. Shaklee(1979)는 성인 사고의 비합리적인 측면들을 개관하였다. 성인들은 상대방이 편안해할 때보다 상대방이 불안해할 때 더 많은 돈을 걸었다. 그들은 연습 후, 게임에서 이길 수 있는 자신의 능력에 대한 자신감을 더욱 높이 가졌다. 또한 무선적인 사건들에 대한 두 순서의 조건 중 어디에서 이길 확률이 더 높을 것인가에 대한 질문에 그들은 한 순서가 보다 대표적으로 들리면 사건의 무선적임을 고려하지 않고 판단했다. 예를 들어 6명의 아이를 가진 부부 중에는 '딸, 아들, 아들, 딸, 아들, 딸'의 순서보다 '딸, 딸, 딸, 아들, 아들, 아들'의 순서로 자녀를 가진 경우가 더 많을 것으로 판단하였다. 요컨대, 어린 아동들도 특정 맥락에서는 과학자처럼 생각하지만, 어떤 맥락에서는 교육을 받은 성인들도 아주 기본적인 논리적 원리조차 고려하지 못한다.

아동기 초기에서 나타나는 인지적 능력과 성인에게 나타나는 비논리적 사고의 발견을 통해 알 수 있듯이, 발달은 일반적으로 오랜 시간을 걸쳐 점차적으로 나타나는 증가 과정이다. 마음에 대한 아동의 이해에 대한 연구 결과들을 생각해보자. 첫돌 무렵, 영아들은 다른 사람들이 의도를 가지고 있다는 것에 대해 이해를 나타낸다. 만일 누군가가 어떤 대상을 바라보면서 "이것은 닥스야"라고 말했을 때, 영아들은 자신이 그 대상을 바라보고 있지 않더라도, 이것을 그 사람이 바라보고 있는 대상을 지칭하는 것으로 해석한다(Baldwin, 1993a). 2세 아동들은 다른 사람의 소망이 그들의 행동에 영향을 준다는 것을 이해하지만, 믿음이 소망보다 행동에 더 큰 영향력이 있다는 것을 이해하지는 못한다(Wellman et al., 2001). 4세 아동은 소망뿐 아니라 믿음이 사람의 행동을 결정한다는 것을 이해할 뿐 아니라(Wellman et al., 2001), 외양과 실제를 구분할 수 있게 된다(Astington & Gopnik, 1991; Flavell & Green, 1983). 그러나 그들은 실제 가능한 것보다도 자신이 더 많은 것을 기억할 수 있다고 믿으며(Flavell et al,, 1970), 기억을 돕기 위해 반드시 책략을 사용해야 한다는 것을 이해하지 못한다(Schneider & Pressley, 1989). 자신의 책 읽기 과정을 어떻게 감찰해야 하는지, 여러 과제들을 하기 위해 시간을 어떻게 할당할지, 그리고 다른 사람의 의도를 어떻게 판단할지를 이해하는 능력은 청소년기와 성인기를 거쳐 계속 발달한다(Baker, 1994; Pressley, 1995). 다른 사람과 자신의 마음에 대한 학습과 같이 길고 복잡한 발달의 여정은 예외적이라기보다는 실제적 상황이다.

향후 논쟁점

앞서 살펴본 의심할 여지없는 어린 아동의 능력, 성인의 무능에 대한 발견은 발달에 관한 수많은 설명을 쓸모없게 만들었다. 학령전기 아동들이 다른 사람의 관점을 취하는 것을 불가능하게 하는 자기중심성(egocentrism)의 존재는 더 이상 받아들여지지 않게 되었다. 또한 학령전기 아동의 중재 결함이 기억 책략을 사용하여 얻는 이득을 얻지 못하게 한다든지, 아동의 통자사고(wholistic thinking)가 정의적 세부 특성에 근거한 개념 형성을 방해한다는 주장 또한 더 이상 받아들여지지 않게 되었다. 이와 같이 계속하여 추락하는 주장들은 각각의 개념을 획득하는 특정한 연령대가 있음을 결정할 수 있다는 주장이 점점 더 힘을 가질 수 없게 되었다고 생각하게 하였다.

아동이 특정 개념을 이해하는 연령은 종종 그 개념을 포함하는 특정 과제에서 대부분의 아동들이 성공하는 연령대와 일치한다. 예를 들어, 오랜 기간 동안 연구자들은 아동들이 삐아제의 수 보존 과제를 풀 수 있을 때 수 개념을 이해한다고 여겨왔다. 하지만 연구자들이 수에 대한 이해를 측정하는 새로운 방법들을 고안함에 따라, 수 개념과 관련된 서로 다른 과제에 따라 아동들이 성공하는 연령이 극적으로 다르다는 것이 분명해졌다. 그렇다면 몇 세에 아동들은 수 개념을 이해하는 것일까?

이러한 질문에 답할 수 있는 접근 중 하나는 가장 초기의 이해 양식을 알아내는 것이다. Braine(1959)은 "특정 유형의 반응이 발달하는 시기를 알아내고자 할 때, 가장 임의적이지 않은 유일한 연령은 이러한 유형의 반응이 발견되는 가장 어린 나이이다." (p. 16)라고 주장하였다

Braine의 주장은 전적으로 합당하다. 그러나 초기 이해에서 성숙한 이해로 가는데 오랜 시간이 흘러야 함을 고려할 때, 이러한 주장은 역설적임이 발견된다. 초기-유능이란 입장을 채택한다면, 어린 시기에 많은 개념을 이해할 수 있다는 주장을 하면서 그러한 이해를 합리적으로 드러내는 많은 과제에서 아동들이 실패한다고 하는 발견을 보고해야 한다. 다시 말해, 우리가 초기-유능의 기준을 채택한다면, 대부분의 이해가 개념이 이해된 후에도 발달한다고 주장하게 되는 것이다.

Brown(1976)은 개념적 이해에 대하여 *'안정적 사용'* 이란 대안적 기준을 주장하였다. 즉, 특정 개념을 대부분 또는 모든 상황에서 사용할 수 있는 경우에만, 그 개념에 대하여 아동이 이해를 갖고 있다고 보는 견해이다. 이 주장의 문제는 Braine의 비판에서 명백히 드러난다. 즉, 만약 아이가 몇몇 상황에서는 개념을 사용할 수 있지만 대부분의 다른 상황에서 나타나지 않는다면 아이가 가지고 있는 이해가 도대체 무엇이냐는 것이다. 가장 초기 형태의 이해가 아닌 다른 것을 통해 이해를 정의하는 것은 너무나 임의적이라는 것이다. 그럼에도 불구하고 가장 초기의 형태로 이해를 정의하는 것 또한 잘못된 것이다.

앞부분에서 인용된 대상영속성이 이러한 어려움을 증명해 준다. 3개월 된 영아들

이 바라보기 행동을 통해 그 이해를 드러낸다면 이들은 대상영속성을 이해한 것으로 봐야 할까? 아니면 9개월 된 영아들이 가려진 대상을 찾아 낼 때 대상영속성을 이해한 것으로 봐야 할까? 아니면, 이후에 아동이 대상이 실제 어디 있는지를 알지 못해도 그 대상이 어딘가에 반드시 존재하고 있다는 원리를 깨달았을 때(마치 열쇠를 어디에 잘못 두었을 때처럼) 대상영속성을 이해한다고 볼 것인가? 인지 발달의 복잡성을 고려할 때, 아동들이 인지적 능력을 획득하는 정확한 연령을 결정적으로 진술하는 것은 거의 불가능한 것으로 보인다.

이러한 복잡성을 다루는 유망한 접근 중 하나는 *역동적 체계(dynamic systems)*의 접근이다(Fischer & Bidell, 1998; Lewis.2000; Thelen & Smith, 1994; van Geert, 2000). 역동적 체계의 중심 원리는 *자기-조직화(self organization)*, 즉 발달의 질서는 복잡한 체계의 다양한 구조들의 상호작용의 결과로 인한 것이라는 원칙이다(Thelen, 1989). 아동은 여러 가지 힘의 원천들의 상호작용의 결과로 인한 질서(즉, 체계화된 행동 상태)를 가진 복잡한 발달의 체계이다. 힘의 원천에는 아동의 유전적 신체적 특징, 아동의 경험, 아동이 해결해야 할 특정 과제, 그리고 이러한 행동들이 일어나는 맥락이 있다. 이러한 구성요소들은 수많은 방식으로 조합될 수 있다. 하지만 모든 체계는 실제로 몇 개의 한정된 수의 안정된 상태만을 일으키려는 경향이 있다. 체계 내의 구성요소들은 서로 상호작용하여 *유인 상태(attractor state)*라도 일컬어지는 상태로 몰고 간다. 예를 들어 초기 운동 발달에서, 실제 움직임은 다양한 방식으로 일어날 수 있음에도 불구하고, 가장 일반적으로 나타나는 형태는 배밀이나 손과 무릎을 이용한 기어가기이다(Adolph, Verijken & Denny, 1998). 따라서 배밀이와 기어가기가 유인 상태인 것이다.

발달 체계의 구성 요소들은 계속적으로 변화한다. 따라서 유인 상태 또한 시간을 거쳐 계속 변화한다. 어떤 행동은 더욱 안정적이며 어떤 행동은 덜 안정적이다. 예를 들어 영아가 몸의 힘을 얻고 자세에 대한 통제를 하게 되면, 영아는 점차 배밀이에서 기어가기로 행동은 바뀔 것이며, 기어가기가 더욱 능숙해지고 일관적이 되면 배밀이는 점차 사라지게 될 것이다.

역동적 체계이론에서, 아동이 특정 능력을 획득하는 연령이 언제인가를 묻는 것은 앞뒤가 맞지 않는다. 역동적 체계 이론에서 적절한 질문은 체계 안의 여러 가지 구성요소들이 어떻게 행동하여 아동이 특정 능력을 드러내는 상태에 도달하도록 만드느냐는 것이다. 앞에서 논의한 대상영속성의 예로 돌아가 보자. 무슨 요소들이 바라보기 반응, 찾기 반응 또는 두 반응 모두를 통해 아동의 대상영속성에 대한 이해가 나타날 수 있게 만드는가를 질문해보자. Munataka와 그의 동료들의 설명에 따른다면, 여기서 주요한 구성 체계는 아동이 대상에 대하여 가진 표상의 강도일 것이다. 만약 이러한 견해가 옳다면, 아동의 대상에 대한 표상의 강도를 증가시키는 경험은 더욱 발달된 상태로 아동을 이동하게끔 할 것이며, 대상의 표상에 대한 강도를 약화시키는 경험은 아동을 더 약한 상태로 이끌게 될 것이다. 다른 가능성은 여러 개의 구성 체계들의 역할이다. 예컨대, 표상의 강도 외에도 눈-손의 협응능력이 더 높은 수준의 상태에 기여할 수 있다. 그러므로 역동적 체계의 틀에서 한 가지 가능한 경험적 연구 책략은 어떤 구성 체계가 유기체의 특정 행동에서의 변화를 설명하는지에 대한 가설을 세우고 검증하는 것이다.

역동적 체계이론에 근거한 예언 중 하나는 체계가 변화의 상태에 있을 때, 즉 한 상태에서 다른 상태로 옮겨가려 할 때, 보다 다양한 상태를 나타내야 한다는 것이다. 이러한 현상은 운동 기술(Vereijken & Thelen, 1997), 보존(Church & Goldin-Meadow, 1986), 수학적 문제 해결(Alibali & Goldin-Meadow, 1993), 언어 발달(Evans, 2002), 행렬 문제 해결(Siegler & Svetina, 2002) 그리고 마음 이론의 발달(Amsterlaw & Wellman, 2001)을 포함한 다양한 영역에서 지지되고 있다.

역동적 체계이론은 지식과 발달 과정의 본질에 대하여 새로운 문제들을 내놓는다는 점에서 아주 흥미롭다. 이러한 모델은 어떻게 다양한 요소들이 아동의 수행에 영향을 주는가에 초점을 두지만, 특정 능력이 언제 획득되는지에 대해서는 그리 관심을 두지 않는다. 이러한 이론들은 단순한 분석 체계에서는 단지 '천성'과 '양육'으로 단순화되었을 수도 있는 다양한 하위 체계들을 포함한 구성 체계의 상호작용을 개념화할 수 있는 틀을 제공한다. 게다가 그들은 행동의 맥락 특정성과 다양성, 그리고 새로운 행동 양식을 생성하는 서로 다른 하위 구성 체계들의 역할에 대하여 생각하는 방식을 제공한다. 따라서 역동적 체계의 접근은 아동 사고의 복잡성에 대한 깊이 있는 이해에 분명 기여할 것이다.

5. 아동 사고의 변화는 결코 진공의 상태에서 일어나지 않는다. 아동이 접하는 대상에 대하여 이미 가지고 있는 지식은 아동이 무엇을 배울지 또 얼마나 많은 것을 배울 것인가에 영향을 준다.

기존 지식의 영향에 대한 최근의 인식

사람들은 자신이 어느 정도 알고 있는 분야에 대한 이해, 학습, 기억이 더욱 쉬우리라는 것을 알고 있다. 격자 무늬를 본 경험이 있는 영아들은 더욱 복잡한 배열을 보기를 선호한다(DeLoache et al., 1978). 걸음마기 아동은 새로운 단어의 뜻을 학습하기 위해 문법적 단서를 사용한다(Naigles, 1990). 학령전기 아동들은 새로운 파티와 새로운 식당의 경험을 회상하기 위해서 그 전에 그들이 경험한 생일 파티와 식당에서의 사건들을 요약한 스크립트를 사용한다(Hudson, 1990; Nelson, 1993). 학령기 아동 중 보존 개념과 유목화의 개념에 대해 조금이라도 아는 아동들은 그렇지 못한 아동들에 비해 그 개념들을 더 잘 이해한다(Inhelder et al., 1974; Strauss, 1972).

이전의 내용 지식은 사람들이 얼마나 많은 것을 배우는가도 결정하지만 무엇을 배울 것인가에도 영향을 미친다. 그러한 영향력은 흔한 경우는 아니지만 지식이 학습과 회상을 방해하는 현상을 통해서도 분명히 드러난다. 영아와 어린 아동들의 모국어 소리 학습 과정은 점차적으로 모국어에는 존재하지 않는 소리의 구분 능력을 사라지게 하며(Werker & Desjardins, 1995), 7세 이후 아동들이 다른 언어의 문법을 완벽히 익히는 능력을 상실하게 만든다(Johnson & Newport, 1989). 학령전기 아동이 가진 음식에 대한 전형적 지식은 이들이 점심으로 시리얼과 오렌지 주스를 먹을 수 있다는 가능성을 배제하게 만든다(Keil, 1989). 다른 사람의 어리숙함을 관찰한 후 갖게 된 부정적 고정관념은 아동들로 하여금 그 사람이 다른 실수도 범했다는 잘못된 기억을 구성하도록 만든다(Leichtman & Ceci, 1995). 덧셈에 대한 학령기 아동들의 이전 지식은 이들이 3+4+5=3+ ______와 같은 새로운 문제를 만났을 때 어려움을 경험하도록 한다(McNeil & Alibali, 2002, 2004).

기존 지식은 이전에 언급된 변화 과정과 동떨어진 기제로 작동하는 것이 아니다. 오히려, 기존 지식은 새로운 정보와 함께 변화의 과정을 생성하는 자료를 제공한다. 다시 말하자면, 기존 지식은 변화의 과정이 무엇을 하고, 아동들이 무엇을 약호화하며, 어떠한 일반화를 도출하며, 어떤 책략을 구성하고, 어떤 과정을 자동화해야 할지를 결정하는 데 중요한 역할을 한다. 그러나 변화 과정의 본질은 그것들이 이를 '어떻게' 수행할지를 결정한다.

향후 논쟁점

아동의 지식에 관한 가장 큰 논쟁의 대상이 되는 것 중 하나는 물리학, 생물학, 마음과 같은 핵심 영역을 특징짓는 '이론'과 같은 상위 수준의 지식 구조와 관련된 것이다. 이러한 영역에서 특히 두 가지 문제가 중요하다. 첫째, 그와 같은 상위 구조가 과연 존재하며 다른 유형의 지식과는 차이가 있는가? 둘째, 만약 아동이 핵심 영역들에 대한 이론을 가지고 있다면, 그러한 이론들은 어떻게 생겨났고 어떻게 변화하는가?

아동들이 핵심 영역에 대한 이론을 가지고 있는지의 여부는 '이론'의 정의에 따라 달라질 수 있다. Wellman과 Gelman(1992, 1998)은 이론적 이해에 대하여 영역 특수적 기본 범주들, 영역 특수적 인과 설명, 설명의 구성 개념, 그리고 일관된 조직화의 네 가지 기준을 제시하였다. 최근 아동들이 몇몇 영역에서 이와 같은 기준에 부합하는 지식을 가지고 있음을 보여주는 많은 증거들이 제시되고 있다. 예컨대, 8장에서 논의하였듯이, 생물학에 대한 아동의 초기 이해가 이론을 형성하고 있음을 보여주는 상당한 증거가 있다.

그러나 이러한 네 개의 속성이 '핵심' 영역에 속하는 아동의 이해와 수많은 다른 영역에서의 이해를 구별해 줄지는 아직도 불분명하다. 4개의 모든 기준은, 야구와 같이, 분명히 핵심 영역이 아닌 영역 또한 특징지을 수 있다. 야구에 대한 지식은 이 영역에 독특한 범주들(투수, 포구, 홈런), 특별한 유형의 인과성(9회까지 점수를 더 많이 얻고자 하는 목표에 따름), 설명의 구성 요소(대타), 그리고 일관된 조직화를 포함하고 있다. 그러나 만약 야구에 대한 지식도 핵심 이론으로서 여겨진다면, 핵심 이론의 수는 수천에 이르게 될 것이다. Wellman과 Gelman은 "얼마나 많은 영역을 아동이 구분하는지도 분명하지 않으며 어떤 기준이 사고의 기본적 영역을 정할 수 있는지도 아직은 분명하지 않다"라고 강조하였다.

역설적으로, 이론에 근거하여 개념적 이해를 바라보는 연구자들은 지식의 영역 특수성과 학습의 기제를 강조하여 왔지만, 실제로 그들의 가장 큰 공헌은 모든 영역들에 적용될 수 있는 통찰들이다. 전통적으로, 발달의 거의 모든 분석은 지식이 구체적 수준에서 추상적 수준으로 옮겨간다고 가정해 왔다. 이러한 견해에 따르면, 아동들은 처음 그들이 보고, 듣고, 만질 수 있는 세상의 측면들에 대해 학습한 후 대상들과 사건들 간을 연결짓는 인과 관계, 특질과 같이 보이지 않는 측면들을 학습한다고 할 수 있다. 핵심 지식을 주장하는 접근들은, 그러나 기본적 영역에서 영아나 아주 어린 아동도 인과적 관계와 타성, 힘, 의지, 속임, 세균, 유전성과 같이 보이지 않는 특성에 근거하여 생각할 수 있다는 것을 강조해 왔다. 이와 같은 사고가 핵심 지식에 해당하는 영역과 그렇지 않은 영역을 구분짓는다고 여겨져 왔다(Wellman & Gellman, 1998).

그러나, 원인이나 다른 관찰 가능하지 않은 설명적 구성요소를 강조하는 경향은 핵심 영역에만 국한된 것이 아니다. 이 또한 모든 영역에 적용될 수 있다(Simons & Keil, 1995). 걸음마기 아동의 그치지 않는 '왜' 질문은 몇 가지의 핵심 영역에만 국한된 것이 아니다. 그들은 모든 현상의 이유를 묻는다. 마찬가지로, 어린 아동의 '왜냐하면' 이란 말의 잦은 사용은 단지 몇 개의 특별한 영역이 아니라 거의 모든 종류의 주제에 확장된다. 어른이 아이에게 새로운 게임이나 개념을 설명할 때, 아동들의 끊임없는 설명에 대한 탐색은 보통 기본적 목표와 인과적 구조를 기술하는 것으로 시작된다. 가령, 틱탁톡 게임을 설명할 때, 게임을 이기기 위해서는 세 개의 X나 세 개의 O를 일렬로 정렬해야 한다고 말한다. 인과성에 대한 이해는 유용하다. 가령, 아동들은 높은 수준의 책략을 사용하기도 전에 그 책략의 가치를 알게 해주는 게임의 인과적 구조에 대한 추상적 이해를 소유하고 있음이 밝혀졌다(Siegler & Crowley, 1994). 그러므로 원인을 찾고자 하는 성향은 핵심 영역에만 제한된 것이 아니라 모든 영역의 지식 획득의 특징인 것이다.

어떻게 아동들이 이론적 이해라고 여겨지는 인과적 지식을 습득할까? 다시 말해서, 어떻게 아동의 '이론'이 생겨나며 어떻게 그것이 변화할까? 그러한 지식은 영역-특수적 학습 기제에 의해서 생산된다고 주장되어 왔다(예, Keil, 1989; Leslie, 1994; Spelke et al., 1992; Wellman & Gelman, 1998). 그러나 어디에서도 그러한 기제에 대한 자세한 설명은 없었다. '핵심' 영역에서의 학습은 다른 영역에서의 학습과 다른 방식으로 일어나는 것은 분명하다. 인생 초기 몇 년 동안 아동들은 물체, 사람 그리고 식물과 동물에 관한 엄청난 양의 지식을 획득한다. 이렇게 빠른 속도의 획득은 아동들이 그것들을 학습하기 위해 특별한 기제를 사용한다는 것을 제안한다. 그런데 어린 아동들은 물체, 사람, 식물과 동물들을 관찰하고 학습할 수 있는 수많은 기회를 갖는다. 따라서 학습 기제 그 자체보다는 학습 기회의 수 때문에 핵심 영역에서 다른 영역보다 더 먼저 빠르게 지식을 획득하는 것일 수도 있다.

핵심 영역에서 지식의 변화를 연구할 수 있는 한 가지 유망한 접근은 '인과 지도(causal map)'의 학습에 초점을 두는 것이다(Gopnik & Glymour, 2002). 인과 지도란 각 영역에서 인과적 관계를 묘사하는 체계화된 심적 구조를 말한다. 인과 지도는 일단 성립하면, 각 영역 내의 인과적 관계에 대하여 추론하고 사건과 행동들과 심지어는 한 번도 직접 관찰하지 않은 것에 대한 예측도 가능하게 만든다. Gopnik과 Glymour에 따르면, 그러한 구조의 학습은 세상에 존재하는 변이와 공변에 근거한 것이다. 예를 들어, 아동은 생명(animacy)과 자기 스스로 만든 움직임 사이의 공변(즉, 대부분의 살아있는 대상은 스스로 움직이며, 대부분의 죽은 물체는 스스로 움직이지 않는다)을 관찰했을 것이다. 이러한 현상에 대한 일관적 관찰을 통하여 생명과 자기 스스로 만든 움직임 간의 관계가 생물 영역 내 아동의 인과 지도의 한 부분으로 자리잡게 되는 것이다. 일단 이러한 인과 지도가 설정되면, 아동은 그것을 이용하여 만약 물체가 스스로 움직임을 생성해 낸다면 거의 대부분의 경우 그 물체를 살아 있는 것으로 예측할 수 있게 되는 것이다.

2세밖에 되지 않은 아동들도 변이와 공변 양식에 근거하여 인과 추론을 할 수 있음이 증명되어 왔다. 예를 들어, 한 연구(Gopnik, Sobel, Schulz, & Glymour, 2001)에서, 아동들에게 '블리켓 탐지기' 라고 불리는 기계를 보여주면서, '블리켓' 이라고 불리는 물체는 그 기계에 불이 들어오게 하고 음악을 연주하게 만들 것이라고 설명해 주었다. 다음 아동들은 두 개의 블록과 그 기계의 작동 간의 다양한 공변 양식을 경험하였다. 예를 들어 어떤 아동은 A블록만 기계 위에 놓였을 때와 A블록과 B블록이 함께 기계 위에 놓였을 때는 기계가 켜지지만, B블록이 혼자 놓였을 때는 기계가 작동하지 않는 것을 관찰하였다. 이러한 상황에서, 2세밖에 되지 않은 아동도 A블록은 기계를 작동하게 만들지만 B블록은 그렇지 못하다는 것을 추론하였다. 아동들은 이러한 인과적 지식을 생산적 방식(즉, 한 번도 보지 못한 것을 발견하는 방식)으로 사용하였으므로, 이것은 아동이 단지 블록과 기계의 작동에 대한 단순 연합을 학습한 것이 아니라 인과관계를 학습했다는 것을 분명히 드러낸다.

공변에 근거하여 인과 관계를 세우는 경향은 핵심 영역과 그 외의 여러 다양한 영역에서 이론적 이해를 생성하기 위해 사용할 수 있는 기제이다. 따라서 인과 지도의 구성은 영역 특정적 이론적 지식을 생성하는 일반적 학습 기제로 보인다.

인과 지도의 구성은 이론적 지식의 초기 획득을 설명하는 데 특별히 적합한 기제이다. 그러나 그러한 지식이 성립된 후에는 어떻게 변화하는가? 앞서 언급하였듯이, 변화의 과정을 드러내는 데 유망한 방법론적 도구 중 하나는 미시발생적(microgenetic) 접근이다. 아주 최근까지도, 미시발생적 접근을 사용하여 아동의 이론을 밝힌 연구는 거의 없었다. 그러나, 최근에는 이러한 유형의 몇몇 연구들이 실시되고 있으며, 의미 있는 연구 결과를 제공하고 있다.

Amsterlaw와 Wellman(2001)은 마음 이론 중 특히 잘못된 믿음의 이해에 대한 발달을 연구하기 위해 미시발생적 접근을 사용하였다. 그들의 연구에서, 어떤 아동들은 잘못된 믿음을 갖는 사람들에 관련된 이야기를 통해 잘못된 믿음에 대한 이해를 학습할 수 있었다. 예를 들어 아동들은 마샤라는 사람이 있는데 그가 모르는 체 그의 빵이 다른 곳으로 옮겨졌다는 이야기를 들었다. 다음 아동들은 마샤가 자기의 빵을 어디서 찾을지 예측하였으며, 마샤가 실제 어디서 찾는지를 보여주어 아동의 반응에 피드백을 제공하였다. 또한 아동들에게 왜 마샤가 그곳에서 빵을 찾는가를 설명하도록 지시하였다.

Amsterlaw와 Wellman은 아동들이 여러 상황에 걸쳐서 잘못된 믿음에 대해 학습할 기회를 가질 때는 소망에 근거한 마음 이론에서부터 믿음-소망에 근거한 마음 이론으로 발달해 간다는 것을 발견하였다. 뿐만 아니라, 그들의 결과는 아동들에게 잘못된 믿음에 대해 설명하도록 기회를 주는 것이 사건에 대한 그들의 이해를 개선하는 데 도움이 된다는 것을 제안하였다. 이러한 연구 결과는, 자연적 상황에서 아동들이 사건을 설명하는 데 초점을 둔 사회적 상호작용을 통하여 마음의 이론을 학습한다는 것을 함축한다. 그러한 사회적 상호작용은 아마도 사건(왜 맥시가 찬장에서 초콜릿을 찾을까?)의 인과 구조가 두드러지게 보이도록 하여 아동들이 그 영역에서 자신이 가지고 있는 인과 지도를 재구조화하도록 만드는 것 같다.

현재까지의 증거들은 이론적 이해의 발달에 여러 기제들이 작용하고 있음을 제안한다. 인과지도의 구성은 사건들의 관찰을 통한 공변의 체계적 양식을 추출하는 암묵적 학습 과정에 근거한 것으로 보인다. 그러나 이러한 인과 지도의 재구조화는 암묵적 학습이 아닌 인과 관계의 명시적 학습을 반드시 필요로 한다. 그러한 명시적 학습은 특히 설명을 포함한 사회적 상호작용에서 일어나는 것으로 보인다. 이러한 변화 기제가 발달과정을 통해 어떻게 상호작용하는지 알아내기 위한 후속 연구들이 필요하다.

6. 지능 발달은 인지적 자원의 효과적 할당의 증가뿐 아니라 대뇌 구조와 기능의 변화도 반영한다.

지능 발달에 대한 최근의 인식

지능은 뇌의 성숙과 경험 간의 상호작용을 통해서 발달한다. 뇌의 크기의 변화만으로도 성숙이 얼마나 진행되었는가를 알 수 있다. 성인의 뇌는 신생아의 것보다 4배나 무게가 더 많이 나가며, 무게 증가의 절반 이상은 5세 이후에 일어난다(Lemire, Loeser, Leech, & Alvord, 1975). 대뇌피질 부위들은 태어났을 때의 크기의 10배로 성장한다. 그러나 모든 변화들이 점점 많아지도록 변화하는 것은 아니다. 대뇌피질의 여러 부위들의 시냅스 밀도는 아동기 초기에 성인의 뇌보다 훨씬 높은 수준에 이른다(Huttenlocher & Dabholkar, 1997). 이러한 높은 밀도는 초기 언어와 운동 기술의 탁월한 학습을 가능하게 한다(Bjorklund, 1997).

뇌의 서로 다른 부분들의 서로 다른 성숙 과정은 종종 각기 다른 연령에 서로 다른 신경 중추적 토대를 가지는 인지 기능들로 이어진다. 태어나서 처음 몇 개월 동안, 상대적으로 꽤 성숙한 피질하 영역들은 보기, 듣기, 주의 할당에 중요한 역할을 한다(Bronson, 1974; Johnson, 1998; Muir et al., 1979; Posner et al., 1998). 4개월에서 10개월경 이후에 발달한 피질 영역들이 이러한 기능에서 주요한 역할을 책임지게 된다. 초기의 피질하 영역의 지배적 활동은 인지체계가 초기에 유용한 입력 정보를 획득하도록 해준다; 이후에 등장하는 피질의 역할은 일단 관련 영역들이 충분히 성숙해지면 더 효과적인 처리를 가능하게 한다(Johnson & Morton, 1991).

뇌 발달은 해부학적 기능의 특수화와 가소성을 포함한다. 예를 들어, 거의 모든 오른손잡이와 대부분의 왼손잡이들에게 언어 처리는 뇌의 왼쪽 중간 영역에서 지배적으로 일어난다. 기능의 특수화에 의해서, 'the'와 같이 주된 기능이 문법적인 단어들은 'dog'와 같은 내용 단어들과는 다른 위치의 좌반구 영역이 활성화되도록 만든다(Neville, 1995a). 놀랍게도, 태어난 첫 해에 뇌의 좌측이 손상되거나 수술로 제거된다면, 언어는 뇌의 우측에 편재화되고, 거의 정상 수준으로 발달한다(Stiles & Thal, 1993). 태어나서 일 년 후 손상이 발생했어도 언어 기능이 우반구에서 나타난다. 하지만, 손상 시기가 늦어질수록 언어처리는 덜 효과적이 된다(Maratsos & Matheny, 1994).

그러나 뇌의 구조와 기능의 이러한 변화들은 단지 지능 발달의 일부에 지나지 않는다. 지능 발달의 또 다른 측면은 사용 가능한 인지자원들을 효과적으로 사용하게 만드는 경험과 관련되어 있다. 예를 들어, 처음 몇 개월 동안에도 영아들은 처리 자원들을 효과적으로 할당하는 능력을 조금 보인다. 그들은 환경에서 가장 정보가 많은 부분으로 향하고, 움직이는 물체들을 눈으로 쫓아가고, 흥미로운 자극이 어디에서 나타날지에 대한 기대를 형성한다(Aslin, 1993; Haith et al., 1993). 그러나 이러한 초기의 토대를 넘어서 상당한 성숙이 일어난다는 것은 놀라운 일이 아니다. 경험을 쌓아가면서 아동들은 점점 더 완전하고, 융통성 있고, 강건한 표상을 형성한다.

아동의 표상이 점차적으로 완전해지는 경로를 생각해보자. 1개월 된 아기들은 물체를 탐색할 때, 외형만을 살핀다; 2~3개월 된 영아들은 내부 또한 살핀다(Salapatek, 1975). 5세 아동들에게 보존, 유목포함, 저울 문제들을 제시하면, 그들은 한 개의 중요한 차원만을 표상한다; 8세에 이르면, 아동들은 이 과제와 관련된 여러 가지 차원들을 표상한다(예, Case, 1992a; Halford, 1993). 8세 아동들은 이야기를 읽을 때 각 에피소드 내의 인과적 연결들에 집중한다; 14세 아동들은 여러 에피소드들에 *걸친* 인과적 연결들에도 주의를 집중한다(van den Broek, 1989).

아동들이 점차 융통성이 큰 표상들을 형성하게 되는 경향과 관련된 사례들은 다양한 영역과 여러 연령 집단에서 나타난다. 잘못된 믿음 과제에서, 4세 아동들은 3세 아동들에 비해 자신들이 특정 상황에 관해 알고 있는 것과 그것에 관한 다른 사람들의 생각에 대해 자신들이 알고 있는 것 사이를 보다 융통적으로 전환한다 (Wellman et al., 2001). 마찬가지로, 분류과제에서, 4세 아동들은 3세 아동들보다 한 물체를 한 차원(색과 같이)에서 다른 차원(형태와 같은)으로 분류를 전환하는 융통성을 더 많이 가진다(Zelazo et al., 1996). 산수에 대한 경험이 많아짐에 따라, 학령기 아동들은 과제 요구에 맞는 책략을 보다 더 정밀하게 선택한다(Lemaire & Siegler, 1995). 청년기 이전 아동과 청년기 소년들은 더 어린 아동들과는 달리 지시와 시간적 요구에 맞춰 자신들의 읽기와 쓰기 책략을 조정한다(Kobasigawa et al., 1980; Zbrodoff, 1984).

세 번째로 아동들은 다양한 과제환경에 대해서 점차 성공적이 되는 강건함(robustness)을 보인다. 어린 아동들의 이해는 종종 이상적 환경에서만 발휘된다(Sophian, 1984). 연령과 경험에 의해, 아동들은 촉진적 상황에서뿐만 아니라 요구가 많은 상황에서도 그들의 능력을 발휘할 수 있게 된다. 따라서 영아들이나 걸음마기 아동들도 대상을 향하여 몸의 방향이 바뀐 후에는 연령이 높은 아동들처럼 공간 내에 숨겨진 물체들을 찾을 수 있지만, 연령이 높은 아동들과는 달리 그렇게 하기 위해서는 가까운 곳에 지표물이 있어야 한다(Acredolo, 1978; Huttenlocher & Newcombe, 1984). 2세 유아들은 방의 모형이 유리 상자 안에 들어 있어 보기만 할 때는, 모형을 이용해서 방 안에 있는 물건들을 찾아낼 수 있지만, 모형을 만져볼 수도 있을 때에는 실제 방안의 물건을 찾지 못했다. 반면에, 3세 유아들은 두 조건에서 모두 모형을 적절하게 사용하여 물건을 찾아낼 수 있다(DeLoache, 1995). 5세 아동들은 혼동하게 만들 시각적 단서들을 제거하거나 보다 쉬운 지시문을 사용했을 경우 전이적 추론, 삼단논법적 추론, 유추 문제들을 해결할 수 있다. 그러나 수년이 지난 후에야 아동들은 더 어려운 환경에서도 그러한 문제들을 해결할 수 있다(Brown et al., 1986; Byrnes & Overton, 1986; Goswami, 1995a). 7학년 학생들은 등호 자체만 제시했을 때에는 정확하게 해석했지만, 그것을 덧셈 문제 안에 제시했을 때에는 그 의미를 '합계'라고 해석했다. 대학교에 들어가면, 학생들은 맥락에 관계없이 등호를 정확하게 해석한다(McNeil & Alibali, 출판 중).

향후 논쟁점

뇌 성숙과 인지적 자원들의 할당에 대한 이해의 증가는 어떻게 이러한 요인들이 지능의 개인차를 가져오는가에 대한 문제를 제기했다. 지능의 개인차에 관한 두 가지 관점은 이미 논의되었다. 그 하나는 일반지능이라고 하는 하나의 차원에서의 차이점을 강조한다. 지능지수(IQ)에서의 개인차는 그들의 일반지능에 대한 차이를 반영하는 것으로 간주한다. 두 번째 관점은 Sternberg(1985)의 삼두 이론이다. 여기에서는 지능의 개인차를 수행요소, 학습요소, 상위요소의 세 가지 정보처리 요소들의 효율성에 기인한 차이로 간주한다. 비록 이러한 두 가지 접근들은 여러 가지 측면에서 서로 다르지만, 여러 영역에 걸쳐서 명백하게 드러나는 지능의 공통적 핵심이 존재하리라는 가정을 공유하고 있다.

일반지능의 존재에 대한 증거 중 하나는 지능검사들의 서로 다른 부분에 해당하는 항목들의 수행 간의 정적 상관이다. 예를 들어, 어휘를 측정하는 항목에서 성공적으로 수행하는 아동들은 공간 추리, 산수, 속담 해석을 측정하는 항목에서도 성공적으로 수행하는 경향이 있다. 또 다른 핵심 증거는 IQ 검사 점수들이 여러 연령대에 걸쳐 꽤 안정적이라는 것이다. 세 번째로 중요한 증거는 IQ 검사 점수들이 아동의 학교 성적을 상당히 정확하게 예측한다는 데 있다. 따라서 1학년 학생의 IQ 검사 점수를 알면, 장차 아동이 고등학교 때 받을 성적을 비교적 정확하게 예측할 수 있다. 네 번째 증거는 높은 IQ를 가진 아동들이 새로운 자료를 보다 빨리 학습하는 경향이 있다는 것이다(Johnson & Mervis, 1994). 이러한 증거들은 많은 사람들로 하여금 어떤 아동들은 다른 아동들보다 일반지능이 더 높으며 지능은 오랜 시간에 걸쳐 안정적이라는 결론을 내리게 하였다.

그러나 많은 비평가들은 이러한 해석에 대해 의문을 제기하였다(예, Ceci, 1990; Gardner, Kornhaber, & Wake, 1996; Resnick, Levine, & Teasley, 1991). IQ 검사 항목들 간의 정적 상관들은 일반지능의 존재보다는 항목들이 채택된 방식을 반영할지도 모른다. 새로운 IQ 검사 항목들은 부분적으로는 기존의 IQ 검사 항목들과 정적인 상관을 가졌기 때문에 선택된 것이다. 가령, 수행이 현존하는 IQ 검사 항목들의 수행과 상관을 가지지 않는 경향이 있는 미술이나 음악과 같은 영역들은 제외되었다.

IQ 점수들이 오랜 시간에 걸쳐서 안정적이라는 주장, 초기 IQ 점수들과 이후 학교 수행들 간의 높은 상관성, 그리고 IQ와 학습 간의 관계와 관련해서 한 가지 중요한 논쟁점은 지능의 안정성에 지능, 동기, 혹은 둘 모두가 포함되는가의 여부이다. 지적 영역에서 성공하고자 하는 동기는 IQ 검사 항목의 수행, 학교에서의 수행, 실험실 상황에서의 학습 모두에 영향을 미칠 것이다. 만약 그것이 사실이고 그러한 동기가 시간에 걸쳐 안정적이라면, IQ 검사 점수와 새로운 자료의 학습, 그리고 이후의 지적 수행 간에 정적 관계가 나타나게 될 것이다.

IQ 검사에 대하여 보다 일반적 비판들이 제기되어 왔다. 그중 하나는 지능에서의 개인차를 한 가지 차원(IQ 점수)에서의 순서로 특징지었다는 과도한 단순화에 초점을 맞춘다. 아동들의 사고는 여러 가지 차원들에서 차이가 나는 것이지, 한 가지 차원에서만 차이가 나지 않는다. 또한 지능 검사는 몇몇 아동들은 다른 아동들에 비해 일반적으로 덜 지적이라고 간주하는 불평등한 함의를 가졌다는 점과 지적 활동의 결과를 그것을 산출한 과정과 혼동한다는 점에서 비판을 받아왔다. IQ 검사에서 한 아동이 다른 아동보다 높은 점수를 받았다는 것은 어떤 타고난 질적 차이보다는 검사 내용과 관련된 이전 경험의 양, 중다선택검사를 수행하는 기술 또는 성숙 수준의 차이 중 하나를 반영할지도 모른다.

위와 같은 문제들과 또 다른 문제들은 Gardner(1983; Gardner et al., 1996)로 하여

금 *다중지능* 접근을 고안하도록 하였다. Gardner의 기본적인 생각은 일반적으로 '지능' 이라고 불리는 것을 언어적 지능, 음악적 지능, 논리-수학적 지능, 공간적 지능, 신체-운동적 지능, 자기 이해 지능, 사회적 이해 지능의 일곱 가지 지능으로 나누어 생각해야 한다는 것이다. 그는 각 지능은 (비록 부분적으로는 중첩되지만) 분리되어 있는 별개의 영역들에 적용되고, 서로 다른 상징체계에 근거하며, 별개의 변화기제를 포함하고 있다고 제안하였다.

Gardner는 각 사고 유형이 서로 다른 지능인지를 결정하는 몇 가지 구체적 기준들을 명시하였다. 하나는 대뇌 편재화와 관련된다. 만약 어떤 사고 유형이 분리되어 있는 별개의 지능이라면, 뇌에서 어떤 특정 영역에 대한 손상은 다른 것들보다 그 사고 유형에 훨씬 더 큰 영향을 미칠 것이다. 두 번째 기준은 한 특정 영역에서 그 사람의 다른 영역의 지능으로부터 기대되는 수준보다 훨씬 높은 지능을 지닌 사람들, 즉 천재(progidy)의 존재이다. 가령 5세에 음악을 작곡한 Mozart는 비록 그가 다른 대부분의 영역에서 유달리 영리했던 것은 아니지만 음악적 지능이 독립적이라는 것에 대한 증거이다. 세 번째 기준은 수학적 표기법, 구어, 혹은 안무가의 춤동작 연출과 같이 영역을 특징짓는 독특한 체계이다. 네 번째는 한 영역 내의 서로 다른 측면들에 대한 유사한 수행 수준이다. 즉, 아동들은 한 영역 내에 있는 어떤 기술에서 뛰어나다면, 그 영역의 다른 기술에서도 비슷하게 뛰어나야 한다.

음악적 지능이 분리된 별개의 능력이라는 증거를 생각해보자. 뇌 좌측에서 활동을 일으키는 언어적 자극과는 달리, 음악적 자극은 본질적으로 뇌의 우측에서 활동을 일으킨다. 이러한 분석과 일관되게, Gardner(1983)는 측두엽과 전두엽의 우측 손상으로, 음악 지각은 손상되었지만 언어 지각능력은 대체로 유지되는 현상을 주목하였다. 반면, 손상이 뇌의 좌측에 있는 대응되는 영역들에서 발생하면 그 반대의 손상 양상이 나타난다고 언급하였다. 또한 Gardner는 음악에 대한 정식교수를 받아본 적은 없지만 처음 듣게 된 피아노 연주곡을 칠 수 있는 심한 지체아동들의 사례를 주시하였다. 이러한 아동들이 다른 영역에서는 극도로 제한된 학습능력을 나타낸다는 것은 그들이 음악을 학습하기 위하여 음악 외의 기술을 학습하는 데 사용했던 것과 다른 기제를 사용했음을 암시했다. 음악은 확실히 그 자체의 표기 체계를 가지고 있고, 음악적 재능이 있는 사람들은 대개 여러 악기들과 음악적 표현 양식에 숙련되어 있다.

또한 Gardner는 아동들이 특정 능력을 개발하고자 하는 강한 동기가 지능의 특정 영역에 따라 서로 다름을 발견하였다. 위대한 수학자인 Pascal이 아이였을 때, 그의 아버지는 그가 수학에 대해서 얘기하는 것을 금했으며, 그것에 관해서 읽는 것을 심하게 방해했다. 이러한 가혹한 반응에도 불구하고, Pascal은 양쪽에 똑같은 크기의 변들과 각들을 가진 삼각형을 작도할 수 있는 방법들을 찾으려고 노력하면서 벽에다 목탄으로 표기했다(그의 아버지는 그것도 그다지 좋아하지 않았다). Pascal은 이를 위해 통용되고 있는 용어를 몰랐기 때문에, 수학적 개념에 대한 명칭을 스스로 고안해 냈다. 그는 기하학의 공리체계를 개발했고, 그렇게 함으로써 유클리드 공식의 많은 부분을 발견했다. 그는 심지어 정리와 공리에 대해서 꿈꿨다—그는 가혹한 환경에서 이 모든 것을 해낸 것이다.

지능의 분리 가능성에 대한 생각에는 문제가 되는 측면이 있다. Gardner가 별개의 지능이라고 분류한 몇 개의 능력들은 서로 상관이 있는 것으로 보인다. 아동의 언어, 논리-수학적, 공간적 추론에 대한 검사들의 수행은 일관되게 정적 상관이 있었다. 이것은 이 영역들에서 성취를 하고자 하는 동기가 유사하기 때문일 수도 있지만, 일반지능이 이 모든 영역들에 대한 수행에 영향을 끼치기 때문일 수도 있다. 게다가, 어떤 영역 안에 천재들이 존재한다는 것은, 그 능력이 별개의 지능인지에 대한 여부보다는 삶의 다른 측면들로부터 그 영역이 고립되어 있다는 것을 나타내는 것인지도 모른다. 6593년 1월 19일이 무슨 요일인지를 빠르게 계산할 수 있는 사람들이 있겠지만, 달력 계산이 독립된 지능이라고 주장하기는 어려울 것이다.

그러한 문제들에도 불구하고, 별개의 지능에 대한 착상은 흥미롭다. 아동들의 수행은 종종 영역에 따라 서로 극적으로 다를 수가 있는데, 이는 특히 우리가 예술적 · 운동적 · 사회적 지능과 같이 기존 IQ 검사들이 측정하지 않는 유형의 지능에 대한 분석을 포함할 때 더욱 그러하다. 지적 능력을 일련의 독특한 능력이란 관점에서 보는 것은, 점수 하나로 아동들의 사고가 어떻게 서로 다른지에 대해서 설명할 수 있는 것보다 훨씬 더 명확한 설명들을 제공할 수 있을 것이다. 따라서, 이것은 개개 아동의 사고에 대한 보다 미묘한 이해를 가능하게 한다.

7. 아동의 사고는 사회적 맥락에서 발달한다. 부모, 또래, 교사, 그리고 사회 전반은 아동들이 특정한 방식으로 사고를 하게 된 방법과 원인뿐만 아니라 사고의 내용에도 영향을 미친다.

아동 사고에 미치는 사회적 영향에 대한 최근의 인식

인간은 사회적 동물이다. 다른 종의 부모와는 달리, 모든 사회의 부모는 그들이 그 문화에서 성공하는 데 중요하다고 믿는 기술, 태도, 가치를 자녀에게 가르친다. 또한 다른 종의 새끼와 달리, 모든 사회의 아동은 귀를 기울이려는 사람 누구에게나 끊임없이 흥미로운 사건을 지적한다. 이와 같은 교수와 학습 성향은 인지 발달에 매우 중요하다

(Tomasello, 1999). 다른 사람을 무시하거나 다른 사람과 의사소통하고자 하는 욕구가 없는 세계에서 자란 아동은 정상적으로 발달할 수 없다. 다행히도, 그런 상황은 거의 발생하지 않는다.

아동의 사고에 미치는 사회적 영향의 전형적인 사례는 부모-아동 상호작용이다. 영아에게 이야기를 할 때, 부모는 대개 영아의 관심을 끌고 유지하는 데 특별히 효과적인 의사소통의 형태인 '영아에게 하는 말(infant-directed speech)' 이라 알려져 있는 높은 음으로 이루어진 노래하는 듯한 음조의 언어를 사용한다(Fernald, 1992; Stern et al., 1982). 과거의 사건을 인출하도록 걸음마기 아동과 학령전기 아동을 돕고자 할 때, 부모는 사건을 기억하도록 조직화된 스크립트를 제시해 주듯이 순서에 맞춰 아동에게 질문한다(Hudson, 1990). 학령기 아동에게 문제 해결 기술을 가르칠 때, 부모는 아동에게 달성해야 하는 목표들을 구분하도록 도와주고, 그것들에 도달할 수 있는 책략들에 관해서 의논하고, 이를 실행하도록 도와줌으로써, 아동을 학습과정에 끌어들인다(Azmitia, 1996; Ellis & Rogoff, 1986).

부모만이 아동의 인지 발달 과정에 영향을 미치는 유일한 성인이 아니다. 쿠키 판매 운동을 계획하는 걸 스카우트 지도자들은 아동이 판매술이나 기록 관리와 같은 기술뿐만 아니라 정중함과 민첩성과 같은 가치도 습득하도록 돕는다(Rogoff, 1995). 유사하게, 상호교수에 관여하는 교사들은 처음에는 아동들의 학습에 많은 도움을 주지만, 점차적으로 그들에게 책임을 부여하는 방식으로 여러 주요 기술을 가르친다(Palincsar & Brown, 1984).

아동은 이러한 성인의 노력의 수동적인 수령인들이 아니다. 아동은 첫날부터 성인과 상호작용하는 방식에 영향을 준다. 가령 성인들이 영아에게 하는 말을 사용하는 이유는 대개 성인이 그런 방식으로 말 했을 때 신생아가 더욱 집중하기 때문이다(Cooper & Aslin, 1990). 4개월즈음, 영아는 성인이 그들에게 말을 한 후에 더 많이 반응한다; 이것은 간단한 형태의 교대 활동(turn-taking)으로 이끄는데, 즉 성인과 영아는 서로에게 '이야기' 하게 되는 것이다(Ginsburg & Kilbourne, 1988). 아러한 상호영향은 언어를 초월하여 확장된다. 관심과 지루함의 표현, 소맷자락 잡아당기기, 발 끌기, '그것을 원해' 란 요구들을 통해, 아동은 손윗사람들에게 상당한 통제력을 행사한다. 연령이 더 높은 아동과 청소년들은 부모와 교사들이 이전에 그들에게 관철시켰던 완벽한 논지를 기억했다가, 그 논지들을 성인에게 완전히 불공평한 방식으로 되받아치는 경향이 있다. 요컨대 아동과 성인은 서로 함께 학습한다는 것이다.

아동들은 또한 서로의 발달에도 영향을 미친다. 1세 영아들은 행동이 일어나고 한참 후에야 다른 사람의 행동을 모방한다(Piaget, 1951). 4세 아동은 2세 아동이 이해할 수 있도록 자기 언어를 조절한다(Shatz & Gelman, 1973). 학령기 아동과 청소년들은 서로의 생각을 경청하고 의논할 때 효과적으로 협력한다(Azmitia & Montgomery, 1993; Berkowitz & Gibbs, 1985). 다른 아동과의 상호작용은 다양한 측면에서 아동에게 유익하다: 그것은 아동이 새로운 과제를 시도해 보도록 동기부여를 하고, 아동이 알고 있는 것을 다른 사람에게 설명함으로써 자신의 이해를 조정할 수 있게 해주며, 모방과 기술 습득을 위한 기회와 자신의 이해를 증진시킬 수 있는 논의들에 관여할 수 있는 기회를 제공한다(Azmitia, 1996).

이러한 사람 간의 상호작용 외에도, 사회는 아동의 문제 해결을 도와주기 위해 다양한 물리적 · 심리적 도구를 제공함으로써 아동의 인지 발달에 영향을 미친다. 1세의 영아는 장난감을 획득하기 위해서 갈퀴를 사용할 수 있고(Brown, 1989; Chen & Siegler, 2000); 3세 유아들은 모형을 이용해서 숨겨진 물건을 찾을 수 있고(DeLoache, 1995); 7세에서 11세 아동들은 지도를 이용해서 응급차가 목적지에 어떻게 도달할지를 가리킬 수 있다(Karmiloff-Smith, 1979). 그리고 물론, 구어, 문어, 수학적 표기법과 같이 어디에나 존재하는 도구들도 있다.

마지막으로, 문화는 전체로서 인지 발달에 영향을 미치는 태도와 가치를 전수한다. 동아시아 언어는 십진법 체계와 분수의 학습을 촉진함으로써 초기 수학 학습을 향상시킨다(Fuson & Kwon, 1992; Miller et al., 1995; Miura et al., 1999). 나바조 사회는 스스로 생각하는 것을 높이 평가한다; 아마도 나바조의 아동들이 퍼즐을 풀고자 시도하기 전에 구미의 아동들보다 오랫동안 계획하기를 하고, 덜 박식한 아동에게는 무엇을 해야 하는지 보여주기 전에 생각할 시간을 좀 더 주는 것이 우연은 아닐 것이다(Ellis & Schneiders, 1989). 독일 사회는 조직에 큰 가치를 둔다; 독일 교사들은 미국의 교사들보다 조직 전략에 관한 교수를 더 많이 제공하고, 독일 아이들은 그러한 조직 전략을 더 빈번하게 사용한다(Kurtz et al., 1990). 요컨대, 부모, 다른 성인, 다른 아이, 그리고 더 넓은 문화는 모두 인지 발달을 이끈다.

향후 논쟁점

미래의 사회문화적 연구기관이 아동 발달을 위해 제공해야 하는 사회적 지지의 특성에 관하여 해결해야 할 한 가지 핵심적인 질문은 지지에서의 차이가 학습 결과의 차이로 이어지는가이다. 몇몇 증거들은 이러한 가설을 지지한다(예, Haden et al., 1997; Tomasello & Farrar, 1986). 예를 들어, Wood와 Middleton(1975)은 어머니들에게 그들의 3세와 4세 아동들이 복잡한 블록 피라미드를 구성하는 것을 도와주도록 하였다. 어머니들의 교육이 아동 기술의 수준에 민감했을 경우에, 이후 독립적 사후검사에서 아동은 가장 좋은 수행을 보였다.

그러나 최근의 다른 연구들은 성인의 지원 정도에 상관없이 거의 동등한 학습 결과에 이를 수 있다는 것을 제안한다. 4장에서 설명한 것처럼, Göncü와 Rogoff (1998)는 아동들의 범주화에 관한 연구에서 세 가지 유형의 성인 지지를 비교했다. 한 조건에서, 성인들은 아동에게 범주의 논리적 근거들을 명료화해 줬고; 다른 조건에서는, 성인들이 유도 질문들을 이용해서 아동들이 범주의 논리적 근거들을 명료화할 수 있도록 했고; 세 번째 조건에서는, 성인들이 둘 다 했는데, 즉 성인이 논리적 근거들을 명료화해 준 후 아동들도 그렇게 하도록 격려했다. 성인들의 지지가 가진 특성에서의 이러한 차이들에도 불구하고, 세 가지 조건의 아동들은 독립적인 사후검사에서 거의 동등한 수행을 보였다.

왜 어떤 경우에는 지지의 차이가 문제가 되고, 어떤 경우에는 그렇지 않을까? 보다 보편적으로, 무엇이 적절하게 민감한 지지로 '간주' 되는가? 한 가지 가능성은 민감한 지지의 특성은 학습자의 특성에 의존한다는 것이다. 어떤 아동들에게는, 명시적이고, 매우 직접적인 지지(예, 직접적인 교수 혹은 실연)들이 가장 도움이 되고, 어떤 이들에게는 보다 암묵적이고 간접적인 지지(예, 단서 혹은 유도질문)들이 가장 효과적일 수도 있다. 현재까지, 성인이 제공하는 지지의 특성이 학습자의 성격적 특징이나 학습 유형에서의 개인차와 어떻게 상호작용하는지에 관해서는 거의 알려진 바가 없다.

또 다른 가능성은 지지의 유효성이 상호작용에 관여하는 개인들의 관계적 특성에 의존한다는 것이다. 만약 그 관계가 가까운 것이고, 성인이 아동의 지식 상태에 '파장을 맞춘' 상태라면, 아주 작지만 적절하게 설정된 지지가 꽤 효과적일 것이다. 만약 관계가 그리 가깝지 않다면, 아동에게 필요한 정보가 성공적으로 전달되기 위해서 보다 광범위하고 보다 직접적인 지지가 필요할 것이다. 관계의 질에 따라, 아동은 성인으로부터 직접적인 지지를 더 받으려고 하거나 꺼릴 수 있다. 예를 들어, 한 아동은 부모나 경쟁을 많이 하는 손위 형제보다는 교사로부터 직접적인 교수를 받고자 할 것이다.

세 번째 가능성은 민감한 지지의 특성이 문화적 맥락에 따라 다를 수 있다는 것이다. 4장에서 논의한 것처럼, 문화에 따라 '일상적' 이거나 기대되는 성인과 아동의 상호작용 유형은 다르다. 어떤 문화에서, 아동은 성인들의 사회적 · 경제적 세계로부터 격리되어 있는 경향이 있으며, 아동이 갖는 학습 기회들의 대부분은 공식 교육의 맥락에서 일어난다. 다른 문화에서는, 아동이 성인 활동에 일상적으로 관여하고 있으며, 그들이 가지는 학습 기회의 대부분은 일상적 상황에서 성인의 활동을 관찰함으로써 일어난다. 성인-아동 상호작용이 가진 특성과 양은 이러한 문화적 맥락에 따라 달라지고, 이것은 특정 상황에서 제공되는 지지의 특성에 대한 성인과 아동의 기대에 영향을 미칠 것이다.

이와 관련된 논쟁점은 아동이 경험하는 사회적 지원의 특성에 따라 학습이 다르게 나타나는가의 여부이다. 몇몇 연구들은 서로 다른 유형의 사회적 상호작용에 따라 서로 다른 인지적 결과가 당연히 있을 것이라 제안한다. 예를 들어, 4장에서 논의한 것처럼, 문화적 차이에 따라 달리 나타나는 인도된 참여의 특성은 아동의 주의관리 유형에서의 차이를 낳게 했다(Chavajay & Rogoff, 1999; Rogoff et al., 1993). 성인 활동에 일상적으로 관여하는 공동체의 아동들은 성인들의 사회적 · 경제적 세계로부터 격리되어 있는 공동체의 아동들보다 다양한 행사들에 동시에 주의를 기울일 가능성이 높다. 주의 관리에서의 문화적 차이들이 실제로 상호작용 유형에서의 문화적 차이에 의한 것인지의 여부는 여전히 미결 문제이다. 그러나, 그 결과들은 흥미로우며, 그것들은 계속해서 연구해야 할 매우 중요한 분야이다.

이러한 논쟁점들을 해결한다면, 사회적 상호작용을 통한 학습 관련 기제들을 보다 잘 이해하게 될 것이다. 사회적 상호작용은 개인의 지식이 쌓이도록 정확히 어떻게 작용하는가? 내재화 · 인도된 참여 · 협동학습을 포함하여 몇 가지 가능성 있는 기제들은 밝혀졌다; 그러나, 이러한 기제들의 작용은 아직 구체적으로 밝혀지지 않았다. 학습이 언제 혹은 누구에게 일어나는지, 혹은 정확히 무엇이 학습될지를 예측하고 싶다면, 이 쟁점에 대한 이론적 진보는 필수일 것이다.

8. 아동 사고에 대한 지식의 증가는 이론적 통찰뿐만 아니라 실질적 이득을 가져왔다.

아동 사고 연구에 대한 최근의 인식

아동 사고에 대한 연구는 이미 다양한 실질적 이득을 가져왔다. 영아와 걸음마기 아동에 관련된 기여로는 지각의 진단과 치료가 있다. 회색 표면보다는 줄무늬에 대한 영아들의 선호는 영아기 시력을 진단하는 수단을 제공하였다(Dobson, 1983). 사시 교정 수술 시기에 대한 분석들은, 가능하다면 4개월 이전에, 그리고 물론 3세 이전에는 수술이 실시되어야 한다는 것을 제안하였다(Banks, Aslin, & Letson, 1975).

또 다른 실질적 기여를 제공한 부문은 법정 소송에서 아동들로부터 유효한 증언을 얻는 방법에 관한 것이다. 이러한 연구들은 질문자가 원하는 답을 유도하지 않는 구체적 질문들을 사용하면, 4세 정도 되는 어린 아동들에게서 불완전하지만 정확한 증언들을 얻을 수 있다는 것을 보여주었다(Ceci & Bruck, 1998). 그러나 어린 아동의 기억은 종종 반복되는 유도 질문에 특히 취약하다(Poole & Lamb, 1998). 유도 질문에 대한 이러한 취약성은 성적인 뉘앙스가 관련된 것들을 포함해서 자신들의 신체와 관련된 사건들로 확장된다(Bruck et al., 1995; Ornstein, Gordon, & Larus, 1992; Poole & Lindsay, 1995). 학령전기 아동들의 회상은 특히 사건과 관련된 사람들에 대한 고정관념의 영향을 받기 쉽다(Leichtman & Ceci, 1995). 아동에게 실제 일어나지는 않았지만 의심되는 범죄에 대한 시각적 이미지들을 머릿속에 형성하라고 지시하면 아동들은 그들이 상상한 사건들이 일어났다고 믿고 보고할 수 있다(Foley, Harris, & Herman, 1994; Parker, 1995). 마찬가지로, 아동들에게 일어나지 않은 사건을 그림으로 그려보게 하는 것도 그 사건이 실제로 일어났다고 보고하게 만들 수 있다(Bruck, Melnyk, & Ceci, 2000). 오히려, 구체적인 사항에 대해서 명시적으로 말하지 않은 상태에서 아동이 사건에 대해서 기억하는 것을 그리도록 하는 것은 그들의 언어적 보고의 타당성을 높이게 되는 것이다(Butler et al., 1995). 이러한 결과들은 법률제도가 아동들의 증언을 어떻게 끌어내야 하는지에 대한 유용한 길잡이가 된다.

아동 사고 연구의 실질적 기여의 마지막 주요 부문은 학교 교육과 관련된다. 기한 설계(cut-off design)를 사용한 연구들은 학교 입학 연령에서 1년 정도의 차이는 1학년들이 수학이나 읽기를 학습하는 데 영향을 미치지 않는다는 것을 증명해 보였다(Bisanz et al., 1995; Morrison, Griffith, & Frazier, 1996). 수학적 · 과학적 오개념에 대한 연구들은 아동들이 학습하기 위해서 제거해야만 하는 잘못된 관점을 꽤 많이 가지고 있다는 것을 증명해 보였다. 이것은 지구의 모양(Vosniadou & Brewer, 1992), 움직이는 물체의 속도(Levin et al., 1990), 물체들이 균형을 유지하는 이유(Pine & Messer, 1998), 소수의 크기(Resnick et al., 1989), 등호의 의미(McNeil & Alibali, 출판 중), 긴 뺄셈 알고리즘(VanLehn, 1990)처럼 다양한 영역에서 나타났다. 음운적 재부호화 기술(Adams, 1990; Lovett et al., 1994)과 이해 감찰(Palincsar et al., 1993; Rosenshine & Meister, 1994)과 같이 단어 내의 개별적 음소들을 분간함으로써 음운 인식을 촉진하는 것은 이후 읽기에서의 성공을 증대시키는 것으로 발견되었다(Bradley & Bryant, 1983; Byrne & Fielding-Barnsley, 1995; National Reading Panel, 2000; Vellutino & Scanlon, 1987).

워드프로세서 사용을 통해 글쓰기가 한층 쉬워졌으며, 다양한 문제들에 컴퓨터 프로그램을 적용하는 교육을 통해 문제 해결 능력이 향상됨을 발견하였다(Klahr & Carver, 1988; Lehrer & Littlefield, 1993). 요약하자면, 아동 사고에 대한 연구는 인지 발달에 대한 이론적 이해뿐만 아니라 실질적인 문제의 해결에도 기여한다.

향후 논쟁점

인지 발달에 대한 지식이 실질적 이득을 갖기 시작한 중요한 영역은 교육환경에서 사용되는 교과 과정의 설계이다. 앞의 사례들이 제안하는 것처럼, 인지 발달에 관한 지식은 *왜* 어떤 교육 혁신들은 효과가 있고 다른 것들은 그렇지 않은지에 대한 많은 통찰력을 제공한다. 그러나 미래 연구에 있어 한 가지 중요한 쟁점은, 인지 수행과 아동들의 학습에 대한 발견을 수학적 · 과학적 추론 · 읽기 · 쓰기와 같은 학업 기술을 가르치는 효과적인 교과과정으로 전환할지를 결정하는 것이다.

앞의 장들에서 우리는 기본적 인지과정과 발달이론에 대한 지식에 근거를 둔 교과과정을 설계하려는 몇 가지 시도들을 설명했다. 한 예로 읽기이해 기술을 가르치는 '상호교수' 방법(Palincsar, & Brown, 1984)(11장)을 들 수 있는데, 이것은 발판화에 대한 개념과 사회문화적 이론으로부터 얻은 통찰에 근거하고 있다. 두 번째 예는 주요 개념 구조를 증진시키는 데 기초한 유리수와 수학적 함수들에 대한 교과과정으로(Kalchman et al., 2000; Moss & Case, 1999)(3장), 정보처리 이론으로부터 얻은 통찰에 근거한다.

이와 관련된 어려움은 학생들의 학습을 향상시키기 위해서 과학기술을 최선으로 활용하는 것과 관련된다. 교육환경에서 점점 더 폭넓게 사용되기 시작한 기술 도구의 한 종류는 *지능적 개인 교수 시스템(intelligent tutoring systems)*으로, 이것은 학습과 발달에 대한 이론들에 근거해 만든 컴퓨터 개인교사들이다. 한 예로 Koedinger와 동료들(Anderson, Corbett, Koedinger, & Pelletier, 1995; Koedinger, 2002; Koedinger & Anderson, 1998)에 의해 개발된 중학교와 고등학교 수학을 위한 '인지 튜터(cognitive tutor)'를 들 수 있다. 인지 튜터들은 교과서와 다른 교과 자료들을 통합된 방식으로 사용하도록 설계되어 있으며, 개개의 학생들이 일주일에 이틀씩 컴퓨터 연구실 내의 컴퓨터화된 개인교사들을 이용하여 공부할 수 있도록 하였다.

인지 튜터는 수학적 문제 해결과 관련된 인지과정의 정신적 모델에 근거해서 설계되었다. 그 모델은 그 튜터가 기능하는 것과 관련하여 두 가지 면에서 중요하다. 첫째, 모델은 학생들이 문제를 푸는 동안 학생 개개인의 요구에 맞춘 지원을 제공하는 데 사용된다. 예를 들어, 학생들이 전형적 오류를 범하면, 인지 모델은 그것들을 진단하고, 적절한 피드백을 제공하고, 학생들이 효과가 있는 해결 책략을 찾을 수 있도록 돕는다. 둘째, 인지 모델은 학생의 강점과 약점을 진단하고 학생에게 결여되어 있을지도 모르는 지식의 측면을 확인하기 위해서 학생의 여러 활동들에 대한 수행을 감시한다. 그런 다음에 튜터는 중요한 개념과 기술에 대한 학생의 학습을 향상시키기 위해서 선택된 활동들을 적용한다.

Koedinger와 그의 동료들의 수학 튜터의 근거가 되는 인지 모델은 3장에서 설명했던 것과 같은 산출체계 모델이다. 산출체계 모델은 만약-그러면 진술(산출)과 관련된 전형적 오류뿐 아니라 문제를 해결하기 위한 책략들도 표상한다. 이 모델에 근거하여, 튜터는 학생이 특정 문제 해결 책략의 일부에 해당되는 특정 산출이 부족한 것이나 혹은 오류를 범하게 하는 잘못된 산출을 가지고 있는 것을 진단할 수 있다. 예를 들어, 대수 공부를 시작하는 학생은 다음 세 가지 산출 중 하나 혹은 그 이상을 가지고 있을 수 있다.

(1) 만약 목표가 $a(bx+c)=d$를 푸는 것이라면,
그러면 $bx+c=d/a$라고 고쳐서 써라.
(2) 만약 목표가 $a(bx+c)=d$를 푸는 것이라면,
그러면, $abx+ac=d$라고 고쳐서 써라.
(3) 만약 목표가 $a(bx+c)=d$를 푸는 것이라면,
그러면, $abx+c=d$ (오류)라고 고쳐서 써라.

만약 한 학생이 $3(4x+2)=66$의 방정식을 풀어야 한다면, 위의 산출 중 하나가 적용될 것이다($a=3$, $b=4$, $c=2$, $d=66$). 만약 그 학생이 방정식을 푸는 다음 단계로 $12x+2=64$를 기입한다면, 인지 튜터는 이 행동을 그 학생이 틀린 산출(#3)을 가지고 있는 결과라고 진단내릴 것이다. 그 다음에 튜터는 그 학생이 그 잘못된 생각을 정정하는 데 도움이 되도록 적절한 피드백을 제공할 것이다.

몇몇 연구들은 인지 튜터들의 성공에 대한 증거를 제시해 왔다(Koedinger, 2002; Koedinger, Anderson, Hadley, & Mark, 1997). 인지 튜터 과정에 있는 저소득층과 중산층의 학생들 모두 같은 교실의 통제집단의 학생들보다 문제 해결과 기본적인 수학 기술에 대한 표준화된 평가 모두에서 더 많은 것을 배웠다. 이와 같이 튜터를 통해 가능해진 평가와 교수의 개인 맞춤 접근은 아동 학습에 유의미한 이익을 가져올 수 있다. 게다가, 튜터를 연구 무대로 사용할 수 있는 가능성도 있다. 튜터는 학생들이 문제를 해결하는 데 사용하는 절차와 학생들의 학습과정에서 일어나는 변화에 대해 매우 상세한 정보를 수집할 수 있다. 이러한 정보는 아동의 수행과 학습에 관련된 과정에 대한 모델들을 정교화하고 확장하는 데 사용할 수 있다. 교육과 연구 모두를 위해 컴퓨터에 기반을 둔 개인교수와 같은 과학기술 도구들의 잠재력은 이제 개발되기 시작했지만 그 전망은 밝다. 2003~2004학년도에, 인지 튜터 수학과정은 미국 전역에 있는 1000여 개의 학교에서 통상적으로 사용되었다. 인지 튜터의 광범위한 보급은 학습과

발달에 대한 인지이론들이 교육적 실천에 실질적이고 중요한 차이를 만들기 시작했다는 강력한 증거이다.

요약

지각, 언어, 기억, 개념적 이해, 사회 인지, 문제 해결, 그리고 학업 기술의 발달은 공통점을 상당히 많이 가지고 있다. 즉, 아동 사고의 모든 측면에서의 변화와 관련된 논쟁점, 경험적 발견, 변화의 기제들에 관련하여 일치하는 점들이 존재한다.

아동 사고에 대한 연구에서 가장 큰 쟁점은 '무엇이 발달하는가?'와 '어떻게 발달이 일어나는가?'이다. 무엇이 발달하는지에 대해 일반적으로 먼저 세운 4개의 가설은 기본 능력, 책략, 상위인지, 내용 지식이다. 이러한 각 종류에서의 변화는 다양한 영역과 연령에서의 인지적 향상에 기여한다. 미래의 연구가 가져야 할 중요한 목표는 변화들이 일어나는 그 순간 조사한 자료를 제공하는 것이다. 그러한 자료는 인지 발달에 관한 보다 나은 이론들을 고안해 내는 데 결정적이다.

인지 발달에 있어 특히 큰 공헌자로 보이는 변화 과정의 4가지 일반적 부문은 자동화, 약호화, 일반화, 새로운 책략의 구성이다. 미래의 연구에 있어 한 가지 어려운 문제는 삶의 특정 기간에만 작동하는 특정 변화기제들이 존재하느냐 아니면 똑같은 기제들이 모든 연령에서의 변화를 가져오느냐를 결정하는 것이다.

영아와 걸음마기 아동들은 겉으로 보이는 것보다 훨씬 더 유능한 사색가들이다. 일반적 목적을 위한 학습기제가 그렇듯이, 첫 해에 상당히 높은 수준의 지각적 · 개념적 능력들이 명백하게 나타난다. 한 가지 주요 목표는 같은 아동이 어떻게 초기발달을 특징짓는 상당히 높은 수준의 능력과 그와 똑같은 수준의 상당한 무능력을 동시에 일으킬 수 있는지를 설명할 수 있는 모델을 고안해 내는 것이다.

어린 아동과 성인들의 사고에서의 차이는, 한때 생각했던 것만큼, 그렇게 큰 것 같지는 않다. 이는 두 가지 방향으로 설명할 수 있다; 어린 아동들은 예전에는 생각지도 못했던 다양한 능력들을 가지고 있다. 성인들은 한때 생각했던 것보다 덜 합리적이고 덜 과학적으로 사고한다. 전반적으로 아동들이 인지능력을 획득하는 유일한 연령은 존재하지 않는다. 그보다, 이해는 장기간에 걸쳐 점진적으로 증가한다.

특정 주제에 관한 기존 지식은 새로운 지식의 획득에 강력한 영향력을 행사한다. 그것은 아동들이 특정 경험으로부터 얻는 학습의 양을 증가시키고, 그들로 하여금 중요한 정보에 주의를 집중하게 함으로써 그들이 학습하는 것에 영향을 미친다. 최근의 도전적 과제는 생물학 이론이나 마음 이론과 같은 상위 지식구조들의 역할을 구체적으로 밝히고, 그들이 야구에 대한 지식과 같이 더 좁은 영역의 지식과는 근본적으로 어떻게 다른지를 결정하는 것이다.

지능 발달은 뇌의 구조와 기능과 인지적 자원 사용의 효율성이란 두 가지 측면에서의 변화들을 포함한다. 신경계 발달은 뇌의 크기에서의 실질적인 증가, 특정 행동에 따른 서로 다른 뇌 영역의 관련성의 변화, 그리고 손상이 없는 부위로 대표적 기능을 재배치하여 뇌 손상에 반응하는 가소성의 감소를 포함한다. 인지 자원의 할당에서의 향상은 점점 더 완전하고, 융통성 있고, 강건한 표상의 형성을 수반한다. 지능의 개인차는 전통적 IQ 점수로 나타났던 것보다 훨씬 더 복잡한 것으로 밝혀졌다. 사람들은 다중 지능을 가졌으며, 한 영역에서는 보통 수준이지만 다른 영역에서는 아주 뛰어날 수도 있다.

아동의 사고는 부모, 또래들, 교사들, 그리고 더 폭넓은 문화로 이루어진 사회적 맥락에서 발달한다. 이러한 사회적 주체들은 아동이 무엇을 생각하는지, 얼마나 다양한 기술을 획득하는지와 아동의 태도와 가치에 영향을 미친다. 또한 사회는 아동들이 어떤 것에 대하여 생각하는지에 대한 동기에도 영향을 미친다. 개인의 재능과 관심뿐만 아니라 문화적 믿음과 가치도 아동이 생각하는 내용과 생각하는 방식에 영향을 미친다.

아동 사고에 대한 지식은 수많은 실질적 함의를 제공한다. 여기에는 지각문제의 진단과 치료, 정확한 법정 증언을 이끌어내는 수단, 교수법, 여러 과목에 대한 새로운 교과과정이 포함된다. 아동 발달에 대한 지식의 증가는 아동들에 대한 보다 깊이 있는 이해뿐 아니라 실질적 이익을 산출한다.

읽을거리

Gardner, H., Kornhaber, M.L., & Wake, W.K. (1996). *Intelligence: Multiple perspectives.* Fort Worth, TX: Harcourt Brace College Publishers. Gardner의 다중지능 접근에 대한 강조와 더불어, 지능에 대한 대안적인 접근들에 관해 자극적이고 잘 쓰인 개론서이다.

Gelman, S.A. (2003). *The essential child: Origins of essentialism in everyday thought.* New York: Oxford University Press. 본질주의란 범주의 구성원들이 범주에 해당될 수 있는 기준을 결정하고, 범주의 다른 중요한 특징의 근거가 되는 기본적인 속성이나 '본질'을 공유한다는 개념이다. 이 책은 생물학에 대한 아동들의 이론에서 본질주의가 가진 역할에 대해서 분명하고 주목할 만한 설명을 제공한다.

Kuhn, D. (Ed.) (1995). Development and learning -Reconceptualizing the intersection. [Special issue.] *Human Development, 38,* 293-379. 이 학술잡지 Human Development의 특별판은 학습과 발달의 관계에 관해서 선두적인 사상가들 10명의 관점을 제시한다. 관점들 간의 차이는 얼마나 이 주제가 여전히 '해결되지 않는 논제인지' 를 인상적으로 전달한다.

Munakata, Y., McClelland, J.L., Johnson, M.H., & Siegler, R.S. (1997). Rethinking infant knowledge: Toward an adaptive process account of success and failures in object permanence tasks. *Psychological Review, 104,* 686-713. 아동들의 능력과 무능력을 조화시키는 일은 영아의 인지에 대한 이해를 향상시키는 데 우선적으로 필요한 것 중 하나이다. 이 자료는 이 목표를 성취할 수 있는 한 가지 방법을 설명한다.

Poole, D.A., & Lamb, M.E.(1998). Investigative *interviews of children: A guide for helping professionals.* Washington, DC: American Psychological Association. 연구 결과들을 아동들의 목격자 증언에 관련된 실질적 권고로 훌륭하게 사용하였다.

References

참고문헌

Aboud, F.E. (1988). *Children and prejudice.* Oxford, UK: Blackwell.

Acredolo, C. & Horobin, K. (1987). Development of relational reasoning and avoidance of premature closure. *Developmental Psychology, 23,* 13–21.

Acredolo, L.P. (1978). The development of spatial orientation in infancy. *Developmental Psychology, 14,* 224–234.

Acredolo, L.P., Adams, A., & Goodwyn, S.W. (1984). The role of self-produced movement and visual tracking in infant spatial orientation. *Journal of Experimental Child Psychology, 38,* 312–327.

Adams, M.J. (1990). *Beginning to read: Thinking and learning about print.* Cambridge, MA: MIT Press.

Adams, M.J., Treiman, R., & Pressley, M. (1998). Reading, writing, and literacy. In I.E. Sigel & K.A. Renninger (Eds.), *Handbook of child psychology: Vol. 4. Child psychology in practice* (5th ed.). New York: Wiley.

Adams, R.J. (1987). An evaluation of color preference in early infancy. *Infant Behavior & Development, 10,* 143–150.

Adolph, K.E. (1995). A psychophysical assessment of toddlers' ability to cope with slopes. *Journal of Experimental Psychology: Human Perception & Performance, 21,* 734–750.

Adolph, K.E. (1997). Learning in the development of infant locomotion. *Monographs of the Society for Research in Child Development, 62*(3, Serial No. 251).

Adolph, K.E., & Avolio, A.M. (2000). Walking infants adapt locomotion to changing body dimensions. *Journal of Experimental Psychology: Human Perception & Performance, 26,* 1148–1166.

Adolph, K., Vereijken, B., & Denny, M.A. (1998). Learning to crawl. *Child Development, 69,* 1299–1312.

Agnoli, F. (1991). Development of judgmental heuristics: Training counteracts the representativeness heuristic. *Cognitive Development, 6,* 195–217.

Ahn, W.-K., Gelman, S.A., Amsterlaw, J.A., Hohenstein, J., & Kalish, C.W. (2000). Causal status effect in children's categorization. *Cognition, 76,* B35–B43.

Ahn, W.-K., Kalish, C.W., Medin, D.L., & Gelman, S.A. (1995). The role of covariation versus mechanism information in causal attribution. *Cognition, 54,* 299–352.

Alibali, M.W. (1999). How children change their minds: Strategy change can be gradual or abrupt. *Developmental Psychology, 35,* 127–145.

Alibali, M.W., & Don, L.S. (2001). Children's gestures are meant to be seen. *Gesture, 1,* 113–127.

Alibali, M.W., & Goldin-Meadow, S. (1993). Transitions in learning: What the hands reveal about a child's state of mind. *Cognitive Psychology, 25,* 468–523.

Alvarez, J.M., Ruble, D.N., & Bolger, N. (2001). Trait understanding or evaluative reasoning? An analysis of chil-

Aboud, F.E. (1988). *Children and prejudice.* Oxford, UK: Blackwell.

Acredolo, C. & Horobin, K. (1987). Development of relational reasoning and avoidance of premature closure. *Developmental Psychology, 23,* 13–21.

Acredolo, L.P. (1978). The development of spatial orientation in infancy. *Developmental Psychology, 14,* 224–234.

Acredolo, L.P., Adams, A., & Goodwyn, S.W. (1984). The role of self-produced movement and visual tracking in infant spatial orientation. *Journal of Experimental Child Psychology, 38,* 312–327.

Adams, M.J. (1990). *Beginning to read: Thinking and learning about print.* Cambridge, MA: MIT Press.

Adams, M.J., Treiman, R., & Pressley, M. (1998). Reading, writing, and literacy. In I.E. Sigel & K.A. Renninger (Eds.), *Handbook of child psychology: Vol. 4. Child psychology in practice* (5th ed.). New York: Wiley.

Adams, R.J. (1987). An evaluation of color preference in early infancy. *Infant Behavior & Development, 10,* 143–150.

Adolph, K.E. (1995). A psychophysical assessment of toddlers' ability to cope with slopes. *Journal of Experimental Psychology: Human Perception & Performance, 21,* 734–750.

Adolph, K.E. (1997). Learning in the development of infant locomotion. *Monographs of the Society for Research in Child Development, 62*(3, Serial No. 251).

Adolph, K.E., & Avolio, A.M. (2000). Walking infants adapt locomotion to changing body dimensions. *Journal of Experimental Psychology: Human Perception & Performance, 26,* 1148–1166.

Adolph, K., Vereijken, B., & Denny, M.A. (1998). Learning to crawl. *Child Development, 69,* 1299–1312.

Agnoli, F. (1991). Development of judgmental heuristics: Training counteracts the representativeness heuristic. *Cognitive Development, 6,* 195–217.

Ahn, W.-K., Gelman, S.A., Amsterlaw, J.A., Hohenstein, J., & Kalish, C.W. (2000). Causal status effect in children's categorization. *Cognition, 76,* B35–B43.

Ahn, W.-K., Kalish, C.W., Medin, D.L., & Gelman, S.A. (1995). The role of covariation versus mechanism information in causal attribution. *Cognition, 54,* 299–352.

Alibali, M.W. (1999). How children change their minds: Strategy change can be gradual or abrupt. *Developmental Psychology, 35,* 127–145.

Alibali, M.W., & Don, L.S. (2001). Children's gestures are meant to be seen. *Gesture, 1,* 113–127.

Alibali, M.W., & Goldin-Meadow, S. (1993). Transitions in learning: What the hands reveal about a child's state of mind. *Cognitive Psychology, 25,* 468–523.

Alvarez, J.M., Ruble, D.N., & Bolger, N. (2001). Trait understanding or evaluative reasoning? An analysis of chil-

object properties. In C.E. Granrud (Ed.), *Visual perception and cognition in infancy.* Hillsdale, NJ: Erlbaum.

Ashmead, D.H., Davis, D.L., Whalen, T., & Odom, R.D. (1991). Sound localization and sensitivity to interaural time differences in human infants. *Child Development, 62,* 1211–1226.

Aslin, R.N. (1981). Development of smooth pursuit in human infants. In D.F. Fischer, R.A. Monty & E.J. Senders (Eds.), *Eye movements: Cognition and vision perception.* Hillsdale, NJ: Erlbaum.

Aslin, R.N. (1993). Perception of visual direction in human infants. In C.E. Granrud (Ed.), *Visual perception and cognition in infancy.* Hillsdale, NJ: Erlbaum.

Aslin, R.N., & Dumais, S.T. (1980). Binocular vision in infants: A review and a theoretical framework. In L.P. Lipsitt & H.W. Reese (Eds.), *Advances in child development and behavior.* New York: Academic Press.

Aslin, R.N., Jusczyk, P.W., & Pisoni, D.P. (1998). Speech and auditory processing during infancy: Constraints on and precursors to language. In D. Kuhn & R.S. Siegler (Eds.), *Handbook of child psychology: Vol. 2. Cognition, Perception & Language* (5th ed.). New York: Wiley.

Astington, J.W. (1991). Intention in the child's theory of mind. In D. Frye & C. Moore (Eds.), *Children's theories of mind.* Hillsdale, NJ: Erlbaum.

Astington, J.W. (1993). *The child's discovery of the mind.* Cambridge, MA: Harvard University Press.

Astington, J.W. (2000). Language and metalanguage in children's understanding of mind. In J.W. Astington (Ed.), *Minds in the making: Essays in honor of David R. Olson.* Oxford, UK: Blackwell.

Astington, J.W., & Gopnik, A. (1988). Knowing you've changed your mind: Children's understanding of representational change. In J.W. Astington, P.L. Harris & D.R. Olson (Eds.), *Developing theories of mind.* New York: Cambridge University Press.

Astington, J.W., & Gopnik, A. (1991). Theoretical explanations of children's understanding of the mind. *British Journal of Developmental Psychology, 9,* 7–32.

Astington, J.W., & Jenkins, J. (1999). A longitudinal study of the relation between language and theory-of-mind development. *Developmental Psychology, 35,* 1311–1320.

Atran, S. (1994). Core domains versus scientific theories. In L.A. Hirschfeld & S.A. Gelman (Eds.), *Mapping the mind.* New York: Cambridge University Press.

Au, T.K., Sidle, A.L., & Rollins, K.B. (1993). Developing an intuitive understanding of conservation and contamination: Invisible particles as a plausible mechanism. *Developmental Psychology, 29,* 286–299.

Avis, J., & Harris, P.L. (1991). Belief-desire reasoning among Baka children: Evidence for a universal conception of mind. *Child Development, 62,* 460–467.

Azmitia, M. (1988). Peer interaction and problem solving: When are two heads better than one? *Child Development, 59,* 87–96.

Azmitia, M. (1996). Peer interactive minds: Developmental, theoretical, and methodological issues. In P.B. Baltes & U.M. Staudinger (Eds.), *Interactive minds: Life-span perspectives on the social foundations of cognition.* New York: Cambridge University Press.

Azmitia, M., & Hesser, J. (1993). Why siblings are important agents of cognitive development: A comparison of siblings and peers. *Child Development, 64,* 430–444.

Azmitia, M., & Montgomery, R. (1993). Friendship, transactive dialogues, and the development of scientific reasoning. *Social Development, 2,* 202–221.

Backscheider, A.G., Shatz, M., & Gelman, S.A. (1993). Preschoolers' ability to distinguish living kinds as a function of regrowth. *Child Development, 64,* 1242–1257.

Baddeley, A.D. (1986). *Working memory.* Oxford, UK: Oxford University Press.

Baddeley, A.D. (2000). The episodic buffer: A new component of working memory? *Trends in Cognitive Sciences, 4,* 417–423.

Baddeley, A.D., & Hitch, G.J. (1974). Working memory. In G. Bower (Ed.), *The psychology of learning and motivation: Advances in research and theory* (Vol. 8). New York: Academic Press.

Badian, N.A. (1983). Dyscalculia and nonverbal disorders of learning. In H.R. Myklebust (Ed.), *Progress in learning disabilities* (Vol. 5). New York: Stratton.

Bahrick, H.P., Bahrick, P.O., & Wittlinger, R.P. (1975). Fifty years of memory for names and faces: A cross-sectional approach. *Journal of Experimental Psychology, 104,* 54–75.

Bahrick, L.E. (1992). Infants' perceptual differentiation of amodal and modality specific audio-visual relations. *Journal of Experimental Child Psychology, 53,* 180–199.

Bahrick, L.E., & Lickliter, R. (2000). Intersensory redundancy guides attentional selectivity and perceptual learning in infancy. *Developmental Psychology, 36,* 190–201.

Bahrick, L.E., Moss, L., & Fadil, C. (1996). Development of visual self-recognition in infancy. *Ecological Psychology, 8,* 189–208.

Bai, D., & Bertenthal, B.I. (1992). Locomotor status and the development of spatial search skills. *Child Development, 63,* 215–226.

Bailey, D.B., & Bruer, J.T. (Eds.). (2001). *Critical thinking about critical periods.* Baltimore: Paul H. Brookes.

Baillargeon, R. (1987). Object permanence in $3\frac{1}{2}$- and $4\frac{1}{2}$-month-old infants. *Developmental Psychology, 23,* 655–664.

Baillargeon, R. (1993). The object concept revisited: New directions in the investigation of infants' physical knowledge. In C.E. Granrud (Ed.), *Visual perception and cognition in infancy.* Hillsdale, NJ: Erlbaum.

Baillargeon, R. (1994). How do infants learn about the physical world? *Current Directions in Psychological Science, 3,* 133–140.

Baillargeon, R. (2002). The acquisition of physical knowledge in infancy: A summary in eight lessons. In U. Goswami (Ed.), *Blackwell handbook of childhood cognitive development.* Malden, MA: Blackwell.

Baker, L. (1994). Fostering metacognitive development. In H. Reese (Ed.), *Advances in child development and behavior,* (Vol. 25). San Diego: Academic Press.

Baker, L., & Brown, A.L. (1984). Metacognitive skills and reading. In P.D. Pearson (Ed.), *Handbook of reading research, Part 2.* New York: Longman.

Baker-Sennet, J., Matusov, E., & Rogoff, B. (1992). Sociocultural processes of creative planning in children's playcrafting. In P. Light & G. Butterworth (Eds.), *Context and cognition: Ways of learning and knowing.* New York: Harvester Wheatsheaf.

Baker-Ward, L., & Ornstein, P.A. (1988). Age differences in visual-spatial memory performance: Do children really out-perform adults when playing Concentration? *Bulletin of the Psychonomic Society, 26,* 331–332.

Baker-Ward, L., Ornstein, P.A., & Holden, D.J. (1984). The expression of memorization in early childhood. *Journal of Experimental Child Psychology, 37,* 555–575.

Balaban, M.T., & Waxman, S.R. (1997). Do words facilitate object categorization in 9-month-old infants? *Journal of Experimental Child Psychology, 64,* 3–26.

Baldwin, D.A. (1991). Infants' contribution to the achievement of joint reference. *Child Development, 55,* 1278–1289.

Baldwin, D.A. (1992). Clarifying the role of shape in children's taxonomic assumption. *Journal of Experimental Child Psychology, 54,* 392–416.

Baldwin, D.A. (1993a). Early referential understanding: Infants' ability to recognize referential acts for what they are. *Developmental Psychology, 29,* 832–843.

BALDWIN, D.A. (1993b). Infants' ability to consult the speaker for clues to word meaning. *Journal of Child Language, 20,* 395–418.

BALTES, P.B. (1997). On the incomplete architecture of human development: Selection, optimization, and compensation as foundation of developmental theory. *American Psychologist, 52,* 366–380.

BANGERT-DOWNS, R.L. (1993). The word processor as an instructional tool: A meta-analysis of word processing in writing instruction. *Review of Educational Research, 63,* 69–93.

BANIGAN, R.L., & MERVIS, C.B. (1988). Role of adult input in young children's category evolution: An experimental study. *Journal of Child Language, 15,* 493–504.

BANKS, M.S., ASLIN, R.N., & LETSON, R.D. (1975). Sensitive period for the development of human binocular vision. *Science, 190,* 675–677.

BARON-COHEN, S. (1987). Autism and symbolic play. *British Journal of Developmental Psychology, 5,* 139–148.

BARON-COHEN, S. (1991). The development of a theory of mind in autism: Deviance and delay? *Psychiatric Clinics of North America, 14,* 33–51.

BARON-COHEN, S. (2001). Theory of mind and autism: A review. *International Review of Research in Mental Retardation, 23,* 169–184.

BARON-COHEN, S., LESLIE, A.M., & FRITH, U. (1985). Does the autistic child have a theory of mind? *Cognition, 21,* 37–46.

BARRETT, M., & SHORT, J. (1992). Images of European people in a group of 5–10 year old English school children. *British Journal of Developmental Psychology, 10,* 339–363.

BARSALOU, L.W. (1985). Ideals, central tendency, and frequency of instantiation as determinants of graded structure in categories. *Journal of Experimental Psychology: Learning, Memory & Cognition, 11,* 629–654.

BARTLETT, E.J. (1982). Learning to revise: Some component processes. In M. Nystrand (Ed.), *What writers know: The language, process, and structure of written discourse.* New York: Academic Press.

BARTSCH, K., & WELLMAN, H.M. (1995). *Children talk about the mind.* New York: Oxford University Press.

BATESON, M. (1979). "The epigenesis of conversational interaction": A personal account of research development. In M. Bullowa (Ed.), *Before speech: The beginning of human communication* (pp. 63–77). New York: Cambridge University Press.

BAUER, P.J. (1995). Recalling past events: From infancy to early childhood. *Annals of Child Development, 11,* 25–71.

BAUER, P.J. (1996). What do infants recall of their lives? Memory for specific events by 1- to 2-year olds. *American Psychologist, 51,* 29–41.

BAUER, P.J., KROUPINA, M.G., SCHWADE, J.A., DROPIK, P.L., & WEWERKA, S.S. (1998). If memory serves, will language? Later verbal accessibility of early memories. *Development & Psychopathology, 10,* 655–679.

BAUER, P.J., & MANDLER, J.M. (1989a). Taxonomies and triads: Conceptual organization in 1- to 2-year-olds. *Cognitive Psychology, 21,* 156–184.

BAUER, P.J., & MANDLER, J.M. (1989b). One thing follows another: Effects of temporal structure on 1- to 2-year-olds' recall of events. *Developmental Psychology, 25,* 197–206.

BAUER, P.J., SCHWADE, J.A., WEWERKA, S.S., & DELANEY, K. (1999). Planning ahead: Goal-directed problem solving by 2-year-olds. *Developmental Psychology, 35,* 1321–1337.

BAUER, P.J., WENNER, J.A., DROPIK, P.L., & WEWERKA, S. (2000). Parameters of remembering and forgetting in the transition from infancy to early childhood. *Monographs of the Society for Research in Child Development, 65*(4, Serial No. 263).

BAYLEY, N. (1969). *Bayley scales of infant development.* New York: Psychological Corporation.

BEAL, C.R. (1990). The development of text evaluation and revision skills. *Child Development, 61,* 247–258.

BEAL, C.R. (1996). The role of comprehension monitoring in children's revision. *Educational Psychology Review, 8,* 219–238.

BEAL, C.R., & BELGRAD, S.L. (1990). The development of message evaluation skills in young children. *Child Development, 61,* 705–712.

BEAL, C.R., & FLEISIG, W.E. (1987, April). *Preschoolers' preparation for retrieval in object relocation tasks.* Paper presented at the biennial meeting of the Society for Research in Child Development, Baltimore, MD.

BECK, I.L., & MCKEOWN, M.G. (1984). Application of theories of reading to instruction. *American Journal of Education, 93,* 61–81.

BEHL-CHADHA, G. (1996). Basic-level and superordinate-like categorical representations in early infancy. *Cognition, 60,* 105–114.

BEILIN, H. (1977). Inducing conservation through training. In G. Steiner (Ed.), *Psychology of the 20th Century: Vol. 7, Piaget and beyond.* Zurich: Kindler.

BEILIN, H. (1983). The new functionalism and Piaget's program. In E.K. Scholnick (Ed.), *New trends in conceptual representation: Challenges to Piaget's theory?* Hillsdale, NJ: Erlbaum.

BELL, M.A., & FOX, N.A. (1992). The relations between frontal brain electrical activity and cognitive development during infancy. *Child Development, 63,* 1142–1163.

BELLUGI, U., LICHTENBERGER, L., JONES, W., LAI, Z., & ST. GEORGE, M. (2000). I. The neurocognitive profile of Williams syndrome: A complex pattern of strengths and weaknesses. *Journal of Cognitive Neuroscience, 12*(Suppl. 1), 7–29.

BEM, S.L. (1989). Genital knowledge and gender constancy in preschool children. *Child Development, 60,* 649–662.

BENEDICT, H. (1979). Early lexical development: Comprehension and production. *Journal of Child Language, 6,* 183–200.

BENSON, J.B., AREHART, D.M., JENNINGS, T., BOLEY, S., & KEARNS, L. (1989, April). *Infant crawling: Expectation, action plans, and goals.* Paper presented at the biennial meeting of the Society for Research in Child Development, Kansas City, MO.

BENTIN, S., HAMMER, R., & CAHAN, S. (1991). The effects of aging and first grade schooling on the development of phonological awareness. *Psychological Science, 2,* 271–274.

BEREITER, C., & SCARDAMALIA, M. (1982). From conversation to composition: The role of instruction in a developmental process. In R. Glaser (Ed.), *Advances in instructional psychology* (Vol. 2). Hillsdale, NJ: Erlbaum.

BEREITER, C., & SCARDAMALIA, M. (1987). *The psychology of written composition.* Hillsdale, NJ: Erlbaum.

BERG, C.A. (1989). Knowledge of strategies for dealing with everyday problems from childhood through adolescence. *Developmental Psychology, 25,* 607–618.

BERK, L.E. (1994). Why children talk to themselves. *Scientific American, 271,* 78–83.

BERKOWITZ, M.W., & GIBBS, J.C. (1985). The process of moral conflict resolution and moral development. In M.W. Berkowitz (Ed.), *New directions for child development: Peer conflict and psychological growth.* San Francisco: Jossey-Bass.

BERLIN, B., & KAYE, P. (1969). *Basic color terms: Their universality and evolution.* Berkeley: University of California Press.

BERMAN, K.F., OSTERM, J.L., RANDOULPH, C., GOLD, J., GOLDBERG, T.E., COPPOLA, R., CARSON, R.E., HERSCOVITCH, P., & WEINBERGER, D.R. (1995). Physiological activation of a cor-

Sorting Test: A positron emission tomography study. *Neuropsychologia, 33,* 1027–1046.

Bermejo, V. (1996). Cardinality development and counting. *Developmental Psychology, 32,* 263–268.

Bertenthal, B.I. (1993). Infants' perception of biomechanical motions: Intrinsic image and knowledge-based constraints. In C.E. Granrud (Ed.), *Visual perception and cognition in infancy.* Hillsdale, NJ: Erlbaum.

Bertenthal, B.I. (1996). Origins and early development of perception, action and representation. *Annual Review of Psychology, 47,* 431–459.

Bertenthal, B.I., & Bai, D.L. (1989). Infants' sensitivity to optical flow for controlling posture. *Developmental Psychology, 25,* 936–945.

Bertenthal, B.I., Campos, J.J., & Kermoian, R. (1994). An epigenetic perspective on the development of self-produced locomotion and its consequences. *Current Directions in Psychological Science, 5,* 140–145.

Bertenthal, B.I., & Clifton, R.K. (1998). Perception and action. In D. Kuhn & R.S. Siegler (Eds.), *Handbook of child psychology: Vol. 2. Cognition, Perception & Language* (5th ed.). New York: Wiley.

Bertenthal, B.I., & Pinto, J. (1993). Complementary processes in the perception and production of human movements. In E. Thelen & L. Smith (Eds.), *Dynamic approaches to development: Vol 2. Applications.* Cambridge, MA: Bradford Books.

Bertenthal, B.I., Rose, J.L., & Bai, D.L. (1997). Perception-action coupling in the development of visual control of posture. *Journal of Experimental Psychology: Human Perception & Performance, 23,* 1631–1643.

Bertoncini, J., Morais, J., Bijeljac-Babic, R., & McAdams, S. (1989). Dichotic perception and laterality in neonates. *Brain and Language, 37,* 591–605.

Best, C.T. (1995). Learning to perceive the sound pattern of English. In C. Rovee-Collier & L. Lipsitt (Eds.), *Advances in infancy research.* Norwood, NJ: Ablex.

Bialystok, E., & Hakuta, K. (1994). *In other words: The science and psychology of second-language acquisition.* New York: Basic Books.

Bigler, R.S., Spears-Brown, C., & Markell, M. (2001). When groups are not created equal: Effects of group status on the formation of inter-group attitudes in children. *Child Development, 72,* 1151–1162.

Billman, D., & Shatz, M. (1981). *A longitudinal study of the development of communication skills in twins and unrelated peers.* Unpublished manuscript, University of Michigan, Ann Arbor.

Bisanz, G.L., Vesonder, G.T., & Voss, J.F. (1978). Knowledge of one's own responding and the relation of such knowledge to learning. *Journal of Experimental Child Psychology, 25,* 116–128.

Bisanz, J., & LeFevre, J. (1990). Mathematical cognition: Strategic processing as interactions among sources of knowledge. In D.P. Bjorklund (Ed.), *Children's strategies: Contemporary views of cognitive development.* Hillsdale, NJ: Erlbaum.

Bisanz, J., Morrison, F.J., & Dunn, M. (1995). Effects of age and schooling on the acquisition of elementary quantitative skills. *Developmental Psychology, 31,* 221–236.

Bivens, J.A., & Berk, L.E. (1990). A longitudinal study of the development of elementary school children's private speech. *Merrill-Palmer Quarterly, 36,* 443–463.

Bjorklund, D.F. (1997). The role of immaturity in human development. *Psychological Bulletin, 122,* 153–169.

Bjorklund, D.F., & Coyle, T.R. (1995). Utilization deficiencies in the development of memory strategies. In F.E. Weinert & W. Schneider (Eds.) *Memory performance and competencies: Issues in growth and development.* Hillsdale, NJ: Erlbaum.

Bjorklund, D.F., Muir-Broaddus, J.E., & Schneider, W. (1990). The role of knowledge in the development of strategies. In D.F. Bjorklund (Ed.), *Children's strategies: Contemporary views of cognitive development.* Hillsdale, NJ: Erlbaum.

Bjorklund, D.F., & Rosenblum, K.E. (2002). Context effects in children's selection and use of simple arithmetic strategies. *Journal of Cognition & Development, 3,* 225–242.

Black-Gutman, D., & Hickson, F. (1996). The relationship between racial attitudes and social-cognitive development in children: An Australian study. *Developmental Psychology, 32,* 448–456.

Blades, M., & Spencer, C. (1994). The development of children's ability to use spatial representations. In H. Reese (Ed.), *Advances in child development and behavior* (Vol. 25). New York: Academic Press.

Blaye, A., & Bonthoux, F. (2001). Thematic and taxonomic relations in preschoolers: The development of flexibility in categorization choices. *British Journal of Developmental Psychology, 19,* 395–412.

Blaye, A., Light, P., Joiner, R., & Sheldon, S. (1991). Collaboration as a facilitator of planning and problem solving on a computer-based task. *British Journal of Developmental Psychology, 9,* 471–483.

Blewitt, P. (1983). Dog vs. collie: Vocabulary in speech to young children. *Developmental Psychology, 19,* 601–609.

Bloom, K. (1990). Selectivity and early infant vocalization. In J.T. Enns (Ed.), *The development of attention: Research and theory.* BV North-Holland: Elsevier Science Publishers.

Bloom, K., Russell, A., & Wassnberg, K. (1987). Turn taking affects the quality of infant vocalizations. *Journal of Child Language, 14,* 211–227.

Bloom, L. (1998). Learning language in and for conversations. In D. Kuhn & R.S. Siegler (Eds.), *Handbook of child psychology: Vol. 2. Cognition, perception & language* (5th ed.). New York: Wiley.

Bloom, L., Margulis, C., Tinker, E., & Fujita, N. (1996). Early conversations and word learning: Contributions from child and adult. *Child Development, 67,* 3154–3175.

Bloom, L., Tinker, E., & Margulis, C. (1993). The words children learn: Evidence against a noun bias in early vocabularies. *Cognitive Development, 8,* 431–450.

Bloom, P. (2000). *How children learn the meanings of words.* Cambridge, MA: MIT Press.

Boesch, C. (1991). Teaching among wild chimpanzees. *Animal Behavior, 41,* 530–532.

Boesch, C., Marchesi, P., Marchesi, N., Fruth, B., & Joulian, F. (1994). Is nut cracking in wild chimpanzees a cultural behavior? *Journal of Human Evolution, 26,* 325–328.

Bohannon, J.N. II., & Stanowicz, L. (1988). The issue of negative evidence: Adult responses to children's language errors. *Developmental Psychology, 24,* 684–689.

Bomba, P.C., & Siqueland, E.R. (1983). The nature and structure of infant form categories. *Journal of Experimental Child Psychology, 35,* 294–328.

Bonvillian, J.D., Orlansky, M.D., & Novack, L.L. (1983). Developmental milestones: Sign language acquisition and motor development. *Child Development, 54,* 1435–1445.

Bonvillian, J.D., & Siedlecki, T. (2000). Young children's acquisition of the formational aspects of American Sign. *Sign Language Studies, 1,* 45–64.

Booth, A.E., Pinto, J., & Bertenthal, B.I. (2002). Perception of the symmetrical patterning of human gait by infants. *Developmental Psychology, 38,* 554–563.

Borkowski, J.G., Carr, M., & Pressley, M. (1987). Spontaneous strategy use: Perspectives from metacognitive theory. *Intelligence, 11*, 61–75.

Borkowski, J.G., Johnston, N.B., & Reid, N.K. (1987). Metacognition, motivation, and the transfer of control processes. In S.J. Ceci (Ed.), *Handbook of cognitive, social, and neuropsychological aspects of learning disabilities* (Vol. 2). Hillsdale, NJ: Erlbaum.

Bornstein, M.H. (1989). Sensitive periods in development: Structural characteristics and causal interpretations. *Psychological Bulletin, 105*, 179–197.

Bornstein, M.H., Kessen, W., & Weiskopf, S. (1976). The categories of hue in infancy. *Science, 191*, 201–202.

Bornstein, M.H., & Sigman, M.D. (1986). Continuity in mental development from infancy. *Child Development, 57*, 251–274.

Boscolo, P. (1995). The cognitive approach to writing and writing instruction: A contribution to a critical appraisal. *CPC, 14*, 343–366.

Bouchard, D., & Tetreault, S. (2000). The motor development of sighted children and children with moderate low vision aged 8–13. *Journal of Visual Impairment and Blindness, 94*, 564–573.

Bourgeois, J.-P. (2001). Synaptogenesis in the neocortex of the newborn: The ultimate frontier for individuation. In C.A. Nelson & M. Luciana (Eds.), *Handbook of developmental cognitive neuroscience*. Cambridge, MA: MIT Press.

Bower, T.G.R., & Wishart, J.G. (1972). The effects of motor skill on object permanence. *Cognition, 1*, 165–172.

Bowerman, M. (1980). The structure and origin of semantic categories in the language-learning child. In M. Foster & S. Brandes (Eds.), *Symbol as sense: New approaches to the analysis of meaning*. New York: Academic Press.

Bowerman, M. (1982). Starting to talk worse: Clues to language acquisition from children's late speech errors. In S. Strauss (Ed.), *U-shaped behavioral growth*. New York: Academic Press.

Bradley, L., & Bryant, P.E. (1983). Categorizing sounds and learning to read—A causal connection. *Nature, 301*, 419–421.

Braine, M.D.S. (1959). The ontogeny of certain logical operations: Piaget's formulation examined by nonverbal methods. *Psychological Monographs, 73*(Whole No. 475).

Braine, M.D.S. (1971). The acquisition of language in infant and child. In C.E. Reed (Ed.), *The learning of language*. New York: Appleton-Century-Crofts.

Braine, M.D.S. (1976). Children's first word combinations. *Monographs of the Society for Research in Child Development, 41*(1, Serial No. 164).

Brainerd, C.J. (1978). The stage question in cognitive developmental theory. *Behavioral and Brain Sciences, 1*, 173–213.

Brainerd, C.J, & Ornstein, P.A. (1990). Children's memory for witnessed events: The developmental backdrop. In J. Doris (Ed.), *The suggestibility of children's recollections: Implications for eyewitness testimony*. Washington, DC: American Psychological Association.

Brainerd, C.J., & Reyna, V.F. (1990). Gist is the grist: Fuzzy-trace theory and the new intuitionism. *Developmental Review, 10*, 3–47.

Brainerd, C.J., & Reyna, V.F. (1995). Learning rate, learning opportunities, and the development of forgetting. *Developmental Psychology, 31*, 251–262.

Brainerd, C.J., Reyna, V.F., Howe, M.L., & Kingma, J. (1990). The development of forgetting and reminiscence. *Monographs of the Society for Research in Child Development, 55*(3–4, Serial No. 222).

Branch, C., & Newcombe, N. (1986). Race-related socialization, motivation, and academic achievement: A longitudinal and cross-sectional study. *Child Development, 57*, 712–721.

Brannon, E.M. (2002). The development of ordinal numerical knowledge in infancy. *Cognition, 83*, 223–240.

Brannon, E.M., & Van de Walle, G.A. (2001). The development of ordinal numerical competence in young children. *Cognitive Psychology, 43*, 53–81.

Bransford, P.W. (1979). *Human cognition: Learning, understanding and remembering*. Belmont, CA: Wadsworth.

Brennan, W.M., Ames, E.W., & Moore, R.W. (1966). Age differences in infants' attention to patterns of different complexity. *Science, 151*, 354–356.

Brenner, M.E., Mayer, R.E., Moseley, B., Brar, T., Duran, R., Reed, B.S., & Webb, D. (1997). Learning by understanding: The role of multiple representations in learning algebra. *American Educational Research Journal, 34*, 663–689.

Bretherton, I. (1984). Representing the social world in symbolic play: Reality and fantasy. In I. Bretherton (Ed.), *Symbolic play: The development of social understanding*. New York: Academic Press.

Briars, D., & Siegler, R.S. (1984). A featural analysis of preschoolers' counting knowledge. *Developmental Psychology, 20*, 607–618.

Bronfenbrenner, U. (1979). *The ecology of human development: Experiments by nature and design*. Cambridge, MA: Harvard University Press.

Bronfenbrenner, U. (1998). The ecology of developmental processes. In R.M. Lerner (Ed.), *Handbook of child psychology: Vol. 1. Theoretical models of human development*. (5th ed.). New York: Wiley.

Bronson, G.W. (1974). The postnatal growth of visual capacity. *Child Development, 45*, 873–890.

Brookes, H., Slater, A., Quinn, P.C., Lewkowicz, D.J., Hayes, R., & Brown, E. (2001). Three-month-old infants learn arbitrary auditory-visual pairings between voices and faces. *Infant and Child Development, 10*, 75–82.

Brown, A.L. (1976). Semantic integration in children's reconstruction of narrative sequences. *Cognitive Psychology, 8*, 247–262.

Brown, A.L. (1989). Analogical learning and transfer: What develops? In S. Vosniadou & A. Ortony (Eds.), *Similarity and analogical reasoning*. New York: Cambridge University Press.

Brown, A.L. (1997). Transforming schools into communities of thinking and learning about serious matters. *American Psychologist, 52*, 399–413.

Brown, A.L., Bransford, J.D., Ferrara, R.A., & Campione, J.C. (1983). Learning, remembering, and understanding. In P.H. Mussen (Ed.), *Handbook of child psychology: Vol 3. Cognitive development*. New York: Wiley.

Brown, A.L., & Campione, J.C. (1972). Recognition memory for perceptually similar pictures in preschool children. *Journal of Experimental Psychology, 95*, 55–62.

Brown, A.L., & Campione, J.C. (1994). Guided discovery in a community of learners. In K. McGilly (Ed.), *Classroom lessons: Integrating cognitive theory and classroom practice*. Cambridge, MA: MIT Press.

Brown, A.L., & Campione, J.C. (1996). Psychological learning theories and the design of innovative learning environments: On procedures, principles, and systems. In R. Glaser (Ed.), *Contributions of instructional innovation to understanding learning*. Hillsdale, NJ: Erlbaum.

Brown, A.L., & DeLoache, J.S. (1978). Skills, plans, and self-regulation. In R.S. Siegler (Ed.), *Children's thinking: What develops*? Hillsdale, NJ: Erlbaum.

Brown, A.L., Kane, M.J., & Echols, K. (1986). Young children's mental models determine analogical transfer across problems with a common goal structure. *Cognitive Development, 1*, 103–122.

Brown, A.L., & Scott, M.S. (1971). Recognition memory for pictures in preschool children. *Journal of Experimental Child*

Psychology, 11, 401–412.

Brown, J.S., & Burton, R.B. (1978). Diagnostic models for procedural bugs in basic mathematical skills. *Cognitive Science, 2*, 155–192.

Brown, R., & McNeill, D. (1966). The "tip of the tongue" phenomenon. *Journal of Verbal Learning & Verbal Behavior, 5*, 325–337.

Brown, R.W. (1957). Linguistic determinism and the parts of speech. *Journal of Abnormal and Social Psychology, 55*, 1–5.

Brown, R.W., & Hanlon, C. (1970). Derivational complexity and order of acquisition in child speech. In J.R. Hayes (Ed.), *Cognition and the development of language*. New York: Wiley.

Bruce, D., Dolan, A., & Phillips-Grant, K. (2000). On the transition from childhood amnesia to the recall of personal memories. *Psychological Science, 11*, 360–364.

Bruchkowsky, M. (1992). The development of empathic cognition in middle and early childhood. In R. Case (Ed.), *The mind's staircase: Exploring the conceptual underpinnings of children's thought and knowledge*. Hillsdale, NJ: Erlbaum.

Bruck, M. (1990). Word-recognition skills of adults with childhood diagnoses of dyslexia. *Developmental Psychology, 26*, 439–454.

Bruck, M. (1992). Persistence of dyslexics' phonological awareness deficits. *Developmental Psychology, 28*, 874–886.

Bruck, M., & Ceci, S.J. (1999). The suggestibility of children's memory. *Annual Review of Psychology, 50*, 419–439.

Bruck, M., Ceci, S.J., Francoeur, E., & Renick, A. (1995). Anatomically detailed dolls do not facilitate preschoolers' reports of a pediatric examination involving genital touching. *Journal of Experimental Psychology: Applied, 1*, 95–109.

Bruck, M., Melnyk, L., & Ceci, S.J. (2000). Draw it again Sam: The effect of drawing on children's suggestibility and source monitoring ability. *Journal of Experimental Child Psychology, 77*, 169–196.

Bruer, J.T., & Greenough, W.T. (2001). The subtle science of how experience affects the brain. In D.B. Bailey & J.T. Bruer (Eds.), *Critical thinking about critical periods*. Baltimore: Paul H. Brookes.

Bruner, J.S. (1966). On cognitive growth. In J.S. Bruner, R.R. Olver, & P.M. Greenfield (Eds.), *Studies in cognitive growth*. New York, Wiley.

Bruner, J.S. (1983). *Child's talk: Learning to use language*. New York: Norton.

Bruner, J.S., Goodnow, J.J., & Austin, G.A. (1956). *A study of thinking*. New York: Wiley.

Bruner, J.S., & Kenney, H.J. (1966). On relational concepts. In J.S. Bruner, R.R. Olver, & P.M. Greenfield (Eds.), *Studies in cognitive growth*. New York: Wiley.

Buckingham, D., & Shultz, T.R. (2000). The developmental course of distance, time, and velocity concepts: A generative connectionist model. *Journal of Cognition & Development, 1*, 305–345.

Bull, R., Johnston, R.S., & Roy, J.A. (1999). Exploring the roles of the visual-spatial sketch pad and central executive in children's arithmetical skills: Views from cognition and developmental neuropsychology. *Developmental Neuropsychology, 15*, 421–442.

Bullock, M., & Gelman, R. (1979). Preschool children's assumptions about cause and effect: Temporal ordering. *Child Development, 50*, 89–96.

Bullock, M., & Luetkenhaus, P. (1990). Who am I? The development of self-understanding in toddlers. *Merrill-Palmer Quarterly, 36*, 217–238.

Bushnell, E.W., & Boudreau, J.P. (1993). Motor development and the mind: The potential role of motor abilities as a determinant of aspects of perceptual development. *Child Development, 64*, 1005–1021.

Bushnell, I.W.R., Sai, F., & Mullin, J.T. (1989). Neonatal recognition of the mother's face. *British Journal of Developmental Psychology, 7*, 3–15.

Bussey, K., & Bandura, A. (1984). Influence of gender constancy and social power on sex-linked modeling. *Journal of Personality and Social Psychology, 47*, 1292–1302.

Bussey, K., & Bandura, A. (1999). Social cognitive theory of gender development and differentiation. *Psychological Review, 106*, 676–713.

Butler, S., Gross, J., & Hayne, H. (1995). The effect of drawing on memory performance in young children. *Developmental Psychology, 31*, 597–608.

Butterworth, G. (2001). Joint visual attention in infancy. In A. Fogel (Ed.), *Blackwell handbook of infant development*. Oxford, UK: Blackwell.

Byrne, B., & Fielding-Barnsley, R. (1995). Evaluation of a program to teach phonemic awareness to young children: A 2- and 3-year follow-up and a new preschool trial. *Journal of Educational Psychology, 87*, 488–503.

Byrne, B., Fielding-Barnsley, R., & Ashley, L. (2000). Effects of preschool phoneme identity training after six years: Outcome level distinguished from rate of response. *Journal of Educational Psychology, 92*, 659–667.

Byrnes, J.P. (1988). Formal operations: A systematic reformulation. *Developmental Review, 8*, 66–87.

Byrnes, J.P., & Overton, W.F. (1986). Reasoning about certainty and uncertainty in concrete, causal, and propositional contexts. *Developmental Psychology, 22*, 793–799.

Callanan, M.A. (1990). Parents' descriptions of objects: Potential data for children's inferences about category principles. *Cognitive Development, 5*, 101–122.

Campione, J.C., & Brown, A.L. (1984). Learning ability and transfer propensity as sources of individual differences in intelligence. In P.H. Brooks, R. Sperber, & C. McCauley (Eds.), *Learning and cognition in the mentally retarded*. Hillsdale, NJ: Erlbaum.

Campos, J.J., Anderson, D.I., Barbu-Roth, M.A., Hubbard, E.M., Hertenstein, M.J., & Witherington, D. (2000). Travel broadens the mind. *Infancy, 1*, 149–219.

Campos, J.J., Bertenthal, B.I., & Kermoian, R. (1992). Early experience and emotional development: The emergence of fear of heights. *Psychological Science, 3*, 61–64.

Canfield, R.L., & Haith, M.M. (1991). Young infants' visual expectations for symmetric and asymmetric stimulus sequences. *Developmental Psychology, 27*, 198–208.

Canfield, R.L., & Smith, E.G. (1996). Number-based expectations and sequential enumeration by 5-month-old infants. *Developmental Psychology, 32*, 269–279.

Capodilupo, A.M. (1992). A neo-structural analysis of children's response to instruction in the sight-reading of musical notation. In R. Case (Ed.), *The mind's staircase: Exploring the conceptual underpinnings of children's thought and knowledge*. Hillsdale, NJ: Erlbaum.

Carey, S. (1978). The child as word learner. In M. Halle, J. Bresnan, & A. Miller (Eds.), *Linguistic theory and psychological reality*. Cambridge, MA: MIT Press.

Carey, S. (1985). *Conceptual change in childhood*. Cambridge, MA: MIT Press.

Carey, S., & Gelman, R. (Eds.) (1991). *The epigenesis of mind: Essays on biology and cognition*. Hillsdale, NJ: Erlbaum.

Carlson, S.M., & Moses, L.J. (2001). Individual differences in inhibitory control and children's theory of mind. *Child Development, 72*, 1032–1053.

Carlson, S.M., Moses, L.J., & Hix, H.R. (1998). The role of inhibitory control in young children's difficulties with deception and false belief. *Child Development, 69*, 672–691.

CARPENTER, M., AKHTAR, N., & TOMASELLO, M. (1998). Fourteen- through 18-month-old infants differentially imitate intentional and accidental actions. *Infant Behavior & Development, 21*, 315–330.

CARPENTER, T.P., CORBITT, M.K., KEPNER, H.S., LINDQUIST, M.M., & REYS, R.E. (1981). *Results from the second mathematics assessment of the National Assessment of Educational Progress.* Washington, DC: National Council of Teachers of Mathematics.

CARPENTER, T.P., FRANKE, M.L., & LEVI, L. (2003). *Thinking mathematically: Integrating arithmetic and algebra in elementary school.* Portsmouth, NH: Heinemann.

CARR, M., KURTZ, B.E., SCHNEIDER, W., TURNER, L.A., & BORKOWSKI, J.G. (1989). Strategy acquisition and transfer among American and German children: Environmental influences on metacognitive development. *Developmental Psychology, 25*, 765–771.

CARRAHER, T.N., CARRAHER, D.W., & SCHLIEMANN, A.D. (1985). Mathematics in the streets and in schools. *British Journal of Developmental Psychology, 3*, 21–29.

CARVER, S.M., & KLAHR, D. (1987). Assessing children's LOGO debugging skills with a formal model. *Journal of Educational Computing Research, 2*, 487–525.

CASE, R. (1978). Intellectual development from birth to adulthood: A neo-Piagetian approach. In R.S. Siegler (Ed.), *Children's thinking: What develops?* Hillsdale, NJ: Erlbaum.

CASE, R. (1985). *Intellectual development: A systematic reinterpretation.* New York: Academic Press.

CASE, R. (1992a). *The mind's staircase: Exploring the conceptual underpinnings of children's thought and knowledge.* Hillsdale, NJ: Erlbaum.

CASE, R. (1992b). The role of the frontal lobes in the regulation of cognitive development. *Brain and Cognition, 20*, 51–73.

CASE, R. (1998). The development of conceptual structures. In D. Kuhn & R.S. Siegler (Eds.), *Handbook of child psychology: Vol. 2. Cognition, perception, & language* (5th ed.). New York: Wiley.

CASE, R., & GRIFFIN, S. (1990). Child cognitive development: The role of central conceptual structures in the development of scientific and social thought. In C.A. Hauert (Ed.), *Developmental psychology: Cognitive, perceptuo-motor and neuropsychological perspectives.* Amsterdam: North Holland.

CASE, R., & MUELLER, M.P. (2001). Differentiation, integration, and covariance mapping as fundamental processes in cognitive and neurological growth. In J.L. McClelland & R.S. Siegler (Eds.), *Mechanisms of cognitive development: Behavioral and neural perspectives.* Mahwah, NJ: Erlbaum.

CASE, R., & OKAMOTO, Y. (1996). The role of central conceptual structures in the development of children's thought. *Monographs of the Society for Research in Child Development, 61*(1–2, Serial No. 246).

CASE, R., OKAMOTO, Y., HENDERSON, B., MCKEOUGH, A., & BLEIKER, C. (1996). Exploring the macrostructure of children's central conceptual structures in the domains of number and narrative. In R. Case & Y. Okamoto (Eds.), *The role of central conceptual structures in the development of children's thought. Monographs of the Society for Research in Child Development, 61*(1–2, Serial No. 246).

CASE, R., SANDIESON, R., & DENNIS, S. (1987). Two cognitive developmental approaches to the design of remedial instruction. *Cognitive Development, 1*, 293–333.

CASE, R., STEPHENSON, K.M., BLEIKER, C., & HENDERSON, B. (1996). Central spatial structures and their development. In R. Case & Y. Okamoto (Eds.), *The role of central conceptual structures in the development of children's thought. Monographs of the Society for Research in Child Development, 61*(1–2, Serial No. 246).

CASELLI, M.C., BATES, E., CASADIO, P., FENSON, J., FENSON, L., SANDERL, L., & WEIR, J. (1995). A crosslinguistic study of early lexical development. *Cognitive Development, 10*, 159–199.

CASTLES, A., & COLTHEART, M. (1993). Varieties of developmental dyslexia. *Cognition, 47*, 149–180.

CAVANAUGH, J.C., & PERLMUTTER, M. (1982). Metamemory: A critical examination. *Child Development, 53*, 11–28.

CECI, S.J. (1989). On domain specificity . . . more or less general and specific constraints on cognitive development. *Merrill-Palmer Quarterly, 35*, 131–142.

CECI, S.J. (1990). *On intelligence . . . more or less: A bio-ecological treatise on intellectual development.* Englewood Cliffs, NJ: Prentice Hall.

CECI, S.J., & BRUCK, M. (1993). The suggestibility of the child witness: A historical review and synthesis. *Psychological Bulletin, 113*, 403–439.

CECI, S.J., & BRUCK, M. (1998). Child psychology in practice: Children's testimony. In I.E. Sigel & K.A. Renninger (Eds.), *Handbook of child psychology: Vol. 4. Clinical psychology in practice.* (5th ed.). New York: Wiley.

CECI, S.J., LOFTUS, E.W., LEICHTMAN, M., & BRUCK, M. (1994). The role of source misattributions in the creation of false beliefs among preschoolers. *International Journal of Clinical and Experimental Hypnosis, 62*, 304–320.

CHALL, J.S. (1979). The great debate: Ten years later, with a modest proposal for reading stages. In L.B. Resnick & P.A. Weaver (Eds.), *Theory and practice of early reading.* Hillsdale, NJ: Erlbaum.

CHANG, F.L., & GREENOUGH, W.T. (1984). Transient and enduring morphological correlates of synaptic activity and efficacy change in the rat hippocampal slice. *Brain Research, 309*, 35–46.

CHANGEUX, J.P. & DEHAENE, S. (1989). Neuronal models of cognitive functions. *Cognition, 33*, 63–109.

CHAVAJAY, P., & ROGOFF, B. (1999). Cultural variation in management of attention by children and their caregivers. *Developmental Psychology, 35*, 1079–1090.

CHAVAJAY, P., & ROGOFF, B. (2002). Schooling and traditional collaborative social organization of problem solving by Mayan mothers and children. *Developmental Psychology, 38*, 55–66.

CHEN, Z. (1996). Children's analogical problem solving: The effects of superficial, structural, and procedural similarity. *Journal of Experimental Child Psychology, 62*, 410–431.

CHEN, Z. (1999). Schema induction in children's analogical problem solving. *Journal of Educational Psychology, 91*, 703–715.

CHEN, Z. (2002). Analogical problem solving: A hierarchical analysis of procedural similarity. *Journal of Experimental Psychology: Learning, Memory & Cognition, 28*, 81–98.

CHEN, Z., & KLAHR, D. (1999). All other things being equal: Acquisition and transfer of the control of variables strategy. *Child Development, 70*, 1098–1120.

CHEN, Z., SANCHEZ, R.P., & CAMPBELL, T., (1997). From beyond to within their grasp: The rudiments of analogical problem solving in 10- and 13-month-olds. *Developmental Psychology*, 33, 790–801.

CHEN, Z., & SIEGLER, R.S. (2000). Across the great divide: Bridging the gap between understanding of toddlers and older children's thinking. *Monographs of the Society for Research in Child Development, 65*(2, Serial No. 261).

CHEN, Z., YANOWITZ, K.L., & DAEHLER, M.W. (1995). Constraints on accessing abstract source information: Instantiation of principles facilitates children's analogical transfer. *Journal of Educational Psychology, 87*, 445–454.

CHI, M.T.H. (1978). Knowledge structures and memory development. In R.S. Siegler (Ed.), *Children's thinking: What develops?* Hillsdale, NJ: Erlbaum.

CHI, M.T.H. (1981). Knowledge development and memory performance. In J.P. Das & N. O'Conner (Eds.), *Intelligence and learning*. New York: Plenum Press.

CHI, M.T.H., & KLAHR, D. (1975). Span and rate of apprehension in children and adults. *Journal of Experimental Child Psychology, 19*, 434–439.

CHOI, S. (2000). Caregiver input in English and Korean: Use of nouns and verbs in book-reading and toy-play contexts. *Journal of Child Language, 27*, 69–96.

CHOI, S., & GOPNIK, A. (1995). Early acquisition of verbs in Korean: A cross-linguistic study. *Journal of Child Language, 22*, 497–529.

CHOI, S., MCDONOUGH, L., BOWERMAN, M., & MANDLER, J.M. (1999). Early sensitivity to language-specific spatial categories in English and Korean. *Cognitive Development, 14*, 241–268.

CHOMSKY, N. (1972). *Language and mind*. New York: Harcourt Brace Jovanovich.

CHUGANI, H.T., & PHELPS, M.E. (1986). Maturational changes in cerebral function in infants determined by ^{18}FDG positron emission tomography. *Science, 231*, 840–843.

CHUGANI, H.T., PHELPS, M.E., & MAZZIOTTA, J.C. (1987). Positron emission tomography study of human brain functional development. *Annals of Neurology, 22*, 487–497.

CHURCH, R.B. (1999). Using gesture and speech to capture transitions in learning. *Cognitive Development, 14*, 313–342.

CHURCH, R.B., & GOLDIN-MEADOW, S. (1986). The mismatch between gesture and speech as an index of transitional knowledge. *Cognition, 23*, 43–71.

CLARK, E.V. (1973). What's in a word? On the child's acquisition of semantics in his first language. In T.E. Moore (Ed.), *Cognitive development and the acquisition of language*. New York: Academic Press.

CLARK, E.V. (1978). Strategies for communication. *Child Development, 49*, 953–959.

CLARK, E.V. (1993). *The lexicon in acquisition*. Cambridge, UK: Cambridge University Press.

CLARK, E.V. (1995). Later lexical development and word formation. In P. Fletcher & B. MacWhinney (Eds.), *The handbook of child language*. Cambridge, MA: Blackwell.

CLARKE-STEWART, A., THOMPSON, W., & LEPORE, S. (1989, May). *Manipulating children's interpretations through interrogation*. Paper presented at the biennial meeting of the Society for Research in Child Development, Kansas City, MO.

CLAVADETSCHER, J.E., BROWN, A.M., ANKRUM, C., & TELLER, D.Y. (1988). Spectral sensitivity and chromatic discriminations in 3- and 7-week-old human infants. *Journal of the Optical Society of America, 5*, 2093–2105.

CLEARFIELD, M.W., & MIX, K.S. (1999). Number versus contour length in infants' discrimination of small visual sets. *Psychological Science, 10*, 408–411.

CLEMENT, J. (1982). Algebra word problem solutions: Thought processes underlying a common misconception. *Journal for Research in Mathematics Education, 13*, 16–30.

CLIFTON, R.K., MUIR, D.W., ASHMEAD, D.H., & CLARKSON, M.G. (1993). Is visually guided reaching in early infancy a myth? *Child Development, 64*, 1099–1110.

CLIFTON, R.K., PERRIS, E.E., & BULLINGER, A. (1991). Infants' perception of auditory space. *Developmental Psychology, 27*, 187–197.

COHEN, L.B. (1972). Attention-getting and attention-holding processes of infant visual preference. *Child Development, 43*, 869–879.

COLE, M., & SCRIBNER, S. (1974). *Culture and thought*. New York: Wiley.

COLOMBO, J. (1993). *Infant cognition: Predicting childhood intellectual function*. Newbury Park, CA: Sage.

COLOMBO, J. (1995). On the neural mechanisms underlying developmental and individual differences in visual fixation in infancy: Two hypotheses. *Developmental Review, 15*, 97–135.

COLOMBO, J., O'BRIEN, M., MITCHELL, D.W., ROBERTS, K., & HOROWITZ, F.D. (1987). A lower boundary for category formation in preverbal infants. *Journal of Child Language, 14*, 383–385.

COLOMBO, J., & RICHMAN, W.A. (2002). Infant timekeeping: Attention and temporal estimation in 4-month-olds. *Psychological Science, 13*, 475–479.

COONEY, J.B., SWANSON, H.L., & LADD, S.F. (1988). Acquisition of mental multiplication skill: Evidence for the transition between counting and retrieval strategies. *Cognition & Instruction, 5*, 323–345.

COOPER, R.P., & ASLIN, R.N. (1990). Preference for infant-directed speech in the first month after birth. *Child Development, 61*, 1584–1595.

CORMAN, H.H., & ESCALONA, S.K. (1969). Stages of sensorimotor development: A replication study. *Merrill-Palmer Quarterly, 15*, 351–361.

CORRIGAN, R. (1975). A scalogram analysis of the development of the use and comprehension of "because" in children. *Child Development, 46*, 195–201.

CORRIGAN, R. (1988). Children's identification of actors and patients in prototypical and nonprototypical sentence types. *Cognitive Development, 3*, 285–297.

CORRIGAN, R., & ODYA-WEIS, C. (1985). The comprehension of semantic relations by two-year-olds: An exploratory study. *Journal of Child Language, 12*, 47–59.

COURAGE, M.L., & ADAMS, R.J. (1990). Visual acuity assessment from birth to three years using the acuity card procedures: Cross-sectional and longitudinal samples. *Optometry and Vision Science, 67*, 713–718.

COURTIN, C. (2000). The impact of sign language on the cognitive development of deaf children: The case of theories of mind. *Journal of Deaf Studies and Deaf Education, 5*, 266–276.

COWAN, N., NUGENT, L.D., ELLIOTT, E.M., PONOMAREV, I., & SAULTS, J. (1999). The role of attention in the development of short-term memory: Age differences in the verbal span of apprehension. *Child Development, 70*, 1082–1097.

COYLE, T.R., & BJORKLUND, D.F. (1996). The development of strategic memory: A modified microgenetic assessment of utilization deficiencies. *Cognitive Development, 11*, 295–314.

COYLE, T.R., & BJORKLUND, D.F. (1997). Age differences in, and consequences of multiple and variable strategy use on a multitrial sort-recall task. *Developmental Psychology, 33*, 372–380.

CRISAFI, M.A., & BROWN, A.L. (1986). Analogical transfer in very young children: Combining two separately learned solutions to reach a goal. *Child Development, 57*, 953–968.

CRONE, D., & WHITEHURST, G. (1999). Age and schooling effects on emergent literacy and early reading skills. *Journal of Educational Psychology, 91*, 604–614.

CROWDER, E.M. (1996). Gestures at work in sense-making science talk. *Journal of the Learning Sciences, 5*, 173–208.

CROWLEY, K., CALLANAN, M.A., JIPSON, J.L., GALCO, J., TOPPING, K., & SHRAGER, J. (2001). Shared scientific thinking in everyday parent-child activity. *Science Education, 85*, 712–732.

CROWLEY, K., CALLANAN, M.A., TENENBAUM, H.R., & ALLEN, E. (2001). Parents explain more often to boys than to girls during shared scientific thinking. *Psychological Science, 12*, 258–261.

CULTICE, J.C., SOMERVILLE, S.C., & WELLMAN, H.M. (1983). Preschooler's memory monitoring: Feeling-of-knowing judgments. *Child Development, 54*, 1480–1486.

CURTISS, S. (1977). *A psycholinguistic study of a modern-day "wild child."* New York: Academic Press.

Custance, D., Whiten, A., & Fredman, T. (1999). Social learning of an artificial fruit task in capuchin monkeys *(Cebus apella). Journal of Comparative Psychology, 113,* 13–23.

Custer, W.L. (1996). A comparison of young children's understanding of contradictory mental representations in pretense, memory, and belief. *Child Development, 67,* 678–688.

Cutting, A.L., & Dunn, J. (1999). Theory of mind, emotion understanding, language and family background: Individual differences and interrelations. *Child Development, 70,* 853–865.

Damasio, A.R., & Damasio, H. (1992). Brain and language. *Scientific American, 117,* 89–95.

Damasio, H., & Damasio, A.R. (1989). *Lesion analysis in neuropsychology.* London: Oxford University Press.

Damon, W., & Phelps, E. (1988). Strategic uses of peer learning in children's education. In T. Berndt & G. Ladd (Eds.), *Children's peer relations.* New York: Wiley.

Daneman, M., & Tardif, T. (1987). Working memory and reading skills reexamined. In M. Coltheart (Ed.), *Attention and performance XII: The psychology of reading.* Hillsdale, NJ: Erlbaum.

Dannemiller, J.L. (2000). Competition in early exogenous orienting between 7 and 21 weeks. *Journal of Experimental Child Psychology, 76,* 253–274.

Dannemiller, J.L., & Stephens, B.R. (1988). A critical test of infant pattern preference models. *Child Development, 59,* 210–216.

Darwin, C. (1877). A biographical sketch of an infant. *Mind, 2,* 286–294.

Dasen, P.R. (1973). Piagetian research in central Australia. In G.E. Kearney, P.R. deLacy, & G.R. Davidson (Eds.), *The psychology of aboriginal Australians.* Sydney, Australia: Wiley.

Davidson, J.E., & Sternberg, R.J. (1984). The role of insight in intellectual giftedness. *Gifted Child Quarterly, 28,* 58–64.

Davis, D.L., Woolley, J.D., & Bruell, M.J. (2002). Young children's understanding of the roles of knowledge and thinking in pretense. *British Journal of Developmental Psychology, 20,* 25–45.

Day, J.D., & Cordon, L.A. (1993). Static and dynamic measures of ability: An experimental comparison. *Journal of Educational Psychology, 85,* 75–82.

Day, J.D., Engelhardt, J.L., Maxwell, S.E., & Bolig, E.E. (1997). Comparison of static and dynamic assessment procedures and their relation to independent performance. *Journal of Educational Psychology, 89,* 358–368.

Dayton, G.O., & Jones, M.H. (1964). Analysis of characteristics of fixation reflex in infants by use of direct current electro-oculography. *Neurology, 14,* 1152–1156.

Dayton, G.O., Jones, M.H., Aiu, P., Rawson, R.A., Steele, B., & Rose, M. (1964). Developmental study of coordinated eye movements in the human infant. I. Visual acuity in the newborn human: A study based on induced optokinetic nystagmus recorded by electro-oculography. *Archives of Ophthalmology, 71,* 865–870.

Dean, A.L., Chabaud, S., & Bridges, E. (1981). Classes, collections, and distinctive features: Alternative strategies for solving inclusion problems. *Cognitive Psychology, 13,* 84–112.

DeCasper, A.J., & Fifer, W.P. (1980). Of human bonding: Newborns prefer their mothers' voices. *Science, 208,* 1174–1176.

DeCasper, A.J., & Spence, M.J. (1986). Prenatal maternal speech influences newborns' perception of speech sounds. *Infant Behavior & Development, 9,* 133–150.

De Lisi, R., & Gallagher, A.M. (1991). Understanding of gender stability and constancy in Argentinian children. *Merrill-Palmer Quarterly, 37,* 483–502.

DeLoache, J.S. (1987). Rapid change in the symbolic functioning of young children. *Science, 238,* 1556–1557.

DeLoache, J.S. (1989). The development of representation in young children. In H.W. Reese (Ed.), *Advances in child development and behavior* (Vol. 22). New York: Academic Press.

DeLoache, J.S. (1991). Symbolic functioning in very young children: Understanding of pictures and models. *Child Development, 62,* 736–752.

DeLoache, J.S. (1995). Early understanding and use of symbols: The model model. *Current Directions in Psychological Science, 4,* 109–113.

DeLoache, J.S. (2000). Dual representation and young children's use of scale models. *Child Development, 71,* 329–338.

DeLoache, J.S. (2002). The symbol-mindedness of young children. In W.W. Hartup & R.A. Weinberg (Eds.), *Minnesota Symposium on Child Psychology: Vol. 32. Child psychology in retrospect and prospect.* Mahwah, NJ: Erlbaum.

DeLoache, J.S., & Burns, N.M. (1994). Early understanding of the representational function of pictures. *Cognition, 52,* 83–110.

DeLoache, J.S., Cassidy, D.J., & Brown, A.L. (1985). Precursors of mnemonic strategies in very young children's memory. *Child Development, 56,* 125–137.

DeLoache, J.S., Miller, K.F., & Pierroutsakos, S.L. (1998). Reasoning and problem solving. In D. Kuhn & R.S. Siegler, *Handbook of child psychology: Vol. 2. Cognition, perception & language.* (5th ed.). New York: Wiley.

DeLoache, J.S., Miller, K.F., & Rosengren, K.S. (1997). The credible shrinking room: Very young children's performance with symbolic and nonsymbolic relations. *Psychological Science, 8,* 308–313.

DeLoache, J.S., Rissman, M.D., & Cohen, L.B. (1978). An investigation of the attention-getting process in infants. *Infant Behavior & Development, 1,* 11–25.

DeMarie-Dreblow, D., & Miller, P.H. (1988). The development of children's strategies for selective attention: Evidence for a transitional period. *Child Development, 59,* 1504–1513.

Demetriou, A., Christou, C., Spanoudis, G., & Platsidou, M. (2002). The development of mental processing: Efficiency, working memory, and thinking. *Monographs of the Society for Research in Child Development, 67*(1, Serial No. 268).

Demetriou, A., Efklides, A., & Platsidou, M. (1993). The architecture and dynamics of developing mind. *Monographs of the Society for Research in Child Development, 58*(5–6, Serial No. 234).

Demetriou, A., & Raftopoulos, A. (1999). Modeling the developmental mind: From structure to change. *Developmental Review, 19,* 319–368.

Dempster, F.N. (1981). Memory span: Sources of individual and developmental differences. *Psychological Bulletin, 89,* 63–100.

Dempster, F.N. (1992). The rise and fall of the inhibitory mechanism: Toward a unified theory of cognitive development and aging. *Developmental Review, 12,* 45–75.

Dempster, F.N. (1993). Resistance to interference: Developmental changes in a basic processing mechanism. In R. Pasnak & M.L. Howe (Eds.), *Emerging themes in cognitive development* (Vol. 1). New York: Springer.

Dennis, S. (1992). Stage and structure in the development of children's spatial representations. In R. Case (Ed.), *The mind's staircase: Exploring the conceptual underpinnings of children's thought and knowledge.* Hillsdale, NJ: Erlbaum.

DeValois, R.L., & DeValois, K.K. (1975). Neural coding of color. In E.C. Carterette & M.P. Friedman (Eds.), *Handbook of perception,* (Vol. 5). New York: Academic Press.

DE VILLIERS, J. (1995). Empty categories and complex sentences: The case of wh-questions. In P. Fletcher & B. MacWhinney (Eds.), *The handbook of child language.* Cambridge, MA: Blackwell.

DE VILLIERS, J.G., & DE VILLIERS, P.A. (2000). Linguistic determinism and the understanding of false beliefs. In P. Mitchell & K.J. Riggs (Eds.), *Children's reasoning and the mind.* Hove, UK: Psychology Press.

DEVRIES, R. (1969). Constancy of generic identity in the years three to six. *Monographs of the Society for Research in Child Development, 34*(3, Whole No. 127).

DIAMOND, A. (1985). Development of the ability to use recall to guide action as indicated by infants' performance on AB. *Child Development, 56,* 868–883.

DIAMOND, A. (1990). Rate of maturation of the hippocampus and the developmental progression of children's performance on the delayed non-matching to sample and visual paired comparison tasks. *Annals of the New York Academy of Sciences, 608,* 394–433.

DIAMOND, A. (1991). Neuropsychological insights into the meaning of object concept development. In S. Carey & R. Gelman (Eds.), *The epigenesis of mind: Essays on biology and cognition.* Hillsdale, NJ: Erlbaum.

DIAMOND, A. (2000). Close interrelation of motor development and cognitive development and of the cerebellum and prefrontal cortex. *Child Development, 71,* 44–56.

DIMANT, R.J., & BEARISON, D.J. (1991). Development of formal reasoning during successive peer interactions. *Developmental Psychology, 27,* 277–284.

DIXON, J.A., & MOORE, C.F. (1996). The developmental role of intuitive principles in choosing mathematical strategies. *Developmental Psychology, 32,* 241–253.

DOBSON, V. (1983). Clinical applications of preferential looking measures of visual acuity. *Behavioral Brain Research, 10,* 25–38.

DODWELL, P.E. (1960). Children's understanding of number and related concepts. *Canadian Journal of Psychology, 14,* 191–205.

DOLGIN, K.G., & BEHREND, D.A. (1984). Children's knowledge about animates and inanimates. *Child Development, 55,* 1646–1650.

DOYLE, A.B. (1983). Friends, acquaintances, and strangers: The influence of familiarity and ethnolinguistic background on social interaction. In K. Rubin & H. Ross (Eds.), *Peer relationships and social skills in childhood.* New York: Springer-Verlag.

DOYLE, A.B., & ABOUD, F.E. (1995). A longitudinal study of white children's racial prejudice as a social-cognitive development. *Merrill-Palmer Quarterly, 41,* 209–228.

DOYLE, A.B., BEAUDET, J., & ABOUD, F.E. (1988). Developmental patterns in the flexibility of children's ethnic attitudes. *Journal of Cross-Cultural Psychology, 19,* 3–18.

DROMI, E. (1986). The one-word period as a stage in language development: Quantitative and qualitative accounts. In I. Levin (Ed.), *Stage and structure: Reopening the debate.* Norwood, NJ: Ablex.

DRUMMEY, A.B., & NEWCOMBE, N. (1995). Remembering versus knowing the past: Children's explicit and implicit memories for pictures. *Journal of Experimental Child Psychology, 59,* 549–565.

DUFRESNE, A. & KOBASIGAWA, A. (1989). Children's spontaneous allocation of study time: Differential and sufficient aspects. *Journal of Experimental Child Psychology, 47,* 274–296.

DUMMER, G.M., HAUBENSTRICKER, J.L., & STEWART, D.A. (1996). Motor skill performances of children who are deaf. *Adapted Physical Activity Quarterly, 13,* 400–414.

DUNBAR, K., & BLANCHETTE, I. (2001). The in vivo/in vitro approach to cognition: The case of analogy. *Trends in Cognitive Sciences, 5,* 334–339.

DUNBAR, K., & KLAHR, D. (1988). Developmental differences in scientific discovery strategies. In D. Klahr & K. Kotovsky (Eds.), *Complex information processing: The impact of Herbert A. Simon.* Proceedings of the 21st Carnegie-Mellon Symposium on Cognition. Hillsdale, NJ: Erlbaum.

DUNN, J. (1988). *The beginnings of social understanding.* Oxford, UK: Blackwell.

DUNN, J., BROWN, J., SLOMKOWSKI, C., TESLA, C., & YOUNGBLADE, L. (1991). Young children's understanding of other people's feelings and beliefs: Individual differences and their antecedents. *Child Development, 62,* 1352–1366.

DURKIN, D. (1966). *Children who read early.* New York: Teachers College Press.

DURKIN, D. (1974/75). A six-year study of children who learned to read in school at the age of four. *Reading Research Quarterly, 10,* 9–61.

EACOTT, M.J., & CRAWLEY, R.A. (1998). The offset of childhood amnesia: Memory for events that occurred before age 3. *Journal of Experimental Psychology: General, 127,* 1–15.

EACOTT, M.J., & CRAWLEY, R.A. (1999). Childhood amnesia: On answering questions about very early life events. *Memory, 7,* 279–292.

EATON, W.O., & RITCHOT, K.F.M. (1995). Physical maturation and information processing speed in middle childhood. *Developmental Psychology, 31,* 967–972.

ECHOLS, C. (1993). *Attentional predispositions and linguistic sensitivity in the acquisition of object words.* Paper presented at the biennial meeting of the Society for Research in Child Development, New Orleans, LA.

EDELMAN, G. (1987). *Neural Darwinism: The theory of neuronal group selection.* New York: Basic Books.

EDER, R.A. (1989). The emergent personologist: The structure and content of 3½, 5½, and 7½-year-olds' concepts of themselves and other persons. *Child Development, 60,* 1218–1228.

EDER, R.A. (1990). Uncovering young children's psychological selves: Individual and developmental differences. *Child Development, 611,* 849–863.

EFKLIDES, A., DEMETRIOU, A., & METALLIDOU, Y. (1994). The structure and development of propositional reasoning ability: Cognitive and metacognitive aspects. In A. Demetriou & A. Efklides (Eds.), *Intelligence, mind, and reasoning: Structure and development.* Amsterdam: North-Holland.

EHRI, L.C., NUNES, S.R., WILLOWS, D.M., SCHUSTER, B.V., YAGHOUB ZADEH, Z., & SHANAHAN, T. (2001). Phonemic awareness instruction helps children learn to read: Evidence from the National Reading Panel's meta-analysis. *Reading Research Quarterly, 36,* 250–287.

EIMAS, P.D., & QUINN, P.C. (1994). Studies on the formation of perceptually based basic-level categories in young infants. *Child Development, 65,* 903–917.

EIMAS, P.D., SIQUELAND, E.R., JUSCZYK, P.W., & VIGORITO, J. (1971). Speech perception in infants. *Science, 171,* 303–306.

ELBERT, T., HEIM, S., & ROCKSTROH, B. (2001). Neural plasticity and development. In C.A. Nelson & M. Luciana (Eds.), *Handbook of developmental cognitive neuroscience.* Cambridge, MA: MIT Press.

ELBERT, T., PANTEV, C., WIENBRUCH, C., ROCKSTROH, B., & TAUB, E. (1995). Increased use of the left hand in string players associated with increased cortical repesentations of the fingers. *Science, 220,* 21–23.

ELKIND, D. (1961a). Children's discovery of the conservation of mass, weight, and volume: Piaget replications Study II. *Journal of Genetic Psychology, 98,* 219–227.

ELKIND, D. (1961b). The development of quantitative thinking: A systematic replication of Piaget's studies. *Journal of*

Genetic Psychology, 98, 37–46.

ELLIOTT-FAUST, D.J. (1984). *The "delusion of comprehension" phenomenon in young children: An instructional approach to promoting listening comprehension monitoring capabilities in grade three children*. Unpublished doctoral dissertation. London, Ontario: University of Western Ontario, Department of Psychology.

ELLIS, S., DOWDY, B., GRAHAM, P., & JONES, R. (1992, April). *Parental support of planning skills in the context of homework and family demands*. Paper presented at the annual meeting of the American Educational Research Association, San Francisco, CA.

ELLIS, S., KLAHR, D., & SIEGLER, R.S. (1993). *Effects of feedback and collaboration on changes in children's use of mathematical rules*. Paper presented at the Biennial Meeting of the Society for Research in Child Development.

ELLIS, S., & ROGOFF, B. (1982). The strategies and efficacy of child versus adult teachers. *Child Development, 53*, 730–735.

ELLIS, S., & ROGOFF, B. (1986). Problem solving in children's management of instruction. In C. Cooper (Ed.), *Process and outcome in peer relationships*. Orlando, FL: Academic Press.

ELLIS, S., & SCHNEIDERS, B. (1989). *Collaboration on children's instruction: A Navajo versus Anglo comparison*. Paper presented at the biennial meeting of the Society for Research in Child Development, Kansas City, MO.

ELLIS, S., & SIEGLER, R.S. (1997). Planning and strategy choice, or why don't children plan when they should? In S.L. Friedman & E.K. Scholnick (Eds.), *Why, how, and when do we plan: The developmental psychology of planning*. Hillsdale, NJ: Erlbaum.

ELLSWORTH, C.P., MUIR, D., & HAINS, S.M.J. (1993). Social competence and person-object differentiation: An analysis of the still-face effect. *Developmental Psychology, 29*, 63–73.

ELMAN, J.L. (1993). Learning and development in neural networks: The importance of starting small. *Cognition, 48*, 71–99.

ELY, R., & GLEASON, J.B. (1995). Socialization across contexts. In P. Fletcher & B. MacWhinney (Eds.) *The handbook of child language*. Cambridge, MA: Blackwell.

EMLER, N., & VALIANT, G.L. (1982). Social interaction and cognitive conflict in the development of spatial coordination skills. *British Journal of Psychology, 73*, 295–303.

ESBENSEN, B.M., TAYLOR, M., & STOESS, C. (1997). Children's behavioral understanding of knowledge acquisition. *Cognitive Development, 12*, 53–84.

ESKRITT, M., & LEE, K. (2002). "Remember where you last saw that card": Children's production of external symbols as a memory aid. *Developmental Psychology, 38*, 254–266.

ETCOFF, N.L., & MAGEE, J.J. (1992). Categorical perception of facial expressions. *Cognition, 44*, 227–240.

EVANS, J.L. (2002). Variability in comprehension strategy use in children with SLI: A dynamical systems account. *International Journal of Language and Communication Disorders, 37*, 95–116.

FABRICIUS, W.V. (1988). The development of forward search planning in preschoolers. *Child Development, 59*, 1473–1488.

FABRICIUS, W.V., & HAGEN, J.W. (1984). Use of causal attributions about recall performance to assess metamemory and predict strategic memory behavior in young children. *Developmental Psychology, 20*, 975–987.

FABRICIUS, W.V., & WELLMAN, H.M. (1993). Two roads diverged: Young children's ability to judge distance. *Child Development, 64*, 399–414.

FAGAN, J.F., & SINGER, L.T. (1983). Infant recognition memory as a measure of intelligence. In L.P. Lipsitt (Ed.), *Advances in infancy research* (Vol. 2). Norwood, NJ: Ablex.

FANTZ, R.L., FAGAN, J.F., & MIRANDA, S.B. (1975). Early perceptual development as shown by visual discrimination, selectivity, and memory with varying stimulus and population parameters. In L.B. Cohen & P. Salapatek (Eds.), *Infant perception: From sensation to cognition*. New York: Academic Press.

FARAH, M.J., MONHEIT, M.A., & WALLACE, M.A. (1991). Unconscious perception of "extinguished" visual stimuli: Reassessing the evidence. *Neuropsychologia, 29*, 949–958.

FARRAR, M.J., & GOODMAN, G.S. (1992). Developmental changes in event memory. *Child Development, 63*, 173–187.

FAY, A.L., & KLAHR, D. (1996). Knowing about guessing and guessing about knowing: Preschoolers' understanding of indeterminacy. *Child Development, 67*, 689–716.

FEIGENSON, L., CAREY, S., & HAUSER, M. (2002). The representations underlying infants' choice of more: Object files versus analog magnitudes. *Psychological Science, 13*, 150–156.

FEIGENSON, L., CAREY, S., & SPELKE, E.S. (2002). Infants' discrimination of number vs. continuous extent. *Cognitive Psychology, 44*, 33–66.

FELDMAN, D.H. (1995). Learning and development in nonuniversal theory. *Human Development, 38*, 315–321.

FELDMAN, N.S., & RUBLE, D.N. (1981). The development of person perception: Cognitive and social factors. In S.S. Brehm, S.M. Kassin & F.X. Gibbons (Eds.), *Developmental social psychology: Theory and research*. New York: Oxford University Press.

FERNALD, A. (1992). Meaningful melodies in mothers' speech. In H. Papousek, U. Jurgens, & M. Papousek (Eds.), *Origins and development of nonverbal vocal communication: Evolutionary, comparative, and methodological aspects*. Cambridge, UK: Cambridge University Press.

FERNALD, A., TAESCHNER, T., DUNN, J., PAPOUSEK, M., BOYSSON-BARDIES, B.D., & FUKUI, I. (1989). A cross-language study of prosodic modifications in mothers' and fathers' speech to preverbal infants. *Journal of Child Language, 16*, 477–501.

FERRARA, R.A., BROWN, A.L., & CAMPIONE, J.C. (1986). Children's learning and transfer of inductive reasoning rules: Studies of proximal development. *Child Development, 57*, 1087–1099.

FERRETTI, R.P., & BUTTERFIELD, E.C. (1986). Are children's rule-assessment classifications invariant across instances of problem types? *Child Development, 57*, 1419–1428.

FERRETTI, R.P., BUTTERFIELD, E.C., CAHN, A., & KERKMAN, D. (1985). The classification of children's knowledge: Development on the balance-scale and inclined-plane tasks. *Journal of Experimental Child Psychology, 39*, 131–160.

FIELD, D. (1987). A review of preschool conservation training: An analysis of analyses. *Developmental Review, 7*, 210–251.

FIGUERAS-COSTA, B., & HARRIS, P. (2001). Theory of mind development in deaf children: A nonverbal test of false-belief understanding. *Journal of Deaf Studies and Deaf Education, 6*, 92–102.

FIRTH, I. (1972). *Components of reading disability*. Unpublished doctoral dissertation, University of New South Wales, Kensington, N. S. W., Australia.

FISCHER, K.W. (1980). A theory of cognitive development: The control and construction of hierarchies of skills. *Psychological Review, 87*, 477–531.

FISCHER, K.W., & BIDELL, T.R. (1991). Constraining nativist inferences about cognitive capacities. In S. Carey & R. Gelman (Eds.), *The epigenesis of mind: Essays on biology and cognition*. Hillsdale, NJ: Erlbaum.

FISCHER, K.W., & BIDELL, T.R. (1998). Dynamic development of psychological structures in action and thought. In R.M. Lerner (Ed.), *Handbook of child psychology: Vol. 1. Theoretical models of human development* (5th ed.). New York: Wiley.

FISCHER, K.W., & FARRAR, M.J. (1988). Generalizations about

generalization: How a theory of skill development explains both generality and specificity. In A. Demetriou (Ed.), *The neo-Piagetian theories of cognitive development: Toward an integration*. Amsterdam: North-Holland (Elsevier).

FISCHER, K.W., & GRANOTT, N. (1995). Beyond one-dimensional change: Parallel, concurrent, socially distributed processes in learning and development. *Human Development, 38*, 302–314.

FISHER, C., HALL, D.G., RAKOWITZ, S., & GLEITMAN, L.R. (1994). When it is better to receive than to give: Syntactic and conceptual constraints on vocabulary growth. *Lingua, 92*, 333–375.

FITZGERALD, J. (1987). Research on revision in writing. *Review of Educational Research, 57*, 481–506.

FIVUSH, R., & FROMHOFF, F.A. (1988). Style and structure in mother-child conversations about the past. *Discourse Processes, 11*, 337–355.

FIVUSH, R., & HAMMOND, N.R. (1990). Autobiographical memory across the preschool years: Toward reconceptualizing childhood amnesia. In R. Fivush & J.A. Hudson (Eds.), *Knowing and remembering in young children*. Cambridge, UK: Cambridge University Press.

FLAVELL, J.H. (1970). Developmental studies of mediated memory. In H.W. Reese & L.P. Lipsitt (Eds.), *Advances in child development and behavior* (Vol. 5). New York: Academic Press.

FLAVELL, J.H. (1971). Stage-related properties of cognitive development. *Cognitive Psychology, 2*, 421–453.

FLAVELL, J.H. (1982). On cognitive development. *Child Development, 53*, 1–10.

FLAVELL, J.H. (1984). Discussion. In R.J. Sternberg (Ed.), *Mechanisms of cognitive development*. New York: Freeman.

FLAVELL, J.H., BEACH, D.R., & CHINSKY, J.M. (1966). Spontaneous verbal rehearsal in a memory task as a function of age. *Child Development, 37*, 283–299.

FLAVELL, J.H., FLAVELL, E.R., & GREEN, F.L. (1983). Development of the appearance-reality distinction. *Cognitive Psychology, 15*, 95–120.

FLAVELL, J.H., FRIEDRICHS, A.G., & HOYT, J.D. (1970). Developmental changes in memorization processes. *Cognitive Psychology, 1*, 324–340.

FLAVELL, J.H., GREEN, F.L., & FLAVELL, E.R. (1993). Children's understanding of the stream of consciousness. *Child Development, 64*, 387–398.

FLAVELL, J.H., GREEN, F.L., & FLAVELL, E.R. (1995). Young children's knowledge about thinking. *Monographs of the Society for Research in Child Development, 60*(1, Serial No. 243).

FLAVELL, J.H., GREEN, F.L., & FLAVELL, E.R. (2000). Development of children's awareness of their own thoughts. *Journal of Cognition & Development, 1*, 97–112.

FLAVELL, J.H., & MILLER, P.H. (1998). Social cognition. In D. Kuhn & R.S. Siegler (Eds.), *Handbook of child psychology: Vol. 2. Cognition, perception & language* (5th ed.). New York: Wiley.

FLAVELL, J.H., ZHANG, X.-D., ZOU, H., DONG, Q., & QI, S. (1983). A comparison between the development of the appearance-reality distinction in the People's Republic of China and the United States. *Cognitive Psychology, 15*, 459–466.

FLEMING, V.M., & ALEXANDER, J.M. (2001). The benefits of peer collaboration: A replication with a delayed posttest. *Contemporary Educational Psychology, 26*, 588–601.

FODOR, J. (1992). A theory of the child's theory of mind. *Cognition, 44*, 283–296.

FOLEY, M.A., HARRIS, J., & HERMAN, S. (1994). Developmental comparisons of the ability to discriminate between memories for symbolic play enactments. *Developmental Psychology, 30*, 206–217.

FOORMAN, B.R., FRANCIS, D.J., FLETCHER, J.M., SCHATSCHNEIDER, C., & MEHTA, P. (1998). The role of instruction in learning to read: Preventing reading failure in at-risk children. *Journal of Educational Psychology, 90*, 37–55.

FRAISSE, P. (1982). The adaptation of the child to time. In W.J. Friedman (Ed.), *The developmental psychology of time*. New York: Academic Press.

FREUD, S. (1905/1953). Three essays on the theory of sexuality. In J. Strachey (Ed.), *The standard edition of the complete psychological works of Sigmund Freud* (Vol. 7). London: Hogarth.

FRIEDMAN, S.L., SCHOLNICK, E.K., & COCKING. R.R. (1987). Reflections on reflections: What planning is and how it develops. In S.L. Friedman, E.K. Scholnick, & R.R. Cocking (Eds.), *Blueprints for thinking: The role of planning in cognitive development*. New York: Cambridge University Press.

FRIEDMAN, W.J. (1991). The development of children's memory for the time of past events. *Child Development, 62*, 139–155.

FRIEDMAN, W.J. (2000). The development of children's knowledge of the times of future events. *Child Development, 71*, 913–932.

FRIEDMAN, W.J. (2002). Arrows of time in infancy: The representation of temporal-causal invariances. *Cognitive Psychology, 44*, 252–296.

FRIEDMAN, W.J., GARDNER, A.G., & ZUBIN, N.R.E. (1995). Children's comparisons of the recency of two events from the past year. *Child Development, 66*, 970–983.

FRITH, U. (1989). *Autism: Explaining the enigma*. Oxford, UK: Blackwell.

FRYE, D. (2000). Theory of mind, domain specificity, and reasoning. In P. Mitchell & K.J. Riggs (Eds.), *Children's reasoning and the mind*. Hove, UK: Psychology Press.

FRYE, D., BRAISBY, N., LOWE, J., MAROUDAS, C., & NICHOLLS, J. (1989). Young children's understanding of counting and cardinality. *Child Development, 60*, 1158–1171.

FRYE, D., ZELAZO, P.D., BROOKS, P.J., & SAMUELS, M.C. (1996). Inference and action in early causal reasoning. *Developmental Psychology, 32*, 120–131.

FUSON, K.C., & KWON, Y. (1992). Korean children's understanding of multidigit addition and subtraction. *Child Development, 63*, 491–506.

GALOTTI, K.M., & KOMATSU, L.K. (1989). Correlates of syllogistic reasoning skills in middle childhood and early adolescence. *Journal of Youth and Adolescence, 18*, 85–96.

GALOTTI, K.M., KOMATSU, L.K., & VOELZ, S. (1997). Children's differential performance on deductive and inductive syllogisms. *Developmental Psychology, 33*, 70–78.

GARDNER, H. (1983). *Frames of mind: The theory of multiple intelligences*. New York: Basic Books.

GARDNER, H. (1993). *Multiple intelligences: The theory in practice*. New York: Basic Books.

GARDNER, H., KORNHABER, M.L., & WAKE, W.K. (1996). *Intelligence: Multiple perspectives*. Fort Worth, TX: Harcourt Brace College Publishers.

GARDNER, W., & ROGOFF, B. (1990). Children's deliberateness of planning according to task circumstances. *Developmental Psychology, 26*, 480–487.

GARNER, R., & REIS, R. (1981). Monitoring and resolving comprehension obstacles: An investigation of spontaneous text lookbacks among upper-grade good and poor comprehenders. *Reading Research Quarterly, 16*, 569–582.

GASKINS, S. (1999). Children's daily lives in a Mayan village: A case study of culturally constructed roles and activities. In A. Göncü (Ed.), *Children's engagement in the world: Sociocultural perspectives*. New York: Cambridge University Press.

GAUVAIN, M. (2001). *The social context of cognitive development*. New York: Guilford Press.

GAUVAIN, M., & ROGOFF, B. (1989). Collaborative problem solving and children's planning skills. *Developmental Psychology, 25,* 139–151.

GEARY, D.C. (1990). A componential analysis of an early learning deficit in mathematics. *Journal of Experimental Child Psychology, 49,* 363–383.

GEARY, D.C. (1994). *Children's mathematical development: Research and practical implications.* Washington, DC: American Psychological Association.

GEARY, D.C. (1996). The problem-size effect in mental addition: Developmental and cross-national trends. *Mathematical Cognition, 2,* 63–93.

GEARY, D.C., & BJORKLUND, D.F. (2000). Evolutionary developmental psychology. *Child Development, 71,* 57–65.

GEARY, D.C., BOW-THOMAS, C.C., FAN, L., & SIEGLER, R.S. (1993). Even before formal instruction, Chinese children outperform American children in mental addition. *Cognitive Development 8,* 517–529.

GEARY, D.C., BOW-THOMAS, C.C., & YAO, Y. (1992). Counting knowledge and skill in cognitive addition: A comparison of normal and mathematically disabled children. *Journal of Experimental Child Psychology, 54,* 372–391.

GEARY, D.C., & BROWN, S.C. (1991). Cognitive addition: Strategy choice and speed-of-processing differences in gifted, normal, and mathematically disabled children. *Developmental Psychology, 27,* 398–406.

GEARY, D.C., FAN, L., & BOW-THOMAS, C.C. (1992). Numerical cognition: Loci of ability differences comparing children from China and the United States. *Psychological Science, 3,* 180–185.

GEARY, D.C., HAMSON, C.O., & HOARD, M.K. (2000). Numerical and arithmetical cognition: A longitudinal study of process and concept deficits in children with learning disability. *Journal of Experimental Child Psychology, 77,* 236–263.

GELLATLY, A.R.H. (1987). The acquisition of a concept of logical necessity. *Human Development, 30,* 32–47.

GELMAN, R. (1982). Accessing one-to-one correspondence: Still another paper about conservation. *British Journal of Psychology, 73,* 209–220.

GELMAN, R. (1990). First principles organize attention to and learning about relevant data: Number and the animate-inanimate distinction. *Cognitive Science, 14,* 79–106.

GELMAN, R., & GALLISTEL, C.R. (1978). *The child's understanding of number.* Cambridge, MA: Harvard University Press.

GELMAN, R., & WILLIAMS, E. (1998). Constraints on thinking and learning. In D. Kuhn & R.S. Siegler, *Handbook of child psychology: Vol. 2. Cognition, perception & language.* (5th ed.). New York: Wiley.

GELMAN, S.A. (2003). *The essential child: Origins of essentialism in everyday thought.* New York: Oxford University Press.

GELMAN, S.A., COLEY, J.D., ROSENGREN, K.S., HARTMAN, E., & PAPPAS, A. (1998). Beyond labeling: The role of maternal input in the acquisition of richly structured categories. *Monographs of the Society for Research in Child Development, 63*(1, Serial No. 253).

GELMAN, S.A., & GOTTFRIED, G. (1996). Children's causal explanations of animate and inanimate motion. *Child Development, 67,* 1970–1987.

GELMAN, S.A., & OPFER, J.E. (2002). Development of the animate-inanimate distinction. In U. Goswami (Ed.), *Blackwell handbook of childhood cognitive development.* Malden, MA: Blackwell.

GELMAN, S.A., & TAYLOR, M. (1984). How two-year-old children interpret proper and common names for unfamiliar objects. *Child Development, 55,* 1535–1540.

GELMAN, S.A., & WELLMAN, H.M. (1991). Insides and essences: Early understandings of the non-obvious. *Cognition, 38,* 213–244.

GENTNER, D. (1982). Why nouns are learned before verbs: Linguistic relativity versus natural partitioning. In S.A. Kuczaj (Ed.), *Language development, Vol. 2: Language, thought and culture.* Hillsdale, NJ: Erlbaum.

GENTNER, D. (1988). Metaphor as structure mapping: The relational shift. *Child Development, 59,* 47–59.

GENTNER, D. (1989). The mechanisms of analogical transfer. In S. Vosniadou & A. Ortony (Eds.), *Similarity and analogical reasoning.* London: Cambridge University Press.

GENTNER, D., RATTERMAN, M.J., MARKMAN, A., & KOTOVSKY, L. (1995). Two forces in the development of relational similarity. In T.J. Simon & G.S. Halford (Eds.), *Developing cognitive competence: New approaches to process modeling.* Hillsdale, NJ: Erlbaum.

GENTNER, D., & STEVENS, A. (Eds.). (1983). *Mental models.* Hillsdale, NJ: Erlbaum.

GHOLSON, B., EMYARD, L.A., MORGAN, D., & KAMHI, A.G. (1987). Problem solving, recall, and isomorphic transfer among third grade and sixth grade children. *Journal of Experimental Child Psychology, 43,* 227–243.

GIBSON, E.J. (1969). *Principles of perceptual learning and development.* Englewood Cliffs, NJ: Prentice Hall.

GIBSON, E.J., & PICK, A.D. (2000). *An ecological approach to perceptual learning and development.* Oxford, UK: Oxford University Press.

GIBSON, E.J., & WALK, R.D. (1960). The "visual cliff." *Scientific American, 202,* 64–71.

GIBSON, J.J. (1966). *The senses considered as perceptual systems.* Boston: Houghton Mifflin.

GIBSON, J.J. (1979). *The ecological approach to visual perception.* Boston: Houghton Mifflin.

GINSBURG, A. (1983). *Contrast perception in the human infant.* Unpublished manuscript.

GINSBURG, G.P., & KILBOURNE, B.K. (1988). Emergence of vocal alternation in mother-infant interchanges. *Journal of Child Language, 15,* 221–235.

GLACHAN, M., & LIGHT, P. (1982). Peer interaction and learning: Can two wrongs make a right? In P. Light (Ed.), *Social cognition: Studies of the development of understanding.* Chicago: University of Chicago Press.

GLEASON, T.R., SEBANC, A.M., & HARTUP, W.W. (2000). Imaginary companions of preschool children. *Developmental Psychology, 36,* 419–428.

GOBBO, C., MEGA, C., & PIPE, M.E. (2002). Does the nature of the experience influence suggestibility? A study of children's event memory. *Journal of Experimental Child Psychology, 81,* 502–530.

GOLBECK, S.L. (1998). Peer collaboration and children's representation of the horizontal surface of liquid. *Journal of Applied Developmental Psychology, 19,* 571–592.

GOLDFIELD, B., & REZNICK, J.S. (1990). Early lexical acquisition: Rate, content, and the vocabulary spurt. *Journal of Child Language, 17,* 171–183.

GOLDIN-MEADOW, S. (2001). Giving the mind a hand: The role of gesture in cognitive change. In J.L. McClelland & R.S. Siegler (Eds.), *Mechanisms of cognitive development: Behavioral and neural perspectives.* Mahwah, NJ: Erlbaum.

GOLDIN-MEADOW, S. (2003). *The resilience of language: What gesture creation in deaf children can tell us about language learning in general.* New York: Psychology Press.

GOLDIN-MEADOW, S., & ALIBALI, M.W. (2002). Looking at the hands through time: A microgenetic perspective on learning and instruction. In N. Granott & J. Parziale (Eds.), *Microdevelopment: Transition processes in development and learning.* Cambridge, UK: Cambridge University Press.

GOLDIN-MEADOW, S., ALIBALI, M.W., & CHURCH, R.B. (1993). Transitions in concept acquisition: Using the hand to read the mind. *Psychological Review, 100,* 279–297.

GOLDIN-MEADOW, S., & FELDMAN, H. (1977). The development of language-like communication without a language model. *Science, 197,* 401–403.

GOLDIN-MEADOW, S., & MORFORD, M. (1985). Gesture in early child language: Studies of deaf and hearing children. *Merrill-Palmer Quarterly, 31,* 145–176.

GOLDIN-MEADOW, S., & MYLANDER, C. (1983). Gestural communication in deaf children: Noneffect of parental input on language development. *Science, 221,* 372–374.

GOLDIN-MEADOW, S., & MYLANDER, C. (1984). Gestural communication in deaf children: The effects and noneffects of parental input on early language development. *Monographs of the Society for Research in Child Development, 49*(3–4, Serial No. 207).

GOLDIN-MEADOW, S., & MYLANDER, C. (1998). Spontaneous sign systems created by deaf children in two cultures. *Nature, 391,* 279–281.

GOLDIN-MEADOW, S., MYLANDER, C., & BUTCHER, C. (1995). The resilience of combinatorial stucture at the word level: Morphology in self-styled gesture systems. *Cognition, 56,* 195–262.

GOLDIN–MEADOW, S., & SINGER, M.A. (2003). From children's hands to adults' ears: Gesture's role in the learning process. *Developmental Psychology, 39,* 509–520.

GOLDMAN, S.R., PELLEGRINO, J.W., & MERTZ, D.L. (1988). Extended practice of basic addition facts: Strategy changes in learning disabled students. *Cognition & Instruction, 5,* 223–265.

GOLDMAN-RAKIC, P.S. (1987). Development of cortical circuitry and cognitive function. *Child Development, 58,* 601–622.

GOLEMAN, D. (1993, April 6). Studying the secrets of childhood memory. *The New York Times,* pp. C1, C11.

GOLINKOFF, R.M., HIRSH-PASEK, K., LAVALLEE, A., & BADUINI, C. (1985). *What's in a word? The young child's predisposition to use lexical contrast.* Paper presented at the Boston University Conference on Child Language, Boston, MA.

GOLINKOFF, R.M., HIRSH-PASEK, K., MERVIS, C.B., FRAWLEY, W.B., & PARILLO, M. (1995). Lexical principles can be extended to the acquisition of verbs. In M. Tomasello & W.E. Merriman (Eds.), *Beyond names for things: Young children's acquisition of verbs.* Hillsdale, NJ: Erlbaum.

GOLINKOFF, R.M., SHUFF-BAILEY, M., OLGUIN, R., & RUAN, W. (1995). Young children extend novel words at the basic level: Evidence for the principle of categorical scope. *Developmental Psychology, 31,* 494–507.

GOMEZ, R.L., & GERKEN, L. (1999). Artificial grammar learning by 1-year-olds leads to specific and abstract knowledge. *Cognition, 70,* 109–135.

GÖNCÜ, A. (1993). Development of intersubjectivity in the dyadic play of preschoolers. *Early Childhood Research Quarterly, 8,* 99–116.

GÖNCÜ, A., & ROGOFF, B. (1998). Children's categorization with varying adult support. *American Educational Research Journal, 35,* 333–349.

GOODALE, M.A., & MILNER, A.D. (1992). Separate visual pathways for perception and action. *Trends in Neuroscience, 15,* 20–25.

GOODMAN, G.S., & CLARKE-STEWART, A. (1991). Suggestibility in children's testimony: Implications for child sexual abuse investigations. In J.L. Doris (Ed.), *The suggestibility of children's recollections.* Washington, DC: American Psychological Association.

GOODMAN, G.S., HIRSCHMAN, J.E., HEPPS, D., & RUDY, L. (1991). Children's memory for stressful events. *Merrill-Palmer Quarterly, 37,* 109–158.

GOODNOW, J.J. (1962). A test of milieu differences with some of Piaget's tasks. *Psychological Monographs, 76*(Whole No. 555).

GOPNIK, A., & ASTINGTON, J.W. (1988). Children's understanding of representational change and its relation to the understanding of false belief and the appearance-reality distinction. *Child Development, 59,* 26–37.

GOPNIK, A., & GLYMOUR, C. (2002). Causal maps and Bayes nets: A cognitive and computational account of theory-formation. In P. Carruthers, S. Stich & M. Siegal (Eds.), *The cognitive basis of science.* Cambridge, UK: Cambridge University Press.

GOPNIK, A., & GRAF, P. (1988). Knowing how you know: Young children's ability to identify and remember the sources of their beliefs. *Child Development, 59,* 1366–1371.

GOPNIK, A., & MELTZOFF, A.N. (1994). Minds, bodies, and persons. In S. Parker, M. Boccia & R. Mitchell (Eds.), *Self-awareness in animals and humans.* New York: Cambridge University Press.

GOPNIK, A., & SLAUGHTER, V. (1991). Young children's understanding of changes in their mental states. *Child Development, 62,* 98–110.

GOPNIK, A., SOBEL, D.M., SCHULZ, L., & GLYMOUR, C. (2001). Causal learning mechanisms in very young children: Two-, three-, and four-year-olds infer causal relations from patterns of variation and covariation. *Developmental Psychology, 37,* 620–629.

GORDON, B., ORNSTEIN, P.A., CLUBB, P.A., NIDA, R.E., & BAKER-WARD, L.E. (1991, October). *Visiting the pediatrician: Long term retention and forgetting.* Paper presented at the annual meeting of the Psychonomic Society, San Francisco, CA.

GOSWAMI, U. (1992). *Analogical reasoning in children.* Hillsdale, NJ: Erlbaum.

GOSWAMI, U. (1995a). Analogical reasoning and cognitive development. In H. Reese (Ed.), *Advances in child development and behavior, Vol. 26.* New York: Academic Press.

GOSWAMI, U. (1995b). Transitive relational mappings in 3- and 4-year-olds: The analogy of Goldilocks and the Three Bears. *Child Development, 66,* 877–892.

GOSWAMI, U. (2001). Analogical reasoning in children. In D. Gentner, K. Holyoak & B. Kokinov (Eds.), *Analogy: Interdisciplinary perspectives.* Cambridge, MA: MIT Press.

GOSWAMI, U., & BROWN, A. (1990). Higher-order structure and relational reasoning: Contrasting analogical and thematic relations. *Cognition, 36,* 207–226.

GOUBET, N., & CLIFTON, R.K. (1998). Object and event representation in 6 1/2-month-old infants. *Developmental Psychology, 34,* 63–76.

GOUGH, P.B., & HILLINGER, M.L. (1980). Learning to read: An unnatural act. *Bulletin of the Orton Society, 30,* 171–196.

GRAHAM, F.K., LEAVITT, L.A., STROCK, B.D., & BROWN, J.W. (1978). Precocious cardiac orienting in human anencephalic infants. *Science, 199,* 322–324.

GRAHAM, T., & PERRY, M. (1993). Indexing transitional knowledge. *Developmental Psychology, 29,* 779–788.

GRANOTT, N. (2002). How microdevelopment creates macrodevelopment: Reiterated sequences, backward transitions, and the Zone of Current Development. In N. Granott & J. Parziale (Eds.), *Microdevelopment: Transition processes in development and learning.* Cambridge, UK: Cambridge University Press.

GRANOTT, N., & PARZIALE, J. (2002). *Microdevelopment: Transition processes in development and learning.* Cambridge, UK: Cambridge University Press.

GRANRUD, C.E. (1987). Size constancy in newborn human infants. *Investigative Ophthalmology and Visual Science, 28 (Supplement),* 5.

GRAY, E. (1993). *Unequal justice: The prosecution of child sexual abuse.* New York: MacMillan.

GREENBERG, D.J., & O'DONNELL, W.J. (1972). Infancy and the optimal level of stimulation. *Child Development, 43,* 639–645.

GREENFIELD, P.M. (1984). A theory of the teacher in the learning activities of everyday life. In J. Lave (Ed.), *Everyday cognition: Its development in social context*. Cambridge, MA: Harvard University Press.

GREENFIELD, P.M., & SMITH, J. (1976). *The structure of communication in early language development*. New York: Academic Press.

GREENHOOT, A.F. (2000). Remembering and understanding: The effects of changes in underlying knowledge on children's recollections. *Child Development, 71*, 1309–1328.

GREENOUGH, W.T., & BLACK, J.E. (1992). Induction of brain structure by experience: Substrates for cognitive development. In M. Gunnar & C.A. Nelson (Eds.), *Minnesota Symposium on Child Psychology: Vol. 24. Developmental Behavioral Neuroscience*. Hillsdale, NJ: Erlbaum.

GREENOUGH, W.T., BLACK, J.E., & WALLACE, C.S. (1987). Experience and brain development. *Child Development, 58*, 539–559.

GRIFFIN, S.A., CASE, R. & SANDIESON, R. (1992). Synchrony and asynchrony in the acquisition of children's everyday mathematical knowledge. In R. Case (Ed.), *The mind's staircase: Exploring the conceptual underpinnings of children's thought and knowledge*. Hillsdale, NJ: Erlbaum.

GRIFFIN, S.A., CASE, R., & SIEGLER, R.S. (1994). Rightstart: Providing the central conceptual prerequisites for first formal learning of arithmetic to students at risk for school failure. In K. McGilly (Ed.), *Classroom lessons: Integrating cognitive theory and classroom practice*. Cambridge, MA: MIT Press.

GRIGORENKO, E.L., JARVIN, L., & STERNBERG, R.J. (2002). School-based tests of the triarchic theory of intelligence: Three settings. *Contemporary Educational Psychology, 27*, 167–208.

GROSS–TSUR, V., MANOR, O. & SHALEV, R.S. (1996). Developmental dyscalculia: Prevalence and demographic features. *Developmental Medicine and Child Neurology, 38*, 25–33.

GRUBER, H.E., & VONECHE, J.J. (1977). *The essential Piaget: An interpretive reference and guide*. New York: Basic Books.

GUTTENTAG, R.E. (1984). The mental effort requirement of cumulative rehearsal: A developmental study. *Journal of Experimental Child Psychology, 37*, 92–106.

GUTTENTAG, R.E. (1985). Memory and aging: Implications for theories of memory development during childhood. *Developmental Review, 5*, 56–82.

HADEN, C.A., HAINE, R.A., & FIVUSH, R. (1997). Developing narrative structure in parent-child reminiscing across the preschool years. *Developmental Psychology, 33*, 295–307.

HAGEN, J.W., HARGROVE, S., & ROSS, W. (1973). Prompting and rehearsal in short-term memory. *Child Development, 44*, 201–204.

HAITH, M.M. (1980). *Rules that infants look by*. Hillsdale, NJ: Erlbaum.

HAITH, M.M. (1993). Future-oriented processes in infancy: The case of visual expectations. In C.E. Granrud (Ed.), *Visual perception and cognition in infancy*. Hillsdale, NJ: Erlbaum.

HAITH, M.M. (1994). Visual expectations as the first step toward the development of future-oriented processes. In M.M. Haith, J.B. Benson, R.J. Roberts, Jr., & B.F. Pennington (Eds.), *The development of future-oriented processes*. Chicago: University of Chicago Press.

HAITH, M.M., & BENSON, J.B. (1998). Infant cognition. In D. Kuhn & R.S. Siegler (Eds.), *Handbook of child psychology: Vol. 2. Cognition, perception, & language* (5th ed.). New York: Wiley.

HAITH, M.M., BERGMAN, T., & MOORE, M.J. (1977). Eye contact and face scanning in early infancy. *Science, 198*, 853–855.

HAITH, M.M., HAZAN, C., & GOODMAN, G.S. (1988). Expectation and anticipation of dynamic visual events by 3.5-month-old babies. *Child Development, 59*, 467–479.

HAITH, M.M., WENTWORTH, N., & CANFIELD, R.L. (1993). The formation of expectations in early infancy. In C. Rovee-Collier & L.P. Lipsitt (Eds.), *Advances in infancy research*. Norwood, NJ: Ablex.

HAKUTA, K., BIALYSTOK, E., & WILEY, E. (2003). Critical evidence: A test of the critical-period hypothesis for second-language acquisition. *Psychological Science, 14*, 31–38.

HALA, S., & CHANDLER, M. (1996). The role of strategic planning in accessing false-belief understanding. *Child Development, 67*, 2948–2966.

HALE, S. (1990). A global developmental trend in cognitive processing speed. *Child Development, 61*, 653–663.

HALE, S., BRONIK, M.D., & FRY, A.F. (1997). Verbal and spatial working memory in school-age children: Developmental differences in susceptibility to interference. *Developmental Psychology*, 33, 364–371.

HALFORD, G.S. (1982). *The development of thought*. Hillsdale, NJ: Erlbaum.

HALFORD, G.S. (1984). Can young children integrate premises in transitivity and serial order tasks? *Cognitive Psychology, 16*, 65–93.

HALFORD, G.S. (1993). *Children's understanding: The development of mental models*. Hillsdale, NJ: Erlbaum.

HALFORD, G.S. (1995). Learning processes in cognitive development: A reassessment with some unexpected implications. *Child Development, 38*, 295–301.

HALFORD, G.S., ANDREWS, G., DALTON, C., BOAG, C., & ZIELINSKI, T. (2002). Young children's performance on the balance scale: The influence of relational complexity. *Journal of Experimental Child Psychology, 81*, 417–445.

HALFORD, G.S., WILSON, W.H., & PHILLIPS, S. (1998). Processing capacity defined by relational complexity: Implications for comparative, developmental, and cognitive psychology. *Behavioral and Brain Sciences, 21*, 803–864.

HAMPSON, J., & NELSON, K. (1993). The relation of maternal language to variation in rate and style of language acquisition. *Journal of Child Language, 20*, 313–342.

HANICH, L.B., JORDAN, N.C., KAPLAN, D., & DICK, J. (2001). Performance across different areas of mathematical cognition in children with learning difficulties. *Journal of Educational Psychology, 93*, 615–626.

HAPPE, F.G.E. (1995). The role of age and verbal ability in the theory of mind task performance of subjects with autism. *Child Development, 66*, 843–855.

HARLEY, K., & REESE, E. (1999). Origins of autobiographical memory. *Developmental Psychology, 35*, 1338–1348.

HARM, M.W., & SEIDENBERG, M.S. (1999). Phonology, reading acquisition, and dyslexia: Insights from connectionist models. *Psychological Review, 106*, 491–528.

HARNISHFEGER, K.K., & BJORKLUND, D.F. (1994). Individual differences in inhibition: Implications for children's cognitive development. *Learning & Individual Differences, 6*, 331–355.

HARRIS, J.F., DURSO, F.T., MERGLER N.L., & JONES, S.K. (1990). Knowledge base influences on judgments of frequency of occurrence. *Cognitive Development, 5*, 223–233.

HARRIS, N.G.S., BELLUGI, U., BATES, F., JONES, W., & ROSSEN, M. (1995). Contrasting profiles of language development in children with Williams and Down Syndromes. *Developmental Neuropsychology, 13*, 345–370.

HARRIS, P.L. (1992). From simulation to folk psychology: The case for development. *Mind & Language, 7*, 120–144.

HARRIS, P.L. (2000). *The work of the imagination*. Oxford, UK: Blackwell.

HARRIS, P.L., BROWN, E., MARRIOT, C., WHITTALL, S., & HARMER, S. (1991). Monsters, ghosts, and witches: Testing the limits of the fantasy-reality distinction in young children. *British*

Journal of Developmental Psychology, 9, 105–123.

HARTER, S. (1998). The development of self-representations. In N. Eisenberg (Ed.), *Handbook of child psychology: Vol. 3. Social, emotional, and personality development*. New York: Wiley.

HARTER, S. (1999). *The construction of self: A developmental perspective*. New York: Guilford Press.

HASHER, L., & ZACKS, R.T. (1984). Automatic processing of fundamental information: The case of frequency of occurrence. *American Psychologist, 39*, 1372–1388.

HATANO, G., & INAGAKI, K. (1994). Young children's naive theory of biology. *Cognition, 50*, 171–188.

HATANO, G., MIYAKE, Y., & BINKS, M. (1977). Performance of expert abacus operators. *Cognition, 9*, 47–55.

HATANO, G., SIEGLER, R.S., RICHARDS, D.D., INAGAKI, K., STAVY, R., & WAX, N. (1993). The development of biological knowledge: A multi-national study. *Cognitive Development, 8*, 47–62.

HEFFERNAN, N., & KOEDINGER, K.R. (1997). The composition effect in symbolizing: The role of symbol production versus text comprehension. In M.G. Shafto & P. Langley (Eds.), *Proceedings of the Nineteenth Annual Conference of the Cognitive Science Society*. Mahwah, NJ: Erlbaum.

HEIBECK, T.H., & MARKMAN, E.M. (1987). Word learning in children: An examination of fast mapping. *Child Development, 58*, 1021–1034.

HELD, R. (1993). What can rates of development tell us about underlying mechanisms? In C.E. Granrud (Ed.), *Visual perception and cognition in infancy*. Hillsdale, NJ: Erlbaum.

HERMER, L. & SPELKE, E.S. (1994). A geometric process for spatial reorientation in young children. *Nature, 370*, 57–59.

HERMER, L., & SPELKE, E.S. (1996). Modularity and development: A case of spatial reorientation. *Cognition, 61*, 195–232.

HERSCOVICS, N., & LINCHEVSKI, L. (1994). A cognitive gap between arithmetic and algebra. *Educational Studies in Mathematics, 27*, 59–78.

HESPOS, S.J., & BAILLARGEON, R. (2001). Reasoning about containment events in very young infants. *Cognition, 78*, 207–245.

HICKLING, A.K., & GELMAN, S.A. (1995). How does your garden grow? Early conceptualization of seeds and their place in the plant growth cycle. *Child Development, 66*, 856–876.

HIGGINS, C.I., CAMPOS, J.J., & KERMOIAN, R. (1996). Effects of self-produced locomotion on infant postural compensation to optic flow. *Developmental Psychology, 32*, 836–841.

HILL, E.L. (1998). A dyspraxic deficit in specific language impairment and developmental coordination disorder? Evidence from hand and arm movements. *Developmental Medicine and Child Neurology, 40*, 388–395.

HILL, E.L., BISHOP, D.V.M., & NIMMO-SMITH, I. (1998). Representational gestures in developmental coordination disorder and specific language impairment: Error types and the reliability of ratings. *Human Movement Science, 17*, 655–678.

HIRATA, S., & MORIMURA, N. (2000). Naive chimpanzees' *(Pan troglodytes)* observation of experienced conspecifics in a tool-using task. *Journal of Comparative Psychology, 114*, 291–296.

HIRSH-PASEK, K., & GOLINKOFF, R.M. (1996). *The origins of grammar: Evidence from early language comprehension*. Cambridge, MA: MIT Press.

HITCH, G.J., & MCAULEY, E. (1991). Working memory in children with specific arithmetical learning disabilities. *British Journal of Psychology, 82*, 375–386.

HITCH, G.J., & TOWSE, J.N. (1995). Working memory: What develops? In F.E. Weinert & W. Schneider (Eds.), *Memory performance and competencies: Issues in growth and development*. Mahwah, NJ: Erlbaum.

HOLOWKA, S., & PETITTO, L.A. (2002). Left hemisphere cerebral specialization for babies while babbling. *Science, 297*, 1515.

HOLYOAK, K.J., & THAGARD, P. (1995) *Mental leaps*. Cambridge, MA: MIT Press.

HOROBIN, K., & ACREDOLO, L. (1986). The role of attentiveness, mobility history, and separation of hiding sites on Stage IV search behavior. *Journal of Experimental Child Psychology, 41*, 114–127.

HOVING, K.L., SPENCER, T., ROBB, K.Y., & SCHULTE, D. (1978). Developmental changes in visual information processing. In P.A. Ornstein (Ed.), *Memory development in children*. Hillsdale, NJ: Erlbaum.

HUDSON, J.A. (1990). The emergence of autobiographical memory in mother-child conversation. In R. Fivush & J.A. Hudson (Eds.), *Knowing and remembering in young children*. Cambridge, UK: Cambridge University Press.

HUEY, E.B. (1908). *The psychology and pedagogy of reading*. Cambridge, MA: MIT Press.

HUGHES, C., & DUNN, J. (1998). Understanding mind and emotion: Longitudinal associations with mental-state talk between young friends. *Developmental Psychology, 34*, 1026–1037.

HUME, D. (1911). *A treatise on human nature*. (Original work published 1739–1740). London: Dent.

HUTTENLOCHER, J., & BURKE, D. (1976). Why does memory span increase with age? *Cognitive Psychology, 8*, 1–31.

HUTTENLOCHER, J., JORDAN, N.C., & LEVINE, S.C. (1994). A mental model for early arithmetic. *Journal of Experimental Psychology: General, 123*, 284–296.

HUTTENLOCHER, J., & NEWCOMBE, N. (1984). The child's representation of information about location. In C. Sophian (Ed.), *Origins of cognitive skills*. Hillsdale, NJ: Erlbaum.

HUTTENLOCHER, J., NEWCOMBE, N., & SANDBERG, E.H. (1994). The coding of spatial location in young children. *Cognitive Psychology, 27*, 115–147.

HUTTENLOCHER, P.R. (1990). Morphometric study of human cerebral cortex development. *Neuropsychologia, 28*, 517–527.

HUTTENLOCHER, P.R. (1994). Synaptogenesis, synapse elimination, and neural plasticity in human cerebral cortex. In C.A. Nelson (Ed.), *Minnesota Symposium on Child Psychology: Vol. 27. Threats to optimal development*. Hillsdale, NJ: Erlbaum.

HUTTENLOCHER, P.R., & DABHOLKAR, A.S. (1997). Regional differences in synaptogenesis in human cerebral cortex. *Journal of Comparative Neurology, 387*, 167–178.

ILG, F., & AMES, L.B. (1951). Developmental trends in arithmetic. *Journal of Genetic Psychology, 79*, 3–28.

IMAI, M., & GENTNER, D. (1993). *Linguistic relativity vs. universal ontology: Cross-linguistic studies of the object/substance distinction*. Paper presented at the annual meeting of the Chicago Linguistic Society, Chicago, IL.

IMAI, M., GENTNER, D., & UCHIDA, N. (1994). Children's theories of word meaning: The role of shape similarity in early acquisition. *Cognitive Develpment, 9*, 45–75.

INAGAKI, K. (1990). The effects of raising animals on children's biological knowledge. *British Journal of Developmental Psychology, 8*, 119–129.

INAGAKI, K., & HATANO, G. (1987). Young children's spontaneous personification as analogy. *Child Development, 58*, 1013–1020.

INAGAKI, K., & HATANO, G. (1996). Young children's recognition of commonalities between animals and plants. *Child Development, 67,* 2823–2840.

INAGAKI, K., & HATANO, G. (2002). *Young children's naïve thinking about the biological world.* New York: Psychology Press.

INHELDER, B., & PIAGET, J. (1958). *The growth of logical thinking from childhood to adolescence.* New York: Basic Books.

INHELDER, B., & PIAGET, J. (1964). *The early growth of logic in the child: Classification and seriation.* London: Routledge.

INHELDER, B., SINCLAIR, H. & BOVET, M. (1974). *Learning and the development of cognition.* Cambridge, MA: Harvard University Press.

JACKSON, A.L. (2001). Language facility and theory of mind development in deaf children. *Journal of Deaf Studies and Deaf Education, 6,* 161–176.

JACKSON, N.E. (1988). Precocious reading ability: What does it mean? *Gifted Child Quarterly,* 32, 200–204.

JACKSON, N.E., DONALDSON, G.W., & CLELAND, L.N. (1988). The structure of precocious reading ability. *Journal of Educational Psychology, 80,* 234–243.

JACKSON, N.E., DONALDSON, G.W., & MILLS, J.R. (1993). Components of reading skill in postkindergarten precocious readers and level-matched second graders. *Journal of Reading Behavior, 25,* 181–208.

JAKOBSON, R. (1981). Why "mama" and "papa"? *Selected writings: Phonological studies.* Paris: Mouton.

JAMES, W. (1890). *The principles of psychology.* New York: Holt, Rinehart, and Winston.

JANSEN, B.R.J., & VAN DER MAAS, H.L.J. (2001). Evidence for the phase transition from rule I to rule II on the balance scale task. *Developmental Review, 21,* 450–494.

JANSEN, B.R.J., & VAN DER MAAS, H.L.J. (2002). The development of children's rule use on the balance scale task. *Journal of Experimental Child Psychology, 81,* 383–416.

JENKINS, J.M., & ASTINGTON, J.W. (1996). Cognitive factors and family structure associated with theory of mind development in young children. *Developmental Psychology, 32,* 70–78.

JOHNSON, C.N. (1988). Theory of mind and the structure of conscious experience. In J.W. Astington, P.L. Harris & D.R. Olson (Eds.), *Developing theories of mind.* New York: Cambridge University Press.

JOHNSON, C.N., & WELLMAN, H.M. (1982). Children's developing conceptions of the mind and brain. *Child Development, 53,* 222–234.

JOHNSON, J.S., LEWIS, L.B., & HOGAN, J.C. (1995, March). *A production limitation in the syllable length of one child's early vocabulary: A longitudinal case study.* Paper presented at the biennial meeting of the Society for Research in Child Development, Indianapolis, IN.

JOHNSON, J.S., & NEWPORT, E.L. (1989). Critical period effects in second language learning: The influence of maturational state on the acquisition of English as a second language. *Cognitive Psychology, 21,* 60–99.

JOHNSON, K.E., & MERVIS, C.B. (1994). Microgenetic analysis of first steps in children's acquisition of expertise on shorebirds. *Developmental Psychology, 30,* 418–435.

JOHNSON, M.H. (1998). The neural basis of cognitive development. In D. Kuhn & R.S. Siegler (Eds.), *Handbook of child psychology: Vol. 2. Cognition, perception & language* (5th ed.). New York: Wiley.

JOHNSON, M.H., & GILMORE, R.D. (1996). Developmental cognitive neuroscience: A biological perspective on cognitive change. In R. Gelman & T. Au (Eds.), *Handbook of perception and cognition: Perceptual and cognitive development* (Vol. 13). Orlando, FL: Academic Press.

JOHNSON, M.H., & KARMILOFF-SMITH, A. (1992). Can neural selectionism be applied to cognitive development and its disorders? *New Ideas in Psychology, 10,* 35–46.

JOHNSON, M.H., MARESCHAL, D., & CSIBRA, G. (2001). The functional development and integration of the dorsal and ventral visual pathways: A neurocomputational approach. In C.A. Nelson & M. Luciana (Eds.), *Handbook of developmental cognitive neuroscience.* Cambridge, MA: MIT Press.

JOHNSON, M.H., & MORTON, J. (1991). *Biology and cognitive development: The case of face recognition.* Oxford, UK: Blackwell.

JOHNSON, M.H., POSNER, M.I., & ROTHBART, M.K. (1994). Facilitation of saccades toward a covertly attended location in early infancy. *Psychological Science, 5,* 90–93.

JOHNSON, S.C., SLAUGHTER, V., & CAREY, S. (1998). Whose gaze will infants follow? The elicitation of gaze-following in 12-month-olds. *Developmental Science, 1,* 233–238.

JOHNSON, S.C., & SOLOMON, G.E.A. (1996). Why dogs have puppies and cats have kittens: The role of birth in young children's understanding of biological origins. *Child Development, 68,* 404–419.

JOHNSON-GLENBERG, M.C. (2000). Training reading comprehension in adequate decoders/poor comprehenders: Verbal versus visual strategies. *Journal of Educational Psychology, 92,* 772–782.

JOHNSON-LAIRD, P.N. (1983). *Mental models: Towards a cognitive science of language, inference, and consciousness.* Cambridge, UK: Cambridge University Press.

JONES, G., RITTER, F.E., & WOOD, D.J. (2000). Using a cognitive architecture to examine what develops. *Psychological Science, 11,* 93–100.

JORDAN, N.C., LEVINE, S.C., & HUTTENLOCHER, J. (1995). Calculation abilities in young children with different patterns of cognitive functioning. *Journal of Learning Disabilities, 28,* 53–64.

JORM, A.F., & SHARE, D.L. (1983). Phonological recoding and reading acquisition. *Applied Psycholinguistics, 4,* 103–147.

JUEL, C. (1988). Learning to read and write: A longitudinal study of fifty-four children from first through fourth grade. *Journal of Educational Psychology, 80,* 437–447.

JUSCZYK, P.W., CUTLER, A., & REDANZ, N. (1993). Preference for the predominant stress pattern of English words. *Child Development, 64,* 675–687.

JUSCZYK, P.W., FRIEDERICI, A.D., WESSELS, J., SVENKERUD, V.Y., & JUSCZYK, A.M. (1993). Infants' sensitivity to the sound patterns of native language words. *Journal of Memory & Language, 32,* 402–420.

JUSCZYK, P.W., GOODMAN, M.B., & BAUMANN, A. (1999). Nine-month-olds' attention to sound similarities in syllables. *Journal of Memory & Language, 40,* 62–82.

JUSCZYK, P.W., HOUSTON, D.M., & NEWSOME, M. (1999). The beginnings of word segmentation in English-learning infants. *Cognitive Psychology, 39,* 159–207.

JUSCZYK, P.W., LUCE, P.A., & CHARLES-LUCE, J. (1994). Infants' sensitivity to phonotactic patterns in the native language. *Journal of Memory & Language, 33,* 630–645.

JUSCZYK, P.W., ROSNER, B.S., CUTTING, J.W., FOARD, F., & SMITH, L.B. (1977). Categorical perception of non-speech sounds by two-month-old infants. *Perception & Psychophysics, 21,* 50–54.

KADESJO, B., & GILLBERG, C. (1998). Attention deficits and clumsiness in Swedish 7-year-old children. *Developmental Medicine & Child Neurology, 40,* 796–804.

KAIL, R. (1984). *The development of memory in children (2d ed.)* New York: Freeman.

KAIL, R. (1986). Sources of age differences in speed of processing. *Child Development, 57,* 969–987.

KAIL, R. (1988). Developmental functions for speeds of cognitive processes. *Journal of Experimental Child Psychology, 45,* 339–364.

KAIL, R. (1991). Developmental changes in speed of processing during childhood and adolescence. *Psychological Bulletin, 109*, 490–501.

KAISER, M.K., MCCLOSKEY, M., & PROFFITT, D.R. (1986). Development of intuitive theories of motion: Curvilinear motion in the absence of external forces. *Developmental Psychology, 22*, 67–71.

KALCHMAN, M., MOSS, J., & CASE, R. (2000). Psychological models for the development of mathematical understanding: Rational numbers and functions. In S. Carver & D. Klahr (Eds.), *Cognition and instruction: Twenty-five years of progress*. Mahwah, NJ: Erlbaum.

KALISH, C.W. (1996). Preschoolers' understanding of germs as invisible mechanism. *Cognitive Development, 11*, 83–106.

KALISH, C.W. (1997). Preschoolers' understanding of mental and bodily reactions to contamination: What you don't know can hurt you, but cannot sadden you. *Developmental Psychology, 33*, 79–91.

KALISH, C.W. (1998a). Reasons and causes: Children's understanding of conformity to social rules and physical laws. *Child Development, 69*, 706–720.

KALISH, C.W. (1998b). Young children's predictions of illness: Failure to recognize probabilistic causation. *Developmental Psychology, 34*, 1046–1058.

KALISH, C.W. (2002). Children's predictions of consistency in people's actions. *Cognition, 84*, 237–265.

KAPUT, J.J. (1989). Linking representations in the symbol systems of algebra. In S. Wagner & C. Kieran (Eds.), *Research issues in the learning and teaching of algebra*. Reston, VA: National Council of Teachers of Mathematics.

KARMILOFF-SMITH, A. (1979). Micro- and macro-developmental changes in language acquisition and other representational systems. *Cognitive Science, 3*, 91–118.

KARMILOFF-SMITH, A. (1986). Stage/structure versus phase/process in modeling linguistic and cognitive development. In I. Levin (Ed.), *Stage and structure: Reopening the debate*. Norwood, NJ: Ablex.

KARMILOFF-SMITH, A. (1992). *Beyond modularity: A developmental perspective on cognitive science*. Cambridge, MA: MIT Press.

KATZ, H., & BEILIN, H. (1976). A test of Bryant's claims concerning the young child's understanding of quantitative invariance. *Child Development, 47*, 877–880.

KAY, D.A., & ANGLIN, J. (1982). Overextension and underextension in the child's expressive and receptive speech. *Journal of Child Language, 9*, 83–98.

KEARINS, J.M. (1981). Visual spatial memory in Australian aboriginal children of desert regions. *Cognitive Psychology, 13*, 434–460.

KEE, D.W., & HOWELL, S. (1988, April). *Mental effort and memory development*. Paper presented at the annual meeting of the American Educational Research Association, New Orleans, LA.

KEELER, M.L., & SWANSON, H.L. (2001). Does strategy knowledge influence working memory in children with mathematical disabilities? *Journal of Learning Disabilities, 34*, 418–434.

KEENAN, E.O. (1977). Making it last: Uses of repetition in children's discourse. In S. Ervin-Tripp & C. Mitchell-Kernan (Eds.), *Child discourse*. New York: Academic Press.

KEGL, J.A., SENGHAS, A., & COPPOLA, M. (1999). Creation through contact: Sign language emergence and sign language change in Nicaragua. In M. DeGraff (Ed.), *Language creation and language change: Creolization, diachrony, and development*. Cambridge, MA: MIT Press.

KEIL, F.C. (1989). *Concepts, kinds, and cognitive development*. Cambridge, MA: MIT Press.

KEIL, F.C. (1992). The origins of an autonomous biology. In M. Gunnar & M.P. Maratsos (Eds.), *Minnesota Symposium on Child Psychology: Vol. 25. Modularity and constraints in language and cognition*. Hillsdale, NJ: Erlbaum.

KEIL, F.C. (1994). The birth and nurturance of concepts by domains: The origins of concepts of living things. In L.A. Hirschfeld & S.A. Gelman (Eds.), *Mapping the mind: Domain specificity in cognition and culture*. New York: Cambridge University Press.

KEIL, F.C., & BATTERMAN, N. (1984). A characteristic-to-defining shift in the development of word meaning. *Journal of Verbal Learning & Verbal Behavior, 23*, 221–236.

KEIL, F.C., SMITH, W.C., SIMONS, D.J., & LEVIN, D.T. (1998). Two dogmas of conceptual empiricism: Implications for hybrid models of the structure of knowledge. *Cognition, 65*, 103–135.

KELLER, A., FORD, L., & MEACHAM, J. (1978). Dimensions of self-concept in preschool children. *Developmental Psychology, 14*, 483–489.

KELLMAN, P.J. (1988). Theories of perception and research in perceptual development. In A. Yonas (Ed.), *Minnesota Symposium on Child Psychology: Vol. 20. Perceptual development in infancy*. Hillsdale, NJ: Erlbaum.

KELLMAN, P.J., & SHORT, K.R. (1987). The development of three-dimensional form perception. *Journal of Experimental Psychology: Human Perception & Performance, 13*, 545–557.

KELLMAN, P.J., & SPELKE, E.S. (1983). Perception of partially occluded objects in infancy. *Cognitive Psychology, 15*, 483–524.

KELLOGG, R.T. (1996). A model of working memory in writing. In C.M. Levy & S. Ransdell (Eds.), *The science of writing: Theories, methods, individual differences, and applications*. Hillsdale, NJ: Erlbaum.

KENT, R.D., & MIULO, G. (1995). Phonetic abilities in the first year of life. In P. Fletcher & B. MacWhinney (Eds.), *The handbook of child language*. Cambridge, MA: Blackwell.

KERKMAN, D.D., & SIEGLER, R.S. (1993). Individual differences and adaptive flexibility in lower-income children's strategy choices. *Learning & Individual Differences, 5*, 113–136.

KERMANI, H., & BRENNER, M.E. (2001). Maternal scaffolding in the child's zone of proximal development across tasks: Cross-cultural perspectives. *Journal of Research in Childhood Education, 15*, 30–52.

KERMOIAN, R., & CAMPOS, J.J. (1988). Locomotor experience: A facilitator of spatial-cognitive development. *Child Development, 59*, 908–917.

KIRKHAM, N.Z., SLEMMER, J.A., & JOHNSON, S.P. (2002). Visual statistical learning in infancy: Evidence for a domain general learning mechanism. *Cognition, 83*, B35–B42.

KISILEVSKY, B.S., HAINS, S.M.J, LEE, K., MUIR, D.W., XU, F., FU, G., ZHAO, Z.Y., & YANG, R.L. (1998). The still-face effect in Chinese and Canadian 3- to 6-month-old infants. *Developmental Psychology, 34*, 629–639.

KISILEVSKY, B.S., & LOW, J.A. (1998). Human fetal behavior: 100 years of study. *Developmental Review, 18*, 1–29.

KLAHR, D. (1978). Goal formation, planning, and learning by preschool problem solvers or: "My socks are in the dryer." In R.S. Siegler (Ed.), *Children's thinking: What develops?* Hillsdale, NJ: Erlbaum.

KLAHR, D. (1982). Nonmonotone assessment of monotone development: An information processing analysis. In S. Strauss (Ed.), *U-shaped behavioral growth*. New York: Academic Press.

KLAHR, D. (1985). Solving problems with ambiguous subgoal ordering: Preschoolers' performance. *Child Development, 56*, 940–952.

KLAHR, D. (1989). Information-processing approaches. In R. Vasta (Ed.), *Annals of child development: Vol. 6. Six theories of child development: Revised formulations and current issues*. Greenwich, CT: JAI Press.

KLAHR, D. (1992). Information processing approaches to cognitive development. In M.H. Bornstein & M.E. Lamb (Eds.), *Developmental psychology: An advanced textbook* (3rd ed.). Hillsdale, NJ: Erlbaum.

KLAHR, D. (2000). *Exploring science: The cognition and development of discovery processes.* Cambridge, MA: MIT Press.

KLAHR, D., & CARVER, S.M. (1988). Cognitive objectives in a LOGO debugging curriculum: Instruction, learning, and transfer. *Cognitive Psychology, 20,* 362–404.

KLAHR, D., CHASE, W.G., & LOVELACE, E.A. (1983). Structure and process in alphabetic retrieval. *Journal of Experimental Psychology: Learning, Memory & Cognition, 9,* 462–477.

KLAHR, D., FAY, A.L., & DUNBAR, K. (1993). Heuristics for scientific experimentation: A developmental study. *Cognitive Psychology, 25,* 111–146.

KLAHR, D., LANGLEY, P., & NECHES, R. (1987). *Production system models of learning and development.* Cambridge, MA: MIT Press.

KLAHR, D., & MACWHINNEY, B. (1998). Information processing. In D. Kuhn & R.S. Siegler (Eds.), *Handbook of child psychology: Vol. 2. Cognition, perception, & language* (5th ed.). New York: Wiley.

KLAHR, D., & ROBINSON, M. (1981). Formal assessment of problem solving and planning processes in children. *Cognitive Psychology, 13,* 113–148.

KLAHR, D., & WALLACE, J.G. (1976). *Cognitive development: An information processing view.* Hillsdale, NJ: Erlbaum.

KLEIN, J.S., & BISANZ, J. (2000). Preschoolers doing arithmetic: The concepts are willing but the working memory is weak. *Canadian Journal of Experimental Psychology, 54,* 105–116.

KLEMMER, E.T., & SNYDER, F.W. (1972). Measurement of time spent in communication. *Journal of Communication, 22,* 142–158.

KNUTH, E. (2000). Student understanding of the Cartesian connection: An exploratory study. *Journal for Research in Mathematics Education, 31,* 500–508.

KOBASIGAWA, A., RANSOM, C.C., & HOLLAND, C.J. (1980). Children's knowledge about skimming. *Alberta Journal of Educational Research, 26,* 169–182.

KOEDINGER, K.R. (2002). Toward evidence for instructional design principles: Examples from Cognitive Tutor Math 6. In D.S. Mewborn, P. Sztajn, D.Y. White, H.G. Wiegel, R.L. Bryant & K. Nooney (Eds.), *Proceedings of the Twenty-fourth annual meeting of the North American Chapter of the International Group for the Psychology of Mathematics Education, Vol. 1.* Columbus, OH: ERIC Clearinghouse for Science, Mathematics and Environmental Education.

KOEDINGER, K.R., & ANDERSON, J.R. (1998). Illustrating principled design: The early evolution of a cognitive tutor for algebra symbolization. *Interactive Learning Environments, 5,* 161–179.

KOEDINGER, K.R., ANDERSON, J.R., HADLEY, W.H., & MARK, M.A. (1997). Intelligent tutuoring goes to school in the big city. *International Journal of Artificial Intelligence in Education, 8,* 30–43.

KOEDINGER, K.R., & NATHAN, M.J. (2004). The real story behind story problems: Effects of representations on quantitative reasoning. *Journal of the Learning Sciences,* 129–164.

KOHLBERG, L. (1966). A cognitive-developmental analysis of children's sex-role concepts and attitudes. In E.E. Maccoby (Ed.), *The development of sex differences.* Stanford, CA: Stanford University Press.

KOLB, B., & WHISHAW, I.Q. (2003). *Fundamentals of human neuropsychology* (5th ed.). New York: Worth.

KOONTZ, K.L., & BERCH, D.B. (1996). Identifying simple numerical stimuli: Processing inefficiencies exhibited by arithmetic learning disabled children. *Mathematical Cognition, 2,* 1–23.

KOSLOWSKI, B. (1996). *Theory and evidence: The development of scientific reasoning.* Cambridge, MA: MIT Press.

KOTOVSKY, L., & BAILLARGEON, R. (1994). Calibration-based reasoning about collision events in 11-month-old infants. *Cognition, 51,* 107–129.

KOWALSKI, K., & LO, Y.-F. (2001). The influence of perceptual features, ethnic labels and sociocultural information on the development of ethnic/racial bias in young children. *Journal of Cross-Cultural Psychology, 32,* 444–455.

KRAUSS, R.M., & GLUCKSBERG, S. (1969). The development of communication: Competence as a function of age. *Child Development, 40,* 255–266.

KRESS, G. (1982). *Learning to write.* Boston: Routledge & Kegan Paul.

KREUTZER, M.A., LEONARD, C., & FLAVELL, J.H. (1975). An interview study of children's knowledge about memory. *Monographs of the Society for Research in Child Development, 40*(1, Whole No. 159).

KRUGER, A.C. (1992). The effect of peer and adult-child transactive discussions on moral reasoning. *Merrill-Palmer Quarterly, 38,* 191–211.

KUCZAJ, S.A., (1978). Why do children fail to overregularize the progressive inflection? *Journal of Child Language, 5,* 167–171.

KUCZAJ, S.A., II. (1983). "I mell a kunk!" Evidence that children have more complex representations of word pronunciations which they simplify. *Journal of Psycholinguistic Research, 12,* 69–73.

KUCZAJ, S.A., II. (1986). General developmental patterns and individual differences in the acquisition of copula and auxiliary *be* forms. *First Language, 6,* 111–117.

KUHL, P.K. (1998). Effects of language experience on speech perception. *Journal of the Acoustical Society of America, 103,* 2931.

KUHN, D. (1989). Children and adults as intuitive scientists. *Psychological Review, 96,* 674–689.

KUHN, D. (1995). Microgenetic study of change: What has it told us? *Psychological Science, 6,* 133–139.

KUHN, D., AMSEL, E., & O'LOUGHLIN, M. (1988). *The development of scientific thinking skills.* Orlando, FL: Academic Press.

KUHN, D., GARCIA-MILA, M., ZOHAR, A., & ANDERSEN, C. (1995). Strategies of knowledge acquisition. *Monographs of the Society for Research in Child Development, 60*(4, Serial No. 245).

KUHN, D., & PHELPS, E. (1976). The development of children's comprehension of causal direction. *Child Development, 47,* 248–251.

KUHN, D., SCHAUBLE, L., & GARCIA-MILA, M. (1992). Cross-domain development of scientific reasoning. *Cognition & Instruction, 9,* 285–327.

KUN, A. (1978). Evidence for preschoolers' understanding of causal direction in extended causal sequences. *Child Development, 49,* 218–222.

KUNZINGER, E.L., & WITTRYOL, S.L. (1984). The effects of differential incentives on second-grade rehearsal and free recall. *The Journal of Genetic Psychology, 144,* 19–30.

KURTZ, B.E., SCHNEIDER, W., CARR, M., BORKOWSKI, J.G., & RELLINGER, E. (1990). Strategy instruction and attributional beliefs in West Germany and the United States: Do teachers foster metacognitive development? *Contemporary Educational Psychology, 15,* 268–283.

LANDAU, B., SMITH, L.B., & JONES, S. (1992). Syntactic context and the shape bias in children's and adults' lexical learning. *Journal of Memory & Language, 31,* 807–825.

LANGE, G., & PIERCE, S.H. (1992). Memory-strategy learning and maintenance in preschool children. *Developmental Psychology, 28,* 453–462.

LANGLOIS, J.H., RITTER, J.M., ROGGMAN, L.A., & VAUGHN, L.S. (1991). Facial diversity and infant preferences for attractive faces. *Developmental Psychology, 27,* 79–84.

LANGLOIS, J.H., ROGGMAN, L.A., & CASEY, R.J., RITTER, J.M., REISER-DANNER, L.A., & JENKINS, V.Y. (1987). Infant preferences for attractive faces: Rudiments of a stereotype? *Developmental Psychology, 23,* 363–369.

LANGLOIS, J.H., ROGGMAN, L.A., & MUSSELMAN, L. (1994). What is average and what is not average about attractive faces? *Psychological Science, 5,* 214–220.

LASKY, R.E., SYRDAL-LASKY, A., & KLEIN, R.E. (1975). VOT discrimination by four- to six-and-a-half-month-old infants from Spanish environments. *Journal of Experimental Child Psychology, 20,* 215–225.

LEAHY, R.L. (1983). The development of the conception of social class. In R.L. Leahy (Ed.), *The child's construction of social inequality.* New York: Academic Press.

LEARMONTH, A.E., NADEL, L., & NEWCOMBE, N.S. (2002). Children's use of landmarks: Implications for modularity theory. *Psychological Science, 13,* 337–341.

LEARMONTH, A.E., NEWCOMBE, N.S., & HUTTENLOCHER, J. (2001). Toddlers' use of metric information and landmarks to reorient. *Journal of Experimental Child Psychology, 80,* 225–244.

LEARY, M.R., & HILL, D.A. (1996). Moving on: Autism and movement disturbance. *Mental Retardation, 34,* 39–53.

LEBLANC, R.S., MUISE, J.G., & BLANCHARD, L. (1992). Backward masking in children and adolescents: Sensory transmission, accrual rate and asymptotic performance. *Journal of Experimental Child Psychology, 53,* 105–114.

LEE, D.N., & ARONSON, E. (1974). Visual proprioceptive control of standing in human infants. *Perception & Psychophysics, 15,* 529–532.

LEFEVRE, J., BISANZ, J., & MRKONJIC, J. (1988). Cognitive arithmetic: Evidence for obligatory activation of arithmetic facts. *Memory & Cognition, 16,* 45–53.

LEFEVRE, J., & KULAK, A.G. (1994). Individual differences in the obligatory activation of addition facts. *Memory & Cognition, 22,* 188–200.

LEFEVRE, J., KULAK, A.G., & BISANZ, J. (1991). Individual differences and developmental change in the associative relations among numbers. *Journal of Experimental Child Psychology, 52,* 256–274.

LEFEVRE, J.J., SADESKY, G.S., & BISANZ, J. (1996). Selection of procedures in mental addition: Reassessing the problem-size effect in adults. *Journal of Experimental Psychology: Learning, Memory, & Cognition, 22,* 216–230.

LEGERSTEE, M. (1991). The role of person and object in eliciting early imitation. *Journal of Experimental Child Psychology, 51,* 423–433.

LEGERSTEE, M., BARNA, J., & DIADAMO, C. (2000). Precursors to the development of intention at 6 months: Understanding people and their actions. *Developmental Psychology, 36,* 627–634.

LE GRAND, R., MONDLOCH, C.J., MAURER, D., & BRENT, H.P. (2001). Early visual experience and face processing. *Nature, 410,* 890.

LEHRER, R., & LITTLEFIELD, J. (1991). Misconceptions and errors in LOGO: The role of instruction. *Journal of Educational Psychology, 83,* 124–133.

LEHRER, R., & LITTLEFIELD, J. (1993). Relationships among cognitive components in LOGO learning and transfer. *Journal of Educational Psychology, 85,* 317–330.

LEHRER, R., & SCHAUBLE, L. (2002). Symbolic communication in mathematics and science: Co-constituting inscription and thought. In J.P. Byrnes (Ed.), *Language, literacy, and cognitive development: The development and consequences of symbolic communication.* Mahwah, NJ: Erlbaum.

LEICHTMAN, M.D., & CECI, S.J. (1995). The effects of stereotypes and suggestions on preschoolers' reports. *Developmental Psychology, 31,* 568–578.

LEICHTMAN, M.D., PILLEMER, D.B., WANG, Q., & KOREISHI, A. (2000). When Baby Maisy came to school: Mothers' interview styles and preschoolers' event memories. *Cognitive Development, 15,* 99–114.

LEMAIRE, P., BARRETT, S.E., FAYOL, M., & ABDI, H. (1994). Automatic activation of addition and multiplication facts in elementary school children. *Journal of Experimental Child Psychology, 57,* 224–258.

LEMAIRE, P., & SIEGLER, R.S. (1995). Four aspects of strategic change: Contributions to children's learning of multiplication. *Journal of Experimental Psychology: General,* 83–97.

LEMIRE, R.J., LOESER, J.D., LEECH, R.W., & ALVORD, E.C. (1975). *Normal and abnormal development of the human nervous system.* New York: Harper & Row.

LEMPERS, J.D., FLAVELL, E.R., & FLAVELL, J.H. (1977). The development in very young children of tacit knowledge concerning visual perception. *Genetic Psychology Monographs, 95,* 3–53.

LENNEBERG, E.H. (1967). *Biological foundations of language.* New York: Wiley.

LEONARD, L.B. (1995) Phonological impairment. In P. Fletcher & B. MacWhinney (Eds.) *The handbook of child language.* Cambridge, MA: Blackwell.

LESGOLD, A., IVILL-FRIEL, J., & BONAR, J. (1989). Toward intelligent systems for testing. In L.B. Resnick (Ed.), *Knowing, learning, and instruction: Essays in honor of Robert Glaser.* Hillsdale, NJ: Erlbaum.

LESGOLD, A., RESNICK, L.B., & HAMMOND, K. (1985). Learning to read: A longitudinal study of word skill development in two curricula. *Reading Research: Advances in Theory & Practice, 4,* 107–138.

LESLIE, A.M. (1982). The perception of causality in infants. *Perception, 11,* 173–186.

LESLIE, A.M. (1987). Pretense and representation: The origins of "theory of mind." *Psychological Review, 94,* 412–426.

LESLIE, A.M. (1991). The theory of mind impairment in autism: Evidence for a modular mechanism of development? In A. Whiten (Ed.), *Natural theories of mind: Evolution, development, and simulation of everyday mindreading.* Oxford, UK: Blackwell.

LESLIE, A.M. (1994). ToMM, ToBy, and agency: Core architecture and domain specificity. In L. Hirschfeld & S. Gelman (Eds.), *Mapping the mind: Domain specificity in cognition and culture.* Cambridge, UK: Cambridge University Press.

LEVIN, I. (1977). The development of time concepts in children: Reasoning about duration. *Child Development, 48,* 435–444.

LEVIN, I. (1982). The nature and development of time concepts in children: The effects of interfering cues. In W. J. Friedman (Ed.), *The developmental psychology of time.* New York: Academic Press.

LEVIN, I. (1989). Principles underlying time measurement: The development of children's constraints on counting time. In I. Levin & D. Zakay (Eds.), *Time and human cognition: A life-span perspective.* Amsterdam: Elsevier.

LEVIN, I., & DRUYAN, S. (1993). When sociocognitive transaction among peers fails: The case of misconceptions in science. *Child Development, 63,* 1571–1591.

LEVIN, I., & KORAT, O. (1993). Sensitivity to phonological, morphological, and semantic cues in early reading and writing in Hebrew. *Merrill-Palmer Quarterly, 39,* 213–232.

LEVIN, I., SIEGLER, R.S., & DRUYAN, S. (1990). Misconception about motion: Development and training effects. *Child Development, 61,* 1544–1557.

LEVIN, I., WILKENING, F., & DEMBO, Y. (1984). Development of time quantification: Integration and nonintegration of beginnings and endings in comparing durations. *Child Development, 55,* 2160–2172.

LEVINSON, S.C. (1997). Language and cognition: Cognitive consequences of spatial description in Guugu Yimithirr. *Journal of Linguistic Anthropology, 7,* 98–131.

LEVY, G.D., TAYLOR, M.G., & GELMAN, S.A. (1995). Traditional and evaluative aspects of flexibility in gender roles, social conventions, moral rules, and physical laws. *Child Development, 66,* 515–531.

LEWIS, C., FREEMAN, N.H., HAGESTADT, E., & DOUGLAS, H. (1994). Narrative access and production in preschoolers' false belief reasoning. *Cognitive Development, 9,* 397–424.

LEWIS, C., & OSBORNE, A. (1990). Three-year-olds' problems with false belief: Conceptual deficit or linguistic artifact? *Child Development, 61,* 1514–1519.

LEWIS, M., & BROOKS-GUNN, J. (1979). *Social cognition and the acquisition of self.* New York: Plenum.

LEWIS, M.D. (2000). The promise of dynamic systems approaches for an integrated account of human development. *Child Development, 71,* 36–43.

LEWKOWICZ, D.J., & TURKEWITZ, G. (1981). Intersensory interaction in newborns: Modification of visual preferences following exposure to sound. *Child Development, 52,* 827–832.

LIBEN, L.S. (1987). Information processing and Piagetian theory: Conflict or congruence? In L. S. Liben (Ed.), *Development and learning: Conflict or congruence*? Hillsdale, NJ: Erlbaum.

LIBERMAN, I.Y., SHANKWEILER, D., FISCHER, F.W., & CARTER, B. (1974). Explicit syllable and phoneme segmentation in the young child. *Journal of Experimental Child Psychology, 18,* 201–212.

LIE, E., & NEWCOMBE, N.S. (1999). Elementary school children's explicit and implicit memory for faces of preschool classmates. *Developmental Psychology, 35,* 102–112.

LIEVEN, E., PINE, J., & BALDWIN, G. (1997). Lexically-based learning and early grammatical development. *Journal of Child Language, 24,* 187–220.

LIITSCHWAGER, J.C., & MARKMAN, E.M. (1994). Sixteen- and 24-month-olds' use of mutual exclusivity as a default assumption in second label learning. *Developmental Psychology, 30,* 955–968.

LILLARD, A.S. (1993a). Pretend play skills and the child's theory of mind. *Child Development, 64,* 348–371.

LILLARD, A.S. (1993b). Young children's conceptualization of pretense: Action or mental representational state? *Child Development, 64,* 372–386.

LILLARD, A.S., & FLAVELL, J.H. (1990). Young children's preference for mental state versus behavioral descriptions of human action. *Child Development, 61,* 731–741.

LILLARD, A.S., & FLAVELL, J.H. (1992). Young children's understanding of different mental states. *Developmental Psychology, 28,* 626–634.

LILLARD, A.S., ZELJO, A., CURENTON, S., & KAUGARS, A.S. (2000). Children's understanding of the animacy constraint on pretense. *Merrill-Palmer Quarterly, 46,* 21–44.

LINDBERG, M.A. (1980). Is knowledge base development a necessary and sufficient condition for memory development? *Journal of Experimental Child Psychology, 30,* 401–410.

LINDBERG, M.A. (1991). A taxonomy of suggestibility and eyewitness memory: Age, memory process, and focus of analysis. In J.L. Doris (Ed.), *The suggestibility of children's recollections.* Washington, DC: American Psychological Association.

LITOVSKY, R.Y., & ASHMEAD, D.H. (1997). Development of binaural and spatial hearing in infants and children. In R.H. Gilkey & T.R. Anderson (Eds.), *Binaural and spatial hearing in real and virtual environments.* Mahwah, NJ: Erlbaum.

LITTLEFIELD, J., DELCLOS, V.R., BRANSFORD, J.D., CLAYTON, K.N., & FRANKS, J.J. (1989). Some prerequisites for teaching thinking: Methodological issues in the study of LOGO programming. *Cognition & Instruction, 6,* 331–366.

LIVESLEY, W.J., & BROMLEY, D.B. (1973). *Person perception in childhood and adolescence.* London: Wiley.

LLOYD, P., MANN, S., & PEERS, I. (1998). The growth of speaker and listener skills from five to eleven years. *First Language, 18*(52, Pt 1), 81–103.

LOBEL, T.E., & MENASHRI, J. (1993). Relations of conceptions of gender-role transgressions and gender constancy to gender-typed toy preferences. *Developmental Psychology, 29,* 150–155.

LOCKE, J.L. (1983). *Phonological acquisition and change.* New York: Academic Press.

LOCKE, J.L. (1995). Development of the capacity for spoken language. In P. Fletcher & B. MacWhinney (Eds.), *The handbook of child language.* Cambridge, MA: Blackwell.

LOCKE, J.L., & PEARSON, D.M. (1990). Linguistic significance of babbling: Evidence from a tracheostomized infant. *Journal of Child Language, 17,* 1–16.

LOPEZ, A., ATRAN, S., COLEY, J.D., MEDIN, D.L., & SMITH, E.E. (1997). The tree of life: Universal and cultural features of folkbiological taxonomies and inductions. *Cognitive Psychology, 32,* 251–295.

LOVELL, K. (1961). A follow-up study of Inhelder and Piaget's *The growth of logical thinking. British Journal of Psychology, 52,* 143–153.

LOVETT, M.W., BORDEN, S.L., DELUCA, T., LACERENZA, L., BENSON, J.J., & BRACKSTONE, D. (1994). Treating the core deficits of developmental dyslexia: Evidence of transfer of learning after phonologically- and strategy-based reading training programs. *Developmental Psychology, 30,* 805–822.

LUCY, J. (1992). *Grammatical categories and cognition: A case study of the linguistic relativity hypothesis.* Cambridge, UK: Cambridge University Press.

LUCY, J., & GASKINS, S. (2001). Grammatical categories and the development of classification preferences: A comparative approach. In M. Bowerman & S.C. Levinson (Eds.), *Language acquisition and conceptual development.* New York: Cambridge University Press.

LUNDY, J.E.B. (2002). Age and language skills of deaf children in relation to theory of mind development. *Journal of Deaf Studies & Deaf Education, 7,* 41–56.

LURIA, A.R. (1973). *The working brain.* New York: Basic Books.

LYNCH, M.P., & EILERS, R.E. (1992). A study of perceptual development for musical tuning. *Perception & Psychophysics, 52,* 599–608.

LYNCH, M.P., EILERS, R.E., OLLER, D.K., & URBANO, R.C. (1990). Innateness, experience, and music perception. *Psychological Science, 1,* 272–276.

MACLEAN, M., BRYANT, P., & BRADLEY, L. (1987). Rhymes, nursery rhymes and reading in early childhood. *Merrill-Palmer Quarterly, 33,* 255–281.

MACNAMARA, J. (1982). *Names for things: A study of human learning.* Cambridge, MA: MIT Press.

MACWHINNEY, B. (1989). Competition and connectionism. In B. MacWhinney & E. Bates (Eds.), *The crosslinguistic study of sentence processing.* New York: Cambridge University Press.

MACWHINNEY, B. (1996). Lexical connectionism. In P. Broeder & J.M.J. Murre (Eds.) *Models of language acquisition: Inductive and deductive approaches.* Cambridge, MA: MIT Press.

MACWHINNEY, B. (1998). Models of the emergence of language. *Annual Review of Psychology, 49,* 199–227.

MACWHINNEY, B. (2002). The gradual evolution of language. In B. Malle & T. Givón (Eds.), *The evolution of language.* Philadelphia: Benjamins.

MacWhinney, B., & Chang, F. (1995). Connectionism and language learning. In C. Nelson (Ed.), *Minnesota Symposium on Child Psychology: Vol. 28. Basic and applied perspectives on learning, cognition, and development.* Mahwah, NJ: Erlbaum.

MacWhinney, B., & Leinbach, J., (1991). Implementations are not conceptualizations: Revising the verb learning model. *Cognition, 29,* 121–157.

MacWhinney, B., Leinbach, J., Taraban, R., & McDonald, J. (1989). Language learning: Cues or rules? *Journal of Memory & Language, 28,* 255–277.

Madole, K.L., & Cohen, L.B. (1995). The role of object parts in infants' attention to form-function correlations. *Developmental Psychology, 31,* 637–648.

Mandel, D.R., Jusczyk, P.W., & Pisoni, D.B. (1995). Infants' recognition of the sound patterns of their own names. *Psychological Science, 6,* 314–317.

Mandler, J.M. (2000). Perceptual and conceptual processes in infancy. *Journal of Cognition & Development, 1,* 3–36.

Mandler, J.M., & McDonough, L. (1993). Concept formation in infancy. *Cognitive Development, 8,* 291–318.

Mandler, J.M., & McDonough, L. (1996). Drinking and driving don't mix: Inductive generalization in infancy. *Cognition, 59,* 307–335.

Mandler, J.M., & McDonough, L. (1998a). On developing a knowledge base in infancy. *Developmental Psychology, 34,* 1274–1288.

Mandler, J.M., & McDonough, L. (1998b). Studies in inductive inference in infancy. *Cognitive Psychology, 37,* 60–96.

Manion, V., & Alexander, J.M. (1997). The benefits of peer collaboration on strategy use, metacognitive causal attribution, and recall. *Journal of Experimental Child Psychology, 67,* 268–289.

Manis, F.R., Custodio, R., & Szeszulski, P.A. (1993). Development of phonological and orthographic skill: A 2-year longitudinal study of dyslexic children. *Journal of Experimental Child Psychology, 56,* 64–86.

Manis, F.R., Seidenberg, M.S., Doi, L.M., McBride-Chang, C., & Peterson, A. (1996). On the bases of two subtypes of developmental dyslexia. *Cognition, 58,* 157–195.

Maratsos, M. (1998). Some problems in grammatical acquisition. In D. Kuhn & R.S. Siegler (Vol. Eds.), *Handbook of child psychology: Vol. 2. Cognition, perception & language.* (5th ed.). New York: Wiley.

Maratsos, M., & Matheny, L. (1994). Language specificity and elasticity: Brain and clinical syndrome studies. In L.W. Porter & M.R. Rosenzweig (Eds.), *Annual Review of Psychology:* (Vol. 45). Palo Alto, CA: Annual Reviews Inc.

Maratsos, M.P. (1973). Nonegocentric communication abilities in preschool children. *Child Development, 44,* 697–799.

Marchman, V. (1992). Constraints on plasticity in a connectionist model of the English past tense. *Journal of Cognitive Neuroscience, 5,* 215–234.

Marchman, V., & Bates, E. (1994). Continuity in lexical and morphological development: A test of the critical mass hypothesis. *Journal of Child Language, 21,* 339–366.

Marchman, V., Miller, R., & Bates, E.A. (1991). Babble and first words in children with focal brain injury. *Applied Psycholinguistics, 12,* 1–22.

Marcus, G.F. (1996). Why do children say "breaked"? *Current Directions in Psychological Science, 5,* 81–85.

Marcus, G.F. (2000). Pabiku and Ga Ti Ga: Two mechanisms infants use to learn about the world. *Current Directions in Psychological Science, 9,* 145–147.

Marcus, G.F., Pinker, S., Ullman, M., Hollander, M., Rosen, T.J., & Xu, F. (1992). Over-regularization in language acquisition. *Monographs of the Society for Research in Child Development, 57*(4, Serial No. 228).

Marcus, G.F., Vijayan, S., Bandi Rao, S., & Vishton, P.M. (1999). Rule learning in seven-month-old infants. *Science, 283,* 77–80.

Mareschal, D., French, R.M., & Quinn, P.C. (2000). A connectionist account of asymmetric category learning in early infancy. *Developmental Psychology, 36,* 635–645.

Mareschal, D., & Quinn, P.C. (2001). Categorization in infancy. *Trends in Cognitive Sciences, 5,* 443–450.

Marini, Z.A. (1992). Synchrony and asynchrony in the development of children's scientific reasoning. In R. Case (Ed.), *The mind's staircase: Exploring the conceptual underpinnings of children's thought and knowledge.* Hillsdale, NJ: Erlbaum.

Marini, Z.A., & Case, R. (1989). Parallels in the development of preschoolers' knowledge about their physical and social worlds. *Merrill-Palmer Quarterly, 35,* 63–88.

Marini, Z.A., & Case, R. (1994). The development of abstract reasoning about the physical and social world. *Child Development, 65,* 147–159.

Markman, E.M. (1979). Realizing that you don't understand: Elementary school children's awareness of inconsistencies. *Child Development, 50,* 643–655.

Markman, E.M. (1989). *Categorization and naming in children: Problems of induction.* Cambridge, MA: Cambridge University Press.

Markman, E.M. (1992). Constraints on word learning: Speculations about their nature, origins and domain specificity. In M.R. Gunnar & M.P. Maratsos (Eds.), *Minnesota Symposium on Child Psychology: Vol. 25. Modularity and constraints in language and cognition:* Hillsdale, NJ: Erlbaum.

Markman, E.M., & Wachtel, G.F. (1988). Children's use of mutual exclusivity to constrain the meaning of words. *Cognitive Psychology, 20,* 121–157.

Markovits, H. (1993). The development of conditional reasoning: A Piagetian reformulation of the mental models theory. *Merrill-Palmer Quarterly, 39,* 131–158.

Markovits, H., & Barrouillet, P. (2002). The development of conditioned reasoning: A mental model account. *Developmental Review, 22,* 5–36.

Markson, L., & Bloom, P. (1997). Evidence against a dedicated system for word learning in children. *Nature, 385,* 813–815.

Marschark, M., & West, S.H. (1985). Creative language abilities of deaf children. *Journal of Speech & Hearing Research, 28,* 73–78.

Marschark, M., West, S.A., Nall, L., & Everhart, V. (1986). Development of creative language devices in signed and oral production. *Journal of Experimental Child Psychology, 41,* 534–550.

Martin, C.L., Eisenbud, L., & Rose, H. (1995). Children's gender-based reasoning about toys. *Child Development, 66,* 1453–1471.

Martin, C.L., & Halverson, C.F., Jr. (1981). A schematic processing model of sex typing and stereotyping in children. *Child Development, 52,* 1119–1134.

Martin, C.L., & Little, J.K. (1990). The relation of gender understanding to children's sex-typed preferences and gender stereotypes. *Child Development, 61,* 1427–1439.

Masataka, N. (1992). Pitch characteristics of Japanese maternal speech to infants. *Journal of Child Language, 19,* 213–224.

Mascolo, M.F., & Fischer, K.W. (1999). The development of representation as the coordination of component systems of action. In I.E. Sigel (Ed.), *Development of mental representation.* Mahwah, NJ: Erlbaum.

Massey, C., & Gelman, R. (1988). Preschoolers decide whether pictured unfamiliar objects can move themselves. *Developmental Psychology, 24,* 307–317.

MASUR, E.F. (1982). Mothers' responses to infants' object-related gestures: Influences on lexical development. *Journal of Child Language, 9*, 23–30.

MASUR, E.F., MCINTYRE, C.W., & FLAVELL, J.H. (1973). Developmental changes in apportionment of study time among items in a multitrial free recall task. *Journal of Experimental Child Psychology, 15*, 237–246.

MATTYS, S.L., & JUSCZYK, P.W. (2001). Phonotactic cues for segmentation of fluent speech by infants. *Cognition, 78*, 91–121.

MATTYS, S.L., JUSCZYK, P.W., LUCE, P.A., & MORGAN, J.L. (1999). Phonotactic and prosodic effects on word segmentation in infants. *Cognitive Psychology, 38*, 465–494.

MATZ, M. (1982). Towards a process model for high school algebra errors. In D. Sleeman & J.S. Brown (Eds.), *Intelligent tutoring systems*. New York: Academic Press.

MAURER, D., & MAURER, C. (1988). *The world of the newborn*. New York: Basic Books.

MAURER, D., LEWIS, T.L., BRENT, H.P., & LEVIN, A.V. (1999). Rapid improvement in the acuity of infants after visual input. *Science, 286*, 108–110.

MAYBERRY, R.I. (1993). First-language acquisition after childhood differs from second-language acquisition: The case of American Sign Language. *Journal of Speech & Hearing Research, 36*, 1258–1270.

MAYBERRY, R.I., & EICHEN, E.B. (1991). The long-lasting advantage of learning sign language in childhood: Another look at the critical period for language acquisition. *Journal of Memory & Language, 30*, 486–512.

MAYBERRY, R.I., LOCK, E., & KAZMI, H. (2002). Linguistic ability and early language exposure. *Nature, 417*, 38.

MAYER, R.E., LEWIS, A.B., & HEGARTY, M. (1992). Mathematical misunderstandings: Qualitative reasoning about quantitative problems. In J.I.D. Campbell (Ed.), *The nature and origins of mathematical skills*. Amsterdam: North-Holland.

MCCALL, R.B., KENNEDY, C.B., & APPLEBAUM, M.I. (1977). Magnitude of discrepancy and the distribution of attention in infants. *Child Development, 48*, 772–786.

MCCARTHY, D. (1954). Language development in children. In L. Carmichael (Ed.), *Manual of child psychology*. New York: Wiley.

MCCLELLAND, J.L. (1995). A connectionist perspective on knowledge and development. In T.J. Simon & G.S. Halford (Eds.), *Developing cognitive competence: New approaches to process modeling*. Hillsdale, NJ: Erlbaum.

MCCLOSKEY, M., & KAISER, M. (1984). The impetus impulse: A medieval theory of motion lives on in the minds of children. *The Sciences*.

MCCUTCHEN, D. (1996). A capacity theory of writing: Working memory in composition. *Educational Psychology Review, 8*, 299–325.

MCCUTCHEN, D. (2000). Knowledge, processing, and working memory: Implications for a theory of writing. *Educational Psychologist, 35*, 13–23.

MCCUTCHEN, D., FRANCIS, M., & KERR, S. (1997). Revising for meaning: Effects of knowledge and strategy. *Journal of Educational Psychology, 89*, 667–676.

MCFADDEN, G.T., DUFRESNE, A., & KOBASIGAWA, A. (1986). Young children's knowledge of balance scale problems. *Journal of Genetic Psychology, 148*, 79–94.

MCGILLY, K., & SIEGLER, R.S. (1989). How children choose among serial recall strategies. *Child Development, 60*, 172–182.

MCGILLY, K., & SIEGLER, R.S. (1990). The influence of encoding and strategic knowledge on children's choices among serial recall strategies. *Developmental Psychology, 26*, 931–941.

MCLEAN, J.F., & HITCH, G.J. (1999). Working memory impairments in children with specific arithmetic learning difficulties. *Journal of Experimental Child Psychology, 74*, 240–260.

MCNEIL, N.M., & ALIBALI, M.W. (2002). A strong schema can interfere with learning: The case of children's typical addition schema. In C.D. Schunn & W. Gray (Eds.), *Proceedings of the twenty-fourth annual conference of the Cognitive Science Society*. Mahwah, NJ: Erlbaum.

MCNEIL, N.M., & ALIBALI, M.W. (2004). You'll see what you mean: Students encode equations based on their knowledge of mathematics. *Cognitive Science*, in press.

MCNEIL, N.M., & ALIBALI, M.W. (in press). Knowledge change as a function of mathematics experience: All contexts are not created equal. *Journal of Cognition & Development*.

MEHLER, J., JUSCZYK, P.W., LAMBERTZ, G., HALSTED, N., BERTONCINI, J., & AMIEL-TISON, C. (1988). A precursor of language acquisition in young infants. *Cognition, 29*, 144–178.

MELTZOFF, A.N. (1988). Infant imitation and memory: Nine-month-olds in immediate and deferred tests. *Child Development, 59*, 217–225.

MELTZOFF, A.N. (1995a). Understanding the intentions of others: Re-enactment of intended acts by 18-month-old children. *Developmental Psychology, 31*, 838–850.

MELTZOFF, A.N. (1995b). What infant memory tells us about infantile amnesia: Long-term recall and deferred imitation. *Journal of Experimental Child Psychology, 59*, 497–515.

MELTZOFF, A.N. (2002). Imitation as a mechanism of social cognition: Origins of empathy, theory of mind, and the representation of action. In U. Goswami (Ed.), *Blackwell handbook of childhood cognitive development*. Malden, MA: Blackwell.

MELTZOFF, A.N., & MOORE, M.K. (1977). Imitation of facial and manual gestures by human neonates. *Science, 198*, 75–78.

MELTZOFF, A.N., & MOORE, M.K. (1983). Newborn infants imitate adult facial gestures. *Child Development, 54*, 702–709.

MELTZOFF, A.N., & MOORE, M.K. (1989). Imitation in newborn infants: Exploring the range of gestures imitated and the underlying mechanisms. *Developmental Psychology, 25*, 954–962.

MELTZOFF, A.N., & MOORE, M.K. (1994). Imitation, memory, and the representation of persons. *Infant Behavior & Development, 17*, 83–99.

MENDELSON, M.J., & HAITH, M.M. (1976). The relation between audition and vision in the human newborn. *Monographs of the Society for Research in Child Development, 41*(4, Whole No. 167).

MENDELSON, R., & SHULTZ, T.R. (1976). Covariation and temporal contiguity as principles of causal inference in young children. *Journal of Experimental Child Psychology, 13*, 89–111.

MENN, L., & STOEL-GAMMON, C. (1995). Phonological development. In P. Fletcher & B. MacWhinney (Eds.) *The handbook of child language*. Cambridge, MA: Blackwell.

MERRIMAN, W.E., & BOWMAN, L.L. (1989). The mutual exclusivity bias in children's word learning. *Monographs of the Society for Research in Child Development, 54*(3–4, Serial No. 220).

MERRIMAN, W.E., MARAZITA, J., & JARVIS, L. (1993). Four-year-olds' disambiguation of action and object word reference. *Journal of Experimental Child Psychology, 56*, 412–430.

MERRIMAN, W.E., SCOTT, P., & MARAZITA, J. (1993). An appearance-function shift in children's object naming. *Journal of Child Language, 20*, 101–118.

MERVIS, C.B. (1987). Child-basic object categories and early lexical development. In U. Neisser (Ed.), *Concepts and conceptual development: Ecological and intellectual factors in categorization*. New York: Cambridge University Press.

METZ, K. (1985). The development of children's problem solving in a gears task: A problem space perspective. *Cognitive Science, 9,* 431–472.

MICHEL, G.F. (1998). A lateral bias in the neuropsychological functioning of human infants. *Developmental Neuropsychology, 14,* 445–469.

MILLER, G.A. (1956). The magical number seven, plus or minus two: Some limits on our capacity for processing information. *Psychological Review, 63,* 81–97.

MILLER, K. (1989). Measurement as a tool for thought: The role of measuring procedures in children's understanding of quantitative invariance. *Developmental Psychology, 25,* 589–600.

MILLER, K., & GELMAN, R. (1983). The child's representation of number: A multidimensional scaling analysis. *Child Development, 54,* 1470–1479.

MILLER, K.F., & BAILLARGEON, R. (1990). Length and distance: Do preschoolers think that occlusion brings things together? *Developmental Psychology, 26,* 103–114.

MILLER, K.F., & PAREDES, D.R. (1996). On the shoulders of giants: Cultural tools and mathematical development. In T. Ben-Zeev (Ed.), *The nature of mathematical thinking.* Hillsdale, NJ: Erlbaum.

MILLER, K.F., SMITH, C.M., ZHU, J., & ZHANG, H. (1995). Preschool origins of cross-national differences in mathematical competence. *Psychological Science, 6,* 56–60.

MILLER, L.T., & VERNON, P.A. (1997). Developmental changes in speed of processing in young children. *Developmental Psychology, 33,* 549–554.

MILLER, P.H. (1990). The development of strategies of selective attention. In D.F. Bjorklund (Ed.), *Children's strategies: Contemporary views of cognitive development.* Hillsdale, NJ: Erlbaum.

MILLER, P.H. (1993). *Theories of developmental psychology.* (3rd ed.). New York: W.H. Freeman and Company.

MILLER, P.H., & SEIER, W. (1994). Strategy utilization deficiencies in children: When, where, and why. In H. Reese (Ed.), *Advances in child development and behavior* (Vol. 25). New York: Academic Press.

MILLER, P.H., WOODY-RAMSEY, J., & ALOISE, P.A. (1991). The role of strategy effortfulness in strategy effectiveness. *Developmental Psychology, 27,* 738–745.

MILLER, S.A. (1976). Nonverbal assessment of conservation of number. *Child Development, 47,* 722–728.

MILNER, A.D., & GOODALE, M.A. (1995). *The visual brain in action.* Oxford, UK: Oxford University Press.

MIURA, I.T., OKAMOTO, Y., VLAHOVIC-STETIC, V., KIM, C.C., & HAN, J.H. (1999). Language supports for children's understanding of numerical fractions: Cross-national comparisons. *Journal of Experimental Child Psychology, 74,* 356–365.

MOHR, D. (1978). Development of attributes of personal identity. *Developmental Psychology, 14,* 427–428.

MONDLOCH, C.J., LEWIS, T.L., BUDREAU, D.R., MAURER, D., DANNEMILLER, J.L., STEPHENS, B.R., & KLEINER-GATHERCOAL, K.A. (1999). Face perception during early infancy. *Psychological Science, 10,* 419–422.

MONTGOMERY, D.E. (1992). Young children's theory of knowing: The development of a folk epistemology. *Developmental Review, 12,* 410–430.

MOON, C., COOPER, R.P., & FIFER, W.P. (1993). Two-day-old infants prefer their native language. *Infant Behavior & Development, 16,* 495–500.

MORFORD, J.P., & GOLDIN-MEADOW, S. (1997). From here and now to there and then: The development of displaced reference in homesign and English. *Child Development, 68,* 420–435.

MORFORD, J.P., & KEGL, J.A. (2000). Gestural precursors to linguistic concepts: How input shapes the form of language. In D. McNeill (Ed.), *Language and gesture.* Cambridge, UK: Cambridge University Press.

MORGAN, J.L. (1996). A rhythmic bias in preverbal speech segmentation. *Journal of Memory & Language, 35,* 666–688.

MORISSETTE, P., RICARD, M., & GOUIN-DECARIE, T. (1995). Joint visual attention and pointing in infancy: A longitudinal study of comprehension. *British Journal of Developmental Psychology, 13,* 163–177.

MORRIS, A.K., & SLOUTSKY, V.M. (1998). Understanding of logical necessity: Developmental antecedents and cognitive consequences. *Child Development, 69,* 721–741.

MORRISON, F.J., GRIFFITH, E., & ALBERTS, D. (1997). Nature-nurture in the classroom: Entrance age, school readiness and learning in children. *Developmental Psychology, 33,* 254–262.

MORRISON, F.J., GRIFFITH, E.M., & FRAZIER, J.A. (1996). Schooling and the 5–7 shift: A natural experiment. In A. Sameroff & M.M. Haith (Eds.), *Reason and responsibility: The passage through childhood.* Chicago: University of Chicago Press.

MORRISON, F.J., SMITH, L., & DOW-EHRENBERGER, M. (1995). Education and cognitive development: A natural experiment. *Developmental Psychology, 31,* 789–799.

MORRONGIELLO, B.A., FENWICK, K.D., HILLIER, L., & CHANCE, G. (1994). Sound localization in newborn human infants. *Developmental Psychobiology, 27,* 519–538.

MORRONGIELLO, B.A., HUMPHREY, G.K., TIMNEY, B., CHOI, J., & ROCCA, P.T. (1994). Tactual object exploration and recognition in blind and sighted children. *Perception & Psychophysics, 23,* 833–848.

MOSHMAN, D. (1998). Cognitive development beyond childhood. In D. Kuhn & R.S. Siegler (Eds.), *Handbook of child psychology, Vol. 2: Cognition, perception & language.* (5th ed.). New York: Wiley.

MOSIER, C.E., & ROGOFF, B. (1994). Infants' instrumental use of their mothers to achieve their goals. *Child Development, 65,* 70–79.

MOSS, J., & CASE, R. (1999). Developing children's understanding of the rational numbers: A new model and an experimental curriculum. *Journal for Research in Mathematics Education, 30,* 122–147.

MUGNY, G., & DOISE, W. (1978). Socio-cognitive conflict and structure of individual and collective performance. *European Journal of Social Psychology, 8,* 181–192.

MUIR, D., ABRAHAM, W., FORBES, B., & HARRIS, L. (1979). The ontogenesis of an auditory localization response from birth to four months of age. *Canadian Journal of Psychology, 33,* 320–333.

MULLER, E., HOLLIEN, H., & MURRAY, T. (1974). Perceptual responses to infant crying: Identification of cry. *Journal of Child Language, 1,* 89–95.

MUNAKATA, Y. (1998). Infant perseveration and implications for object permanence theories: A PDP model of the A-not-B task. *Developmental Science, 1,* 161–184.

MUNAKATA, Y., MCCLELLAND, J.A., JOHNSON, M.H., & SIEGLER, R.S. (1997). Rethinking infant knowledge: Toward an adaptive process account of successes and failures in object permanence tasks. *Psychological Review, 104,* 686–713.

MUNROE, R.H., SHIMMIN, H.S., & MUNROE, R.L. (1984). Gender understanding and sex role preference in four cultures. *Developmental Psychology, 20,* 673–682.

MURPHY, C.M., & MESSER, D.J. (1977). Mothers, infants, and pointing: A study of gesture. In H.R. Schaffer (Ed.), *Studies of mother-infant interaction.* London: Academic Press.

MURRAY, A.D., JOHNSON, J., & PETERS, J. (1990). Fine-tuning of utterance length to preverbal infants: Effects on later language development. *Journal of Child Language, 17,* 511–525.

MURRAY, F., & ARMSTRONG, S. (1976). Necessity in conservation and nonconservation. *Developmental Psychology, 12,* 483–484.

MURRAY, F.B. (1972). Acquisition of conservation through social interaction. *Developmental Psychology, 6,* 1–6.

MURRAY, F.B. (1987). Necessity: The developmental component in school mathematics. In L.S. Liben (Ed.), *Development and learning: Conflict or congruence?* Hillsdale, NJ: Erlbaum.

MUSSEN, P.H., CONGER, J.J., KAGAN, J., & GEIWITZ, J. (1979). *Psychological development: A life-span approach.* New York: Harper & Row.

MYERS, N.A., CLIFTON, R.K., & CLARKSON, M.G. (1987). When they were very young: Almost threes remember two years ago. *Infant Behavior & Development, 10,* 123–132.

NADEL, L., & ZOLA-MORGAN, S. (1984). Infantile amnesia: A neurobiological perspective. In M. Moscovitch (Ed.), *Infant memory: Its relation to normal and pathological memory in humans and other animals.* New York: Plenum.

NADIG, A.S., & SEDIVY, J.C. (2002). Evidence of perspective-taking constraints in children's on-line reference resolution. *Psychological Science, 13,* 329–336.

NAGELL, K., OLGUIN, K., & TOMASELLO, M. (1993). Processes of social learning in the tool use of chimpanzees (*Pan troglodytes*) and human children (*Homo sapiens*). *Journal of Comparative Psychology, 107,* 174–186.

NAIGLES, L.R. (1990). Children use syntax to learn verb meanings. *Journal of Child Language, 17,* 357–374.

NAIGLES, L.R., & HOFF-GINSBERG, E. (1995). Input to verb learning: Evidence for the plausibility of syntactic bootstrapping. *Developmental Psychology, 31,* 827–837.

NAITO, M., & MIURA, H. (2001). Japanese children's numerical competencies: Age- and schooling-related influences on the development of number concepts and addition skills. *Developmental Psychology, 37,* 217–230.

NARENS, L., GRAF, G., & NELSON, T.O. (1996). Metacognitive aspects of implicit/explicit memory. In L.M. Reder (Ed.), *Memory and metacognition.* Mahwah, NJ: Erlbaum.

NATHAN, M.J., STEPHENS, A.C., MASARIK, D.K., ALIBALI, M.W., & KOEDINGER, K.R. (2002). Representational fluency in middle school: A classroom study. In D.S. Mewborn, P. Sztajn, D.Y. White, H.G. Wiegel, R.L. Bryant & K. Nooney (Eds.), *Proceedings of the twenty-fourth annual meeting of the North American Chapter of the International Group for the Psychology of Mathematics Education, Vol. 1.* Columbus, OH: ERIC Clearinghouse for Science, Mathematics and Environmental Education.

NATIONAL COUNCIL OF TEACHERS OF MATHEMATICS. (2000). *Principles and standards for school mathematics.* Reston, VA: Author.

NATIONAL READING PANEL (2000). *Teaching children to read: An evidence-based assessment of the scientific research literature on reading and its implications for reading instruction.* Washington, DC: National Institute of Child Health and Human Development.

NAUS, M.J., & ORNSTEIN, P.A. (1983). Development of memory strategies: Analysis, questions, and issues. In M.T.H. Chi (Ed.), *Trends in memory development research.* New York: Karger.

NAZZI, T., BERTONCINI, J., & MEHLER, J. (1998). Language discrimination by newborns: Towards an understanding of the role of rhythm. *Journal of Experimental Psychology: Human Perception & Performance, 24,* 756–766.

NEEDHAM, A. (2000). Improvements in object exploration skills may facilitate the development of object segregation in early infancy. *Journal of Cognition & Development, 1,* 131–156.

NEEDHAM, A. (2001). Object recognition and object segregation in 4.5-month-old infants. *Journal of Experimental Child Psychology, 78,* 3–24.

NEEDHAM, A., & BAILLARGEON, R. (1997). Object segregation in 8-month-old infants. *Cognition, 62,* 121–149.

NEEDHAM, A., & BAILLARGEON, R. (1998). Effects of prior experience on 4.5-month-old infants' object segregation. *Infant Behavior & Development, 21,* 1–24.

NEEDHAM, A., BAILLARGEON, R., & KAUFMAN, L. (1997). Object segregation in infancy. In L.P. Lipsitt & C. Rovee-Collier (Eds.), *Advances in infancy research* (Vol. 11). Norwood, NJ: Ablex.

NEISSER, U., & WEENE, P. (1962). Hierarchies in concept attainment. *Journal of Experimental Psychology, 64,* 640–645.

NELSON, C.A. (1995). The ontogeny of human memory: A cognitive neuroscience perspective. *Developmental Psychology, 31,* 723–738.

NELSON, K. (1973). Structure and strategy in learning to talk. *Monographs of the Society for Research in Child Development, 38*(1–2, Whole No. 149).

NELSON, K. (1978). How young children represent knowledge of their world in and out of language. In R.S. Siegler (Ed.), *Children's thinking: What develops?* Hillsdale, NJ: Erlbaum.

NELSON, K. (1993). The psychological and social origins of autobiographical memory. *Psychological Science, 4,* 1–8.

NELSON, K. (1996). *Language in cognitive development: The emergence of the mediated mind.* New York: Cambridge University Press.

NELSON, K. (1999). Levels and modes of representation: Issues for the theory of conceptual change and development. In P.H. Miller (Ed.), *Conceptual development: Piaget's legacy.* Mahwah, NJ: Erlbaum.

NELSON, K., & FIVUSH, R. (2000). Socialization of memory. In E. Tulving & F.I.M. Craik (Eds.), *The Oxford handbook of memory.* London: Oxford University Press.

NELSON, K., & HUDSON, J. (1988). Scripts and memory: Functional relationship in development. In F.E. Weinert & M. Perlmutter (Eds.), *Memory development: Universal changes and individual differences.* Hillsdale, NJ: Erlbaum.

NEVILLE, H.J. (1995a). Developmental specificity in neurocognitive development in humans. In M.S. Gazzaniga (Ed.), *The cognitive neurosciences.* Cambridge, MA: MIT Press.

NEVILLE, H.J. (1995b, June). *Brain plasticity and the acquisition of skill.* Paper presented at the Cognitive Neuroscience and Education Conference, Eugene, OR.

NEVILLE, H.J., & BAVELIER, D. (2002). Specificity and plasticity in neurocognitive development in humans. In M.H. Johnson, Y. Munakata & R.O. Gilmore (Eds.), *Brain development and cognition: A reader* (2nd ed.). Malden, MA: Blackwell.

NEVILLE, H.J., MILLS, D.L., & LAWSON, D.S. (1992). Fractionating language: Different neural subsystems with different sensitive periods. *Cerebral Cortex, 2,* 244–258.

NEWCOMBE, N. (1989). The development of spatial perspective taking. In H.W. Reese (Ed.), *Advances in child development and behavior* (Vol. 22). New York: Academic Press.

NEWCOMBE, N., & FOX, N.A. (1994). Infantile amnesia: Through a glass darkly. *Child Development, 65,* 31–40.

NEWCOMBE, N., & HUTTENLOCHER, J. (1992). Children's early ability to solve perspective-taking problems. *Developmental Psychology, 28,* 635–643.

NEWCOMBE, N., HUTTENLOCHER, J., & LEARMONTH, A. (1999). Infants' coding of location in continuous space. *Infant Behavior & Development, 22,* 483–510.

NEWCOMBE, N.S., DRUMMEY, A.B., FOX, N.A., LIE, E., & OTTINGER-ALBERTS, W. (2000). Remembering early childhood: How much, how and why (or why not). *Current Directions in Psychological Science, 9,* 55–58.

NEWCOMBE, N.S., & HUTTENLOCHER, J. (2000). *Making space: The development of spatial representation and reasoning.* Cambridge, MA: MIT Press.

NEWELL, A., & ROSENBLOOM, P.S. (1981). Mechanisms of skill acquisition and the law of practice. In J.R. Anderson (Ed.), *Cognitive skills and their acquisition*. Hillsdale, NJ: Erlbaum.

NEWPORT, E.L. (1990). Maturational constraints on language learning. *Cognitive Science, 14*, 11–28.

NGUYEN, S.P., & GELMAN, S.A. (2002). Four- and 6-year-olds' biological concept of death: The case of plants. *British Journal of Developmental Psychology, 20*, 495–513.

NICELY, P., TAMIS-LAMONDA, C.S., & BORNSTEIN, M.H. (1999). Mothers' attuned responses to infant affect expressivity promote earlier achievement of language milestones. *Infant Behavior & Development, 22*, 557–568.

NUCCI, L.P., & TURIEL, E. (1978). Social interactions and the development of social concepts in preschool children. *Child Development, 49*, 400–407.

OAKES, L.M. (1994). The development of infants' use of continuity cues in their perception of causality. *Developmental Psychology, 30*, 869–879.

OAKES, L.M., & COHEN, L.B. (1990). Infant perception of a causal event. *Cognitive Development, 5*, 193–207.

OAKES, L.M., & COHEN, L.B. (1995). Infant causal perception. In C. Rovee-Collier & L.P. Lipsitt (Eds.), *Advances in infancy research* (Vol. 9). Norwood, NJ: Ablex.

OAKHILL, J. (1988). The development of children's reasoning ability: Information-processing approaches. In K. Richardson & S. Sheldon (Eds.), *Cognitive development to adolescence*. Hillsdale, NJ: Erlbaum.

OAKSFORD, M., & CHATER, N. (1994). A rational analysis of the selection task as optimal data selection. *Psychological Review, 101*, 608–631.

OCHS, E., & SCHIEFFLEIN, B. (1995). The impact of language socialization on grammatical development. In P. Fletcher & B. MacWhinney (Eds.), *The handbook of child language*. Cambridge, MA: Blackwell.

OKAMOTO, Y., & CASE, R. (1996). Exploring the microstructure of children's central conceptual structures in the domain of number. In R. Case & Y. Okamoto (Eds.), *The role of central conceptual structures in the development of children's' thought. Monographs of the Society for Research in Child Development, 61*(1–2, Serial No. 246).

OLLER, D.K., & EILERS, R.E. (1988). The role of audition in babbling. *Child Development, 59*, 441–449.

OLSON, D.R. (1988). On the origins of beliefs and other intentional states in children. In J.W. Astington, P.L. Harris & D.R. Olson (Eds.), *Developing theories of mind*. Cambridge, UK: Cambridge University Press.

OLSON, R.K., FORSBERG, H., & WISE, B. (1994). Genes, environment, and the development of orthographic skills. In V.W. Berninger (Ed.), *The varieties of orthographic knowledge I: Theoretical and developmental issues*. Dordrecht, The Netherlands: Kluwer Academic Publishers.

O'NEILL, D.K., ASTINGTON, J.W., & FLAVELL, J.H. (1992). Young children's understanding of the role that sensory experiences play in knowledge acquisition. *Child Development, 63*, 474–490.

OPFER, J.E., & GELMAN, S.A. (2001). Children's and adults' models for predicting teleological action: The development of a biology-based model. *Child Development, 72*, 1367–1381.

ORNSTEIN, P., GORDON, B.N., & LARUS, D. (1992). Children's memory for a personally experienced event: Implications for testimony. *Applied Cognitive Psychology, 6*, 49–60.

ORNSTEIN, P.A., MEDLIN, R.G., STONE, B.P., & NAUS, M.J. (1985). Retrieving for rehearsal: An analysis of active rehearsal in children's memory. *Developmental Psychology, 21*, 635–641.

ORNSTEIN, P.A., & NAUS, M.J. (1985). Effects of the knowledge base on children's memory strategies. In H.W. Reese (Ed.), *Advances in child development and behavior* (Vol. 19). New York: Academic Press.

OSHERSON, D., & MARKMAN, E. (1975). Language and the ability to evaluate contradictions and tautologies. *Cognition, 3*, 213–226.

OVERTON, W.F., WARD, S.L., NOVECK, I.A., BLACK, J., & O'BRIEN, D.P., (1987). Form and content in the development of deductive reasoning. *Developmental Psychology, 23*, 22–30.

PALINCSAR, A.S., & BROWN, A.L. (1984). Reciprocal teaching of comprehension-fostering and monitoring activities. *Cognition & Instruction, 1*, 117–175.

PALINCSAR, A.S., BROWN, A.L., & CAMPIONE, J.C. (1993). First-grade dialogues for knowledge acquisition and use. In E.A. Forman, N. Minick, & C.A. Stone (Eds.), *Contexts for learning: Sociocultural dynamics in children's development*. New York: Oxford University Press.

PANAGOS, J.M., & PRELOCK, P.A. (1982). Phonological constraints on the sentence productions of language-disordered children. *Journal of Speech & Hearing Research, 25*, 171–177.

PAPERT, S. (1980). *Mindstorms: Children, computers, and powerful ideas*. New York: Basic Books.

PARIS, S.G. (1975). Integration and inference in children's comprehension and memory. In F. Restle, R. Shriffrin, J. Castellan, H. Lindman, & D. Pisoni (Eds.), *Cognitive theory* (Vol. 1). Hillsdale, NJ: Erlbaum.

PARKER, J. (1995). Age differences in source monitoring of performed and imagined actions on immediate and delayed tests. *Journal of Experimental Child Psychology, 60*, 84–101.

PASCALIS, O., DE HAAN, M., & NELSON, C.A. (2002). Is face processing species specific during the first year of life? *Science, 296*, 1321–1323.

PASCUAL-LEONE, J.A. (1970). A mathematical model for transition in Piaget's developmental stages. *Acta Psychologica, 32*, 301–345.

PASCUAL-LEONE, J.A. (1989). Constructive problems for constructive theories: The current relevance of Piaget's work and a critique of information processing simulation psychology. In H. Spada & R. Kluwe (Eds.), *Developmental models of thinking*. New York: Academic Press.

PASSOLUNGHI, M.C., & SIEGEL, L.S. (2001). Short-term memory, working memory, and inhibitory control in children with difficulties in arithmetic problem solving. *Journal of Experimental Child Psychology, 80*, 44–57.

PAUEN, S. (2002). Evidence for knowledge-based category discrimination in infancy. *Child Development, 73*, 1016–1033.

PEÑA, E., IGLESIAS, A., & LIDZ, C.S. (2001). Reducing test bias through dynamic assessment of children's word learning ability. *American Journal of Speech Language Pathology, 10*, 138–154.

PERFETTI, C.A. (1984). *Reading ability*. New York: Oxford University Press.

PERLMUTTER, M., & LANGE, G.A. (1978). A developmental analysis of recall-recognition distinctions. In P.A. Ornstein (Ed.), *Memory development in children*. Hillsdale, NJ: Erlbaum.

PERNER, J. (1991). *Understanding the representational mind*. Cambridge, MA: MIT Press.

PERNER, J., RUFFMAN, T., & LEEKAM, S.R. (1994). Theory of mind is contagious: You catch it from your sibs. *Child Development, 65*, 1228–1238.

PERRET-CLERMONT, A.N., & SCHUBAUER-LEONI, M.L. (1981). Conflict and cooperation as opportunities for learning. In W.P. Robinson (Ed.), *European monographs in social psychology* (Vol. 24). New York: Academic Press.

PERRIS, E.E., & CLIFTON, R.K. (1988). Reaching in the dark toward sound as a measure of auditory localization in 7-month-old infants. *Infant Behavior & Development, 11*, 477–495.

PERRY, D.G., & BUSSEY, K. (1979). The social learning theory of sex differences: Imitation is alive and well. *Journal of Personality & Social Psychology, 37*, 1699–1712.

PERRY, M., CHURCH, R.B., & GOLDIN-MEADOW, S. (1988). Transitional knowledge in the acquisition of concepts. *Cognitive Development, 3*, 359–400.

PERRY, M., & LEWIS, J.L. (1999). Verbal imprecision as an index of knowledge in transition. *Developmental Psychology, 35*, 749–759.

PESKIN, J. (1992). Ruse and reprsentations: On children's ability to conceal information. *Developmental Psychology, 28*, 84–89.

PETERSON, C. (2002). Children's long-term memory for autobiographical events. *Developmental Review, 22*, 370–402.

PETERSON, C., & RIDEOUT, R. (1998). Memory for medical emergencies experienced by 1- and 2-year-olds. *Developmental Psychology, 34*, 1059–1072.

PETERSON, C.C., & SIEGAL, M. (1997). Domain specificity and everyday biological, physical, and psychological thinking in normal, autistic, and deaf children. In H.M. Wellman & K. Inagaki (Eds.), *The emergence of core domains of thought: Children's reasoning about physical, psychological and biological phenomena*. San Francisco: Jossey-Bass.

PETERSON, C.C., & SIEGAL, M. (1999). Representing inner worlds: Theory of mind in autistic, deaf, and normal hearing children. *Psychological Science, 10*, 126–129.

PETERSON, C.C., & SIEGAL, M. (2000). Insights into theory of mind from deafness and autism. *Mind & Language, 15*, 123–145.

PETITTO, L.A. (1992). Modularity and constraints in early lexical acquisition: Evidence from children's first words/signs and gestures. In M. Gunnar & M. Maratsos (Eds.), *Minnesota Symposium on Child Psychology: Vol. 25. Modularity and constraints in language and cognition*. Hillsdale, NJ: Erlbaum.

PETITTO, L.A. (1995). In the beginning: On the genetic and environmental factors that make early language acquisition possible. In M. Gopnik & S. Davis (Eds.). *The biological basis of language*. Oxford, UK: Oxford University Press.

PETITTO, L.A., HOLOWKA, S., SERGIO, L.E., & OSTRY, D. (2001). Language rhythms in baby hand movements. *Nature, 413*, 35–36.

PETITTO, L.A., & MARENTETTE, P. (1991). Babbling in the manual mode: Evidence for the ontogeny of language. *Science, 25*, 1483–1496.

PHELPS, K.E., & WOOLLEY, J.D. (1994). The form and function of young children's magical beliefs. *Developmental Psychology, 30*, 385–394.

PHILLIPS, A.T., WELLMAN, H.M., & SPELKE, E.S. (2002). Infants' ability to connect gaze and emotional expression to intentional action. *Cognition, 85*, 53–78.

PHILLIPS, S.B.V.D., GOLDIN-MEADOW, S., & MILLER, P.J. (2001). Enacting stories, seeing worlds: Similarities and differences in the cross-cultural narrative development of linguistically isolated deaf children. *Human Development, 44*, 311–336.

PIAGET, J. (1946a). *The development of children's concept of time*. Paris: Presses Universitaires de France.

PIAGET, J. (1946b). *Les notions de mouvement et de vitesse ches l'enfant*. Paris: Presses Universitaires de France.

PIAGET, J. (1951). *Plays, dreams, and imitation in childhood*. New York: Norton.

PIAGET, J. (1952). *The origins of intelligence in children*. New York: International Universities Press.

PIAGET, J. (1954). *The construction of reality in the child*. New York: Basic Books.

PIAGET, J. (1969). *The child's conception of time*. New York: Ballantine.

PIAGET, J. (1970). *Psychology and epistemology*. New York: Norton.

PIAGET, J. (1971). *The construction of reality in the child*. New York: Ballantine.

PIAGET, J., & INHELDER, B. (1969). *The psychology of the child* (H. Weaver, Trans.). London: Routledge & Kegan Paul.

PIAGET, J., INHELDER, B., & SZEMINSKA, A. (1960). *The child's conception of geometry*. London: Routledge & Kegan Paul.

PILLEMER, D.B., & WHITE, S.H. (1989). Childhood events recalled by children and adults. In H.W. Reese (Ed.), *Advances in child development and behavior* (Vol. 21). New York: Academic Press.

PILLOW, B. (1989). Early understanding of perception as a source of knowledge. *Journal of Experimental Child Psychology, 47*, 116–129.

PILLOW, B. (1993). Preschool children's understanding of the relationship between modality of perceptual access and knowledge of perceptual properties. *British Journal of Developmental Psychology, 11*, 371–389.

PILLOW, B.H., HILL, V., BOYCE, A., & STEIN, C. (2000). Understanding inference as a source of knowledge: Children's ability to evaluate the certainty of deduction, perception, and guessing. *Developmental Psychology, 36*, 169–179.

PINE, K.J., & MESSER, D.J. (1998). Group collaboration effects and the explicitness of children's knowledge. *Cognitive Development, 13*, 109–126.

PINKER, S. (1984). *Language learnability and language development*. Cambridge, MA: Harvard University Press.

PINKER, S., & PRINCE, A. (1988). On language and connectionism: Analysis of a parallel distributed processing model of language acquisition. *Cognition, 28*, 73–193.

PLAUT, D.C., MCCLELLAND, J.L., SEIDENBERG, M.S., & PATTERSON, K.E. (1996). Understanding normal and impaired word reading: Computational principles in quasi-regular domains. *Psychological Review, 103*, 56–115.

PLUNKETT, K. (1996). *Connectionism and development: Neural networks and the study of change*. New York: Oxford University Press.

PLUNKETT, K., & MARCHMAN, V. (1993). From rote learning to system building: Acquiring verb morphology in children and connectionist nets. *Cognition, 48*, 21–69.

PLUNKETT, K., & SINHA, C. (1992). Connectionism and developmental theory. *British Journal of Developmental Psychology, 10*, 209–254.

POLLAK, S.D., & KISTLER, D.J. (2002). Early experience is associated with the development of categorical representations for facial expressions of emotion. *Proceedings of the National Academy of Science, 99*, 9072–9076.

POOLE, D.A., & LAMB, M.E. (1998). *Investigative interviews of children: A guide for helping professionals*. Washington, DC: American Psychological Association.

POOLE, D.A., & LINDSAY, D.S. (1995). Interviewing preschoolers: Effects of nonsuggestive techniques, parental coaching and leading questions on reports of nonexperienced events. *Journal of Experimental Child Psychology, 60*, 129–154.

POOLE, D.A., & WHITE, L. (1991). Effects of question repetition on the eyewitness testimony of children and adults. *Developmental Psychology, 27*, 975–986.

POOLE, D.A., & WHITE, L. (1993). Two years later: Effects of question repetition and retention interval on the eyewitness testimony of children and adults. *Developmental Psychology, 29*, 844–853.

POSNER, M.I., ROTHBART, M.K., THOMAS-THRAPP, L., & GERARDI, G. (1998). Development of orienting to locations and objects. In R. Wright (Ed.), *Visual attention*. New York: Oxford University Press.

POULIN-DUBOIS, D., LEPAGE, A., & FERLAND, D. (1996). Infants' concept of animacy. *Cognitive Development, 11*, 19–36.

POULIN-DUBOIS, D., SERBIN, L.A., & DERBYSHIRE, A. (1998). Toddlers' intermodal and verbal knowledge about gender. *Merrill-Palmer Quarterly, 44,* 338–354.

POWLISHTA, K.K., SERBIN, L.A., DOYLE, A.B., & WHITE, D.R. (1994). Gender, ethnic, and body type biases: The generality of prejudice in childhood. *Developmental Psychology, 30,* 526–536.

PRATT, C., & BRYANT, P.E. (1990). Young children understand that looking leads to knowing (so long as they are looking through a single barrel). *Child Development, 61,* 973–982.

PRATT, M.W., KERIG, P., COWAN, P.A., & COWAN, C.P. (1988). Mothers and fathers teaching 3-year-olds: Authoritative parenting and adult scaffolding of young children's learning. *Developmental Psychology, 24,* 832–839.

PRECHTL, H.F.R., CIONI, G., EINSPIELER, C., BOS, A.F., & FERRARI, F. (2001). Role of vision in early motor development: Lessons from the blind. *Developmental Medicine & Child Neurology, 43,* 198–201.

PRESSLEY, M. (1995). What is intellectual development about in the 1990s? Good information processing. In F.E. Weinert & W. Schneider (Eds.), *Memory performance and competencies: Issues in growth and development.* Hillsdale, NJ: Erlbaum.

PRESSLEY, M., LEVIN, J.R., & GHATALA, E.S. (1984). Memory strategy monitoring in adults and children. *Journal of Verbal Learning & Verbal Behavior, 23,* 270–288.

PRESSON, C.G., & IHRIG, L.H. (1982). Using matter as a spatial landmark: Evidence against egocentric coding in infancy. *Developmental Psychology, 18,* 699–703.

PRIEL, B., & DESCHONEN, S. (1986). Self-recognition: A study of a population without mirrors. *Journal of Experimental Child Psychology, 41,* 237–250.

PYE, C. (1992). The acquisition of K'iche' Maya. In D. Slobin (Ed.), *The crosslinguistic study of language acquisition* (Vol. 3). Hillsdale, NJ: Erlbaum.

QUINE, W.V.O. (1960). *Word and object.* Cambridge, MA: MIT Press.

QUINN, P.C., & EIMAS, P.D. (1995). Peceptual organization and categorization in young infants. In C. Rovee-Collier & L.P. Lipsitt (Eds.), *Advances in infancy research* (Vol. 11). Norwood, NJ: Ablex.

QUINN, P.C., EIMAS, P.D., & ROSENKRANTZ, S.L. (1993). Evidence for representations of perceptually similar natural categories by 3-month-old and 4-month-old infants. *Perception, 22,* 463–475.

QUINN, P.C., & JOHNSON, M.H. (1997). The emergence of perceptual category representations in young infants: A connectionist analysis. *Journal of Experimental Child Psychology, 66,* 236–263.

QUINN, P.C., & JOHNSON, M.H. (2000). Global-before-basic object categorization in connectionist networks and 2-month-old infants. *Infancy, 1,* 31–46.

QUINTANA, S.M. (1994). A model of ethnic perspective-taking ability applied to Mexican-American children and youth. *International Journal of Intercultural Relations, 18,* 419–448.

QUINTANA, S.M. (1998). Children's developmental understanding of ethnicity and race. *Applied & Preventive Psychology, 7,* 27–45.

RABINOWITZ, M., & CHI, M.T.H. (1987). An interactive model of strategic processing. In S.J. Ceci (Ed.), *Handbook of cognitive, social and neuropsychological aspects of learning disabilities* (Vol. 2). Hillsdale, NJ: Erlbaum.

RABINOWITZ, M., & WOOLEY, K.E. (1995). Much ado about nothing: The relation among computational skill, arithmetic word problem comprehension, and limited attentional resources. *Cognition & Instruction, 13,* 51–71.

RACK, J.P., SNOWLING, M.J., & OLSON, R.K. (1992). The nonword reading deficit in developmental dyslexia: A review. *Reading Research Quarterly, 27,* 29–53.

RADZISZEWSKA, B., & ROGOFF, B. (1988). Influence of adult and peer collaborators on children's planning skills. *Developmental Psychology, 24,* 840–848.

RADZISZEWSKA, B., & ROGOFF, B. (1991). Children's guided participation in planning imaginary errands with skilled adult or peer partners. *Developmental Psychology, 27,* 381–389.

RAIJMAKERS, M.E.J., VAN KOTEN, S., & MOLENAAR, P.C.M., (1996). On the validity of simulating stagewise development by means of PDP networks: Application of catastrophe analysis and an experimental test of rule-like network performance. *Cognitive Science, 20,* 101–139.

RAKISON, D.H., & OAKES, L.M. (Eds.). (2003). *Early category and concept development: Making sense of the blooming, buzzing confusion.* London: Oxford University Press.

RAKISON, D.H., & POULIN-DUBOIS, D. (2001). The developmental origin of the animate-inanimate distinction. *Psychological Bulletin, 127,* 209–228.

RAMSEY, P.G. (1991). Young children's awareness and understanding of social class differences. *Journal of Genetic Psychology, 152,* 71–82.

RAYNER, K., FOORMAN, B.R., PERFETTI, C.A., PESETSKY, D., & SEIDENBERG, M.S. (2001). How psychological science informs the teaching of reading. *Psychological Science in the Public Interest, 2,* 31–74.

REDER, L.M., & SCHUNN, C.D. (1996). Metacognition does not imply awareness: Strategy choice is governed by implicit learning and memory. In L.M. Reder (Ed.), *Memory and metacognition.* Mahwah, NJ: Erlbaum.

REESE, H.W. (1962). Verbal mediation as a function of age level. *Psychological Bulletin, 59,* 502–509.

REICH, P.A. (1986). *Language development.* Englewood Cliffs, NJ: Prentice-Hall.

REPACHOLI, B.M., & GOPNIK, A. (1997). Early reasoning about desires: Evidence from 14- and 18-month-olds. *Developmental Psychology, 33,* 12–21.

RESNICK, L.B., CAUZINILLE-MARMECHE, E., & MATHIEU, J. (1987). Understanding algebra. In J.A. Sloboda & D. Rogers (Eds.), *Cognitive processes in mathematics.* Oxford, UK: Clarendon Press.

RESNICK, L.B., LEVINE, H.M., & TEASLEY, S.D. (1991). *Perspectives on socially shared cognition.* Washington, DC: American Psychological Association.

RESNICK, L.B., NESHER, P., LEONARD, F., MAGONE, M., OMANSON, S., & PELED, I. (1989). Conceptual bases of arithmetic errors: The case of decimal fractions. *Journal for Research in Mathematics Education, 20,* 8–27.

RHOLES, W.S., & RUBLE, D.N. (1984). Children's understanding of dispositional characteristics of others. *Child Development, 55,* 550–560.

RICE, C., KOINIS, D., SULLIVAN, K., TAGER-FLUSBERG, H., & WINNER, E. (1997). When 3-year-olds pass the appearance-reality test. *Developmental Psychology, 33,* 54–61.

RICHARDS, D.D., & SIEGLER, R.S. (1984). The effects of task requirements on children's life judgements. *Child Development, 55,* 1687–1696.

RICHARDS, J.E., & HOLLEY, F.B. (1999). Infant attention and the development of smooth pursuit tracking. *Developmental Psychology, 35,* 856–867.

RIESER, J. (1979). Spatial orientation of six-month-old infants. *Child Development, 50,* 1078–1087.

RIESER, J.J., GARING, A.E., & YOUNG, M.F. (1994). Imagery, action, and young children's spatial orientation: It's not being there that counts, it's what one has in mind. *Child Development, 65,* 1262–1278.

RIESER, J.J., HILL, E.W., TALOR, C.R., BRADFIELD, A., & ROSEN, S. (1992). Visual experience, visual field size, and the development of nonvisual sensitivity to the spatial structure of outdoor neighborhoods explored by walking. *Journal of Experimental Psychology: General, 121,* 210–221.

Ritter, K. (1978). The development of knowledge of an external retrieval cue strategy. *Child Development, 49,* 1227–1230.

Rittle-Johnson, B., & Alibali, M.W. (1999). Conceptual and procedural knowledge of mathematics: Does one lead to the other? *Journal of Educational Psychology, 91,* 175–189.

Rittle-Johnson, B., & Siegler, R.S. (1999). Learning to spell: Variability, choice, and change in children's strategy use. *Child Development, 70,* 332–348.

Roberts, K. (1988). Retrieval of a basic-level category in prelinguistic infants. *Developmental Psychology, 24,* 21–27.

Robinson, E.J., & Robinson, W.P. (1981). Egocentrism in verbal referential communication. In M. Cox (Ed.), *Is the young child egocentric?* London: Concord.

Rochat, P. (2001). Origins of self-concept. In G. Bremner & A. Fogel (Eds.), *Blackwell handbook of infant development.* Malden, MA: Blackwell.

Rochat, P., Querido, J.G., & Striano, T. (1999). Emerging sensitivity to the timing and structure of proto-conversation in early infancy. *Developmental Psychology, 35,* 950–957.

Roedell, W.C., Jackson, N.E., & Robinson, H.B. (1980). *Gifted young children.* New York: Teachers College Press.

Roessler, J., & Dannemiller, J.L. (1997). Changes in infants' sensitivity to slow displacements over the first six months. *Vision Research, 37,* 417–423.

Rogoff, B. (1990). *Apprenticeship in thinking.* New York: Oxford University Press.

Rogoff, B. (1995). Observing sociocultural activity on three planes: Participatory appropriation, guided participation, and apprenticeship. In A. Alvarez (Ed.), *Sociocultural studies of mind.* Cambridge, UK: Cambridge University Press.

Rogoff, B. (1997). Evaluating development in the process of participation: Theory, methods and practice building on each other. In E. Amsel & K.A. Renninger (Eds.), *Change and development: Issues of theory, method, and application.* Mahwah, NJ: Erlbaum.

Rogoff, B. (1998). Cognition as a collaborative process. In D. Kuhn & R.S. Siegler (Eds.), *Handbook of child psychology: Vol. 2. Cognition, perception, & language* (5th ed.). New York: Wiley.

Rogoff, B., Ellis, S., & Gardner, W. (1984). Adjustment of adult-child instruction according to child's age and task. *Developmental Psychology, 20,* 193–199.

Rogoff, B., Mistry, J., Göncü, A., & Mosier, C. (1993). Guided participation in cultural activity by toddlers and caregivers. *Monographs of the Society for Research in Child Development, 58*(8, Serial No. 236).

Rogoff, B., Topping, K., Baker-Sennett, J., & Lacasa, P. (2002). Mutual contributions of individuals, partners, and institutions: Planning to remember in Girl Scout cookie sales. *Social Development, 11,* 266–289.

Rosch, E., & Mervis, C.B. (1975). Family resemblances: Studies in the internal structure of categories. *Cognitive Psychology, 7,* 573–605.

Rosch, E., Mervis, C.B., Gray, W.D., Johnson, D.M. & Boyes-Braem, P. (1976). Basic objects in natural categories. *Cognitive Psychology, 8,* 382–439.

Rose, S.A., & Feldman, J.F. (1995). Prediction of IQ and specific cognitive abilities at 11 years from infancy measures. *Developmental Psychology, 31,* 685–696.

Rose, S.A. & Feldman, J.F. (1997). Memory and speed: Their role in the relation of infant information processing to later IQ. *Child Development, 68,* 630–641.

Rose, S.A., Feldman, J.F., & Wallace, I.F. (1992). Infant information processing in relation to six-year cognitive outcome. *Child Development, 63,* 1126–1141.

Rosengren, K.S., Gelman, S.A., Kalish, C.W., & McCormick, M. (1991). As time goes by: Children's early understanding of growth in animals. *Child Development, 62,* 1302–1320.

Rosengren, K.S., Kalish, C.W., Hickling, A.K., & Gelman, S. (1994). Exploring the relation between preschool children's magical beliefs and causal thinking. *British Journal of Developmental Psychology, 12,* 69–82.

Rosenshine, B., & Meister, C. (1994). Reciprocal teaching: A review of research. *Review of Educational Research, 64,* 479–530.

Rovee, C.K., & Fagen, J.W. (1976). Extended conditioning and 24-hour retention in infants. *Journal of Experimental Child Psychology, 21,* 1–11.

Rovee-Collier, C. (1989). *The "memory system" of prelinguistic infants.* Paper presented at the Conference on the Development and Neural Bases of Higher Cognitive Functions, Chestnut Hill, PA.

Rovee-Collier, C. (1995). Time windows in cognitive development. *Developmental Psychology, 31,* 147–169.

Rovee-Collier, C. (1999). The development of infant memory. *Current Directions in Psychological Science, 8,* 80–85.

Rovee-Collier, C., Adler, S.A., & Borza, M. (1994). Substituting new details for old? Effects of delaying postevent information on infant memory. *Memory & Cognition, 22,* 644–656.

Rovee-Collier, C., Evancio, S., & Earley, L.A. (1995). The time window hypothesis: Spacing effects. *Infant Behavior & Development, 18,* 69–78.

Rubenstein, A.J., Kalkanis, L., & Langlois, J.H. (1999). Infant preferences for attractive faces: A cognitive explanation. *Developmental Psychology, 35,* 848–855.

Rubin, D.C. (2000). The distribution of early childhood memories. *Memory, 8,* 265–269.

Ruble, D.N., & Dweck, C.S. (1995). Self-perceptions, person conceptions, and their development. In N. Eisenberg (Ed.), *Social development.* Thousand Oaks, CA: Sage.

Rueckert, L., Lange, N., Partiot, A., Appollonio, I., Litvan, I., Le Bihan, D., & Grafman, J. (1996). Visualizing cortical activation during mental calculation with functional MRI. *Neuroimage, 3,* 97–103.

Ruffman, T., Perner, J., Naito, M., Parkin, L., & Clements, W.A. (1998). Older (but not younger) siblings facilitate false belief understanding. *Developmental Psychology, 34,* 161–174.

Ruffman, T., Slade, L., & Crowe, E. (2002). The relation between children's and mothers' mental state language and theory-of-mind understanding. *Child Development, 73,* 734–751.

Russell, J. (1982). Cognitive conflict, transmission, and justification: Conservation attainment through dyadic interaction. *Journal of Genetic Psychology, 140,* 283–297.

Russell, J., Jarrold, C., & Potel, D. (1994). What makes strategic deception difficult for children—the deception or the strategy? *British Journal of Developmental Psychology, 12,* 301–314.

Sachs, J., & Devin, J. (1976). Young children's use of age-appropriate speech styles in social interaction and role playing. *Journal of Child Language, 3,* 81–98.

Saffran, J.R. (2003a). Absolute pitch in infancy and adulthood: The role of tonal structure. *Developmental Science, 6,* 35–43.

Saffran, J.R. (2003b). Statistical language learning: Mechanisms and constraints. *Current Directions in Psychological Science, 12,* 110–114.

Saffran, J.R., Aslin, R.N., & Newport, E.L. (1996). Statistical learning by 8-month-old infants. *Science, 274,* 1926–1928.

SAFFRAN, J.R., & GRIEPENTROG, G.J. (2001). Absolute pitch in infant auditory learning: Evidence for developmental reorganization. *Developmental Psychology, 37*, 74–85.

SALAPATEK, P. (1975). Pattern perception in early infancy. In L.B. Cohen & P. Salapatek (Eds.), *Infant perception: From sensation to cognition.* New York: Academic Press.

SAMARAPUNGAVAN, A., VOSNIADOU, S., & BREWER, W.F. (1996). Mental models of the earth, sun, and moon: Indian children's cosmologies. *Cognitive Development, 11*, 491–521.

SAMUELSON, L.K., & SMITH, L.B. (1998). Memory and attention make smart word learning: An alternative account of Akhtar, Carpenter and Tomasello. *Child Development, 69*, 94–104.

SAMUELSON, L.K., & SMITH, L.B. (2000a). Children's attention to rigid and deformable shape in naming and non-naming tasks. *Child Development, 71*, 1555–1570.

SAMUELSON, L.K., & SMITH, L.B. (2000b). Grounding development in cognitive processes. *Child Development, 71*, 98–106.

SAYWITZ, K., GOODMAN, G., NICHOLS, G., & MOAN, S. (1991). Children's memory of a physical examination involving genital touch: Implications for reports of child sexual abuse. *Journal of Consulting & Clinical Psychology, 5*, 682–691.

SCARDAMALIA, M., & BEREITER, C. (1984). Written composition. In M. Wittrock (Ed.), *Handbook of research on teaching*, 3rd edition. New York: Macmillan.

SCHACTER, D.L. (1987). Implicit memory: History and current status. *Journal of Experimental Psychology: Learning, Memory, & Cognition, 13*, 501–518.

SCHAUBLE, L. (1990). Belief revision in children: The role of prior knowledge and strategies for generating evidence. *Journal of Experimental Child Psychology, 49*, 31–57.

SCHAUBLE, L. (1996). The development of scientific reasoning in knowledge-rich contexts. *Developmental Psychology, 32*, 102–119.

SCHELLENBERG, E.G., & TREHUB, S.E. (1996). Natural musical intervals: Evidence from infant listeners. *Psychological Science, 7*, 272–277.

SCHIEFFLEIN, B.B. (1990). *The give and take of everyday life: Language socialization of Kaluli children.* Cambridge, UK: Cambridge University Press.

SCHLAGMUELLER, M., & SCHNEIDER, W. (2002). The development of organizational strategies in children: Evidence from a microgenetic longitudinal study. *Journal of Experimental Child Psychology, 81*, 298–319.

SCHLESINGER, I.M. (1982). *Steps to language: Towards a theory of native language acquisition.* Hillsdale, NJ: Erlbaum.

SCHLOTTMAN, A., ALLEN, D., LINDEROTH, C., & HESKETH, S. (2002). Perceptual causality in children. *Child Development, 73*, 1656–1677.

SCHNEIDER, B.A., TREHUB, S.E., & BULL, D. (1979). The development of basic auditory processes in infants. *Canadian Journal of Psychology, 33*, 306–319.

SCHNEIDER, W. (1986). The role of conceptual knowledge and metamemory in the development of organizational processes in memory. *Journal of Experimental Child Psychology, 42*, 318–336.

SCHNEIDER, W., & BJORKLUND, D.F. (1998). Memory. In D. Kuhn & R.S. Siegler (Eds.), *Handbook of child psychology: Vol. 2. Cognition, perception, & language* (5th ed.). New York: Wiley.

SCHNEIDER, W., GRUBER, H., GOLD, A., & OPWIS, K. (1993). Chess expertise and memory for chess positions in children and adults. *Journal of Experimental Child Psychology, 56*, 328–349.

SCHNEIDER, W., KORKEL, J., & WEINERT, F.E. (1989). Domain-specific knowledge and memory performance: A comparison of high- and low-aptitude children. *Journal of Educational Psychology, 81*, 306–312.

SCHNEIDER, W., & PRESSLEY, M. (1989). *Memory development between 2 and 20.* New York: Springer-Verlag.

SCHNEIDER, W., & SODIAN, B. (1988). Metamemory-memory relationships in preschool children: Evidence from a memory-for-location task. *Journal of Experimental Child Psychology, 45*, 209–233.

SCHOLNICK, E.K., & WING, C.S. (1995). Logic in conversation: Comparative studies of deduction in children and adults. *Cognitive Development, 10*, 319–346.

SCHWARTZ, D.L. (1995). The emergence of abstract representations in dyad problem solving. *Journal of the Learning Sciences, 4*, 321–354.

SCHWEBEL, D.C., ROSEN, C.S., & SINGER, J.L. (1999). Preschoolers' pretend play and theory of mind: The role of jointly constructed pretence. *British Journal of Developmental Psychology, 17*, 333–348.

SEIDENBERG, M.S., & MCCLELLAND, J.L. (1989). A distributed, developmental model of word recognition and naming. *Psychological Review, 96*, 523–568.

SENGHAS, A., & COPPOLA, M. (2001). Children creating language: How Nicaraguan Sign Language acquired a spatial grammar. *Psychological Science, 12*, 323–328.

SERBIN, L.A., POULIN-DUBOIS, D., COLBURNE, K.A., SEN, M.G., & EICHSTEDT, J.A. (2001). Gender stereotyping in infancy: Visual preferences for and knowledge of gender-stereotyped toys in the second year. *International Journal of Behavioral Development, 25*, 7–15.

SHAKLEE, H. (1979). Bounded rationality and cognitive development: Upper limits on growth? *Cognitive Psychology, 11*, 327–345.

SHAKLEE, H., & ELEK, S. (1988). Cause and covariate: Development of two related concepts. *Cognitive Development, 3*, 1–13.

SHANTZ, C.U. (1983). Social cognition. In J.H. Flavell & E.M. Markman (Eds.), *Handbook of child psychology, Vol. 3: Cognitive development.* New York: Wiley.

SHARE, D.L., & STANOVICH, K.E. (1995). Cognitive processes in early reading development: A model of acquisition and individual differences. *Issues in Education: Contributions from Educational Psychology, 1*, 1–57.

SHATZ, M., & GELMAN, R. (1973). The development of communication skills: Modifications in the speech of young children as a function of listener. *Monographs of the Society for Research in Child Development, 38*(5, Serial No. 152).

SHI, R., & WERKER, J.F. (2001). Six-month-old infants' preference for lexical words. *Psychological Science, 12*, 70–75.

SHI, R., WERKER, J.F., & MORGAN, J.L. (1999). Newborn infants' sensitivity to perceptual cues to lexical and grammatical words. *Cognition, 72*, B11–B21.

SHIMOJO, S., BAUER, J.A., O'CONNELL, K.M., & HELD, R. (1986). Prestereoptic binocular vision in infants. *Vision Research, 26*, 501–510.

SHRAGER, J., & SIEGLER, R.S. (1998). SCADS: A model of children's strategy choices and strategy discoveries. *Psychological Science, 9*, 405–410.

SHULTZ, T.R. (1980). Development of the concept of intention. In W.A. Collins (Ed.), *Minnesota Symposium on Child Psychology: Vol. 13. Development of cognition, affect, and social relations.* Hillsdale, NJ: Erlbaum.

SHULTZ, T.R. (1998). A computational analysis of conservation. *Developmental Science, 1*, 103–126.

SHULTZ, T.R. (2003). *Computational developmental psychology.* Cambridge, MA: MIT Press.

SHULTZ, T.R., ALTMANN, E., & ASSELIN, J. (1986). Judging causal priority. *British Journal of Developmental Psychology, 4*, 67–74.

SHULTZ, T.R., & BALE, A.C. (2001). Neural network simulation of infant familiarization to artificial sentences: Rule-like behavior without explicit rules and variables. *Infancy, 2,* 501–536.

SHULTZ, T.R., FISHER, G.W., PRATT, C.C., & RULF, S. (1986). Selection of causal rules. *Child Development, 57,* 143–152.

SHULTZ, T.R., SCHMIDT, W.C., BUCKINGHAM, D., & MARESCHAL, D. (1995). Modeling cognitive development with a generative connectionist algorithm. In T. Simon & G. Halford (Eds.), *Developing cognitive competence: New approaches to process modeling*. Hillsdale, NJ: Erlbaum.

SIEGAL, M., & PETERSON, C.C. (1994). Children's theory of mind and the conversational territory of cognitive development. In C. Lewis & P. Mitchell (Eds.), *Children's early understanding of mind: Origins and development.* Hillsdale, NJ: Erlbaum.

SIEGLER, R.S. (1976). Three aspects of cognitive development. *Cognitive Psychology, 8,* 481–520.

SIEGLER, R.S. (1978). The origins of scientific reasoning. In R.S. Siegler (Ed.), *Children's thinking: What develops?* Hillsdale, NJ: Erlbaum.

SIEGLER, R.S. (1981). Developmental sequences within and between concepts. *Monographs of the Society for Research in Child Development, 46*(2, Whole No. 189).

SIEGLER, R.S. (1986). Unities in strategy choices across domains. In M. Perlmutter (Ed.), *Minnesota Symposium on Child Psychology: Vol. 19. Perspectives on intellectual development.* Hillsdale, NJ: Erlbaum.

SIEGLER, R.S. (1987a). Strategy choices in subtraction. In J. Sloboda & D. Rogers (Eds.) *Cognitive processes in mathematics.* Oxford, UK: Clarendon.

SIEGLER, R.S. (1987b). The perils of averaging data over strategies: An example from children's addition. *Journal of Experimental Psychology: General, 116,* 250–264.

SIEGLER, R.S. (1988a). Individual differences in strategy choices: Good students, not-so-good students, and perfectionists. *Child Development, 59,* 833–851.

SIEGLER, R.S. (1988b). Strategy choice procedures and the development of multiplication skill. *Journal of Experimental Psychology: General,* 117, 258–275.

SIEGLER, R.S. (1994). Cognitive variability: A key to understanding cognitive development. *Current Directions in Psychological Science, 3,* 1–5.

SIEGLER, R.S. (1995). How does change occur: A microgenetic study of number conservation. *Cognitive Psychology, 28,* 225–273.

SIEGLER, R.S. (1996). *Emerging minds: The process of change in children's thinking.* New York: Oxford University Press.

SIEGLER, R.S. (2000). The rebirth of children's learning. *Child Development, 71,* 26–35.

SIEGLER, R.S. (2002). Microgenetic studies of self-explanation. In N. Granott & J. Parziale (Eds.), *Microdevelopment: Transition processes in development and learning.* Cambridge, UK: Cambridge University Press.

SIEGLER, R.S., & CROWLEY, K. (1991). The microgenetic method: A direct means for studying cognitive development. *American Psychologist, 46,* 606–620.

SIEGLER, R.S., & CROWLEY, K. (1994). Constraints on learning in non-privileged domains. *Cognitive Psychology, 27,* 194–227.

SIEGLER, R.S., & JENKINS, E.A. (1989). *How children discover new strategies.* Hillsdale, NJ: Erlbaum.

SIEGLER, R.S., & RICHARDS, D.D. (1979). The development of speed, time, and distance concepts. *Developmental Psychology, 15,* 288–298.

SIEGLER, R.S., & ROBINSON, M. (1982). The development of numerical understandings. In H.W. Reese & L.P. Lipsitt (Eds.), *Advances in child development and behavior* (Vol. 16). New York: Academic Press.

SIEGLER, R.S., & SHIPLEY, C. (1995). Variation, selection, and cognitive change. In T. Simon & G. Halford (Eds.), *Developing cognitive competence: New approaches to process modeling.* Hillsdale, NJ: Erlbaum.

SIEGLER, R.S., & SHRAGER, J. (1984). Strategy choices in addition and subtraction: How do children know what to do? In C. Sophian (Ed.), *The origins of cognitive skills.* Hillsdale, NJ: Erlbaum.

SIEGLER, R.S., & STERN, E. (1998). Conscious and unconscious strategy discoveries: A microgenetic analysis. *Journal of Experimental Psychology: General, 127,* 377–397.

SIEGLER, R.S., & SVETINA, M. (2002). A microgenetic/cross-sectional study of matrix completion: Comparing short-term and long-term change. *Child Development, 73,* 793–809.

SIGMAN, M., COHEN, S.E., & BECKWITH, L. (1997). Why does infant behavior predict adolescent intelligence? *Infant Behavior & Development, 20,* 133–140.

SILVER, E.A. (1983). Probing young adults' thinking about rational numbers. *Focus on Learning Problems in Mathematics, 5,* 105–117.

SIMON, T., & KLAHR, D. (1995). A theory of children's learning about number conservation. In T. Simon & G. Halford (Eds.), *Developing cognitive competence: New approaches to process modeling.* Hillsdale, NJ: Erlbaum.

SIMON, T.J., HESPOS, S.J., & ROCHAT, P. (1995). Do infants understand simple arithmetic? A replication of Wynn (1992). *Cognitive Development, 10,* 253–269.

SIMONS, D.J., & KEIL, F.C. (1995). An abstract to concrete shift in the development of biological thought. *Cognition, 56,* 129–163.

SIQUELAND, E.R., & LIPSITT, L.P. (1966). Conditioned head turning in human newborns. *Journal of Experimental Child Psychology, 3,* 356–376.

SLATER, A., MATTOCK, A., & BROWN, E. (1990). Size constancy at birth: Newborn infants' responses to retinal and real size. *Journal of Experimental Child Psychology, 49,* 314–322.

SLATER, A., & QUINN, P.C. (2001). Face recognition in the newborn infant. *Infant & Child Development, 10,* 21–24.

SLATER, A., VON DER SCHULENBURG, C., BROWN, E., BADENOCH, M., BUTTERWORTH, G., PARSONS, S., & SAMUELS, C. (1998). Newborn infants prefer attractive faces. *Infant Behavior & Development, 21,* 345–354.

SLEEMAN, D.H. (1985). Basic algebra revisited: A study with 14-year-olds. *International Journal of Man-Machine Studies, 22,* 127–149.

SLOBIN, D.I. (1986). Crosslinguistic evidence for the language-making capacity. In D.I. Slobin (Ed.), *The crosslinguistic study of language acquisition.* Hillsdale, NJ: Erlbaum.

SMETANA, J.G., & BRAEGES, J.L. (1990). The development of toddlers' moral and conventional judgements. *Merrill-Palmer Quarterly, 36,* 329–346.

SMETANA, J.G., & LETOURNEAU, K.S. (1984). Development of gender constancy and children's sex-typed free play behavior. *Developmental Psychology, 20,* 691–696.

SMILEY, P., & HUTTENLOCHER, J. (1989). Young children's acquisition of emotion concepts. In C. Saarni & P.L. Harris (Eds.), *Children's understanding of emotion.* Cambridge, UK: Cambridge University Press.

SMILEY, S.S. & BROWN, A.L. (1979). Conceptual preference for thematic or taxonomic relations: A nonmonotonic age trend from preschool to old age. *Journal of Experimental Child Psychology, 28,* 249–257.

SMITH, A. (1984). Early and long-term recovery from brain damage in children and adults: Evolution of concepts of localization, plasticity, and recovery. In C.R. Almli & S. Finger (Eds.), *Early brain damage* (Vol. 2). New York: Academic Press.

SMITH, L.B., JONES, S.S., & LANDAU, B. (1992). Count nouns, adjectives, and perceptual properties in children's novel word interpretations. *Developmental Psychology, 28,* 273–286.

SMITH, L.B., JONES, S.S., LANDAU, B., & GERSHKOFF-STOWE, L. (2002). Object name learning provides on-the-job training for attention. *Psychological Science, 13,* 13–19.

SMITH, M.E. (1926). An investigation of the development of the sentence and the extent of vocabulary in young children. *University of Iowa Studies in Child Welfare, 3*(Whole No. 5).

SMITH, N.V. (1973). *The acquisition of phonology: A case study.* Cambridge, UK: Cambridge University Press.

SMITH-HEFNER, B. (1988). The linguistic socialization of Javanese children. *Anthropological Linguistics, 30,* 166–198.

SNOW, C.E. (1986). Conversations with children. In P. Fletcher & M. Garman (Eds.), *Language acquisition: Studies in first language development.* Cambridge, UK: Cambridge University Press.

SNOW, C.E., & HOEFNAGEL-HOHLE, M. (1978). The critical period for language acquisition; Evidence from second language learning. *Child Development, 49,* 1114–1128.

SODIAN, B., ZAITCHIK, D., & CAREY, S. (1991). Young children's differentiation of hypothetical beliefs from evidence. *Child Development, 62,* 753–766.

SOJA, N.N., CAREY, S., & SPELKE, E.S. (1991). Ontological categories guide young children's inductions of word meaning: Object terms and substance terms. *Cognition, 38,* 179–211.

SOLOMON, G.E.A., & JOHNSON, S.C. (2000). Conceptual change in the classroom: Teaching young children to understand biological inheritance. *British Journal of Developmental Psychology, 18,* 81–96.

SOLOMON, G.E.A., JOHNSON, S.C., ZAITCHIK, D., & CAREY, S. (1996). Like father, like son: Young children's understanding of how and why offspring resemble their parents. *Child Development, 67,* 151–171.

SONNENSCHEIN, S. (1986). Development of referential communication skills: How familiarity with a listener affects speaker's production of redundant messages. *Developmental Psychology, 22,* 549–552.

SONNENSCHEIN, S. (1988). The development of referential communication: Speaking to different listeners. *Child Development, 59,* 694–702.

SOPHIAN, C. (1984). Developing search skills in infancy and early childhood. In C. Sophian (Ed.), *Origins of cognitive skills.* Hillsdale, NJ: Erlbaum.

SOPHIAN, C. (1987). Early developments in children's use of counting to solve quantitative problems. *Cognition & Instruction, 4,* 61–90.

SOPHIAN, C., & HUBER, A. (1984). Early developments in children's causal judgments. *Child Development, 55,* 512–526.

SOPHIAN, C., & STIGLER, J.W. (1981). Does recognition memory improve with age? *Journal of Experimental Child Psychology, 32,* 343–353.

SORCE, J.F., EMDE, R.N., CAMPOS, J.J., & KLINNERT, M.D. (1985). Maternal emotional signaling: Its effect on the visual cliff behavior of 1-year-olds. *Developmental Psychology, 21,* 195–200.

SPEAR, N.E. (1984). Ecologically determined dispositions control the ontogeny of learning and memory. In R. Kail & N.E. Spear (Eds.), *Comparative perspectives on the development of memory.* Hillsdale, NJ: Erlbaum.

SPEER, J.R., & FLAVELL, J.H. (1979). Young children's knowledge of the relative difficulty of recognition and recall memory tasks. *Developmental Psychology, 15,* 214–217.

SPELKE, E.S. (1976). Infants' intermodal perception of events. *Cognitive Psychology, 8,* 553–560.

SPELKE, E.S. (1994). Initial knowledge: Six suggestions. *Cognition, 50,* 431–445.

SPELKE, E.S. (2000). Core knowledge. *American Psychologist, 55,* 1233–1243.

SPELKE, E.S., BREINLINGER, K., MACOMBER, J., & JACOBSON, K. (1992). Origins of knowledge. *Psychological Review, 99,* 605–632.

SPELKE, E.S., & NEWPORT, E.L. (1998). Nativism, empiricism, and the development of knowledge. In R.M. Lerner (Ed.), *Handbook of child psychology: Vol. 1. Theoretical models of human development* (5th ed.). New York: Wiley.

SPELKE, E.S., PHILLIPS, A.T., & WOODWARD, A.L. (1995). Infants' knowledge of object motion and human action. In D. Sperber, D. Premack, & A.J. Premack (Eds.), *Causal cognition: A multidisciplinary debate.* Oxford, UK: Clarendon Press.

SPELKE, E.S., & VAN DE WALLE, G. (1993). Perceiving and reasoning about objects: Insights from infants. In N. Eilan, W. Brewer, & R. McCarthy (Eds.), *Spatial representation.* Oxford, UK: Blackwell.

SPENCER, J.P., SMITH, L.B., & THELEN, E. (2001). Tests of a dynamic systems account of the A-not-B error: The influence of prior experience on the spatial memory abilities of two-year-olds. *Child Development, 72,* 1327–1346.

SPERLING, G. (1960). The information available in brief visual presentation. *Psychological Monographs, 74*(Whole No. 176).

SPRINGER, K. (1995). Acquiring a naive theory of kinship through inference. *Child Development, 66,* 547–558.

SPRINGER, K. (1999). How a naive theory of biology is acquired. In M.E. Siegal & C.C.E. Petersen (Eds.), *Children's understanding of biology and health.* New York: Cambridge University Press.

SPRINGER, K., & KEIL, F.C. (1991). Early differentiation of causal mechanisms appropriate to biological and nonbiological kinds. *Child Development, 62,* 767–781.

SPRINGER, K., NGYUEN, T., & SAMANIEGO, R. (1996). Early understanding of age- and environment-related noxiousness in biological kinds: Evidence for a naive theory. *Cognitive Development, 11,* 65–82.

STANOVICH, K.E. (1986). Matthew effects in reading: Some consequences of individual differences in the acquisition of literacy. *Reading Research Quarterly, 21,* 360–406.

STANOVICH, K.E., SIEGEL, L.S., & GOTTARDO, A. (1997). Converging evidence for phonological and surface subtypes of reading disability. *Journal of Educational Psychology, 89,* 114–127.

STARKEY, P. (1992). The early development of numerical reasoning. *Cognition, 43,* 93–126.

STARKEY, P., & COOPER, R.S. (1980). Perception of numbers by human infants. *Science, 210,* 1033–1035.

STARKEY, P., SPELKE, E.S., & GELMAN, R. (1990). Numerical abstraction by human infants. *Cognition, 36,* 97–128.

STASZEWSKI, J.J. (1988). Skilled memory and expert mental calculation. In M.T.H. Chi, R. Glaser, & M.J. Farr (Eds.), *The nature of expertise.* Hillsdale, NJ: Erlbaum.

STERN, D.N., SPIEKER, S., & MACKAIN, C. (1982). Intonation contours as signals in maternal speech to prelinguistic infants. *Developmental Psychology, 18,* 727–735.

STERN, E. (1992). Spontaneous use of conceptual mathematical knowledge in elementary school children. *Contemporary Educational Psychology, 17,* 266–277.

STERN, E. (1993). What makes certain arithmetic word problems involving comparison of sets so difficult for children? *Journal of Educational Psychology, 85,* 7–23.

STERNBERG, R.J. (1984). Mechanisms of cognitive development: A componential approach. In R.J. Sternberg, (Ed.) *Mechanisms of cognitive development.* New York: Freeman.

STERNBERG, R.J. (1985). *Beyond IQ: A triarchic theory of human intelligence*. New York: Cambridge University Press.

STERNBERG, R.J. (1989). Domain-generality versus domain-specificity: The life and impending death of a false dichotomy. *Merrill-Palmer Quarterly, 35*, 115–130.

STERNBERG, R.J. (1997). *Successful intelligence*. New York: Plume.

STERNBERG, R.J. (1999). The theory of successful intelligence. *Review of General Psychology, 3*, 292–316.

STERNBERG, R.J., FERRARI, M., CLINKENBEARD, P., & GRIGORENKO, E.L. (1996). Identification, instruction, and assessment of gifted children: A construct validation of a triarchic model. *Gifted Child Quarterly, 40*, 129–137.

STERNBERG, R.J., TORFF, B., & GRIGORENKO, E.L. (1998). Teaching triarchically improves school achievement. *Journal of Educational Psychology, 90*, 374–384.

STEVENSON, H.W., & STIGLER, J.W. (1992). *The learning gap: Why our schools are failing and what we can learn from Japanese and Chinese education*. New York: Simon and Schuster.

STICHT, T.G., & JAMES, J.H. (1984). Listening and reading. In P.D. Pearson (Ed.), *Handbook of reading research, Part 2*. New York: Longman.

STIGLER, J.W. (1984). Mental abacus: The effect of abacus training on Chinese children's mental calculations. *Cognitive Psychology, 16*, 145–176.

STILES, J., BATES, E.A., THAL, D., TRAUNER, D.A., & REILLY, J. (2002). Linguistic and spatial cognitive development in children with pre- and peri-natal focal brain injury: A ten-year overview from the San Diego Longitudinal Project. In M.H. Johnson, Y. Munakata & R.O. Gilmore (Eds.), *Brain development and cognition: A reader* (2nd ed.). Oxford, UK: Blackwell.

STILES, J., & THAL, D. (1993). Linguistic and spatial cognitive development following early focal brain injury: Patterns of deficit and recovery. In M.H. Johnson (Ed.), *Brain development and cognition: A reader*. Oxford, UK: Blackwell.

STIPEK, D. (2002). At what age should children enter kindergarten? A question for policy makers and parents. *Social Policy Report of the Society for Research in Child Development, 16*.

STIPEK, D.J. (1984). Young children's performance expectations: Logical analysis or wishful thinking? In J.G. Nicholls (Ed.), *Advances in motivation and achievement, Vol. 3: The development of achievement motivation*. Greenwich, CT: JAI Press.

STIPEK, D.J., GRALINSKI, J.H., & KOPP, C.B. (1990). Self-concept development in the toddler years. *Developmental Psychology, 26*, 972–977.

STOKOE, W.C., JR. (1960). Sign language structure: An outline of the visual communication system of the American deaf. *Studies in Linguistics, Occasional Papers, Vol. 8*.

STONE, C.A. (1998). The metaphor of scaffolding: Its utility for the field of learning disabilities. *Journal of Learning Disabilities, 31*, 344–364.

STRAUSS, M.S., & COHEN, L.P. (1978). *Infant immediate and delayed memory for perceptual dimensions*. Unpublished manuscript, University of Illinois at Urbana-Champaign.

STRAUSS, M.S., & CURTIS, L.E. (1984). Development of numerical concepts in infancy. In C. Sophian (Ed.), *The origins of cognitive skills*. Hillsdale, NJ: Erlbaum.

STRAUSS, S. (1972). Inducing cognitive development and learning: A review of short-term training experiments. I: The organismic-developmental approach. *Cognition, 1*, 329–357.

STRAUSS, S. (1982). *U-shaped behavioral growth*. New York: Academic Press.

STRERI, A., & SPELKE, E.S. (1988). Haptic perception of objects in infancy. *Cognitive Psychology, 20*, 1–23.

STROM, D., KEMENY, V., LEHRER, R., & FORMAN, E. (2001). Visualizing the emergent structure of children's mathematical argument. *Cognitive Science, 25*, 733–773.

STRYKER, M.P., & HARRIS, W. (1986). Binocular impulse blockade prevents the formation of ocular dominance columns in cat visual cortex. *Journal of Neuroscience, 6*, 2117–2133.

SUBBOTSKY, E.V. (1993). *Foundations of the mind*. Cambridge, MA: Harvard University Press.

SULLIVAN, K., & WINNER, E. (1993). Three-year-olds' understanding of mental states: The influence of trickery. *Journal of Experimental Child Psychology, 56*, 135–148.

SURBER, C.F., & GZESH, S.M. (1984). Reversible operations in the balance scale task. *Journal of Experimental Child Psychology, 38*, 254–274.

SWANSON, H.L. (1995). Effects of dynamic testing on the classification of learning disabilities: The predictive and discriminant validity of the Swanson Cognitive Processing Test. *Journal of Psychoeducational Assessment, 13*, 204–229.

SWANSON, H.L., & BERNINGER, V.W. (1996). Individual differences in children's working memory and writing skill. *Journal of Experimental Child Psychology, 63*, 358–385.

SWANSON, H.L., & LUSSIER, C.M. (2001). A selective synthesis of the experimental literature on dynamic assessment. *Review of Educational Research, 71*, 321–363.

TAGER-FLUSBERG, H. (1992). Autistic children's talk about psychological states: Deficits in the early acquisition of a theory of mind. *Child Development, 63*, 161–172.

TAGER-FLUSBERG, H. (2000). Language and understanding minds: Connections in autism. In S. Baron-Cohen, H. Tager-Flusberg, & D.J. Cohen (Eds.), *Understanding other minds: Perspectives from developmental cognitive neuroscience*. Oxford, UK: Oxford University Press.

TAMIS-LAMONDA, C.S., BORNSTEIN, M.H., & BAUMWELL, L. (2001). Maternal responsiveness and children's achievement of language milestones. *Child Development, 72*, 748–767.

TARDIF, T. (1996). Nouns are not always learned before verbs: Evidence from Mandarin speakers. *Developmental Psychology, 32*, 492–504.

TARDIF, T., GELMAN, S.A., & XU, F. (1999). Putting the "noun bias" in context: A comparison of English and Mandarin. *Child Development, 70*, 620–635.

TARDIF, T., SHATZ, M., & NAIGLES, L. (1997). Caregiver speech and children's use of nouns versus verbs: A comparison of English, Italian and Mandarin. *Journal of Child Language, 24*, 535–565.

TAYLOR, M. (1999). *Imaginary companions and the children who create them*. New York: Oxford University Press.

TAYLOR, M., & CARLSON, S.M. (1997). The relation between individual differences in fantasy and theory of mind. *Child Development, 68*, 436–455.

TAYLOR, M., ESBENSEN, B.M., & BENNETT, R.T. (1994). Children's understanding of knowledge acquisition: The tendency for children to report that they have always known what they have just learned. *Child Development, 65*, 1581–1604.

TEALE, W.H., & SULZBY, E. (1986). Emergent literacy: A perspective for examining how young children become writers and readers. In W.H. Teale & E. Sulzby (Eds.), *Emergent literacy: Writing and reading*. Norwood, NJ: Ablex.

TEASLEY, S.D. (1995). The role of talk in children's peer collaborations. *Developmental Psychology, 31*, 207–220.

THATCHER, R.W. (1992). Development as a dynamic system. *Current Directions in Psychological Science, 1*, 189–193.

THATCHER, R.W., LYON, G.R., RUMSEY, J., & KRASNEGOR, N. (Eds.). (1996). *Developmental neuroimaging: Mapping the development of brain and behavior*. San Diego, CA: Academic Press.

THELEN, E. (1989). Self-organization in developmental processes: Can systems approaches work? In M. Gunnar & E. Thelen (Eds.), *Minnesota Symposium on Child Psychology: Vol. 22. Systems and development*. Hillsdale, NJ: Erlbaum.

THELEN, E. (1992). Development as a dynamic system. *Current Directions in Psychological Science, 1*, 189–193.

THELEN, E. (1995). Motor development: A new synthesis. *American Psychologist, 50*, 79–95.

THELEN, E. (2001). Dynamic mechanisms of change in early perceptual-motor development. In J.L. McClelland & R.S. Siegler (Eds.), *Mechanisms of cognitive development: Behavioral and neural perspectives*. Mahwah, NJ: Erlbaum.

THELEN, E., & SMITH, L.B. (1994). *A dynamic systems approach to the development of cognition and action*. Cambridge, MA: MIT Press.

THOMPSON, R.F. (2000). *The brain: A neuroscience primer* (3rd ed.). New York: Worth.

TINCOFF, R., & JUSCZYK, P.W. (1999). Some beginnings of word comprehension in 6-month-olds. *Psychological Science, 10*, 172–175.

TODA, S., & FOGEL, A. (1993). Infant response to the still-face situation at 3 and 6 months. *Developmental Psychology, 29*, 532–538.

TOLMIE, A., HOWE, C., MACKENZIE, M., & GREER, K. (1993). Task design as an influence on dialogue and learning: Primary school work with object flotation. *Social Development, 2*, 183–201.

TOMASELLO, M. (1992). *First verbs: A case study in early grammatical development*, Cambridge, UK: Cambridge University Press.

TOMASELLO, M. (1995). Commentary. *Human Development, 38*, 46–52.

TOMASELLO, M. (1998). Uniquely primate, uniquely human. *Developmental Science, 1*, 1–30.

TOMASELLO, M. (1999). *The cultural origins of human cognition*. Cambridge, MA: Harvard University Press.

TOMASELLO, M. (2000). Do young children have adult syntactic competence? *Cognition, 74*, 209–253.

TOMASELLO, M. (2001). Cultural transmission: A view from chimpanzees and human infants. *Journal of Cross-Cultural Psychology, 32*, 135–146.

TOMASELLO, M., & BARTON, M. (1994). Learning words in nonostensive contexts. *Developmental Psychology, 30*, 639–650.

TOMASELLO, M., & BROOKS, P.J. (1999). Early syntactic development: A construction grammar approach. In M. Barrett (Ed.), *The development of language*. Philadelphia: Psychology Press.

TOMASELLO, M., & FARRAR, M.J. (1986). Joint attention and early language. *Child Development, 57*, 1454–1463.

TOMASELLO, M., KRUGER, A.C., & RATNER, H.H. (1993). Cultural learning. *Behavioral & Brain Sciences, 16*, 495–552.

TOMASELLO, M., & MANNLE, S. (1985). Pragmatics of sibling speech to one-year-olds. *Child Development, 56*, 911–917.

TRABASSO, T., ISEN, A.M., DOLECKI, P., MCLANAHAN, A.G., RILEY, C.A., & TUCKER, T. (1978). How do children solve class-inclusion problems? In R.S. Siegler (Ed.), *Children's thinking: What develops?* Hillsdale, NJ: Erlbaum.

TRABASSO, T. & NICKELS, M. (1992). The development of goal plans of action in narration of a picture story. *Discourse Processes, 15*, 249–275.

TRABASSO, T., RILEY, C.A., & WILSON, E.G. (1975). The representation of linear order and spatial strategies in reasoning: A developmental study. In R.J. Falmagne (Ed.), *Reasoning: Representation and process*. Hillsdale, NJ: Erlbaum.

TRABASSO, T., & STEIN, N. (1995). Using goal-plan knowledge to merge the past with the present and the future in narrating events on line. In M.M. Haith (Ed.), *The development of future oriented processes*. Chicago: The University of Chicago Press.

TRABASSO, T., SUH, S., PAYTON, P., & JAIN, R. (1994). Explanatory inferences and other strategies during comprehension: Encoding effects on recall. In R. Lorch & E. O'Brian (Eds.) *Sources of coherence in reading*. Hillsdale, NJ: Erlbaum.

TRABASSO, T., VAN DEN BROEK, P., & SUH, S. (1989). Logical necessity and transitivity of causal relations in stories. *Discourse Processes, 12*, 1–25.

TRAINOR, L.J., & HEINMILLER, B.M. (1998). The development of evaluative responses to music: Infants prefer to listen to consonance over dissonance. *Infant Behavior & Development, 21*, 77–88.

TREVARTHEN, C. (1979). Communication and cooperation in early infancy: A description of primary intersubjectivity. In M. Bullowa (Ed.), *Before speech: The beginning of human communication*. Cambridge, UK: Cambridge University Press.

TRONICK, E., ALS, H., ADAMSON, L., WISE, S., & BRAZELTON, B. (1978). The infant's response to entrapment between contradictory messages in face-to-face interaction. *American Academy of Child Psychiatry, 1*, 1–13.

TROSETH, G.L., & DELOACHE, J.S. (1996, April). *The medium can obscure the message: Understanding the relation between video and reality*. Poster presented at the biennial meeting of the International Conference on Infant Studies, Providence, RI.

TUDGE, J. (1992). Processes and consequences of peer collaboration: A Vygotskian analysis. *Child Development, 63*, 1364–1379.

TUDGE, J., HOGAN, D., LEE, S., TAMMEVESKI, P., MELTAS, M., KULAKOVA, N., SNEZHKOVA, I., & PUTNAM, S. (1999). Cultural heterogeneity: Parental values and beliefs and their preschoolers' activities in the United States, South Korea, Russia, and Estonia. In A. Göncü (Ed.), *Children's engagement in the world: Sociocultural perspectives*. New York: Cambridge University Press.

TUDGE, J., & WINTERHOFF, P. (1993). Can young children benefit from collaborative problem solving? Tracing the effects of partner competence and feedback. *Social Development, 2*, 242–259.

TUNTELER, E., & RESING, W.C.M. (2002). Spontaneous analogical transfer in 4-year-olds: A microgenetic study. *Journal of Experimental Child Psychology, 83*, 149–166.

TURIEL, E. (1983). *The development of social knowledge: Morality and convention*. New York: Cambridge University Press.

TURIEL, E. (1994). The development of social-conventional and moral concepts. In B. Puka (Ed.), *Fundamental research in moral development*. New York: Garland Publishing.

TVERSKY, B. (1989). Parts, partonomies, and taxonomies. *Developmental Psychology, 25*, 983–995.

TVERSKY, B., & HEMENWAY, D. (1984). Objects, parts, and categories. *Journal of Experimental Psychology: General, 113*, 169–193.

ULLER, C., HUNTLEY-FENNER, G., CAREY, S., & KLATT, L. (1999). What representations might underlie infant numerical knowledge? *Cognitive Development, 14*, 1–36.

UZGIRIS, I.C. (1964). Situational generality of conservation. *Child Development, 35*, 831–841.

VALENZA, E., SIMON, F., & UMILTA, C. (1994). Inhibition of return in newborn infants. *Infant Behavior & Development, 17*, 293–302.

VAN DEN BROEK, P. (1989). Causal reasoning and inference making in judging the importance of story statements. *Child Development, 60*, 286–297.

VAN DER MAAS, H.L.J., & JANSEN, B.R.J. (2003). What response times tell of children's behavior on the balance scale task. *Journal of Experimental Child Psychology, 82*, 141–177.

VAN GEERT, P. (2000). The dynamics of general developmental mechanisms: From Piaget and Vygotsky to dynamic systems models. *Current Directions in Psychological Science, 9,* 64–68.

VANLEHN, K. (1990). *Mind bugs: The origins of procedural misconceptions.* Cambridge, MA: MIT Press.

VAN LOOSBROEK, E., & SMITSMAN, A.W. (1990). Visual perception of numerosity in infancy. *Developmental Psychology, 26,* 916–922.

VARNHAGEN, C.K., MORRISON, F.J., & EVERALL, R. (1994). Age and schooling effects in story recall and story production. *Developmental Psychology, 30,* 969–979.

VELLUTINO, F.R., & SCANLON, D.M. (1987). Phonological coding, phonological awareness, and reading ability: Evidence from a longitudinal and experimental study. *Merrill-Palmer Quarterly, 33,* 321–364.

VENEZKY, R. (1978). Reading acquisition: The occult and the obscure. In F. Murray, H. Sharp, & J. Pikulski (Eds.), *The acquisition of reading: Cognitive, linguistic, and perceptual prerequisites.* Baltimore: University Park Press.

VEREIJKEN, B., & THELEN, E. (1997). Training infant treadmill stepping: The role of individual pattern stability. *Developmental Psychobiology, 30,* 89–102.

VERSCHAFFEL, L., DE CORTE, E., & PAUWELS, A. (1992). Solving compare problems: An eye movement test of Lewis and Mayer's consistency hypothesis. *Journal of Educational Psychology, 84,* 85–95.

VICARI, S., CASELLI, M.C., GAGLIARDI, C., TONUCCI, F., & VOLTERRA, V. (2002). Langauge acquisition in special populations: A comparison between Down and Williams syndromes. *Neuropsychologia, 40,* 2461–2470.

VIHMAN, M.M. (1992). Early syllables and the construction of phonology. In C.A. Ferguson, L. Menn, & C. Stoel-Gammon (Eds.), *Phonological development: Models, research, implications.* Timonium, MD: York Press.

VILETTE, B. (2002). Do young children grasp the inverse relationship between addition and subtraction? Evidence against early arithmetic. *Cognitive Development, 17,* 1365–1383.

VOLKMANN, F.C., & DOBSON, F. (1976). Infant responses of ocular fixation to moving visual stimuli. *Journal of Experimental Child Psychology, 22,* 86–99.

VON HOFSTEN, C. (1982). Eye-hand coordination in newborns. *Developmental Psychology, 18,* 450–461.

VON HOFSTEN, C. (1993). Prospective control: A basic aspect of action development. *Human Development, 36,* 253–270.

VON HOFSTEN, C., & ROSANDER, K. (1996). The development of gaze control and predictive tracking in young infants. *Vision Research, 36,* 81–96.

VON HOFSTEN, C., & ROSANDER, K. (1997). Development of smooth pursuit tracking in young infants. *Vision Research, 37,* 1799–1810.

VOSNIADOU, S., & BREWER, W. (1992). Mental models of the earth: A study of conceptual change in childhood. *Cognitive Psychology, 24,* 535–585.

VURPILLOT, E. (1968). The development of scanning strategies and their relation to visual differentiation. *Journal of Experimental Child Psychology, 6,* 632–650.

VYGOTSKY, L. (1962). *Thought and language.* (E. Hanfmann & G. Vakar, Trans.) Cambridge, MA: MIT Press. (Original work published 1934)

VYGOTSKY, L.S. (1978). *Mind in society: The development of higher psychological processes* (M. Cole, V. John-Steiner, S. Scribner, & E. Souberman, Trans.). Cambridge, MA: Harvard University Press.

WAGNER, R.K., & TORGESON, J.K. (1987). The nature of phonological processing and its causal role in the acquisition of reading skills. *Psychological Bulletin, 101,* 192–212.

WAKELEY, A., RIVERA, S., & LANGER, J. (2000). Can young infants add and subtract? *Child Development, 71,* 1525–1534.

WALDEN, T.A., & OGAN, T.A. (1988). The development of social referencing. *Child Development, 59,* 1230–1240.

WALKER, A.S. (1982). Intermodal perception of expressive behaviors by human infants. *Journal of Experimental Child Psychology, 33,* 514–535.

WALTON, G.E., BOWER, N.J.A., & BOWER, T.G.R. (1992). Recognition of familiar faces by newborns. *Infant Behavior & Development, 15,* 265–269.

WANG, X.L., BERNAS, R., & EBERHARD, P. (2001). Effects of teachers' verbal and non-verbal scaffolding on everyday classroom performance of students with Down syndrome. *International Journal of Early Years Education, 9,* 71–80.

WATERS, H.S. (1980). "Class news": A single-subject longitudinal study of prose production and schema formation during childhood. *Journal of Verbal Learning & Verbal Behavior, 19,* 152–167.

WATERS, H.S. (1989, April). *Problem-solving at two: A year-long naturalistic study of two children.* Paper presented at the biennial meeting of the Society for Research in Child Development, Kansas City, MO.

WATERS, H.S., & ANDREASSEN, C. (1983). Children's use of memory strategies under instruction. In M. Pressley & J.R. Levin (Eds.), *Cognitive strategies: Developmental, educational, and treatment-related issues.* New York: Springer-Verlag.

WATERS, H.S., & TINSLEY, V.S. (1985). Evaluating the discriminant and convergent validity of developmental constructs: Another look at the concept of egocentrism. *Psychological Bulletin, 97,* 483–496.

WAXMAN, S.R., & MARKOW, D.B. (1998). Object properties and object kind: Twenty-one-month-old infants' extension of novel adjectives. *Child Development, 69,* 1313–1329.

WAXMAN, S.R., & NAMY, L.L. (1997). Challenging the notion of a thematic preference in children. *Developmental Psychology, 33,* 555–567.

WEBER, R.M. (1970). *First graders' use of grammatical context in reading.* New York: Basic Books.

WEIGLE, T.W., & BAUER, P.J. (2000). Deaf and hearing adults' recollections of childhood. *Memory, 8,* 293–309.

WEINERT, F.E. (1986). Developmental variations of memory performance and memory related knowledge across the life-span. In A. Sorensen, F.E. Weinert, & L.R. Sherrod (Eds.), *Human development: Multidisciplinary perspectives.* Hillsdale, NJ: Erlbaum.

WEINSTEIN, B.D., & BEARISON, D.J. (1985). Social interaction, social observation, and cognitive development in young children. *European Journal of Social Psychology, 15,* 333–343.

WEIR, R.W. (1962). *Language in the crib.* The Hague, Netherlands: Mouton & Company.

WEISSMAN, M.D., & KALISH, C.W. (1999). The inheritance of desired characteristics: Children's view of the role of intention in parent-offspring resemblance. *Journal of Experimental Child Psychology, 73,* 245–265.

WELCH-ROSS, M.K., & SCHMIDT, C.R. (1996). Gender-schema development and children's constructive story memory: Evidence for a developmental model. *Child Development, 67,* 820–835.

WELLMAN, H.M. (1990). *The child's theory of mind.* Cambridge, MA: MIT Press.

WELLMAN, H.M., CROSS, D., & WATSON, J. (2001). Meta-analysis of theory-of-mind development: The truth about false belief. *Child Development, 72,* 655–684.

WELLMAN, H.M., & GELMAN, S.A. (1992). Cognitive development: Foundational theories in core domains. *Annual Review of Psychology, 43,* 337–375.

WELLMAN, H.M., & GELMAN, S.A. (1998). Knowledge acquisition in foundational domains. In D. Kuhn & R.S. Siegler (Eds.), *Handbook of child psychology: Vol. 2. Cognition, per-*

ception, & language (5th ed.). New York: Wiley.

WELLMAN, H.M., RITTER, R., & FLAVELL, J.H. (1975). Deliberate memory behavior in the delayed reactions of very young children. *Developmental Psychology, 11,* 70–87.

WELLMAN, H.M., & WOOLLEY, J.D. (1990). From simple desires to ordinary beliefs: The early development of everyday psychology. *Cognition, 35,* 245–275.

WELSH, M.C. (1991). Rule-guided behavior and self-monitoring on the Tower of Hanoi disk-transfer task. *Cognitive Development, 4,* 59–76.

WERKER, J.F., & DESJARDINS, R.N. (1995). Listening to speech in the 1st year of life: Experiential influences on phoneme perception. *Current Directions in Psychological Science, 4,* 76–81.

WERKER, J.F., GILBERT, J.H.V., HUMPHREY, K., & TEES, R.C. (1981). Developmental aspects of cross-language speech perception. *Child Development, 52,* 349–355.

WERKER, J.F., & TEES, R.C. (1984). Cross-language speech perception: Evidence for perceptual reorganization during the first year of life. *Infant Behavior & Development, 7,* 49–63.

WERNER, H., & KAPLAN, B. (1963). *Symbol formation: An organismic-developmental approach to language and the expression of thought.* New York: Wiley.

WERNER, J.S., & SIQUELAND, E.R. (1978). Visual recognition memory in the preterm infant. *Infant Behavior & Development, 1,* 79–94.

WERTHEIMER, M. (1961). Psychomotor coordination of auditory-visual space at birth. *Science, 134,* 1692.

WERTSCH, J.V., & HICKMANN, M. (1987). Problem solving in social interaction: A microgenetic analysis. In M. Hickmann (Ed.), *Social and functional approaches to language and thought.* Orlando, FL: Academic Press.

WHIMBEY, A. (1975). *Intelligence can be taught.* New York: Dutton.

WHITCOMB, D. (1992). *When the child is a victim.* (2nd ed.). Washington, DC: National Institute of Justice.

WHITE, L., & GENESEE, F. (1992, October). *How native is a near native speaker?* Paper presented at the Boston University Conference on Language Development, Boston, MA.

WHITEN, A., CUSTANCE, D.M., GOMEZ, J.C., TEIXIDOR, P., & BARD, K.A. (1996). Imitative learning of artifical fruit processing in children (*Homo sapiens*) and chimpanzees (*Pan troglodytes*). *Journal of Comparative Psychology, 110,* 3–14.

WHITNEY, P. (1986). Developmental trends in speed of semantic memory retrieval. *Developmental Review, 6,* 57–79.

WHORF, B.L. (1940). Science and linguistics. *Technology Review, 42,* 229–231, 247–248.

WIEGERSMA, P.H., & VAN DER VELDE, A. (1983). Motor development of deaf children. *Journal of Child Psychology and Psychiatry and Allied Disciplines, 24,* 103–111.

WILLATTS, P. (1990). Development of problem solving strategies in infancy. In D.F. Bjorklund (Ed.), *Children's strategies.* Hillsdale, NJ: Erlbaum.

WILLIAMS, K.G., & GOULET, L.R. (1975). The effects of cueing and constraint instructions on children's free recall performance. *Journal of Experimental Child Psychology, 19,* 464–475.

WIMMER, H., & PERNER, J. (1983). Beliefs about beliefs: Representation and constraining function of wrong beliefs in young children's understanding of deception. *Cognition, 13,* 103–128.

WINNER, E. (1988). *The point of words: Children's understanding of metaphor and irony.* Cambridge, MA: Harvard University Press.

WINNER, E., ROSENSTIEL, A.K., & GARDNER, H. (1976). The development of metaphoric understanding. *Developmental Psychology, 12,* 289–297.

WINSLER, A., CARLTON, M.P., & BARRY, M.J. (2000). Age-related changes in preschool children's systematic use of private speech in a natural setting. *Journal of Child Language, 27,* 665–687.

WINSLER, A., DIAZ, R.M., ATENCIO, D.J., MCCARTHY, E.M., & CHABAY, L.A. (2000). Verbal self-regulation over time in preschool children at risk for attention and behavior problems. *Journal of Child Psychology and Psychiatry and Allied Disciplines, 41,* 875–886.

WINSLER, A., & NAGLIERI, J. (2003). Overt and covert verbal problem-solving strategies: Developmental trends in use, awareness and relations with task performance in children aged 5 to 17. *Child Development, 74,* 659–678.

WOOD, D. (1986). Aspects of teaching and learning. In M. Richards & P. Light (Eds.), *Children of social worlds.* Cambridge, UK: Polity Press.

WOOD, D., BRUNER, J.S., & ROSS, G. (1976). The role of tutoring in problem solving. *Journal of Child Psychology & Psychiatry, 17,* 89–100.

WOOD, D., & MIDDLETON, D. (1975). A study of assisted problem solving. *British Journal of Psychology, 66,* 181–191.

WOODWARD, A. (1995, March). *Infants' reasoning about the goals of a human actor.* Paper presented at the biennial meeting of the Society for Research in Child Development, Indianapolis, IN.

WOODWARD, A.L. (1998). Infants selectively encode the goal of an actor's reach. *Cognition, 69,* 1–34.

WOODWARD, A.L., MARKMAN, E.M., & FITZSIMMONS, C.M. (1994). Rapid word learning in 13- and 18-month-olds. *Developmental Psychology, 30,* 553–566.

WOOLFE, T., WANT, S.C., & SIEGAL, M. (2002). Signposts to development: Theory of mind in deaf children. *Child Development, 73,* 768–778.

WOOLLEY, J.D. (1997). Thinking about fantasy: Are children fundamentally different thinkers and believers from adults? *Child Development, 68,* 991–1011.

WYNN, K. (1992a). Addition and subtraction by human infants. *Nature, 358,* 749–750.

WYNN, K. (1992b). Children's acquisition of the number words and the counting system. *Cognitive Psychology, 24,* 220–251.

WYNN, K. (1995). Infants possess a system of numerical knowledge. *Current Directions in Psychological Science, 4,* 172–177.

WYNN, K., BLOOM, P., & CHIANG, W.-C. (2002). Enumeration of collective entitites by 5-month-old infants. *Cognition, 83,* B55–B62.

XU, F., & SPELKE, E.S. (2000). Large-number discrimination in 6-month-old infants. *Cognition, 74,* B1–B11.

YOUNG, R.M., & O'SHEA, T. (1981). Errors in children's subtraction. *Cognitive Science, 5,* 153–177.

YOUNGBLADE, L.M., & DUNN, J. (1995). Individual differences in children's pretend play with mother and siblings: Links to relationships and understanding of other people's feelings and beliefs. *Child Development, 66,* 1472–1492.

YOUNGER, B.A. (1990). Infant categorization: Memory for category-level and specific item information. *Journal of Experimental Child Psychology, 50,* 131–155.

YOUNGER, B.A. (1993). Understanding category members as "the same sort of thing": Explicit categorization in tenmonth infants. *Child Development, 64,* 309–320.

ZABRUCKY, K., & RATNER, H.H. (1986). Children's comprehension monitoring and recall of inconsistent stories. *Child Development, 57,* 1401–1418.

ZAITCHIK, D. (1991). Is only seeing really believing? Sources of true belief in the false belief task. *Cognitive Development, 6,* 91–103.

ZAWAIZA, T.R., & GERBER, M. (1993). Effects of explicit instruction on math word-problem solving by community college students with learning disabilities. *Learning Disability Quarterly, 16,* 64–79.

ZBRODOFF, N.J. (1984). *Writing stories under time and length constraints.* Unpublished doctoral dissertation, University of Toronto, Toronto.

ZELAZO, P.D., FRYE, D., & RAPUS, T. (1996). An age-related dissociation between knowing rules and using them. *Cognitive Development, 11,* 37–63.

ZELAZO, P.D., & SHULTZ, T.R. (1989). Concepts of potency and resistance in causal prediction. *Child Development, 60,* 1307–1315.

ZEMBER, M.J., & NAUS, M.J. (1985, April). *The combined effects of knowledge base and mnemonic strategies on children's memory.* Paper presented at the biennial meeting of the Society for Research in Child Development, Toronto, Ontario.

ZENTALL, S.S., & FERKIS, M.A. (1993). Mathematical problem solving for youth with ADHD, with and without learning disabilities. *Learning Disability Quarterly, 16,* 6–18.

ZIMMERMAN, C. (2000). The development of scientific reasoning skills. *Developmental Review, 20,* 99–149.

ZINAR, S. (2000). The relative contributions of word identification skill and comprehension-monitoring behavior to reading comprehension ability. *Contemporary Educational Psychology, 25,* 363–377.

INDEX

찾아보기

[기타]

역자 소개

● **박영신**
이화여자대학교 및 대학원 교육심리학과 학사 및 석사
Purdue University 심리학과 박사
배재대학교 유아교육과 교수
현 경북대학교 심리학과 교수

● **이현진**
한국외국어대학교 일본어과 학사
서울대학교 심리학과 석사
University of California, Irvine 심리학과 박사
현 영남대학교 사범대학 유아교육과 교수

● **정윤경**
서울대학교 및 대학원 심리학과 학사 및 석사
University of Chicago 심리학과 박사
현 가톨릭대학교 심리학과 교수

● **최영은**
중앙대학교 심리학과 학사
Duke University 심리학과 석사 및 박사
University of Pennsylvania 박사 후 연구원
현 미국 Skidmore 대학 심리학과 교수

아동 사고의 발달, 4판
Children's Thinking, 4/E

초판 인쇄	2007년 9월 15일
초판 발행	2007년 9월 20일
저 자	Robert S. Siegler, Martha Wagner Alibali
역 자	박영신, 이현진, 정윤경, 최영은
발 행 인	홍진기
발 행 처	아카데미프레스
주 소	158-840 서울시 양천구 신월4동 547-1
전 화	(02)2694-2563
팩 스	(02)2694-2564
웹사이트	www.academypress.co.kr
등 록 일	2003. 6. 18, 제 2005-000044호
가 격	23,000원
I S B N	978-89-91517-29-5

* 역자와의 합의하에 인지첨부는 생략합니다.
* 잘못된 책은 바꾸어 드립니다.